S.F.
V.

BRUNO WALTER

# THEMA UND VARIATIONEN

Erinnerungen und Gedanken

S. FISCHER

Umschlagentwurf: Jan Buchholz/Reni Hinsch
Druck und Einband: Claussen & Bosse, Leck
Printed in Germany 1988
ISBN 3-10-390502-5

*Spät erklingt, was früh erklang,*
*Glück und Unglück wird Gesang.*

# VORWORT

*Hier ist die Geschichte eines Lebens, das bis zum Rande gefüllt war mit Musik. Wäre es meine Musik gewesen, Musik von mir geschaffen, ich glaube, ich hätte dieses Buch nicht geschrieben – die tönende Autobiographie würde meinem Bedürfnis nach Mitteilung genügt haben. Aber ich habe nur die Musik anderer zum Erklingen gebracht, ich war ein ›Nachschaffender‹. Und wenn auch durch den geheimnisvollen Akt der Einswerdung mit dem Werk, der das Kriterium nachschöpferischer Begabung ist, die Musik des andern jedesmal zu meinem eigenen Seelenbekenntnis geworden ist, hat mir doch das Schicksal auferlegt, die aufbrennende Lebendigkeit meiner Kunst immer wieder mit ihrem Verlöschen zu büßen, die hohen musikalischen Wonnen meines Lebens mit ihrer Vergänglichkeit zu bezahlen.*

*Daher hat es mich gedrängt, den Text zu meinem verklingenden Lied von der Erde niederzuschreiben, um mein Erdenleben selbst vor dem Verklingen zu bewahren. Nach langer Lebenswanderung wurde mir plötzlich danach zu Mut, stehen zu bleiben und den Blick, der stets vorwärts gerichtet war, zurück zu wenden, meinen Weg zu betrachten. Und so entschloß ich mich als Achtundsechzigjähriger zu einem Ruhejahr, um mich zu erinnern, zu prüfen und mein Leben zu erzählen.*

*Ich wollte es mir selbst erzählen, um Klarheit darüber zu gewinnen, das Erreichte mit dem Geplanten und Gehofften zu vergleichen, mein Alter meiner Jugend gegenüberzustellen, aus den zahllosen Variationen meiner Lebenserfahrungen mich selbst als deren Thema zu erkennen. Ich spreche in meiner Erzählung aber auch zu den Freunden meiner Kunst, die mich bisher nur aus meinem Musizieren kannten – ich wollte ihnen für ihre ermutigende Weggenossenschaft danken, indem ich ihnen mein Herz eröffnete, so gut es mir mit dem Wort gelingen konnte.*

*Und auch an weitere Kreise dachte ich im Verlauf meiner Arbeit, denn mir schien, daß die Odyssee meines Lebens, die sich da vor meinem Altersblick objektiviert entrollte, als menschliches Dokument von allgemeinerem Interesse sein würde.*

*So erhielt dies Buch seinen doppelten Sinn der Selbstprüfung und einer Botschaft ins Weite. – Weil ich mir aber vollkommene Aufrichtigkeit zum Grundgesetz meiner Erzählung gemacht habe, muß ich erwähnen, daß die Bedingungen, unter denen ich schrieb, dieser moralischen Seite meines Unternehmens nicht günstig waren. Mir standen keine Aufzeichnungen zur Verfügung, und ich war also ganz von meinem Gedächtnis abhängig, soweit es sich nicht um Daten handelte, die ich in Zeitungen oder Büchern aufsuchen, oder um Ereignisse, die ich mir von Freunden bestätigen lassen konnte. Von diesen wenigen Ausnahmen abgesehen, mußte ich mich also auf mein Gedächtnis verlassen. Am Anfang meiner Arbeit, als ich in den Schacht der Vergangenheit einfuhr, schien alles dunkel um mich her. Aber nicht lange mußte ich tasten. Mein Auge gewöhnte sich an die Dunkelheit, es tauchten Formen und Gestalten auf, ich sah Wohnungen, Straßen, Schule, Konservatorium, Konzertsäle, Theater, Landschaften und Meere. Ich erblickte Eltern, Geschwister, Verwandte, Freunde, Feinde – sie bewegten sich, sie sprachen, ein Mensch zog den anderen, ein Ereignis das andere herbei und in mir selbst stiegen Gedanken, Gefühle, Worte auf, die nur geschlummert hatten. Ich entdeckte, Vergangenheit ist nicht vergangen, außer wo sie nie lebendig gewesen war – sie lebt tief unten im Schattenteil des ungeheuren Gebietes unseres Innern, bereit, auf den Ruf der Erinnerung ans Licht zu steigen. Ohne Anstrengung habe ich mir das Gestern und Vorgestern wieder gegenwärtig gemacht. Oft ging es mir damit wie mit Klavierstücken, die ich lange nicht gespielt und auf die ich mich ›nicht besinnen konnte‹ – ich fing an, sie zu spielen, und meine Finger liefen von selbst den altgewohnten Weg. – Gedächtnis hängt von der Intensität ab, mit der man gelebt, getan, gefühlt hat, und an Intensität hat es mir nie gefehlt. Doch verläuft die Intensität in Kurven, und um ihre Tiefpunkte hat es sich wie Nebel gelegt, in den der Blick der Erinnerung nur mühsam eindringt. Daher mag es wohl sein, daß ich mich in Einzelheiten geirrt, daß mein Gedächtnis mich manchmal getäuscht hat. Jedenfalls war ich bemüht, in allem die volle Wahrheit zu sagen und habe, wo ich ihrer nicht ganz sicher war, meinem Zweifel Ausdruck gegeben.*

*Aber ich war nicht bemüht, alles zu sagen. Als meine einzige Ähnlichkeit mit dem Ritter Blaubart des Märchens gestehe ich, daß es auch in meinem Hause eine Kammer gibt, die ich nicht geöffnet haben will. In meinem Fall befinden sich allerdings keine abgehauenen Köpfe und* kein blutiges Beil darin, aber persönlichstes Erlebnis und Gefühl, das zu besprechen mir widerstrebt und das auch kaum Interesse für andere haben kann.

Kann aber überhaupt das Leben eines Musikers allgemeines Interesse erregen? In meiner Jugend hätte ich die Frage traurig verneint. Wichtig in den Augen der Welt waren der Fürst, der Staatsmann, der Krieger, erfreulich vielleicht, aber entbehrlich, an Bedeutung mit ihnen nicht entfernt zu vergleichen, schien der Künstler. Das drückte sich doch schon so deutlich in ihren äußeren Lebensumständen aus: der Kaiser von Österreich wohnte in der Hofburg, der Regierungschef im Palais des Ministeriums und Schubert und Mozart hatten in ärmlichen Wohnungen gehaust. Der Hauptteil der Zeitungen und ihre großen Überschriften galten den geschichtlichen Vorgängen in der Welt und bewiesen durch die Vorzugsstellung deren überwiegende Bedeutung gegenüber den Kunstnachrichten, die im Nebenteil des Blattes erschienen. Die Historie handelte von Alexander und Napoleon, von Bismarck, Disraeli und Metternich, und wie abseitig, wie weltlich unwichtig erschien mir dagegen der Kreis, der meine Welt bedeutete. Aber mir gingen allmählich die Augen auf: was war von Alexanders und Napoleons Taten übrig? Was war aus Bismarcks Reich, aus den ungeheuersten geschichtlichen Umwälzungen geworden? Und ich hatte eine Zeit, in der mir die Weltgeschichte erschien wie das Wirken der erstaunlichen Straßenreinigungsmaschine, der ich in meinen ersten Wiener Jahren oft nachts begegnete: ihre rotierenden Besen kehrten den Staub und wirbelten ihn in die Luft und bald senkte er sich und lag dann wieder auf der Straße wie vorher.

Von beiden Extremen bin ich abgekommen, aber geblieben ist mir die Überzeugung, daß die große geistige Leistung von wesentlich höherer Bedeutung für die Menschheit ist als die politisch-geschichtliche. Und so wage ich als bescheidener Apostel der Musik und ihrer großen Werke, von meinem Leben zu berichten, weil es ihrer zeitlosen Macht und Schönheit gedient hat, weil seine Vergänglichkeit gesegnet war vom Bund mit dem Unsterblichen. Denn die Werke des schöpferischen Geistes dauern, sie sind im Wesentlichen unvergänglich, während das weltgeschichtliche Wirken auch der bedeutendsten Männer der Zeit angehört. Napoleon ist tot — aber Beethoven lebt.

# I

## 1

Ich bin am 15. September 1876 zur Welt gekommen. Mein Geburtshaus habe ich nicht gekannt; es stand in der Mehnerstraße, nahe dem Alexanderplatz, in einer übervölkerten, ärmlichen Gegend des nordöstlichen Berlin, doch zogen meine Eltern während meines zweiten Lebensjahres in die Elsässer Straße, auf die daher meine frühesten Kindheitserinnerungen zurückgehen. Das war eine nüchterne, reizlose, aber saubere und nicht unfreundliche Straße des Berliner Nordens, und sie unterschied sich vorteilhaft von zwei benachbarten, besonders häßlichen und lärmenden Querstraßen, die mich düster drohend anmuteten, wenn ich von den Ecken her mit Scheu und Abneigung und doch etwas fasziniert hineinblickte. Vorbei an ihnen, dann an der Borsigschen Lokomotivenfabrik, kam man zur Friedrichstraße, der großen nordsüdlichen Verkehrsader, die zur Glanzgegend Berlins, zu Unter den Linden, zur Leipziger Straße und weiter zum Belle-Alliance-Platz führte. – In der Elsässer Straße wohnte zu jener Zeit ein kleinbürgerlicher Bevölkerungsteil, für dessen einfache Bedürfnisse ihre bescheidenen Kaufläden sorgten. Ein Hauptverkehrsmittel des damaligen Berlin war die Pferdebahn, ein metallisch dröhnender Wagen, auf Geleisen laufend, von zwei schweren Pferden gezogen. Eine solche Pferdebahn fuhr auch durch die Elsässer Straße, und meine Erinnerung bewahrt ihr hohes, schnelles, energisches Klingeln und das tiefere, langsamere und gemütlichere Läuten der Bolleschen Milchwagen, die heiser berlinischen Ausrufe der Verkäufer, die ihre Karren mit Gemüse und Kartoffeln durch die Straßen schoben, und der Käufer mit Säcken über der Schulter, deren ›Lumpen, Knochen, Papier, alte Stiefel!‹ mir noch als ein Motiv der unmelodischen Symphonie der Berliner Straße im Ohr klingt.

Unsere Wohnung lag im zweiten Stockwerk eines Miethauses und bestand aus der hellen ›guten Stube‹, dem dunklen Eßzimmer, dem elterlichen Schlafraum und dem Kinderzimmer. In der Küche waltete ein ›Mädchen für alles‹, gelegentlich wechselnd in der Persönlichkeit, aber fast beständig im sehr berlinischen Namen Minna verharrend. Ihre Anwesenheit sowie die Zahl der Zimmer scheinen auf eine nicht zu dürftige Wirtschaftslage der Familie hinzuweisen, jedoch ging es in unserem Hause äußerst sparsam zu, und wenn mir auch Not und Entbehrungen damals wie später erspart geblieben sind, erinnere ich mich doch gut der Eingeengtheit unserer Lebensweise.

Friede aber, Güte und Anstand herrschten in der bescheidenen jüdischen Familie. Ich entsinne mich keiner ›Szenen‹ zwischen meinen Eltern, keines derben oder auch nur unschönen Wortes im Familienleben. Mein Vater war damals Buchhalter in einer größeren Seidenfirma, der er in allmählich gesteigerter Stellung und mit wachsendem Einkommen über fünfzig Jahre angehören sollte. Er war ein stiller Mann von strengem Pflichtgefühl und vollkommener Zuverlässigkeit und kannte außer seinem Beruf nur seine Familie. Der Dialekt der Magdeburger Gegend, aus der er stammte, machte sich in seinem sonst guten Deutsch bemerkbar. Aber das Herz dieses Mannes von dürftiger Abkunft und einfacher Erziehung war erfüllt von einem ›Drang zum Höheren‹; er liebte die lyrische Dichtung, er las deutsche Klassiker und Shakespeare und besuchte Schauspiel und Oper sowie auch manchmal die ›klassische‹ Operette, die im damaligen Friedrich Wilhelmstädtischen Theater sorgfältig gepflegt wurde. Am Nachwirken und Nachklingen solcher Genüsse nahm ich schon in früher Jugend erfreut Anteil – mein Vater pflegte mich als kleines Kind auf dem Arm herumzutragen und dabei Melodien aus Opern und Operetten zu trällern; darunter waren Anfänge Mozartscher Arien mit dem damals üblichen deutschen Text wie ›Ihr, die ihr Triebe des Herzens kennt‹ (voi che sapete) aus ›Figaro‹, ›Treibt der Champagner das Blut in die Wangen‹ (fin che dal vino calda la testa) aus ›Don Juan‹ und ähnlich populäre Stellen aus Opern. Besondere Freude soll mir ›Das Glück dient wie ein Knecht um Sold‹ aus Roccos Arie in ›Fidelio‹ gemacht haben. Auch vom Quell der klassischen Dichtung ließ er mir einige erfrischende Tropfen zukommen: er pflegte Verse, deren schwungvolle Rhetorik ihm Freude machte, zu deklamieren und mischte in seine Unterhaltung auch gern sogenannte ›geflügelte Worte‹, namentlich aus Schillers Dramen, eine im Grunde leidige Gewohnheit, die aber aus seinem Mund nicht schal wirkte, weil er immer mit großer Wärme zitierte; und ich erinnere mich, daß die gehobene Sprache meinem Ohr wohl gefiel, lange bevor ich in ihren Sinn eindrang. – Ernste Sorgen zu tragen, schwierigen Situationen zu begegnen half ihm meine Mutter, wie ich aus elterlichen leisen Gesprächen spürte; einen gelegentlich aufbrausenden Unmut über meine Ungezogenheiten verstand ich durch übermütige Eulenspiegeleien meist schnell in Lachen zu verwandeln und im allgemeinen war unsere Häuslichkeit gesegnet mit der friedvollen Gesinnung und kindlichen Heiterkeit ihres Erhalters. Ich sehe ihn vor mir auf dem Sofa neben meiner Mutter – es ist Abend, er ist gerade aus dem Geschäft nach Hause gekommen und verzehrt seine erste warme Mahlzeit des Tages –, die Kinder, die schon vor einer Stunde ihre ›Stullen‹ gegessen und ihren Kakao getrunken haben, sehen ihm zu in der Hoffnung, er möge etwas von den guten Bissen für sie übrig lassen, eine Hoffnung, die er meist erfüllt, indem er wie übersatt den noch halbvollen Teller fortschiebt. Die Petroleumlampe hängt von der Decke und beleuchtet den Tisch; wenn sie ›blakt‹, gibt es Ruß im Zimmer. Von den Wänden blicken verblaßte Photographien, ruhige Gesichter von Großmüttern in Hauben und sitzende Großväter mit Stöcken, und die Eltern hören stolz dem aufgeweckten Geschwätz der Kinder zu. – Mein Vater war ein Frühaufsteher und liebte es, an schönen Sonntagmorgen der warmen Jahreszeit etwa um sechs Uhr früh mit seinen Kindern zu einem der hübschen Tiergarten-Restaurants ›In den Zelten‹ zu gehen, um dort mit ihnen zu frühstücken. Noch jetzt glaube ich die frische Morgenluft unter den Bäumen zu atmen, den Tau auf dem Rasen zu sehen und die mitgebrachten knusprigen, nur zur Hälfte mit Butter bestrichenen Brötchen – ›Knüppel‹ und ›Schrippen‹ genannt – zu schmecken, zu denen mein Vater im Gasthaus Kaffee bestellte.

Den ruhigen, heitern Vater ergänzte vortrefflich die lebhafte und bewegliche Mutter. Während er zwar die Kunst liebte und geistigen Dingen verehrungsvoll zugetan war, ohne sich jedoch spezifischer Talente zu erfreuen, besaß die Mutter zweifellos musikalische Begabung, die sie als Schülerin des Sternschen Konservatoriums auch bis zu einem gewissen Grade ausgebildet hatte: sie spielte hübsch Klavier und sang mit kleiner, angenehmer Stimme Schubertsche und andere Lieder. In der ›guten Stube‹ befand sich das Klavier, ein ›Pianino‹, und neben dem Klavier sehe ich mich als kleines Kind stehen, verzaubert dem Musizieren der Mutter zuhörend. Im selben Raum gab es noch einen anderen Gegenstand, der mich geheimnisvoll anzog; auf einem braunlackierten Holzsockel von zwei Stufen stand ein Spiegel und vor ihm auf der oberen Stufe lag eine große Meermuschel – gleich der, von der Gottfried Keller dem ›milchjungen Knaben‹ erzählt: »Eine Meermuschel liegt – Auf dem Schrank meiner Bas' – Da halte dein Ohr dran – Dann hörst du etwas.« Wenn man sie ans Ohr hielt, hörte man wirklich ›etwas‹, nämlich ein volles, tiefes, erregendes Rauschen, und oft schlich ich mich in jenes Zimmer, nicht nur um mir die weißen und schwarzen Tasten für vertraute Melodien klimpernd zusammenzusuchen, sondern um wieder und immer von neuem in die rätselhafte Muschel hineinzuhorchen. Von musikalischen Eindrücken aus früher Kindheit erinnere ich mich auch gern der schmetternden preußischen Militärmusik zum Tritt marschierender Soldaten, die oft von der Straße her zu mir hinauftönte und mich zum Fenster riß; sie wurde nur leider in gewissen Intervallen von dem öden und harten Klang hoher Pfeifen und tiefer Trommeln abgelöst. Und unangenehm war mir der Ton der Leierkästen vom Hinterhof her – ihre lustigsten Tanzmusiken berührten mich traurig wie der Anblick der Kriegsinvaliden von 1870/71, welche diese schweren Marterinstrumente auf dem Rücken trugen, sie dann auf ein Gestell setzten, das sie in der Hand geschleppt hatten, um nun drehend Verdische Melodien und Berliner Gassenhauer in die Lüfte zu schicken; aus den Lüften zurück flogen dann von den geöffneten Küchenfenstern Pfennige oder auch ›Sechser‹ in Papier gewickelt, meist als stummes, aber wohlverstandenes Ersuchen an den Leierkastenmann, gefälligst weiterzuwandern. Ich soll schon früh sehr wild, widerspenstig, herrschsüchtig und zu heftigen Ausbrüchen geneigt gewesen sein. Mehr oder weniger geduldige Opfer meiner tyrannischen Launen, aber auch eifrige Teilnehmer an meinen mutwilligen Vergehen gegen Ordnung und Gesetz, waren der ältere Bruder und die jüngere Schwester, ferner drei Cousinen, die mit ihren Eltern, der Schwester meiner Mutter und deren Mann, auf derselben Etage neben uns hausten und mit denen wir durch eine Tür in der Holzwand zwischen den Wohnungen eifrig verkehrten.

Meine Mutter war im Grunde heiteren Temperamentes wie der Vater, doch lebhafter und aktiver als er, dabei wechselnden Stimmungen zugänglich. Vielseitig interessiert, zum Mitteilen geneigt und begabt, verstand sie, mich durch lebhaftes Erzählen zu fesseln und von meinen schlimmen Launen und seltsamen Ausfällen erfindungsreich fortzusteuern. Als wirkungsvollstes Mittel zu meiner Zähmung bediente sie sich aber der Musik – die Macht des Orpheus hat sich also auch an meiner Wildheit bewährt –, denn sobald sie sich ans Klavier setzte, soll ich schnell verwandelt und noch unter der Nachwirkung des Musizierens ganz Fügsamkeit und Sanftmut gewesen sein.

Meine Lebhaftigkeit, die häufig in Paroxysmen der Ungebärdigkeit ausbrach, wurde aber auch durch Zustände merkwürdig langdauernder, sinnender Ruhe unterbrochen. Die Mutter erzählte mir, daß man plötzlich von dem lebhaften Kinde nichts mehr hörte und es nur still versunken sitzen sah wie ›der Welt verloren‹. Ich selbst kann mich solchen Zustandes nur in Verbindung mit einem mir noch klar vor Augen stehenden visuellen Eindruck entsinnen; zwei Bilder hängen an der Wand, ein recht glanzloses mattes Gemälde auf Holz, zwei alte ernste Frauen an Spinnrädern darstellend, und ein Stahlstich mit der Bezeichnung ›Les Pélerins‹, der eine liegende und zwei halbaufgerichtete Gestalten zeigt – vor diesen ruhevollen Bildern pflegte ich lange auf dem Fußboden zu sitzen und weiß noch, wie die Betrachtung mich tief und tiefer hineinzog in ihre Stille und Unwirklichkeit.

Die besinnliche Seite meines Wesens fand Verständnis und erhielt Nahrung von einer Art guten Geistes der beiden Nachbarsfamilien. Das war der Onkel Emanuel, Bruder der beiden Frauen, ein fast zwergenhaft kleiner, spitzbärtiger Mann mit feinen Gesichtszügen, offenen Augen und offenem Herzen, ganz hingegeben einer Fülle geistiger Interessen und völlig ungeeignet für irgendeinen praktischen Beruf. Manchmal brachte eine Zeitung einen Aufsatz aus seiner Feder oder druckte eine Monatsschrift eines seiner Gedichte. Im Grunde aber war seine Sache, ›zu schauen, nicht zu schaffen‹. Von seinem kleinen Zimmer in der Nachbarwohnung schaute er in die Welt, dort las und lernte, schrieb und dichtete er, er war der Ratgeber der Eltern, Spielgefährte der Kinder, Orakel vor Entscheidungen, Helfer in schwierigen Lagen und Auskunftsstelle für Fragen aller Art, von den trivialen des täglichen Lebens bis zu komplizierten in wissenschaftlichen Regionen. Von Kindheit an und durch meine Knaben- und Jünglingszeit habe ich von dieser lebenden Enzyklopädie reichlich Gebrauch gemacht und stets wertvolle Belehrung erhalten. – Seiner Weltfremdheit ohne Bitterkeit oder Selbstvorwurf bewußt, erfüllte er geduldig und hingebend die Forderung der ihm vom Schicksal zugewiesenen Rolle, im Leben anderer aufzugehen. Ich verdanke ihm nicht nur Unterweisung auf verschiedensten Gebieten, darunter in meinen Jünglingsjahren die erste Einführung in Kantsche Ideen – er lebt in mir als eine tröstliche, rührende und interessante Persönlichkeit, in der sich selbstlose, tätige Güte, unlöschbarer Wissensdurst und philosophische Ruhe die Waage hielten.

Unser Familienleben war erwärmt durch eine aufrichtige, ruhige, aber nicht orthodoxe Religiosität. An Feiertagen gingen wir in die

›Reform‹, d. h. in den Tempel der reformierten jüdischen Gemeinde, wo natürlich der schöne, reine Chorgesang und die Feierlichkeit des Orgelklanges mächtiger auf mein Gemüt wirkten als der Gottesdienst selbst. Sehr eindrucksvoll aber war der Abend des Passahfestes mit brennenden Kerzen in den zwei von den mütterlichen Großeltern ererbten silbernen Leuchtern auf dem gedeckten Tisch, um den die beiden Familien saßen, die männlichen Mitglieder mit bedecktem Haupt, wenn Gebete gelesen und liturgische Antworten gemurmelt wurden, woran sich religiösem Brauch gemäß auch eines der Kinder mit ein paar Worten zu beteiligen hatte – eine Aufgabe, die mehrfach mir zufiel. Und eigenartig und rührend waren die abschließenden Gesänge, für die ich am Klavier leicht eine passende Begleitung fand. Auch der Versöhnungstag wurde mit Fasten und abendlichem Schmaus begangen und bewegt gedenke ich ferner der ›Jahrzeiten‹ der Eltern: alljährlich bei der Wiederkehr der Todesdaten der Großeltern wurden in einem Glas auf Öl schwimmende kleine Dochte angezündet und in einen Hohlraum im Kachelofen gestellt, und ich konnte manchmal mit Scheu beobachten, wie die Eltern davor ihre Gebete zum Gedächtnis der Verstorbenen flüsterten. – Außer bei diesen besonderen Gelegenheiten aber war im Hause wenig von Religion die Rede – die Kinder wurden zu Morgen- und Abendgebet angehalten und das schien meinen Eltern genug.

Wie friedlich verlief das Leben in jener Periode meiner frühen Kindheit! Keine politischen Leidenschaften, keine wirtschaftlichen Kämpfe wirkten in das bürgerliche Leben der achtziger Jahre in Deutschland hinein. Der Berliner Kongreß hatte die internationale Atmosphäre gereinigt. Noch lebte der alte Kaiser Wilhelm, der erst 1888 als Neunzigjähriger starb. Bismarck führte Deutschlands Politik, und mein Vater, der liberal wählte und Rudolph von Virchow und Eugen Richter verehrte, war, wie alle Mitglieder der Linken, nicht gut auf den ›eisernen Kanzler‹ zu sprechen. »Aber alles in Liebe und Güte, werter Herr Erbförster«, wie Kilian in Webers ›Freischütz‹ sagt, d. h. der Kampf der politischen Parteien spielte sich in gemäßigten Formen ab, und ich hörte bis in die neunziger Jahre hinein überhaupt so gut wie nichts von Politik. Der Sieg von 1871 mit der Schaffung des Reiches und das Bündnis von Österreich wirkten sich in einem allgemeinen Gefühl der Sicherheit und steigendem Wohlstand aus, und so herrschte ein ruhiger Zustand, in welchem Familien wie die unsere ungestört leben und ihre Kinder erziehen konnten.

Meine Neigung zur Musik hatte sich meinen Eltern schon von meinen frühesten Lebensjahren an in der Faszination offenbart, mit der ich gebannt und erregt jedem musikalischen Laut lauschte. Und ihre wachsende Überzeugung, daß ihr seltsamer Sprößling künstlerische Begabung in sich trug, wurde bestärkt, als mein Vater uns im Sommer 1881 — ich war etwa vierdreiviertel Jahre alt — nach dem Dorf Thal in Thüringen zur Erholung schickte. Dort wohnte neben uns ein alter Kapellmeister, dessen Name mir entfallen ist. Er soll oft, mit wachsendem Erstaunen und Interesse, meinem Singen zugehört und dann meiner Mutter mit großem Ernst versichert haben, daß ich zum Musiker bestimmt sei. Und da nun fast jeder Tag neue Äußerungen meiner Neigung zur Musik brachte, so glaubten meine Eltern, als ich sechs Jahre alt und somit schulpflichtig geworden war, zugleich mit dem Schulunterricht auch mit der musikalischen Erziehung beginnen zu sollen.

Ihr seht also, Freunde, daß das Leben mich nicht mit jenem helfenden Widerstand der Familie beschenkt hat, der so oft den Funken des echten Talentes erst zur Flamme entfacht hat. Kein verständnisloser, unmusischer Vater hat sich meinen künstlerischen Neigungen widersetzt, keine leidenschaftlich widerstrebende Mutter hat kniend den Sohn angefleht, dem Musikertum zu entsagen und, als er standhaft blieb, ihm ihren Fluch gegeben, wie es dem armen Berlioz geschah, keine materielle Not hat meinen Werdegang erschwert. Von früher Kindheit an elterlicherseits in meiner Richtung erkannt und gebilligt und in meiner späteren Entwicklung vom opferbereiten Vater stets gefördert, müßte ich eigentlich fast bedenklich auf die Glätte des äußeren Verlaufs meiner Lernzeit blicken. Rückschauend bin ich mir jedoch klar, daß mein glühender Eifer, namentlich in den entscheidenden Entwicklungsjahren, wirklich keiner Anfachung bedurft hat. Und später habe ich genug an inneren Schwierigkeiten und äußerer Gegenwirkung erfahren, um ›wach und munter‹ zu bleiben, wie Eichendorff sagt. Des helfenden Geistes im Elternhause während meiner Kindheit und Jugend kann ich also nur in Dankbarkeit gedenken.

## 2

So wurde ich nun Schüler und das war gut, denn die Eltern hatten schon lange meinen Beschäftigungsdrang nicht mehr befriedigen können. Weniger gut aber war, daß ich auch Mitschüler wurde, denn gar zu bereit gab ich mich dem ungestümen Einfluß der Knaben zarten Alters und derber Sitten hin, mit denen mich die Schule zusammenbrachte. Die spezifische Ungebärdigkeit der Berliner Schuljugend verband sich harmonisch mit meiner individuellen Ungezogenheit und zahlreich sind die Erzählungen von den Exzessen an Trotz und Widerspenstigkeit mehr oder weniger drolliger Art, mit denen ich meiner Mutter das Leben erschwert habe. Eine davon mag hier als Beispiel stehen, da sie mir selbst gut erinnerlich ist und auch recht charakteristisch für den damals sieben- bis achtjährigen Knaben zu sein scheint. Eines Sonntagabends ging ich mit den Eltern von einem Besuch nach Hause und mir fiel ein, daß ich zum Laufen zu müde sei und wir eine Droschke nehmen müßten. Eine Droschke – auch ›zweiter Güte‹, wie es in Berlin hieß – bedeutete mir Glanz und Luxus und hiernach stand mir gerade der Sinn. Meine Eltern aber mißbilligten meine extravagante Laune und, ungeachtet meiner lauten Klagen und Proteste, mußte ich mit ihnen zu Fuß nach Hause gehen. Grollend legte ich mich ins Bett, und am nächsten Morgen wachte die Entrüstung über die Gefühllosigkeit der Eltern mit mir wieder auf, ich erklärte, ich hätte mich gestern abend sehr übermüdet und könne daher nicht aufstehen und zur Schule gehen. Kein freundliches Zureden, kein vernünftiges Mahnen half, und so wurde ich denn, wohl mit einiger Gewalt, in meine Kleider gesteckt und mit dem Schultornister auf dem Rücken vor die Wohnungstür geschoben, die hinter mir ins Schloß fiel. Ich aber, nach Genugtuung dürstend und zur Müdigkeit fest entschlossen, legte mich der Länge nach auf eine der hölzernen Treppenstufen und blieb dort liegen, Trotz im Herzen. Alle Leute, die heraufkamen, mußten über mich hinwegsteigen, und da bald jeder Passant an unserer Tür klingelte und dringend ersuchte, das lebendige Verkehrshindernis zu entfernen, so blieb meiner Mutter nichts übrig, als mich wieder hereinzuholen. Soweit war ich Sieger geblieben, aber meine Mutter verstand, den gefährlichen Triumph in eine heilsame Niederlage zu verwandeln. Sie erklärte mir, sie müsse mich nun wirklich wieder zu Bett bringen, da ich doch anscheinend außergewöhnlich müde sei und da lag ich, ein Opfer der Langeweile, die kein Buch erleichtern, kein Besuch unterbrechen durfte. Zu Mittag erhielt ich eine Wassersuppe, während ich vernahm, daß es nebenan meine Lieblingsspeise gab und erst am Nachmittag stellte sich ohne viel Worte die Harmonie wieder her, die im Grunde der mir gemäßeste Zustand war.

Leider muß ich die wohlwollenden Freunde enttäuschen, die in der besonderen Hartnäckigkeit meines Trotzes etwa die kindliche Form einer späteren festen Willenskraft erblicken wollen, wie sie zu Erfolgen im Lebenskampf führt. Sie würden sich gründlichst irren – in der Willenskraft wie im Erfolg im Lebenskampf. Was mir an kämpferischer Kraft, an unnachgiebiger Willensstärke gegeben war, reichte eigentlich nur für die Kunst. Auf ihrem Gebiet habe ich wirklich ›durchgehalten‹. Im Lebenskampf aber mußte ich mich oft zu nachgiebigerem Verhalten bis zum ›appeasement‹ verstehen, um alle meine Streitbarkeit für die kompromißlose Durchsetzung meiner künstlerischen Überzeugung zu sparen. – Gleichgültigkeit und Nachgiebigkeit in Konflikten des persönlichen Lebens scheinen mir unvermeidlich im Krafthaushalt des Künstlers. In den Ausnahmefällen, da wir einen Künstler auch als siegreichen Kämpfer im realen Leben anerkennen müssen, wäre vielleicht zu fragen, ob nicht sein Künstlertum beeinträchtigte, was seiner Lebensbeherrschung zugute kam. Was mich betrifft, so glaube ich zwar für die wichtigsten Fragen des Lebens mir den Kraftaufwand abgerungen zu haben, der – in der Form der Hartnäckigkeit – unnachgiebig geblieben ist, aber keinesfalls hat sich mein vielversprechender kindlicher Trotz zu unbeugsam kraftvoller Selbstbehauptung im späteren Leben, oder gar zu jener mühelosen Beherrschung der Menschen entwickelt, die starke Naturen kennzeichnet. Kurz – ich bin kein Kämpfer geworden. Trotzdem war ich nicht einfach nur eine Künstlernatur, die dem Leben ab- und der Kunst zugewendet ist. Mein Fall lag komplizierter, wie ich später zeigen will.

In meiner Kindheit aber wuchsen Hartnäckigkeit und Eigensinn jedenfalls in bedenklichem Maß, wodurch ich schließlich in ernste und schmerzliche Konflikte – namentlich mit der Mutter – geriet, doch hat das gegenseitige Wohlwollen tiefere Entzweiung verhindert.

Das Berliner Friedrichsgymnasium, in dessen Elementarklassen ich jene fruchtbaren Anregungen zur Assimilation an das ›Berliner Rangentum‹ empfing, lag in der Friedrichstraße, unweit der Einmündung der Elsässer Straße. Ich weiß von den drei, in jener Vorschule verbrachten Jahren nur noch so viel, wie von den folgenden Schulzeiten im Askanischen Gymnasium und späteren im Falkrealgymnasium, nämlich, daß mir Lernen und Schularbeiten sehr leicht fielen. Ein ungewöhnliches Gedächtnis kam mir vortrefflich zustatten – ich glaube nicht, daß ich irgend etwas je wirklich mit Bemühung zu memorieren hatte; mir prägte sich wie von selbst ein, was ich hörte oder las, wenn es mich nur interessierte, mein Auswendiglernen war meist nichts anderes als ein gründliches Lesen und ich bin im allgemeinen ohne sonderliche Anstrengung durch die ziemlich strenge Berliner Schule gekommen. Ein Musterschüler allerdings war ich nicht, und meine Zensuren gingen in den eigentlichen Lehrfächern nur selten über ›genügend‹ hinaus, in einem Fach jedoch war ich ›sehr gut‹ – im Singen. Dabei erinnere ich mich meines heftigen Mißvergnügens über das damals übliche Unisono-Gebrüll, mit dem die Klasse zum Begleitungs-Gekratz einer Geige Volkslieder und patriotische Gesänge verunstaltete.

Gleichzeitig mit der Schule begann der Klavierunterricht bei der Mutter. Manuelle Anlagen und Leichtigkeit der Auffassung brachten mich so schnell vorwärts, daß nach vielleicht anderthalb Jahren sie sich ihrer Lehraufgabe nicht mehr gewachsen fühlte. Daher wurde nun ein junger Lehrer genommen, der Konrad Kaiser hieß, die Uniform eines ›Einjährig-Freiwilligen‹ trug und sich als vortrefflicher Pianist und gewissenhafter Erzieher erwies. Lehrer und Schüler fanden Gefallen aneinander, ich erhielt von ihm den aufregenden ersten Eindruck pianistischen Glanzes, an dem sich mein Eifer für technische Übungen entzündete und er soll viel Freude an meiner Begeisterung und Begabung gehabt haben. Noch war kein Jahr vergangen, als er meiner Mutter den Vorschlag machte, sie möge mich von einer musikalischen Autorität prüfen lassen; falls deren Urteil seine Meinung von meinem außergewöhnlichen Talent bestätigte, schiene ihm ratsam, an eine ernste musikalische Ausbildung auf breiter Grundlage zu denken. – Und so kam es zu einem der entscheidenden Ereignisse meines jungen Lebens, meinem Besuch bei Robert Radeke, Kapellmeister am Berliner ›Königlichen Opernhaus‹ und Mitdirektor des ›Sternschen Konservatoriums für Musik‹.

Robert Radeke war ein alter Herr mit spärlichem silbernem Haar und langem grauem Bart. Mit freundlicher Würde empfing er uns in seinem schönen, geräumigen Musikzimmer. Aus einer Ecke blickte mir die Marmorbüste von Beethoven entgegen, und in der Mitte des Raumes stand ein Bechstein-Flügel – ein beglückender und zugleich einschüchternder Anblick für den Achtjährigen, der nur das Pianino kannte und zum erstenmal die Hände auf ein so mächtiges Instrument legen durfte.

Dies erste Examen in meinem Leben hat sich mir in jeder Einzelheit eingeprägt. Wie sollte es auch nicht, da die Mutter und ich ihm eine so entscheidende Bedeutung erwartungsvoll beimaßen und da es die Erwartung erfüllt hat? Auch blieb es mir unvergeßlich, durch das erwärmende Wohlwollen, an dem vom ersten Blick an aus den freundlichen alten Augen meine Schüchternheit zu schmelzen begann, durch das erste Lob aus berufenem Munde, das mir zum Ansporn wurde und durch den in mir erwachenden Glauben an mein Talent, der sich auf jenes Erlebnis gründete. Folgendermaßen ging die Prüfung vor sich: Radeke fragte, ob ich absolutes Gehör habe. Die Mutter bejaht und er sagt halb scherzend: »Na, dann gib mir mal dein a an.« Ich singe ein reines a und nun muß ich mich umdrehen und die Töne nennen, die er hinter meinem Rücken auf dem Klavier anschlägt – zuerst einzeln, dann in konsonantem, dann in dissonantem Zusammenklang. Danach legt er mir unbekannte Stücke vor, die ich vom Blatt zu spielen habe, hierauf kommen Werke meiner Wahl an die Reihe – ich spiele einen Satz aus einer Mozartschen Sonate und zwei Lieder ohne Worte von Mendelssohn – und endlich läßt er mich einige Minuten frei phantasieren.

Nach dieser gründlichen – übrigens vorbildlichen – Prüfung schickt er mich ins Nebenzimmer, um sich zuerst mit meiner Mutter auszusprechen. Zurückgerufen, empfing ich sein Lob und seine Mahnung zu eifrigem Bemühen, und endlich schrieb er mir ein wahrhaft beglückendes Zeugnis, das mit den Worten schloß: »Jeder Zoll an ihm ist Musik.« An dies schöne Wort, das in besonders eindringlicher Form das Vorhandensein einer elementaren Musikalität feststellen wollte, denke ich noch heut mit Freude zurück.

Blicke ich auf die unübersehbare Fülle der Ereignisse und meiner wechselnden Reaktionen in einem langen Leben, auf die Entwicklungen und Wandlungen in meinem Wesen, so habe ich Mühe, der eigenen Identität bewußt zu bleiben, mich als Kontinuität zu finden in der verwirrenden Vielfalt und Gegensätzlichkeit des Denkens, Fühlens und Handelns. Ungewandelt aber bis zum heutigen Tage und unwandelbar hat sich die Verankerung, oder besser, die Verwurzelung meines Wesens in Musik bewährt. Nicht daß ich musikalisch schöpferisch wäre – ich habe mich verhältnismäßig früh überzeugt, daß mir kreatives Talent nicht gegeben war. Aber ich glaube, ich darf, ja ich muß in diesem Rechenschaftsbericht mit aller Bescheidenheit aussprechen, daß ich von Kindheit an Musik als mein Element gefühlt habe, für das ich geboren, in dem ich heimisch bin und, sofern man Musik eine Sprache nennen kann, daß sie meine Sprache ist, die ich verstehe und spreche. In allen Zweifeln an mir, bei den oft quälenden Ergebnissen meines Suchens nach Selbsterkenntnis hat mir dies eine Trost und Sicherheit gegeben, daß es einen ›ruhenden Pol in der Erscheinungen Flucht‹ gab, daß sich mein unerschütterliches Verhältnis zur Musik als innerster Kern meines Wesens erwiesen hat. Diese elementarische Grundveranlagung scheint sich schon in meinem kindlichen Spiel gezeigt zu haben, denn auf sie deutet Radekes freundliches Wort hin.

Damals wie heut sang es in mir – hängt nicht eigentlich alles Musizieren mit dem Singen zusammen – und ich suchte schon als Knabe, vom inneren Singen getrieben, nach einem legato und nach Anschlagsfarben am Klavier, die der gespielten Melodie den gesanghaften Charakter in Gebundenheit, Phrasierung und Schattierung gaben. Mendelssohns ›Lieder ohne Worte‹ und Chopins ›Nocturnes‹ müssen sich für diese Bemühungen vortrefflich geeignet haben, denn ich spielte sie mit leidenschaftlicher Hingabe im häuslichen Kreise, und mein eigenes schwärmendes Phantasieren soll ebenfalls recht Chopinisch oder Mendelssohnisch und liedhaft geklungen haben.

Natürlich beschrieb ich auch unzählige Notenblätter mit ›Kompositionen‹ aller Art, aber jene Sonatensätze, Nocturnes, Impromptus, Phantasien und Lieder sind mir bei späterer Durchsicht in keiner Weise bemerkenswert vorgekommen – es sei denn durch die Ausdauer, mit der ich ganze Hefte mit solchen Nachahmungen meiner Lieblings-Klavierstücke oder mit Liedern füllte. Hier und da findet sich unter den vielen tauben Ähren eine volle – so enthielt eine endlose Ballade ›Der Reiter und der Bodensee‹ einen recht hübschen thematischen Einfall, der mir auch später noch ganz gut gefallen hat.

Charakteristisch für den Ernst meiner Bemühungen scheint mir eine ›Erfindung‹, mittels deren mir gelang, die Gleichzeitigkeit von regulären Achteln mit Triolen-Achteln, wie sie z. B. das Mendelssohnsche Lied ohne Worte in Es-dur enthält, in rhythmischer Genauigkeit zu erfassen: Ich lief mit schnellen Schritten die Straße entlang und zählte laut und in genauem Gleichmaß ›eins, zwei, drei‹ während ich zwei Schritte machte, so daß mein ›eins‹ immer mit dem linken Fuß zusammenfiel; dann zählte ich gleichmäßig ›einszwei‹ während dreier Schritte, so daß ›eins‹ abwechselnd mit dem linken und dann mit dem rechten Fuß zusammentraf. Die korrekte Ausführung von Triolenbegleitung zu regulären Notenwerten wurde mir dadurch bald zu müheloser Gewohnheit.

Eine Leidenschaft hatte sich aber seit den ersten Jahren der Schule in mir entwickelt, die ernstlich mit meiner Liebe zur Musik konkurrierte: das Lesen. Die poetisch inspirierten, tiefsinnigen Märchen des dänischen Dichters Andersen und der unerschöpfliche Reichtum der von Grimm herausgegebenen deutschen Märchen hatten zu meiner Phantasie schon von früher Kindheit an gesprochen, denn viele kannte ich vom Vorlesen und Erzählen, bevor ich selbst zu lesen begann. Dann aber – Buch und ich in selig entrücktem Alleinsein – ging ich völlig auf in dem gestalten- und ereignisreichen, oft dämonischen, oft humoristischen Zauberkreis jener Dichtungen in Prosa, zu dem ich mich übrigens mein ganzes Leben hindurch immer von neuem in Seelenverwandtschaft hingezogen gefühlt habe. – Später verfiel ich der griechischen Sagenwelt. Eine für das Knabenalter geschriebene Darstellung der ›Sagen des klassischen Altertums‹ von Gustav Schwab erzählte mir von Herakles und Perseus, von Ikaros und Prometheus, Iphigenie, Agamemnon, dem Raub der Helena und dem trojanischen Krieg, von den Abenteuern des klugen Odysseus und seiner Heimkehr, von Argonautenzug und der Medea-Tragödie, sie machte mich mit den Göttern des Olymp bekannt und öffnete mein Herz für den Reichtum und die Größe des griechischen Mythos. Noch heut bin ich diesem dreibändigen Knabenbuch dankbar; über den Genuß an den unsterblichen Sagen und Gestalten hinaus begründete es in mir die erste Ahnung vom Griechentum, die Ehrfurcht vor der Antike und den fortwirkenden Wunsch, mich ihr zu nähern. – Indianerbücher jedoch, die Lieblingslektüre eines bestimmten Knabenalters in damaliger Zeit, habe ich mit Ausnahme des Cooperschen ›Lederstrumpf‹ nie gelesen, wohl aber an Robinson Crusoes Abenteuern in oft wiederholter Lektüre leidenschaftlichen Anteil genommen. Auch meines heißen Interesses an Grubes ›Geschichtsbildern‹ – eines Knabenbuches mit Erzählungen von Hannibal, Karl dem Großen und vielen anderen geschichtlichen Gestalten, von Columbus, Cortez und anderen Entdeckern, erinnere ich mich lebhaft.

Und dann, später – ich mag neun oder zehn Jahre alt gewesen sein – zog es mich von meinen Kinderbüchern zu den Schätzen im elterlichen

Bücherschrank. Da, hinter den Glasscheiben standen Goethe, Schiller, und Lessing, Heine, Hauff, Rückert und andere, und auch Shakespeare war da in der vortrefflichen Schlegel-Tieckschen Übersetzung. Schillers ›Jungfrau von Orleans‹ war, glaube ich, das erste Drama, das ich las. Johannas Monologe pflegte ich mit lauter Stimme zu deklamieren, hingerissen vom feierlichen Schwung und Prunk der Verse und meine Gemütserschütterung durch den Schluß der Dichtung war kaum tragbar.

Zweifellos wird jeder lebendige Mensch schon vom Kindesalter an mit den Gestalten leben, die ihm die Geschichte und die erzählende oder dramatische Literatur nahe bringen – er wird sich an die Stelle jedes Trägers bedeutender Handlungen oder Gefühle, jeder interessanten historischen oder Sagengestalt versetzen; ihre Reden, ihre Leidenschaften, ihre Taten werden die seinen werden. So war es mir ergangen mit allen bedeutenden Figuren und Vorgängen, von denen meine Lektüre mir berichtete. So erging es mir jedoch vor allem und in wesentlich gesteigertem Maß mit den dramatischen Personen: ich fühlte mich völlig als der hochgesinnte, verzweifelnde Max Piccolomini und antwortete ihm als der staatskluge Octavio; ich war auch der niedrige Schurke Wurm und der überschwengliche Ferdinand, der rasende Othello und die unschuldige Desdemona, Hamlet und Polonius, Tasso und Antonio – ja ich setzte in meiner Phantasie manche Rollen fort, wie ich mich, abweichend vom Dichter, an ihrer Stelle benommen haben würde usw. – kurz ich war damals schon dem Dämon des Theaters verfallen. Vor der gegenwärtlichen Lebendigkeit und Unmittelbarkeit, vor der direkten Rede und Handlung des Dramas verblaßten dem feurigen Knaben das erzählende und beschreibende Schrifttum. In letzterem wurde Vergangenes berichtet, und immer stand der Erzähler zwischen mir und dem Helden; das Drama brachte mich in seine unmittelbare Gegenwart.

Diese frühe Bereitschaft und Erschlossenheit für die Bühnendichtung und meine Neigung, mich mit ihren Figuren zu identifizieren, weisen klar auf eine dramatische Seite in meiner Veranlagung hin. So hat es mich denn auch am Anfang meiner Karriere sofort zur Oper getrieben, und ich habe mich in beiden Elementen, im dramatischen Teil der Opern-Interpretation, wie im musikalischen, amphibisch heimisch gefühlt. Ich werde später über die dramatische Aufgabe der Opernaufführung und ihre Wechselbeziehung mit der Musik sprechen. Hier wollte ich nur auf das frühe Erwachen des Bühneninstinktes im Kinde hinweisen, das an der Fülle und Gegensätzlichkeit der in ihm lebendig gewordenen poetischen Gestalten zugleich eine gewisse Weite des eigenen Wesens ahnungsvoll empfand. – Wie ich es fertigbrachte, so viel zu lesen, so eifrig zu musizieren und dabei den Forderungen der Schule zu genügen, ist mir heut kaum begreiflich. Denn ich las meine Bücher nicht nur einmal – ich las sie immer wieder, und so oft und so intensiv, daß mir fürs ganze Leben Wesentliches im Gedächtnis geblieben ist, wo noch heut eine rechte Fülle jener verschiedenartigsten Literatur wohnt, dem leisesten Aufruf folgsam.

Gefühlsüberschwang, Temperament und Erregbarkeit, die sich in meinem Musizieren auslebten und mit denen ich mich ins Lesen stürzte, zeigten sich natürlich auch in meinem persönlichen Verhalten. Meine Beziehungen zur Umgebung, zu Eltern und Geschwistern, Verwandten und Bekannten, Lehrern, Mitschülern und Freunden waren durch die plötzlich ausbrechende Unbeherrschtheit des sonst weichen und freundlichen Knaben gefährdet. Aber doch kann ich mich kaum eines Falles erinnern, in dem ich nicht durch Zärtlichkeit Kränkungen sogleich wieder gutzumachen versucht hätte. Übrigens war in mir nicht nur heftige Bewegtheit, sondern auch ihr Gegensatz, tiefe Ruhe, wie ich ja schon von dem kleinen Kinde berichtet hatte. Auch bei dem heranwachsenden Knaben zeigte sich öfter ein seltsamer Zustand des ›Träumens‹, eine meist gegenstandslose Versenktheit oder Entrücktheit, in der alle Räder, die der Sturzbach des äußeren oder inneren Erlebens sonst so heftig zu drehen pflegte, wie ausgeschaltet anhielten und stillstanden. – Noch erinnere ich mich, wie sich mir eine solche Stille zum erstenmal als schwermütige Ergriffenheit offenbarte, fühle noch, was ich damals empfand und sehe auch den Ort vor mir, an dem ich als etwa Zehn- oder Elfjähriger dies innere Erschauern erlebte. Wie es kam, daß ich allein auf dem Schulhof stand, ist mir nicht mehr erinnerlich – vielleicht hatte ich eine Stunde des Straf-Nachsitzens hinter mir –, ich betrat den großen Hof, den ich nur erfüllt vom Lärm spielender und tobender Knaben gekannt und der mir daher doppelt leer und verlassen erschien. Dort sehe ich mich stehen, überwältigt von der tiefen Stille und, indem ich ihr lausche und dem leichten Wind, fühle ich, wie mir aus der Einsamkeit ein Unbekanntes, Mächtiges ans Herz greift. Es war meine erste Ahnung, daß ich ein Ich war, mein erstes Aufdämmern, daß ich eine Seele hatte und daß sie – von irgendwo her – angerufen wurde.

## 3

Ich habe in der Erzählung von meinem Lesefieber und erstem ernsten Erleben zeitlich etwas vorgegriffen und kehre nun zu geordneter Fortsetzung zurück.

Als ich neun Jahre alt war, zogen meine Eltern in die Steglitzer Straße, vermutlich weil sich die Elsässer Straße beträchtlich zu ihrem Nachteil verändert hatte. Zu den freundlichen Straßenszenen aus meiner früheren Kindheit, wie z. B. dem Anblick eines Maurers, der zur Mittagspause auf einem Balken vor dem Neubau neben ›Muttern‹ und ihrem Korb sitzend, die von ihr mitgebrachten ›Stullen‹ verzehrte und dazu aus seiner Bierflasche kräftige Schlucke nahm, zu diesen und ähnlichen gemütlich volkhaften Eindrücken waren später weniger erfreuliche Erlebnisse auf der Straße gekommen, wie manche stets erschrekkende Begegnungen mit Betrunkenen, die aus den zahlreicher gewordenen sogenannten ›Destillen‹ herausstolperten – abends hörte ich vulgäre Klaviermusik durch verhängte Fenster aus Tanzlokalen rauschen und dröhnen, eine seltsame Sorte von Damen mit großen, grellfarbigen Hüten und bemalten Gesichtern zeigte sich vom späten Nachmittag an, und ich denke, es waren diese Anzeichen steigenden Betriebes und fallender Moral, die meine Eltern zur Übersiedlung in einen anderen Stadtteil, den ›alten Westen‹, veranlaßten. – Die neue Wohnung lag im dritten Stock, wir hatten aber einen ganz hübschen Garten mit schönen alten Bäumen und Laube zur Verfügung, in den man vom Hausflur her über den Hof gelangte und der uns Kindern als Spiel- und Leseplatz diente. Nur wurde der ruhige Genuß des Gartens leider gelegentlich beeinträchtigt durch einen völlig unprovozierten akustischen und moralischen Überfall – manchmal ›materialisierte‹ er sich auch in Würfen von weicheren oder härteren Gegenständen –, es gab da ein paar teuflische Jungen im Nachbargarten, die die schöne Ruhe urplötzlich durch wildes Geschrei unterbrachen, mit höhnischen Gesichtern über der recht hohen Mauer erschienen, und uns mit einer fachmännischen Auslese der gröbsten Berliner Schimpfreden traktierten, um dann ebenso plötzlich wieder ins Nichts zu verschwinden. Die Höllen-Manifestation war allerdings schnell vorbei, wohl weil die

Muskel-Ausdauer der scheußlichen Knaben an der Höhe der Mauer bald versagte, und es folgte dem kurzen infernalischen Radau ganz übergangslos wieder die alte Himmelsruhe. – Ich habe später oft bei rohen Störungen eines gehobenen Zustandes an die symbolische Vorbedeutung jener Gartenszenen mit ihrem abrupten Wechsel zwischen pianissimo und fortissimo gedacht und der Erinnerung eine humoristische Einstellung zu ernsteren Unannehmlichkeiten verwandter Art abgewonnen.

Mein Weg von der Steglitzer Straße zum Askanischen Gymnasium in der Halleschen Straße führte über hübsche, mit Bäumen bestandene Straßen – hübsch schienen sie wenigstens meinem, vom Berliner Norden nicht verwöhnten Auge –, an dem stets turbulenten Hafenplatz vorüber. Dort luden schwere Kähne ihre Ladung, die sie über die Spree und Kanäle zu tragen hatten, ein und aus, mächtige Kräne hoben, drehten, senkten ihre Lasten und eine Brücke, die aufgezogen werden mußte, um höher beladene Schiffe durchzulassen, bot nicht nur einen aufregend interessanten Anblick, sondern auch einen vollwertigen Entschuldigungsgrund beim Zuspätkommen in der Schule. – Vom Hafenplatz um die Ecke aber, in der Bernburger Straße, da lag die Berliner Philharmonie, Ort meiner Sehnsucht und meiner Freuden als Knabe und, Jahrzehnte später, Stätte häufigen eigenen Wirkens.

Vom Gymnasium selbst wüßte ich kaum viel mehr zu sagen, als daß ich, wie schon angedeutet, als Schüler ›genügend‹ war, ohne mich besonders auszuzeichnen. Am besten bestand ich vielleicht noch in Latein, das von Anfang an mein Lieblingsfach wurde. Dem vortrefflichen Lehrer am Askanischen Gymnasium habe ich wohl die besondere Erschlossenheit für die Eleganz und Klarheit dieser Sprache, ja vielleicht mein früh lebendiges Interesse an der Sprache überhaupt zu danken. Wäre nicht von allem Anfang an die Musik meiner Seele Herrin gewesen, so hätte eine angeborene Anlage und Neigung mich auf dem Wege über das Lateinische wahrscheinlich zur Philologie getrieben. Denn immer mehr habe ich die Sprache und ihre Entwicklung als eine der bewunderungswürdigsten Leistungen des menschlichen Genius erkannt, ist mir die Erforschung und Erschließung ihres Wesens als ein Weg zu Licht und tiefer Einsicht erschienen, den ich gern gegangen wäre; es hat mir genügen müssen, als ›Amateur‹ ihre Wunder zu genießen. – Von anderen Schulfächern liebte ich Mathematik und Physik, soll auch namentlich in ersterer ein recht guter Schüler gewesen sein, doch war es der Unterricht als solcher, der mir im allgemeinen gefiel, weil mein Sinn begierig war zu lernen und weil das Lernen mir keine Mühe machte. Außerdem unterhielt mich das Zusammensein mit den Schulgefährten, da ich bis zu einem bestimmten Grade gesellig und freundlich veranlagt war, und als es dann öfter zu Schulausflügen kam – mit Marschieren, Singen und Spielen –, tauchte ich mit großer Beflissenheit unter im Mitschülertum, dem ich mich sonst im Gefühl des ›Andersseins‹ oft fremd fühlte. Dabei war ich bestimmt kein ›geistiger Typ‹ oder Stubenhocker, sondern, trotz des Andersseins, ein wilder Junge, der an zerrissenen Hosen, zerschundenen Schienbeinen und gelegentlichen Löchern im Kopf keinen Vergleich mit den Mitschülern zu scheuen hatte. – Zu körperlichen Übungen allerdings hatte ich wenig Lust und noch weniger Eignung, und die Bemühung der Eltern, meine jungenhafte Wildheit erzieherisch zu verwerten, nämlich durch Turnen, Schwimmen und Eislaufen für meine körperliche Ertüchtigung auszunützen, hatte nur mäßigen Erfolg. Ich turnte gern, aber schlecht, ich liebte das Schlittschuhlaufen, aber es blieb eine unglückliche Liebe, und mein Versuch schwimmen zu lernen, brachte mir zwar einen bescheidenen moralischen Sieg, aber eine ausgiebige körperliche Niederlage. Ich war noch recht klein, der Wilmersdorfer See lag schwarz und von kühlem Morgenwind ungemütlich gekräuselt vor meinen Augen, mir gefiel kaltes Wasser überhaupt nicht, und als ich vom schwankenden Sprungbrett ins Wasser hinunter blickte und, durch Leine und Gürtel gesichert, den Befehl erhielt hineinzuspringen, fürchtete ich mich. Aber ich wußte, es müsse sein und ich sprang. Ähnliche Situationen haben sich oft in meinem Leben ergeben und sind jedes Mal so ausgegangen – ich bin von Natur nicht mutig, aber ich bin jedesmal ›ins Wasser gesprungen‹. Und es ist wohl zu fragen, ob der Mut Siegfrieds, der das Fürchten nicht gelernt hat, moralisch mehr gilt, als die Entschlußkraft, trotz der Furcht den Drachen anzugreifen, was auch daraus entstehen möge. Leider fand mein moralischer Aufschwung am Wilmersdorfer See schlechten Lohn: der Schwimmlehrer, Typus des preußischen Unteroffiziers, und augenscheinlich spartanischen Idealen ergeben, hielt es für seine harte Pflicht, mich in der zweiten oder dritten Stunde für wiederholte Ungeschicklichkeit zu strafen, indem er mich ›tauchte‹, d. h. die Leine so lockerte, daß ich unter Wasser sank. Ich reagierte sensitiv und schnell auf die nicht sensitive Maßnahme, denn als der Spartaner die Leine wieder anzog, zeigte es sich, daß ich wohl zu viel Wasser geschluckt hatte und mich recht übel befand – und mit dem Schwimmen war es vorbei – ich konnte nie wieder an der Leine im Wasser hängen, ohne daß mir schlecht wurde und so habe ich diese Kunst definitiv aufgeben müssen. Und doch bin ich nicht ganz ohne körperliche Tüchtigkeit geblieben: ich liebte die Fußwanderung und habe sie fleißig betrieben, ja ich bin sogar ein recht guter Bergsteiger geworden, der von manchem hohen Tiroler Gipfel selig ins Weite geblickt hat.

In den ersten Gymnasialklassen begann ich allmählich zu fühlen, wie die wachsende Menge des Lehrstoffes, der steigende Anspruch an häusliche Schularbeiten mich trotz der Leichtigkeit meines Lernens immer mehr von der Musik fortdrängten. Ich kämpfte hartnäckig, aber meine Doppelbemühungen um Schule und Musik waren in den drei Jahren der Sexta, Quinta und Quarta so angewachsen, daß ich fürchten mußte, in der Tertia würde es nicht mehr gehen. Ich bestürmte die Eltern mit leidenschaftlichen Bitten um Abhilfe, bis sie einwilligten, statt des Musikstudiums den Schulbesuch zu unterbrechen, und ihn, opferbereit, durch Privatunterricht zu ersetzen. – Ein Gymnasiallehrer, Vetter meiner Mutter, ein ernster und doch freundlicher Mann von gründlichem Wissen und ungewöhnlicher Lehrbegabung übernahm es, mir den recht reichen und mannigfaltigen Lehrstoff der Tertia in Privatstunden bei sich zu Hause beizubringen. Es gelang ihm, den im Gymnasium auf zwei Jahre berechneten Lehrplan mit mir in kürzerer Zeit zu bewältigen, und dabei die für meine musikalischen Studien erforderliche Zeit frei zu lassen. Er spielte übrigens mit rührendem Eifer, aber nicht übermäßigem Können die Geige, und ich habe ihn manchmal nach beendeten Lektionen mit einer taktvoll dosierten Mischung von Schüler-Respekt und Musiker-Überlegenheit durch eine Mozartsche oder Beethovensche Violinsonate vom Klavier aus durchgesteuert.

Nach der privatim absolvierten Tertia mußte ich nun wieder in die öffentliche Schule zurück, um mir die Berechtigung zum ›einjährig-freiwilligen‹ Militärdienst durch ein offizielles Zeugnis zu sichern. Nach Freiheit aber schrie es in mir, als ich in der Untersekunda des Falkrealgymnasiums mich von neuem an die Schulbank gekettet fühlte und kaum hatte ich den Schein in der Tasche, als ich meinem Vater erklärte, es wäre sinnlos, jetzt noch weitere drei Jahre in der Schule zu verbringen und dabei musikalisch zu verschmachten – ich wolle keine Universität beziehen und brauchte also keine Obersekunda und Prima und auch kein Abiturium –, ich wolle Musiker werden und deshalb müsse ich mich von nun an völlig der Musik widmen.

Der Bedeutung des vorzeitigen Abgangs von der Schule für meine Bildung war ich mir nicht bewußt. Es scheint auch niemand abgeredet zu haben, und meine Eltern waren meiner Ungeduld und meinem Ungestüm wohl einfach nicht gewachsen. So kam es, daß ich mit etwa fünfzehn Jahren die Schule definitiv verließ, leider ohne sie bis zum Abiturium durchgemacht und, was mir als der größere Verlust erscheint, ohne soliden Grund im Griechischen gelegt zu haben. Der Privatunterricht hatte mich nur in seine Anfangsgründe eingeführt und das Falkrealgymnasium war keine humanistische Schule – es lehrte zwar Latein, aber statt des Griechischen stand Englisch auf dem Lehrplan. Ich habe viel später im Leben versucht, für mich selbst das Studium des Griechischen wieder aufzunehmen, doch ohne mehr als bescheidene Fortschritte zu machen. Mein Verlust hat mich oft geschmerzt, denn immer mehr ist mir die humanistische Bildung – auf entsprechender Grundlage vom Gymnasium her – als unentbehrlich für eine universelle geistige Entwicklung erschienen. Ich glaube auch, in reiferem Alter mit ernstem Bemühen nach allgemeiner Kompensation für das jugendlich ungeduldige Abbrechen der systematischen Schulausbildung gestrebt zu haben – ein schlechtes Gewissen jedoch ist mir von meiner Ungeduld verblieben, und es sei hiermit, als in diesen Rechenschaftsbericht gehörend, reuig bekannt.

An Einzelheiten aus meiner Schulzeit, an Lehrer und Mitschüler oder an bemerkenswerte Vorfälle kann ich mich nicht mehr recht erinnern, doch möchte ich ein Wort aus dem Religionsunterricht in der Sexta oder Quinta zitieren, das mir durch seine naive Einpräglichkeit im Gedächtnis geblieben ist und sich bei späteren Anfällen von religiösen Zweifeln und gegen böse atheistische Stimmungen hilfreich erwiesen hat. Indem er von der Torheit des Atheismus sprach, zog der Lehrer eine große silberne Taschenuhr aus der Weste, öffnete ihr Gehäuse, ließ uns das eifrig arbeitende Räderwerk sehen und fragte: »Hat diese Uhr sich allein gemacht? Haben ihre Teile sich durch blinden Zufall so zusammengefunden, daß sie miteinander arbeiten und die Zeit messen? Oder hat ein Uhrmacher die Uhr geplant und geschaffen?« Dieser drastische, dem kindlichen Verstand zugängliche Beweis für das Dasein des Schöpfers einer Welt, in der die Sterne in ihren geordneten Bahnen kreisen, in welcher Gesetzmäßigkeit über Staubkorn und Sonnensysteme herrscht, hatte sich in mein Gemüt eingegraben. Natürlich aber ist mir später klar geworden, daß seine einfache und einleuchtende Beweiskraft gar nicht dem zentralen Problem zugute kommt. Denn den denkenden und fühlenden Menschen quälen ja nicht so sehr die Zweifel am Gottschöpfer, als an der göttlichen Güte; war der Schöpfer allmächtig, so grübelt der Mensch, dann muß er auch das Böse und das Leiden geschaffen oder geduldet haben; besteht und wirkt das Böse gegen Gottes Willen, so kann er nicht allmächtig sein. Diese erschütternden, Herz und Verstand aufwühlenden Fragen, diese Zweifel entweder an Gottes Allmacht oder an Gottes Güte, zu denen die Philosophie, wenn sie nicht ausweicht, schweigt, oder die sie mit einem mehr oder weniger ausgesprochenen enttäuschenden ›ignorabimus‹ abtut, diese Fragen und Zweifel sind auch in mir lange Jahre hindurch immer wieder aufgestiegen. Deshalb habe ich sie angeführt; auf sie einzugehen ist hier nicht der Ort. Nur soviel sei gesagt, daß ich bei zunehmender Reife die Fragestellung als abwegig erkannt und andere Wege zur ›Harmonie mit dem Unendlichen‹ gesucht habe, wie sie mir von der christlichen Lehre gewiesen wurden, der sich mein Herz allmählich innigst zuwandte.

Zur Zeit jener Religionsstunde war ich jedenfalls von Zweifeln frei, fand meiner optimistischen Natur gemäß, ein zweiter Candide, das Leben herrlich, die Welt vollkommen und nur die Schule ein wenig störend, da sie gar so viel Zeit in Anspruch nahm. Doch gab ich mich damit zufrieden und denke eigentlich ganz gern, wenn auch ohne Sehnsucht, an meine Schulzeit zurück. Es kommt mir vor, als hätte ich ihre Pflichten, die bestimmt von keiner erleseneren Lehrer-Persönlichkeit anziehend oder eindringlich gemacht wurden — vielleicht mit Ausnahme des erwähnten Lehrers für Latein —, als eine Art unvermeidlichen Tributes an die praktischen Forderungen des Lebens, die bei mir nicht hoch im Kredit standen, sozusagen nebenher erledigt, um die übrige Zeit zu ›leben‹, nämlich zu arbeiten und lesend und denkend meinen geistigen Hunger auf meine Weise zu stillen.

# 4

Das Sternsche Konservatorium befand sich in der Friedrichstraße, nahe ihrem südlichen Ende, nicht weit vom Halleschen Tor, und da wir während der ersten Monate, oder vielleicht sogar während des ersten Jahres meines Unterrichts noch in der Elsässer Straße wohnten, die in das Nordende der Friedrichstraße einläuft, so mußte ich jedesmal diese längste Straße der Stadt vom Norden zum Süden zurücklegen, um zum Ort meiner musikalischen Erziehung zu gelangen. Daß ich dorthin anstatt eines beschämend infantilen Schulranzens auf dem Rücken, die ›erwachsenere‹ Studentenmappe voll Musikalien vornehm unter dem Arm tragen konnte, hatte allerdings seinen Reiz für den Neunjährigen – mehr noch, daß ich von der Mutter zwei ›Groschen‹ für die Hin- und Rückfahrt mit dem Omnibus erhielt; denn mit der unbeschränkten Verfügung über dies beschränkte Kapital war mir die Möglichkeit eröffnet, wenigstens die Hälfte, d. h. zehn Pfennige statt für eine der Fahrten, für einen Apfelkuchen ›mit‹, wie es in Berlin hieß, nämlich Schlagsahne zu verwenden. Über dreiviertel Stunden zu Fuß zu gehen bedeutete zwar ein großes Opfer, aber groß war auch meine Naschsucht und sie blieb fast immer siegreich im ungleichen Kampf der Gefühle. Kurz vor dem Ziel, an der Putkammerstraße, lag eine kleine, äußerst gemütliche Konditorei, in der ich die Näscherei zu erstehen pflegte und wohin ich später gelegentlich mit Mitschülern vom Konservatorium zu kurzer Erfrischung einkehrte. Wenn einmal die längst fällige kulturgeschichtliche Würdigung des Wiener Kaffeehauses geschrieben werden sollte, so hoffe ich, der Chronist, der seine Reize besingt, werde zum Vergleich auch ein Streiflicht des Lobes auf die alte Berliner Konditorei werfen; sie gehörten zum Charakterbild der Stadt, jene bescheidenen, stillen Lokale der Süßigkeiten, mit Zeitungen an den Wänden und einigen wenigen Tischen in engen, dämmerigen Räumen, wo man Schach spielte und Lebensprobleme diskutierte, wo man Kaffee oder Schokolade mit Kuchen genoß und wohin man sich mit der jungen Dame zu unbeobachtetem Zusammensein verabredete. Hatte nicht der Berliner ein eigenes, allerdings grauenhaftes Verbum ›konditern‹ konstruiert, um diese wichtige und vielfach beliebte Kombination der Labung des Gaumens mit der Ergießung des Herzens zu bezeichnen?

Das Konservatorium, von Julius Stern gegründet, nach seinem Tode von seiner Schwägerin Jenny Meyer mit Robert Radeke als Mitdirektor weitergeführt, lag damals im hinteren Trakt eines alten Hauses, den man von der Friedrichstraße her durch einen dunklen Torweg und dann über einen Hof erreichte. Die Unterrichtszimmer, in deren jedem ein Bechstein oder Blütner- oder Duysen-Flügel stand, waren groß und düster. Schön, licht und stattlich aber war der Saal, in dem die Vortragsabende, die Chorübungen und die Orchesterproben stattfanden und wo auch Unterricht erteilt wurde. Auf dem Podium standen zwei Flügel, hinter denen bei den sonntäglichen Vortragsstunden mit Orchester der Streichkörper der Schüler postiert war: Bläser gab es nicht, und ein Schüler der Kapellmeisterklasse mußte ihre Stimmen auf dem Klavier spielen. Das war in meinen letzten Konservatoriumsjahren fast regelmäßig meine Aufgabe geworden, die ich einem Mittelschüler nur überließ, wenn ich selbst zum Dirigieren bestimmt wurde. – Mit welcher Dankbarkeit denke ich an diesen Saal zurück, in welchem ich unter der Menge der aufmerksam zuhörenden Schüler meinen Platz haben durfte – vor uns in der ersten Reihe die imposante Gruppe der Direktion mit den Lehrern – und von dessen Podium mir zum erstenmal und dann oft und immer wieder die Werke der klassischen Literatur, von Schubert, Schumann und Chopin, von Bach und Händel, von Beethoven, Mozart, Haydn und Brahms erklangen. Was an Instrumentalkonzerten, an solistischen Stücken, an Sonaten, Kammermusik, Arien und Liedern nur immer im technischen Bereich reiferer Schüler lag, kam dort zu Gehör und, wie mir nachträglich vorkommt, in oft erstaunlichen Leistungen. So lernte ich einen beträchtlichen Teil der klassischen Musik kennen – nur mit der Pflege des Cellos und seiner Literatur sah es wohl nicht zum besten aus – und ich werde nie das Glücksgefühl vergessen, mit dem ich als Kind dort saß und meine durstige Seele mit Musik tränkte. – Früh nahm ich selbst tätigen Anteil an jenen Vorführungen, in den ersten Jahren mit dem Vortrag von Klavierstücken – unter dem Flügel ein Fußbänkchen mit einer mechanischen Vorrichtung, mittels welcher meine kurzen Kinderbeine die Pedale erreichten –, später auch in den Sonntagmorgen-Veranstaltungen mit Klavierkonzerten und in den letzten Jahren als Dirigent von Instrumentalkonzerten, Arien mit Orchester und manchem Haydnschen Symphoniesatz.

An gleichaltrige Mitschüler im Konservatorium kann ich mich durchaus nicht erinnern und ich sehe mich dort mit aller Deutlichkeit als einziges Kind unter lauter Erwachsenen, d. h. umgeben von jener Altersklasse, die man als ›junge Leute‹ zu bezeichnen pflegte. Das war bestimmt kein natürlicher und wünschbarer Zustand für mich, denn gerade, daß ich von den erwachsenen Mitschülern verhätschelt und verwöhnt wurde, betonte den Abstand zwischen uns, der mich einschüchtern mußte. Und ich war eingeschüchtert und blieb es, weil mir in jenen wichtigen Jahren der festigende Verkehr mit Gleichaltrigen fehlte, in dem man auf natürlichstem Wege lernt, sich auf eigenen Füßen zu behaupten, Widerstand zu leisten, sich durchzusetzen, ein Gleicher unter Gleichen; der normale Zustand, den mir hierin die Schule gewährte, konnte nicht den Schaden gutmachen, der mir aus dem Druck jahrelanger Ungleichheit in der eindrucksvolleren Sphäre des Musikstudiums erwuchs. In der letzten Periode am Konservatorium wurde es damit besser, als ich von meinem etwa fünfzehnten Jahr an auch Gleichaltrige zu Mitschülern hatte, aber ein ähnliches, noch schädlicheres Verhältnis stellte sich am Beginn meiner Opernlaufbahn ein, da ich als Siebzehnjähriger mit lauter reifen, im Berufe stehenden Sängern und Sängerinnen, Orchestermusikern, Chormitgliedern und anderen Theaterangestellten zu tun hatte. In jener Zeit empfand ich meine Jugend wie ein Verhängnis oder Verbrechen – sie wurde mir auch oft zum Vorwurf gemacht – und es kommt wohl von all diesen Eindrücken her, daß ich mich mein ganzes Leben hindurch unter lauter so selbstsicheren, tüchtigen, praktischen, routinierten, streitbaren, kurz, so erwachsenen Mitmenschen immer etwas jung und unsicher, etwas außerhalb stehend, ihnen nicht völlig gewachsen gefühlt habe.

Das Radekesche Zeugnis hatte jenen bedenklichen Zustand herbeigeführt, den ich soeben beschrieben, indem es mir über das Hindernis meines zu jugendlichen Alters hinweg den Weg zur Aufnahme in das Sternsche Konservatorium eröffnete. Ich bestand mit Leichtigkeit die Aufnahmeprüfung und wurde nach kurzer Vorbereitungszeit bei Franz Mannstädt der Klavierklasse der ›Vorgeschrittenen‹ unter Professor Heinrich Ehrlich zugewiesen: er besaß einen vortrefflichen Ruf als Klavierlehrer und nahm außerdem als erster Musikkritiker des Berliner Tageblattes eine wichtige Stellung im deutschen Musikleben ein. Für Theorie kam ich natürlich in die Anfängerklasse, die Ludwig Bußler leitete, ein angesehener Theoretiker, dessen Bücher über Harmonielehre und Kontrapunkt in vielen Musikschulen zur Grundlage des Unterrichts dienten.

Die Persönlichkeiten der Lehrer wirkten tief auf meinen zur Verehrung bereiten Sinn, ohne mir jedoch den heiß ersehnten Eindruck von ›großen Musikern‹ zu machen. Ludwig Bußler, dessen Unterricht ich Jahre hindurch genoß, ein breitschultriger, großer Mann mit grauen Locken, war ein gelehrter, gewissenhafter, aber wohl etwas trockener Lehrer. Ob er selber in die Tiefen der musiktheoretischen Probleme geblickt, ob er ihnen nachgeforscht hat, weiß ich nicht; eher neige ich zu der Ansicht, daß er Überliefertes gläubig bewahrt, ohne von fruchtbaren Zweifeln an seinen Grundlagen beunruhigt gewesen zu sein. Jedenfalls war ihm nicht gegeben, seine Schüler für die theoretischen Fragen näher zu interessieren, und ich glaube, ich bin damals über die gefährlichen und lockenden Tiefen der Theorie frisch und ahnungslos hinweggaloppiert, wie der in meiner Frühkomposition besungene Reiter über die trügerische Eisdecke des Bodensees, um, geführt von meinem gesunden musikalischen Instinkt, heil anzukommen auf dem sicheren Boden der praktischen Musikausübung. Später erst, unter dem Einfluß der Schriften des tiefblickenden Theoretikers und Musikphilosophen Heinrich Schenker, begann ich, der Bedeutung des Versäumten bewußt zu werden und die theoretischen Probleme zu erfassen; oder vielmehr, sie erfaßten mich, faszinierten mich sogar, aber in ihnen aufzugehen, mich ganz an sie zu verlieren, ›lag mir nicht‹ — zu unwiderstehlich zog mich meine Natur von ihnen fort zum lebendigen Musizieren hin. Auf festem Boden befand ich mich jedenfalls im Klavierunterricht. Heinrich Ehrlich war ein vortrefflicher Lehrer und Pianist; in langjähriger kritischer Tätigkeit hatte er überdies die besten Klavierspieler immer wieder gehört und seine auf Einsicht und Erfahrung gestützten Ausstellungen, Verbesserungen und Ratschläge machten mir überzeugenden Eindruck. Er war ein gebildeter, ernster und klarer, aber ganz unromantischer und vielleicht etwas kühler Musiker; wenn er mir vorspielte, was häufig geschah, fühlte ich mich immer belehrt, aber kaum erwärmt oder begeistert. Meine eigene Überschwenglichkeit, deren ich mich in seiner Gegenwart stets ein wenig schämte, war aber nicht zurückzuhalten, und er war weise genug, meine romantische Natur gewähren zu lassen und die Intensität meines Ausdruckes nicht zu unterdrücken. Auch konnte ich nie recht aus seinen ruhigen Worten oder seinem verschlossenen Wesen erkennen, ob er mit mir ein wenig zufrieden war oder vielleicht sogar tieferen Gefallen an meinem Spiel fand; doch gab er mir häufig, ganz ungebeten, gründliche Privatstunden in seiner Wohnung, augenscheinlich weil ihm die im Konservatorium verfügbare Zeit nicht genügte und bewies so mit der Tat, was sonst aus seinem Wort oder Wesen nicht zu entnehmen war, ein ernstes Interesse für seinen strebsamen Schüler.

Gern vergegenwärtige ich mir auch die charmante und temperamentvolle Persönlichkeit des phänomenalen Geigers Emile Sauret, des ersten Violinlehrers am Konservatorium. Mit ihm als Lehrer kam ich zwar nicht in Berührung, aber seine sprühende Lebendigkeit zog alles in seine Nähe, auch kam er öfter zu mir heran, um mich zu loben, wenn ich an Vortragsabenden gespielt hatte und häufig umdrängten wir Schüler ihn bettelnd, er möge uns etwas vorspielen. Dann stiegen die Flageoletläufe und die Doppelgriffpassagen wie Raketen in die Höhe, und wenn wir ihn verblüfft anstaunten, sagte er nur lachend in seinem drolligen Französisch-Deutsch: »Is nischts, mes enfants, liegt alles auf dem Geig', muß nur nehmen!«, ein dictum, das damals zum geflügelten Wort bei uns wurde.

Ich glaube, daß meine Stunden in Komposition und in Partiturlesen bei Radeke erst nach meinem vollendeten dreizehnten Jahr begannen, als ich das Steuer herumgeworfen und statt zur Pianisten-Laufbahn mich für den Kapellmeisterberuf entschieden hatte.

Von anderen Lehrern hätte ich also aus dieser Epoche nichts zu berichten, wohl aber von der stärksten Individualität des Instituts, die auf mich einen bedeutenden Einfluß ausgeübt hat: von Jenny Meyer, der Direktorin, einem der wenigen Menschen, die ich eine ›moralische Macht‹ nennen möchte, wie Goethe von Carlyle sagte. Von ihrer majestätischen Erscheinung – man hätte an eine Judith denken können, wäre sie nicht damals schon zu korpulent gewesen – gingen Würde, Güte und ein mitreißender Impuls der Kraft aus. Es war das erste Mal, daß die Wirklichkeit mich in fast täglichen Verkehr mit einer so ideal gerichteten, stets hochgestimmten Persönlichkeit brachte, deren Wesen in erhebendem – von mir damals schon deutlich empfundenen – Gegensatz zu der niederdrückenden Alltäglichkeit der meisten Menschen innerhalb meines Gesichtskreises stand. Mir ist viel später eine Andeutung über die Geschichte ihres Lebens gemacht worden, nach der sie eine schwärmerische unglückliche Neigung zu dem Gründer des Konservatoriums, Julius Stern gehabt habe, der auch der Gatte ihrer Schwester war; daher habe sie sich entschlossen, nach seinem frühen Tode sein Lebenswerk zu übernehmen, um dessen Fortsetzung in seinem Sinne zu sichern. Die Erzählung scheint mir glaubhaft als Schlüssel für Jenny Meyers feierlichen, etwas schwermütigen Ernst, ihr hohes Pflichtgefühl und den stillen Fanatismus ihrer unermüdlichen Arbeitsfreudigkeit. Während der späteren Periode meiner Konservatoriumszeit habe ich häufig in ihren Gesangstunden am Klavier begleitet und dabei eine Fülle von Liedern, von Opern- und Oratoriumsarien gründlich und außer vom musikalischen auch vom Gesangsstandpunkt aus kennengelernt. Sie hatte bei der Marchesi studiert und soll eine herrliche Altstimme besessen, aber früh durch Krankheit verloren haben. Begeisterte Anhängerin italienischer Singweise, stellte sie namentlich die Methoden Lampertis und der Marchesi als ihre Muster hin und an Vokalisen wurden nur die von Concone und Bordogni in ihren Lektionen gesungen. Daß sie den größten Wert auf eine niedergelegte Zunge beim Singen legte, macht mich allerdings nachträglich etwas mißtrauisch gegen ihre eigene Methode. Schön aber, groß und einleuchtend waren jedenfalls ihre Anweisungen für den Vortrag, und mehr noch als die wertvollen einzelnen Vorschriften bedeutete für die Schüler ihre reine Gesinnung, ihr hoher Idealismus in allen Fragen der Kunst.

Ich sehe sie vor mir, hoch und machtvoll, ihren großen Schlüsselbund in der Hand, ein wenig ermattet von ihrer Tagesarbeit, denn sie ist nicht mehr jung, und ihr schönes schwarzes Haar, von einem hohen spanischen Kamm gehalten und gekrönt, ist stark mit grau gemischt. Die Gesangstunden, in denen ich begleitet, sind beendet, und wir stehen, wie oft, noch ein paar Minuten im Vorzimmer und plaudern ein wenig, bevor sie als letzte die Räume verläßt und abschließt. Ich kann mich an keine jener Unterhaltungen erinnern, wohl aber daran, daß sie mit mir nicht wie ein Erwachsener mit einem Kind, sondern mitteilsam, gut und freundschaftlich spricht, aufmerksam anhört, was ich zu erwidern habe – hinauf zu ihr, denn ich bin recht klein und sie ist sehr groß – und durch Zutrauen und Achtung die Distanz zwischen uns auslöscht. Und auch ich helfe dazu, lösche Distanz aus, denn in mir wallt innige Dankbarkeit auf und zugleich eine große Teilnahme, die mich ihr ganz nah bringt und wohl aus irgendeiner tieferen Ahnung entspringt. Dann geht sie starken, festen Schrittes mit ihrem klingelnden Schlüsselbund – Beschließerin und Hüterin eines ihr anvertrauten Gutes – die Treppe hinauf, und ich begebe mich auf meinen Heimweg, erhoben und voll großer Vorsätze, und finde das Leben vielleicht ein wenig traurig, aber unendlich schön.

Das Sternsche Konservatorium hatte unter der gewissenhaften, hochstrebenden Führung seiner Direktorin seinen alten Ruf gewahrt und gemehrt und seinen Platz neben der königlichen Hochschule im Berliner musikalischen Erziehungswesen behauptet. Weder aber Jenny Meyer noch ihre Lehrer waren von der Welle der Wagnerbegeisterung ergriffen worden und das Institut vertrat, gleich den sehr angesehenen Konservatorien in Leipzig unter Reinecke und in Köln unter Wüllner, die reaktionäre Richtung – es konkurrierte mit der Hochschule, die unter Joachims Leitung stand, sowohl in dem Ernst und der Gründlichkeit des Unterrichts, wie in der Gegnerschaft gegen Wagner, dessen Name in seinen Räumen überhaupt nicht genannt wurde.

In jenen achtziger Jahren, als ich heran- und in die Musik hineinwuchs, hatte die Opposition noch Lebenskraft und Kampfwillen und, obgleich verringert und geschwächt, war sie nicht gesonnen, den Streit aufzugeben.

Wagners Werke allerdings blühten und triumphierten, alle Opernbühnen spielten sie, ja lebten von ihnen – Bayreuth hütete den Gral, die Festspiele unter Cosima schufen die auf des Meisters Lehren und Anweisungen gegründete lebendige Wagner-Tradition und die Stilschule in Bayreuth suchte die jüngere Generation der Künstler zu einem Wagnerstil des Gesanges, der Darstellung, der Sprachbehandlung zu erziehen. Was wäre natürlicher gewesen, als daß nun auch die älteren Musikschulen sich ebenfalls in den Dienst der großen Sache gestellt und die Erneuerung und Erweiterung ihrer Lehraufgaben mit Begeisterung begrüßt hätten? Aber das Gegenteil war der Fall – der Antiwagnerianismus hatte sich gerade in die Konservatorien wie in eine Festung zurückgezogen und die Tore geschlossen. Während draußen eine große und neue Kunstgemeinde die Opernhäuser füllte und die Wagneraufführungen mit einem so glühenden Enthusiasmus genoß, wie ihn die Theater nie vorher gekannt hatten, blieb auch ein noch immer bedeutender Teil des Publikums, und nicht der schlechteste, abseits und machte gemeinsame Sache mit den Konservatorien in stillerer, aber entschlossener Ablehnung. Nicht der schlechteste, wiederhole ich; er bestand zum großen Teil aus denen, welche die Reinheit der Tonkunst durch das ›Kunstwerk der Zukunft‹ bedroht fühlten, stützte sich auf jene unendlich wertvollen, wahrhaft musikliebenden Kreise, in deren Häusern Altäre für die klassische Musik errichtet waren. Damals gab es noch keine mechanischen Erfindungen, die der Familie durch Drehen eines Knopfes Beethovens Neunte oder Schumanns Klavierkonzert fertig ins Haus lieferten. Die Bereicherung des Lebens durch Musik mußte man sich erarbeiten, die Erhöhung des kulturellen Niveaus durch ihren veredelnden Einfluß gehörte in das Erziehungsprogramm fast jeder besseren bürgerlichen Familie. So war das Verhältnis zur Musik nicht nur ein allgemeiner, sondern ein sehr persönlicher und hoch geschätzter Besitz, weil er in eigener, jahrelanger Bemühung gewonnen war. Die Kinder lernten bei vortrefflichen Lehrern ihre Instrumente spielen, sie übten, sie wurden in die Konzerte geführt, wo sie die besten Künstler hörten, und sie spielten miteinander – und oft an regelmäßig festgesetzten Tagen – klassische Kammermusik. Die Opposition auch dieser ernsten Kreise wäre jedoch ohnmächtig gewesen, hätte sie sich auf eine rein negative Haltung gegen das Wagnersche Werk beschränkt. Aber sie zog Lebenskraft aus der positiven Einstellung zu Brahms, um den sie sich sammelte und den sie als Gegen-Ideal gegen Wagner aufgestellt hatte. Ich kann es bezeugen, denn ich bin in jener bürgerlichen, Kammermusik spielenden, antiwagnerisch eingestellten Welt aufgewachsen und habe an einem solchen antiwagnerisch gesinnten Konservatorium meine musikalische Erziehung genossen.

Johannes Brahms lebte in Wien und war fern, Josef Joachim aber, sein Freund und Anhänger war in Berlin, und in seiner sonst durchaus verehrungswürdigen Persönlichkeit besaß die Reaktion ihren einflußreichsten Vertreter. Der Nimbus, den ihm seine meisterhaften geigerischen Leistungen und die bewunderungswürdige Tätigkeit seines Quartetts in einem langen Leben verliehen hatten, wurde noch erhöht durch den Ruhm, den seine Führung der königlichen Hochschule für Musik in Berlin gewann. Seine persönlichen Freundschaften, früher mit Schumann, später mit Brahms, seine Feindschaft gegen Wagner zeigten ein klares und weithin wirksames Bild eines künstlerischen Charakters und ein großer Teil der Musiköffentlichkeit, vor allem das von mir geschilderte ›klassisch‹ gesinnte Publikum anerkannte verehrungsvoll seine Autorität und folgte seinen Neigungen und Abneigungen.

Sah man von ihrer rückwärts gerichteten Tendenz ab, so konnte man der Leistung der genannten Unterrichtsanstalten in Lehren und Lernen Respekt und Anerkennung nicht versagen. Ihr Ansehen war auch weit in die Welt hinaus verbreitet und sie zogen aus dem europäischen Ausland und aus Amerika zahlreiche Schüler, denen um gründliche musikalische Erziehung, um authentische Interpretation und Methodik zu tun war, zu jenem alten Deutschland, das damals mit Recht als ›Mutterland der Musik‹ galt. Ich entsinne mich, wie interessant mir das Sprachenbabel klang, das in Vorzimmern und auf Korridoren des Konservatoriums mein Ohr umschwirrte.

Ich war ein Knabe und von meinem ersten Tristan-Erlebnis an ganz im Banne Wagners. Um mich herum sprach man gegen mein Ideal und berief sich auf Joachim. Aber ebensowenig wie heut verringerte damals seine Gegnerschaft gegen Wagners unsterbliches Schaffen meine Verehrung für Joachims große Persönlichkeit. Ich muß irgendwie gefühlt haben, daß seine hartnäckige Opposition der Sache Wagners keinen definitiven Schaden mehr bringen könne, sein edles Musikertum und sein charaktervolles Wirken dagegen ein Segen für die Sache der Musik im allgemeinen war.

Ich selbst habe Joachim nur einmal als Solisten in seiner berühmten Interpretation des Beethovenschen Violinkonzertes und ein anderes Mal in einem seiner letzten Quartettabende gehört. Er war bejahrt, und Hand und Intonation waren nicht mehr zuverlässig, aber seine Einfachheit, Größe und letzte Altersreife wirkten auf mich tief und unauslöschlich. Seine erhabene Versenktheit in den Gesangsteilen, wie z. B. in der Cavatine des B-dur-Quartetts von Beethoven klingt noch in meiner Seele und ist mir für mein ganzes Leben zum Vorbild geworden. Wie hoch sein Lehrertum galt, ist daraus zu ersehen, daß noch lange Jahre nach seinem Tode das Wort ›Joachim-Schüler‹ die beste Empfehlung für einen Geiger bedeutete, der sich um eine Orchesterstellung bewarb – auch glaube ich, daß der herrliche Geigenton des Berliner Philharmonischen Orchesters und der königlichen Kapelle in großem Maße der von Joachim geschaffenen Tradition zu danken ist, die ja von seinen zahlreichen Schülern fortgesetzt wurde. Ich dachte in diesem Lebensbild so eingehend von ihm berichten zu sollen, weil ich – obgleich nie unter seinem direkten Einfluß – doch in der von ihm so stark beherrschten Berliner Musikatmosphäre aufgewachsen bin, sie sozusagen eingeatmet habe. Persönlich bin ich Joachim leider nur einmal begegnet, als mich eine blinde Schülerin aus Jenny Meyers Klasse ersuchte, sie bei dem Vorsingen zu begleiten, das er ihr gewährt hatte. Ich glaube, es handelte sich darum, ihr seine mächtige Empfehlung für eine kleine Lehrstellung zu verschaffen. Ich war etwa zwölf Jahre alt und sah der Begegnung mit dem Meister mit großer Spannung entgegen. Sein Wesen war stille Würde und edle Wärme. Er hörte der Sängerin mit Wohlwollen zu, schien auch mit meiner Begleitung recht zufrieden, denn er wandte sich mit merklichem Interesse an mich, fragte mich nach Alter, Studiengang und Absichten, sagte mir einige lobende Worte, und in mir verblieb von der Begegnung ein Glücksgefühl und – trotz seiner Wagnerfeindschaft – ein wachsendes Bedauern, ihm im Leben nicht näher gekommen zu sein.

# 5

Im Konservatorium soll ich mich vom ersten Tage an als eifriger und pflichttreuer Schüler bewährt haben; trotzdem war ich nicht ausschließlich auf meine musikalischen Studien konzentriert; gar zu viel des Interessanten schien das Leben meinem wachen Sinn zu bieten, und ich war nicht dafür geschaffen, nur auf der nächsten Weide zu grasen. Derselbe gute Instinkt aber, der sich in mir gegen die Einseitigkeit wehrte, der ein spezifisches Talent so leicht verfällt, bewahrte mich auch vor einer Zersplitterung meiner aufnehmenden Kräfte, wie sie oft zur Oberflächlichkeit führt. Ich glaube intuitiv, meine geistige Nahrung so gewählt zu haben, daß sie meine vielfachen Interessen in gutem Ausgleich förderte, ohne meine Aufnahmefähigkeit zu überlasten.

Resultate meines Fleißes auf musikalischem Gebiet zeigten sich natürlich zuerst in meinen schnellen pianistischen Fortschritten. Sie müssen meinen Lehrer befriedigt haben, denn er überraschte mich eines Tages mit der Mitteilung, daß ich bei der nächsten öffentlichen Prüfung des Konservatoriums, die wie alljährlich in der Berliner Singakademie stattfand, mitwirken solle.

Die Berliner Singakademie! Ich habe den noblen Bau vor Augen, wie er von Unter den Linden her hinter dem lockeren Baumbestand des Kastanienwäldchens erschien, durch das eine Allee zu seiner schwungvollen Freitreppe führte. In den vornehmen, alten Räumen hatten Zelter, Mendelssohn und andere große Musiker der Vergangenheit führend gewirkt, der schöne Saal mit seiner idealen Akustik, in den die Büsten der Klassiker herabblickten, hatte Liszt, Thalberg, Rubinstein, Sarasate, Joachim und sein Quartett – kurz, viele Musiker von Weltrang auf dem Podium gesehen. Und in diese kulturgeschichtlich so bedeutenden Räume, in dies ehrwürdige Mecca der Musikgläubigen, durfte ich, ein schüchterner, neunjähriger Knabe, den Fuß setzen – hier sollte ich zum erstenmal mich vor einem Publikum bewähren. Bis zum heutigen Tage spüre ich meine feierliche Beklommenheit in so eindrucksvoller Umgebung und ich habe bis in späte Jahre die Berliner Singakademie nie ohne ein Gefühl der Ehrfurcht betreten, Nachhall des Hymnus, der im Herzen des Kindes beim ersten Eindringen in ihre Atmosphäre aufgeklungen war und auch unmittelbare Wirkung ihrer schönen, edel-einfachen Architektur und deren von Geistesgeschichte sprechenden Formen. Oft im Schauen haben mich Steine erschüttert, die erzählten, hat mich Geschichte bewegt, die zu dauernder Gestalt geworden, aber am tiefsten graben sich solche Eindrücke in das noch erlebnisarme Gemüt eines Kindes ein und wenn der unreife Sinn ihrer Bedeutung auch noch nicht gewachsen war, wuchteten sie doch auf ihm wie nur selten spätere ähnliche Erlebnisse.

Ich glaube, es war an einem Sonntagvormittag, als ich, eine der beiden symmetrisch angelegten Seitentreppen vom Künstlerzimmer her mit Herzklopfen heraufsteigend, mich plötzlich in der Öffentlichkeit, d. h. im Anblick des gefüllten Saales fand und meinen Platz unter den anderen Vortragenden auf einer Bank des steil ansteigenden Podiums einnahm, das rückwärts von den Metallohren der Orgel majestätisch überragt war. Ich hatte lange zu warten, und meine Erregung schoß jedesmal zu höherem Fiebergrad hinauf, wenn wieder ein Mitschüler unsere Bank verließ, um sich zu produzieren. Als aber nun ich an die Reihe kam, zeigte es sich, daß meine Aufregung schon vor dem ersten Ton verschwunden war – eine Erfahrung, die sich fast regelmäßig in meiner Laufbahn wiederholt hat – und ich soll nachher erklärt haben, die vielen Zuhörer hätten mich beim Spielen nicht mehr geniert, als ob es ebenso viele Äpfel und Birnen gewesen wären. – Ich spielte, wenn ich nicht irre, das anmutige Schubertsche ›Impromptu‹ in as-moll und Mendelssohns ›Rondo capriccioso‹ und, wie man sagt, soll die zarte Romantik dieser Stücke aus den Händen des Kindes recht überzeugend an die Herzen der Hörer gerührt haben.

Höchst festlich schloß sich an mein erstes Auftreten unser Besuch des Café Bauer an, ein berühmtes, glanzvolles Lokal des alten Berlin, an der Ostseite der ›Kranzlerecke‹, wo der bedeutende Tag seinen Höhepunkt im Genuß einer Tasse Schokolade erreichte, mit der mich die Eltern traktierten.

Eine wichtigere Folge des Ereignisses aber war ein Brief von Jenny Meyer, der meinem Vater am nächsten Tage mitteilte, daß ich von nun an Freischüler sei. Da es außerdem ein paar sehr freundliche Besprechungen in Zeitungen gegeben hatte, so waren meine Eltern überglücklich, und mein Vater trug die Kritiken wochenlang in der Rocktasche herum.

Ich sehnte mich natürlich bald über Klavierspielen und Klavierliteratur hinaus in die weiteren Bezirke der Kunst, und mein Vater fing an, mich gelegentlich in Konzerte und auch manchmal zur Oper zu führen. Seine eigenen Neigungen begegneten sich mit meinen Wünschen, und es machte ihm um so mehr Vergnügen, sie zu fördern, als ich ihm an Tagen nach einem Opern- oder Konzertbesuch alle möglichen einpräglichen Melodien vom vorherigen Abend aus dem Gedächtnis vorspielen konnte.

Der ›Krollsche Garten‹ war ein populäres, ausgedehntes Etablissement, wo der Berliner an schönen Nachmittagen und Abenden der warmen Jahreszeit unter dichtbelaubten Bäumen saß, aß, Bier trank und, wenn ich mich recht erinnere, auch einer Militärkapelle zuhörte. Wie war es dort erfreulich und namentlich gegen Abend, wenn die Gaslaternen brannten und der Wind durch die Bäume rauschte, so besonders erregend und romantisch! Aber dabei gab mir der dunkelnde Garten ja nur Vorahnung des Glücks, nur Vorgeschmack des Aufstiegs in eine höhere Welt – doch endlich wurde es Abend, man ging zum Ende der Hauptallee und dort lag das Krollsche Theater, da wurde Oper gespielt, und der Besucher des Gartens hatte mit seinen fünfzig Pfennigen Eintrittsgeld – oder waren es nur fünfundzwanzig? – auch das Recht auf einen Stehplatz für die Opernvorstellung erworben. Halbkreisförmig umgab ein breiter Raum für die stehenden Zuhörer das gesamte Parkett, so daß die zuerst gekommenen sich ganz vorn am Orchester, entweder links bei den Holzbläsern, oder rechts bei Blech und Pauken, aber jedenfalls nahe der Bühne aufstellen konnten. Dorthin führte mich mein Vater an manchen Abenden, und dort hörte ich zum erstenmal Mozarts ›Figaro‹ und ›Don Juan‹, Rossinis ›Barbier von Sevilla‹, Verdis ›Rigoletto‹ und ›Maskenball‹ und andere. Meine höchste Begeisterung galt der jungen, hinreißend begabten Marcella Sembrich als entzückende Susanne und als anmutige und virtuose Rosine, Rollen, mit denen sie sich in die Herzen der enthusiastischen Berliner sang und spielte. Sie war nicht nur eine meisterhafte Sängerin, sondern auch charmante Darstellerin dieser Partien, und die Erinnerung an sie hat mich in meinen späteren, eigenen Einstudierungen dieser Opern bis auf Einzelheiten in Spiel und Gesang reizvoll umschwebt. Als ich mehr als dreißig Jahre danach Marcella Sembrich in New York besuchte, machte es mir große Freude, ihr meine recht lange aufgespeicherte, dadurch aber keineswegs trockener gewordene Knabenbegeisterung zu bekennen und ihre gerührte Erinnerung an jene früheren Triumphe wachzurufen. – Unvergessen lebt auch in mir D'Andrades faszinierender ›Don Juan‹ als einer der seltenen Fälle, da ein Künstler für eine Rolle von der Natur bestimmt zu sein scheint. – Ich glaube, daß er damals wohl für alle, die ihn in der Partie sahen, mit dieser mythischen Gestalt der spanischen Sage und Dichtung identifiziert war. Im Jahre 1899 hatte ich die Genugtuung, als ich in Riga Mozarts ›Don Juan‹ mit D'Andrade als Gast dirigierte, trotz des merklichen Rückgangs seiner Stimme, jenen ersten, hinreißenden Eindruck vom Stehplatz nun vom Dirigentenpult aus und in persönlichem Kontakt wieder erneuert und, bis in zahllose, stets stiltreue Einzelzüge hinein, bestätigt zu finden. Ich denke auch mit Bewunderung an D'Andrades bravourösen ›Figaro‹ im ›Barbier von Sevilla‹, an seine übermütige Laune, natürliche Beweglichkeit, vokale wie sprechtechnische Meisterschaft und die ein wenig zu aristokratische Eleganz, die seinen ›Don Juan‹ auszeichnete und zum ›Barbier‹ weniger passen wollte. Gern erinnere ich mich ferner an die hochbegabte Hedwig Schacko als bäurisch naive, charmante ›Zerline‹ in ›Don Juan‹ und als amüsante und rührende ›Rose Friquet‹ in Maillarts hübschem ›Glöckchen des Eremiten‹, sowie an eine Fülle anderer herzerwärmender Ersteindrücke in jenen Jugendjahren.

Außer den Abenden bei Kroll sind mir zwei Aufführungen im Königlichen Opernhaus Unter den Linden im Gedächtnis geblieben. Lortzings Zauberoper ›Undine‹ als erster Opernabend meines Lebens und, geraume Zeit danach, Mozarts ›Zauberflöte‹. Es scheint mir bemerkenswert, daß ich in aller Beglücktheit und Spannung, mit denen ich der Musik zuhörte und der Handlung folgte, mir immer von neuem eines aufsteigenden Bedauerns bewußt wurde, wenn die Musik durch Dialog unterbrochen und dann wieder, wenn der Dialog durch Musik abgeschnitten wurde; kaum war ich vom warmen Strom der Musik dahingetragen, sah ich mich enttäuscht in die kältere Zone des gesprochenen Wortes versetzt – kaum hatte ich mich in diesem, mich interessierenden, die Handlung erzählenden und antreibenden Element willig akklimatisiert, so wurde die dramatische Spannung wieder durch die Musik aufgehalten, die ja oft und namentlich in den geschlossenen Nummern der klassischen Oper der Handlung Halt gebietet. Ich genoß jene Opernabende, sie stillten meinen Musikhunger, unterhielten meine Schaulust und fesselten den mir angeborenen Bühnensinn durch die Leistungen begabter Darsteller. Aber trotz ›Figaro‹, ›Don Juan‹ und ›Zauberflöte‹ – oder vielleicht eher, weil in diesen Aufführungen nur die Einzelleistung, nicht Mozart zu mir sprach – blieb ich damals der absoluten Musik inniger ergeben als der dramatischen, und keine Oper sprach mir so zu Herzen wie die Klaviermusik, die ich spielte, wie die Symphonien, die ich hörte.

Doch bin ich mir auch eines noch tieferen Grundes für diese entschiedene Einstellung bewußt. Die Opern, die ich bis dahin gesehen hatte, gehörten teils dem heiteren Genre an, teils ließ, wie im Fall des ›Don Juan‹, des ›Rigoletto‹ und ›Maskenball‹, die Interpretation gerade der pathetischen oder leidenschaftlichen Partien viel zu wünschen übrig – kurz, die Oper als solche machte mir nach meinen bisherigen Erfahrungen im Grunde einen etwas spielerischen Eindruck. Ich aber war für das Tragische, ich ›hatte etwas‹ gegen das Heitere. Und ich glaube, daß nicht nur mir persönlich, sondern meiner damaligen Altersstufe überhaupt das Heroische und Großartige vor allem gemäß war, daß Kindern dieser Periode die Kunstwerke eher zugänglich sind, in denen Leidenschaft mit erhobener Stimme ihre heftige Sprache spricht; und daß der leichtere Laut der Heiterkeit ihnen weniger bedeuten muß; oder, um den Sinn des Gesagten zu erweitern und ›Schillerisch‹ auszudrücken, daß die Jugend zum Erhabenen neigt und daß das Schöne, in dessen Kategorie ja die Leichtigkeit in der Kunst fällt, sich erst dem reiferen Sinn erschließt. So war Beethoven mein Gott und Mozart fand ich nur hübsch. Schumanns stürmische Romantik sprach verwandter zu mir als Schuberts selige Melodik. Lessings ›Minna von Barnhelm‹, Shakespeares ›Wie es euch gefällt‹, so sehr sie mich anzogen, so schön und interessant ich sie fand, waren für mich ›nur‹ Lustspiele und nicht große Kunst wie ›Emilia Galotti‹ oder ›König Lear‹. In meiner persönlichen Stimmung war ich heiter, gelegentlich lustig bis zum Übermut und auch nach außen hin, von vorübergehenden Anfällen von Schwermut abgesehen, gut und gleichmäßig gestimmt. Ich trennte aber allmählich immer bewußter Leben und Kunst: im Alltag lebte ich heiter dahin – von der Kunst verlangte und empfing ich Erschütterung und Erhebung.

Meine musikalische Bildung erweiterte sich auch durch den Besuch der populären Konzerte in der Philharmonie, die Dienstag und Mittwoch abends unter Gustav Kogel stattfanden. Man zahlte ein sehr bescheidenes Eintrittsgeld und saß an Tischchen, auf denen Bier und Speisen serviert wurden – servieren während der Musik war glücklicherweise verboten – und hörte von dem vortrefflichen philharmonischen Orchester eigentlich alle bedeutenden symphonischen Werke. Ich erinnere mich übrigens, daß ich meinen Vater oft ersuchte, vor dem zum Schluß gespielten Walzer oder sonstigen Stück ›populärer‹ Musik fortzugehen, weil mir der Abstieg in diese Region aus der höheren weh tat. Doch hatte ich nichts dagegen, bei geselligem Zusammensein in der Familie, wenn Geschwister, Cousinen und deren Freunde tanzen wollten, Walzer, Polka, Rheinländer und wie die üblichen Tänze hießen, stundenlang auf dem Klavier zu spielen und zu erfinden; ich fand die Tanzmusik durchaus angemessen, wenn es sich um Vergnügen handelte, aber mein kindlich ernster Sinn lehnte die Vermischung von Kunst und Amüsement entschieden ab.

In meine Lektüre hatte ich die Biographien von Musikern aufgenommen, und unter diesen war es wieder Beethoven, dessen titanisches Wesen, dessen Ertaubung, dessen Stolz gegen Adel und Gesellschaft, Vernichtung der Widmung der Eroica, Heiligenstädter Testament usw. am mächtigsten mein Herz bewegten. Doch las ich mit Anteilnahme, was mir nur irgend an biographischen Erzählungen von Mozart, Schubert, Bach, Händel, Schumann, Mendelssohn und anderen schöpferischen Musikern in die Hände fiel und fand zu meinem Schrecken und zu meiner Verwirrung, daß bei fast allen die sorgenvolle Ärmlichkeit ihres Erdenlebens in empörendem Gegensatz zu dem Reichtum ihrer schöpferischen Gaben stand. Mozart bittet immer wieder in Servilität einen alten Gönner um ein paar Gulden, er tanzt an einem kalten Novembertag mit seiner Frau im ungeheizten Zimmer herum, um sich zu erwärmen und, schlimmer als das, er erleidet moralische Erniedrigungen von seiten des Salzburger Erzbischofs und dabei werden in seiner Seele die Schauer des Jenseits zur Musik des Steinernen Gastes, singt er die Botschaft der Menschenliebe aus Sarastros ›Heiligen Hallen‹, weint aus ihm das Lacrimosa seines ›Requiem‹. Welche unselige Verbindung zwischen der unentrinnbaren Trivialität des irdischen, des ›bürgerlichen‹ Lebens mit den erhabenen Vorgängen des inspirierten Kunstschaffens belastet so tragisch die Existenz des Künstlers? Nicht daß ich mir im Knabenalter die Frage so deutlich stellte. Aber die Biographien – es waren nicht so ernste Werke darunter wie Jahns ›Mozart‹ oder Spittas ›Bach‹, sondern mehr anekdotenhafte Jugendbücher – berichteten immer neben den künstlerischen Triumphen den Gegensatz zwischen innerer Begnadung und äußerer Bedrängnis. Und dabei fühlte ich, daß auch die Begnadeten nicht selten mit einer ›menschlich-allzumenschlichen‹ Seite ihres Wesens der Welt des Trivialen zuneigten, daß der Kontrast zwischen hohem Schaffen und niedrigem Leben mit einem ähnlichen Gegensatz in der eigenen Seele zusammenging. Ja ich selbst, in meinem noch so engen Bezirk begann früh an solchem Konflikt zu leiden – am

›Alltag‹ und an der eigenen Trivialität, die sich mit dem Alltag nur zu gut verstand – und an beider Gegensatz zu dem ›Leben im Geiste‹, für das ich mich geboren fühlte. Ich erlebte die ersten Heimsuchungen von Weltschmerz, ich fühlte, wie aus diesen wachsenden Leiden und Zweifeln, die mehr Gefühle als Gedankengänge waren, mich ein kalter Wind anwehte, an dem ich mir im Lauf der Zeit dann wirklich einen lebenslangen seelischen Schnupfen geholt habe. – Nun, auch mit einem Schnupfen kann man leben und arbeiten, ja eine alte Volksmeinung will es haben, daß er uns eine ernste Krankheit erspart.

Einen besseren Schutz noch als den Schnupfen gewährte mir aber jedenfalls eine Gabe, für die ich dem Schicksal tiefsten Dank weiß: der Humor. Schon recht früh trieb es mich, den Sehwinkel und die Distanz zum Geschehen und zum Erleben zu gewinnen, die ihre komische Seite erscheinen lassen und nahm daher auch mit besonderer Liebe die Herrlichkeiten der humoristischen Literatur an mein Herz. Swifts galliger, Dickens' liebevoller, E. T. A. Hoffmanns skurril-dämonischer Humor fand das dankbarste Echo in meiner Seele; Sterne lernte ich später lieben, Jean Paul stieg nach meinem zwanzigsten Jahr als neuentdeckter Stern an meinem Himmel auf, wo er lange Zeit hindurch alles überstrahlte und ich habe, wenn auch nicht die schweren Schicksalsschläge, so doch viel Übles, das mir geschah, durch meine Tendenz zur humoristischen Einstellung leichter überwunden.

In jener Zeit des Wachstums, von der ich hier spreche, haben mir Dickens' Herzenswärme und Herzenslachen die Seele gelabt, von Hoffmann aber war ich ›besessen‹. Ich hatte schon als kleines Kind Gespensterfurcht gekannt – Hoffmanns wilde Phantasie rührte alte furchtbare Schauder in mir wieder auf, dann wieder erwärmte mich seine Musikerfülltheit, ich erblickte in seinem Kapellmeister Kreisler eine mir verwandte Musikernatur, sein Humor, bald diabolisch, bald freundlich, bald toll, sein Reichtum an Gestalten und die übersprudelnde Erzählerlust fesselten mich bis in meine Träume hinein, vor allem aber war es das Klima seiner Phantasie, das mich begückte, das feurige Element, in dem seine Salamandernatur sich heimisch fühlte.

Natürlich war es Hoffmann der Romantiker, der mich so gefangennahm. Ihm war in besonderem Maß jene Gespanntheit und Hochgestimmtheit zu eigen, die das gemeinsame Kennzeichen aller Romantiker ist und sie aufs entschiedenste vom Alltag, ja von ›Normalität‹ trennt; der ausgesprochenste Gegensatz zum Philister ist der Romantiker. Hier lag der mir wohl kaum bewußte Hauptgrund für meine leidenschaftliche Aneignung der Hoffmannschen Schriften, die auf meine Jugend einen großen Einfluß ausgeübt haben. Sogar meine nüchterne Vaterstadt Berlin erschien mir ein wenig romantisiert durch die reizende Hoffmannsche Erzählung ›Abenteuer einer Sylvesternacht‹; der Weinstube von Lutter und Wegner am Gendarmenmarkt allerdings war nicht zu helfen, sie blieb ein betont normales Berliner Weinrestaurant, obwohl sie durch häufigen Besuch des Dichters ausgezeichnet worden war, und meine mehrfachen Versuche in späteren Jahren, den Hoffmannschen Geist in ihren Räumen herumspuken zu sehen, scheiterten an deren Nüchternheit. Sie mögen primitiver gewesen sein, als der Dichter dort seinen Punsch trank; daß sie je ›hoffmannesk‹ aussehen konnten, bezweifle ich. Übrigens erlebte ich an dem genialen Mann auch eine Enttäuschung: Hoffmann, ein Lieblingsdichter wohl fast aller Musiker, sogar Held einer Oper, der Offenbachschen ›Hoffmanns Erzählungen‹, deren Musik wirklich geniale, dem Dichter verwandte Züge aufweist, hat eine Oper ›Undine‹ geschrieben, und ich habe in ihr ein schwaches, unoriginelles Werk gefunden, in dessen matten Worten und Tönen erstaunlicherweise nichts von dem dämonischen Feuerkopf zu fühlen ist, dessen tiefe Beziehung zur Musik sich in so vielen seiner Schriften offenbart.

Meine Sonntagnachmittage waren nun häufig der Kammermusik, gelegentlich auch dem Lesen dramatischer Werke ›mit verteilten Rollen‹ gewidmet. Mein und meiner musikbeflissenen Kameraden Verlangen nach Kammermusik war unersättlich; unmittelbar nach dem Mittagessen kamen wir zusammen und spielten Violin- und Cello-Sonaten, Klaviertrios und Klavierquartette oder Quintette, ohne ein Ende finden zu können. Die Erwachsenen mußten uns immer von neuem an das wartende Nachtmahl mahnen, das wir dann so schnell wie möglich hinunterschlangen, um, mit dem letzten Bissen noch im Munde, wieder zu unseren Instrumenten zurückzueilen. Und nur der Gedanke an die morgige Schule, oder gar an noch unerledigte Schularbeiten, vermochte uns schließlich zum Aufhören zu zwingen. – An solcher Hausmusik erfreuten sich damals durchaus nicht nur junge künftige Musiker wie wir, vielmehr waren es, wie ich schon erwähnt habe, gerade die weiten Kreise der Dilettanten und Musikfreunde aller Altersklassen, die ihre Mußestunden mit dem Genuß gemeinschaftlichen Musizierens ausfüllten. – Ich nahm auch gern an den vielfach beliebten dramatischen Leseabenden mit verteilten Rollen teil, wobei ich gewöhnlich die leidenschaftlichen, manchmal auch die besonders dämonischen oder bösen Charaktere für mich wählte. Der teuflische Mohr in Schillers ›Fiesco‹ behagte mir prächtig, auch am Präsidenten in ›Kabale und Liebe‹ übte ich meine Diabolik, doch waren es eigentlich Rollen wie Tasso, Marquis Posa, Max Piccolomini und ähnlich hochgestimmte Geister, deren Verse ich zu sprechen wünschte.

Natürlich erwies sich die kalte Jahreszeit solchen Bestrebungen günstiger als die warmen Monate. Der Sommer hatte andere Reize für mich und wirkte auf mich durch Kräfte, die mich mächtig fortzogen von Lernen und Lesen, von Üben und Bemühen und dafür einen Weg zu mir selbst wiesen und zum All ahnen ließen. Die Natur, die in der warmen Jahreszeit mit ihrer vollen Beredsamkeit zu mir sprach, ist neben der Musik die stärkste Macht in meinem Leben gewesen. Und gewiß ist sie mir nicht nur durch das Auge in die Seele gedrungen, so innig ich die Schönheit von Bergen, Tälern und Seen, von Sonnentagen und Mondnächten schauend genossen habe. Aber mir war auch ein mehr unmittelbarer Zugang gewährt: dem Waldesdickicht und dem Ozean, der Felsenöde und dem Gewitter, dem Summen der Insekten und der Mittagsstille empfand ich mich verwandt und zugehörig, ich fühlte mich durchdrungen von der Natur und Teil von ihr, und die Verse des Faust habe ich schon früh nachgefühlt:

»Gabst mir die herrliche Natur zum Königreich
Kraft sie zu fühlen, zu genießen,
Nicht kalt staunenden Besuch erlaubst du nur
. . . . . . . . . . . . . . . . .
Lehrst mich meine Brüder im stillen Busch
In Luft und Wasser kennen.«

Nun bietet Berlin mit seiner dürftigen Umgebung dem naturliebenden Wanderer wenig Freuden. Die Gegend ist flach und öde, wenn auch die Seen der Havel und die dürren Kiefernwälder auf Sandboden, besonders zur Zeit des Sonnenuntergangs, einen eigenartigen und schwermütigen Reiz haben. Aber der sanfte Mond steht auch über Berliner Hinterhöfen am blauen oder wolkigen Himmel, auch im Berliner Tiergarten rauscht der Wind durch die Baumkronen und wenn man an schönen Abenden draußen ist, weitet auch dort der Sternenhimmel die Seele und füllt sie mit dem überwältigenden Gefühl von Unendlichkeit. – Im Winter lernte ich auch den Schnee lieben, der unter den Füßen knirscht, die Eisblumen am Fenster, das Flockentreiben, die beschneiten Bäume und die weite, weiße Ebene. – Glücklicherweise vermochte mein Vater, allsommerlich die Familie irgendwo ›aufs Land‹ zu schicken, wo er sie dann gewöhnlich auf ein paar Tage besuchte. Die Insel Rügen, in der Ostsee gelegen und in reizender Dampferfahrt von Stettin aus oder mit der Fähre von Stralsund zu erreichen, war in mehreren Sommern unser Ferienaufenthalt. Dort lernte ich den wirklichen Wald kennen, denn entlang der Küste und tief ins Innere der Insel hinein erstrecken sich die herrlichsten Buchenwälder, die wir durchwanderten und in deren Schatten ich beglückt lag. Von Stubbenkammers hohen Klippen sah ich auf das Meer tief unten und hatte meine wilde Freude an dem ewig unentschiedenen mythischen Kampfspiel zwischen Brandung und Felsen. Hünengräber auf der Heide mahnten mich an vorgeschichtliches Menschenleben, und aus den örtlichen Sagen, die ich las, dämmerte mir ein Verständnis für die Einwirkung solcher Landschaft auf eine dichtende Phantasie auf. – Andere Sommer verbrachten wir in Thüringen mit seinen anmutigen Tälern und sanften Bergen, wo mir aus der Wartburg und ihrer romantischen Umgebung eine edle mittelalterliche Vergangenheit erstand, wo ich durch einen Tintenfleck an der Wand eines kleinen Zimmers auf Luthers gewaltiges Leben hingewiesen wurde, der dort sein Tintenfaß gegen den Teufel geschleudert hatte; vor allem aber, wo ich eines Tages auf dem Gipfel des ›Kickelhahn‹ bei Ilmenau den ersten Seelenbund mit Goethe schloß, der, wie eine Inschrift lehrte, lange vor mir an der gleichen Stelle in tiefer Nacht gestanden und den Platz mit ewigen Versen geheiligt hatte, die beginnen ›Über allen Gipfeln ist Ruh‹. – In Eisenach begegnete ich den Spuren des jungen Johann Sebastian Bach, und so empfing ich von unseren Aufenthalten in Thüringen mehr Brennstoff für meine Lebensflamme, als sie verzehren konnte. Auch im Harz verbrachten wir mehrfach die drei- bis vierwöchigen Sommerferien. Das wilde Bodetal zwischen Roßtrappe und Hexentanzplatz paßte zu den Märchen, welche die Namen der Berge andeuten und der Brocken mit den unheimlichen Gegenden um Elend und Schierke, durch die ich in ziehenden Nebeln hinaufstieg, schien mir in dem bösen Wetter der rechte Platz für Walpurgisnacht und Hexensabbat, wie sie Goethe im Faust darstellt.

Will ich ein Bild von meinem geistigen Werden in jenen Knabenjahren geben, so muß ich eigentlich meinen Spaziergängen und Wanderungen höhere Bedeutung beilegen, als meinem Lernen und Lesen. Denn Lernen ist Aufnahme und Verdauung von Wissensstoff, Lesen

– wie Schopenhauer richtig sagt – ›denken mit anderer Gedanken‹. In jenen Sommerzeiten aber strömten mir neben den reichen Eindrücken von außen eigene Gedanken zu, erstanden und regten sich in mir eigenste Gefühle, begann ein unmittelbares Verhältnis zwischen mir und der Welt, kurz, es ereignete sich ein geistiges Wachstum von innen her, der Welt entgegen. Es will mir scheinen, als ob die Musen – und wohl auch strengere Göttinnen – ihre weibliche Gunst mit Vorliebe den Wandernden, selten den Stubenhockern und wohl nie den eiligen Sterblichen schenken, die im Automobil durch Wald und Feld rasen. Und ich glaube nicht, daß Beethoven seine Symphonien oder Goethe seine Gedichte hätte schreiben können, ohne die Inspiration dazu im Wandern empfangen zu haben.

Im Wunsch, die Grundlage meiner Ausbildung zu verbreitern, suchten meine Eltern mich auch mit Werken der bildenden Kunst bekannt zu machen, und ich war sehr gern bereit, neben so vielem Hören es auch mit dem Sehen zu versuchen. An manchen Sonntagvormittagen ging ich in die Museen Berlins, das alte Museum hinter dem Lustgarten, das dahinterliegende neue und die Nationalgalerie. Die feierlichen ägyptischen Tempelformen mit ihren seltsamen Malereien befremdeten mich, aber flößten mir Ehrfurcht ein, mit Staunen und Verwirrung stand ich vor den Schliemannschen Ausgrabungen aus Pergamon, schön fand ich Gemälde der italienischen Renaissance, interessant die Holländer. Doch wollte es mir trotz häufiger Besuche und späterhin ernsterer Bemühungen lange nicht gelingen, eine tiefere Beziehung zu den sichtbaren Künsten zu gewinnen. Gar zu sehr lebte ich vom Ohr, die Gabe des Schauens war mir nicht von der Natur verliehen, und erst bei wachsender Kultur und in späteren Jahren habe ich das Glück gehabt, Werke der bildenden Kunst lieben zu lernen.

Wenden wir unseren Blick nun wieder zurück ins Sternsche Konservatorium, so finden wir mich dort in eifriger Vorbereitung für die Laufbahn des Pianisten. Ehrlichs musikalische Führung hatte mich fest in der ersten Richtung gehalten, die meiner Natur entsprach und auch technisch war ich durch seine pianistische Methode beträchtlich vorwärts gekommen; um die Entwicklung einer glänzenden Virtuosität, zu der ich Anlagen hatte, war er allerdings nicht bemüht und wäre dafür wohl auch nicht der rechte Lehrer gewesen. Das kam mir zum erstenmal zu Bewußtsein, als der vortreffliche Felix Dreyschock, Sohn des berühmten russischen Pianisten Alexander Dreyschock, in Vertretung Heinrich Ehrlichs, seines früheren Lehrers, den Unterricht der Klasse für ein paar Wochen übernahm. Da hörte ich nun perfektes Terzen- und Oktavenspiel, sah mit Bewunderung ein glänzend entwickeltes Handgelenk und begann danach, von mir selbst aus eifrigst Übungen zu machen, die auf Virtuosität zielten. Dreyschock war jung und frisch und seine offene, lebendige Mitteilsamkeit und seine willige Bereitschaft zum Vorspielen erfreuten mich innigst. Auch ihm schienen die Stunden Freude zu machen, und eine herzliche Beziehung zwischen dem interessanten und vornehmen Künstler, der damals vielleicht in der Mitte der Dreißig stand, und dem verehrungsvoll zu ihm aufblickenden Knaben blieb bestehen. Auch erinnere ich mich an seine liebreizend schöne, junge Frau, ihren frühen Tod und die durch den furchtbaren Verlust hervorgerufene tragische Veränderung in Felix Dreyschocks Wesen und Aussehen.

Wenn ich aber auch noch keineswegs über eine virtuose Technik verfügte, so schien ich doch meinem Lehrer in meinem dreizehnten Jahr pianistisch und musikalisch reif zum öffentlichen Auftreten. Er ließ meine Mutter zu sich kommen und besprach mit ihr seine Absicht, mich in ruhiger, meine künftige Entwicklung nicht störender Weise in die Öffentlichkeit einzuführen.

Hermann Wolff war damals der Leiter der führenden deutschen Konzertdirektion und Vertreter aller namhaften Künstler des Konzertpodiums. Er besaß Tüchtigkeit und Unternehmungsgeist, Verstand und Witz und war ein guter Freund und Berater seiner Künstler. Ein vorteilhaftes Bild des für das Berliner Musikleben wichtigen Mannes gewinnt man aus seiner Korrespondenz mit dem genialen, geraden, aber sehr schwierigen und unberechenbaren Hans von Bülow. Aus Bülows oft witzigen und freundlichen, oft ungeduldigen oder verstimmten Briefen erkennen wir stets die Grundlage von Achtung und Zutrauen in der Beziehung zu seinem Impresario, auf Wolffs Seite sieht man künstlerisches Verständnis, persönliche Offenheit und Festigkeit, durch die er sich Bülows und anderer Künstler Vertrauen gewonnen hatte.

Heinrich Ehrlich, der mit Wolff befreundet war, veranlaßte ihn, mich in seine Privatwohnung kommen zu lassen, um mich zu hören. In dem schönen, und wie mir schien, äußerst luxuriösen Salon fand ich Hermann Wolff und seine elegante, temperamentvolle junge Frau, die spätere ›Königin Luise‹ des Berliner Musiklebens, sowie meinen Lehrer Heinrich Ehrlich beim Tee und spielte ihnen, wenn ich nicht irre, Schumanns ›Kreisleriana‹ vor. Luise Wolff erzählte mir Jahrzehnte später, als wir in lebhaften beruflichen Beziehungen standen — sie hatte die ›Bruno Walter-Konzerte‹ mit dem Berliner Philharmonischen Orchester ins Leben gerufen und viele Jahre hindurch geführt —, daß sie sich gut besinnen könne, wie scheu und stumm ich war, aber auch wie gut ihnen mein Klavierspiel gefallen hatte. Jedenfalls zeigte sich Wolff interessiert und schlug meinem Lehrer als Einführung in die Öffentlichkeit eine Mitwirkung in einem der populären Konzerte der Philharmonie vor.

So spielte ich denn im Februar 1889 das Moschelessche Es-dur-Konzert mit dem Philharmonischen Orchester und hatte einen schönen und ermutigenden Erfolg. Weniger ermutigend war die Orchesterprobe gewesen, die am Tage vor dem Konzert stattfand, denn als ich mein Stück mit Orchester durchgespielt und, wie ich glaubte, auch seine virtuosen Stellen mit Brillanz herausgebracht hatte, löste mich Teresa Carenno, die zweite Gattin Eugen d'Alberts, vor dem Flügel ab, um ihrerseits Probe für ein bevorstehendes Konzert mit dem Orchester zu halten, und da donnerten nun die stürmenden Oktavenläufe einer echten Virtuosin, da perlten und funkelten ihre Passagen und, sollte mir der Kamm vorher ein wenig geschwollen sein, so fiel er nun recht bescheiden wieder zusammen, und ich stand da, ›in meines Nichts durchbohrendem Gefühl‹, doch — wie ich zu meiner Ehre mich bestimmt erinnern kann — viel weniger durchbohrt als fasziniert.

Der Abend in der Philharmonie hatte jedenfalls meine Eignung zum Pianisten bestätigt und, wenn wir auch an keine Wunderkindkarriere dachten, der meine Eltern schon wegen meiner physischen Zartheit und im Interesse einer systematischen geistigen Entwicklung abgeneigt waren, so hatten wir, Lehrer, Schüler und Eltern, uns im Prinzip für diese Laufbahn nunmehr definitiv entschlossen. Ungefähr zu jener Zeit hörte ich Josef Hofmann als zwölfjähriges Wunderkind; er kam aus Rußland, wo seine erstaunliche technische Fertigkeit und frühreife Musikalität das größte Aufsehen gemacht hatten, und sein glänzender Berliner Erfolg, dem ich beiwohnte und seine außerordentliche Leistung ermutigten mich in meinen eigenen Plänen und Hoffnungen und fachten meinen Eifer an.

Aber mein Traum von einer künftigen großen Karriere als Pianist verblaßte von dem Tage an, da ich auf einem Podiumplatz, oben hinter den Pauken, in der Philharmonie saß und Hans von Bülow zuhörte und zusah, wie er das Philharmonische Orchester in einem klassischen

Programm dirigierte. In den populären Konzerten unter Kogel, wie in den Opernaufführungen, die ich gehört, hatte ich auf den Dirigenten kaum geachtet. Nun aber sah ich die Erfülltheit und Willensspannung in Bülows Gesicht, spürte die zwingende Kraft seiner Geste, gewahrte die Aufmerksamkeit und Hingabe, die Ausdrucksenergie und Präzision im Spiel des Orchesters und zugleich wurde mir klar, daß es dieser eine Mann da war, der musizierte und jene hundert Ausführenden zu seinem Instrument gemacht hatte, auf dem er spielte, wie der Pianist auf dem Klavier. – Der Abend entschied über meine Zukunft – nun wußte ich, wofür ich bestimmt war; keine andere musikalische Betätigung konnte für mich noch in Betracht kommen, als die des Dirigenten, keine andere als die symphonische Musik mich wahrhaft beglücken. Am gleichen Abend erklärte ich meinem Vater, ich wolle gern mit Eifer meine Klavierstunden fortsetzen und später eine öffentliche Tätigkeit als Pianist ausüben, wie es ja auch Bülow tat, aber heut sei der Würfel gefallen, heut habe ich erkannt, wofür ich geboren sei – ich hätte mich entschlossen, Dirigent zu werden.

## 6

Kaum aber hatte ich mein Glück begriffen, kaum begonnen, die erforderliche Erweiterung meiner Studien zu planen, als wiederum ein Erlebnis wie ein Blitz in meine Seele einschlug, zündete und mein Innenleben nun völlig revolutionierte. ›Tristan und Isolde‹ war das Erlebnis, ›himmelhöchstes Weltentrücken‹ seine Folge und es ereignete sich so: Wie schon berichtet, herrschte im Konservatorium, im Elternhause und in den Kreisen, mit denen wir verkehrten, eine eingewurzelte Gegnerschaft gegen Wagner. Man war ›klassisch‹ gesinnt, Brahms galt als Fortsetzer der großen Musik, Wagner aber als Verderber und Verführer, vor dem man Ohr und Seele zu hüten hatte. Gewiß, ›Lohengrin‹ und ›Tannhäuser‹ waren schön, das sagten nicht nur Verwandte und Bekannte, das gab man auch im Konservatorium zu, wogegen allerdings die echten Wagnerianer über jene früheren Werke schon mit einem Beiklang von Herablassung zu sprechen begannen. Aber nach dem ›Lohengrin‹, so ging das unisono des Chores, war Wagner auf Abwege geraten. Nun hatte mein Widerspruchsgeist sich schon lange geregt, angestachelt durch meine Tendenz zur Heldenverehrung: um Bismarck wurde gestritten, meine Umgebung war gegen ihn, also war ich geneigt, ihn für einen großen Mann zu halten. Alles um mich sprach gegen Wagner, also drängte es mich, für ihn einzutreten. Aber mir fehlten zum Streit die Waffen, denn ich kannte ihn ja nicht und wenn ich unsicher sagte, es sei unmöglich, daß ein Komponist zwei so schöne Opern geschaffen und dann völlig versagt habe, zitierte man spöttisch ›Wagala weia‹ und ›Hojotoho‹ – und fügte hinzu, der Sprachverderber habe auch die Musik korrumpiert, Maß und Form verlassen und mit Blech- und Schlagzeughäufung den Klang des Orchesters verroht – kein kultiviertes Ohr könne solchen Lärm ertragen und außerdem, fügte man leiser hinzu, gäbe es noch etwas sehr Verruchtes, Unreines in Wagners Musik – aber das verstünde ich noch nicht. Nun, ich verstand sehr wohl, daß damit die Sinnlichkeit gemeint war und die fand ich interessant und gar nicht verrucht. Meine Position gegenüber den Wagnerschen Wort-Neubildungen war allerdings unsicher, mir gefielen sie eigentlich auch nicht, doch mein

Interesse für ihn war aufs höchste gestiegen, seinen Orchesterklang sehnte ich mich zu hören. Maßlosigkeit fand ich durchaus anziehend und so lehnte ich mich auf und erklärte zu Hause, jetzt wolle ich ein Werk von Wagner kennenlernen. Ich muß wohl damals schon selbst etwas Geld verdient haben, denn mein Vater hätte sicher nicht durch Ankauf eines Opernbillets zu meinem Seelenverderb beitragen wollen. Da saß ich nun auf der höchsten Galerie des Berliner Opernhauses, und vom ersten Einsatz der Celli an krampfte sich mir das Herz zusammen und der Zauber, gleich dem ›Furchtbaren Trank‹, dem der todkranke Tristan im dritten Akt flucht, ›drang mir wütend vom Herz zum Hirn‹ – solche Ton- und Leidenschaftsfluten hatten mir noch nie die Seele bedrängt, solches Leiden, solche Sehnsucht noch nie das Herz verzehrt und solch hehre Seligkeit, solch himmlische Verklärung mich noch nie der Wirklichkeit entrückt. Ich fühlte mich nicht mehr auf der Welt, ich lief danach ziellos auf der Straße umher – als ich nach Hause kam, erzählte ich nichts und bat nur, mich nicht zu fragen. Meine Ekstase sang weiter in mir die halbe Nacht, und als ich am nächsten Morgen erwachte, wußte ich, daß mein Leben verändert war. Eine neue Epoche hatte begonnen: Wagner war mein Gott und ich wollte sein Prophet werden.

Wie nun mich dem Gott nähern – das war die nächste Frage. Welchen Weg konnte ich einschlagen, um in die mir völlig unbekannte Welt Wagners einzudringen? Vor allem brauchte ich doch Zeit dazu und die hatte ich nicht, denn die vervielfachten Studien des werdenden Dirigenten verschlangen fast alles, was mir der – damals private – Schulunterricht an Zeit ließ. Hätte ich mir aber auch hie und da freie Stunden verschaffen können, auf welche Weise sollte ich sie für meine Wagnersehnsucht nutzen? Das Konservatorium ignorierte sein Schaffen, besaß keines seiner Werke, und ich hatte kein Geld zu so kostspieligen Anschaffungen. – Geduld und Nachgiebigkeit sind nicht Tugenden eines jugendlichen Alters, waren damals bestimmt nicht die meinen und gar nicht in jener Bedrängnis meines heiß entbrannten Herzens; Wagner kennenlernen und mich an ihm berauschen, das duldete keinen Aufschub. So bahnte ich mir den Weg, indem ich werdende junge Sänger in ihren Studien am Klavier begleitete, mit ihnen ›korrepetierte‹, um zu etwas Geld zu gelangen. Freilich konnte ich nur sehr wenig Zeit dafür erübrigen, und mein Honorar von fünfzig Pfennigen für die Stunde füllte mir nur sehr langsam die Taschen, jedoch verdiente ich damit genug, um hie und da die Wagner-Aufführungen des Berliner Opernhauses vom ›Amphitheater‹ – so hieß der oberste Rang, in dem ein Sitzplatz eine Mark und ein Stehplatz sechzig Pfennige kostete – zu hören und immer leidenschaftlicher in meinen Wonnen zu vergehen.

Auf einzelne Sänger jener Zeit kann ich mich nicht mehr recht besinnen, ein Bild nur steht erschütternd vor mir: »und Isolde, wie sie winkt, wie sie hold mir Sühne trinkt«; so sehe ich die edle Gestalt der Rosa Sucher, vollkommen schön und beseelt in der Geste des Zutrinkens mit dem gegen Tristan gehobenen Becher, des Schwingens der Fackel, des Winkens mit dem Schleier. Gewiß hatte ich mit meinem Enthusiasmus jenen anderen Trank im Leibe, ›mit dem ich Helenen in jedem Weibe sah‹. Aber nicht nur für mich, für alle war ›die Sucher‹ schön und hoheitsvoll, hatte sie heroischen Stil in Ausdruck und Geste, und es war wohl ein Glücksfall, daß mein inneres Bild von heldischem Wesen und tragischer Größe nicht von einer banalen Persönlichkeit verwirrt wurde. Ihr Gatte, Josef Sucher, war damals der Wagnerdirigent der Berliner Oper und ich bewahre seinem, wie ich glaube, ehrlichen und warmherzigen Musikertum ein dankbares Andenken. Natürlich fand ich eigentlich alles und alle herrlich, Gudehus als Tristan – einmal sah ich auch Heinrich Vogel als Gast –, Betz als Kurwenal und die vielen Sänger und Sängerinnen jener Epoche, deren Namen heut wohl nicht mehr interessieren. Mit Ausnahme von Rosa Sucher verschwanden sie mir aber schon damals hinter den Werken selbst, die mir die Seele mit Ekstasen füllten.

Soweit es durch Besuch von Aufführungen möglich war, lernte ich die Wagnerschen Werke mit Ausnahme von ›Rienzi‹ und ›Parsifal‹ allmählich kennen, begann, mich in ihrer Sphäre zu akklimatisieren. Meinen Weg zu ihm suchte ich auch in seinen Schriften, deren zehn Bände – seine Selbstbiographie ist erst viel später erschienen – ich mit ernstem Bemühen studierte. Die Aufsätze aus der ersten Pariser Epoche unterhielten und rührten mich; seine theoretischen Untersuchungen machten mir viel Kopfzerbrechen, das ich selbstverständlich der eigenen Unzulänglichkeit zuschrieb, aber wahrhaft tiefe und dauernde Eindrücke verdanke ich eigentlich nur zwei Aufsätzen: ›Über das Dirigieren‹, eine Fundgrube für mich in meinen damaligen Plänen, und ›Beethoven‹, jene herrliche Schrift, in der ein schaffender Genius sich ehrfürchtig in das Wesen eines anderen vertieft. Die Wahl zwischen Wagner und Brahms, die mir eigentlich wegen des Milieus, in dem ich aufgewachsen war und lebte, Qual bereiten sollte, wurde mir sehr leicht:

denn ich wählte nicht, ich liebte eben beide – ohne auch nur eine Erklärung dafür zu suchen, wie in mir sich vertragen konnte, was nach der Meinung vieler charaktervoller Menschen sich gegenseitig ausschloß. Die Mattigkeit des Für und Wider, aus der oft eine bedauerliche Abart der Toleranz entspringt, war bestimmt nicht mein Fehler. Außerdem liebte ich Wagner zu jener Zeit heißer als alles andere, er beherrschte mein Leben; aber wenn er sie auch hell überstrahlte, so vertrieb er doch keinen Klassiker aus meinem Herzen, und ich darf zur Erklärung meiner vielfältigen Gebundenheit wohl einen Dualismus annehmen, eine dionysische und eine apollinische Seite meiner Natur, die, wie es scheint, weit genug veranlagt war, um beiden genügend Raum zu gegenseitiger Duldung zu gewähren.

Außer den Korrepetitionsstunden hatte ich noch andere bescheidene Einnahmequellen gefunden, um meine ›Wagner-Ausschweifungen‹ und vielleicht auch schon kleinere persönliche Anschaffungen zu finanzieren. Zwar waren meine pianistischen Pläne aufgegeben, aber es boten sich ab und zu, und wohl hauptsächlich in Ferienwochen, kleine Konzerttourneen mit Sängerinnen. Wenn meine Eltern sie vertrauenswürdig befunden hatten, reiste ich mit ihnen, um sie zu ihren Liedern und Arien zu begleiten und dazwischen als Pianist aufzutreten.

Am Konservatorium war ich inzwischen auf mein Bitten hin in die Dirigentenklasse aufgenommen worden, die Robert Radeke leitete. Die künftigen Kapellmeister erhielten Unterricht in Generalbaß, Partiturlesen und Partiturspiel, in Formenlehre, Komposition und Instrumentation, sie mußten den Chorstunden und Orchesterübungen beiwohnen und sich allmählich dabei betätigen, auch war ihnen – sehr vernünftigerweise – freigestellt und empfohlen, in Instrumental- und Gesangsunterrichtsstunden zu hospitieren. Da ich außerdem zur selben Zeit bei Bußler Kontrapunktstunden hatte und fleißig Fugen und Doppelfugen schrieb, so müßte die Aufgabenlast fast zu groß erscheinen, wäre mir nicht alles so leicht gefallen. Aber ich erinnere mich, daß Partiturlesen und Partiturspiel mir eigentlich gar keine Mühe machten. Kaum waren mir Diskant-, Alt- und Tenorschlüssel erklärt worden, so spielte ich die in vier Schlüsseln geschriebenen Choräle ohne Schwierigkeit, kaum hatte ich das Prinzip der transponierenden Instrumente verstanden, so las und spielte ich die mir vorgelegten Partituren von Haydn, Mendelssohn oder Beethoven so leicht vom Blatt wie Klavierwerke oder Liederbegleitungen, ja ich erinnere mich, zum Scherz aus der Partitur transponiert zu haben, so wie ich in Jenny Meyers Gesangstunden öfter Lieder transponierte. Mit größtem Interesse studierte ich unter Radekes Führung die Formen der Sonaten- und symphonischen Literatur, instrumentierte nach seiner Anleitung und nach klassischen Beispielen fremde und eigene Klavierstücke, komponierte Sonaten, Quartette, Ouvertüren, Chöre – aber gerade, daß mir alles so leicht fiel, daß alles so unproblematisch verlief, beunruhigte mich. Auch moralisch fühlte ich mich bedrückt, denn zwischen mir und dem persönlich so hoch verehrten Radeke stand mein geheimgehaltener ›Modernismus‹. Bestimmt verschwieg ich meine Wagner-Liebe nicht aus Feigheit oder Unaufrichtigkeit, sondern wegen der klar gefühlten Sinnlosigkeit jeder Auseinandersetzung. Radeke hätte mir den Weg über das ihm vertraute Gebiet hinaus nicht zeigen können, der Lehrplan und das Unterrichtsmaterial des Konservatoriums enthielten nichts, was außerhalb der Tradition des Institutes lag – und je eifriger ich studierte, je weniger Mühe mir die Bewältigung meiner Aufgaben machte, desto bestimmter fühlte ich, daß mein Lernen mir weder den Weg zu den Werken, die mir die Seele bewegten, noch zu ihrer Interpretation wies, daß ich trotz aller ehrlichen Gründlichkeit des Unterrichts am Konservatorium dort nicht über eine gewisse Vorstufe hinausgelangen konnte. Wie sollte ich z. B. dem Instrumentations-Unterricht vertrauen, wenn ich, erfüllt von dem herrlichen Klang des Wagnerorchesters, belehrt wurde, es sei unnobel, die Trompete anders als in ihren Naturtönen zu verwenden? Wie konnte ich mich den rigorosen harmonischen Geboten und Verboten in der Kompositionsstunde gläubig beugen mit der Tristanchromatik im Ohr? Dazu kam, daß ich mich auch in der klassischen Musik unbelehrt fühlte – ich empfand alles ursprünglicher, einfacher, aber auch leidenschaftlicher, mächtiger, persönlicher, als es gelehrt wurde, hatte aber Achtung vor überlegener Kenntnis und Erfahrung und fühlte mich daher täglich unsicherer. Während ich also scheinbar die flottesten Fortschritte machte und man im Konservatorium viel von mir erwartete, fühlte ich selbst eine Stockung in meiner Entwicklung, ich zauderte, zweifelte und verzweifelte schließlich, da ich keinen Ausweg sah.

Da kam alles in Fluß durch einen seltsamen Kameraden aus der Dirigenten- und Kompositionsklasse, einen jungen Deutschrussen aus einer der Ostseeprovinzen. Dieser sehr hellblonde, etwa sechzehn- bis siebzehnjährige Jüngling mit sanfter, hoher, baltisch-breiter Sprechweise, hatte sich sehr an mich angeschlossen, und wir verbrachten manche Stunde in Gespräch und gemeinsamem Musizieren. Wie groß war nun mein Erstaunen, als ich erfuhr, daß der äußerlich so bescheidene, leise, manierliche Junge ein extremer musikalischer Ketzer und Rebell, ja fast ein Nihilist war. In vertraulichem Gespräch hatte ich ihm meine Wagnerbegeisterung und meine problematische Lage zwischen den Lehren des Konservatoriums und der neuen Welt, die sich mir erschlossen hatte, bekannt, worauf er sehr ruhig und sanft erwiderte, daß die Lehren im Konservatorium um nichts unbefriedigender oder verstaubter wären als der Gegenstand, dem sie galten, die klassische Musik nämlich. Ich möge sein Wort dafür nehmen, daß Bach und Händel alte Zöpfe seien, die niemand mehr interessieren könnten, Mozart hätte hübsche Einfälle, sei aber langweilig, Beethoven dagegen sei interessant, habe aber keine Erfindung, kurz wir lebten am Konservatorium im definitiv Vergangenen, in einem Museum, die Fenster seien geschlossen, und man könne nicht atmen. Wagner habe gewiß der Musik neue Bahnen erschlossen, aber für das Theater geschrieben, und das Theater wende sich nur an die rohe Masse, der eigentlich große Musiker unseres Jahrhunderts sei Berlioz und an den und an das durchaus moderne Prinzip der Programm-Musik müßten wir uns halten. – Der sanftmütige Bilderstürmer konnte meine Gläubigkeit nicht erschüttern, seine Empörung machte mir keinen Eindruck, wohl aber sein Enthusiasmus. Zufällig fanden wir die bekannten Stücke aus Berlioz' ›Damnation de Faust‹ auf dem Programm des nächsten populären Konzerts in der Philharmonie; wir gingen hin und wenn ich mich auch nicht seelisch berührt fühlte, war ich doch hingerissen vom Zauber der Instrumentation. Als ich nun meinem Freunde klagte, daß der neue Reiz mir wiederum nur neue Beunruhigung schaffe, da ich keine Möglichkeit sah, mich mit ihm zu beschäftigen, sein Wesen zu ergründen, riet er mir mit Verschwörerblick, dem Konservatorium zum Trotz heimlich in der Königlichen Bibliothek, wo alle Musikalien zu haben wären, die Partituren zu studieren.

Das endlich war das erlösende Wort. Es fiel in die Stockung meiner Seele wie ein Funke auf trockenes Pulver. Am nächsten Tage – ich muß wohl damals schon das Falkrealgymnasium verlassen haben – tat ich den kühnen Schritt, mit dem ich mich von bisherigen Fesseln befreite und zu meinem eigenen Erzieher machte. In aller weltfremden Schüchternheit meiner fünfzehn Jahre betrat ich die herrliche Musikabteilung der Königlichen Bibliothek – Dr. Kopfermann, der Bibliothekar, empfing den Knaben mit einiger Verwunderung – und stammelte von meinem Wunsch, Einblick in Partituren zu nehmen, die mir bis dahin unzugänglich, aber für meine Bildung notwendig waren. Der freundliche Herr gab mir seine Erlaubnis, und nun begann eine Zeit fieberhafter Studien. Mir haften nicht mehr viele Einzelheiten im Gedächtnis, aber ich erinnere mich, Tannhäuser-Ouvertüre und Tristan-Vorspiel, Parsifal-Vorspiel, Kyrie aus Beethovens Missa Solemnis und vieles andere abgeschrieben, Berlioz' Instrumentationslehre exzerpiert und Wagnersche, Berliozsche, aber auch klassische Partituren lesend studiert zu haben. Auch ist mir eine ›Erfindung‹ im Gedächtnis geblieben, der ich eine Fülle von Belehrung verdankte: Um hinter die Geheimnisse der Wagnerschen Instrumentation zu kommen, notierte ich auf eine Unzahl von Zetteln die Textworte, die mit Akkorden in interessanter oder ungewöhnlicher Instrumentation zusammenfielen; unter dem entsprechenden Wort verzeichnete ich den Akkord und seine Instrumentation. Die Rock- und Hosentaschen mit diesen Zetteln gefüllt, stellte oder setzte ich mich dann auf der obersten Galerie des Opernhauses unter die rote Lampe des Notausganges und bemühte mich, mittels der wohlgeordneten Aufzeichnungen mir in gespanntestem Horchen die Klänge einzuprägen, deren Bestandteile ich notiert hatte. Nun endlich fühlte ich mich auf dem rechten Wege. Ich war mir völlig bewußt, daß ich dem Konservatorium zwar die Vorbereitung dankte, die mir die Ausnützung des ungeheuren neuen Studienmaterials ermöglichte, ebenso aber auch, daß ich erst jetzt, und zwar autodidaktisch lernte, was mir für meine Lebenspläne unentbehrlich war.

Jene Stunden in der Bibliothek gaben mir ein Glücksgefühl von eigener Art, wie ich es noch nie genossen hatte. Wenn ich die hohe eichene Eingangstür zur Musikabteilung hinter mir schloß, fühlte ich dunkel, daß ich damit das wirre Heut verlassen hatte und mich nun eine stille, geordnete, mächtige Vergangenheit umfing. Ich pflegte jedesmal nach Betreten des Saales, ehe ich mich in meine Partitur vergrub, leise umherzuwandern, die Rücken der endlosen Noten- und Bücherreihen zu betrachten und das Schweigen des weiten Raumes mit den in ihren Studien absorbierten Lesern zu genießen. Wie damals bin ich noch heut empfänglich für die Feierlichkeit eines solchen Bibliotheksaales, wo der Geist von Jahrhunderten gesammelt, wo das Denken und Schaffen der erlesensten Hirne vor der Vergänglichkeit gerettet liegt und in stiller Fortdauer den geistigen Nachkommen unerschöpfliche Belehrung und Erhebung gewährt. In diesem ruhevollen Schatten gibt es kein lautes Jetzt und kein aufregendes Morgen, aber ein definitives, grenzenloses Gestern des Geistes, das dabei die Keime zukünftigen Denkens und Schaffens enthält. Schon als Knabe fühlte ich etwas von der Ermutigung, die mir heut das Herz stärkt, wenn ich auf meine Bücher und Noten in ihren Regalen blicke und denke: meine Freunde.

Bald begann ich zugunsten meiner Studien auf der Bibliothek meine Arbeit im Konservatorium soweit einzuschränken, als es ohne Aufsehen oder Kränkung geschehen konnte. Auch dürfte ich nicht lange danach endlich meinen ›Sündenfall‹ eingestanden haben, denn ich erinnere mich des erstaunlichen Ereignisses, daß Jenny Meyer einem jungen englischen Bariton, der gleich mir von den Früchten des verbotenen Baumes aß, auf seinen Wunsch eines Tages erlaubte, den ›Fliedermonolog‹ aus Wagners ›Meistersingern‹ in ihrer Unterrichtsstunde vorzusingen. Doch wandte sie sich danach an die uns im Kreis umringenden Gesangsschüler und sagte mit freundlicher Würde: »Ich liebe diese Musik nicht und möchte sie auch für gewöhnlich hier nicht hören, aber« – mit einem Blick auf mich am Klavier – »ich wollte unserem Bruno eine Freude machen.«

So fühlte ich mich absolviert, und Offenheit herrschte zwischen uns – ein Zustand, ohne den es für mich kein Wohlbefinden gab. Jetzt erschien mir auch meine Arbeit sinnvoll, denn sie fördete mich in der gewünschten Richtung, und so war der Himmel blau, ein frischer Wind schwellte die Segel, und mein Schiff glitt endlich in flotter Fahrt dahin.

# 7

Seit jenem Orchesterkonzert in der Philharmonie hatte ich Hans von Bülow zu meinem Vorbild gewählt, und meine Gedanken kreisten um den großen Dirigenten, an dem mich zu bilden, dem später zu gleichen ich mir vorgenommen hatte. Ich wollte den Musiker studieren und auch gar zu gern den Menschen erkennen. Nicht nur kindische Neugier trieb mich, nach persönlichen Zügen und Äußerungen zu forschen – ein guter Instinkt sagte mir, daß die Kunst eines so subjektiv betonten Musikers ohne Verständnis für den Menschen nicht voll erfaßt werden könnte. Schon sein Äußeres erregte mein Interesse – wäre er größer gewesen, so hätte man beim Anblick des hageren Mannes mit der hohen Stirn und dem ergrauenden Spitzbart an Don Quixote denken können, wozu auch vortrefflich die Exzentrizität, der streitbare Idealismus und die Ritterlichkeit paßten, die er im Leben bewährte und die seine Erscheinung ahnen ließ. Jedoch war er von kleiner Gestalt und die Beweglichkeit seiner Gesten, die hohe Geistigkeit seiner Stirne und namentlich seine anfallhaften Launen wiesen auf eine andere und nähere Verwandtschaft hin, auf Kapellmeister Kreisler, an den vielleicht jeder wahre Musiker in einem oder anderen Zug erinnern wird.

Zur Zeit als ich ihn zum erstenmal hörte, galt Bülow als der unbestrittene Herrscher im Bereich des deutschen orchestralen Musizierens, und seine Autorität in der Interpretation der klassischen symphonischen Literatur stand fest. Auch interessierten sein originelles, kämpferisches Wesen, seine kapriziöse Reizbarkeit und sein einfallsreicher Witz die Öffentlichkeit, und er genoß eine Popularität, wie kaum ein anderer Musiker. Leider dirigierte er nicht mehr oft in Berlin – körperliche und seelische Leiden hatten seine Lebenskraft untergraben und die Zahl seiner Konzerte verringerte sich mit jedem Jahr – doch glaube ich die verhältnismäßig wenigen Abende unter seiner Leitung fast alle miterlebt zu haben. Hiermit war mir also das Glück zuteil geworden, einen Teil der klassischen Literatur und manche wertvollen späteren Werke in authentischer Interpretation zu hören, darunter vor allem die Beethovenschen Symphonien, aber auch Mozart, Schumann, Schubert, Brahms, Weber usw. Wagner allerdings führte er, soviel ich mich erinnere, nicht mehr auf; sein ganzes früheres Leben hatte er dem Dienst des Wagnerschen Werkes gewidmet, aber seit der Trennung von dem Freunde, der ihm die Frau genommen, war eine radikale persönliche und wohl auch eine ziemlich entschiedene künstlerische Abwendung erfolgt.

Über sein Musizieren selbst fühle ich mich nicht berechtigt zu sprechen – ich war ein Knabe, hatte keine Erfahrung und begegnete in Hans von Bülow zum erstenmal einem großen Musiker; mir fehlten Vergleichsmöglichkeiten, da ich keine anderen bedeutenden Dirigenten kannte und selbst noch keine Auffassungen hatte und so kann ich nur von der überzeugenden Kraft seiner Aufführungen und – trotz der selbst von dem Knaben empfundenen Subjektivität seines Musizierens – von dem Eindruck der Authentizität berichten. Hohe künstlerische Reinheit leuchtete jedenfalls aus seinen Interpretationen und ich könnte beschwören, daß sie durch keine auffälligen oder gar störenden Freiheiten je getrübt wurden – davor bewahrte ihn der Ernst seines Musikertums und seine Ehrfurcht vor dem Werk. Aber jedes Musizieren schmeckt nach dem Ich, soll nach ihm schmecken und ist das Ich so komplex, hat ihm ein bewegtes Leben so tiefe Spuren eingegraben, dann wird in der ›werktreuen‹ Aufführung die eigenartige Persönlichkeit des Interpreten auch in ihrer Eigenart erscheinen – ja es ist durchaus möglich, daß namentlich in seinen letzten Lebensjahren Bülowsche Launen und Schrullen gelegentlich sogar bis in manche weniger wesentliche Einzelheiten seiner Aufführungen hinein ihr Wesen getrieben haben. Davon hörte ich damals öfter sprechen, ich selbst habe seine Leistungen immer einfach und groß, und in seiner Subjektivität nur Persönlichkeitsreiz und Faszination empfunden. Daß sich aber seine schrullige Unberechenbarkeit, wenn auch nicht im Musizieren selbst, doch im Zusammenhang damit äußerte, davon kann ich selbst mancherlei berichten: Ich erinnere mich z. B., daß er in einer machtvollen Aufführung von Beethovens ›Eroica‹ den völlig tollen Einfall hatte, vor dem Trauermarsch schwarze Handschuhe anzuziehen. Am Schluß dieser oder vielleicht einer anderen Aufführung desselben Werkes hörte ich von ihm jene berühmte Rede, in der er darauf hinwies, daß Beethoven die Dedikation der Symphonie an Napoleon durchstrichen hatte, »daß wir sie aber dafür heute dem größten lebenden Deutschen, Bismarck, widmen wollen«. Als daraufhin ein Teil der Zuhörer, vielleicht aus Feindschaft gegen Bismarck, vielleicht als Protest gegen eine politische Kundgebung im Konzertsaal, zu zischen begannen, zog Bülow das Taschentuch heraus und staubte mit weit ausholend demonstrativer Geste seine Schuhe damit ab – »seht alle her, wie ich den Berliner Staub von meinen Füßen schüttle«, rief der symbolische Akt uns zu, nach dem er schnell das Podium verließ. Ich kann übrigens nicht sagen, ob er danach wirklich nicht wieder in Berlin dirigiert hat. – Befremdend erscheint mir heut auch sein Unternehmen, Beethovens Neunte Symphonie in demselben Konzert zweimal nacheinander aufzuführen, wahrscheinlich um einem gewissen philiströsen Teil des Publikums, der sich noch immer gegen die Kühnheiten des Werkes wehrte, eine Lektion zu erteilen. Ich weiß aber, daß selbst in meine verehrungsbereite Zustimmung zu allen Extravaganzen meines Vorbildes sich eine rebellische Ablehnung mischen wollte, als mich nach dem Jubel des Chorfinales der Beginn des ersten Satzes neuerlich in seine düstere Vernichtungsstimmung zog.

Auch der Pianist Bülow nahm eine bedeutende Stellung im deutschen Musikleben ein und hatte auf den von Herrmann Wolff arrangierten Tourneen in England, Rußland und Amerika ebenfalls einen einzigartigen, beispielgebenden und lange nachwirkenden Eindruck gemacht. Ich erinnere mich besonders an seine meisterhaften Beethovenabende, möchte aber doch erwähnen, daß ein didaktisches Element in dieser Meisterschaft seinem Klavierspiel vielleicht etwas von der Spontaneität nahm, mit der er durch das Medium des Orchesters wirkte. Trotzdem war auch die klassische Klaviermusik sein Gebiet, auch hier war er Fackelträger, der Klarheit verbreitete, Licht in die Tiefen warf und Begeisterung entzündete. Erhöhte er somit durch sein gesamtes Wirken den allgemeinen Begriff vom nachschaffenden Musiker, so wird die Musikgeschichte ihn jedoch hauptsächlich als den ersten großen Dirigenten nennen müssen, den Begründer und Bahnbrecher auf einem vor ihm kaum erschlossenen Gebiet der musikalischen Interpretation.

Wie schon erwähnt, suchte ich mir auch ein Bild von Bülows Persönlichkeit zu machen – viel hatte ich von dem allmählichen Nachlassen seiner Widerstandskraft gegen die Trübungen gehört, die sich wie Wolken aus seiner alten seelischen Erschütterung, aus einer wachsenden nervösen Reizbarkeit und einer angeborenen ›Hoffmannschen‹ Schrulligkeit in den Bezirk seiner hohen Geistigkeit und ethischen Reinheit zogen, und ich forschte nach den Seltsamkeiten und Unberechenbarkeiten seines Benehmens, die mich oft unheimlich berührten und ebenso nach Anekdoten, die von seiner enzyklopädischen, ihm stets gegenwärtigen Bildung, von seinem Witz und seiner Schlagfertigkeit berichteten. – Daß ihm, neben vielen berühmt gewordenen ›Kalauern‹, in denen so viel Musiker brillieren – wenn auch nur wenige mit Bülows Schärfe und Laune – auch tieferer Witz zu Gebote stand, mag folgende Geschichte zeigen: Man erzählte ihm von der Bestechlichkeit des Kritikers T., dessen Lob mit sehr gering bezahlten Lektionen zu erkaufen war; Bülow erwiderte: » Das ist nicht so schlimm – er nimmt ja so kleine Beträge, daß es an Unbestechlichkeit grenzt.« Seinen Witz und seine Schlagfertigkeit stellte er vor allem in den Dienst seiner künstlerischen Überzeugungen, für die er streitbar eintrat, denn Bülow war ein Frondeur, eine Kämpfernatur, deren Tapferkeit und Angriffslust sich bis zu seinem Tode bewährt haben. In seinen früheren Jahren stritt er für Wagner, später war er der Paladin Brahms, und wo sich die Gelegenheit bot, legte er seine Lanze für das Genie und gegen dessen Feinde ein. Wer ihm aber ins Herz sehen will, der lese seinen Brief an Cosima nach der Katastrophe seines Lebens. Wenn der Mensch verliert, was ihm teuer war, so ist das ein furchtbares Unglück; wenn ihn Schande trifft, ein noch furchtbareres. Beide Schläge trafen Bülow zugleich; er entdeckte, daß Freund und Frau ihn hintergangen und wurde nicht nur verspottet, sondern verachtet, weil man in München log – und teilweise vielleicht auch glaubte –, er habe davon gewußt, aber sich auf diesem Wege berufliche Vorteile verschaffen wollen. In dieser Epoche tiefster Verzweiflung und Scham sehen wir ihn auf der bewunderungswürdigsten Höhe des Verstehens und Verzeihens, wie jener Brief zeigt. Sein Leben war zerbrochen, er hat sich nie von dem Schlag erholt – aber er hat tapfer weiter gelebt, gearbeitet, gekämpft, und ihm gebührt ein Ehrenplatz, nicht nur in den Annalen der Musik, sondern in der Geschichte des menschlichen Herzens.

Eines pianistischen Erlebnisses aus derselben Zeit, das mir menschlich wie künstlerisch sehr nah ging, will ich noch gedenken. Mein Lehrer Heinrich Ehrlich hatte sich seit langem von der Öffentlichkeit zurückgezogen. Er lehrte, und er schrieb für das Berliner Tageblatt; was er lehrte und schrieb, war einleuchtend, gut fundiert, geistreich, aber da er seit Jahrzehnten nicht mehr als Pianist aufgetreten war und sich auch in den Unterrichtsstunden musikalisch nicht eigentlich erschloß, so galt uns Schülern der wortkarge, unergiebige Mann zwar als vortrefflicher Musiker und Lehrer, aber auch als alt, unlebendig, versiegt. Wie sehr mußte uns daher überraschen, daß die Direktion eines Tages ankündigte, Professor Ehrlich werde in besonderer Veranstaltung den

Schülern des Konservatoriums Beethovens Op. 106, die Hammerklaviersonate vorspielen. Die interessante und menschlich ergreifende Vorgeschichte zu seinem Entschluß will ich versuchen zu geben, wie ich sie allmählich verstanden habe. Aufregungen und Leiden aller Art hatten den bereits in einer Art bitterer Resignation erstarrten Mann in eine schwere Gemütsbewegung geworfen, in der es ihn gedrängt haben muß, Zuflucht bei seinem alten besseren Selbst zu suchen. Eine öffentliche Kontroverse mit dem Pianisten Rosenthal hatte sein Ansehen moralisch geschädigt und seine langjährige Position an seiner Zeitung, wie im Musikleben Berlins erschüttert; seine Frau war an furchtbarer Krankheit – an einem Augenkrebs – nach langem Leiden gestorben und überdies war, wie es das Alter häufig mit sich bringt, das Leben um ihn leer geworden. Eine ernste, bedeutende Aufgabe, wie er sie in längst vergangenen Zeiten oft bewältigt hatte – in die wollte er sich retten. Plötzlich begann er Klavier zu üben, um die alten, ungelenk gewordenen Finger von neuem, wohl zum letztenmal, zu technischem Dienst zu disziplinieren. Und da saß er nun am Abend vor dem Flügel, eine kleine vertrocknete Gestalt, mit verfallenen, aber immer noch geistreichen Gesichtszügen. Doch keine Verfallenheit, keine Trockenheit, Kühle, Starrheit oder Lehrhaftigkeit konnte an diesem Abend den mächtigen seelischen Schleusenbruch hemmen. Ein starkes, ursprüngliches Musikertum – halb verschüttet gelegen unter Berufsfron, halb vergessen durch Nichtausüben – fand sich selbst von neuem im Aufbäumen gegen irgendwelche schwere Lebensnot und klang uns von seinen wieder beredsam gewordenen Händen entgegen – und in Erschütterung wurden wir Schüler uns der Größe des Augenblicks ehrfurchtsvoll bewußt. – Ich habe Heinrich Ehrlich nie wieder spielen hören, aber von jener letzten Reife in seiner Wiedergabe des ungeheuren Werkes ist mir ein unauslöschlicher Eindruck und die Überzeugung verblieben, daß es für mich ein Glück war, seines Unterrichts teilhaftig geworden zu sein.

Indem nun das Bild des verehrten alten Lehrers und Gönners, dessen neu entfachtes musisches Feuer bald wieder erlosch, meinem in die Vergangenheit gerichteten Auge verdämmert, gewahrt es den wachsenden Glanz einer hoffnungsvollsten Jugend, der sich zur selben Zeit in der musikalischen Welt auszubreiten begann. So gedenke ich des strahlenden Ruhmes, den der junge Eugen d'Albert in stürmischem Aufstieg errang. Ich werde nie seine titanische Gewalt in der Wiedergabe des Beethovenschen Es-dur-Konzertes vergessen, fast möchte ich sagen, er spielte es nicht – er war es; und außerdem erschien er mir in der Zusammengehörigkeit mit seinem Instrument wie ein neuer Zentaur, halb Klavier, halb Mensch; ich dachte mir, daß vielleicht Liszt oder Rubinstein so gespielt haben mochte, die zu hören mir leider nicht mehr vergönnt war. Auch die Leistungen der jungen Pianisten Moritz Rosenthal und Leopold Godowski machten mir durch ihre phantastische Bravour einen faszinierenden Eindruck; aber stärker als die Instrumentalisten wirkte ein junger Komponist und Dirigent auf mich, der Richard Strauss hieß. Ich hatte gehört, der hochgewachsene, schmächtige junge Mann habe sich vor einigen Jahren in Italien von einem Lungenleiden erholen müssen und von dort eine Symphonie mit dem Titel ›Aus Italien‹ mitgebracht, die Hans von Bülows Beifall gefunden. Nun hatte Bülow seiner hohen Meinung von der schöpferischen Begabung Richard Strauss' durch Annahme seines neuen Werkes ›Tod und Verklärung‹ für die philharmonischen Konzerte Ausdruck gegeben und den Komponisten eingeladen, die Berliner Premiere seiner symphonischen Dichtung selbst zu dirigieren. Ich hörte die Aufführung und fühlte mich in verwirrter Weise davon überwältigt, doch mit all dem berauschenden Glanz der Instrumentation und der dramatischen Gewalt der Konzeption schuf mir das Werk mehr Erregung und Beunruhigung als Erschütterung oder gar Erhebung, aber der Eindruck ging mir lange nach, und mir verblieb die Überzeugung, einem bedeutenden musikalischen Ereignis beigewohnt zu haben.

Äußerungen einer grundverschiedenen Art jugendlichen Schaffens kamen zu etwa derselben Zeit aus Italien. Dort hatte ein Preisausschreiben des italienischen Verlages Sonzogno dem Theater zwei neue Opern geschenkt, die Welterfolg errangen: Mascagnis ›Cavalleria Rusticana‹ und Leoncavallos ›Pagliacci‹. Der Einbruch des ›verismo‹ in die Sphäre der Oper fiel interessanterweise zeitlich mit dem Beginn einer naturalistischen Epoche in der Literatur zusammen. Die Übersättigung am gehobenen Stil muß damals wohl in der Luft gelegen haben. Verhungernde Weber und sozialistische Erörterungen wurden durch Gerhart Hauptmann, Berliner ›nobles‹ Vorderhaus und ›ordinäres‹ Hinterhaus durch Sudermann, proletarisches Milieu durch Wildenbruch auf die Bühne gebracht, Ibsen hatte die hohe Sphäre von ›Peer Gynt‹ und ›Brand‹, ›Nordische Heerfahrt‹ und ›Kaiser und Galiläer‹ verlassen und war in ›Nora‹, ›Volksfeind‹ usw. zur Prosa des Gesellschaftsstückes übergegangen, Arno Holz und Johannes Schlaf schlugen ähnliche Richtungen in der Dichtung ein und die Schauspieler bemühten sich auf der Bühne um eine ›Natürlichkeit‹, die im Dienst der Lebenswahrheit manchmal bis ins Lächerliche ging. Und so fand der Versuch, auch auf der Opernbühne zur volkhaften Derbheit überzugehen, dankbare Aufnahme. Der schnelle Ruhm jener veristischen Werke war übrigens wohl verständlich, da musikalische Erfindung und dramatisches Gefühl beide Opern erfüllte, in höherem Maß allerdings die ›Cavalleria Rusticana‹, die man wirklich einen ›Wurf‹ nennen konnte.

Angelo Neumann, der Prager Operndirektor, berühmt durch seine frühere kühne und erfolgreiche Tournée mit Wagners ›Nibelungen‹ – sein Talent zum Impresario hatte er durch die Wahl seiner ersten Kapellmeister bewiesen, die der Reihe nach Arthur Nikisch, Gustav Mahler, Karl Muck, später Bodanzki und Klemperer waren – hatte unternommen, nunmehr auch den Sensationserfolg der ›Cavalleria Rusticana‹ auf ähnliche Weise auszunützen. Für einen vollen Theaterabend brauchte er aber eine Ergänzung zu dem Einakter und wählte ebenso erstaunlicher- wie verdienstvoller Weise hierfür Cornelius' ›Barbier von Bagdad‹, der meines Wissens in Berlin noch nie aufgeführt worden war. Als Vertreter der Hauptrolle hatte er Eugen Gura, den ausgezeichneten Sänger und Darsteller, berühmt auch durch seinen Vortrag Löwescher Balladen, gewonnen.

Für den Fall einer Erkrankung Guras war der sehr begabte Baßbuffo der Bremer Oper, Josef Arden, engagiert worden und damit erhielt ich meine ›chance‹. Arden, vor meiner Zeit Schüler von Jenny Meyer, hatte von mir gehört und ersuchte mich, mit ihm den ›Barbier von Bagdad‹ zu studieren. So wurde mir zum erstenmal die Gelegenheit zuteil, mit einem im Beruf stehenden Opernsänger zu korrepetieren, und da er danach an Alberich, Beckmesser, van Bett und anderen Rollen mit mir arbeitete, so fühlte ich mich nun wirklich beinahe als Opernkapellmeister, oder mindestens auf dem Wege dazu.

Die Corneliussche Oper gewann mein ganzes Herz und wohnt bis zum heutigen Tage darin. Wo gäbe es eine ›komische Oper‹ von holderem melodischem Reiz, eigenartigerem Humor und mannigfaltigerer musikalischer Erfindung? Welche von den Nachdichtungen aus jenem Märchenkreise duftet stärker nach den tausendundeinen Nächten der Scheherazade als dies Zeugnis von Cornelius' poetischer Einfühlung in ihre Atmosphäre?

Peter Cornelius, Freund und Jünger Wagners, musikalisch und seelisch aber von der Schumannschen Romantik, dichterisch von östlicher

Poesie und Rückertscher Sprachkunst beeinflußt, gehört für mich zu den Erlesensten unter der Wagner-Nachfolge. Sein edles Talent hätte ihm vor Wagner vielleicht die Welt erschlossen. Die dramatischen Unwetter, die der Titan entfesselte, übertönten seine zarte Stimme. Ein großer posthumer Erfolg jedoch war ihm wenigstens in Deutschland beschieden, und auch ich konnte das reizende, humoristisch-romantische Werk in den Opernhäusern, an denen ich tätig war, dauernd auf dem Repertoire halten; freilich auch, weil mir Richard Mayr in Wien, Paul Bender in München für den ›Abu Hassan‹ zur Verfügung standen.

Angelo Neumanns Berliner Unternehmen wurde zu einem großen Erfolg – die Aufführungen unter Mucks Direktion waren vortrefflich, die ›Cavalleria‹ triumphierte –, auch auf mich machte ihr Draufgängertum und ihre feurige musikalische Beredsamkeit einen starken Eindruck – und der ›Barbier von Bagdad‹ hatte viele Herzen gewonnen, so daß die Opernhäuser, die mit guten Bassisten gesegnet waren, das schöne Werk in ihr ständiges Repertoire aufzunehmen begannen.

Was meine literarische Ernährung betrifft, so hatte ich mich schon seit langem von dem Durcheinander meiner früheren Lesewut einer geordneten und vertiefteren Beschäftigung mit dem Schaffen der Dichter, die ich liebte, zugewandt. So war ich nun endlich zu Goethe gelangt und hatte aus ›Wilhelm Meister‹ und ›Dichtung und Wahrheit‹ den Gedanken der Selbsterziehung und des Bemühens um systematischen Ausbau der eigenen Anlagen leidenschaftlich in mich aufgenommen. Ich wünschte mir nichts sehnlicher, als ihn für mich selbst fruchtbar zu machen; zwar wußte ich nicht, welche Schritte zunächst zu tun, aber ein Saatkorn war in mein Gemüt gesenkt und eine Richtung war mir gegeben worden. Hatten nun die beiden Werke meinem aufdämmernden Verständnis Idee und Plan einer solchen Entwicklung gezeigt, erblickte ich in Goethes eigenem Leben das Vorbild dazu, so fand ich in dem herrlichen zweiten Brief Schillers aus der Schiller-Goethe-Korrespondenz das mit dem Tiefblick des Dichters erfaßte Portrait des gewordenen Goethe, und auf diese Weise war mir ein Bild von Beginn, Weg und Vollendung eines beispielhaften Lebenslaufes gegeben worden. Dies Bild, ergänzt und erhöht durch meine Beschäftigung mit der immer höher gesteigerten Goethischen Existenz – er hat Schillers Portrait um reichliche zwanzig Jahre überlebt – hat mich schon damals, etwa in meinem sechzehnten Lebensjahr, völlig überwältigt und ist mir ein Lebensbegleiter geworden, an dem ich mich bis zum heutigen Tage ehrfürchtig und liebend halte.

Es ist wohl zu verstehen, daß ich mich nun für geraume Zeit völlig im ›Faust‹ verlor und auch, daß ich von da aus zum erstenmal mich philosophischen Themen zuwandte. Ich hatte mir Windelbands ›Geschichte der Philosophie‹ zu verschaffen gewußt, und wenn auch den Systemen der griechischen Philosophen, von welchen der Verfasser mir gedrängte Auszüge gab, meine Fassungskraft und Bildung noch nicht gewachsen war, so eröffneten sie mir doch die Welt des philosophischen Denkens und entfachten in mir das Interesse für ihre Probleme. Bald vertauschte ich ihre Geschichte mit der Philosophie selbst und machte mich kühn an Kants ›Kritik der reinen Vernunft‹. Ohne darauf näher einzugehen, erwähne ich es, weil der philosophische Idealismus Kants eine gewaltige Wirkung nicht nur auf mein Denken, sondern auf mein Leben genommen hat, worüber ich später berichten werde. Es ging mir zwar nicht wie dem Dichter Heinrich von Kleist, den die Kantsche Theorie von Raum und Zeit als aprioristische Denkformen ohne objektive Realität fast zum Selbstmord getrieben hat, aber die Verflüchtigung oder Vernebelung meines Weltbildes unter dem Einfluß der unwiderleglichen Kantschen Trennung von sinnlicher Vorstellung und ›Ding an sich‹ hat mich doch auch im Lauf der Zeit tief beunruhigt, und eine dauernde Veränderung meiner seelischen Grundstimmung bewirkt.

Im Jahre 1891 oder 1892 erhielt ich ein Bayreuther Stipendium; so wenig wie des Jahres kann ich mich der Ursache der Auszeichnung entsinnen, wahrscheinlich bekamen die Konservatorien solche Stipendien zur Verteilung und ich wurde zu einem der Empfänger gewählt, entweder wegen meiner Gesamtleistung oder für die Komposition eines Chorwerks mit Orchester nach Goethes ›Meeresstille und glückliche Fahrt‹ – Mendelssohns gleichnamige, rein orchestrale Tondichtung wurde durch dasselbe Gedicht angeregt –, das ich in einer öffentlichen Prüfung des Konservatoriums mit unserem Chor und dem Berliner Philharmonischen Orchester dirigieren durfte. Es war – meinem späteren Urteil nach – ein völlig unoriginelles, aber ganz wirkungsvolles und recht gut instrumentiertes Stück und verschaffte mir die Gelegenheit, meine Geschicklichkeit im Dirigieren erstmals öffentlich zu zeigen.

Das Stipendium bestand in freier Reise nach Bayreuth und freiem Besuch von drei Aufführungen im Festspielhaus. Ich verstehe bis heut nicht, wie es möglich war, daß Bayreuth sein Stipendium einem, mild ausgedrückt, so wagnerfernen Institut zur Verfügung stellte, noch weniger, daß das Konservatorium sich zum Mittler der höllischen Verführung hergab – jedenfalls ereignete sich das Wunder, mir fiel es in den Schoß und eines Morgens fuhr ich fort von Berlin, fort vom Elternhaus – zum erstenmal im Leben – und ins Abenteuer hinein. Abends Ankunft im hochgeweihten Bayreuth – das Festspielhaus auf dem Hügel, Menschengewühl und Sprachengemisch auf der Straße – ein einziger Zaubergarten Klingsors, in dem ich entzückt und betäubt umherwanderte. Aber eine Zentnerlast lag auf der Seele des ›reinen Toren‹: noch hatte ich keine Unterkunft für die Nacht und wenn ich auch ganze Szenen aus Goethes ›Faust‹ auswendig wußte und mit Kantschen Ideen Umgang hatte, für die persönliche Annäherung an einen Hotelmanager oder an eine Zimmervermieterin langte meine geistige Reife noch nicht – ich war so schüchtern und unsicher wie nur je ein Fünfzehnjähriger unter Erwachsenen und daß ich schließlich an einem häßlichen alten Haus die Klingel zog, um mich um das als frei angekündigte Zimmer zu bewerben, glich als moralische Leistung ungefähr meinem einstigen Sprunge in den Wilmersdorfer See. Das Benehmen der dicken bayerischen Vermieterin und der luftlose Raum mit dem Fenster zum dunklen Treppenflur waren durchaus, was Unerfahrenheit und Menschenscheu von der rauhen Welt zu erwarten haben, und ich erinnere mich, daß mir unter dem Eindruck von Innenhaus und Wirtin der Vers aus ›Mignon‹ einfiel: ›In Höhlen wohnt der Drachen wilde Brut‹. Aber was Drache! Was Höhle! Tag und Abend gehörten mir, ich umkreiste die Villa ›Wahnfried‹, stand an Wagners Grab, sah die festliche Wagen-Auffahrt zum Hügel, mitten darin Cosima mit ihren Kindern, und dann saß ich im Festspielhaus und im Dunkeln stieg aus dem ›mystischen Abgrund‹ leise das Abendmahlsthema auf – wie herrlich, wie unvergeßlich war es, wie unsagbar ergriffen, wie glücklich war ich! So hörte ich ›Parsifal‹ und ›Tristan‹ unter Levy und, irre ich nicht, den ›Fliegenden Holländer‹ unter Mottl – doch bin ich in meiner Erinnerung dieses dritten Abends nicht mehr sicher – und ich kehrte nach Berlin zurück, innigst zugehörig zur Welt Wagners, bestärkt in ernsten Vorsätzen und im festen Glauben zu eigener künstlerischer Mission berufen zu sein.

Um so eifriger bemühte ich mich nun um Erweiterung meiner musikalischen Bildung, und standen sie auch meinem Gemüt am nächsten, so hinderten mich doch nicht Klassiker, nicht Romantiker, noch Wagner, meine Kenntnisse vorurteilslos zu verbreitern und deutsche, französische, russische Opern, so wie symphonische Musik aller Art mit

Interesse zu studieren, mit unersättlicher, begeisterter Hingabe Klavier zu spielen und zu üben und, bis in das Gebiet des Virtuosen hinein, mich in seine vielseitige Literatur einzuleben. Ich spielte auch Lisztsche Rhapsodien und andere seiner glänzenden Klavierstücke. Natürlich aber galt meine besondere pianistische – und musikalische – Liebe neben den älteren Klassikern den Schumannschen, Chopinschen und Brahmsschen Werken. Schumanns Sonaten, Carneval und Symphonische Etuden, Chopins f-moll-Fantasie und Sonate in h-moll und Brahms' Balladen und f-moll-Sonate gehörten zu meinen Lieblingswerken, und ich verbrachte heftig bewegte Stunden am Klavier, bald von der unerreichbaren Größe der Schaffenden in meine Schranken zurückgeworfen, dann aber wieder beglückt vom Gefühl der Seelenverwandtschaft mit diesen erhabenen Freunden. In besonderem Maß aber war das letztere der Fall, als ich der Schumannschen C-dur-Fantasie verfiel und durch sie den tiefsten Blick in seine Seele gewann. Noch heut ist mir dies Werk so teuer wie je, noch heut finde ich unter Schumanns Liedern die berauschendsten Blüten musikalischer Lyrik, namentlich unter den Kompositionen Eichendorffscher Dichtung. Welch geheimnisvolle Seelennähe zwischen Musiker und Poeten! Ist nicht die Eichendorffsche Dichtung wortgewordene Schumannsche Musik und Schumanns gesamtes Schaffen wie durchduftet von Eichendorffscher Poesie? – Übrigens war auch Schubert inzwischen mein geworden, und nicht nur seine Lieder hatten sich in meine Seele gesungen, seine instrumentale Melodik gab mir eine so ganz besondere Art von schwebender Seligkeit wie eigentlich keines anderen Komponisten Inspiration. Damals legte ich auch den Grund zu meiner lebenslangen Verbundenheit mit Beethovens ›Missa Solemnis‹ – gern denke ich daran, daß dies Meisterwerk unter den Meisterwerken trotz meiner Unreife sogleich wie mit Prophetenstimme zu mir sprach. Nur Mozart, der mich doch später so beglücken und beherrschen sollte, stand mir noch fern – noch vermochte ich in seiner Lieblichkeit nicht seinen Ernst, in seiner Schönheit nicht seine Erhabenheit zu erkennen.

Auf welche Weise konnte ich nun meinen Wunsch verwirklichen, Opernkapellmeister zu werden? Es gab da in Berlin eine Anzahl von Theateragenturen, aber ich hatte immer nur gehört, daß sie sich für Gesangskräfte interessierten. Direktoren der Hof- und Stadttheater hörten sich bei ihnen junge Sänger an und engagierten die, welche ihnen gefielen, durch Vermittlung des Agenten. An solchen Auditionen nahm ich häufig teil, denn es lag nah, daß die flügge gewordenen Nachtigallen, oder auch weniger melodisches Geflügel aus Jenny Meyers Klasse, mich ersuchten, sie beim Vorsingen zu begleiten. Ich tat es besonders gern, wenn ich dadurch einer meiner häufigen, ebenso innigen wie schüchternen und unausgesprochenen Schwärmereien für eine poetische künftige Agathe oder reizende Susanne wenigstens musikalischen Ausdruck geben konnte. Aber obgleich oft bei solchen Gelegenheiten ein Intendant oder Direktor sein Interesse dem tüchtigen Klavierbegleiter zuwandte, wenn auch der Leiter der Agentur Drenker mich stets mit den Worten vorzustellen pflegte, ›der junge Mann ist der Stolz meines Büros‹, so bot sich mir keine Möglichkeit zu einer Stellung – niemand bemühte sich für mich, und ich empfand es als unwürdig, mich selbst anzubieten.

Da ereignete es sich, daß mein alter Gönner, Robert Radeke, aus mir unbekannten Gründen das Sternsche Konservatorium verließ und an seine Stelle Arno Kleffel trat, der bisherige erste Kapellmeister der Kölner Oper, an der er eine sehr angesehene Stellung eingenommen hatte. Er dürfte also in meinem letzten Jahr am Konservatorium mein Lehrer in Komposition und den verschiedenen Abteilungen der Dirigentenklasse geworden sein, aber bald nahm er sich des sehr vorgeschrittenen Schülers mehr als Ratgeber, wie als Lehrer an. Dieser Zeit erinnere ich mich nur dunkel, ich weiß, daß ich schon mehrfach ›beruflich‹ tätig war, indem ich private Klavierstunden gab, mit Sängern korrepetierte und auf kleine Tourneen ging. Daneben komponierte ich und fand damit Beifall und guten Rat bei Kleffel, im geheimen aber schrieb ich an einer Oper ›Agnes Bernauer‹, nach dem Hebbelschen Trauerspiel, das ein junger, literarisch mehr interessierter als begabter Bekannter für mich als Operntext bearbeitet hatte. Zwei Akte, glaube ich, sind fertig geworden, Einzelheiten vom dritten waren entworfen. Es gab wohl einige hübsche lyrische Episoden darin, das ganze war durchaus unreif und seltsamerweise ganz un-wagnerisch.

Kleffel interessierte sich für mich und besprach ernstlich meine Zukunft mit mir. Er riet durchaus zur Laufbahn des Opernkapellmeisters, und ich atmete erleichtert auf, als er erklärte, er sähe in meiner Jugend kein Hindernis für den Beginn der Karriere. Er bewies sein Vertrauen in meine Fähigkeiten mit der Tat, denn er empfahl mich in einem sehr eingehenden Brief an die Kölner Direktion als Korrepetitor und es geschah das Unglaubliche, kaum Gehoffte, daß mir Direktor Hofmann, der Leiter der Oper, einen Vertrag schickte, der mich vom 1. September 1893 an mit einem Monatsgehalt von einhundert Mark für eine Saison an das Kölner Stadttheater verpflichtete.

So endeten die Lehrjahre des Schülers, und voll Hoffnung und auch mit Zuversicht blickte ich den Lehrjahren der ersten beruflichen Tätigkeit entgegen — ich wollte, wie es bei Eichendorff heißt, ›was Recht's in der Welt vollbringen‹, und mußte sich auch der Stand meines Könnens erst in der Praxis erweisen, an meinem Wollen und seiner hohen Richtung sollte es nicht fehlen.

Immer noch herrschte Ruhe in der Welt. Sie befand sich in einer jener Epochen, von denen Jakob Burckhardt in ›Weltgeschichtlichen Betrachtungen‹ schreibt, so wie es vorzugsweise politische Zeiten und vorzugsweise religiöse gäbe, so auch Epochen, die vorzugsweise den großen Kulturzwecken zu leben scheinen. In eine solche fielen meine Jugendjahre, über die ich in diesen Blättern geschrieben habe und ich kann mich entsinnen, daß die Zeitung, die ich aus einer Art Pflichtgefühl auch ›über dem Strich‹, d. h. in ihrem politischen Teil las, mein zwar ahnungsloses, aber doch waches Gemüt damit kaum interessieren konnte, während ich alles verschlang, was ›unten‹ aus der Welt des Geistes berichtet wurde. Dort las ich auch eines Tages eine höhnische Kritik über Gustav Mahlers ›Titan‹, die meine Sehnsucht aufrief, eine so exzentrische Symphonie und ihren kühnen Autor kennen zu lernen — ein Wunsch, den mir das Schicksal später in überschwenglicher Weise erfüllen sollte. Inzwischen ließ sich in der Welt über dem Strich doch ein Wechsel der Tonart, ein Übergang zum Minore immerhin ahnen. Die brüske Entlassung Bismarcks 1890, andere Handlungen und manche Reden des jungen Kaisers begannen Unruhe und Besorgnis in Deutschland und auch im Ausland zu erregen — ein erstes, leichtes Wetterleuchten am Horizont wies auf Trübung der Atmosphäre hin.

# II

# 1

Der deutsche Bühnenalmanach, der jedes Jahr das Verzeichnis sämtlicher Hof- und Stadttheater mit namentlicher Anführung ihres Personalbestandes erneute, gab ein imponierendes Bild vom Ausmaß und der Bedeutung des theatralischen Lebens im damaligen Deutschland. In fast allen Städten, von den großen bis zu kleinen und kleinsten, wurde Theater gespielt; in letzteren wohl oft nur Schauspiel, aber erstaunlich viele der kleinen Städte pflegten auch die Oper, die bescheideneren unter ihnen mindestens die Operette, und daß Städtchen wie Rostock, Oldenburg, Trier usw. ihre Opernhäuser besaßen – sich auch vielfach eines lebendigen Konzertlebens erfreuten –, gewährt wohl einen interessanten Blick in die Geisteshaltung jener Zeiten.

Freilich verzeichnete das Register auch zahlreiche sogenannte ›Schmieren‹, die an drolliger Armseligkeit sogar das Wandertheater des Mr. Crummles in Dickens' ›Nicholas Nickleby‹ schlagen konnten. So erinnere ich mich, im Almanach blätternd ein kleines Theater entdeckt zu haben – es befand sich in einem bayerischen Städtchen, wenn ich nicht irre –, an dem der Direktor, der Kassierer, die Schauspieler, die technischen Angestellten mit nur zwei Ausnahmen alle den Namen Piltz führten, daß also eine einzige Familie das Theater verwaltete, die Kulissen aufstellte und zwischen ihnen sich als Könige und Bettler, als Liebende und Hassende, in Edelmut und Schurkerei produzierte und dabei wahrscheinlich recht ärmlich und gemütlich miteinander lebte. Ich liebte es, mir aus den trockenen Verzeichnissen das stolze Bild der mächtigen königlichen Theater mit den Hofuniformen des Generalintendanten und der Beamten, den berühmten Sängern und Schauspielern, den großen Orchestern und Chören erstehen zu lassen und im Gegensatz dazu mir das Theater der Piltze vorzustellen, wo der Direktor von seinem Platz hinter der Kasse auf das Klingelzeichen der Frau Direktor fortstürzte zur Garderobe, um dann majestätisch kostümiert und geschminkt den Vorhang aufzuziehen, die Donnermaschine zu schütteln und auf der Bühne Schillersche Verse mit rollenden Rrr zu deklamieren, während Frau, Söhne, Töchter, Vettern, Verwandte nebst den zwei bedauernswerten Fremdlingen in ähnlichem Wechsel zwischen

Pathos auf der Szene und Mühsal hinter ihr mithalfen, dem kunstbedürftigen bayerischen Publikum die Illusion einer höheren Existenz vorzuzaubern. Und doch fühlte ich, daß der anachronistische Direktor Piltz und seine bayerische Wanderbühne in dieselbe Kategorie gehörten wie der zeitgemäße Generalintendant Graf Seebach und das Dresdener Hoftheater, daß der Almanach eine lange historische Entwicklung durch das gedruckte Nebeneinander auf die kürzeste Formel gebracht hatte, und mich beglückte der Gedanke, vielleicht einmal meine eigenen Kräfte nützlich einzusetzen für die weitere Fortführung jener geschichtlichen Linie.

Der beträchtlichen Anzahl der kleinen Theater mit ihren rührenden und komischen Zuständen, welche die Register des Almanachs ahnen ließen, stand nicht nur das üppige Bild der Opern- und Schauspielhäuser in Berlin, Wien, Dresden, München gegenüber. Beredter noch sprach für den mächtigen Anteil des Theaters am kulturellen Leben der Nation die große Zahl der mittleren Bühnen. Da waren Hoftheater wie Stuttgart, Karlsruhe, Mannheim, Wiesbaden, Hannover oder auch die etwas kleineren Hofbühnen in Weimar, Meiningen, Darmstadt, Altenburg, Schwerin, da gab es die führenden städtischen Theater in Hamburg, Frankfurt am Main, Leipzig, Köln, Breslau, Düsseldorf, Bremen, auch weniger bedeutende, aber durchaus ernst zu nehmende in Nürnberg, Kassel, Königsberg, Danzig usw. – jede dieser Bühnen mit respektabler Vergangenheit, deren wohl aufgezeichnete Geschichte von ihrem wertvollen Beitrag zur Gesamtheit der theatralischen Leistung in Deutschland berichtete. So demonstrierte der umfangreiche Band des Bühnenalmanachs die echte Popularität von Oper und Schauspiel in weiten Schichten der Bevölkerung; denn eine so große Anzahl von Theatern in so zahlreichen Städten konnte nur existieren, wenn sie ein wahres Bedürfnis des Volkes befriedigten, konnte nur zu so mächtigem Einfluß auf das Publikum gelangen, weil sie seinem geistigen Hunger und auch seiner Bildung entsprachen. Die größeren Bühnen pflegten Oper und Schauspiel, oft in getrennten Häusern, oft im gleichen Theaterraum miteinander abwechselnd. Die Münchener Oper, z. B., die ich zehn Jahre hindurch leitete, spielte sogar in drei Häusern: dem Nationaltheater, in dem wir Wagner und die ›große Oper‹ aufführten, dem Residenztheater, wo Mozart und gelegentlich auch andere dafür geeignete Werke gegeben wurden, und dem Prinzregententheater, das seine Tore ursprünglich nur den sommerlichen Wagner-Festspielen öffnen sollte und erst später auch für andere Veranstaltungen verwendet wurde. Gewöhnlich spielte das Schauspiel im Residenztheater und die Oper im Nationaltheater, nur ein- oder zweimal wöchentlich tauschten wir miteinander. Frankfurt hatte ein eigenes Opernhaus mit täglich spielender Oper und ein Schauspielhaus mit gleichfalls täglich wechselndem Repertoire; ebenso war es in Stuttgart. Jede einigermaßen bedeutendere Stadt hatte neben den Hof- oder Stadttheatern noch sogenannte Privattheater, die oft Schauspielhäuser mit täglich wechselndem Spielplan, oft auch Operettenbühnen waren. Viele mittlere und kleinere Bühnen pflegten neben der Oper auch die Operette, für die sie neben gelegentlicher Anleihe bei der Oper meist ein eigenes Operettenpersonal engagierten. Die kleinsten Theater dürften eine sechs- bis siebenmonatliche, die großen eine mehr als zehnmonatliche Saison im Jahr gehabt haben und ihr Spielplan umfaßte die gangbaren Opern des deutschen, italienischen und französischen, sowie manche Werke des russischen Schaffens; eine ähnliche Vielfalt herrschte im Repertoire des Schauspiels.

Der Intendant verwaltete das Theater als Beamter des Hofes, die Direktoren waren, als ich zur Bühne ging, noch zum größten Teil Unternehmer, die das Theater von der Stadt pachteten. Allmählich verschwand dieser Typus, und die Stadt setzte einen Ausschuß ein, der den Direktor – später wurde es oft auch ein Intendant – anstellte. Weder Höfe noch Städte erwarteten, daß der Betrieb ihrer Theater Gewinn brachte oder auch nur, daß sie sich selber erhielten. Die Finanzverwaltung setzte eine bestimmte Summe zur Deckung des unvermeidlichen Defizits fest, und es gehörte zur Aufgabe des Intendanten oder des Direktors, damit auszukommen oder eine eventuelle Überschreitung zu begründen. Jedenfalls hielten die Fürsten und Stadtverwaltungen es für ihre selbstverständliche Pflicht, für die Kunstpflege finanzielle Opfer zu bringen, und selbst in jenem früheren Verhältnis der Stadt zum Pächter des Theaters half sie ihm materiell oft durch freie Lieferung der Beleuchtung und Hergabe ihres Fundus von Dekorationen und Kostümen.

Hier ist nicht der Ort für eine eingehendere Darstellung der deutschen Opern- oder Schauspielzustände jener Zeit. Was ich sagte, mag genügen als äußeres Bild des kulturellen Bezirkes, in dem ich zu lernen, mich zu entwickeln und schließlich eine fruchtbare Tätigkeit auszuüben hoffte.

Von innen gesehen zeigte sich das deutsche Theater jener Epoche bedeutender in der Leistung einzelner Künstler von Talent und Können als in der Ensemblekunst. Noch war es nicht die Zeit der Regisseure und Dirigenten, welche die Einzelkräfte zusammenstimmten im Dienst des Werkes. Begabte Schauspieler und Sänger überglänzten sie, und noch 1901 verzeichnete der Theaterzettel der Wiener Hofoper alle Sänger einer Aufführung und verschwieg den Dirigenten, worin sich die Überordnung der Einzelleistung über die Ensemblekunst klar ausdrückte. Dabei hießen in jenem Anfangsjahr meiner Tätigkeit an der Wiener Hofoper ihre ersten Dirigenten Hans Richter und Gustav Mahler.

Die Entwicklung des Theaters, die ich erlebt habe und an der ich mitarbeiten durfte, führte vom Glanz zum Ernst, von der Virtuosität zur Kunst, von Aufführungen, in denen einzelne Talente aus ihren Rollen die bestmöglichen Wirkungen zogen zu solchen, in denen alle Kräfte einer vom Werk inspirierten Gesamtintention eingeordnet wurden, kurz – vom Nebeneinander zum Ensemble. – Die führende Idee war hierbei die Inthronisation des Dichters und des Komponisten im Reich des Theaters: die Verwalter der Kunstwerke, im Schauspiel der Regisseur, in der Oper Regisseur und Kapellmeister, wollten dem schöpferischen Menschen seinen legitimen Herrscherplatz verschaffen, den nachschöpferisches Talent unrechtmäßig usurpiert hatte und es mit freundlicher Gewalt zur Anerkennung einer gerechteren Rangordnung der Geister nötigen.

Die Bühne ist der Tummelplatz des nachschaffenden Talentes, und wer wollte ihm seine Triumphe mißgönnen, wer sich nicht an seiner Freiheit, ja sogar an gelegentlichen Übergriffen genialer Darstellungskraft erfreuen? So ist denn auch nicht Einengung und Unterordnung üppigen Talentes, sondern seine Einordnung und Anpassung die beste Methode theatralischer Führung, und wir haben an glücklichen Beispielen erlebt, daß ein großes dramatisches oder musikalisch-dramatisches Kunstwerk in einer ausgeglichenen Gesamtführung produziert wurde, in der alle individuellen Leistungen mit dem Anschein völliger Freiheit und Spontaneität zur Wirkung kamen. Der Weg zu solchem Ziel war schwieriger und komplizierter für die Oper als für das Schauspiel, weil in letzterem Führung und Personal in einfacheren und natürlicheren Beziehungen standen. Ein Einzelner war es, der führte und die Proben hielt: der Regisseur; das Personal wurde engagiert nach darstellerischem Talent, Verständnis für die Rollen, Sprechtechnik, gutem Aussehen usw. Die Entwicklung zu einem Theater der Ensemblekunst hatte also im Schauspiel keine prinzipiellen Hindernisse zu überwinden; der Regisseur, der seine Aufgabe höher zu fassen, in den Geist der Werke inniger einzudringen, seinen Willen den Schauspielern besser einzuflößen lernte, hatte freie Bahn.

Wie ganz anders stand es mit der Oper! Wie viel komplizierter das Verhältnis der Führung zum Personal, wie einseitig und unbefriedigend das Prinzip der Sänger-Engagements. Hier war es nicht ein Einzelner, es waren zwei, die die Proben hielten, der Regisseur und der Kapellmeister, worin sich schon äußerlich die Schwierigkeit einer klaren Arbeitsmethode offenbart, ja ihre Möglichkeit in Frage gestellt erscheint. Dazu erwäge man nun das einseitig unnatürliche Prinzip, nach welchem die Opernsänger engagiert wurden: nach dem berühmten Beispiel des Montecuculi, der drei Dinge zur Kriegführung verlangte, nämlich Geld, Geld und Geld, forderten damals die Operndirektoren und mit ihnen das Publikum vom Opernsänger, Stimme, Stimme und Stimme und drückten dafür bereitwilligst vor darstellerischer Ungeschicklichkeit und ungünstigem Aussehen ein Auge, ja vor Mangel an musikalischer Begabung beide Ohren zu. Dies Prinzip einseitiger Überwertung der Stimme bedrohte sogar den Kapellmeister bei seinen Ausweichversuchen vor laut tönender Talentlosigkeit mit ständigem ›Schach‹ – denn nur mit Stimmen, ohne feinere Musikalität, konnte er keine musikalisch befriedigende Aufführung leisten –, den Regisseur aber, dessen Arbeit vom darstellerischen Talent der Solisten lebte, mußte es ›matt‹ setzen. Man sieht also, welchen weiten Weg die Oper bis zu einer geschlossenen, musikalisch-dramatischen Ensemblekunst zu gehen hatte, welche bedenklichen prinzipiellen Hindernisse ihrer Entwicklung im Wege standen.

So ungünstig sich das Vorwalten des Vokalen auf die künstlerische Leistung der Opernhäuser im allgemeinen auswirken mußte, so wurde es selbstverständlich oft durch bedeutende Persönlichkeiten ›zugedeckt‹. Theaterdirektoren, die mit Instinkt, Glück oder sogar auch höherem Kunstgefühl Opernsänger mit darstellerischem Talent zu finden wußten, große künstlerische Begabungen unter den Sängern, die aus eigener Kraft vermochten, mit den vokalen zugleich die dramatischen Forderungen ihrer Rollen zu erfüllen, gaben der Oper Glanz. Durch die hinreißenden Leistungen großer Sänger eroberte sich die Opernbühne die Herzen der Zuhörer, auf die sie infolge ihrer primitiv fehlerhaften Konstitution noch nicht mit der schöpferischen Vollkraft der Werke wirken konnte. Ich erinnere an Marcella Sembrich, Emmy Destinn, Ernestine Schumann-Heinck, Maria Ivoguen, Anton van

Rooy, Titta Ruffo, Enrico Caruso; von Opernleitern an Angelo Neumann, Pollini usw. Ohne die Faszination, die von starken, musikalisch-dramatischen Talenten mit herrlichen Stimmen ausging, wäre die Oper überhaupt nicht am Leben geblieben, denn daß der ›Freischütz‹ nicht als Konzert aufgeführt werden konnte, daß Webers Musik sinnlos wurde, wenn Kaspar kein wilder Bösewicht, Agathe keine liebevolle Braut, Ännchen kein lustig-gutmütiges Geschöpf war, sondern alle drei nur ihre Arien und Ensembles richtig sangen, das verstand man vom Parkett bis zur vierten Galerie.

Aber selbst die vortrefflichsten Einzelleistungen konnten die Schwäche und Farblosigkeit der Aufführung als Ganzes bei dem kultivierteren Teil des Publikums nicht vergessen machen. Und sogar die breiten Massen waren sich jener essentiellen Unvollkommenheit dunkel bewußt: sie nahmen die Oper als Kunstwerk nicht ernst, sie akzeptierten willig jenes seltsame, unausgeglichene Stilgemisch der damaligen Aufführungen, zufrieden, wenn gelegentlich schön gesungen und temperamentvoll musiziert wurde, dankbar für darstellerisch und szenisch Gelungenes und fast gleichgültig gegen schauspielerische Unzulänglichkeit und dramatische Sinnlosigkeit – es war doch ›nur Oper‹.

Von den beiden Generälen, die die gleiche strategische Aktion zu planen und durchzuführen hatten, war der Kapellmeister in der weit günstigeren Lage. Die Stimme, um derentwillen der Sänger engagiert wurde, war doch wenigstens ein Musikinstrument, und ihre Verwendung fiel in sein Ressort. Was aber konnte der Regisseur mit ihr anfangen, wenn ihr Besitzer nicht über andere künstlerische Gaben verfügte. Die Verlebendigung und Durchseelung der Bühnenvorgänge, für die der Regisseur zu sorgen hatte, hing von Talenten ab, die, wenn überhaupt, erst in zweiter Linie beim Engagement von Opernsängern berücksichtigt wurden. So mußte er seine Ideen von der schauspielerischen Ausführung der Szenen – wenn er Ideen hatte – häufig mit Sängern verwirklichen, die auch beim besten Willen das Verlangte nicht leisten konnten – oft hatte er in Besetzungsfragen auf darstellerisch geeignetere Künstler zugunsten stimmbegabterer zu verzichten –, talentvolle Sänger konnten und wollten manche schauspielerisch wirkungsvollen Aktionen aus Gründen der Atmung oder Tongebung nicht leisten – und denkt man noch an die Hindernisse, die einer dramatisch glaubhaften Ausführung von Chorszenen im Wege standen, so begreift man, daß der ernst gesinnte Opernregisseur den Sisyphus wegen seines bevorzugten Schicksals beneiden konnte. Es gab ihn denn wohl auch kaum, den ernstgesinnten Opernregisseur, und wer es war, der blieb es nicht. Alternde Opernsänger, deren Stimme abnahm, gingen zur Opernregie über. Hatten sie aus eigener, rühmlicher Vergangenheit höhere künstlerische Anschauungen und Wünsche bewahrt, so konnten sie bestenfalls manchmal begabte, strebsame Sänger darstellerisch beraten, gelegentlich einen Regie-Einfall verwirklichen, aber wollten sie nicht gar zu unglücklich und bitter werden, so mußten sie vor allem Meisterschaft in jener damaligen Kunst der Opernregie erringen, die zu neun Zehnteln aus Verzicht bestand. Jene alternden Opernsänger dagegen, die keine Reste früheren ernsten Künstlertums beunruhigten oder die kein höherer Regie-Ehrgeiz erfüllte, begnügten sich damit, die Tradition einer allmählich fest etablierten Methode der Regie fortzusetzen, die Ort von Auftritt und Abgang anordnete, vorgeschriebene Handlungen dem Libretto gemäß – eventuell auch in abweichenden oder entgegengesetztem Sinn ›arrangierte‹, den Chor anschrie, bescheidene Künstler mit Grobheit, unbescheidene mit Nachgiebigkeit behandelte, den Dingen im allgemeinen ihren Lauf ließ und sich jedenfalls mit dem Kapellmeister auf Kriegsfuß stellte. – Daneben gab es noch einen anderen Typus des Opernregisseurs; er kam vom Schauspiel her, konnte oft den Sängern darstellerisch etwas beibringen, scheiterte aber an dem Versuch, Methoden des Schauspiels auf die Oper anzuwenden, deren Arien und Ensembles, deren vokale Schwierigkeiten, deren musikalisches Eigenleben nach völlig anderen Prinzipien der Regie verlangten.

Eine entscheidende Wendung zum Besseren ging allmählich von Bayreuth aus, wo Wagner einen neuen Stil der Operninterpretation geschaffen hatte, den Cosima und ihre Helfer bewahrten und weiterführten. Das Bayreuther Beispiel wirkte belebend und belehrend auf die deutschen Opernhäuser, was in erster Linie ihren Wagneraufführungen, aber von da aus auch anderen Leistungen der Regie und der Sänger zugute kam und den Weg zu tieferem dramatischen Ernst im allgemeinen bahnte. An der Wiener Hofoper entstand dann später unter Gustav Mahler eine höhere Zielsetzung in der Opernaufführung, seine Taten, seine Anregungen befruchteten die Leistungen von Regisseuren und Dirigenten anderer Bühnen – eine neue hochstrebende Generation von ihnen hat sich an seinem Beispiel entflammt – und auch ich glaube, soweit meine Kräfte reichten, in München und in Berlin, in Salzburg und in Wien zum weiteren Ausbau und zu gesteigerter Anwendung jener Prinzipien des Nachschaffens auf der Opernbühne beigetragen zu haben.

## 2

Ende August 1894 verließ ich Berlin um, von elterlichen Wünschen und Sorgen begleitet, die Wanderschaft anzutreten, von deren Schauplatz ich im vorigen Kapitel gesprochen habe. Sie führte mich zuerst in ›das alte heilge Köln‹, dem Heine und Schumann in der ›Dichterliebe‹ ein so eindrucksvolles Denkmal gesetzt haben. Von der mächtigen Rheinbrücke her, über die mich mein Zug trug, erblickte ich den Kölner Dom und war ihm verfallen. Ich eilte von dem möblierten Zimmer, in dem ich abgestiegen, ohne auszupacken zurück zum Domplatz, um mich dem Ungeheuren zu stellen, mich willig von ihm überwältigen zu lassen. Es war der Eintritt der Gotik in mein Leben – noch nie hatte ich ein gotisches Bauwerk gesehen – und ich erlag mit Erschütterung der überweltlichen Größe des Eindrucks. Ich umwanderte den Bau, ich trat ein in das feierliche Dunkel jenes steinernen Waldes, als der sein Inneres mir erschien. Mit steigender Verwirrung sagte ich mir, daß ich nie diesem Form-Mysterium von Erhabenheit und Vielfalt gewachsen sein würde und ich versprach mir, mich täglich von neuem seinem Einfluß auszusetzen in der kindischen Zuversicht, da ich mich nicht zum Geist des Wunderbaus erheben konnte, werde er sich zu mir herablassen. Ich verstand bald, daß ich nicht so sehr der Fülle und Ausdruckskraft der gotischen Formensprache unterlag, die ich ja allmählich klarer zu sehen und verstehen lernte, als der Dynamik der Gleichzeitigkeit, mit der sich das Riesenwerk durch das Auge auf die Seele stürzte. Mit den Wundern der Musik und Dichtung stand es anders – zwar waren auch sie voll des schöpferischen Geheimnisses, aber nicht nur fühlte ich mir das Wesen der Musik erschlossen und konnte in Shakespeares Welt mitleben –, vor allem empfand ich es sozusagen humaner und rücksichtsvoller, daß mir ihr zeitliches Nacheinander erlaubte, mich anzupassen, während das räumliche Beieinander der Architektur mich überwältigte. Das ist allerdings mit allen baulichen Eindrücken der Fall, aber in keiner Form dringen sie aggressiver auf den Beschauer ein als in der gotischen Wirrnis und Fülle. Und selbstverständlich war mein Musikertum schuld an der Bedrängnis, die ich empfand, mein Auge war nicht so zum Schauen geschaffen wie mein Ohr zum Hören.

Der Dichter Siegfried Lipiner, von dem ich später zu erzählen haben werde, hat mir einmal von der bildenden Kunst gesagt, man müsse sich zu ihren großen Werken verhalten, wie es das höfische Zeremoniell für den Verkehr mit Fürstlichkeiten vorschrieb: nicht anreden, warten bis sie zu uns sprechen. Instinktiv verhielt ich mich so zum Kölner Dom: ich habe ihn tatsächlich, glaube ich, täglich oder fast täglich – oft auch nächtlich – besucht, so lange ich in Köln war, und er hat sich meinem stillen Betrachten, Fühlen und Bewundern allmählich geneigt. Aber aus seiner, wie jeder Gotik spricht, für mich wenigstens, eine gewisse Unnahbarkeit und trotz der freundlichen, ja gemütlichen Grimassen gewisser Ornamente ist sie nicht dem Menschen, nur dem Himmel zugewandt. Natürlich dachte ich mit neidvoller Bewunderung an Goethe, dem sein Genie des Schauens und seine Bildung erlaubt hatten, sich das Straßburger Münster zu erschließen, aber wie gesagt, nur zu gut verstand ich, wie eng begrenzt mein Bereich war, und daß der Wandertornister des Menschen neben seiner bescheidenen Ration von Begabung immer einen großen Vorrat von Resignation enthalten müsse, um ihn auf der Wanderschaft gesund zu erhalten.

›De Dom, de Rhing un' dat köl'sche Wasser‹, so stellte das hübsche Kölner Platt die Reize der Stadt zusammen. Der zweite von ihnen, der Rhein, enttäuschte die Erwartung, mit der ich dem Vielbesungenen entgegenblickte. Der breite, ruhige Strom, der bei Köln vorbeifließt, erinnerte in nichts mehr an den frischen, jungen Gebirgsfluß, als der er die Schweiz durcheilt oder gar an den ›rasenden Halbgott‹ aus Hölderlins unsterblichem Gedicht, ›Der Rhein‹ – er hatte wohl seine letzte Wildheit in den herrlichen Fällen bei Schaffhausen vertobt. Auch lag die träumerische Romantik der Berge und Burgen, die sich in seinem weiteren Lauf spiegeln, hinter ihm und verhallt war der Gesang der Lorelei, der sich in sein Rauschen gemischt hatte. Er besaß aber auch noch nicht die majestätische Breite, in der er seiner Mündung in Holland entgegenströmt; hier bei Köln war der Rhein ernst, tüchtig und betriebsam, er trug Handelsschiffe und Vergnügungsdampfer, er diente und arbeitete und wenn ich ihn auch gern vom Ufer oder von einer Brücke aus betrachtete, blieb er mir doch gleichgültig. Vom dritten Reiz der Stadt Köln, den das gefühllose Volkswort mit Dom und Rhein verbunden hatte, wüßte ich nichts zu rühmen als den Ort, dem er entduftete. An dem hübschen Jülichplatz, wo die ›Eau de Cologne‹ behaust war, verweilte ich manchesmal auf meinen Streifzügen, die mich durch die engen Gassen und weiten Plätze der alten Stadt, vorbei an ihren zahllosen, verschiedenartigen Kirchen, über ihre belebten Märkte führten, und ich empfand immer deutlicher den gewaltigen Unterschied zwischen dem protestantischen und nicht eigentlich historisch interessanten Berlin, aus dem ich kam und dem katholischen, geschichtsträchtigen Köln, das ich mit wachsendem Verständnis für seine charaktervolle Eigenart zu durchwandern nie ermüdete.

Am Vormittag nach meiner Ankunft begab ich mich in das alte Stadttheater – das prächtige Kölner Opernhaus war noch nicht entstanden –, um mich vorzustellen. Es war ein herrlich aufregender Moment, als ich zum erstenmal ein Theater vom Bühneneingang her betreten durfte. In der Kanzlei erkannte ich mit Interesse einige Sänger, deren Bilder in Maske und Kostüm ich am Abend vorher im Schaufenster einer Buchhandlung studiert hatte, und fühlte mich mit Genugtuung als ›Kunstgenosse‹. Direktor Hofmann empfing mich mit einem netten Wort über das Günstige, das Kleffel ihm von mir geschrieben, und seine offene Freundlichkeit, die mir sogleich Mut einflößte, blieb sich die ganze Spielzeit hindurch gleich. Ich bin ihm nicht nähergekommen – wie hätte auch der junge Korrepetitor vom Chef des Theaters anderes als bestenfalls eine flüchtige Freundlichkeit erwarten können? Trotzdem habe ich bei einigen Gelegenheiten klare Beweise eines erfreulichen Vertrauens in meine Fähigkeiten und in mein Urteil empfangen. Seine Frau dagegen, eine stattliche Brünette, der man schon von weitem eine schöne, üppige Altstimme zutraute – ein derartiger Verdacht hat sich noch immer in meinem Leben bewahrheitet –, zeigte bei unseren seltenen Begegnungen während meines Kölner Engagements wärmeres Verständnis für mich. Zwanzig Jahre später, als ich als bayerischer Generalmusikdirektor nach München kam und sie dort als Gesanglehrerin wiedersah, erzählte sie mir, wie ihr Mann stolz darauf gewesen war, mich ›entdeckt‹ zu haben und von Anfang an eine große Dirigentenkarriere für mich prophezeit hätte und daß sie sich noch klar ihres fast beunruhigenden Eindrucks von meinem aus Sensitivität, Überschwenglichkeit und Schüchternheit gemischten Wesen erinnere. Hofmann war der geborene Impresario, sein Talent war es, Talent zu entdecken, zu placieren und auszunutzen. Zu meiner Zeit allerdings waren außer einer sehr bedeutenden Künstlerin, der Altistin Charlotte Huhn, dem stimmgewaltigen Bariton Baptist Hoffmann und der reizvollen Soubrette Meta Kalmann keine ungewöhnlichen Kräfte im Personal. Hofmanns große Entdeckung war der Tenor Emil Götze gewesen, ein Sänger mit vortrefflicher Erscheinung und wirklich herrlicher Stimme. Als ich nach Köln kam, sang er nur noch gelegentlich als Gast, aber noch immer war er der Abgott des Publikums, und ich erinnere mich gut an seinen Lohengrin, der wirklich ›aus Glanz und Wonne‹ herzukommen schien.

Ein anderer ›Fund‹ Hofmanns war der Bariton Carl Mayer, zu meiner Zeit ebenfalls nicht mehr im festen Engagement in Köln und nur noch ab und zu als Gast erscheinend, ein hochbegabter Darsteller mit besonderer Eignung für dämonische Rollen, dabei auch wirksam in feinkomischen Partien. Ich hörte ihn mit Vergnügen als ›Sénéchal‹ in Boieldieus ›Jean de Paris‹ und habe einen nachhaltigen Eindruck von seiner Darstellung des Marschnerschen ›Vampir‹ empfangen.

Durch den Vertrag mit Emil Götze soll Hofmann Reichtümer verdient, sie allerdings auch in hemmungslosem Lebensgenuß wieder verschleudert haben. Der mittelgroße, etwas korpulente Mann mit dem rötlichen Gesicht des Weintrinkers, aus dem lustige blaue Augen blickten, war ein sympathischer Genießer-Typus. Er hatte Begeisterung für das Theater, Freude am Talent und optimistischen Unternehmungsgeist – ich glaube, die Kölner Oper konnte auf seine Direktionszeit mit Dankbarkeit zurückblicken. Seine Kapellmeister waren damals Mühldorfer, den ich als tüchtigen Routinier in Erinnerung habe, und Josef Großmann, ein junger, begabter und temperamentvoller Wiener, dem es aber, glaube ich, an Ernst und Gewicht fehlte. Doch befriedigte er meinen glühenden Wagner-Enthusiasmus in seinen Aufführungen der ›Nibelungen‹ in so hohem Maß, daß er in mir seinen begeistertsten Anhänger hätte finden können, wäre ihm daran gelegen gewesen. Leider interessierte er sich nicht für mich, und ich hielt mich daher fern von ihm – es schien mir, daß ihm meine Sicherheit am Klavier in Ensemble- oder Arrangierproben unsympathisch war, denn er entschädigte sich durch einschüchternde Vorgesetztenmanieren für die Enttäuschung, mir keine falschen Noten, rhythmischen Ungenauigkeiten oder Unaufmerksamkeit vorwerfen zu können. Was aber wollte die kaum verhüllte, doch milde Antipathie des ersten Kapellmeisters besagen gegenüber der rauh-despotischen Unmanierlichkeit und hemdärmeligen Grobheit des Oberregisseurs O. Noch sehe ich mich auf der Orgelbank hoch über der Bühne sitzen, zu der ich auf einer Art eiserner Schiffsleiter zu klettern hatte, um das Intermezzo in ›Cavalleria Rusticana‹ zu begleiten, und ich sehe meinen Feind, einen dicken, großen Mann von vielleicht sechzig Jahren, keuchend sein schweres Gewicht ein hohes Holzgerüst hinaufschleppen, mit einem kleinen Dirigierstäbchen in der Riesenfaust den Takt schlagen, den er durch ein Loch in der Kulisse vom Kapellmeister absah, worauf er seiner Enttäuschung über meine glatte Erledigung der Aufgabe durch einen ablehnenden Grunzlaut im Herunterklettern Ausdruck zu geben sich gedrängt fühlte. Ich verstand ganz gut die metaphysischen Gründe seiner nach Bekenntnis dürstenden Antipathie: daß ich gut Musik machte, optimistisch war, schöne Dinge schön fand, wäre zwar dem Bewohner einer rauheren seelischen Region noch allenfalls erträglich gewesen, aber zusammen mit meiner Jugend wurde es zur Beleidigung. Überhaupt meine Jugend! Die ganze Welt schien mir die Züge von Steerforth' ›man‹ Littimer zu tragen, von dem jedes Wort, jeder Blick dem eingeschüchterten David Copperfield sagte: »Sie sind jung, Sie sind entsetzlich jung.« Direktor und Kapellmeister, Sänger und Bürobeamte, Regisseure und Theaterarbeiter, ja die Kellner in den Gasthäusern und die Schaffner auf der Bahn, alle hatten jenes Wesen, das deutlich sagte: »Sie sind jung, Sie sind entsetzlich jung.«

Der Opernregisseur war also nur eine Art Über-Littimer, und ich habe mich schließlich mit Humor über seine Gegnerschaft hinweggesetzt. Wäre nur seine Regieführung interessant oder wenigstens sinnvoll gewesen! Die Arrangierproben, bei denen ich zu begleiten hatte, gaben mir Gelegenheit, ihn bei der Arbeit kennenzulernen und nachdem ich dabei gesehen hatte, wes Ungeistes Kind er war, daß seine antediluviale Erscheinung nicht trog, sondern ihn unmißverständlich jener Species zuwies, die in vormusischen Epochen auf der Erde gewuchtet hatte, verwandelte sich meine anfängliche emotionelle Empfindlichkeit in eine Art beruhigte, naturhistorisch eingestellte Objektivität, wie sie mir öfter noch im Leben als Lokalanästhesie gegen peinliche Kontakte gedient hat.

Der Typus des Grobians, in jenen Zeiten despotischer Bühnenleiter, Regisseure und Dirigenten noch recht häufig, ist im Lauf der Jahre mit jenem Despotismus allmählich verschwunden. Die Verträge gewährten damals der Direktion das Recht einseitiger Kündigung nach dem ersten Jahr – nur namhafte Künstler konnten deren Streichung oder ein gegenseitiges Kündigungsrecht durchsetzen –, ja viele Kontrakte gaben dem Direktor ein einseitiges Kündigungsrecht innerhalb der ersten vier Wochen der Spielzeit, und ich habe manches Mal mit Entsetzen und Leid die Verzweiflung der Gekündigten miterlebt. Welche Möglichkeiten diese Zustände dem Despotismus eröffneten, wie sie zur Überheblichkeit und Grobheit auf der einen, zu Leid und Erniedrigung auf der anderen Seite führten, läßt sich leicht denken. Das Prinzip der Theaterpacht machte, wie schon erwähnt, allmählich dem der Anstellung eines der Stadt oder der Theaterverwaltung verantwortlichen Direktors Platz, dessen genau umschriebene Befugnisse gleich denen des Hoftheaterintendanten nicht mehr so reiche Anregungen für despotische Übergriffe boten. Der ›Genossenschaft Deutscher Bühnenangehöriger‹ gelang es, die Kündigung während der ersten vier Vertragswochen abzuschaffen und das Recht gegenseitiger Lösung in die Theaterverträge einzuführen, und in diesen Vorgängen, wie in der ganz beträchtlichen Hebung der Minimalbezüge für Solopersonal, Orchester, Chor und Bühnenarbeiter, zeigte sich ein erfreuliches Bild von sozialem und wirtschaftlichem Aufstieg am deutschen Theater, zu dem, wie man gerechterweise anerkennen muß, eine entgegenkommende Gesinnung der Korporation der Intendanten und Direktoren, des ›Bühnenverein‹, bedeutend beigetragen hat.

In die Welt des Theaters, die sich mir mit dem Antritt meines Kölner Engagements eröffnete, war ich als völlig ahnungsloser, unerfahrener junger Musiker von siebzehn Jahren in Erwartung begeisternder Erlebnisse in ihrem abenteuerlichen Wunderland, glorreicher Lösung der mir gestellten Aufgaben, zugleich aber mit dem einfachen festen Vorsatz, meine Pflichten nach besten Kräften zu erfüllen, eingetreten. In der chaotischen Wirrnis der neuen Eindrücke und Situationen kam ich gar nicht dazu, die nüchterne Geschäftigkeit, in die ich geworfen war, mit meinen jugendlichen Träumen zu vergleichen: Ensembleprobe vom ›Troubadour‹ am Vormittag, vom Inspizienten aus dem Probezimmer auf die Bühne hinuntergerufen, um hinter der Szene die Trompeten in der ›Lohengrin-Orchesterprobe‹ zu dirigieren; am Nachmittag Siegfriedprobe mit einer Sängerin, die den Waldvogel studieren mußte, danach Freischützprobe mit Agathe und Ännchen – eine junge Sängerin habe ich anzuhören, um der Direktion mitzuteilen, ob sie den Hirtenknaben im ›Tannhäuser‹ singen könne, die Partitur einer neuen Oper wird mir unter den Arm gesteckt – die Direktion wünscht in zwei Wochen ein Urteil über das Werk, in der Aufführung der ›Cavalleria‹ habe ich Orgel zu spielen, die Chorsängerin wartet auf mein Zeichen, um zu schreien und damit den Tod des Turridu anzukündigen – gerade an solchem scheinbaren Durcheinander gewann ich Halt in der wirbelnden Fremdartigkeit der neuen Umgebung, denn sobald es sich um Musik handelte, fühlte ich mich berufsmäßig sicher und dilettantisch unsicher nur in den vielen persönlichen Kontakten, die meine Arbeit mit sich brachte. Doch hat meine unüberwindliche Menschenscheu mich eigentlich niemals ernstlich im Beruf behindert oder geschädigt und selbst in jener frühen kritischen Epoche habe ich mich von Anfang an künstlerisch gegen meine robuste Umgebung behauptet, wovon mir ein charakteristisches Beispiel klar im Gedächtnis geblieben ist: in meiner ersten oder einer meiner ersten Proben hatte ich mit einigen Solisten den ersten Akt der ›Meistersinger‹ zu studieren; jedesmal, wenn ich eine falsche Note oder eine rhythmische Ungenauigkeit ausbesserte oder wenn ich auf eine dynamische Vorschrift Wagners aufmerksam machte, fühlte ich, wie Unzufriedenheit und Unruhe unter den Sängern wuchs, bis mir der ›Pogner‹ etwa folgendes sagte: »Junger Mann, Sie haben hier mit reifen Künstlern zu tun, erteilen Sie uns keine Lehren und schenken Sie sich Ihre Verbesserungen.« Zu meinem Erstaunen hörte ich mich ruhig und ganz ohne Schüchternheit antworten, es sei meine Pflicht, musikalische Fehler und Ungenauigkeiten auszubessern, dafür sei ich engagiert, ich müsse also darin fortfahren und bäte sehr, mir keine Schwierigkeit zu machen. Und so geschah es denn auch, ich probierte energisch weiter, nur noch emotionell gesteigert durch den Widerstand, den ich erfahren und am Schluß der Probe umarmte mich der gute Mann und mittelmäßige Sänger, erklärte mir seine und seiner Kollegen höchste Anerkennung und von da an befand ich mich in bestem Einvernehmen mit den Künstlern der Oper, ja fast hatte ich den Eindruck, daß mir auf dieser Seite sogar meine Jugend verziehen wurde. Bald gab es, namentlich unter den jüngeren Sängern, eine ganze Anzahl, die um Proben mit mir baten – ich erinnere mich an einen begabten jungen Bassisten, dem ich immer wieder einzelne Phrasen des Alberich zeigen mußte, der nicht müde wurde, Stellen wie den Fluch in jeder Einzelheit immer zu wiederholen und sich von mir in dem wild leidenschaftlichen Ausdruck vorsingen zu lassen, den ich dafür gefunden hatte, und es gab mir Befriedigung und Hoffnung, mich so nützlich machen zu können. Daß ich mich den Gesangspartien nicht von einem abstrakten Kapellmeisterstandpunkt aus, sondern von dem des Sängers und des Singens her näherte, erwarb mir die Zustimmung und Anhänglichkeit der Solisten. Ich verlangte von den Sängern nichts, was jenseits ihrer stimmlichen Möglichkeiten, aber alles, was innerhalb derselben lag, um musikalisch und dramatisch ihren Rollen gerecht zu werden, und ich hatte mich früh gewöhnt, selbst gesanglich zu zeigen, wie es sein sollte.

Aber gerade aus diesem schönen Verhältnis zur Mehrzahl der Solisten entstanden mir Leid und Unzufriedenheit. Was ich mit ihnen so detailliert ausgearbeitet, zu solcher Intensität des Ausdrucks entwickelt hatte, verschwand in Proben und Aufführungen unter dem zu schnellen Tempo des Kapellmeisters oder zerfiel unter der Verschleppung des Zeitmaßes, wurde auch oft unwirksam durch das Arrangement des Regisseurs – ich begann unter der dramatischen und musikalischen Gefühllosigkeit der Aufführungen und unter meiner derzeitigen Machtlosigkeit gegen den Geist der Routine zu leiden, der am Theater herrschte. Übrigens litt, meiner Erinnerung nach, der gesangliche und dramatische Teil der Aufführungen unter Großmann mehr von jener Mattigkeit als der orchestrale, welcher mir oft starken Eindruck machte.

Ich sehe mich noch auf der Bühne, fast zerrissen von meiner Erschütterung durch die Trauermusik aus der ›Götterdämmerung‹, deren überwältigende Tonfluten mir vom Orchester her heraufklangen, während ich unter den umherlaufenden Theaterarbeitern bei meinem Hornisten stand und auf meinen Einsatz wartete.

Die Leiden und Freuden meiner Korrepetitoren-Existenz waren jedoch vergessen, wenn ich den Vorstellungen von der ›Künstlerloge‹ aus zusah. Ein kurzes, aber wärmstes Loblied sei daher jener Einrichtung künstlerisch-humanen Geistes gesungen, die von den größten Hoftheatern bis zu den kleinsten Stadttheatern an keiner Bühne fehlte. Sie war human, weil sie den Künstlern des Hauses eine Freundlichkeit erwies, ohne der Intendanz oder Direktion einen Vorteil zu gewähren – bei vollbesetztem Haus bedeuteten die unverkauften beiden Logen sogar einen Verlust –, sie war künstlerisch wertvoll, indem sie den jüngeren Mitgliedern ermöglichte, sich an reiferen Leistungen zu bilden, die Werke in ihrer Gesamtheit kennenzulernen und sich mit den akustischen Verhältnissen des Theaters vertraut zu machen. – Es gab in jedem Theater zwei Logen, für die Damen und für die Herren und sie lagen einander gewöhnlich gegenüber; gelegentlich gelang es sogar Eros, dem Musendienst den Blick auf die Bühne zu entwenden und auf ein Gegenüber verführerisch abzulenken. Im allgemeinen aber habe ich in den langen Jahren meiner eifrigen Ausnützung der freundlichen Institution große Freude an der ernsten Anteilnahme der jüngeren, und oft auch der älteren Künstler gehabt, mit der sie die Aufführung beobachteten und besprachen. Mein Interesse beschränkte sich keineswegs auf die Opernaufführungen, denen ich wohl immer in der Loge beiwohnte, wenn mich kein Bühnendienst hinter die Szene rief. Ich genoß vielmehr und verfolgte mit Aufmerksamkeit auf alle Einzelheiten die vortrefflichen, lebendigen Schauspielvorstellungen, die, wenn ich nicht irre, regelmäßig mit der Oper abwechselten. Es gab gelegentlich auch interessante Gastspiele im Schauspiel, von denen mir zwei als besonders eindrucksvoll im Gedächtnis geblieben sind: die von Adolf Sonnenthal und Friedrich Mitterwurzer. Ersteren sah ich als Wallenstein in Schillers Trauerspiel ›Wallensteins Tod‹ und genoß den Adel seiner Persönlichkeit und einer Sprechkunst, wie sie mir noch nie Ohr und Seele gelabt hatte; dahinter stand und wurde mir fühlbar die höchste Schauspieltradition Europas, die des Wiener Burgtheaters. Es war meine erste, sehr indirekte Berührung mit Wien, aber noch heut freut es mich, daß jene Botschaft von einer alten Kultur damals schon eine verwandte Saite in mir angeschlagen und zum Weiterklingen gebracht hatte. Mitterwurzer vertrat allerdings keine Tradition. Oder doch – die des Genies. Ich hatte in Berlin tiefe Eindrücke von Schauspiel und Schauspielern empfunden; vor allem am Deutschen Theater, das später Max Reinhardt übernahm, gab es unter L'Arronge Klassiker-Aufführungen von hohem Niveau mit Otto Sommerstorff als idealem jugendlichen Helden und Teresina Geßner als rührender Darstellerin zarterer Frauengestalten, mit Emil Pohl als meisterhaftem Vertreter des Düsteren und Bösen – im Jahr 1900 als königlicher Kapellmeister am Berliner Opernhaus machte ich die Bekanntschaft des großen, klugen, ernsten Schauspielers und konnte seine gute Meinung von meinen Leistungen mit der Erzählung von meiner alten Verehrung für ihn erwidern – mit Georg Engels als unvergleichlich witzigem und behaglichem Darsteller komischer Rollen; vor allem hatte ich Josef Kainz, einen Schauspieler faszinierender Persönlichkeit und virtuoser Sprechtechnik kennengelernt, wenngleich ich schon damals und weit mehr noch später, als er am Wiener Burgtheater und ich an der Wiener Hofoper war, mich oft durch gewisse Übertreibungen in Tempo und Ausdruck gestört fühlte, denen ein eigenartiger, impulsiver, nicht zur Selbstdisziplin geneigter Künstler leicht verfällt. – Hier in Mitterwurzer nun, fand ich einen mir neuen Typus des Schauspielers: einen Proteus. Ich sah ihn ebenfalls als Wallenstein, sodann als Mephisto, in einem Bendix'schen Lustspiel, dessen Titel mir entfallen ist (ich glaube, es hieß, ›Ein Lustspiel‹), und als Theaterdirektor Striese im ›Raub der Sabinerinnen‹. Es wäre unmöglich gewesen, an irgend einem Zug oder Ton, in Stimme oder Haltung den gleichen Mann in den vier Rollen zu erkennen. Es waren vier verschiedene Menschen, jeder vom Herzen bis in die Fingerspitzen gerade nur der, der er sein sollte, ein Wechsel der Persönlichkeit, der – scheinbar – nicht durch Zusammensetzung einzelner Züge erreicht, sondern durch einen einzigen Akt der Verwandlung in einem klar erkannten, voll erfühlten anderen Menschen entstanden war. Zum ersten Mal im Leben begegnete mir das Mysterium, wie man Ich und Du sein könne, auf dem alle künstlerische Interpretation, vor allem die musikalische, beruht.

Die Direktion hatte allmählich eine günstige Meinung von meinen Fähigkeiten gewonnen, und man begann, mich am Dirigentenpult mit Aufgaben zu beschäftigen, die eines richtigen Opernkapellmeisters nicht würdig gewesen wären, von dem jungen Korrepetitor aber wohl verlangt werden konnten und mir natürlich als Gelegenheit zum Dirigieren hoch willkommen waren. Zwei davon sind mir im Gedächtnis geblieben: ›Von der Wiege bis zum Grabe‹, ein Mittelding zwischen Pantomime und Ballett, soviel ich mich erinnere, mit einer hübschen, gut instrumentierten, etwas Mendelssohnschen Musik von Reinecke; und die Zauberposse ›Lumpazivagabundus‹, ein wahres Entzücken für mich, nicht etwa wegen der recht spärlichen, ganz lustigen, aber unbedeutenden Musik, sondern weil aus der phantastischen Dichtung des genialen Nestroy mir neuerlich ein Laut wienerischen Wesens erklang, mich wieder die österreichische Mischung aus Liebenswürdigkeit und Scharfzüngigkeit, Leichtsinn und Tiefsinn, Gutmütigkeit und Keckheit verwandt anmutete, wie in einem Gefühl von prästabilierter Harmonie, dessen ich mich später, als ich in Wien Wurzeln geschlagen, oft erinnert habe.

Endlich beschloß der Direktor, mir auch eine Oper anzuvertrauen, und übergab mir die Einstudierung des anmutigen ›Waffenschmied von Worms‹ von Lortzing, den ich im März 1894 – vielleicht war es auch schon im Februar – herausbrachte.

Was habe ich wohl empfunden, als ich damals, noch nicht achtzehnjährig, meine erste Opernaufführung dirigierte? Am deutlichsten erinnere ich mich, was ich nicht empfunden habe: nämlich irgendeine Unsicherheit oder Sorge. Ich hatte meine Partitur im Kopf, ich war in den Partien der Sänger zu Hause, die ich mit ihnen studiert hatte und daß ich anstatt wie in den Solo- und Gesamtproben das Klavier, nun das Orchester zur Verfügung hatte, bedeutete mir von der ersten Orchesterprobe an durchaus nicht eine ungewohnte Belastung, sondern war mir eine Quelle der Freude. Meine Hand wußte ganz allein was sie tat: die Fähigkeit, das Orchester in sich und mit Solisten und Chor zusammenzuhalten, war ihr gegeben; und meine sorgfältige Vorbereitung der Sänger in ihren Arien und Ensembles hatte für genügende

Präzision, mit den Freiheiten eines lebendigen Vortrags, gesorgt, um meine angeborene Technik vor keine überraschenden Probleme zu stellen. Angeborene Technik ist in jeder Kunst ein unentbehrlicher Teil und Beweis des Talentes – Antizipation eines Könnens, das später schrittweise und oft mit Mühe erworben werden muß. Bevor es aber erworben wird, ist es wunderbarerweise schon da und gibt jene trügerische Sicherheit, die bei wachsender Reife harten Prüfungen ausgesetzt wird. So fühlte auch ich mich völlig sicher, und sogar als in einer späteren Wiederholung des ›Waffenschmied‹ die Erkrankung eines Sängers zu eiliger Neubesetzung einer wichtigen Rolle führte, zeigten sich Hand und Hirn der Gefährdung des Ensembles und der Unsicherheit auf der Bühne durchaus gewachsen – ohne Verlegenheit und ohne merkliche Störung führte ich auch diese Aufführung zu ihrem guten Ende. Ich war natürlich viel zu unreif, um von den wirklichen Schwierigkeiten des Dirigierens etwas zu ahnen, aber ich kann auch nicht sagen, daß ich meine Sattelfestigkeit irgendwie als etwas Verdienstliches empfand. Sie schien mir selbstverständlich. Dagegen glaube ich mich eines Glücksgefühls darüber zu erinnern, mit der Bewegung meiner Hand die Kräfte des Orchesters entfesseln, Musik in den Theaterraum senden zu können, den Glanz des Blechs und die Wucht der Pauken zu kommandieren, die Soli der Holzbläser mit dem Streichorchester zart zu begleiten und ihr crescendo mit dem seinen zu stützen. Ich genoß es, das Tempo entsprechend dem musikalischen Verlauf und dem Bühnenvorgang fest und doch flexibel zu führen, das Orchester mit Blick und Geste zur Steigerung von Klang und Ausdruck anzureizen oder sein dynamisches Übermaß mit der abwehrenden Linken zu dämpfen. Und neben diesem unmittelbaren Machtgenuß, dessen ich damals nur dunkel bewußt gewesen sein kann, erfüllte mich einfach die Freude an der reizvollen heiteren Spieloper, machte es mir Vergnügen, die Früchte meiner eifrigen Probenarbeit in der musikalischen Sauberkeit und dem lebensvollen Verlauf der Aufführung zu ernten. Sogar im Dialog hatte ich ein wenig Feuer anzünden können, indem ich ihn hinter dem Rücken des uninteressierten Regisseurs mit dem mir freundlich gesinnten Teil der Mitwirkenden studierte und als Nachwirkung meiner Erstlingsleistung blieb mir die ermutigende Empfindung, an dem Platz gestanden zu haben, für den ich bestimmt war.

Aber nicht nur war mir die technische Leitung der Oper so leicht gefallen; nichts an den Aufgaben, die mir als Korrepetitor und angehendem Kapellmeister gestellt wurden, machte mir Schwierigkeiten, und darin lag eine große Gefahr für mich: die Gefahr, die künstlerischen Aufgaben zu unterschätzen – mich selbst zu überschätzen. In meiner Nähe sah ich keine bedeutenden Musiker – für die Dirigenten des Theaters konnte ich trotz Großmanns technisch vortrefflicher Beherrschung des Orchesters keine besondere Hochschätzung empfinden, einige Konzerte im ›Guerzenich‹ unter Leitung Franz Wüllners, Vater des später weltberühmten Sängers und Rezitators Ludwig Wüllner, kamen mir trocken und starr vor, und ich glaube, daß ich mich eine Zeitlang auf dem besten Wege zum Dünkel befand.

Warum erschien mir alles so leicht? Nun, teilweise natürlich, weil ich ein richtiger Musiker und Musikant war, aber auf meine musikalische und musikantische Leichtigkeit hätte ich mir kaum etwas eingebildet. Nein, ich war stolz auf die Mühelosigkeit, mit der ich ein mir Neues, die spezifischen Forderungen des Opernbetriebes bewältigen konnte und ich verstand nicht, daß hier eine Verwechslung vorlag: daß dieser Opernbetrieb eben etwas anderes, Niedrigeres, Weltläufigeres war als die Kunst, deren Forderungen ich zu erfüllen glaubte. Nicht mehr hatte ich mit Beethovens ›Fidelio‹ selbst zu tun, sondern mit dem ›Fidelio‹ der Kölner Oper, einem Objekt des Theaterbetriebes. Mir ahnte damals nicht – und wie hätte es meine Unerfahrenheit ahnen können –, daß die Hauptaufgabe meines Lebens werden würde, den Firnis der Routine, des ›Üblichen‹, zu entfernen und zu vergessen, wieder durchzudringen zum Werk selbst und es aufzuführen, als erlebte es eine Uraufführung. Das war keine leichte Aufgabe und sie wurde kompliziert durch die gleichzeitige sorgfältige Selbstreinigung von unbewußt gewordenen Gewohnheiten. Damals aber, in Köln, erlag ich dem Reiz der Glätte, mit der die Routine die Rauheiten der Kunst ausgleicht und die Werke der Meister in Theaterbetrieb umsetzt, und ich begann stolz zu werden auf die Mühelosigkeit, mit der ich alles leistete, was der Betrieb von mir verlangte; denn in der Atmosphäre der Theaterroutine gedeiht die Berufskrankheit der Künstler, die Eitelkeit, während der Bezirk der Kunst selbst zur Ehrfurcht stimmt. Ich glaube aber mir zubilligen zu dürfen, daß ich der Eitelkeit nie ernstlich verfallen bin, daß immer eine leise innere Stimme des Unbefriedigtseins an mir nagte mit der Frage, ob ich auch noch Fühlung mit mir selbst gewahrt hätte. – Denn das werden meine Leser schon verstanden haben, daß ich mich ›faustisch‹ fühlte und daß ich also Zufriedenheit und somit auch Selbstzufriedenheit als Feind meines heißen Forschungstriebes und Erkenntnisdranges ablehnte. Grade so mußte mir die leicht errungene Befriedigung im Beruflichen, so sehr sie mir zuerst schmeichelte, bald tief verdächtig, ja schließlich widerlich werden.

Die Aufnahme meines Debuts in der Presse war sehr günstig gewesen: Otto Neitzel, der angesehene Kritiker der Kölnischen Zeitung schrieb, glaube ich, von einer ausgesprochenen Dirigentenbegabung; in der Kölnischen Volkszeitung prophezeite mir ein Herr Wolf eine große Zukunft, und nur ein Blatt wies auf meine Jugend hin mit dem nicht allzu geistreichen Scherz, ich solle in den Zwischenakten ›die Flasche bekommen haben‹.

In jenem Jahr war Verdis ›Falstaff‹ veröffentlicht worden, und Direktor Hofmann hatte das Aufführungsrecht erworben. Zeitungsberichte über Aufführungen an anderen Orten nannten ›Falstaff‹ ein Alterswerk mit den Merkmalen der Meisterschaft wie der Abnahme an schöpferischer Inspiration. Ich hatte mir den Klavierauszug erbeten und verbrachte selige Tage in der Atmosphäre des unsterblichen Werkes. Hofmann, der wie gesagt allmählich Vertrauen zu meinem Musikertum gefaßt hatte, fragte mich nach meinem Eindruck, und als ich ihm sagte, daß ich im Gegensatz zu den Zeitungsnotizen im ›Falstaff‹ kein Ende eines großen Lebenswerkes sähe, sondern glaubte, darin den Beginn eines höheren Stiles der heiteren Oper mit unglaublicher Frische der Inspiration und edelster Altersreife zu erkennen, drückte er mir dankbar die Hand und vertraute mir an, daß seine Kapellmeister ihn durch ihr ungünstiges Urteil fast entmutigt hätten und daß er hoch erfreut sei, seinen eigenen Eindruck durch einen so begabten jungen Musiker wie mich bestätigt zu finden.

Daraus entstand eine Annäherung zwischen uns, deren nächste Äußerung eine Einladung zum Tee in seinem Hause war, wo der Komponist Spinelli seine Oper ›A basso porto‹ vorspielen sollte. Sie gehörte zum genre des ›verismo‹ wie ›Cavalleria‹ und ›Pagliacci‹ und erschien mir an dramatischer Kraft und melodischer Erfindung beiden Werken überlegen, ein Urteil, das sich mir etwa sechs Jahre später, als ich in Riga die Oper selbst aufführte, durchaus bestätigte.

›Falstaff‹ wurde in Köln von Großmann dirigiert und hatte nur einen mäßigen Erfolg. Ich weiß noch, wie enttäuscht ich war, als ich nach den Wochen meiner genußreichen Klavierproben mit den Sängern alles durch eine verständnis- und lieblose Interpretation und vor allem durch ungeeignete Tempi entstellt fand, von denen mir das völlig willkürliche ›Andante maestoso‹ der Schlußfuge ›tutto nel mondo è burla, l'uom è nato burlone‹ noch im Gedächtnis lastet.

Die Mord- und Brunstoper Spinellis dagegen hatte einen starken Erfolg, und ihre Aufführung, die ich ebenfalls vorbereitet hatte, fand, glaube ich, Gnade vor meinem inzwischen recht überheblich gewordenen Urteil.

Die freundliche Gesinnung des Direktors brachte mir zu meiner Enttäuschung keine Steigerung meiner Tätigkeit, und ich beschloß kühn, mein Glück anderswo zu versuchen. Wie es zu meinem Abgang von Köln und zu meinem Engagement nach Hamburg gekommen ist, vermag ich nicht mehr zu sagen. Vermutlich hat mir Hofmann eine Hebung meiner Stellung als Korrepetitor nicht in Aussicht stellen können, und ein Agent, der von Kölner Sängern Günstiges über mich gehört hatte, dürfte mir das Hamburger Engagement verschafft haben. Jedenfalls verließ ich meine erste Stellung mit gestärktem Selbstvertrauen und, was mehr war, mit einem nicht zu unterschätzenden Vorrat an praktischer Theatererfahrung.

Bevor ich sie in diesen Blättern verlasse, habe ich aber noch von zwei Erlebnissen zu berichten: von einem Tenor und einer Nachtigall. Der Tenor hieß Bruno Heydrich, sang Tristan, Siegmund und die Siegfriede; er besaß eine starke, reizlose, nicht mehr ganz frische Stimme, war musikalisch zuverlässig und verfügte auch über eine gewisse Routine als Darsteller. Er war ein großer, ungefüger Mann und galt in Kollegenkreisen mit Recht oder Unrecht als bedenklicher Charakter. Einige Jahre später hörte ich, er habe die Bühnenlaufbahn verlassen und die Direktion einer Musikschule in Halle übernommen. Der Prager Nazi-Henker Reinhold Heydrich, den ein tschechischer Wilhelm Tell erlegt hat, war der fürchterliche Sohn des Mannes, und ich habe, wenn ich von jenem Sadisten las, oft an den mediokren Sänger mit der häßlichen Stimme denken müssen, der so gar nichts Höllisches an sich hatte und doch vom Schicksal bestimmt war, einen Teufel zu zeugen.

Eine schönere Stimme als die jenes Gezeichneten durfte ich hören, bevor ich das Engagement verließ.

Es gibt Nächte, deren Erinnerung uns bleibt, nicht wegen eines Erlebnisses, sondern wegen einer die Welt ausschließenden Erlebnisferne. Ein solche Mondnacht war es, von der Goethe singt:

»Füllest wieder Busch und Tal
Still mit Nebelglanz,
Lösest endlich auch einmal
Meine Seele ganz ...«

Ich war mit der Oper nach Bonn gefahren und ging während des zweiten Aktes, in dem ich nichts zu tun hatte, in den schönen Park, und da hörte ich zum erstenmal im Leben eine Nachtigall schlagen. Es war einer jener glücklichen Augenblicke, da wir das Bewegte vergessen und das Ruhende fühlen. Der freundliche, halb schmerzliche, halb lockende Ruf des Vogels war mir eine schöne Botschaft. – Und ich erwähne den erlebnislosen Augenblick, weil ich so gern und dankbar daran denke, daß es in derselben Welt, die den Heydrich und seinesgleichen trägt, auch Mondnächte und Nachtigallen gibt. Sollen wir nicht des Schönen gedenken, wann immer nur der Druck des Bösen nachläßt? Ist eine solche Geistesrichtung Sentimentalität oder ist sie nicht vielmehr eine gesunde Neigung zu Gedanken und Gefühlen, die unsere Lebenskraft stärken?

# 3

»Ja, es gibt eine Vorsehung«, ruft Leonore in ›Fidelio‹ aus, und ebenso rief es in mir, als ein freigebiges Schicksal durch die keineswegs freigebige Hand des Hofrats Pollini, Direktor des Hamburger Stadttheaters, mir einen Vertrag bescherte, der mich in Gustav Mahlers Nähe und damit meine künstlerische Entwicklung und mein Leben unter seinen Einfluß brachte.

Ich habe ein Buch über Mahler geschrieben und weise hier auf jene eingehendere Darstellung hin, da ich mich in einer Beschreibung meines eigenen Lebens natürlich über ihn kürzer fassen muß. Daß außerdem die vorliegenden Ausführungen über Mahler nicht mehr sind, nicht mehr sein konnten als eine gekürzte Wiederholung dessen, was ich 1936 geschrieben habe, glaube ich vorausschicken zu sollen.

Hamburg galt als die zweite Stadt Deutschlands nach Berlin, in der Meinung der Hamburger war es die erste. Es bestand eine Rivalität zwischen den beiden Großstädten, die sich gegenseitig geringschätzten – in einem Blumenthalschen Lustspiel sagte ein Hamburger Senator, dem ein junger Mann erzählte, er sei in Berlin geboren: »Tja, irgendwo muß der Mensch schließlich geboren sein.« Die große Seestadt fanden die Berliner langweilig, die Reichshauptstadt sah der Hamburger als Emporkömmling an. Jedenfalls war Hamburg, was man von Berlin nicht sagen konnte, eine Stadtpersönlichkeit, von der Geschichte gezeichnet, und das herrliche Bild der um Innen- und Außenalster liegenden Stadtteile mit dem Jungfernstieg als Hauptverkehrsader, der gewaltige Hafen, das Gewirr des Vergnügungsviertels für Seeleute in St. Pauli, die schönen Elbeorte von Blankenese, der ›Luhe‹ usw., alles hatte Charakter und erzählte vom Leben einer Hansestadt, die auf die See und in die Welt hinausblickte, während die Mehrzahl der deutschen Städte in ›Binnengesinnung‹ lebte. Übrigens war Hamburg nicht nur eine Stadt, es war auch ein Staat, der auf seine Ebenbürtigkeit den anderen deutschen Staaten, namentlich dem mächtigen und unbeliebten Preußen gegenüber, großes Gewicht legte; sein Bürgertum zeigte Haltung und Würde, und die Kunstpflege erfreute sich der besonderen Aufmerksamkeit offizieller Stellen der Bürgerschaft, weil man in ihren Kreisen der Bedeutung Hamburgs als Kulturzentrum repräsentativen Wert beimaß. Aber es war nicht nur Bürgerstolz, vielmehr war es ein weitverbreiteter, echter Kunstenthusiasmus, dem das Theater seine hervorragende Rolle im geistigen Leben der Stadt verdankte. Hamburg war, was man damals eine Theaterstadt nannte, d. h. Theater und Künstler erfreuten sich einer echten Popularität, und was die städtischen Bühnen in Oper und Schauspiel boten, was die anderen Theater, besonders das vortreffliche Schauspiel des Thalia-Theaters (von den Einheimischen ›Thaa-liatheater‹ mit dem Akzent auf der ersten Silbe genannt) leisteten, ging den Herzen der Hamburger nah und wurde in breiten Schichten der Bevölkerung mit Interesse diskutiert.

Die Direktion gab auch eine regelmäßige Anzahl von Opern- und Schauspielvorstellungen im Altonaer Theater, einem alten, noch mit Gas beleuchteten Haus im Nachbarstädtchen Altona, das man über St. Pauli erreichte. Ich denke an eine Vorstellung von Leoncavallos ›Pagliacci‹, die ich dort dirigiert habe, aus zwei Gründen zurück: zunächst, weil ich mir fortwährend die Finger an den heißen Zylindern der Gaslampen neben dem Dirigentenpult verbrannte, die ich bei meinem lebhaften Dirigieren streifen mußte und ferner, weil eine Dame rechts in der ersten Reihe, die ich bei jeder meiner Wendungen zu den zweiten Geigen an einem Strumpf stricken sah, sich während meines Dirigierens freundlich zu mir über die Brüstung lehnte, um mich zu fragen, ob die ›Vors-stellung‹ noch nicht bald zu Ende sei. Ich fürchte, sie hatte keine hohe Meinung von der Wichtigkeit des Dirigierens einer Oper, so wie überhaupt die Reaktion des Altonaer Publikums auf unsere musischen Bemühungen eine beträchtliche Portion unseres Humors beanspruchte.

Hamburg selbst aber war eine ernste Kunststadt. Das Publikum interessierte sich für Oper und Schauspiel mit würdigem Repertoire, es füllte das Haus, wenn nur immer eine gute Vorstellung in Aussicht stand, und das war häufig der Fall. Man verlangte von den kulturellen Einrichtungen, daß sie des alten Ansehens und der gegenwärtigen Bedeutung der Stadt würdig seien, man war stolz darauf, daß Hans von Bülow der Dirigent der Hamburger Symphoniekonzerte gewesen war, daß Gustav Mahler, der frühere Direktor des königlichen Opernhauses in Budapest, die Hamburger Oper leitete. Das Interesse für das Theater reichte weit zurück, wie man an Lessings klassischem Meisterwerk der Kritik, der ›Hamburgischen Dramaturgie‹ sieht. Die Oper nahm im öffentlichen Leben der norddeutschen, etwas düsteren Stadt – dunklen Himmel mit Regen und Nebel nannte man ›Hamburger Wetter‹ – eine weit ernstere Stellung ein als z. B. im rheinländisch-heiteren, sonnigeren Köln. Die Bedeutung des Hamburgischen Theaters wurde übrigens in Berlin durchaus anerkannt; Berliner Zeitungen pflegten ihre ersten Kritiker zu wichtigen Theaterpremieren nach Hamburg zu schicken, und so hatte auch ich schon genug von seinem lebendigen theatralischen Leben gelesen, um meinem Engagement mit Spannung entgegenzublicken. Mittelpunkt meiner Erwartungen aber war Gustav Mahler, Komponist jener von der Presse verhöhnten, mir außerordentlich interessanten Symphonie. Ein Tondichter von so ausschweifender Phantasie – ich stellte mir unter ihm etwa einen neuen Berlioz vor – als Kapellmeister des Opernhauses, an dem ich arbeiten sollte, das war ein aufregender Gedanke, und mit Scheu und Hoffnung dachte ich an meine nah bevorstehende Begegnung mit einem schöpferischen Menschen.

Mein erster Eindruck nach der Ankunft entsprach nicht meiner Vorstellung von der gewöhnlich recht nüchternen Bahnhofsgegend einer großen Handelsstadt, denn Irrlichter tanzten über mir und erhellten farbig den Nachthimmel, als ich von der Station am Klostertor heraustrat: es war die Hamburger ›Elektrische‹, die meine Ankunft mit dem laufenden Funken-Feuerwerk an ihrer Hochleitung zu feiern schien – Hamburg hatte, wohl als erste unter den deutschen Städten, seine Straßenbahn elektrifiziert – und diese lustigen bunten Geister begleiteten knisternd meinen ersten weiten Spaziergang durch die breiten Straßen, über die mächtige Brücke am Dammtor und um die schöne Innenalster herum. Am Jungfernstieg fesselte mich im Schaufenster des Bieberschen Ateliers ein Kopf, der mir beim ersten Blick als der eines Musikers erschien, beim zweiten wußte ich, das mußte Mahler sein, nur so konnte der Komponist des ›Titan‹ aussehen. Und als ich am nächsten Vormittag aus Pollinis Büro trat, wo ich mich dem Leiter des Theaters vorgestellt hatte, erkannte ich ihn denn auch wieder in dem hageren, kleinen, unruhigen Mann mit ungewöhnlich hoher, steiler Stirn, schwarzem langem Haar, tiefblickenden Augen hinter Brillengläsern und scharf geistigem Munde. Pollini, der mit mir herausgekommen war, stellte mich ihm vor, und es folgte eine kurze Unterhaltung, die mir Mahlers Schwestern nach seinem amüsierten Bericht oft lachend wiederholt haben. »Also Sie sind der neue Korrepetitor«, sagte Mahler, »können Sie gut Klavier spielen?« »Ausgezeichnet«, erwiderte ich, da ich einfach die Wahrheit sagen wollte und mir wahrscheinlich falsche Bescheidenheit einem großen Mann gegenüber unwürdig erschien. »Können Sie gut vom Blatt lesen?« fragte Mahler. »Ja, alles«, erwiderte ich, wiederum wahrheitsgemäß. »Und kennen Sie die Opern des gangbaren Repertoires?« »Die kenne ich sehr gut«, sagte ich mit festem Zutrauen, worauf Mahler laut lachte, mir sehr freundlich auf die Schulter klopfte und die Unterredung mit den Worten beschloß: »Na, das klingt ja ganz famos.«

Sehr bald durfte ich beweisen, daß ich nicht zu viel gesagt hatte; Mahler stand auf einer Arrangierprobe von Humperdinck's ›Hänsel und Gretel‹, das als erste Opernnovität der Spielzeit angesetzt war, und ich bemerkte, wie er unter der Untüchtigkeit des Klavierbegleiters litt – ich litt mit ihm und wünschte mir einzuspringen und zu helfen. Mein Wunsch wurde erfüllt, denn plötzlich fiel Mahlers Blick auf mich und er sagte: »Sie haben mir gesagt, Sie könnten alles vom Blatt spielen, trauen Sie sich, eine Oper zu begleiten, die Sie nicht kennen?« Auf meine Bejahung hin entfernte Mahler den früheren Begleiter, und ich nahm entzückt den Platz am Klavier ein, der mir von da an für alle Proben Mahlers verblieb.

Bald danach wurde ich gefragt, ob ich mich der Stellung eines Chordirektors gewachsen fühlte – der bisherige Leiter des Chores genügte Mahlers Ansprüchen nicht. Ich hatte zwar noch nie mit einem Chor zu tun gehabt, aber ich nahm an und so fand ich mich mit meinen beschämenden achtzehn Jahren eines Morgens am Flügel des Chorsaales und hielt eine Chorprobe von ›Lohengrin‹. Mahler erzählte mir später, daß der Vertreter des Chores auf die Erkundigung Pollinis, wie denn der neue Chordirektor seine Sache mache, erwidert habe: »der ist sehr routiniert«. Mahler fügte seiner Erzählung die Bemerkung an, wie häufig man am Theater Talent für Routine und Routine für Talent halte, was ich aus eigener Erfahrung bestätigen kann.

An dem Beispiel des Mahlerschen Musizierens und Probierens vertiefte sich mein Verhältnis zu meinen eigenen Aufgaben. Jetzt genoß ich nicht mehr meine Leichtigkeit, sondern ich begann zu verstehen, daß es auf andere Leistungen ankam als solche, die mir leicht wurden. Es war sehr schwer, eine fast instrumentale Genauigkeit bei den Sängern zu erreichen und dabei vollen dramatischen Ausdruck zu erzielen, denn das leidenschaftliche Gefühl neigt zu Dehnungen oder Beschleunigungen und vergißt den Punkt neben dem Achtel; und die Präzision wiederum stellt sich dem Ausdruck oft hindernd und erkältend in den Weg. Hier gab es viel zu lernen für meine bedenkliche Tendenz, die musikalische Korrektheit der Empfindung zuliebe zu vernachlässigen. Der Ausgleich im weiteren Sinn zwischen Musik und Drama mit seinen stilistischen Abstufungen, um den sich Mahlers Interpretation bemühte, wurde auch mir durch unsere ausführlichen Unterhaltungen zum Gegenstand des Nachdenkens, in meinen Proben zur praktischen Aufgabe. Mahlers Klavierproben, die mir durch seine herrischen, einfallsreichen Mahnungen an die Sänger, durch sein tiefes Eindringen in die Werke zu unvergeßlicher Belehrung dienten, seine Orchesterproben, in denen seine tyrannische Persönlichkeit den Musikern durch eine zwischen Einschüchterung und Anfeuerung wechselnde Methode ein Äußerstes an Leistung abgewann, machten jeder noch irgendwo in mir vorhandenen Neigung zur Selbstzufriedenheit ein Ende – es war herrlich, solch ein sich täglich wiederholendes Beispiel der Höchstforderung an sich selbst und allen anderen stets vor Augen zu haben, und ich lebte in dem lange ersehnten Gefühl, daß meine Seele wie in einem Präriefeuer brannte. Ich war noch jung, aber schon hatte ich einen alten Feind: den Alltag. Nun fürchtete ich ihn nicht mehr – da war ein Mann, an dem er machtlos war, der sich in jeder Minute erneute, der weder in der Arbeit noch im Lebensgefühl ein Nachlassen kannte – die niederdrückende Erfahrung, daß zwar die Kunst herrlich, aber das Leben trivial und daher eines Künstlers Existenz beschämend sein müsse, diese Erfahrung wurde endlich an einem großen Musiker zuschanden – der kannte keinen trivialen Augenblick, der dachte keinen Gedanken und sprach kein Wort, die Verrat an seiner Seele bedeutet hätten, und ich möchte schon an dieser Stelle hinzufügen, daß ich in den siebzehn Jahren der Freundschaft mit Mahler ihn nie anders als auf der Höhe seines hohen Wesens gefunden habe.

Pollini, der Pächter und despotische Direktor des Stadttheaters, hatte ein erstaunliches Ensemble zusammengebracht. Unter der musikalischen Führung von Gustav Mahler als genialem ersten, Otto Lohse als begabtem zweiten Kapellmeister, denen sich einige andere, ganz tüchtige Musiker anfügten, wirkten Katharina Klafski, eine Leonore, Isolde und Brünnhilde großen Stils und herrlicher Stimme, ferner die vielseitig und bedeutend begabte Ernestine Schumann-Heink, die poetische Jugendliche Bertha Förster-Lauterer und andere vortreffliche Sängerinnen, der Wagnertenor Max Alvary, stimmlich unbedeutend, aber ungewöhnlich eindrucksvoll als Erscheinung und Persönlichkeit, der wundervoll singende Tenor Birrenkoven, der gewaltige tschechische Bassist Wilhelm Hesch usw., kurz, ein Personal, mit dem man hervorragende Aufführungen erreichen konnte. Ich habe keine Erinnerungen an einzelne Vorstellungen unter Mahler behalten, ich weiß nur, daß die Hamburger Oper durch ihn erblüht war. In seinem Studierzimmer hing eine Kranzschleife – ich glaube, es war die einzige Trophäe, die er sich je aufbewahrt hat – mit der Inschrift: »Dem Pygmalion der Hamburger Oper – Hans von Bülow«. Dieser symbolische Händedruck zwischen Bülow und Mahler machte mir großen Eindruck, denn er ehrte beide: Mahler, dem der schöne Vergleich die Kraft zusprach, dem Leblosen Leben zu geben und Bülow, den seine hohe Kunstgesinnung zu der ebenso geistreichen wie warmherzigen Huldigung gedrängt hatte. – Die stürmische Energie, mit der Mahlers konzessionsloser Kunstwille Routine und Bequemlichkeit aus dem Theater hinausgefegt und in Aufführungen von emotioneller Bewegtheit und musikalischer Reinheit eine neue Epoche in der Oper herbeigeführt hatte, mußte Bülows edler Seele in seinen letzten Leidensjahren wohlgetan haben. Davon spricht auch eine seltsame Szene, die mir berichtet wurde: Als Bülow ans Pult trat, um eines seiner Konzerte in Hamburg zu dirigieren, erblickte er Mahler in der vordersten Reihe des Saales. Anstatt für den Applaus zu danken, der ihn begrüßte, eilte Bülow die Stufen vom Podium hinunter auf Mahler zu, bot ihm den Taktstock an und lud ihn mit einer verbindlichen Geste auf das Podium ein. Auf Mahlers verlegene Ablehnung hin, stieg er sodann wieder hinauf und dirigierte das Konzert. Persönlich sind sie sich nur flüchtig begegnet, aber die überpersönliche Beziehung, die in jenem sonderbaren, übrigens noch einmal wiederholten Vorgang im Konzertsaal Ausdruck fand, offenbarte sich noch nach dem Tode Bülows; der erste Satz der Mahlerschen Zweiten Symphonie, sicherlich eine der gewaltigsten Konzeptionen in der symphonischen Musik, war in ihm unter dem Eindruck der Totenfeier für Hans von Bülow entstanden.

Der allgemeinen Begeisterung für die musikalisch so herrlichen Mahlerschen Opernaufführungen in Hamburg stimmte einer nicht zu – Mahler selber. Er litt unter der Schwäche einer Opernregie, die weder die beträchtlichen darstellerischen Talente vieler Sänger noch die dramatische Wahrhaftigkeit seines Musizierens verdecken konnten. Über die prinzipiellen Hindernisse im Wege der Regie hat er damals nicht mit mir gesprochen – vielleicht sind sie ihm als solche erst während seiner reformatorischen Tätigkeit in Wien klar geworden;

wohl aber klagte er häufig, und in allen dynamischen Nuancen zwischen humoristischem Kopfschütteln und heller Verzweiflung über die persönlichen Mängel und Torheiten des Oberregisseurs B., dessen Mit- und Gegenarbeit ihm für seine ganze Tätigkeit an der Hamburger Oper vom Schicksal aufgezwungen war. Der umfangreiche, große B. gehörte künstlerisch zur selben Gattung wie sein Kölner Kollege O., von dem ich im vorigen Kapitel berichtet habe, nur war er manierlicher und wohl auch etwas gutmütiger. Gegen mich empfand er glücklicherweise keine Antipathie – um so unfreundlicher waren seine Gefühle gegen Mahler, dessen heftigen Forderungen in künstlerischen oder Betriebsangelegenheiten er die schwere Masse seiner trägen Unbeweglichkeit wirkungsvoll entgegenstemmte –, er spielte gegenüber Mahlers leidenschaftlich phantasievollen Bemühungen die Rolle des ›Großen Krummen‹ in ›Peer Gynt‹, und zu offenem Streit zwischen ihnen kam es nur deshalb nicht, weil B. auch zum Kämpfen zu träge war, oder vielmehr, weil sein bloßes gewichtiges Vorhandensein unnachgiebiger Ablehnung gleichkam. Es scheint mir des Erzählens wert, wie B. Chorszenen arrangierte. Nachdem er den Vertretern der vier Stimmen ihre Stellungen zugewiesen hatte, womit ihm eigentlich seine Aufgabe bereits erfüllt schien, gab er zum Überfluß noch einige allgemeine Erläuterungen, empfahl den Hamburger Frauen mittleren Alters, sich im ersten Akt der ›Carmen‹ wie leichtfertige Spanierinnen zu benehmen, oder bedeutete den biederen Männern im zweiten Akte des ›Tannhäuser‹, sie hätten in höfisch vornehmer Haltung von Fürsten und Grafen den Saal der Wartburg zu durchschreiten, doch hielt er sich nur selten und ungern bei Erklärungen auf; gewöhnlich begnügte er sich damit, ›Leben, Herrschaften, Leben!‹ zu rufen und ›Teilnahme an der Handlung‹ zu verlangen. Der Chor bewegte sich sodann, blickte auf die agierenden Solisten hin, zeigte sie sich gegenseitig und verfiel danach wieder in Lethargie, bis ein abermaliger Zuruf B.'s oder ein lautes Schnalzen mit Daumen und Zeigefinger seiner Hand einen neuerlichen Ausbruch dramatischer Anteilnahme bei den Chormitgliedern bewirkte. In diesem Schnalzen hatte B. es zu besonderer Virtuosität gebracht und er pflegte sich auch während der Aufführungen um die schauspielerische Belebung von Chorszenen von seinem Platz hinter der Szene aus laut schnalzend zu bemühen. Da er aber keineswegs etwa den Verlauf der Vorstellung mit Aufmerksamkeit verfolgte, sondern oft gedankenlos, während er z. B. einen Witz erzählte, jenen Schnalzlaut produzierte, so ereigneten sich auf der Bühne gelegentlich ganz ungerechtfertigte

Ausbrüche von Lebendigkeit in Chorszenen, ja, ich denke zurück an den Schluß des Hochbergschen ›Werwolf‹, bei dem einige Chorsängerinnen mit Engelsflügeln an den Schultern und Palmzweigen in den Händen in feierlicher Stille zu stehen hatten, und der durch plötzliche Bewegung der Engel und Wedeln ihrer Palmzweige infolge eines gedankenlosen Schnalzers allen Sinn verlor. Es läßt sich denken, welche Quelle der Erheiterung solche und ähnliche Regieleistungen für mich und auch Mahler bedeuteten, daß sie aber im Grunde unerträglich waren und schließlich dazu beitrugen, ihm seine Tätigkeit zu verleiden.

Pollini gewann bald Vertrauen zu meinen Fähigkeiten; ich hatte mich als Korrepetitor und als Chordirektor bewährt, Mahlers gute Meinung von mir machte ihm Eindruck und, nachdem ich eines Tages das Theater aus einer Verlegenheit gerettet, indem ich für einen erkrankten Kapellmeister ›einsprang‹ – ich glaube, es handelte sich um Mascagnis ›Cavalleria‹ –, gab er mir allmählich eine Oper nach der anderen zu dirigieren. Es waren anfangs hauptsächlich Spielopern wie Lortzings ›Zar und Zimmermann‹, ›Undine‹, ›Die beiden Schützen‹, Flotows ›Martha‹, die Pollini lieber meinem jugendlichen Eifer als der üblichen Herablassung der älteren Kapellmeister übergab, und um deren lebendige Aufführung ich mich mit großer Freude – namentlich an Lortzings behaglichem Humor und reizvoller musikalischer Erfindung – bemühte. Bald folgte Verdis ›Troubadour‹, und ich konnte mich eines Manrico rühmen, der zwar meine Wünsche und Hinweise in bezug auf Belcanto nicht befriedigte, dafür aber das Publikum durch sein märchenhaftes hohes C in der stretta zu Beifallsstürmen hinriß. Das war Heinrich Bötel, ein Sohn Hamburgs, der eines Tages vom Bock seiner Droschke heruntergestiegen war, um Pollini vorzusingen und den der geschickte Impresario populär gemacht hatte, indem er ihn in Adams ›Postillon von Longjumeau‹ debutieren ließ. Seine strahlenden hohen Töne gewannen ihm den Applaus des Publikums und zugleich riß er durch sein fachmännisches Peitschenknallen die zahlreich erschienenen Kameraden aus seiner früheren Berufssphäre auf der Galerie zu donnernden Ausbrüchen hamburgisch volkhafter Freude hin. Bötel war ein freundlich bescheidener, lernbegieriger Mann, dem der Aufstieg zum hohen C nicht den gesunden Kopf verrückt hatte. Er bewegte sich auf der Bühne nicht nur mit Natürlichkeit und Anstand, sondern hatte sogar ein ausgesprochenes Talent für die Darstellung flotter junger Burschen, und ich denke mit Vergnügen an eine Aufführung von Smetanas ›Verkaufter Braut‹ unter Mahler zurück, in der er sich als

Hans vortrefflich neben Heschs klassischem Kezal und der reizenden Marie der Förster-Lauterer behauptete. Oft hatte ich mit Ernestine Schumann-Heink zu tun, sie sang Azucena und Carmen, in meinem zweiten Jahr Amneris, Ulrica, Ortrud und anderes mit mir. Wir kamen uns nicht näher, ihre eigenwillige Persönlichkeit und ihr originelles Talent widersetzten sich dem Einfluß und den Bemühungen des jungen Musikers, und ich beschränkte mich schließlich auf rein musikalische Verständigung in unseren Proben, denn ich erkannte gern an, daß sie von ihrer bedeutenden Begabung nur ernsten künstlerischen Gebrauch machte. Auch sie war eine ursprüngliche, volkhafte Natur und es bleibt mir unvergeßlich, daß die auffällige Sichtbarkeit baldiger Mutterschaft sie nicht hinderte, die Partie der Carmen zu singen – was übrigens das Drama durch ein vom Dichter nicht beabsichtigtes familienhaftes Motiv komplizierte – und daß sie etwa eine gute Woche nach dem allgemein erwarteten Ereignis schon wieder als Amneris auf der Bühne stand.

Eine interessante Bekanntschaft machte ich in dem Heldentenor Max Alvary. Er stammte aus der Düsseldorfer Malerfamilie Achenbach, war in Malerkreisen aufgewachsen und hatte es gegen eine so ausgesprochene erbliche Belastung unternommen, Opernsänger zu werden. Aber die versuchte Umschaltung vom Auge zum Ohr war nicht recht gelungen. Er sang und spielte seinen Tannhäuser und seine Siegfriede als bildender Künstler; seine Stimme war stark, aber seinem Singen mangelte die Schönheit, seiner Darstellung die Dramatik, jedoch, seltsam zu sagen, seine Leistungen waren malerisch vortrefflich, wozu seine schöne Erscheinung bedeutend beitrug. Das Publikum liebte und feierte ihn – die Anleihe bei der bildenden Kunst unterschied ihn von allem, was ihn auf der Opernbühne umgab, er wirkte in ihrer Sphäre wie ein distinguierter Besucher aus einer anderen Welt, der nicht recht hergehörte, aber durch die Kraft einer zielbewußten, in sich gefestigten Persönlichkeit seine Fremdartigkeit vergessen machte. Übrigens hatte er seinen malerischen Stil, der keineswegs nur in kaltem Posieren bestand, zur Vollkommenheit entwickelt und man mußte ihm trotz seiner seltsamen Mängel Künstlertum zusprechen. Seine manchmal geradezu groteske Singweise verletzte Mahlers Ohr zu sehr, als daß sich eine gute Beziehung zwischen ihnen hätte entwickeln können, aber seine ernste musikalische Gewissenhaftigkeit wirkte versöhnend hinüber über den Abgrund zwischen dem dramatischen Musiker und dem singenden Maler. Übrigens war Alvary ein intelligenter und gebildeter Künstler, und ich habe aus unseren Gesprächen eine höhere Meinung von seinem Verständnis für seine Aufgaben gewonnen als von seiner Darstellung.

Aus jenem ersten Hamburger Jahr sind mir keine einzelnen Erlebnisse mit den Künstlern des Hauses im Gedächtnis geblieben, nur eine wachsende Erfahrung im beruflichen Verkehr mit ihnen und damit das aufdämmernde Verständnis für das wichtigste Problem des Dirigenten neben seiner musikalisch-dramatischen Aufgabe – das menschliche. Denn da der Kapellmeister nicht selbst musiziert, sondern mittels anderer, indem er sie mit der Geste, mit dem Wort, mit der Kraft seiner Persönlichkeit musikalisch leitet, so hängt das Resultat von seiner Fähigkeit zur Behandlung oder Beeinflussung des Menschen ab. Auch auf diesem Gebiet entscheidet das angeborene Talent – ein Talent zur Geltendmachung der eigenen Persönlichkeit – und auch diese Begabung muß durch eifrige Bemühung und durch Ausnützung täglicher Erfahrung ausgebildet werden. Wer nicht mit ›Autorität‹ geboren ist, wem diese Dynamik des Wesens fehlt, die aus der Willenssphäre stammt, dem hilft kein musikalisches Talent, kein Können, kein Wissen, sich als Kapellmeister durchzusetzen; er kann wohl dazu gelangen, sich am Klavier oder auf der Geige mit Meisterschaft auszudrücken, aber er wird nie das Orchester oder einen Opernapparat zu seinem Instrument machen können, und das Resultat seines Dirigierens wird unpersönlicher, unbedeutender und unwirksamer sein, als wenn ein weit geringerer Musiker, aber mit natürlicher Anlage zur Autorität an der Spitze des Orchesters steht.

Solche Gedanken über das Talent zur Autorität als wesentliches Element in der Veranlagung des Dirigenten gingen mir im Kopf herum und beunruhigten mich aus sehr persönlichen Gründen. Doch mußte mir schließlich klar werden, daß Jugend nur selten jene persönliche Dynamik zur Geltung bringen kann und daß auf der Waagschale der Autorität zweifellos die Jahre schwer, ja oft entscheidend ins Gewicht fallen. Jedenfalls wogen sie in meiner Lage zu leicht, und ich begann mit Überzeugung denen zuzustimmen, die mir aus meiner Jugend einen Vorwurf machten. Übrigens kam dazu, daß die Macht und der Einfluß, die überall mit der Stellung des ersten Kapellmeisters eines Operninstituts verbunden sind, hier in Hamburg in den Händen eines zum Herrschen geborenen, ja tyrannisch veranlagten Mannes lagen, vor dem fast alle eine Art persönlicher Furcht empfanden. Was war natürlicher, als daß Sänger und Orchester sich von des Gefürchteten einschüchternder Gegenwart gemütlich zu erholen wünschten im Bereich eines durchaus unfürchterlichen Jünglings? Das begriff ich und ich bemühte mich daher um psychologische Methoden in der Einwirkung auf das Personal, wie sie mir zweckmäßig und meiner Natur gemäß erschienen und wenn auch oft der Erfolg noch ausblieb, erwarb ich dadurch doch tröstenden Einblick in eine Seite meines Wesens, die ich bis dahin nicht beachtet hatte: in eine erzieherische Anlage.

Natürlich wirkte der Eindruck von Mahlers Tätigkeit nicht nur anfeuernd, sondern gelegentlich auch deprimierend auf mich: »Werde ich denn je imstande sein, etwas zu leisten, was nur ein wenig bestehen kann neben so hoher Meisterschaft?« fragte ich mich – und ich entsinne mich, wie es mich beglückte und ermutigte, als eines Tages Mahlers Schwester Justine mir anvertraute, ihr Bruder habe ein paar Akte der ›Aida‹ unter meiner Leitung angehört und sei zu ihr ins Zimmer getreten mit den Worten: »Der ist ja ein geborener Dirigent.«

Im Dirigieren gewann ich bald ganz beträchtlich an Erfahrung und Routine. Ich akzeptierte grundsätzlich jedes Ersuchen der Direktion, für einen erkrankten Kollegen einzuspringen, und es will mir nachträglich vorkommen, als hätte ich mich ziemlich oft der kollegialen Bereitschaft erfreut, mir durch leichte Fieber Gelegenheit zu Beweisen meiner Schlagfertigkeit zu verschaffen. Ich stand stets ohne Zaudern zur Verfügung, und meine Leichtigkeit hat sich immer bewährt. Eines solchen Vorkommnisses entsinne ich mich, das mir besondere Freude und auch besondere Anerkennung brachte, doch handelte es sich dabei glücklicherweise nicht um eine Erkrankung. Eine Bühnenprobe mit Orchester von ›Siegfried‹ war angesetzt, und Mahler war nicht zur Stelle. Alles wartete und schließlich wandte Pollini sich ungeduldig an mich und fragte, ob ich mich wohl traute, die Probe zu dirigieren. Natürlich traute ich mich, und eine Minute später erfüllte sich mir der höchste Wunsch, der seit Jahren mein Herz bewegt hatte – ich dirigierte Wagner. Es war der wilde Anfang des dritten Aktes, die Erweckung der Wala, deren mythischen Urlaut ich beschwören durfte und bis weit in die Szene zwischen Wanderer und Siegfried hinein, ja ich glaube bis zum Anfang der Feuerdurchschreitung währte mein Glück. Mahler war infolge irgendeines Mißverständnisses um eine halbe Stunde zu spät gekommen und hatte, anstatt mich sofort abzulösen, gutmütigerweise Pollini vorgeschlagen, mich noch weiter dirigieren zu lassen.

Da ich somit mehrfach bewiesen hatte, daß ich ein guter Musiker war und mich am Dirigentenpult durchaus zu Hause fühlte, so begann meine Kapellmeistertätigkeit zu wachsen und mit meiner Funktion als

Chordirektor allmählich in Konflikt zu kommen. Trotzdem hätte ich letztere wohl auch im zweiten Jahr fortsetzen müssen, wären nicht im Frühjahr 1895 Katharina Klafski und ihr Gatte, Kapellmeister Otto Lohse kontraktbrüchig geworden und nach Amerika gegangen. Der Verlust war groß, und ich entsinne mich, daß Pollini vor Aufregung ernstlich erkrankte. Dann lud er mich zu sich und sagte mir, er habe so viel Vertrauen zu mir gewonnen, daß er mir die Frage stelle, ob ich wagte, trotz meiner Jugend Lohses Stellung zu übernehmen. Ich stimmte zu und somit wurde ich vom Herbst 1895 an ›richtiger‹ Kapellmeister am Hamburger Stadttheater. Im Suchen nach Ersatz für die herrliche Klafski bewies Pollini wieder den Spürsinn des geborenen Impresario; denn er entdeckte und engagierte die Anfängerin Anna von Mildenburg, ein junges Mädchen aus Klagenfurt, das er in Wien gehört hatte – die spätere große Tragödin der deutschen Opernbühne.

Ich könnte nicht sagen, daß jener unerhörte Fortschritt in meiner Karriere mir wirklich innerlich nah gegangen wäre. Ich freute mich über die Aussicht, nun viel und oft und noch dazu mit der vermehrten Autorität des richtigen Kapellmeisters probieren und dirigieren zu können, ich fühlte mit Erleichterung die Lasten des Chordirektors und des Korrepetitors von meinen Schultern gleiten – für Mahler allerdings wollte ich freiwillig weiter korrepetieren – aber meine Wünsche zielten höher als nur nach Fortschritten in der Laufbahn: ich wollte erkennen, ich wollte mich bilden; mehr zu werden war meine Sehnsucht und dabei doch mit dem Endziel vor Augen: besser zu musizieren. Denn trotz einer gewissen Breite meines Wesens war ich mir in jedem Moment und mein ganzes Leben hindurch bewußt, nichts zu sein als Musiker.

Wie hätte mir, wiederhole ich, die Vorsehung bei solcher Geistesverfassung ein bedeutenderes, ein beglückenderes Geschenk machen können als den Verkehr mit Mahler? Für mein musikalisches Wachstum war es bereits von unschätzbarem Wert, statt wie in Köln unter Dirigenten zu arbeiten, die ich nicht voll anerkennen konnte, denen ich mich an Talent sogar überlegen fühlte, hier einem Künstler von so überwältigender musikalischer Begabung und von so machtvoller Persönlichkeit beruflich zu dienen, an einem Kunstinstitut zu wirken, dessen Leben um einen rein brennenden und Kraft ausstrahlenden Mittelpunkt kreiste und in dem die Feinde der Kunstgesinnung, Bequemlichkeit und Zynismus nicht Fuß fassen konnten. Viel mehr aber als nur musikalisches Wachstum fand ich unter diesen Verhältnissen. Sehr bald nach unserer ersten Begegnung in der Theaterkanzlei hatte Mahler mich in sein Haus geladen, wo er mit seinen beiden Schwestern lebte. Häufig begleitete ich ihn nach den Proben zu Fuß über Grindelallee und Rotebaumchaussee dorthin, und unser Gespräch umfaßte alle jene weiten Gebiete, die seinem ins Grenzenlose schweifenden Sinn offen lagen. So rückhaltlos ich die künstlerische und geistige Überlegenheit des sechzehn Jahre Älteren anerkannte, so fest war ich mir meines tiefen Verständnisses für seine dämonische Natur bewußt. Sobald es nur meine anfängliche Scheu erlaubte, fragte ich ihn nach seinem Schaffen – durch ihn lernte ich am Klavier das Werk seiner ungestümen Jugend mit den blühenden ersten Sätzen, dem geniehaften Trauermarsch und dem wilden Finale, die Erste Symphonie kennen, er spielte mir die Zweite vor, als er an ihre Partitur die letzte Hand gelegt hatte, er zeigte mir das ›Klagende Lied‹ und sang mir Klavier- und Orchesterlieder, die noch unentdeckt in seinem Pult lagen, vor. Wie könnte ich die Erschütterung beschreiben, mit der ich, von ihm geführt, dies musikalische Neuland durchwanderte, wie aber auch von der Ergriffenheit berichten, mit der ich in die aufgewühlte, dem Weltleid erschlossene, nach Gott sehnsüchtige Seele des gewaltigen Menschen blickte. – »Wer hat recht, Aljoscha oder Ivan?« fragte mich Emma, die jüngere Schwester Mahlers, bei einem meiner Besuche, und als ich sie verwundert ansah, erklärte sie mir, sie spräche von dem Kapitel in Dostojewskis ›Brüder Karamasow‹ mit dem Titel ›Die Brüder machen Bekanntschaft‹, das ihren Bruder so leidenschaftlich beschäftigte, daß sie bestimmt annahm, er habe auch mit mir darüber geredet. In diesem Gespräch zwischen Ivan und Aljoscha kommt in der Tat ein ähnlicher Zustand wie die Seelennot Mahlers, sein Leid über das Leid der Welt und sein Suchen nach Trost und Erhebung zu beredtem Ausdruck, und im Grunde kreiste alles, was Mahler dachte und sprach, las und komponierte um die Fragen des ›Woher? Wozu? Wohin?‹ Er hatte Momente gläubiger Stille und liebte das schöne Wort des Steinklopferhans in Anzengrubers kühnem Stück ›Die Kreuzlschreiber‹: »Es kann dir nichts g'schehn«, aber die Atmosphäre seiner Seele war stürmisch und unberechenbar, und ein heiteres, kindliches Lachen wich, ohne jeden äußeren Anlaß, wie aus einem plötzlichen seelischen Krampf, dem Aufsteigen wilden und verzweifelten Leides. Durch ihn bin ich zu Dostojewski gekommen, der bald von meiner Seele Besitz ergriff, Mahler weckte in mir das Interesse an Nietzsche, mit dessen ›Also sprach Zarathustra‹ er sich damals gerade intensiv beschäftigte, und als er meine Neigung zur Philosophie erkannte, schenkte er mir zu Weihnachten

1894 Schopenhauers Werke und eröffnete mir damit eine Welt, der ich niemals mehr ›abhanden gekommen bin‹. Mahler freute sich auch über mein Interesse an den Naturwissenschaften und er ließ im Gespräch mit mir seinen Phantasien über physikalische Theorien freien Lauf – so ersetzte er z. B. die Anziehungskraft der Erde durch eine Abstoßungskraft der Sonne und behauptete, diese Idee leiste mehr als das Newtonsche Gravitationsgesetz. Oder er beseelte den Atomismus, indem er das Verhalten der Atome aus Lust und Unlust erklärte. So innig ihm jede Einzelheit aus dem Bereich der Natur nahe ging, so interessierte er sich doch hauptsächlich für solche naturwissenschaftlichen Erkenntnisse, die der Philosophie neues Denkmaterial gaben. Freunde aus den Kreisen der Naturkunde hatten es schwer, seinen tief eindringenden Fragen standzuhalten, und ein hervorragender Physiker, mit dem er oft zusammenkam, konnte mir nicht genug von Mahlers intuitivem Verständnis für die letzten Theorien der Physik und der logischen Schärfe seiner Folgerungen oder Gegenargumente erzählen. Übrigens erscheinen mir heut die physikalischen Phantasien, in denen Mahler sich gern erging, durchaus nicht künstlerisch-unwissenschaftlicher, als des Philosophen Gustav Theodor Fechner Gedanken über das ›Seelenleben der Pflanzen‹ oder die ›Lehre von der vergleichenden Anatomie der Engel‹. Schade, daß Mahler Fechner nie kennengelernt hat – der Autor des ›Zend Avesta‹ wäre bestimmt sein Freund geworden. Ein Buch will ich noch erwähnen, das ich auf Mahlers Empfehlung hin las; es war Albert Langes ›Geschichte des Materialismus‹, das klassische Werk über die älteste Denkkrankheit des Menschen, das jeder derartigen Anfälligkeit in meinem eigenen Denken definitiv ein Ende machte.

Im Mahlerschen Hause aber gab es nicht nur Seelenbekenntnis, Philosophie und Musik. Auch Heiterkeit herrschte dort und zwar von jener österreichischen Färbung, der ich mich vom ersten wienerischen Dialektwort aus Mahlers oder seiner Schwestern Munde an seelenverwandt fühlte. Und mit welcher schmeichelnden Überredungskunst warb für Österreich nicht auch die Wiener ›Mehlspeis‹, die die Meisterhand der Köchin Elis' in unbegrenzter Varietät auf den Tisch brachte. Mahler liebte die österreichische Küche, und sein Lieblingsscherz war, zu erklären, wem diese Speise nicht schmecke, der müsse ein Esel sein, und dann die Gäste zu fragen, ob sie ihnen schmecke. Mahler war witzig und schätzte den witzigen Einfall des Moments auch bei anderen; doch haßte er es, wenn in seiner Gegenwart Witze zitiert oder wiedererzählt wurden und verzog zum Ärger des Erzählers keine Miene dabei. Eine unvergleichliche Unterhaltung gewährte uns unser vierhändiges Musizieren, wir erfreuten uns an Schubert, Mozart, Schumann, Dvořák u. a. und gelegentlich erfand Mahler zu Schubertschen Märschen und Tänzen Textworte im wienerischen Dialekt, zu denen die Melodien paßten, als seien sie darauf komponiert worden.

Unvergeßlich ist mir eine Aufführung von Beethovens Neunter Symphonie geblieben, weniger wegen der gewiß bedeutenden Leistung Mahlers im ganzen als um eines seltsamen und für den damaligen Mahler charakteristischen Einfalls willen: er ließ den Marsch in B-dur im Finale von einem Fernorchester spielen, während Tenorsolo und Männerchor auf dem Podium dazu sangen und setzte im Hauptorchester erst wieder mit dem Anfang des folgenden Fugato ein. Das war keine Laune – er glaubte beim Blick in die Werkstatt Beethovens entdeckt zu haben, daß mit dem Marsch, vom stockenden pianissimo des Beginns über das crescendo zum fortissimo Beethoven den Siegeslauf der Jünglinge nach Schillers aufrufenden Worten schildern wollte, wie er im schwungvollen Zuge aus weiter Ferne heraneilt, und er stellte in den Dienst dieser Vorstellung Mittel, die Beethoven selbst wegen der beschränkteren Zustände seiner Zeit nicht zu verwenden gewagt hatte. Natürlich war Mahler mit seinem kühnen Eingriff in die Partitur auf falschem Wege, und er hat das Experiment auch später nicht wiederholt. Denn selbst wenn er Beethovens Intention richtig gedeutet hat, so bedurfte es nicht wirklicher Fernmusik, die den Rahmen Beethovenscher Symphonik sprengte, um jener Idee Ausdruck zu geben – das langsame crescendo des Hauptorchesters in der Originalinstrumentation genügte völlig dafür. Aber mir verblieb von dem problematischen Experiment für mein Leben sein unproblematischer Ursprung, der Gedanke nämlich, daß wir, die Deuter und Entzifferer des Schöpferischen, die Exegetiker des aus Inspiration Geschaffenen, in die Werkstatt des Meisters einzudringen, uns in den schöpferischen Zustand einzufühlen haben, und daß wir in der festen Niederschrift des Werkes den fließenden Zustand seines Entstehens erkennen und in uns erleben müssen, um authentisch zu interpretieren, das heißt um das Werk treu seinem Geist ›nachschaffen‹ zu können.

So verging mir das erste Jahr in Hamburg wie im Fluge, der Sommer kam, und ich kehrte nach Berlin zurück, um einen Teil der Ferien komponierend und lesend zu verbringen, bis die Jahreszeit ermöglichen würde, mir einen Wunsch zu erfüllen: Berge zu sehen, die mit ewigem Schnee bedeckt waren und sie womöglich zu besteigen. Unerwarteterweise gewährte mir der Berliner Aufenthalt einen erfrischenden Vorschuß an geistiger Höhenluft. In einem Hause, mit dem mich eine jugendlich feurige Herzensbeziehung verband, lernte ich einen jungen Schauspieler des Deutschen Theaters kennen, der bereits allgemeine Aufmerksamkeit erregt hatte. Es war der zweiundzwanzigjährige Max Reinhardt, und wir pflegten, wenn wir die beiden Schwestern, denen unsere Neigung galt, verlassen hatten, in langen Spaziergängen Fragen der Kunst vom Standpunkt tatendurstiger Jugend zu erörtern und was uns an theatralischen und musikalischen Ereignissen bewegte, durchzusprechen. Reinhardt liebte Musik, war sehr musikalisch und in den theatralischen Zukunftsträumen, von denen er phantasierte, war vielfach von der Unentbehrlichkeit der Musik in allen bedeutenden Momenten des gesprochenen Dramas die Rede. Er galt als der begabteste Episodenspieler der jungen Generation, und ich denke mit Bewunderung an die wahrhaft meisterlichen Leistungen des jungen Schauspielers in einer allerdings späteren Epoche – etwa um 1901 – in den Rollen des Itzig in Beer-Hofmanns ›Graf von Charolais‹ und des Moortensgaard in Ibsens ›Rosmersholm‹ zurück – Gestalten, die durch die Schärfe und Kräfte der Einfühlung in zwei, dem Wesen Reinhardts völlig fremde Charaktere, mir unvergeßlich geblieben sind. Ich werde später mehr von ihm zu berichten haben.

Nun ging ich nach Tirol und noch fühle ich meine Freude an dem reizenden Bozen, dem schönen Meran und denke an die aufregende, dreizehnstündige Fahrt mit der Pferdepost über die staubenden österreichischen Straßen, durch die Sonnenglut des Vintschgau hinauf, bis zur abendlichen Ankunft in der eisigen Höhe des von Schneegipfeln überragten Sulden. Dort weihte mich einer der vortrefflichen Tiroler Führer in die Anfangsgründe des Bergsteigens ein, und ich zeigte mich nicht ungeschickt beim Klettern an den Felsen, beim Anstieg über Gletscher usw. Das nächtliche Verlassen der Unterkunftshütte, die Wanderung bei Laternenschein über das Geröll, das Anschlagen des ersten Sonnenstrahls auf dem höchsten Gipfel der Runde, der Einstieg in den Schnee, die Mühen des Bergaufgehens und endlich die Ankunft auf der Höhe mit dem Blick in die erhabene, einsame Weite dort oben – wie unvergeßlich ist mir das alles geblieben! Wenn ich bei einer schwierigen Stelle des Aufstiegs meinen Führer besorgt fragte, wie wir wohl da wieder herunterkommen würden, erwiderte er mir mit dem hübschen Sprichwort: »Aufi hilft ka Teifel, abi helfen alle Heiligen«. – Als herrlichsten Augenblick in der Hochgebirgswanderung habe ich stets empfunden, wenn man mit dem Berg allein blieb, d. h. wenn kein Blick mehr ins Tal hinunter, kein Baum oder Strauch, keine weidende Ziege an die vertraute Erde erinnerte und Geröll, Schneeflächen, Wind und Einsamkeit an die Seele wie mit einem erhabenen Gruß aus einer unirdischen Sphäre feierlich rührten.

Ich kam gestärkt nach Hamburg zurück und fand dort eine Fülle neuer Aufgaben – Pollini übergab mir ›Aida‹ und ›Tannhäuser‹, irre ich nicht, auch ›Freischütz‹ und ›Fra Diavolo‹. ›Aida‹ und ›Elisabeth‹ war die Mildenburg, und ich denke gern zurück an die Proben mit der genialen Frau – der späteren gewaltigen Isolde – und an ihre fliegenden Fortschritte. – Ein drolliges Vorkommnis, das mit dem Auftreten der Mildenburg als Elisabeth verknüpft war, scheint mir des Erzählens wert, weil es einen bestimmten Typus des Hamburgischen Bürgertums in seiner Kunstfremdheit und Künstlerverehrung, in seinen guten Manieren und seinem Philistertum so vortrefflich charakterisiert. Ein Herr der Hamburger Gesellschaft, Abonnent des Theaters, Verehrer von Mahler, traf Anna von Mildenburg in einer Familie; es interessierte ihn brennend, den neuen, so viel besprochenen Star der Oper kennen zu lernen und er fühlte sich geschmeichelt durch diese engere, anregende Beziehung zum ›S-stadttheater‹. Für die nächste Aufführung des ›Tannhäuser‹ kaufte er sich einen Platz in der Mitte der ersten Reihe und als ›Elisabeth‹ sich im zweiten Akt neben dem Landgrafen auf den Thron setzte, glaubte er den Moment zur Geltendmachung der Bekanntschaft mit der interessanten jungen Dame gekommen: er erhob sich von seinem Platz im Parkett und grüßte ›Elisabeth‹ mit tiefer, höflicher Verbeugung. Eigentlich hätte nun der Vorhang fallen müssen zur Strafe für die Verletzung der uralten Spielregeln zwischen Bühne und Zuschauer, nach denen nur für Augen und Ohren einer sonst ausgelöschten Wirklichkeit sich der Vorhang von den Wundern einer höherlebendigen Idealwelt hebt. Herr S. war sich der metaphysischen Indiskretion, ja Aufdringlichkeit, nicht bewußt, mit der er als schwarzgewandetes Zukunftsgespenst vom zwanzigsten Jahrhundert vor der Jungfrau als traumhaft auferstandenem Mittelalter zu spuken wünschte.

Unter den verdächtigen Lauten falschen Metalls, die beim pflichtgemäßen Studium zahlreicher neuer Opern mein Ohr kränkten, erklang mir eines Tages der Ton reinen Goldes: mir fiel Hans Pfitzners ›Der arme Heinrich‹ in die Hand, und war ich am Anfang auch geneigt, in der erschütternden Krankheits-Atmosphäre der ersten Szenen eine zwar ausdrucksstarke, aber doch recht tristanische Wagnernachfolge zu sehen, so spürte ich doch bei weiterem Vordringen in dem Werk die unzweifelhaft schöpferische Kraft eines dramatischen Musikers. Leider weiß ich nicht mehr, wie Mahler auf meinen begeisterten Bericht reagierte. Ich vermute, daß meine Entdeckung bereits in die Periode gespannter Beziehungen zwischen ihm und Pollini fiel, so daß er eine etwaige Empfehlung des ›Armen Heinrich‹ für wirkungslos hielt. Ich muß annehmen, daß ich selbst Pollini von meinem Eindruck gesprochen habe, aber jedenfalls ohne Erfolg, denn ich kam erst vier Jahre später, als Kapellmeister des Berliner Opernhauses dazu, die geniale Jugendoper Pfitzners, die ihre Premiere in Mainz erlebt hatte, zur Aufführung zu bringen.

Eines musikgeschichtlich bedeutenden Erlebnisses des Jahrendes 1895 habe ich noch zu gedenken: der Uraufführung der Mahlerschen Zweiten Symphonie in Berlin. Mahler war es müde geworden, als Komponist ›unentdeckt zu bleiben wie der Südpol‹. So entschloß er sich, aus eigenen Mitteln das Berliner Philharmonische Orchester für die Aufführung seiner Symphonie und eine der Neuheit und Schwierigkeit des Werkes entsprechende Zahl von Proben zu engagieren, gewann die Mitwirkung des Chores der Berliner Singakademie und am 13. Dezember gelangte der symphonisch gefügte, tragische Klangtraum von des Menschen Schicksal und gläubiger Zuversicht in der Berliner Philharmonie zu tönendem Leben.

Das Werk, von Mahler trotz einer fast unerträglichen Migräne meisterhaft dirigiert, wirkte mit der Wucht eines Elementarereignisses — ich werde nie meine Erschütterung oder die Ekstase der Zuhörer und der Ausführenden vergessen. — Selbst unter den Kritiken fanden sich, neben niedrigen, boshaften und höhnischen Besprechungen, Äußerungen von heißem Enthusiasmus, ja sogar von tiefeindringendem Verstehen; die ernsteste schrieb der Rezensent der Vossischen Zeitung Max Marschalk, Komponist einer reizvollen Musik zu Gerhart Hauptmanns ›Hanneles Himmelfahrt‹, die ich in meinen ersten Hamburger Jahren gern dirigiert hatte, Bruder des Vorbildes zu Hauptmanns ›Rautendelein‹. Er trat Jahre hindurch in seiner Zeitung für das Mahlersche Schaffen ein, trennte sich von ihm, glaube ich, von der Fünften an, fand aber nach Mahlers Tod durch das ›Lied von der Erde‹ den Weg zurück zu ihm. Ich war mit dem ernsten, gutgesinnten Mann bekannt geworden, als er Mahler besuchte, und es hatte sich ein herzliches Wohlwollen zwischen uns entwickelt, das trotz seines jahrelangen Apostatentums fortdauerte bis lange, nachdem er wieder ›heimg'funden‹ hatte. Er eröffnete übrigens einen Verlag in Berlin und erfreute mich dadurch, daß er einige Hefte von Klavierliedern verlegte, die ich Ende der neunziger Jahre komponiert hatte. Das letzte Mal traf ich ihn 1935 oder 36 in Sils Maria im Engadin, und wir ergingen uns bewegt in gemeinsamen, lange zurückliegenden Erinnerungen.

Zwischen Pollini und Mahler hatte sich ein langsam wachsender, aber bei der Verschiedenheit ihrer Charaktere und Anschauungen unvermeidlich gewordener Antagonismus entwickelt. Wie hätte auch Pollinis finstere Verschlossenheit sich auf die Dauer mit Mahlers feurig impulsiver Natur vertragen können? Mahler sehnte sich fort und selbstverständlich schwebte ihm Wien vor – oft wenn es an der Tür klingelte rief er aus: »Das ist die Berufung zum Gott der südlichen Zonen!« Auch mir riet er zu gehen; die Freundschaft mit ihm, meinte er, könne mir nur noch schaden, ich wäre in Hamburg so weit gekommen, als die Verhältnisse erlaubten und ich solle ›in die Welt hinaus‹. Letzteres verstand ich besser, als ich ihm zu gestehen wagte; ich fühlte, daß sein Einfluß ein Segen gewesen, aber eine Gefahr für meine Eigenentwicklung werden könne. So schrieb Mahler an Dr. Theodor Löwe, den Direktor des Breslauer Stadttheaters und erhielt die Antwort, daß in Breslau ein Platz für den jungen Kapellmeister offen sei. Doch empfahl Löwe wegen der Häufigkeit des Namens Schlesinger in der Hauptstadt Schlesiens eine Namensänderung. So kam es, daß ich den Künstlernamen Walter wählte – im Gedanken an Walter von Stolzing, Walther von der Vogelweide und an Siegmund, der Frohwalt sein möchte und sich Wehwalt nennen muß, da er ›nur des Wehes waltet‹. Und seit meiner Einbürgerung in Österreich im Jahre 1911 ist Walter auch mein bürgerlicher Name geworden.

Am Ende meiner zweiten Hamburger Spielzeit lud Mahler mich ein, den Sommer mit ihm und seinen Schwestern in Steinbach am Attersee im Salzkammergut zu verbringen. So aufgeschlossen und ergiebig hatte ich Mahler noch nie gesehen wie hier in dieser ländlichen österreichischen Gegend mit Felsengebirge, Wald und weitem, grünem See. Auf der Wiese zwischen Haus und Seeufer stand sein Komponierhäuschen, ein Zimmer mit Fenstern und Dach, in welchem er in jenem Sommer den größten Teil seiner ›Natursymphonie‹, der ›Dritten‹ schrieb. Dazwischen gab es Wanderungen und Unterhaltungen, Musizieren und Vorlesen – Mahler las uns den ›Don Quixote‹ vor und wir lachten mit ihm und über seine inspirierten Kommentare. Am Ende des Sees, in etwa halbstündiger Dampferfahrt zu erreichen, lag der ›Berghof‹, ein Besitz der Familie Ignaz Brüll und ihrer Verwandten. Ich hatte Brülls Oper ›Das goldene Kreuz‹, in Hamburg dirigiert und fand bei ihm die freundlichste Aufnahme. Brahms, früher häufiger Gast auf dem Berghof, fehlte in diesem Sommer. Er war schwer krank und konnte sich nicht aus Ischl fortrühren. Dort besuchte ihn Mahler und erzählte dann, in welch finsterer, lebensfeindlicher Stimmung er ihn gefunden hatte, ganz so wie er sie im ersten der vier Ernsten Gesänge ausgedrückt hatte, dessen Worte lauten:

»Denn es gehet dem Menschen wie dem Vieh,
Wie dies stirbt, so stirbt er auch
Und haben alle einerlei Odem
Und der Mensch hat nichts mehr denn das Vieh:
Denn es ist alles eitel.«

Mahler berichtete, er habe sich gegen Abend von Brahms verabschiedet und, als er durch einen dunklen Korridor zur Tür ging, zurückblickend gesehen, wie der Kranke zu einem eisernen Ofen ging und aus dessen Höhlung ein Stück Wurst und etwas Brot holte. Und er schilderte den grotesken Eindruck von diesem ›Studenten-Nachtmahl‹ des dem Tod Verfallenen, die finstere Verlassenheit und Einsamkeit, die ihm jener letzte Blick gezeigt hatte und murmelte immer wieder, wenn er daran dachte, erschüttert in sich hinein: »denn es ist alles eitel«.

Richard Specht, späterer Kritiker in Wien und Biograph Richard Strauss', damals der lyrischen Dichtung beflissen, lebte auf dem Berghof und besuchte uns öfter in Steinbach. Andere junge Literaten belebten die Geselligkeit des Berghofs. Die interessanteste Figur jenes Kreises aber war der junge Hugo von Hofmannsthal, zweiundzwanzig Jahre alt und als poetisches Genie von der ganzen literarisch interessierten Jugend Österreichs begrüßt. Seine Gedichte aus jener Zeit, die neben Goethe und Hölderlin gelobt und geliebt werden können, hatten tief an mein Herz gerührt. Wir alle glaubten, in ihm einen neuen Goethe zu sehen, und ich fühlte mich bereichert, als sich im Lauf des Sommers eine freundliche Beziehung zwischen uns knüpfte, die sich zwar nie zur Freundschaft erwärmen, aber doch viele Jahre dauern sollte. Die Entwicklung dieser herrlichen dichterischen Begabung hat nicht ganz das überschwengliche Versprechen jener jungen Jahre gehalten, mir will scheinen, als sei seine wahrhaft zauberische Meisterschaft über die Sprache daran schuld, daß sie ihm wichtiger wurde als das poetische Gedankengut, dessen prangendes Kleid sie sein sollte. Er sagte mir einmal von einem Dichter, der so intensiv liebte und lebte, daß er nur selten zum Schaffen die Stimmung fand, seine ›verdeckte Wurzelseite sei breiter entwickelt als seine offene Krone‹, d. h. das Leben bedeutete ihm mehr als sein poetisches Schaffen. Fast scheint mir, als wäre bei Hofmannsthal gerade das Gegenteil der Fall gewesen: er war der Kunst mehr verbunden als dem Leben. Doch segne ich sein Andenken; jene frühen Gedichte, ›Theater in Versen‹, ›Cristinas Heimreise‹, ›Der Schwierige‹, manche Prosa-Aufsätze und das Märchen ›Die Frau ohne Schatten‹, das er erst nach der gleichnamigen Operndichtung schrieb, werden leben als unvergängliche Äußerungen einer jener beglückenden schwebenden Dichternaturen Österreichs. – Ein schönes Wort aus seinem Munde sei als Zeugnis seiner Bescheidenheit sowohl wie seines produktiven Gesprächstalentes erwähnt: wir trafen uns zum Spaziergang zwischen Steinbach und Weißenbach, und ich eilte auf ihn zu, um ihm meine Begeisterung über sein Versdrama ›Gestern‹ auszudrücken, worauf er erwiderte: »Es befriedigt mich nicht mehr, es kommt mir vor, als ob ein Kanarienvogel ein Gewitter nachahmen wolle.«

Dies plastische Dichterwort möchte ich auch auf mein vergebliches Bemühen anwenden, die innere und äußere Fülle jener meiner ersten Jahre im Mahlerschen Lebenskreise zu schildern. Ich war der schöpferischen Größe begegnet, ich fühlte mich bestätigt im Rechten und glaubte, über meine nächsten und übernächsten Schritte keine Zweifel mehr hegen zu müssen. In wortloser Dankbarkeit sagte ich Mahler und seinen Schwestern Lebewohl und fuhr nach Berlin zurück, von wo ich schon zwei Wochen später erwartungsvoll in mein neues Engagement nach Breslau ging.

## 4

Es war ein Abstieg von Hamburg nach Breslau, aber kein solcher wie auf der Bergwanderung, bei dem die Heiligen halfen – hier war unheiliger Grund. Zwar stürzte ich nicht, doch kann ich mich auch nicht rühmen, festen Trittes und erhobenen Hauptes die Tücken meines Weges überwunden zu haben, und Unheil sollte daraus folgen.

Schon die erste Begegnung am Breslauer Stadttheater zeigte mir, wohin ich geraten war. Ich betrat die Theaterkanzlei und bat, mich dem Direktor zu melden, worauf der würdig graue, langbärtige Direktionssekretär S. ernst erwiderte: »Bedaure, Direktor Löwe ist soeben gestorben.« Auf meinen entsetzten Blick fuhr er düsteren Tones im österreichischen Dialekt fort: »Morgen is' die Leich' aus'm Tierspital«, und da verstand ich, daß ich es mit einem öden Witzbold zu tun hatte, der den Neuling mit einem Gewohnheitsscherz in den Ton des Theaters einführen wollte. Tatsächlich pflegte der graue Vollbart jede Frage nach einem Funktionär mit der gleichen Todeskunde zu beantworten – eine Art geistigen Hungerkünstlers, der sich von demselben mageren Witz jahrelang bei Kräften halten konnte – und ich erfuhr zu meinem Entsetzen, daß solche Scherze und eine gewisse niedrige Form von Gemütlichkeit im Verkehr zwischen den Vorständen und großenteils auch zwischen den Künstlern des Hauses üblich waren.

An jedem Theater gibt es Scherz und Schabernack in Fülle, aber das Wort vom ›Fröhlichen Künstlervölkchen‹ besagt doch nur, daß in der erregten Atmosphäre der Bühne der Übermut gedeiht und keineswegs, daß er nicht ehrerbietig vor dem Ernst zurücktritt, sobald die Kunst es verlangt. Und was Schillers Wort ›Ernst ist das Leben, heiter die Kunst‹ betrifft, so schlage ich vor, der Kunst den Ernst zuzubilligen, der mit ihrer Serenität gut zusammengeht, das Leben aber mit dem chinesischen Poeten Li-tai-po ›dunkel‹ zu nennen. Wer mit diesem Dunkel vertraut ist, der hat das Recht und meist auch die Fähigkeit zum Übermut, zu einer schönen Art von ›Trotzdem-Übermut‹, der Unterbrechung und gelegentliche Überwindung einer belasteten Grundverfassung ist. Ist denn aber nicht der ein herzloser Narr, dem weder eigenes noch fremdes Erleben das Gemüt soweit ergreifen konnte, daß ihm der

Spaß nur zur Erholung vom Ernst diente? Segensvoll ist die Serenität des gleichmäßig heiteren Temperaments, die fast immer auf ernstem Grunde ruht, schön ist es, wenn sich ein ernstes Gesicht zum Lächeln oder Lachen erhellt und langweilig und schließlich abstoßend die stete Lachbereitschaft der Lustigkeit in Permanenz.

Am Breslauer Stadttheater blühte der Scherz und wucherte so, daß die Kunst welkte. Sie konnte nicht gedeihen auf dem Boden jener Gemütlichkeit, die – ein ›appeaser‹ der Lebensprobleme – dem Ernst den Rücken kehrt und am Du-sagen, Schulterklopfen und Schabernack ihr Behagen findet. – Die Hamburger Bühne, mit allen konstitutionellen Schwächen des theatralischen Betriebes, war insofern ein Kunstinstitut gewesen, als eine starke Persönlichkeit und ihre eifrigen Helfer sich um die Leistungen, wie im allgemeinen um die Einhaltung des Dekalogs der Kunst, ihrer ungeschriebenen und unschreibbaren Gesetze, gemüht hatten. Hier im geschäftigen Betriebe des Breslauer Stadttheaters fühlte ich mich dagegen wie an einer Stätte der Gottlosen, hier herrschte keinerlei Kunstfrömmigkeit – die ›Gebote‹ waren nicht einmal bekannt. Und wie sollte nun ich, der junge zweite Kapellmeister, sie durchsetzen, wie überhaupt nur einen höheren Grad der Aufmerksamkeit und Konzentration vom Personal erreichen, als den, welchen die Autoritäten des Theaters, der erste Kapellmeister und der Oberregisseur verlangten?

Der Direktor, Dr. Theodor Löwe, war keine unbedeutende oder uninteressante Persönlichkeit. Er hatte Rechtswissenschaft und Philosophie studiert und sich mit der Erkenntnistheorie der englischen Denker Hume und Berkeley beschäftigt. Wieso er bei derartiger Geistesrichtung Theaterdirektor geworden war, weiß ich nicht. Seine Aufmerksamkeit galt übrigens vorwiegend dem Schauspiel, dessen Leistungen denen der Oper, vielleicht aus diesem Grunde, überlegen waren. Wir sind uns während meines Engagements in Breslau ziemlich fremd geblieben, und ich war recht erstaunt, nach Jahren zu hören, daß er mit Stolz von meiner Tätigkeit unter seiner Direktion erzählte und bei einer zufälligen Reisebegegnung mit dem alt Gewordenen sein freudiges Aufleuchten und rühmendes Erinnern zu erleben. Nun, als rühmenswert konnte ich höchstens meine Intentionen, nicht meine Leistungen in Breslau anerkennen, aber doch freute mich seine Erwärmung durch ›Spätzündung‹, denn mir war eine zwar ablehnende, aber nicht uninteressierte Erinnerung an den klugen Menschen verblieben, der nur ein Bildungsverhältnis zur Kunst gehabt und sich stets auf der Flucht vor ernsteren künstlerischen Erörterungen und Entscheidungen befunden hatte. Er pflegte, sich sachlichen Wünschen und Beschwerden meist mit einem spöttischen Witz zu entziehen, ja man konnte ihn nicht einmal für Fragen der Ordnung und Disziplin, die von so hoher Wichtigkeit in einem Kunstinstitut sind, ernstlich interessieren. Ein Beispiel für seine meisterhafte Evasionstechnik, die natürlich jeden ernsteren Künstler des Hauses zur Verzweiflung bringen mußte, wurde mir aus dem Jahr vor meinem Engagement berichtet. Ein gereizter Hornist hatte dem ersten Kapellmeister auf eine Rüge in der Orchesterprobe zornig erwidert, er, der Kapellmeister, »habe das Pulver auch nicht erfunden«. Diese unhöfliche redensartliche Herabsetzung seiner Geisteskraft hatte den Dirigenten zu einer Beschwerde beim Direktor und diesen zur Einberufung einer Schlichtungsverhandlung veranlaßt. Die Dissonanzenfolge des Terzetts schloß mit der, in Löwes kehliger Tenorstimme vorgetragenen Coda folgendermaßen: »Herr Kapellmeister, wenn Sie den sachlichen Inhalt des beanstandeten Satzes erwägen, dann müssen Sie als objektiv wahr einräumen, daß Sie das Pulver nicht erfunden haben. Ich danke Ihnen, meine Herren«. — Wie wenig die Disziplin von solcher direktorialen Methode profitierte, läßt sich denken. In diesem Fall trug zwar eine persönliche Antipathie Löwes gegen den Dirigenten zu seiner ›Entscheidung‹ bei, aber er war überhaupt nicht der Mann, für Ordnung im Theater zu sorgen, und auch ich konnte in einer wichtigen Disziplinarangelegenheit keine Hilfe von ihm erhalten.

Der erste Kapellmeister W., Nachfolger des vom Pfeil des Löweschen Spottes Getroffenen, war ein begabter und auch ganz temperamentvoller, ungarischer Musiker. Er dirigierte mit einem gewissen Schwung alles, was man von ihm verlangte, liebte aber nicht, Proben zu halten und verließ sich auf seine geschickte Hand, wenn es galt, die Aufführungen durch Klippen der Unsicherheit und Unordnung durchzusteuern. Der Oberregisseur gehörte zu der von mir genügend gekennzeichneten Gattung, doch hatte er auch noch die Marotte, den jüngeren Sängern und Sängerinnen schöne, gerundete Armbewegungen anerziehen zu wollen und brachte mich in unseren Proben mit seiner sinnlosen ›Ästhetik‹ und seiner Vorbei-Inszenierung am dramatisch Wesentlichen zur Verzweiflung. — Es gab einige talentierte und stimmbegabte Sänger, doch war die Mehrzahl von ihnen ›gemütlich‹ und disziplinlos, also persönlich leicht und künstlerisch schwer zu behandeln. Entmutigt durch die Geister der Bequemlichkeit, des Spaßes, ja des Zynismus, begann ich zu fühlen, daß ich der Lage nicht gewachsen war. Selbst meine Bemühungen, elementare Forderungen der Korrektheit durchzusetzen, begegneten infolge der ›Nachsicht‹ meiner Kollegen der Gleichgültigkeit, wenn nicht dem Widerstand der Sänger. Es kam zu unerfreulichen Auftritten, zu Streit und Feindschaft. Ich berichtete Mahler in einem Brief von meinen Unannehmlichkeiten, er riet mir zur Geduld und schrieb zurück:

»Nur Mut und Kopf oben... lassen Sie sich nicht aus der Contenance bringen – seien Sie lustig und freundlich mit jedermann. Sie haben ja Ihren Marschallstab im Tornister. Ob heut ob morgen ist einerlei.«

Und so beschloß ich, weiter zu streiten und zu leiden und mich unter keinen Umständen einzugewöhnen.

Schlimm ist nicht der Eimer voll Schlamperei, schlimm ist der Tropfen Talent darin, nach dem er schmeckt und auf den sich die Bequemlichkeit triumphierend beruft. Es gab, wie gesagt, Talente und Stimmen am Breslauer Theater, und so hatte ich mit meiner radikalen Ablehnung oft so wenig recht wie die Kollegen mit ihrer philiströsen Zufriedenheit. Aber einen Künstler gab es, dem Schlamperei fremd und Talent in Überfülle gegeben war, ein erratischer Felsblock in der Wüste, Trost und Stütze in meiner Not; es war der gewaltige schwedische Baß Johannes Elmblad, ein Riese an Statur und Persönlichkeit, dessen dämonisches Wesen mir aus manchen Berichten Mahlers von ihren gemeinsamen Erlebnissen am Prager Theater unter Angelo Neumann vertraut geworden war. Meine erste Begegnung mit Elmblad rief mir Mahlers lebhafte Erzählungen mit dramatischer Gewalt ins Gedächtnis. Ich kam abends aus dem hell erleuchteten Regiezimmer auf den düsteren Korridor, der zur Bühne führte und dort stand ich plötzlich mit panischem Erschrecken vor einer überweltlichen Gestalt; es war der riesige, finstere Hagen aus Wagners ›Götterdämmerung‹, in klirrender Rüstung, mit schwarzem Bart und wildem Haar. Doch auch in bürgerlicher Kleidung hatte jede Begegnung mit dem blonden blauäugigen schwedischen Riesen etwas Mythologisches, der Recke aus ›Riesenheims ragender Mark‹ mit rauher, aber gewaltiger Stimme wirkte in Kostüm wie in Zivil sagenhaft, und er übertraf nicht nur körperlich, sondern auch an Talent, an Kunstgesinnung und vor allem an ungehemmter Kraft der Persönlichkeit die gesamte Kollegenschaft des Theaters. Es tat meinem Herzen wohl, daß der vorgeschichtliche Fremdling aus dem Sagenkreise der ›Edda‹ allmählich Freundschaft für mich persönlich und Schätzung für mein Talent gewann und daß ich in seiner stets etwas wilden Gegenwart die Breslauer Nüchternheit und Philistrosität ein wenig vergessen konnte. Besonders freilich die Nüchternheit, denn von seiner nordischen Abkunft war ihm die im dortigen Klima gegründete Neigung zum Trinken geworden – er trank nicht regelmäßig, aber im Gegensatz zu seinem Landsmann, dem Kandidaten Molvig aus Ibsens ›Wildente‹ zeigte sich in seinem plötzlichen Trinken wirklich eine dämonische Besessenheit, und manche unserer Zusammenkünfte endeten, zum Kummer seiner reizend anmutigen, sanften Frau, mit einer Orgie in schwedischem Punsch, der ihn zuerst in einen gefährlichen und dann in einen hilflosen Zustand versetzte. Übrigens blieben seine Künstlerschaft und seine Tätigkeit unbeeinflußt von der unglückseligen Anlage, und ich bin nie einem bedeutenderen, dabei gewissenhafteren und konzentrierteren Vertreter der Partien begegnet, die seinen Ruhm begründeten; als Hunding, Fafner, Hagen und Kaspar war er von elementar furchtbarer Größe, auch denke ich mit Vergnügen an seinen Falstaff in Nicolais ›Lustigen Weibern‹ und andere komische Partien zurück, von denen eine eigenste Art urkräftigen Behagens ausstrahlte. Bei sich zu Hause machte er mich mit schwedischen Liedern bekannt, darunter die kräftigen Kompositionen von Sögren, er erzählte mir viel von Strindberg, den er gut gekannt hatte, und so erholte ich mich in seiner stürmischen Atmosphäre von der drückenden Luft des Tieflandes, die ich sonst zu atmen hatte. Elmblad hatte zwei kleine Töchter, mit den schönen schwedischen Namen Inga und Saga und er berichtete mir von der sechsjährigen Saga eine Kindergeschichte, deren Lieblichkeit lange in mir nachklang. Er hörte das Kind ein Lied singen, das die Worte ›in hundert Jahren‹ enthielt und rief ihm zu, es solle aufhören, denn in hundert Jahren sei nichts mehr von ihm, noch der Mutter, noch den beiden Kindern vorhanden, worauf die Kleine mit den Worten widersprach: »O nein, so viel wird von allen noch da sein, daß man die Flügel daran festmachen kann.« Ich erinnere mich, wie uns beide das Wort rührte, und wie namentlich ich, der ich mich gerade zu der Zeit in finsterer, ungläubiger Stimmung befand, von der kindlichen Versicherung betroffen war. Johannes Elmblad ist tragisch, in geistiger Umnachtung zu Grunde gegangen, wie ich später zu meinem Entsetzen und meiner Trauer hörte. Ich habe immer seiner großen Persönlichkeit ein bewunderndes Andenken bewahrt, und es wurde aufgefrischt, als ich in den dreißiger Jahren in Stockholm dirigierte und zwei stattlich freundliche Damen mittlerer Jahre mich im Künstlerzimmer des Konzerthauses begrüßten und sich mir als Saga und Inga vorstellten.

Trank der mächtige Elmblad nur gelegentlich, dann aber wie König Utgard Loki, der nach der Edda sogar den Gott Thor in der Trinkwette schlug, so war man in den Breslauer Theaterkreisen einer regulären, wenn auch mäßigeren Trinkgewohnheit ergeben. Im Café Fahrig, in unmittelbarer Nähe des Theaters und anderen ähnlichen Lokalen stärkten sich die Mitglieder beim Frühschoppen, der zwischen Vormittagsproben und Mittagessen meist die gleiche, bierdurstige Gesellschaft um einen Stammtisch versammelte. Ich selbst habe mich nur einige Male dazu verführen lassen; dabei zeigte sich, daß mir die Kombination von Vormittagsstunde, Bier und Theatertratsch nicht lag, aber ich begann in abendlichem Trinken in gutgelaunter Gesellschaft mehr und mehr Trost und Vergessen zu suchen und ich beruhigte meine Bedenken mit den Worten des Mephisto: »Hör auf mit deinem Gram zu spielen – der wie ein Geier dir am Leben frißt! – Die schlechteste Gesellschaft läßt dich fühlen – daß du ein Mensch mit Menschen bist.« Hierzu trug bei, daß mich die Stadt Breslau selbst nicht interessierte und bei jedem Versuch, ihr eine Labung für Auge oder Gemüt abzugewinnen, enttäuschte. Bis auf ein paar altertümliche Bauten erschienen mir ihre Straßen und Plätze nichtssagend, ihre Lage fand ich reizlos, die Oder strömte weit draußen vorbei, und Wasser fand sich innerhalb der Stadt nur an dem unbedeutenden, zwischen langweiligen Anlagen fließenden Schweidnitzer Stadtgraben, dessen träges Naß mir bei winterlichen Spaziergängen nichts als die Ahnung sommerlich häßlicher Gerüche und juckender Mückenstiche vorzauberte. Mein Breslauer Bummelleben wurde durch einen liebenswürdigen, etwas sonderlinghaften Kollegen in freundlichere Bahnen gelenkt. Er sprach Dialektdeutsch – ich weiß nicht mehr ob pfälzerisch oder sächsisch –, war literarisch interessiert und hatte mich, dem er sich künstlerisch und persönlich ergeben fühlte, für einen seltsamen Plan gewonnen: augenscheinlich durch ein holländisches Bild inspiriert, brachte er eine abendliche Trinkrunde zusammen, deren Teilnehmer sich verpflichten mußten, aus langen, weißen, holländischen Tonpfeifen zu rauchen. Diese malerischen, aber unbequemen Geräte bestanden aus dünnem, geradem, etwa armlangem Rohr mit Pfeifenkopf und ihre Zerbrechlichkeit zwang die Raucher zu ruhiger, etwas steifer, ›holländischer‹ Haltung. Der Knickerbocker Club, wie wir uns aus mir nicht erinnerlichen Gründen nannten, rauchte, trank und diskutierte nächtens im Hinterzimmer einer alten schlesischen Kneipe in einem düsteren Vorort. Die Gesellschaft fiel aus der Raucherruhe, die mit dem Dampf der Tonpfeifen unsere Hirne umnebelte, gewöhnlich in eine übermütige Stimmung und verübte nach dem Verlassen der Kneipe auf der Straße allerlei Studentenulk, wie er zwanzigjähriger Vitalität gemäß war. Mein Erwachen am nächsten Morgen war allerdings häufig getrübt durch Kopfschmerz und den Nachgeschmack von holländischem Pfeifentabak, und weder das möblierte Zimmer, das ich bewohnte, noch die Vermieterin waren von der Art, Unlustgefühle zu vertreiben. Mein Versuch, die Öde des Raumes durch die hübsche Reproduktion einer Murilloschen Madonna mit dem Jesuskind an der Brust zu beleben, scheiterte an der Sittlichkeit der unfreundlichen Wirtin, die gegen die nackte Mutterbrust an ihrer Wand protestierte. Ihre puritanische Strenge interessierte mich, denn ich hatte dergleichen noch nie kennengelernt, doch erfuhr ich, daß dieser seltsam finstere Begriff von Frömmigkeit, den mein freundlich-frommer Murillo verletzt hatte, durchaus nicht nur in meiner Wirtin persönlich, sondern in den Gemütern ziemlich breiter Volkskreise Schlesiens lebte. Ich mußte an meine Erfahrung in Breslau zurückdenken, als Mahler mir später einmal erzählte, daß Frauen am Wörther See in Kärnten dagegen, daß sein dreijähriges Töchterchen nackt in seinem Privatgarten spielte, mit den Worten protestiert hätten, »Nacktheit sei Gott nicht wohlgefällig«. Auch Musik dünkte meiner Wirtin nicht wohlgefällig vor Gottes Ohr, denn als ich einmal an einem Feiertage in meinem Zimmer Bachs h-moll-Messe spielte und meiner Gewohnheit gemäß aus voller Kehle dabei sang, trat sie energisch ein und ersuchte mich, den Feiertag zu heiligen und nicht durch Musik zu stören. Auf meine bescheidene Einwendung, daß es sich doch um eine kirchliche Komposition handle und ich soeben ›Gloria‹ gesungen hätte, erwiderte sie im schlesischen Dialekt: »Nee, nee, ooch keen Gloria, Se missen uffheren, Musike is Musike.« – Daß ich in der Stätte düsterer Bigotterie wohnen blieb, lag weniger an meiner Trägheit oder stoischen Gleichgültigkeit gegen Unannehmlichkeiten, als an meinem Humor, der aus derartigen Vorkommnissen langanhaltende Erheiterung gewann, nachdem eine Augenblicks-Reaktion von Gereiztheit schnell verflogen war, und der mich überhaupt oft wie ein wasserdichter Mantel gegen Wetterungunst schützte.

Im Theater anfangs unbeschäftigt und vergessen – wozu vielleicht die steinern ablehnende Miene, mit der ich die täglichen Todesnachrichten des einflußreichen Direktionssekretärs S. aufnahm, beitrug –

konnte ich plötzlich durch Einspringen einen Erfolg erringen, und da an diesem Theater nichts so hoch geschätzt wurde wie Gewandtheit und Schlagfertigkeit, so fand ich mich auf einmal in Gunst, es regnete Opern auf mich, d. h. ›Repertoire-Vorstellungen‹, womit man solche bezeichnete, die ohne Proben dirigiert werden mußten. Was ich dabei an Routine gewann, büßte ich an Reinlichkeit ein, mit der freundlicheren Gesinnung des Personals gegen mich wuchs die Pein meiner Selbstvorwürfe, aber ich konnte mich als zweiter Kapellmeister nicht weigern, Aufträge der Direktion zu erfüllen, es gab kein vertragliches Recht auf ausreichende Vorbereitung der Aufführungen, und so fing ich an nachzugeben und mich auf später zu vertrösten, wenn ich weit fort von hier – und von mir, so wie ich jetzt war – erster Kapellmeister sein würde und sollte es im kleinsten Nest sein.

Als ich meine Unerschütterlichkeit in der Navigation durch Klippen und Untiefen mangelhaft studierter deutscher Opern bewährt hatte, betraute man mich mit ähnlichen Rettungsaktionen im Gebiet des italienischen Repertoires, und ich bekenne als moralischen Tiefpunkt meines Musikerdaseins, daß ich begann, eine Art sportlichen Vergnügens am Zusammenhalten eines zentrifugalen Ensembles, am blitzschnellen Vorbeugen bei drohendem ›Umschmiß‹ zu finden. Mit dieser Gesinnung hätte ich eigentlich die Ehrenmitgliedschaft am Breslauer Theater verdient, aber dazu fehlte denn doch, daß ich meine Verirrung nicht immer als solche gefühlt, daß ich mich trotz aller kläglichen Anpassung nicht stets als Fremden im Hause empfunden hatte. ›Fremd bin ich eingezogen, fremd zieh' ich wieder aus‹ – klang es in mir und der Satz, den ich in Preßburg über mein Tagebuch schrieb: »Gott, erhalte mir meine Verzweiflung«, stammte aus meinen Breslauer Erlebnissen.

Unverdienter- und verwirrenderweise hatte ich allmählich Erfolg, und zu meinem angenehmen Erstaunen wurde ich beauftragt, Donizettis ›Lucrezia Borgia‹ einzustudieren, d. h. mittels einer genügenden Anzahl von Proben vorzubereiten und zu dirigieren, und da meine Leistung Anerkennung fand, so wurde mir die Aufgabe zuteil, nunmehr Mozarts ›Zauberflöte‹ in völliger Neustudierung herauszubringen. Ich kann mich nur an die Gehobenheit meines Herzens und an die Last auf meinem Gewissen, nicht mehr an das Resultat meiner begeisterten und gründlichen Bemühungen erinnern – doch glaube ich zu wissen, daß Elmblad, der gelegentlich als Hilfsregisseur wirkte, die Regie führte und daß wir in vertrauensvollem Einverständnis miteinander arbeiteten. Die Folge dürfte eine ganz lebendige, in den Priesterszenen mit Elmblads edlem Sarastro sogar feierliche Aufführung gewesen sein, die dabei zweifellos die Spuren meiner zwanzigjährigen Unreife trug.

Ein mitleidiges Schicksal unterbrach meine trotz ›Zauberflöte‹ bedrückte und zerissene Stimmung mit einem sehr komischen Erlebnis, das mich noch oft in der Erinnerung erheitert hat. Ein junger Bassist sollte als Sarastro auf Engagement gastieren und bat mich, da er sehr aufgeregt sei, ihm um Himmels willen jeden Einsatz zu geben, aber recht deutlich, da er, wie gesagt, so furchtbar aufgeregt sei. Der Unglückliche wurde auf einem Wagen auf die Bühne gefahren – er verwickelte beim Absteigen den Fuß in seinen Mantel und fiel der Länge nach hin. Dieser, der Würde des Sarastro, wie dem Seelenzustand seines Darstellers abträgliche Fall verwirrte ihn völlig. Pamina kniete vor ihm, seine Verzeihung für ihre Flucht erbittend, aber er sah nicht sie, er sah nur mich und wartete auf mein Zeichen zu seinem Einsatz »Steh auf, erheit're dich, o Liebe«. Nun war der Augenblick gekommen und hocherhobenen Armes gab ich ihm das Zeichen, begegnete aber nur dem trüben Blick stumpfer Unsicherheit. Verzweifelt wiederholte ich mein Signal, da hob er die Hand, und ihr Zeigefinger deutete auf seine Brust mit der stummen Frage: »Meinen Sie mich?« Erst auf mein eifriges Nicken hin entschloß er sich dann zu singen, und die Vorstellung, die während unseres pantomimischen Frage- und Antwortspiels geruht hatte, kam allmählich wieder in Gang.

Direktor Löwe bot mir nach der ›Zauberflöte‹ einen längeren Vertrag an, ich aber war entschlossen, lieber ohne Engagement zu bleiben, als weiterhin die Leiden eines zweiten Kapellmeisters an einem größeren Stadttheater zu tragen. Da erhielt ich ganz überraschenderweise das Angebot, den Posten des ersten Kapellmeisters an dem sehr angesehenen Stadttheater in Riga zu übernehmen. Richard Wagner war dort 1837–1839 gewesen, und ich nahm mit tausend Freuden die so hoch geweihte Stellung an. Doch sollte meine Tätigkeit erst 1898 mit der Übernahme des Theaters durch eine neue Direktion beginnen, und es entstand die Frage, auf welche Weise ich die Zeit bis dahin verbringen sollte. Auch dafür fand sich Rat: der Direktor des Preßburger Stadttheaters, einer kleinen, aber mit Geschick geführten Bühne, mußte wohl Gutes von mir gehört haben, denn er bot mir in einem herzlich gehaltenen Telegramm die Stellung des ersten Kapellmeisters für die Saison 1897–1898 an. Und so etwas grade wünschte ich mir; kleine Verhältnisse, an denen ich in erster Stellung meine Kräfte ausprobieren konnte. Begeistert depeschierte ich meine Bereitschaft zurück und nun, so beschloß ich, wollte ich anfangen, ich selber zu werden.

Die Serie der guten Ereignisse, die eingesetzt hatte, ging noch nicht zu Ende. Mahler hatte ›die Berufung zum Gott der südlichen Zonen‹ erhalten, d. h. er war eingeladen worden, an der Wiener Hofoper als Gast zu dirigieren, und dahinter stand die Absicht, ihn als Nachfolger Jahns zu ihrem Direktor zu machen. Für mich bedeutete die Wendung in Mahlers Geschick mehr noch als die Genugtuung, den großen Musiker in bedeutender Stellung und am Ziel seiner Wünsche zu sehen: Wien war in etwa anderthalb Stunden Bahnfahrt von Preßburg zu erreichen, und so blühte mir die Aussicht, wichtigeren Aufführungen unter Mahler in Wien beizuwohnen, meinen von Breslauer Kost verdorbenen Magen an der Mahlerschen Diät wieder herzustellen. Breslau sollte der Tiefpunkt meines Lebens bleiben, dazu war ich entschlossen, das schwor ich mir in der Reue über die moralische Schwäche, die sich in gelegentlicher Anpassung an die Philisterei, die ›Gemütlichkeit‹, die Schlamperei, im Zurückweichen vor Konflikten, im Fraternisieren mit unwürdigen Elementen usw. zu meiner Schande gezeigt hatte.

Im Abschiednehmen von der nüchternen Stadt möchte ich noch erwähnen, daß mir im Breslauer Schauspiel ein besserer Geist als in der Oper zu herrschen schien. Ich weiß nicht mehr, wer der Regisseur war, dem das Theater manche vortreffliche, ernst intentionierte Aufführung verdankte. Die überragende Persönlichkeit Albert Steinrücks stand oft im Mittelpunkt des an Begabungen nicht armen Ensembles und ich habe damals schon in den Leistungen dieses urwüchsigen jungen Talentes den großen Schauspieler erkannt, als den ich ihn sechzehn Jahre später am Münchener Hoftheater wiederfand. Zu meiner Befriedigung konnte ich mich in all jenen Engagements meiner jungen Jahre der Sympathie besonders talentvoller Mitglieder vom Schauspiel erfreuen; so war mir in Breslau neben Albert Steinrück das begabte Ehepaar Höflich besonders zugetan und sie erzählten mir damals mit Stolz von ihrem hochtalentierten Kind, der nachmals so berühmt gewordenen Lucie Höflich.

Vom Sommer 1897 weiß ich nichts mehr, als daß ich über meiner moralischen Niederlage in Breslau brütete, in sehr schönen und anregenden Korrepetitionen mit Ernst Kraus, dem neuen Heldentenor der Berliner Oper Ablenkung und Ermutigung fand und mich dem Herbst entgegensehnte, der mir das Wiederfinden mit mir selbst und die Sühne für meine Sünden bringen sollte. Vorher aber war mir noch ein Erlebnis beschieden, auf das ich seit vielen Jahren gewartet hatte: Wien.

Seit meiner Kindheit, wenn ich auf der Stadtbahnseite des Bahnhofs Friedrichstraße oder der Station Zoologischer Garten gestanden hatte, war mein Blick sehnsüchtig auf den Fernbahnhof hinüber zu den hoch angebrachten Tafeln geschweift, die in die weite Welt hinauswiesen, indem sie die Städte aufzählten, wohin die Züge gingen. Da lockten mit großen Buchstaben Paris und Petersburg, Amsterdam und Brüssel, Wien und Budapest und viele andere. Aber keine Stadtnamen erweckten solche Sehnsucht in dem Knaben wie Paris und Wien und später war es nur Wien, wohin es mich zog, denn Wien, wo Mozart, Schubert, Beethoven und Brahms gelebt, wo Musik blühte und die herrlichste Oper der Welt zu finden war, identifizierte sich mir mit der Musik selbst. Und nun war der Herbst gekommen, und ich setzte mich auf den Zug und fuhr zur Musik – und was nach langer Verdüsterung noch an frohen Geistern, an strahlender Hoffnung und Lebensfreude mein Herz nur aufrufen konnte, das flammte und sang in mir und hielt mich die dreizehn Stunden Bahnfahrt auf hölzerner Bank durch Sachsen, Böhmen und Mähren in einem nicht ebbenden Rausch der Seligkeit. Und im Rausch verbrachte ich die Tage in Wien, bis zu meiner Abreise nach Preßburg. Zu sagen, daß ich Wien kennenlernte oder versuchte, mich in seinen unbekannten Straßen zurecht zu finden, gäbe nicht das Gefühl der traumhaften Vertrautheit mit seinen Gassen und Plätzen, seinen Monumenten und Gebäuden wieder, in dem ich umherwanderte – ich sollte eher sagen ›umherschwebte‹. Das war doch der Prater, von dem ich immer gelesen, da fuhren ja durch die Hauptallee die Fiaker, direkt aus dem Wiener ›Fiakerlied‹ heraus auf die Fahrsitze ihrer Gummiradler gestiegen, da stand das Burgtheater, dessen stolze Geschichte ich so gut kannte, der Stefansdom, dessen erhabene Gestalt mir aus Abbildungen teuer, verehrt und vertraut war, die herrliche Karlskirche, hinter der Brahms ein Leben lang gewohnt hatte, die Schwarzspanierstraße, in der Beethoven gestorben war; da war die edle, mächtige Hofburg, wo Kaiser Franz Joseph regierte, die Ringstraße, die Museen und da war der Musikvereinssaal, wo alle Herrlichkeiten der Musik erklungen waren und – vor allem – da war die k. k. Hofoper, der prachtvolle Bau der Van der Nuell und Siccardsburg und darin der größte lebende Musiker als ihr Lenker – und ich sollte nicht überwältigt sein, mich nicht in dem seltsamen Zustand des ›wo hab' ich dies alles schon einmal gesehen‹ befinden, des Traumes, aus dem es kein Erwachen gibt, weil er Wirklichkeit ist, der Erregung des Palestrina in Pfitzners edlem Werk, der, umgeben von den Geistern der verstorbenen Meister, glücklich sich zuflüstert: »vertraut?« Bei Tage genoß ich die klare, prächtige Ringstraße und die barocke Wirrnis der ›inneren Stadt‹ – sie blieb mir unauflösbar durch all die Jahrzehnte – abends trank ich Wein in einem Garten in Grinzing oder aß im ›Zweiten Kaffeehaus‹ im Prater eine kleine Portion Gulasch mit einer großen Portion Brot vom ›Brotschani‹ und hörte dazu Wiener Musik von der dortigen Damenkapelle, der Wiener Dialekt klang harmonisch und wohltuend an mein Ohr, und ich fühlte, ich gehörte nach Wien und nicht gefunden hatte ich Wien, sondern wiedergefunden – der Seele nach war ich Wiener.

Die Schwestern Mahlers hatten mir ein bescheidenes Zimmer in der Auerspergstraße im achten Bezirk verschafft, in einem Altwiener Haus mit steinerner Wendeltreppe, weitem, holprig gepflastertem Torweg und breitem Haustor, in dem nachts eine kleinere Tür gegen das ›Sperrsechserl‹ vom verschlafenen Hausmeister geöffnet wurde. An dies breite Tor, aus zwei mächtigen, bei Tag geöffneten Flügeln bestehend, in derem einen sich die kleine Tür befand, erinnerte ich mich später, als ich mit Oskar Strnad das Problem des Auftritts des Steinernen Gastes in Mozarts ›Don Giovanni‹ für unsere Salzburger Aufführungen beriet: zu solchem Portal in der Mitte des Hintergrundes sollten Stufen hinaufführen, durch solch kleine Tür sollte Elvira hinauseilen und vor dem Anblick des Steinernen Gastes, der dem Auge des Zuschauers noch verborgen ist, in ein Seitengemach zurück stürzen und solch mächtiges Tor sollte dann aufspringen und durch seine Flügel von den Stufen herunter die Statue in den Raum treten.

Es war schön, mit Mahler und seinen Schwestern in ihrer nahegelegenen stattlichen Wohnung in der Bartensteingasse zu Mittag zu essen; es war atemraubend, das edel prunkvolle Innere der Hofoper zu betreten, die vornehmen Räume Mahlers, sein Direktionsbüro und den Proben-Saal zu sehen, die etwa vierzig Jahre später, 1936 bis 1938 die meinen sein sollten. Ich lernte die Freunde Mahlers kennen, von denen ich so viel gehört hatte und die dann durch Jahrzehnte, bis zu ihrem Lebensende, meine Freunde wurden. Die mit ihnen verbrachten Stunden, die in ihrem Kreise geführten Gespräche, die Wahrhaftigkeit, Lebendigkeit und Güte, die von ihnen ausging, bereicherten mich und eröffneten mir die Hoffnung auf künftige Bereicherung und ich verließ Wien mit dem Gefühl, ›einer Welt Besitz gewonnen zu haben‹ und in dem beglückenden Vorgedanken, wenigstens in den kommenden vier Monaten so oft in diese Welt zurückzukehren, wie es meine Arbeit in Preßburg erlaubte.

## 5

So fuhr ich denn an einem strahlenden Herbstmorgen von der Weißgärberbrücke am Donaukanal mit dem Dampfer nach Preßburg. Das hübsche Städtchen gehörte damals zu Ungarn, war nicht weit von der Grenze gelegen und hieß auf ungarisch Poszony – nach dem Ersten Weltkrieg kam es zur Tschechoslowakei und erhielt den slowakischen Namen Bratislava. Ich hatte einen sechsmonatigen Vertrag in der Tasche, vier Monate für Preßburg und zwei für Temesvar, das damals in Südungarn lag und später an Rumänien fiel. Ich machte mir keine Illusionen über die künstlerischen Mittel des kleinen Theaters, über Sänger, Orchester, Chor, Dekorationen usw., aber ich war entschlossen, alle, mit denen ich zu arbeiten hatte, zu ihren höchsten Leistungen zu steigern und wenn es sein mußte, zu zwingen – meine Aufführungen sollten, wenigstens dem Geiste nach, Kunsttaten werden; so wollte ich die moralische Schlappe, die ich in Breslau erlitten und die schwer auf meinem Gewissen lastete, gut machen, denn ich lebte seit jener Zeit in Zorn gegen mich und sehnte mich danach, die für meine künftige Tätigkeit notwendige Selbstachtung wieder zu gewinnen.

›L'esprit d'escalier‹ nennt ein hübsches französisches Wort die Anlage, die treffende Antwort auf eine Bemerkung erst nach beendetem Gespräch, wenn man schon die Treppe hinuntersteigt, zu finden. Eine Fee von bedenklichen Intentionen hat mir die Anlage zu einer ähnlichen Spätreaktion in die Wiege gelegt, nennen wir sie ›la colère d'escalier‹: den Treppenzorn. Es scheint, daß meine Natur nur langsam in Wallung gerät über etwas Böses, das geschieht oder mir geschieht, daß ich zuerst eines allgemeinen, wachsenden Unlustgefühls, dann allmählich seiner Ursache bewußt werde, später aber – und meist geraume Zeit später – in brennender, lange anhaltender Entrüstung zu leben habe. »So mußt du sein, dir kannst du nicht entfliehen«, werden meine Freunde bedauernd oder lächelnd von dieser oder anderen meiner Seltsamkeiten sagen, und ich möchte sie auf meine traumhafte Einstellung zum Leben, von der ich nachher sprechen werde, als auf eine mögliche Erklärung des Traumtempos jener Reaktion hinweisen.

Jedenfalls war mir von Breslau die Verstimmung verblieben, die sich im Lauf des Sommers bis zu brennender Empörung gegen mich steigerte, manchmal pausierte, wie z. B. während meiner Flitterwochen in Wien, um dann nur um so höher aufzuflammen. Ich erkannte, daß die Vorbedingung zu einer Tätigkeit, wie ich sie für Preßburg plante, in der Selbstreinigung bestand, und ich beschloß, ein Tagebuch zu führen, das mein Verhalten in täglichen Aufzeichnungen beleuchten, lenken und mahnend auf dem rechten Weg halten sollte. Mehrere frühere Ansätze zu einer schriftlichen Selbsterforschung hatten wieder aufgehört—jetzt beabsichtigte ich, mir streng auf die Finger zu sehen. In regelmäßiger scharfer Beobachtung wollte ich erkennen, wer ich eigentlich war, wollte mich mit höchstem Maßstab messen, mich prüfen, kritisieren, ja sezieren. Kein Kritiker ist in meiner langen Laufbahn so schonungslos streng mit mir verfahren, wie damals ich in meiner Selbstkritik; sie hat mich denn auch zur Verzweiflung gebracht – was meinen musikalischen Rezensenten, wie ich zu ihrer Beruhigung versichern kann, nie gelungen ist – aber meine Kritik wandte sich auch nicht nur gegen mein Musizieren, sondern gegen die Gesamtheit meines Wesens und Verhaltens, und sie war, was keine Kritik sein sollte, von vornherein gegnerisch eingestellt. Daß mein Wappenschild in Preßburg wieder zu glänzen begann, half mir nichts gegen Selbstanklagen, die mich, wie gesagt, nicht nur als Künstler, sondern auch als Charakter vor die Schranken forderten, auch nichts gegen die Verdüsterung, die sich seit langem in mir ausgebreitet und meine Breslauer Erlebnisse über ihre eigentliche Bedeutung hinaus folgenschwer gemacht hatte – kurz, ich verfiel einer Krise, die meine seelische Gesundheit ernstlich bedrohte. Die quälenden Gedanken, die mein Tagebuch aufscheuchte und gegen mich warf, ließen mir bald bei Tag und Nacht keine Ruhe mehr, und ich fühlte mich machtlos und fast willenlos einer Katastrophe entgegentreiben, wie ein Schwimmer, der der Gewalt tückischer Wasserwirbel erliegt. – Mein Tagebuch habe ich später vernichtet, die Ursprünge und der Verlauf jener ›Kinderkrankheit‹ sind mir nicht mehr klar erinnerlich, ihre Heftigkeit kaum noch verständlich. Da sie aber meine Entwicklung und künftige Lebenshaltung in entscheidender Weise beeinflußt hat, will ich hier versuchen, sie mir von neuem zu vergegenwärtigen, so weit es die Zeitenferne gestattet.

Ich erinnere mich gut, daß in mir als Resultat meines ›Großreinemachens‹ ein tiefer Groll gegen mich entstand und wuchs: Groll wegen meiner steten Nachgiebigkeit in den Reibungen des täglichen Lebens, die ich als philisterhafte Bequemlichkeit verdammte – Groll wegen meines Mangels an Widerstandskraft gegen Übergriffe roher oder tyrannischer Menschen, der mir als Feigheit erschien – Groll wegen meiner Bereitschaft, mit trivialen Menschen zu fraternisieren, die ich als Verrat am Geiste empfand – kurz, Groll gegen mein Schwäche gegenüber meinen Mitmenschen und dem Ansturm der Welt. Aber meine Selbst-Vivisektion half mir weder zur Besserung, noch zum inneren Frieden, ich fand immer neue Fehler an mir und war schließlich überzeugt, daß ich dem Leben nicht gewachsen war, nicht stark genug, mich gegen Menschen und Schicksal zu behaupten, nicht geschaffen, einen Kampf gegen Überlegenheit zu wagen. Ich lebte mich in eine Art Schadenfreude hinein, mit der ich mir jeden neuen Akt der ›Charakterlosigkeit‹ vorhielt und ich begann, mich dafür zu hassen, daß ich mit all meinen guten Gaben als Musiker ein solcher Schwächling im Leben sein sollte. Ich wollte nicht einsehen, daß ein vorzeitiges geistiges und künstlerisches Wachstum auf Kosten der Willensfestigung erfolgt war und daß der einundzwanzigjährige junge Mensch, der ich war, als Charakter vielleicht noch nicht die definitive Form gewonnen hatte, wegen der ich ihn verdammen durfte.

Die als Kind unter Erwachsenen im Konservatorium verbrachten Jahre waren, wie ich früher berichtet, für die Entwicklung meiner Selbstsicherheit und Widerstandskraft ungünstig gewesen, und einer späteren Selbsterziehung zur Kampftüchtigkeit bereitete eine unselige Neigung Schwierigkeiten: ich fand nämlich immer, der andere habe eigentlich recht. Und selbst, wenn er objektiv bestimmt im Unrecht war, erschien mir trotzdem, daß er seiner Natur oder seinem Verstand oder seinen Umständen nach subjektiv recht hatte mit seiner Meinung und Handlung. Woher sollte mir nun die Kraft kommen, gegen Jemand zu kämpfen, der recht hatte? Meine eigene Position war geschwächt, ja unhaltbar, wenn ich mich unwillkürlich in die Lage des Anderen versetzen mußte, denn stark im Lebenskampf, tüchtig in der Durchsetzung seines Willens ist, wer nur sich und seine Zwecke kennt, den Anderen gar nicht hört und sieht, nicht hören und sehen will, sondern ›mit angeborenen Scheuklappen‹ begabt ist und alle Kraft auf seine eigenen Ziele konzentrieren kann. – Diese gesunde egozentrische Anlage, vielen geistigen Menschen von Größe und Genie eigen, war mir für mein künstlerisches Wirken in beträchtlichem Maß gegeben, für meine weltliche Existenz augenscheinlich verweigert worden. Aber war ich nur Künstler, mußte ich nicht auch leben? Und überschneiden sich nicht Kunst und Leben, so daß die Grenze unkenntlich ist und persönliche Schwäche ins Künstlerische hinüber wirkt? Gerade das hatte sich doch in Breslau ereignet und so konnte ich mich weder als Charakter akzeptieren, noch meiner Kraft zu künstlerischer Selbstbehauptung vertrauen.

Ich schwelgte in Selbsterniedrigung, die keine ›mildernden Umstände‹ einräumen, keine Möglichkeit einer Besserung sehen wollte. Rückblickend kann ich heut sagen, daß ich um die wirklich bedeutenden Entscheidungen des Lebens immer tapfer und unnachgiebig gekämpft habe, daß ich aber bei weniger wichtigen Fragen oft zur Nachgiebigkeit geneigt geblieben bin. Und nicht nur aus Bequemlichkeit und Friedfertigkeit, sondern aus einer Art Lebensferne, die mir die Wirklichkeit verschleierte. Diese Anlage, die mir von Jugend an bis zum Alter die Welt traumhaft erscheinen ließ, hatte sich an Kants und an Schopenhauers Leben genährt. Ich hatte bei Kant gelernt, daß wir nur wissen, wie die Welt der Dinge unseren sehr unvollkommenen Sinnen erscheint, keineswegs aber, was das ›Ding an sich‹ ist. Und Schopenhauer hatte mir bewiesen, daß die Welt meine Vorstellung und an sich ›Wille‹ sei. Dieses Urwesen aber schien mir völlig unfaßbar und nebelhaft, ich wußte nichts daraus zu machen und so fand ich mich – zu meiner moralischen Verwirrung – auch noch geistig im traumhaft Ungewissen.

Und schließlich blieb mir nicht einmal mein eigenes Ich als fester Halt inmitten einer sonst scheinbaren Realität, als etwas, das wirklich war und – einzig seiner selbst sicher – in eine Traumwelt um sich blickte. War denn das Ich so unanzweifelbar und unteilbar? Gab es nicht das ›Es‹ im Menschen, das wir alle nur zu gut kennen? Wer hat nicht schon ähnliches gefühlt wie: »Ich will ausgehen, aber Es in mir will zu Hause bleiben«? Mahler schrieb mir einmal viel später: »Was denkt denn nur in uns? Und was tut in uns?« Und mein selbstzerstörendes Grübeln hielt sich nicht nur an solche ahnungsvollen Zweifel – es nährte sich an einer deutschen philosophischen Theorie, die das Ich überhaupt leugnete.

Am Strom entlang, unter dem hügelauf liegenden Preßburg, zogen sich die Donau-Auen, weithin gestreckte Wiesen, von schönem Baumbestand unterbrochen, mit welligen Wegen, auf denen ich spät nachmittags, abends, manchmal auch nachts grübelnd zu wandern liebte. Aber gegen Abend schlichen vom Fluß her Nebel über die Auen und aus den Nebeln zog Schwermut in mein Gemüt. Es sog sie in sich wie eine ersehnte Labung, und ich habe von dieser Zeit her eine innige Freundschaft mit dem Nebel zurückbehalten, die sich neuerlich vertieft, wann immer der geisterhafte Freund mir die Wirklichkeit mit seinen düsteren Künsten verhüllt. Bei jenen langsamen Wanderungen in den Donau-Auen gesellte sich schließlich zu dem Selbsthaß, der mich trieb und der geistigen Unsicherheit, die mich verwirrte, eine unirdische Einwirkung, die mir eine wunderbare Lösung meiner Unruhe versprach: ich fühlte mich vom Tode machtvoll angezogen. Und nichts kam mir als Musiker natürlicher vor, als daß sich die Pein der Lebensdissonanz in den Frieden endlicher Konsonanz beim Eintritt in das dunkle Reich auflösen würde. – Ich fühlte mir entschwinden, woran ich mich im Leben halten konnte und sah, im Nebel verloren, nur den einen tröstenden Ausweg vor mir.

War mir wirklich alles entschwunden? Konnte ich mich an nichts mehr halten? Eines Tages – vielleicht hatte ich gerade ein musikalisches Erlebnis gehabt – antwortete mein Tagebuch mit der Gegenfrage: Warum erkenne ich eigentlich nicht die Musik als meine Realität an? Die war doch klar, wirklich, kein Traum! Alles Materielle mochte unwirklich sein: ihr immaterielles Wesen war bestimmt nicht Sinnentrug. Also hatte ich doch an ihr eine unanzweifelbare Wirklichkeit, an der gerade ich mich innig festhalten konnte. Und war da nicht überhaupt der inspirierte, schöpferische Mensch, Mittler zwischen mir und dem Göttlichen und hatte nicht jedes seiner Werke eine Wirklichkeit jenseits aller problematischen Realität? Konnte etwas wirklicher sein als Goethes ›Faust‹? Die Realität des Geistigen leuchtete mir tröstend ein, in dem Maß, in dem sich mir die Welt verschattete. Ein einsichtigerer Fiesco, hätte ich dem Maler Romano jetzt zugerufen: »Du hast gemalt, was ich nur tat!« Und während ich mir so eine feste, geistige Orientierung neuerlich gewann, fand ich endlich auch Trost für meine moralische Beunruhigung in der Weisheit und Güte eines erhabenen Menschen: Ein glücklicher Instinkt führte mich zu Jean Paul. Ich schlug seinen ›Titan‹ auf und las und las mit jener Hingegebenheit und Erschütterung der beginnenden Genesung, las Jahre hindurch nichts als Jean Paul, und der Strom der Liebe aus diesem edelsten Herzen, seine feste, tiefe, philosophisch verankerte Frömmigkeit, sein hoher Humor und der Reichtum seiner Phantasie labten mich und führten mich fort aus der Hölle der Selbsterforschung, die er durch seinen Roquairol im ›Titan‹ ad absurdum zu führen unternommen hatte, denselben Roquairol, dessen selbstzerfleischender Hohn Mahlers Trauermarsch in der Ersten Symphonie inspiriert hat.

Doch nicht nur fort von der unfruchtbaren Selbstbetrachtung zog mich des Dichters Hand. Sein Gedanke, sein Wort und sein Beispiel führten mich wieder hin zum Glauben, hin zum Christentum, dem ich vor Jahren schon nah gekommen, von dem mich meine Irrwege entfernt hatten und das ich nun nicht mehr verlieren sollte. So fand ich mich, sehr allmählich, wieder zur Harmonie mit mir selbst und ins Leben zurück, in dem mich vielleicht, hätte alles andere versagt, der Gedanke an meine Eltern doch festgehalten haben würde. Aber eine ausgesprochene Veränderung in meinem Blickfeld ist mir aus der Krisis verblieben und sie hat sich vortrefflich mit der Durchdringung meines Lebens mit der christlichen Gefühlssphäre vertragen: ein Schleier hat sich vor die Welt gebreitet, oder vielmehr, er hat sich von damals erhalten – vergleichbar dem, der märchenhaften oder phantastischen Szenen der Bühne Ferne und Traumhaftigkeit gibt, hat er mir auch das Welttheater vernebelt – ja ich hätte dieser Lebensbeschreibung den Titel ›Hinter dem Schleier‹ gegeben, wäre er mir nicht doch zu vielfältig deutbar erschienen, wenn auch keineswegs so undeutbar und rätselhaft wie die verschleierte Welt selbst und ihre höchst problematische Wirklichkeit. So umgeben von Rätseln habe ich schließlich an ihren tiefen Sinn und seine Aufklärung in der Ewigkeit zu glauben gelernt und mich einstweilen an die unanzweifelbare Realität des Lebens im Geiste und seine schöpferischen Offenbarungen gehalten.

Während die innere Tragödie in langsamer Entwicklung ungefähr den geschilderten Verlauf bis zur Katharsis nahm, ging die herbeigesehnte Reinigung meines künstlerischen Gewissens schwungvoll vor sich. Seit meiner Breslauer Schlappe hatte sich in mir ein Tatendurst und eine Entschlossenheit angesammelt, für deren Betätigung die sämtlichen Theater des deutschen Bühnenalmanachs vereint als Angriffsfläche nicht genügt hätten. Und mit diesem Exzeß feurigen Angriffsgeistes stürzte ich mich nun auf das kleine Preßburger Theater. Es setzte mir nicht nur gar keine Hindernisse entgegen, sondern alle Tore öffneten sich mir, kein ›Widerstand der stumpfen Welt‹, wie ich ihn in Breslau erfahren, war zu spüren – ich hätte ihn in der Glut meines Zustandes auch kaum bemerkt. Die Mitglieder, zum großen Teil begabte Anfänger, wetteiferten in der Bemühung, die Wünsche ihres von Energie berstenden ersten Kapellmeisters zu erfüllen. Mein engerer Kollege, der zweite Kapellmeister und Operettendirigent Baldreich, eigentlich Brzobohaty, ein vortrefflicher tschechischer Musiker, zeigte sich vom ersten Tage an als Anhänger, als der er sich auch dauernd bewährt hat und bemühte sich, in meinem Sinn mit Sängern und Orchester zu arbeiten. Der Konzertmeister leistete mir im Musizieren mit dem Orchester überzeugte und daher wertvolle Hilfe, der kleine Chor sang so gut er konnte – was nicht sehr gut war und selbst meinem optimistischen Ohr eine kaum tragbare Prüfung auferlegte. Natürlich dürfte das künstlerische Resultat so mäßig gewesen sein wie die Mittel der kleinen Bühne, jedoch schien es weit zu übertreffen, was das Publikum gewohnt war, man lobte und füllte die Vorstellungen, man applaudierte und schrie, der Direktor war stolz, und ich hätte mich als Held des Tages fühlen können – aber mein Seelenbarometer stand auf ›Sturm‹ und keine äußeren Gunstbezeugungen Fortunas konnten daran etwas ändern.

Daß ich unter solchem seelischen Druck konzentriert feurig und optimistisch arbeiten konnte, gehört zu den mir selbst nicht begreiflichen Seltsamkeiten meiner Natur. Das gleiche Phänomen hat sich noch öfter in meinem Leben und unter noch schlimmeren Umständen bewährt und ich kann es nur aus der Kraft verstehen, die von den großen Kunstwerken ausstrahlt und der unwiderstehlichen Herrschaft, die sie über mich ausüben.

Kraft und Belebung bedeuteten mir auch meine Besuche in Wien, die mir erlaubten, Vorstellungen unter Mahler beizuwohnen, ihre faszinierende Wirkung auf das kultivierte Publikum der Hofoper zu erleben und mit reiferem Sinn als in Hamburg von ihnen zu lernen. Eine unbeschreiblich schöne Aufführung von Bizets ›Djamileh‹ mit der hochbegabten Marie Renard in der Hauptrolle ist mir im Gedächtnis geblieben. Direktor Raoul, der die Wiener Opern- und Operettenaufführungen sorgfältig beobachtete, setzte sofort ›Djamileh‹ auf den Preßburger Spielplan, was mir Gelegenheit zu recht lehrreichen, wenn auch etwas deprimierenden Vergleichen gab. Aber nicht allein Mahlers oder der Hofoper wegen fuhr ich nach Wien – Wien selbst zog, ja sog mich mächtig an und so besuchte ich das Carltheater und genoß seine ausgezeichneten Operettenvorstellungen, irre ich nicht, sah ich auch den populären Komiker Blasel. Unvergeßlich blieb mir Girardi, der wienerischste der Wiener populären Schauspieler, und ich freue mich, daß ich ihn noch in seiner berühmten Rolle als Valentin in Raimunds ›Verschwender‹ erlebt und von ihm das Wiener ›Fiakerlied‹ singen gehört habe.

Leicht war meine Arbeit in Preßburg nicht. Das Orchester war klein, es hatte z. B. nur zwei Hörner, und ich mußte in fast allen größeren Opern die Instrumentation dementsprechend umarbeiten, leidend unter der Klangänderung durch die Einschränkung, unter der Gewissensbelastung wegen des Eingriffs in ein Meisterwerk und beständig von meinem Motto begleitet ›Gott, erhalte mir meine Verzweiflung‹. ›Nur nicht gewöhnen an das Schmähliche, zu dem mich die kleinen Verhältnisse zwingen‹, war mein ständiger Gedanke und daß sie mich wirklich zwangen, meine einzige Rechtfertigung vor mir.

Sogar eine Novität hatte ich einzustudieren. Leoncavallo, der Komponist der ›Pagliacci‹, hatte eine ›Bohème‹ nach demselben Buch des Murger, das Puccini sein Libretto gegeben hatte, geschrieben, und wir führten das Werk mit gutem Erfolge auf. Ich habe nicht die geringste Erinnerung an die Musik, wohl aber an ein erstaunliches Erlebnis nach der Premiere. Als ich mit einigen Freunden den Speisesaal des Hotel Palugyai betrat – so hieß es, glaube ich – fiel die dortige Zigeunerkapelle aus ihren Tänzen in einige Themen der Oper, die sie mit großem Geschick improvisatorisch harmonisierte und von denen sie dann wieder zur Tanzmusik zurückkehrte. Daß sie der Aufführung der ihnen unbekannten neuen Oper kurz vorher zugehört, hatte für den Vorspieler genügt, sich einige Melodien einzuprägen und für die übrigen, ihn mit einer im Augenblick erfundenen Begleitung unterstützen zu können. Als nachher einer der Zigeuner die Runde um die Tische machte, drückte ich ihm meine Bewunderung aus, worüber er sich sehr freute; meinen Beitrag aber zu seiner Sammlung auf dem Teller lehnte er erschrocken ab – ›von Kollegen nehme er nichts‹.

Nach viermonatiger Arbeit in Preßburg ging es über Budapest nach Temesvar. Ich begann dort wieder den Blick nach außen zu richten, mich für die fremdartige Umgebung zu interessieren, ›resolut zu leben‹, wie Goethe empfiehlt. Das Orchester war noch kleiner als in Preßburg, und wenn die Partitur geteilte Celli vorschrieb, erschien eine Falte der Verzweiflung auf der Stirn des einen, einzigen Cellisten, über den ich verfügte und der als wohlwollender Mann mich gern mit Doppelgriffen befriedigt haben würde, wenn es seine Technik oder die Möglichkeiten des Instrumentes erlaubt hätten. Ich suchte ihn von hoffnungslosen Versuchen abzuhalten, indem ich ihm zeigte, daß ich die zweite Cellopartie den Bratschen oder, falls sie dafür zu tief war, einem Fagott zugeteilt hatte, aber die gutgemeinten und schlecht ausgeführten Doppelgriffe wie die Verzweiflungsfalte erhielten sich bis zum Schluß der Saison. — Das Theater lag in demselben Hotel wo alles wohnte, es glich der Lokalität, die E. T. A. Hoffmann in seinem ›Don Juan‹ schildert — aber es waren keine musiktrunkenen Dichter, die es, erregt von der im Hause nachgeisternden Opernvorstellung, auf die Korridore des Hotels trieb, dort schienen es eher weinfrohe, junge Offiziere der Temesvarer Garnison zu sein, die zu weniger geisterhaften Abenteuern aufgelegt waren, und wenn ich auch die künstlerische Disziplin in der Oper erhalten konnte, wuchs doch außerhalb der engsten Kunstvorgänge ein Geist der Zügellosigkeit, der, ohne mich in meiner Arbeit selbst zu schädigen, verletzend und beschämend auf mich wirkte. Des liebenswürdigen und vornehmen Brzobohaty Gesellschaft war mir eine Zuflucht, und wir verbrachten manche Nachtstunde nach einer Aufführung schachspielend — ich spielte gern und schlecht — in einer Ecke des Kaffees, während die Zigeuner brünstig spielten, weinerzeugte Wildheit um uns tobte, schrie und sang und gelegentlich ein verzücktes Paar unsere Blicke auf sich zog, wenn der Zigeunerprimas seinen Platz bei der Kapelle verlassen hatte, heruntergebeugt ihm seine aufregendsten Melodien direkt in die Ohren fiedelte und es zu ekstatischen Tanzbewegungen der Köpfe, Arme und Schultern hinriß. — Danach ging ich oft allein in die Nacht und auf die Puszta hinaus, die grenzenlos im Mondlicht lag; ich genoß den alten, ewigen Frieden, den ich mir so schwer gewonnen hatte und ich kann nie an die herrlichen Nächte in der schweigenden Heide dort zurückdenken, ohne wieder den ›Heiligen Dankgesang eines Genesenen an die Gottheit‹ zu fühlen wie damals.

Als die Saison beendet war — es dürfte April gewesen sein — wünschte ich das fremdartige Land am Rande des Balkans noch etwas besser kennenzulernen, bevor ich in vertrautere Gegenden zurückkehrte. Anstatt gleich nordwärts zu fahren, wo Budapest lag, das ich bei der Hinreise nur berührt hatte, ohne zu verweilen, und das ich mir also schuldig war, ging ich nach Süden, die herrliche breite Donau hinunter bis nach Bazias, einen hügelig gelegenen, malerischen Ort, an dem sie schwarz vorbeifließt — ich kenne sie übrigens in allen möglichen Farben, blau jedoch ist sie meines Wissens nur in dem Straußschen Walzer — dort übernachtete ich und verträumte den nächsten Tag, dort hörte ich die schönste Zigeunermusik, dort wanderte ich abends von Stein zu Stein kletternd in einem Nebel, der mich nicht mehr verdüsterte, sondern freundlich umgeisterte, und setzte meine Donaureise fort nach Orsova, zum Eisernen Tor und zu der türkischen

Insel Adah Kaleh, die mitten in der Donau in traumlosem Schlummer lag. Ein Ruderboot führte mich über die dunklen Wellen zu ihrem Ufer und wartete, bis ich den ersten zuverlässig türkischen Kaffee meines Lebens getrunken und einen ereignislosen Spaziergang durch die seltsame Öde der Insel beendet hatte, und dann fuhr ich über das glanzvolle Budapest, das geliebte Wien, zurück nach Berlin.

## 6

Das Rigaer Stadttheater war im deutschen Bühnenalmanach verzeichnet und galt also als deutsches Theater, obgleich es in Rußland lag. Die Sprache in Oper und Schauspiel war deutsch wie das Publikum, wie die Verwaltung der Bühne, wie der kulturell vorherrschende Teil der Bevölkerung in der russischen Provinz Livland und ihrer Hauptstadt Riga. Gouverneur, Beamtentum und Militär waren russisch, die autochthone Bevölkerung lettisch. Daß das zaristische Rußland die Vorherrschaft deutscher Sprache und deutscher Kultur in einem Lande anerkannte, das seit fast zweihundert Jahren zu Rußland gehörte, ist bemerkenswert. Livland, im frühen Mittelalter von den deutschen Ordensrittern und hanseatischen Kaufleuten den eingeborenen Letten abgewonnen, dann von den Polen, danach von den Schweden und schließlich von den Russen erobert, zeigte in der Struktur der deutschen Gesellschaft noch deutlich die in seiner Geschichte begründete Trennungslinie zwischen Adel und Kaufmannschaft. Obgleich sie zwischen den ihnen fremd gebliebenen Russen und den unterdrückten und daher feindlichen Letten lebten, hatten die Deutschen sich nicht zusammengeschlossen – es gab kaum wärmere Beziehungen zwischen der baltischen Aristokratie und den Kaufleuten der ›Großen‹ und ›Kleinen‹ Gilde. Meinem Eindruck nach lebten die Russen und die Deutschen in Riga zwar getrennt nebeneinander hin, aber eins war ihnen bestimmt gemeinsam: die Geringschätzung der Letten, die zu keinen gehobenen Stellungen oder Tätigkeiten zugelassen wurden. Ich weiß noch, wie es mich überraschte, als mir als musikalischem Leiter des Theaters eines Tages eine lettische Oper zur Begutachtung eingereicht wurde. Leider war sie nicht gut, aber der begleitende Brief, in fehlerhaftem Deutsch geschrieben, verriet ein sympathisches, höheres Streben und zugleich die Bitterkeit des Unterdrückten.

Nie werde ich vergessen, wie man mit den lettischen Kutschern verfuhr. Nur ausnahmsweise nannte man ihnen das Ziel der Fahrt – gewöhnlich setzte man sich in die Droschke oder den Schlitten, rief das russische Wort ›pascholl‹, und das kleine struppige Pferdchen lief schnell geradeaus, bis man den Kutscher auf den rechten oder linken

Arm schlug, worauf er es in die Schlagrichtung lenkte; ging es zu langsam, so schlug man den Kutscher auf den Rücken und durchaus nicht sanft, sollte er anhalten, so faßte man mit beiden Händen seine Pelerine und zog ihn daran nach rückwärts. Vielleicht trug zu dieser Scheußlichkeit, an der übrigens weder Fahrgäste noch Kutscher Anstoß nahmen, die Schwierigkeit der sprachlichen Verständigung bei, vielleicht war sie ein infektiöses Überbleibsel aus der Zeit der russischen Leibeigenschaft – jedenfalls drückte sich darin bewußt oder unbewußt eine Verachtung aus, die später furchtbare Folgen gezeitigt hat, denn als der Ausgang des Ersten Weltkrieges den Letten die Herrschaft im Lande brachte, soll sich Schreckliches ereignet haben. Ich habe erfahren, daß nach dem Eintreten politischer Ruhe sehr ernste und erfolgreiche lettische Bemühungen auf kulturellen Gebieten einsetzten, und ich erhielt nach langen Jahren öfters Einladungen von dem inzwischen lettisch gewordenen Stadttheater, als Gast zu dirigieren – leider konnte ich nie die Zeit dafür finden.

Die Rigaer Bühne besaß zu meiner Zeit eine eigenartige Verfassung, die sich schon Jahrzehnte hindurch bewährt hatte. Eine Vereinigung wohlhabender, kulturell interessierter Bürger übernahm die Garantie für die wirtschaftliche Existenz des Theaters, wobei sich jeder Garant zur Zahlung eines entsprechenden Beitrages im Fall eines Defizites verpflichtete. Die Garanten wählten aus ihrer Mitte einen Ausschuß als Theaterkomitee, das seinerseits einen Direktor engagierte und sich von ihm in allwöchentlichen Sitzungen Bericht erstatten und Rechenschaft ablegen ließ. Der Direktor, den sie diesmal genommen hatten, ein Herr Ludwig Treutler, kam vom Schauspiel her und trat auch gelegentlich noch selbst auf – ich habe seine Darstellung des ›König Lear‹ in ablehnender Erinnerung behalten. Das Komitee bestand aus angesehenen, aber kunstfremden Bürgern, denen das Theater wahrscheinlich nur als Pfeiler des Deutschtums etwas bedeutete, und ein Direktor mit künstlerischen Intentionen, wie er in meinem zweiten Rigaer Jahr in der Person Richard Balders engagiert wurde, hatte seine liebe Not mit ihnen. Als er auf meine Veranlassung Mozarts ›Zauberflöte‹ angesetzt hatte und damit keine guten Einnahmen erzielte, sprach ihm der alte, weißbärtige Vorsitzende des Komitees mit Würde seine Mißbilligung aus und mahnte ihn mit asthmatisch heiserer Stimme, er müsse ›bessere Stücke‹ geben.

Eine schöne Dampferfahrt über die Ostsee brachte mich in sechsunddreißig Stunden von Stettin nach Riga, nah einer schönen Meeresbucht am Ufer des mächtigen Stromes gelegen, der auf deutsch Düna heißt. Von Riga erwartete ich die Entscheidung der Schicksalsfrage, ob ich mich als erster Kapellmeister eines ernst zu nehmenden Theaters von Tradition und Gegenwartsbedeutung bewähren würde. Eine persönlich lebenswichtige Frage hatte sich aber schon vor meiner Ankunft, während der Fahrt entschieden. ›Die Bekenntnisse‹, ein Lustspiel des Dichters Eduard Bauernfeld, des Freundes Schuberts und Schwinds, fängt damit an, daß ein Herr und eine Dame von entgegengesetzten Seiten der Bühne auftreten und aneinander vorübergehen, worauf der Herr der Verschwindenden nachblickt und dann mit Entschlossenheit vor sich hin sagt: »Die wird geheiratet«. Die Szene, von der ich hier berichten will, war der Lokalität nach verschieden, im wesentlichen aber – im dramatischen Tempo – glich sie dem Bauernfeldschen Auftritt; der Ort der Handlung war hier das schwankende Deck eines Dampfers, die Dame war die jugendlich-dramatische Sängerin der Rigaer Oper Elsa Korneck – fast das ganze Personal war an Bord – sie ging nicht, sondern saß blaß in einer Ecke, augenscheinlich von der Bewegung des Schiffes zur Ruhe verwiesen, aber auch ich entschloß mich beim ersten Anblick, sie zu heiraten, bin bei dem Entschluß geblieben und habe ihn zweieinhalb Jahre später ausgeführt. Ein kleiner Unterschied zwischen meinem Tempo und dem des Bauernfeldschen Heißsporns wäre vielleicht zu erwähnen; bei ihm fielen Blick und Entschluß zusammen, ich dagegen wollte gerade noch schnell denken, ›welches Glück, für Elsa, Agathe, Eva habe ich da die blaue Blume der Romantik persönlich gefunden‹, da verlosch der Gedanke und der Entschluß trat an seine Stelle.

Die berufliche Schicksalsfrage entschied sich dann in Riga mit einem Glanz, den nichts in meinem an Erfolgen nicht armen Leben je übertroffen hat. Dem Feuer meiner zweiundzwanzig Jahre, meiner seit langem erstrebten, im Vorjahr siegreich erprobten Macht über meine Mitarbeiter standen nun die respektablen Mittel eines angesehenen Opernhauses in einer kunstfreudigen Stadt zur Verfügung; endlich konnte ich die geliebten und vertrauten Werke vorbereiten und aufführen, ohne mich von eigenen inneren Schwierigkeiten oder von drastischen Unzulänglichkeiten meiner Umgebung gehemmt zu fühlen – mir war zu Mut wie bei einem Traumfluge. – Nicht einmal meine Jugend schien man mir hier zum Vorwurf zu machen, obgleich ich wahrscheinlich der jüngste erste Kapellmeister war, der je am Dirigentenpult des Rigaer Stadttheaters gestanden hatte. Das Verdienst hierfür gebührte aber wahrscheinlich meinem Bart. Denn bei meinem letzten Besuch in Wien im vorhergehenden Frühjahr hatte der Mahlersche ›Familienrat‹ festgestellt, daß ich für einen ersten Kapellmeister unerlaubt jung aussah, und mir war auferlegt worden, den Mangel an Altersgewicht durch die Würde eines Bartes zu kompensieren; der schien denn auch die auf ihn gesetzten Erwartungen zu erfüllen.

Meine Kräfte wuchsen mit ihrer Betätigung, meinem Ansehen im Theater und in der Stadt – mit ihnen festigte sich auch das Bewußtsein meiner Fähigkeiten, ohne daß es mich innerlich oder äußerlich unbescheiden gemacht hätte. Eine herzlich warme Presse steigerte den Enthusiasmus des Publikums, und ich fühlte mich in der Atmosphäre von Arbeit und Anerkennung sehr glücklich. Ob meine Leistung wirklich die Begeisterung verdiente, die sie hervorrief, vermag ich nicht zu sagen. Bestimmt trug zu dem Eindruck meiner Tätigkeit bei, daß die Rigaer Oper seit Jahren keinen guten Dirigenten gehabt hatte – auch half mir und inspirierte mich zu gesteigerter Leistung das freudige Mitgehen des Personals, die Hingabe in Orchester und Chor. Und daß das ›Es‹ der künstlerischen Selbstbeobachtung noch nicht seine kritischen Bemerkungen dem ungeteilten ›Ich‹ in seinem begeisterten Musizieren zugrollte, konnte dem jungen Dirigenten in seinem damaligen Stadium der Entwicklung einstweilen nur von Vorteil sein.

Charakteristisch für die Energie, mit der ich meine künstlerischen Forderungen beim Personal durchsetzte, dürfte folgende kleine Geschichte sein: Unter den vielen gutwilligen Mitgliedern gab es auch ein widerspenstiges – das war der Heldentenor S., ein Ungar mittleren Alters mit kräftiger Stimme, musikalisch sicher, aber ohne Gefühl, Temperament und künstlerischen Sinn. Seine Miene war beständig etwas verzogen, wie von einer sehr sauren Speise auf der Zunge, und keine Bemühung von meiner Seite konnte ihm alkalische Linderung bringen. Ich litt unter seiner Kälte und Nüchternheit in der warm lebendigen Atmosphäre meiner Proben und Aufführungen, und es entstand eine Antipathie, die sich seinerseits in der Form der passiven Resistenz äußerte. Als ich im ›Lohengrin‹ einen Strich öffnen und das sogenannte ›Geheimnis-Ensemble‹ wiederherstellen wollte, wurde Herrn S.' passiver Widerstand aktiv und mit dem sinnlosen Eigensinn eines grauen Tieres, dessen Eigenheiten ihm vielleicht aus einer früheren Existenz verblieben waren, weigerte er sich, das Ensemble nachzulernen, unbekümmert um mögliche Disziplinarfolgen, entschlossen, zu tragen, was da kommen mochte. Bei Direktor Treutler hatte ich nur laue Unterstützung zu erwarten, zu tief fühlte sich sein etwas komödiantenhafter Ehrgeiz von meinen Erfolgen verletzt – und so half ich mir selbst. Im Chor des Theaters gab es einen Tenor, der mich häufig in überlangen, kalligraphisch geschriebenen Briefen ersuchte, ihn anzuhören. Daß er seiner Unterschrift ›Alois Luka aus Znaim in Mähren‹ stets hinzufügte ›prima vista und a capella Sänger‹, brachte mich auf den Gedanken, er sei vielleicht genügend musikalisch, um in der noch verfügbaren kurzen Zeit bis zur Aufführung, die Partie des Lohengrin im ›Geheimnis-Ensemble‹ zu studieren. Ich ließ ihn kommen und fand in ihm einen zweifellos geistig etwas gestörten, aber gut aussehenden Mann mittleren Alters mit sehr schöner Stimme und seltener Musikalität. Mein Ersuchen versetzte ihn in einen Glücksrausch, und er kam schon am nächsten Tage wieder, um mir seine Partie im Ensemble auswendig korrekt vorzusingen. Ich ersuchte ihn, sie in den Orchesterproben nur leise vor sich hinzusummen, während mein Feind S. trotzig schwieg und zur Verblüffung des Personals also die wichtige Stimme des Lohengrin in diesem Stück fehlte. In der Aufführung aber trat, als deus ex machina, der ›prima vista und a capella Sänger aus Znaim‹ aus den Reihen des Chores nach vorn in die der Solisten, und so gab es, wohl zum erstenmal, zwei Lohengrine auf der Bühne, einen glänzend gerüsteten, in verlegener Stummheit und einen anderen, in der Erscheinung eines ärmeren Verwandten der Gralsritterschaft in strahlender Singfreude – ich hatte mein Geheimnis-Ensemble, Herr S. den Spott seiner Kollegen und der etwas wirre, zweite Lohengrin ein glückliches Erlebnis. Leider weiß ich nicht mehr, welche Folgen mein Streich hatte; da mir aber kein übler Nachgeschmack à la S. davon auf der Zunge verblieben ist, muß ich annehmen, daß auch weiter alles in meinem Sinn verlaufen ist, d. h. daß in den folgenden Aufführungen entweder wieder aus den Reihen der Ritter ein Brabanter Lohengrin hervortrat oder daß Herr S. sein Ensemble reuig gelernt hat. – Wie tief die Feindschaft gegen mich in seiner Seele Wurzel geschlagen, zeigte sich noch nach Jahresfrist in einer von mir dirigierten Aufführung der ›Meistersinger‹, in der er Stolzing und meine Verlobte Eva sang; mit Erstaunen sah ich in dem langen, versteckten Beisammensein im zweiten Akt das unfreundlichste Liebespaar der Welt: eine Eva, deren anfängliche Zärtlichkeiten zurückgewiesen worden waren, und die nun resigniert zu Boden blickte, und einen Stolzing, der ihr in anscheinend unüberwindlicher Abneigung den Rücken zukehrte. Nach der Aufführung suchte Direktor

Balder unserem Stolzing zu erklären, daß die zärtliche Haltung gegen Evchen ebenso zu seiner Berufspflicht gehöre, wie das Singen der richtigen Noten, auch versuchte er ihm die Verwechselung des Zielpunktes seiner Demonstration klar zu machen. Herr S. fügte sich, aber ich kann nicht sagen, daß seine Zärtlichkeit in der gleichen Szene der nächsten Aufführungen gefühlvoller aussah als seine Haltung in der Premiere, die durchaus als ›Nachtruhe des Obdachlosen auf einer Parkbank‹ gewirkt hatte.

Mein Verhältnis zu den Sängern des Theaters war sonst sehr herzlich, teilweise sogar freundschaftlich, man akzeptierte und erfüllte meine gelegentlich tyrannischen Forderungen – so verbot ich z. B. eine Woche vor einer Neustudierung oder Premiere den darin beschäftigten Sängern Abendgesellschaften zu besuchen oder zu bummeln, worauf alle eingingen, und woran sie sich auch, so viel ich weiß, gehalten haben – ihr Benehmen auf meinen sehr gründlichen Proben wie das Verhalten des sonstigen Personals war musterhaft, und wir bildeten eine glückliche, friedliche und begeisterte Familie. Von einzelnen Aufführungen zu berichten würde zu weit führen, doch sei erwähnt, daß ich mich an eine romantische und erwärmende Vorstellung von Webers ›Freischütz‹ mit der blauen Blume als Agathe und an eine dramatisch erfüllte von Marschners ›Hans Heiling‹ als Leistungen des Theaters erinnere, die mir damals besonders gelungen erschienen. Mozarts ›Don Giovanni‹ mit D'Andrade, ›Figaro‹ und ›Zauberflöte‹, Beethovens ›Fidelio‹, Tschaikowskis ›Onegin‹, Wagners ›Walküre‹, ›Lohengrin‹, ›Tannhäuser‹, ›Holländer‹, eine durch die geniale Leistung der Bellincioni gehobene ›Carmen‹ und viele andere Werke durfte ich einstudieren und als Novität die mir von Köln her bekannte Oper Spinellis ›A basso porto‹ herausbringen.

Die Regie, so primitiv sie war, machte mich dort weniger unglücklich als bisher. Der Regisseur war ein Anhänger von mir und freute sich, wenn er mir Wünsche erfüllen konnte und außerdem begann ich in Riga jene unwiderstehliche Neigung zum Übergriff in die Kompetenz des Regisseurs zu entwickeln, die später meine Mitarbeiter am Regiepult oft zur Verzweiflung gebracht und mich in manche Konflikte gestürzt hat. Obwohl ich immer mit der vollkommensten Höflichkeit begann, um dieses oder jenes Arrangement zu ersuchen, vergaß ich mich bald und geriet allmählich so widerstandlos unter den Druck meiner Regiewünsche, daß ich sie an dem Regisseur vorbei direkt an das Personal richtete, wodurch ich den Regisseur natürlich in eine peinliche Lage brachte. Aber in dem Dilemma, den Geist des Werkes oder den Regisseur zu kränken, wählte ich immer das letztere, nicht ohne Reue und nachträgliche Versöhnungsversuche – doch konnte ich nicht anders, es war stärker als ich. Glücklicherweise habe ich oft Mitarbeiter am Regiepult gefunden, die sich in meine Handlungsweise fügten, weil sie fühlten, daß ich unter innerem Diktat stand, oder weil sie die künstlerische Berechtigung meiner Wünsche einsahen. Es gab auch wehrhafte Gegnerschaft, aber wenn es sich um wichtige dramatische Fragen oder solche vom Grenzgebiet zwischen Musik und Drama handelte, habe ich derartige Konflikte bis aufs letzte durchgekämpft. Übrigens lernte ich schließlich, den Regisseuren das Nachgeben oder Eingehen auf meine Wünsche durch eine besondere Verbindlichkeit und Wärme der Form zu erleichtern, die keineswegs berechnet war, sondern die ich instinktiv als die wirksamste Methode, mein künstlerisches Ziel zu erreichen, in mir entwickelt hatte.

Am Anfang meiner ersten Saison, im Oktober 1898 hatte Gustav Mahler mir eine Kapellmeisterstellung an der Wiener Hofoper nach Ablauf meines zweijährigen Rigaer Vertrages, also für 1900, angeboten. Er schrieb, zu der Zeit würde ich für eine solche Stellung reif sein, er könne es auf die Dauer nicht ohne einen verstehenden Mitarbeiter schaffen und er zähle auf mich. Mein Herz zog mich nach Wien, aber meine Überlegung sprach dagegen. Ich fühlte die Notwendigkeit, mich zuerst völlig in mir selbst zu festigen, bevor ich wieder unter den mächtigen Einfluß Mahlers kam; und konnte ich am Anfang meiner Tätigkeit in Riga wissen, ob ich bis 1900 so sicher meiner selbst werden würde? So schien es mir ratsam, erst abzuwarten, bis ich hierüber Klarheit gewonnen hatte, und ich beantwortete Mahlers Antrag rückhaltlos in diesem Sinn. Er aber wollte die Berechtigung meines Standpunktes nicht einsehen, fühlte sich von mir enttäuscht und verlassen, und so entstand die erste und einzige Verstimmung zwischen uns, die schwer auf mir lastete, mich aber nicht von meinem Entschluß abbringen konnte.

Daß ich in Rußland war, wurde mir trotz deutscher Stadt und deutschem Theater fühlbar. An den zahlreichen Feiertagen hatte ich mit dem gesamten Personal die Zarenhymne vor der Oper aufzuführen, ein schönes Stück feierlicher Musik, das ich sehr gern hatte – Tschaikowski hat es in seiner symphonischen Dichtung ›1812‹ verwendet. Wenn der Gouverneur einen Empfang gab, wurde ich öfters mit einigen Künstlern des Theaters ins Schloß geladen, und ich erinnere mich eines

›Vergehens‹, das für mich hätte schlimm enden können; der Gouverneur hatte eine Sängerin ersucht, ein paar Lieder zu singen und mich gebeten, sie zu begleiten. Im Saal aber wollte es nicht ruhig werden und ich konnte mich nicht entschließen anzufangen, solange man sprach. Dem Adjutanten erwiderte ich auf seine Mahnung, es müsse erst Ruhe eintreten, bevor ich begänne. Glücklicherweise war der Gouverneur menschlich genug, sich zu erheben und selber durch eine Geste um Ruhe zu ersuchen, mein Verhalten hätte mir sonst leicht als Achtungslosigkeit gegen den Vertreter des Zaren ausgelegt werden und eine schwere Bestrafung bringen können. Ich bin übrigens, glaube ich, nicht wieder aufs Schloß geladen worden.

Obgleich von Arbeit erfüllt, erhielt mein Leben in Riga doch auch Reiz und Wärme von schönen menschlichen Beziehungen. Da war ein liebenswürdiges, aufrichtiges junges Ehepaar, mit dem meine künftige Frau und ich uns herzlich anfreundeten. Der Gatte, Richard Immelmann, Heldenbariton des Theaters, mit prächtiger Stimme und imponierender Erscheinung, war mir vom Sternschen Konservatorium her bekannt. Sein gemütlicher Humor vertrug sich vortrefflich mit meinen übermütigen Einfällen und unser Freundschaftsquartett hat sich lange Jahre hindurch erhalten, auch nachdem wir beruflich auseinander gekommen waren. Ein überströmend gütiges, musikbegeistertes altes Rigaer Ehepaar, Irschik mit Namen, hatte meine künftige Frau und mich sehr lieb gewonnen – in seinem Hause haben wir uns am Weihnachtsabend 1898 verlobt –, und auch diese Freundschaft hat viele Jahre gedauert. Einen wertvollen Zuwachs gewann der lebenssprühende Freundeskreis an dem dritten Kapellmeister des Theaters, Friedrich Weigmann, einem vortrefflichen Musiker von breiter allgemeiner Bildung, vielseitigen Interessen und edlen Charaktereigenschaften. Der anscheinend scheue und in sich gekehrte, etwa dreißigjährige Mann war mir geraume Zeit hindurch fremd geblieben, bis mir ein Bekannter erzählte, wie er mit Weigmann ans Meer gefahren sei – Riga selbst liegt nicht an der offenen See, aber man konnte in kurzer Bahnfahrt einige hübsche Badeorte erreichen – und in welche ausbrechende Ekstase der erste Anblick des Meeres den nach innen gewandten Musiker versetzt hatte; beide Arme ausbreitend habe er lange ergriffen dagestanden und dann plötzlich mit einem jubelnden Ausruf den Hut in die Luft geworfen. »Den muß ich kennenlernen«, sagte ich mir, und die Bekanntschaft zeigte mir einen eigenartigen, festen, wertvollen Menschen. Dem Aussehen nach war er weniger musischer als Gelehrtentypus — mit einem Nietzsche-Schnurrbart im nachdenklichen Gesicht. Als Komponist besaß er Gefühl und Ernst, doch nicht den inspirierten Einfall, wie er mich überhaupt mehr durch Bildung und Richtung interessierte als durch sein Musikertum. Er war begabt zum Gespräch, wußte zu reden und verstand zuzuhören, er konnte aber auch schweigen, und unsere stundenlangen gemeinsamen Spaziergänge verliefen auf das angenehmste zwischen Umschauen, Nachdenken und gelegentlicher eifriger Unterhaltung. Der Weg führte uns meist zur Düna, deren gewaltige Breite eine Eisenbahnbrücke auf mächtigen Pfeilern überspannte. Eine hohe Eisenkonstruktion türmte sich über ihr, und unsere Lieblingspromenade ging über den Fußgängerweg neben den Bahngleisen. Herrlich war es dort und inspirierend in eisigen Winternächten, wenn der Sturm über den Fluß tobte und die schwere Brücke erzittern machte: Weigmann liebte es, seiner Begeisterung über Sturm und Strom durch gewagte Ausflüge in die völlig dunklen höheren Regionen der Eisenkonstruktion Luft zu machen, wozu ihn seine langbeinige, turnerische Gewandtheit befähigte, und er schloß sich mir dann später wieder an auf unserem häufigen Abwärts-Abenteuer, die Treppe von der Mitte der Brücke hinunter, zu einer kleinen Insel in der Düna, Hasenholm genannt, wenn ich mich recht erinnere, langgestreckt und sandig, mit dunklen, primitiven Hütten, wo uns zu Mute war, als seien wir im schwarzen Strom selbst, und nur gelegentlich aufblitzende Lichter von den fernen Ufern mahnten, daß es auch noch Helle und Menschen und Welt gab. — Unser kleiner Kreis, anregend durch die Verschiedenheit der Temperamente und erfreulich durch wohlwollende Gesinnung der Freunde gegeneinander und im allgemeinen, hielt fest zusammen und blieb sich ergeben, nachdem das Schicksal ihn getrennt hatte. Immelmann ist, als er die Bühne verließ, zu seinem ersten Beruf, dem des Tierarztes, zurückgekehrt. Weigmann, dessen Interessen von je zwischen musikalischen und sozialen Fragen geteilt waren, hatte sich schließlich, von den letzteren angezogen, in einer Arbeitervorstadt Hamburgs festgesetzt, wo er Chorvereinigungen der dortigen Bevölkerung leitete und deren Kindern Musikunterricht gab.

Obwohl ich mich als Opernkapellmeister in der Atmosphäre von Arbeit und Erfolg reich entfalten konnte, fühlte ich mich als Musiker keineswegs ausgeschöpft. Ich gehörte meinem Wesen nach nicht nur zur dramatischen, sondern auch, im tiefsten, zur absoluten Musik; in ihrer Atmosphäre war ich aufgewachsen — was war natürlicher, als daß meine absolut-musikalische Seele nicht verhungern wollte, während ihr dramatisch-musikalisches alter ego beim Festmahl saß. So begann ich mich zur Kammermusik zurückzufinden, und da ich an dem Konzertmeister meines Orchesters einen tüchtigen, musikalischen und ernsten Geiger fand, beschloß ich, mit ihm öffentlich Klavier-Violinsonatenabende zu geben. Das Schwarzhäupterhaus, dessen Namen und interessant-reine Frühgotik an die geistliche Herkunft der Stadt Riga erinnerten und das jetzt der Großen Gilde der Kaufmannschaft gehörte, enthielt einen nach Raumcharakter, Akustik und Umfang idealen Konzertsaal für Kammermusik, und wenn ich von meiner Tätigkeit in Riga erzähle, muß ich die Sonatenabende in dem schönen Schwarzhäuptersaal erwähnen, die durch gelegentliche Zuziehung des ersten Cellisten mit Trioabenden abwechselten und im Musikleben der Stadt zu ernster Bedeutung gelangten.

Im Sommer nach der ersten Spielzeit in Riga ging ich zuerst nach Danzig, um die Familie meiner Verlobten zu besuchen und verbrachte einige Wochen in dem hübschen Ostseebad Zoppot, einem Vorort von Danzig. Dann kehrte ich auf einige Zeit nach Berlin zurück, wo Ernst Kraus wieder mit mir studierte, und ich in seinem Hause Hans Pfitzner, den Komponisten der Oper ›Der arme Heinrich‹ kennenlernte, die ich in Hamburg mit so tiefem Interesse studiert hatte. Ich werde über den großen, eigenartigen, widerspruchsvollen Menschen später ausführlich sprechen; hier sei nur berichtet, daß er damals an seiner ›Rose vom Liebesgarten‹ arbeitete, die er mir aus den frisch geschriebenen Blättern in seiner sehr bescheidenen Wohnung vorspielte, daß mich vom ersten Augenblick an die blühende, inspirierte Melodik und die dramatische Gewalt des Werkes in seinen Bann gezogen und jeder weitere Eindruck von Pfitzners Schaffen mir Bereicherung und Erhöhung meines Lebens gebracht hat. Angeregt durch den persönlichen Verkehr mit ihm und seiner klugen, reizvollen Frau, Enkelin des Kölner Komponisten und Dirigenten Ferdinand Hiller, ging ich nach Riga zurück, um dort meine zweite Saison zu beginnen, und ich sah mit freudiger Erwartung der Fortsetzung der vielversprechenden Beziehung zu Pfitzner im nächsten Jahr entgegen.

Am ersten Tage nach meiner Ankunft machte mir der neue Direktor des Stadttheaters, Richard Balder, seinen Antrittsbesuch in Gehrock, Zylinder und hellen Glacéhandschuhen, was meine Schüchternheit schwer belastete. Meine Jugend war einem so feierlichen gesellschaftlichen Akt noch nicht gewachsen, und ich suchte mit nervöser Hast in allen Kammern meines Gehirns nach einem Gesprächsstoff, in dem sich die elegante Weltlichkeit meines Besuchers mit meiner gesellschaftlichen Ungewandtheit verstehen konnte, aber unsere tastenden Annäherungsversuche gingen nur verlegen und pausenreich vorwärts – bis plötzlich eine Einwirkung von außen der lento-Einleitung des Gesprächs ein erfrischendes Allegro anfügte, so wie es in der frühen Ouvertürenform üblich war. Meine Wohnung, deren Vorzug in ihrer Nähe zum Theater bestand, enthielt zwei kleine Zimmer und lag im dritten Stockwerk eines alten Hauses in einer engen Gasse der inneren Stadt; ein fernerer Vorzug war, daß ihre Fenster auf den Himmel hinausgingen, doch schloß der Blick noch das Dach des gegenüberliegenden Hauses ein. Dieser irdische Teil meines Ausblicks zeigte mir bei Regenwetter gewöhnlich eine lebhafte Gesellschaft von Ratten, die an der Rinne am Rand des Daches sitzend und mit den Schwänzen wippend ihren Durst löschten. Mitten in unserem etwas mühsamen Höflichkeitsaustausch setzte ein heftiger Platzregen ein und plötzlich bemerkte ich, wie das Gesicht meines Besuchers einen jungenhaft lustigen Ausdruck annahm, und er sagte: »Was haben Sie da für eine schöne Aussicht von Ihrem Fenster!« Von da an strömte das Gespräch; die besonders stattliche Rattenversammlung dieses Nachmittags hatte den konventionellen Charakter des Besuches unterbrochen, ins Natürliche gewendet und uns zusammengebracht. Balder erzählte mir später, er habe geglaubt, er müsse sich mit dem gefeierten ersten Kapellmeister gut stellen und ihm einen höflichen Antrittsbesuch machen, und er sei dabei durch den überraschenden Eindruck von meiner unerwachsenen Harmlosigkeit in Verlegenheit gesetzt worden, daß er aber auf der Grundlage des Rattenerlebnisses sich einer künftigen freundschaftlichen Zusammenarbeit mit mir versichert gefühlt habe. Und er hatte damit recht, wir verstanden uns gut. Wenn er Regie führte, was häufig geschah, paßte er sich mir mit innerlicher Überzeugung und äußerlich mit vollendeter, weltmännischer Höflichkeit an, denn er war ein Weltmann und zwar einer, der sich bestimmt schon als Säugling durch gute Manieren ausgezeichnet hatte und er besaß ein lebhaftes Theatertalent, mit dem ich mich gut vertragen konnte. Wir kamen mit ihm und seiner Frau in angenehmen, persönlichen Verkehr, und manche Nacht bis in den frühen Morgen haben wir mit reichlichem Trinken, wie es in jenen Breiten üblich ist, und in übermütigen Unterhaltungen verbracht. Ja, ich denke zurück an eine ausgiebige Festlichkeit nach der Neustudierung von Tschaikowskis ›Eugen Onegin‹, die nicht nur bis in die frühen Morgenstunden dauerte, sondern darüber hinaus uns im Schlitten aufs Land führte, wo wir an dem schönen, langgestreckten Stintsee spazieren gingen, den Wirt eines Gasthauses herausklopften, um uns ein Frühstück bereiten zu lassen und dann in die Stadt zu der Stunde zurückkehrten, in der die Verkaufsläden, in Riga ›Buden‹ genannt, geöffnet wurden.

Meine Lektüre bestand seit Preßburg noch immer fast ausschließlich aus Jean Pauls Schriften, doch kam ich durch ›Onegin‹ zu Puschkin, und durch Rubinsteins ›Dämon‹ zu Lermontow und beide Dichter sprachen zu meinem Herzen, sind mir von da an teuer geblieben und ihr Leben, ihr Schaffen, wie ihr unsinniges Ende – beide sind im Duell gefallen – gaben mir neuen Einblick in russisches Wesen.

Es dürfte interessieren, daß unter den jungen Sängern, die mir vorsangen, um mein Urteil und meinen Rat zu hören, sich zwei spätere ›Stars‹ befanden: Herrmann Jadlowker, der ausgezeichnete Tenor und Joseph Schwarz, der wundervolle Bariton. Es freute mich, von beiden später zu hören, daß ich sie damals sehr gelobt und ermutigt hätte.

Meine Tätigkeit hatte sich während der zweiten Rigaer Saison im Theater noch intensiviert, außerhalb desselben weiter ausgebreitet. Ich hatte an der Gyzickischen Musikschule einen Kursus als Klavierlehrer übernommen, eine Aufführung von Mendelssohns ›Elias‹ mit Solisten von der Oper und einer vortrefflichen Chorvereinigung der Stadt gab mir die erste, willkommene Gelegenheit, mich im oratorischen Stil zu versuchen, und einige Konzerte mit dem Theaterorchester im großen Saal des Gewerbevereins bedeuteten meine ersten Ausflüge in das Gebiet des symphonischen Musizierens; ich weiß nicht mehr, wie sie ausgefallen sind.

So vergingen die ersten Monate der zweiten Spielzeit, Balder begann mit mir von einem neuen Vertrage zu sprechen und ich dachte gern an eine Verlängerung meines Wirkens an dem Theater, das in einem sehr beglückenden Sinn das meine geworden war, in der mir liebgewordenen Stadt, in deren Gunst ich mich geborgen fühlte – mein ›Benefiz‹, zu dessen Billettverkauf man in den Nachtstunden Queue gestanden hatte, brachte mir besonders stürmische Bezeugungen einer Zuneigung, die mich während meiner ganzen Tätigkeit erwärmt hatte. Aber bevor das Jahr 1899 zu Ende ging, erhielt ich einen Antrag des Opernhauses in Berlin, das mir einen fünfjährigen Kontrakt als ›königlich-preußischer‹ Kapellmeister bot. Wie hätte ich da widerstehen können? In dem ehrwürdigen Hause, auf dessen oberstem Rang ich die entscheidenden Eindrücke meines Knabenalters empfangen hatte, wo ich meinen ersten ›Tristan‹ gehört, sollte ich nun selbst tätig sein, das

Orchester dirigieren, dessen Klang mir von vielen unvergeßlichen Eindrücken noch im Ohr war, ich sollte in die große Öffentlichkeit eines der ersten Opernhäuser Europas treten, meinen Eltern und Geschwistern das Glück verschaffen, sich am Wirken des Sohnes und Bruders zu erfreuen und endlich – würde der Vertrag mir ermöglichen, zu heiraten. So nahm ich ihn an, nicht ohne Mahler vorher von meinem Entschluß in Kenntnis gesetzt und von ihm einen versöhnlichen und zustimmenden Brief erhalten zu haben.

Es kamen die letzten Monate in Riga mit vielen nachdenklichen Spaziergängen über die schönen winterlichen Boulevards der Stadt, und daran schlossen sich die weißen Frühjahrsnächte, so taghell in Riga wie im damaligen Petersburg, die zu wachstem Denken so geeignet und zum Schlafen so ungeeignet sind. Und ich stellte fest, daß ich hier wirklich Bekanntschaft mit meinem besseren Selbst gemacht hatte, das alle Kräfte nur auf das nächste Ziel richtete, sich vom Grübeln fernhielt und in einem unbedenklichen Aufgehen in den Pflichten des Tages ein gesundes Lebensgefühl gefunden hatte. Wieder verstand ich, wie richtig es war ›resolut zu leben‹ und ich war naiv genug, zu glauben, ich hätte nun den festen Besitz des resoluten Lebensstils für immer gewonnen. Nun, damals lebte ich ihn jedenfalls, und dazu trug ganz wesentlich bei, daß ich auch als Künstler mich gut bewährt hatte und mit Entschlossenheit meinen Weg ging. Meine Absicht war, die Oper als Gesamtkunstwerk zu erfassen und zu verwirklichen, wie ich es mir gern schon von Händel in London vorstellte, wie es Carl Maria von Weber in Prag und in Dresden leidenschaftlich angestrebt, wie Richard Wagner gelehrt und getan und wie es Mahler in Hamburg unternommen hatte. Völlig spontan, ohne bewußten Vorsatz hatte ich meine Operneinstudierungen in Riga in so universellem Sinn angegriffen, wohl getrieben durch meine ›amphibische‹ Natur, von der ich früher gesprochen habe und ich sah hoffnungsvoll der Fortsetzung meiner Bemühungen in glanzvollerer Umgebung, mit reicheren Mitteln und in einem Zentrum der Kunstwelt entgegen.

Es kam zur Heimreise, die diesmal wieder über die Ostsee ging, nachdem wir die beiden letzten Fahrten mit der Bahn gemacht hatten. Unterwegs hatten wir ein seltsames Erlebnis, ein Beispiel von ›Menschlich-Allzumenschlichem‹ und tragikomischer Beitrag zu Alfonsos Lehren in Mozarts ›Cosi fan tutte‹. Eine hübsche, liebenswürdige Sängerin des Personals hatte sich vom Anfang der letzten Saison an freundschaftlich an meine Verlobte angeschlossen und ihr anvertraut, daß sie mit einem Bariton eines deutschen Hoftheaters versprochen sei, den sie im nächsten Sommer zu heiraten gedenke. Mit Beunruhigung mußte also die Mitwisserin ihrer Zukunftspläne bemerken, daß sich zwischen diesem Fräulein K. und einem jungen Schauspieler eine zärtliche Beziehung entwickelte. Es war ein strahlender Sieg des Eros, seine hilflosen Opfer offenbarten aller Welt mit Miene und Wort, wie es um sie stand, und eine Tragödie schien sich vorzubereiten. Romeo brachte seine Julia aufs Schiff, alles mischte mitleidige Tränen in das verzweifelte Schluchzen der Abschiednehmenden, die Scheidende winkte dem Zurückbleibenden, bis ihr seine Gestalt verschwunden war und sank dann gebrochen in einen Liegestuhl an einer stillen Stelle des Decks. Niemand, der vorbei ging, wagte ihren Abschiedsschmerz zu stören, der nur langsam in stille Trauer und Wehmut überzugehen schien. Allmählich wurde Fräulein K. ruhiger, sprach auch wieder mit anscheinend wachsendem Lebensmut mit meiner Verlobten, die mir dann staunend erzählte, sie beginne ganz unzweifelhafte Spuren einer gewissen Vorfreude auf irgend etwas oder irgend jemand in der jungen Dame zu entdecken. Ich konnte den Stimmungswechsel nur bestätigen und wir alle sahen mit ungläubigem Staunen, als das Schiff in Stettin anlegte, wie die Favoritin des Liebesgottes einem gut aussehenden jungen Mann, augenscheinlich dem Verlobten, vom Schiff aus begeistert zuwinkte und am Fuß der Treppe, wo er sie erwartete, glücklich in die Arme stürzte. Die würdige Schülerin der Despina hat den Bariton in demselben Sommer geheiratet und damit verloren wir sie aus den Augen – aber immer, wenn ich Mozarts ›Cosi fan tutte‹ dirigierte, identifizierte sich mir Dorabella mit Fräulein K. und ich fühlte mich zum Mitgefühl, zur Toleranz und zur Sympathie amoralisch bewegt.

Im Einverständnis mit meinen Schwiegereltern verschoben wir unsere Hochzeit auf das kommende Frühjahr, sie hielten mich zwar für vielversprechend, aber doch für entsetzlich jung, und ich stimmte zu, daß wir erst heiraten sollten, wenn meine wirtschaftliche Existenz durch einen Erfolg in meiner ersten Berliner Saison gesichert erschiene. So schloß meine Braut einen einjährigen Vertrag mit dem Stadttheater in Basel ab, ich mietete mir eine Junggesellenwohnung in der Derfflingerstraße in Berlin, nur ein paar Minuten entfernt vom Falkrealgymnasium, das ich vor etwa neun Jahren ungeduldig verlassen hatte, und nach einem teils in Zoppot, teils im Schwarzwald, komponierend, studierend und wandernd verbrachten Sommer meldete ich mich in der Generalintendanz der ›Königlich Preußischen Theater‹ zum Antritt meiner neuen Stellung.

## 7

Am Berliner Opernhaus walteten preußische Beamte und die Methoden des Beamtentums. Oberster Chef der beiden Theater, der Oper und des Schauspiels, war ›Excellenz‹ Graf Hochberg, Direktor der Oper ›Geheimrat‹ Pierson, Vorstand der Verwaltung ›Geheimrat‹ Winter, alle möglichen anderen Räte ›dienten‹ unter ihnen. Wenn ein Mitglied etwas wünschte, machte es eine ›Eingabe‹ und ›ersuchte gehorsamst‹, amtliches Wesen wirkte bis in die eigentlichen Kunstangelegenheiten hinein, und der harte Vorgesetztenton mischte sich dissonant in den Chor der Musen, denen zu dienen der einzige Sinn der Institute hätte sein sollen. Hier aber handelte es sich um einen anderen, um den ›Königlichen Dienst‹, da wurde, wenn nicht militärisch befohlen, doch amtlich ›angeordnet‹, was der Bedeutung nach das gleiche war, denn es mußte gehorcht werden. Und so hatte denn auch die Kunst zu gehorchen oder, an Stelle dieses gar zu ätherischen Abstraktums, die Künstler. Künstler konnte man zu Untergebenen machen und durch Anordnungen kommandieren, nur gerade nicht in dem, worauf es in diesem Fall ankam, in der Kunstausübung, die ohne Freiheit keine ist. Gegen allen Anschein kann nicht einmal zwischen Dirigent und Orchester das Verhältnis von Vorgesetzten und Untergebenen künstlerische Resultate hervorbringen; gehorchend könnte kein Oboer sein Solo schön spielen, seine eigene Seele muß seinem Musizieren den Reiz geben und auf sie, in ihrer Freiheit, muß der Dirigent durch subtilere Methoden Einfluß nehmen, als durch den Befehl des Vorgesetzten, der die Seele des Gehorchenden lähmt. So befand sich das künstlerische Personal zwar in Gehorsam gebunden unter dem Befehl des Verwaltungsapparates der Beamten, aber sofern die Anordnungen die Kunst selbst betrafen, bedeuteten sie nur Behinderung oder Mißerfolg, und das eigentlich künstlerische Wirken spielte sich außerhalb der Befehlssphäre ab; es war nicht zu verwundern und zu verhüten, daß sogar gelegentlich künstlerische Disziplinlosigkeit aus dem Druck der Amts-Atmosphäre des Hauses resultierte. So lebten Verwaltung und Kunstausübung aneinander vorbei mit beständigen Reibungen, die die Kunst einengten, ohne sie zu subordinieren und die Verwaltung vor Probleme stellten, die außerhalb ihres Verständnisses lagen.

Als Kunstinstitut war das Berliner Opernhaus eine Oligarchie, von den künstlerischen Vorständen nach verschiedenen Methoden geführt und den Oligarchen war der Beamten-Absolutismus übergeordnet. Da aber, wie gesagt, weder die straffen Methoden preußischer Ämter in der künstlerischen Arbeit des Hauses anwendbar waren, noch der Geist der Kunst sich in den Maßnahmen der Verwaltung zur Geltung bringen konnte, so glich das Institut etwa einem vom spanischen Bereiter malträtierten Pegasus, auf dem man nicht reiten und der nicht fliegen konnte.

Die Unzweckmäßigkeit des Systems wurde dadurch nicht verbessert, daß dem vielköpfigen Amtsapparat, der Seiner Majestät für die Abteilung ›Musen‹ verantwortlich war, Graf Hochberg als Chef vorstand. Der große, etwas weichlich aussehende Herr hatte eine dilettantische Oper ›Der Werwolf‹ geschrieben und fühlte sich wegen oder trotz dieses nicht geglückten Flirts mit der Kunst Musiker genug, um als Künstler beratend und als Chef befehlend in den Opernbetrieb einzugreifen. Ich selbst bin während meines Jahres an der Berliner Oper einigemal mit ihm in Gegensatz geraten, was mir die angestrebte Lösung des Kontraktes erleichtert hat. Hochbergs rechte Hand, Geheimrat Pierson, ein ganz wohlwollender, interessierter, aber überlasteter und etwas verwirrter Operndirektor, war der Verbindungsoffizier zwischen Verwaltung und Opernbetrieb. Die Unvereinbarkeit von Beamtentum mit Kunstpflege brachte dem aufgeregten Mann eine Fülle von täglichen Konflikten, die sich nicht nur in seinem Bureau, sondern auch in seinem Inneren abspielten, denn als Gatte einer ersten Sängerin des Hauses und nicht ohne Einsicht in künstlerischen Fragen stand er zu ihnen persönlich oft anders, als er sie vom Beamtenstandpunkt aus zu entscheiden hatte, und man sah ihm die Zerrissenheit an, die aus seiner ständigen Bemühung um die Quadratur des Zirkels resultierte. Ich vertrug mich gut mit ihm, er hatte zu mir als Künstler und als Mensch Vertrauen und er hätte meine Demission im Frühjahr 1901 mit seinem beträchtlichen Aufwand von Bemühung und Überredung erfolgreich vereitelt, wäre mir nicht die Antipathie des Grafen Hochberg zu Hilfe gekommen.

Kapellmeister in jener Saison waren Richard Strauss, Karl Muck und ich – Weingartner war nicht mehr in der Oper tätig, sondern dirigierte nur noch Konzerte der königlichen Kapelle. Mein unmittelbarer Vorgänger war Franz Schalk gewesen, den Mahler an die Wiener Hofoper berufen hatte. Die beiden wesentlich älteren, damals so viel berühmteren Kollegen übten ihre Tätigkeit nur musikalisch aus, eine universellere Auffassung ihrer Aufgabe hätte in der Enge des streng regulierten Betriebes keinen Raum gefunden; ein Oberregisseur und einige Unterregisseure walteten phantasielos und traditionsgemäß, aber gewissenhaft über das Szenische, und so fühlte ich mich eingeengt und ratlos, wie ich mich und meine künstlerischen Ideen unter solchen Umständen durchsetzen könne.

Da ich aber ›resolut zu leben‹ entschlossen war, lehnte ich jene entmutigende innere Gegenüberstellung von höchstem Ziel und ungünstiger Ausgangsstellung ab – ich hatte mir schon in meinen Bergbesteigungen ähnlich deprimierende Betrachtungen abgewöhnt – ich sagte mir, daß beim Zusammenstoß von Systemen und Persönlichkeiten die Siegesaussichten des Individuums nicht gering seien, ja daß es kein verfehltes System gebe, dem nicht ein zielsicherer Wille eine gute Leistung abgewinnen könne, während selbst ein Ideal-System in schwachen Händen unfruchtbar bleiben müsse. So wartete ich auf meine Gelegenheit – vergeblich, wie ich vorgreifend bemerken will – und freute mich inzwischen an den schönen Mitteln des Hauses, dem vortrefflichen, in edler Tradition erhaltenen Orchester, dem ausgezeichneten, stimmkräftigen Chor und den teilweise hervorragenden Sängern. Von den vielen Namen, die damals berühmt waren und heut fast vergessen sind, erwähne ich die hochbegabte, oft geradezu engelhaft singende Emmy Destinn, meine erste Berliner Carmen, Aida, Agathe, Elisabeth usw. – nie werde ich den verklärten Laut ihres Gebetes im ›Tannhäuser‹ oder ihrer Cavatine im ›Freischütz‹ vergessen; da war mein Freund Ernst Kraus, der strahlende Lohengrin und mächtige Siegfried, übrigens auch ein gewaltiger Samson in unserer Aufführung von Saint-Saëns' Oper, der famose Bassist Ernst Knüpfer, der vielseitig begabte Julius Lieban und viele andere.

Mit der Mehrzahl der Sänger verstand ich mich bald sehr gut, ebenso mit dem Chor; das Orchester musizierte gern und schön unter mir, ohne daß sich eine persönliche Annäherung vollzog. Es ist mir als Ganzes fremd geblieben, wenn ich auch zu einzelnen Mitgliedern eine nähere Beziehung gewonnen habe. Die meist vortrefflichen Musiker waren vom Beamtengeist infiziert und eher zum Gehorsam gegen den Vorgesetzten als zu begeistertem musikalischen Mitgehen geneigt. Diesen Geist des Orchesters fand ich unverändert wieder, als ich mehr als zwei Jahrzehnte später in der Zeit der Republik einige Konzerte und

Opernvorstellungen mit ihm dirigierte. Allerdings hatte es sich auch künstlerisch auf der alten Höhe erhalten.

Ich begann meine Berliner Tätigkeit mit ›Carmen‹, und es wurde ein ausgesprochener, weithin anerkannter Erfolg des jungen Dirigenten. Die Verwaltung häufte Opern auf mich, und ich hatte reichlich Gelegenheit, meine ›Tüchtigkeit‹, wenig dagegen, meine höheren Eigenschaften zu bewähren. Da ereignete sich ein Wunder: Pfitzners ›Armer Heinrich‹ wurde zur Aufführung angenommen, und ich sollte die Novität dirigieren. Das war endlich eine Aufgabe, die alle meine Kräfte aufrief, und die leidige Regiefrage konnte mir kaum Hindernisse bereiten – war doch der Komponist selbst zur Hand, um seine Intentionen in den szenischen Vorgängen zur Geltung zu bringen.

Ich verbrachte eine glücklich bewegte Zeit mit der Verlebendigung des tiefen Werkes, unvergeßlich auch durch den intensiven persönlichen Verkehr mit Hans und Mimi Pfitzner. Ich lernte in dem Komponisten des asketischen ›Armen Heinrich‹ und der blühenden ›Rose vom Liebesgarten‹ auch den Schöpfer einer Fülle von Liedern und bedeutender Kammermusik kennen, wir verbrachten miteinander Stunden voll leidenschaftlichen Meinungsaustauschs, oft erwärmt durch Gleichklang in Enthusiasmus und Ablehnung, oft erregt durch Streit und Uneinigkeit in Fragen, die uns beiden am Herzen lagen. Denn Pfitzner war ein gewaltiger Streiter, begabt mit Schärfe der Formulierung und einfallsreich in der Diskussion. Ich möchte ihn keinen Meister des Gesprächs nennen, da er zu wenig um Zuhören bemüht, zu leidenschaftlich von seiner eigenen Ansicht beherrscht war. Was ihm aber an Breite des Wesens fehlte, ersetzte er durch Intensität, und es dürfte niemand mit ihm ins Gespräch gekommen sein, der sich nicht davon bereichert gefühlt hätte. Er kannte aber nicht nur das dialogische, ernste Sichverschwenden, er liebte auch das kindliche Gespräch im Familienkreis, das vergnügte Beisammensein mit Freunden beim Wein, dem er sehr ergeben war, und er zeigte sich unerschöpflich im witzigen Einfall, ja von allen mir bekannten Musikern kam er als einziger Bülow nah im ›Kalauer‹, d. h. Wortwitz.

Der Freundeskreis traf sich oft im Hause des Kommerzienrats Willi Levin, der sich gegen Pfitzner lebenslang hilfreich und ergeben erwiesen hat – er war ein Freund der Kunst und der Künstler und stand auch Richard Strauss nah, dessen ›Elektra‹, ihm und seiner Frau gewidmet ist – der Bildhauer Lederer und Max Reinhardt waren öfters, Engelbert Humperdinck manchmal mit uns – auch andere Gleichstrebende von Phantasie, Hirn und Herz, deren Namen mir entfallen sind, gehörten in den Kreis, und unsere ausgelassensten Tafelrunden, unser stillstes Beisammensein im engen Zirkel waren von allen guten Geistern des Jugendmutes, der Freundschaft, der Poesie und der Musik gesegnet. Die naturalistische Epoche der Literatur war vergangen oder im Abklingen, und unsere Zusammenkünfte waren erwärmt durch Gespräche und Diskussionen über Detlev von Liliencrons, Richard Dehmels, Rainer Maria Rilkes Dichtungen — lebhaft interessierten uns Max Halbes ›Jugend‹ und Arthur Schnitzlers ›Anatol-Szenen‹, auch Hartlebens ›Rosenmontag‹ ging uns zu Herzen.

Die Aufführung des ›Armen Heinrich‹ war kein strahlender Bühnenerfolg — dafür war das düstere, quälende Werk nicht geeignet — aber sie machte tiefen Eindruck und förderte Pfitzners Sache. Paul Nikolaus Coßmann, Pfitzners ältester Freund, war zu den letzten Probentagen und zur Premiere gekommen, und dieser seltene Mensch, von dem ich aus meiner Münchener Zeit mehr zu berichten haben werde, bereicherte die Geselligkeit der Freunde durch seinen Enthusiasmus, sein tiefes, künstlerisches Verständnis und durch seine außergewöhnliche Geisteskraft.

Bald danach ersuchte mich Pierson, den Nibelungen-Zyklus zu dirigieren, und ich fühlte mich seltsam bewegt, als ich mit meinen vierundzwanzig Jahren das ungeheure Werk an dem Platz dirigieren durfte, zu dem ich noch vor acht Jahren aus der astronomischen Distanz des vierten Ranges als Lernender sehnsüchtig heruntergeblickt hatte.

Dem Wunder der Erfüllung folgte Unerquickliches. Karl Halir, erster Konzertmeister der königlichen Kapelle und lange Jahre hindurch Mitglied des Joachimquartetts als zweiter Geiger, war mir nicht wohlgesinnt. Ich stand unter dem Eindruck, daß es den vortrefflichen Geiger in seinem hohen Selbstgefühl kränkte, unter einem so unberühmten und doch musikalisch so anspruchsvollen Dirigenten zu spielen und daß er darunter litt, seine ablehnenden Gefühle nur durch eine steinerne Miene und ebenso unbewegte Seelenhaltung ausdrücken zu können, wenn er in meinen Proben und Aufführungen am ersten Pult saß und geigen mußte. Mich konnte er nicht härter treffen als gerade hierdurch. Solche Miene vor mir zu sehen, solches Bleigewicht der seelischen Unbewegtheit eines Mitwirkenden zu schleppen, hat mein ganzes Leben hindurch als glücklicherweise seltene, aber fast unwiderstehliche Aufreizung gegen das fünfte Gebot auf meine sonst keineswegs blutdürstige Natur gewirkt. Gern hätte ich verziehen, wenn mir der sehr beleibte Herr körperlich auf den Fuß getreten hätte; daß er es geistig tat, traf mich da, wo ich streitbar war. Und es kam zum Streit: gerade als ich beschlossen hatte, ihn zur Rede zu stellen, überstürzte sich die Situation durch eine unüberlegte Handlung meines massiven Gegners. An die Choralfuge in der ›Zauberflöte‹ schließen sich Taminos Worte ›mich schreckt kein Tod als Mann zu handeln‹ an, die von Mozart in demselben, gehaltenen Tempo und im Ausdruck männlich ruhiger Entschlossenheit gedacht sind. Trotzdem kein Tempowechsel vorgeschrieben ist, hat eine üble Tradition hier ein piu mosso eingeführt, das als Entstellung von Mozarts Intention jedes feinere Gefühl und ernstere Verständnis beleidigen muß. Ich hatte dem sehr begabten, aber nicht allzu musikalischen Sänger des Tamino, Robert Philipp, mit Mühe das piu mosso in den Proben abgewöhnt, aber trotz seines guten Willens setzte er aus Gewohnheit am Abend wieder rascher ein. Als ich nun mit den folgenden Achteln in den Streichern mein gemessenes Tempo behaupten und damit den Ausreißer wieder einfangen wollte, glaubte Halir seinen Moment gekommen und indem er gegen mein Dirigieren das piu mosso der Tradition sehr ostentativ – forte statt piano – in seinen Achteln ausführte, zog er einen Teil der Streicher mit sich und provozierte so einen ›Umschmiß‹, den ich nur mit Mühe wieder einrenken konnte. Unfähig meinen Jähzorn zu beherrschen, erteilte ich dem Aufrührer in lautem, bis in die ersten Parkettreihen hörbaren Ton die schärfste Rüge, die meiner Empörung nur einfallen wollte und fand zu meiner tiefen Befriedigung den Feind sprachlos und atemlos vor Entrüstung. Es folgte eine recht interessante Korrespondenz: eine Beschwerde des Herrn Halir bei der Generalintendanz, in der er sein hohes Ansehen meiner unbewährten Jugend gegenüberstelle, meine Erwiderung an die gleiche Behörde, daß der bedeutendste Geiger der Welt als Konzertmeister in der Aufführung dem Taktschlag des schlechtesten Dirigenten der Welt folgen müsse, wenn nicht die Vorstellung zur Katastrophe werden solle, die Meinungsäußerung von Richard Strauss, daß einerseits mein Standpunkt zwar sachlich begründet, aber andererseits persönlich, wegen der Künstlerschaft Halirs, anfechtbar sei, und endlich eine Aussage von Muck, daß ich völlig im Recht wäre. Dabei blieb der Fall liegen, und ich kann mich nicht besinnen, ob Halir je wieder bei mir gespielt oder ob durch verständnisvolle Diensteinteilung des zuständigen Beamten ich von ihm und er von mir befreit wurde.

Ich hatte es nicht leicht mit den Geigern in jenem Jahr. Eine junge Konzertdirektion, die sich in das Berliner Musikleben einführen wollte

— ich habe ihren Namen vergessen — erklärte mir, ich sei der kommende Mann, sie wolle meine Angelegenheiten übernehmen und schlug mir ein Symphoniekonzert mit dem Berliner Philharmonischen Orchester in einem neuen Saal vor, der, wenn ich nicht irre, bei der ›Neuen Welt‹ lag. Ich hörte gern die schmeichelhaften Worte und Versicherungen und da sich die Konzertdirektion zuverlässig zeigte, nahm ich an und dirigierte also Ende 1900 oder Anfang 1901 mein erstes Symphoniekonzert in Berlin. Das Hauptstück meines Programms war, glaube ich, Berlioz' ›Symphonie Phantastique‹ und mitwirkender Solist der sehr wohlbekannte Geiger B. Bei der Orchesterprobe zeigte es sich nun, daß wir uns vielleicht noch einigermaßen im ersten und zweiten Satz, aber durchaus nicht im Finale des Beethovenkonzertes verständigen konnten. Als er die ersten Takte des dritten Satzes in schnellstem Tempo gespielt hatte, unterbrach ich, um ihm leise zu sagen, daß es mir unmöglich sei, seine Auffassung zu teilen, und ob er nicht in mäßigerer Bewegung noch einmal beginnen wolle. Er erwiderte laut und mit viel Berühmtheit in Wort und Haltung, daß er es ja sei, der das Konzert spiele und ich junger Mann ihn einfach zu begleiten habe. Das aber ging gegen meine Überzeugung, denn im Tutti fiel zweifellos die Verantwortung für das Tempo auf mich und um nichts in der Welt hätte ich das Thema so heruntergejagt wie er. So erklärte ich dem aus wolkigen Höhen auf mich Herabblickenden nach der Probe, daß ich seine Verantwortung für seine Tempi anerkenne und ihn so schnell oder langsam begleiten würde, wie er wolle, daß ich aber in den Orchesterzwischenspielen das Tempo meiner eigenen Überzeugung entsprechend nehmen würde. So seltsam ging es denn auch am Abend zu: das Rondo wechselte übergangslos zwischen der atemlosen Hast des Solisten und der kraftvoll ruhigen Bewegtheit, die mir mein ganzes Leben hindurch als das natürliche Tempo des Stückes erschienen ist und in der ich mich übrigens mit allen bedeutenden Geigern ohne weiteres verstanden habe.

Ein interessantes, ja aufregendes Erlebnis verschaffte mir die Aufführung von Siegfried Wagners ›Bärenhäuter‹. Ich erfuhr durch den Regieassistenten Braunschweig, der regelmäßig bei den Bayreuther Festspielen in Bühnendienst beschäftigt war, daß ›Die Meisterin‹ der von mir dirigierten Aufführung beiwohnen würde, und er überbrachte mir am nächsten Tage die Einladung von Cosima Wagner, sie im Hotel Windsor in der Behrenstraße zu besuchen. Ich sah der Begegnung mit der legendären Frau mit Ehrfurcht entgegen und wenn auch unsere etwa zweistündige Unterhaltung mich enttäuschte, so erschütterte mich doch die Gegenwart der Tochter Franz Liszts, der Gattin Hans von Bülows und Richard Wagners als gewaltig und ereignishaft. Ihre Tochter Eva empfing mich und führte mich zur Mutter, die schwarzgewandet und in königlicher Haltung mir entgegentrat und sagte, sie wünsche mir zu danken für diese schöne Aufführung der Oper ihres Sohnes, die ihr so viel Freude gemacht hätte, weil sie so natürlich gewesen sei. Ich griff das Stichwort erleichtert auf und sagte, wie natürlich und volkhaft mir das Werk erschiene. Damit aber tat ich Cosimas mütterlichem Stolz nicht genug, denn sie erwiderte – und ihre Erwiderung ist mir unvergeßlich geblieben –: »Es ist wohl noch mehr als natürlich und volkhaft, mein Sohn hat mit dem ›Bärenhäuter‹ die schönste komische Oper nach den ›Meistersingern‹ geschaffen.« Nach dieser unglaublich kühnen, ja frevelhaften Äußerung aus dem Munde der Witwe Richard Wagners blieb allerdings nichts übrig, als ein Wechsel des Gesprächsgegenstandes, und unsere Unterhaltung, die eigentlich zu einem Vortrage der königlichen Frau mit bescheidenen Einwürfen meinerseits wurde, schweifte über alle möglichen Themen, deren ich mich nicht mehr entsinne, bis ich meinen zweiten Verstoß, diesmal gegen eine strenge Bayreuther Regel beging: ich erwähnte Verdi. Frau Wagners Gesicht erstarrte in eisiger Ablehnung, und als ich in meiner ahnungslosen Unbefangenheit gar von der erstaunlichen Wandlung und Entwicklung im Schaffen Verdis von ›Ernani‹ über ›Aida‹ zum ›Falstaff‹ sprach, bemerkte sie nur: »Entwicklung? Ich finde keinen Unterschied zwischen ›Ernani‹ und ›Falstaff‹.« Ich habe Cosima Wagner nicht wiedergesehen und glaube, daß ich mir damals ihre anfangs günstige Meinung mit meiner Bemerkung über Verdi gründlich verscherzt habe. Aber meiner Verehrung war die Zusammenkunft auch nicht gut bekommen; ihre Persönlichkeit wirkte stark in mir nach, die Enttäuschung aber über ihre Anschauungen wuchs in mir, und als ich, viele Jahre später, Einblick in ihre Korrespondenz mit ihrem Schwiegersohn Houston Stewart Chamberlain, dem Verfasser der ›Grundlagen des neunzehnten Jahrhunderts‹ nahm, enstand in mir dadurch ein Bild der außerordentlichen Frau, das mich zu definitiver innerer Abwendung bestimmt hat.

Seltsamerweise kann ich mich kaum auf Vorstellungen oder Konzerte besinnen, die ich in jener Saison in Berlin gehört habe. Eine Aufführung des ›Tristan‹ unter Strauss ist mir als subjektiv feurig, aber musikalisch über-rubato im Gegensatz zu einer gewaltigen Tristan-Vorstellung unter Mahler, die ich ein paar Wochen früher in Wien erlebt hatte, im Gedächtnis geblieben. Eine Vorstellung der ›Götterdämmerung‹ unter Mucks Leitung fand ich bedeutend, wenn sie mich auch nicht durch spontan dramatische Kraft hinriß. Konzerte der königlichen Kapelle unter Strauss und Weingartner sind mir nicht erinnerlich, wohl aber einige wirklich herrliche Abende in der Philharmonie unter Nikisch. Sein natürliches, urmusikantisches Wesen erwärmte mich, seine Dirigiertechnik fand ich bewundernswert, und seine hinreißende Aufführung der ›Pathétique‹ von Tschaikowski und eine vollendete, romantisch erfüllte der Weberschen ›Euryanthen-Ouverture‹ klingen noch in meinem Ohr. An vortreffliche Ibsen-Abende im Lessingtheater, an Schiller- und Shakespeare-Vorstellungen im Schauspielhaus mit dem überragenden Matkowski als Heldendarsteller denke ich zurück und ebenso, wenn auch mit ablehnenden Gefühlen, an die Einwirkung der Schauspielregie der ›Meininger‹-Bühne auf Prunk und Kostümechtheit, auf Massenentfaltung und dröhnendes Pathos im damaligen deutschen Theaterwesen. Man nannte diese sehr äußerliche Richtung ›Die Meiningerei‹, und es war das Verdienst von Otto Brahm, dann von Max Reinhardt, daß Natürlichkeit, Ernst und Dienst am Drama ihrem theatralischen Stil, dem auch vielfach die Opernhäuser erlegen waren, ein Ende machten.

Mittels zweier Nachtreisen gelang es mir hie und da, Mahlerschen Aufführungen in Wien beizuwohnen. Ich hörte die Premiere von Smetanas ›Dalibor‹, entzückt von dem herrlichen Werk und von seiner Aufführung. Nach der mühsamen, lichtlosen Wanderung im Schattenreich der Hochberg und Pierson empfand ich die Wiener Hofoper als eine Welt im Licht – und als meine Welt. So sollte man singen und agieren, so sollte eine Bühne aussehen, so ein Orchester musizieren und endlich – so sollte man dirigieren. Ich hörte auch mit Erschütterung Mahlers Jugendwerk ›Das klagende Lied‹ in einem philharmonischen Konzert und meine Überzeugung stand fest; hier war mein Platz.

Ein wohlgesinntes Schicksal befreite mich – allerdings mit recht rauher Hand – aus den Berliner Fesseln. Die Generalintendanz hatte, wohl aus Geschäftsgründen, beschlossen, neben den Vorstellungen im Opernhaus Werke leichterer Art im Krollschen Theater zu geben. Da ich in Opern wie Aubers ›Fra Diavolo‹, Lortzings ›Zar und Zimmermann‹ und auch in Mozartschen Werken meine ›leichte Hand‹ bewiesen hatte, wurde ich beauftragt, Sullivans ›Mikado‹ bei Kroll zu dirigieren, und die Aufführung des reizvollen Werkes hatte in einer ungewöhnlich glänzenden Besetzung großen Erfolg. Hierdurch angereizt, beschloß die Generalintendanz, es neuerlich mit einem leichten Werk zu probieren, und man ersuchte mich, Lecoqs ›Mamselle Angot‹ herauszubringen. Dagegen wehrte ich mich, und wenn ich auch mein Hauptargument nicht anführen konnte, daß ich mir nämlich als kleiner Knabe auf einem Kinderinstrument eine Melodie aus ›Mamselle Angot‹ bis zum Überfluß vorgeblasen hatte, so protestierte ich prinzipiell gegen meine Beschäftigung mit einem Werk, das zwar talentvoll war, aber im Genre entschieden noch unter dem ›Mikado‹ stand. Schließlich gab ich dem freundlich dringenden Ersuchen Piersons nach, wenigstens die Einstudierung zu leiten und die ersten Aufführungen zu dirigieren, und damit begann eine unerfreuliche Zeit für mich, die schließlich zu meiner Demission führen mußte.

Mahler hatte mir neuerlich geschrieben und einen fünfjährigen Kontrakt geboten. Ich konnte ihn zwar nicht unterschreiben, solange mein Vertrag mit Berlin noch in Kraft war, aber der Weg wurde frei, wenn es mir gelang, die Berliner Bindung auf gütlichem Wege zu lösen. Und darauf ging ich nun aus, denn je länger ich am Berliner Opernhaus wirkte, um so mehr schauderte mir vor der Aussicht, noch weitere vier Jahre dort zu verbringen. Es zeigte sich nämlich, daß sich die Generalintendanz mit dem Doppelbetrieb im Opernhaus und Krolltheater übernommen hatte und eine Unordnung eingerissen war, die man vielleicht am Breslauer Theater als stilgemäß ertragen hätte, die aber in der Mischung mit preußisch strenger Amtlichkeit ein unverdauliches Höllengebräu ergab. Als ich im Opernhaus ›Rheingold‹ dirigierte und die ersten Takte der Nibelheimszene gespielt hatte, mußte ich unterbrechen, da kein Alberich und kein Mime auftraten, und ich konnte erst nach einigen Minuten des Wartens wieder beginnen, diesmal aber prestissimo, weil die beiden Zwerge, verwirrt und atemlos wegen ihrer Verspätung, ihre ersten Takte wild überstürzten. Lieban-Mime hatte nämlich in der Fledermausaufführung bei Kroll den Alfred im ersten Akt gesungen, war – schnell umgeschminkt und umgezogen – ins Opernhaus gefahren, um im ›Rheingold‹ zu erscheinen und beabsichtigte danach wieder für den dritten Akt zur ›Fledermaus‹ zurückzukehren – leider hatte er es nicht geschafft. Der letzte Tropfen in dem vollen Becher dieser und ähnlicher Unannehmlichkeiten war die Ansetzung des Bassisten Knüpfer als Larivaudiere in ›Mamselle Angot‹ bei Kroll und am selben Abend in einer anderen Rolle im Opernhaus. Als sich die Undurchführbarkeit der Kombination zeigte, schickte Pierson ins ›Lindenkaffee‹, wo vormittags unbeschäftigte Sänger zu sitzen pflegten und ließ durch einen alten, bewährten Theaterdiener auf dieser sonderbaren ›Börse‹ einen von früher wohlbekannten Operettensänger suchen, der dann zu mir gebracht wurde. Anhören und ablehnen war eins, und Knüpfer mußte im Opernhaus ersetzt und für mich freigemacht werden; doch nun erklärte ich Pierson, daß ich solche Vorgänge als unwürdig empfand und meine Entlassung erbäte und, als er mir seine Hochschätzung beteuerte und würdigere Aufgaben versprach – sein Büro hieß bei den Künstlern des Hauses der ›Versprecherkeller‹ –, wandte ich mich mit einem doppelt energischen Demissionsgesuch an den Grafen Hochberg, der es dann genehmigte. Ich eilte auf das Telegraphenamt in der Behrenstraße, wo ich Leo Slezak traf, und wir erzählten einander strahlend, daß wir das gleiche vorhatten: nämlich Mahler die Annahme seines Antrages zu telegraphieren. Slezak, der später so berühmte Othello, Radames, Raoul usw. war in Berlin nur mit bescheideneren Rollen wie Walther von der Vogelweide im ›Tannhäuser‹ und Froh in ›Rheingold‹ betraut worden und hatte, gleich mir, nichts als Demissionsabsichten im Kopf und Sehnsucht nach Wien im Herzen.

Während der Saison war ich so oft als möglich nach Basel gefahren, um meine Braut noch einigemal auf der Bühne zu sehen, mich von den Berliner Enttäuschungen in ihrer Gegenwart zu erholen und unsere Zukunftspläne durchzuberaten. Anfang Mai heirateten wir in Berlin und bezogen eine angenehme Wohnung in der Brückenallee am Tiergarten. Sobald die Sommerferien begannen, gingen wir nach Bayreuth, wohin uns Freund Ernst Kraus eingeladen hatte. Mit uns wohnte in seiner hübschen Villa in Donndorf Anton van Rooy, der gewaltige Wotan, Fliegende Holländer, Sachs usw. Es wurde viel im Hause musiziert und van Rooy und ich gaben später zusammen Konzerte mit Schubertschen Liedern, bei denen wir uns in jenen Wochen in Bayreuth ›gefunden‹ hatten, darunter der Zyklus der ›Winterreise‹. Wir hörten im Festspielhaus einige sorgfältig vorbereitete, schöne Aufführungen unter Leitung von Mottl und nach ein paar anschließenden Wochen im Tiroler Hochgebirge gingen wir nach Wien.

Es mag meinem heutigen Leser unbegreiflich erscheinen, daß auch in diesem zweiten Buch meiner Geschichte, im Bericht von meinen Erlebnissen zwischen 1893 und 1901 kein Wort von den politischen Vorgängen jener Epoche zu finden ist. Aber ich erzähle hier mein eigenes Leben, und das war bisher durchaus unpolitisch verlaufen, nicht nur, weil in der Epoche noch immer, um wieder mit Jakob Burckhardt zu reden, die Kultur im Vordergrund des Geschehens stand, sondern weil die nationalen und Weltereignisse mich nicht zur Parteinahme entflammten, wodurch sie erst zur Politik werden; sie forderten mich, meiner Natur gemäß, zur Betrachtung heraus, und das machte sie für mich zur Geschichte. Und wo ich Partei nahm, wie im Dreyfus-Prozeß, da war ich menschlich entflammt und nicht politisch. Gerade, daß ich außer zur humanen Anteilnahme zur geschichtlichen Betrachtung der Ereignisse veranlagt war, machte mich unpolitisch, stand meiner politischen Stellungnahme im Wege. Mir war Klio wirklich eine Muse und Mommsens, Rankes, Carlyles, Macaulays u. a. Geschichtsschreibung las ich in diesem Sinn. Unwillkürlich betrachtete ich denn auch Ereignisse wie Kaiser Wilhelms Krügerdepesche oder seine Rede von der ›gepanzerten Faust‹, den spanisch-amerikanischen Krieg oder die Faschoda-Affäre aus einer von den Historikern erlernten Distanz und konnte sie daher nicht im Licht der Aktualität sehen, durch die solches Geschehen zur politischen Parteinahme bewegt. – Das Gefühl des tua res agitur macht den Politiker – wie aber sollte ich als meine Sache ansehen, was hinter dem Schleier vor sich ging, von dem ich in einem früheren Kapitel gesprochen habe?

Anders stand es mit jenen politischen Fragen, die an das Gebiet der Humanität grenzen, den sozialen. Das Anwachsen der sozialdemokratischen Bewegung als Kampf gegen alte Ungerechtigkeit, der demokratische Gedanke der Gleichberechtigung aller, die Leugnung von Geburtsprivilegien, die Anerkennung der Würde des Individuums im Verhältnis zum Staat, all diese Richtungen und Bestrebungen gingen mir nah und erregten mich – aber sie veranlaßten mich nicht zur aktiven Teilnahme am politischen Leben. Ich fühlte mich als Musiker, nicht geschaffen für einen Kampf, den ich befriedigt in tüchtigeren Händen als den meinen sah.

Und war nicht im damaligen Deutschland, trotz seiner durchaus nicht demokratischen Verfassung, gut zu leben? Trotz Bismarck und gleichgesinnter Nachfolge, wuchsen der soziale Gedanke und die soziale Fürsorge. Die Kultur blühte, die Wirtschaft schien gesund – das System war fehlerhaft – und gab gute Resultate. Meine Fenster waren geöffnet, meine Tür stand unverschlossen, aber keine Politik wehte herein und ich fühlte keinen Antrieb und sah keinen Grund, sie aufzusuchen oder einzuladen.

Aber es war 1901 geworden, ich ging nach Österreich, und dort erwartete sie mich.

# III

# 1

Wenn der Wiener die innere Stadt am Schottentor verlassen hat und an der schlanken Schönheit der Votivkirche vorbei in die Währingerstraße eintritt, trifft sein Blick die anmutige Silhouette des Kahlenbergs, die über der Straße liegend den Horizont begrenzt. Welch ein neuer, nie veraltender Reiz für mich, welche Erwärmung des täglichen Lebens, über die lärmende Straße der Weltstadt hinaus auf die ruhige Schönheit jener Hügelkette sehen zu können! Welch ein Labsal, solche schweigende, freundliche Einladung in den Wienerwald auch auf beruflichen Wegen oft vor Augen zu haben! Und wenn ich aus jener eigenartigen Großstadt, in deren Betrieb Berge hineinblicken, hinausfuhr zu den reizenden Vororten am Fuß des Kahlenbergs und von Heiligenstadt am Pastoralebach entlang nach Nußdorf wanderte... begreift ihr, Freunde, was der Musiker fühlte, der hier den Spuren Beethovens folgte?

Laßt uns auch nicht unterschätzen, wie angenehm sich Ohr und Gemüt von den etwas umständlichen österreichischen Verkehrsformen umschmeichelt fühlten, die mit ›küss' d'Hand‹, ›Ergebenster Diener‹, ›hab' die Ehr'‹ und mit ›Euer Gnaden‹, ›gnä' Herr‹, ›Herr Doktor‹ oder ärmlichstenfalls mittels eines adelnden ›von‹ vor dem Namen den grauen Alltag ein wenig auflichteten. Das graziöse ›küss' d'Hand‹ als Begrüßung oder Verabschiedung war allerdings mehr in Wien als in Oberösterreich und den Gebirgsländern zu hören und dürfte vielleicht erst als großstädtischer Ausdruck österreichischer Liebenswürdigkeit entstanden sein, aber er weist als kleine Münze der üblichen Höflichkeit auf den Goldhort der Freundlichkeit hin, die – entgegen der durchaus nicht freundlichen Geschichte der Monarchie – meiner festen Überzeugung nach im tiefsten Wesen von Volk und Land liegt.

Geschichte! Lernt man den Charakter eines Volkes aus seiner Geschichte kennen, die doch früher von Fürsten und Staatsmännern, oft über das Volk hinweg, sogar gegen das Volk gemacht wurde? Eröffnet sich uns nicht eher durch die Dichtung des Volkes, durch weitverbreitete Lebensgewohnheiten, durch seine Landschaft, seine Mundart sein Wesen? Dringt man nicht durch seine Musik – wenn sie wirklich auf seinem Boden entstanden ist – am tiefsten in seine Seele ein? Man verzeihe dem Musiker, der glaubt, außer durch den persönlichen Eindruck von Land und Leuten durch die Musik von Smetana Verständnis für das tschechische Volk gewonnen zu haben. Wer darf wagen, vom russischen Menschen zu sprechen, der nicht mit Puschkin, Lermontow und Gogol, Dostojewski, Tolstoi und Gorki vertraut ist, der nicht in Mussorgski, Borodin und Tschaikowski eingedrungen ist? Freilich befinde ich mich hier auf dem gesegneten, aber unsicheren Boden der Intuition, der Ahnung, des Irrationalen. Habe ich mich jedoch einmal so weit vorgewagt, so will ich von den luftigen Privilegien der Sphäre gleich auch noch kühneren Gebrauch machen, indem ich bekenne, daß unter den mir vertraut gewordenen Physiognomien der Völker Europas, deren jede mir teure, eindrucksvolle, interessante Züge aufweist, das österreichische Antlitz mich durch eine Freundlichkeit besonderer Art anzog. So lachte mir auch die österreichische Landschaft im Wienerwald, im Salzkammergut und in Tirol, so lächelten die Dirndlkleider der Mädchen in jenen Gebieten und der Dialekt des Volkes, die Poesie Raimunds und die Satire Nestroys, und der Kriegswitz von 1918, wonach der Reichsdeutsche die Lage als ›ernst, aber nicht hoffnungslos‹, der Österreicher die gleiche als ›hoffnungslos, aber nicht ernst‹ bezeichnete, ist mir immer als wahrhaft aufschlußreich erschienen; denn hier sehen wir in das Herz des Österreichers, der das Schreckliche als schrecklich erkennt und doch lächeln kann. Eine solche Anlage hat ihre vielfältigen Abstufungen, sie kann bis zum frevelhaften Leichtsinn auf der einen Seite entarten und sich auf der anderen zur philosophisch religiösen Seelenstille sublimieren. Politische Kraftquelle war sie keinesfalls, denn Österreich ist zugrunde gegangen; aber überlebt hat seinen Fall die welttröstende österreichische Freundlichkeit, die sich in Mozart und Haydn, in Lanner und Johann Strauß, vor allen in Schubert zur Musik verklärt und damit eine unvergängliche Form gewonnen hat. Sollte vielleicht zu den gehenden und laufenden Vierviertel- und Zweivierteltakten erst in Österreich der schwebende Dreivierteltakt als gewichtloserer Familienzuwachs geboren worden sein, sollte womöglich auch die Musik erst in Österreich gelernt haben zu lächeln? Daß der Einbruch des Dreivierteltaktes in die Musik als ein bedeutendes seelengeschichtliches Ereignis betrachtet werden muß, ist mir eigentlich auch auf festerem Boden, nach der Rückkehr von meinem Ausflug in das ätherische Gebiet solcher Träume nicht zweifelhaft. Aber wenn wir alle diese gewagten, musikgeschichtlich und musikwissenschaftlich nicht zu stützenden Phantasien eines Musikers auf sich beruhen lassen, jedenfalls können wir uns an die Tatsache halten, daß die zahlreichen ausländischen Besucher Wiens und Salzburgs sich hauptsächlich durch jene eigenartige metaphysische Freundlichkeit dorthin gezogen fühlten, die aus Menschen, Kultur und Landschaft und am überzeugendsten wohl aus dem österreichischen Musizieren zu ihnen sprach.

Daß Mozart, Haydn, Schubert, Lanner, Johann Strauß, Bruckner, Mahler Österreicher waren, daß Beethoven und Brahms mit Seele und Werk in Wien Wurzel geschlagen hatten, zeigt, in welch bedeutendem, besonderen Sinn Österreich als Heimat der Musik gelten kann. Aufschlußreich für österreichisches Wesen war denn auch die echte Musikliebe des Volkes, sein Singen und Spielen, war die ›Musi‹, die zu jedem ›Heurigen‹ – dem jungen Wein, der die Wiener zu den zahllosen Trinkstätten der Vorstädte lockte – erklang und kaum minder die Leidenschaft, mit der musikalische Vorgänge und Persönlichkeiten diskutiert wurden, die Popularität von Hofoper und Musikverein im Publikum – Musik war eine Macht in Österreich, und die zahllosen Erinnerungen aus meiner lebenslangen Verbundenheit mit Wien haben eines gemeinsam: sie ›klingen‹ in mir nach.

Und gewährt uns nicht mancher spezifische Laut volkhafter Musik einen tiefen Einblick in den österreichischen Charakter, tiefer als mühsame psychologische Forschung? Die österreichische Marschmusik war ihrem Wesen nach ›fesch‹. Und da dies ein österreichisches Wort ist, das kaum im deutschen Reich, geschweige denn in Ländern anderer Zunge verstanden wird, da es aber gerade wegen seiner Unübersetzbarkeit als so charakteristisch für den Österreicher angesehen werden muß, wie die unübersetzbaren Worte anderer Sprachen für deren Nationen, so bleibt mir nichts übrig, als von dem Wort wiederum auf die Musik zurückzuweisen: fesch ist der Radetzky-Marsch des Johann Strauß, der Hoch- und Deutschmeistermarsch, der Militärmarsch in D-dur von Schubert, ja auf etwas weniger feine Art sogar der Doppeladlermarsch, und ein höherer Laut der Feschheit klingt uns auch aus vielen Wendungen klassischer österreichischer Musik, z. B. bei Mozart und Haydn entgegen. Fesch war die leichtsinnige, kecke Jugend mit der Blume im Knopfloch, die in früheren, froheren Zeiten über die Ringstraße flanierte, der Gummiradler, der durch die Praterallee jagte, die Wacheablösung im Burghof, so locker und unpreußisch, gefolgt von dem Vortakt in ›Tschinellen‹ und großer Trommel und dann der brillanten österreichischen Militärmusik. – Neben der Feschheit gab es aber noch einen anderen Laut in der Volksmusik – es war der schwebende des Walzers, dessen Wirkung auf das ›Wiener Herz‹, gespielt oder gesungen, das Volkswort schilderte: »Verkauft's mei' G'wand, i' fahr' in'n Himmel.«

Erschloß sich mir aus dieser Musikerfülltheit eine charakteristische Seite des österreichischen Wesens, glaubte ich durch die Dichtung von Raimund, Grillparzer und Stifter, von Schnitzler, Hofmannsthal und Wildgans Einblick in die Seele des Österreichers von einer anderen Seite her zu gewinnen, so bestätigte und ergänzte sich meine Erkenntnis aus den Erfahrungen des täglichen Lebens. Ohne mich darüber zu verbreiten, möchte ich hier von nur einer charakteristischen, über die ganze Monarchie ausgebreiteten Gewohnheit sprechen, vor der allerdings mein eigenes Österreichertum haltgemacht hat; von dem Besuch des Kaffeehauses. Woher nahmen all diese Minister, Beamten, Ärzte, Rechtsanwälte, Offiziere, Kaufleute, Handwerker, Journalisten, Dichter, Musiker usw. die Zeit zu ihrem täglichen stundenlangen Verweilen und Beieinandersitzen in den unzähligen Kaffeehäusern? Als ich 1897 zum erstenmal nach Wien kam, besuchte ich mehrmals das Café Imperial am Opernring. Dort saß am Nachmittag eine Gesellschaft, unter der mir ein jüngerer Mann mit klugen Gesichtszügen als anscheinend eifriger Debatter auffiel. Es war ein Dr. Eckstein, der später ein lesenswertes Buch über seine Erlebnisse mit Bruckner und Hugo Wolf unter dem Titel ›Alte, unnennbare Tage‹ herausgegeben hat. Ich habe ihn damals flüchtig kennengelernt, und wenn ich gelegentlich im Lauf der nächsten vier Jahrzehnte ins Café Imperial kam, grüßten wir uns höflich von Tisch zu Tisch hinüber. Im Februar 1938 sah ich kurz vor meiner definitiven Abreise von Wien den Greis an demselben Tisch sitzen, an dem er sein ganzes Leben hindurch täglich stundenlang debattiert hatte – ein typischer Österreicher, dem der Besuch ›seines‹ Kaffeehauses so natürlich vorkam wie An- und Ausziehen. Die Kellner kannten nach den ersten Besuchen die Gäste so genau, daß sie unaufgefordert die Art des Kaffees – es gab eine Fülle verschiedenster Variationen – und die Zeitungen brachten, die der Gast beim erstenmal bestellt hatte. Im Kaffeehaus erhielt man auch Briefe und Botschaften, und ich glaube nicht zu übertreiben, wenn ich behaupte, daß es der Ort bedeutender, geschichtlicher und kulturgeschichtlicher Beschlüsse oder Vorgänge, wichtiger politischer und wissenschaftlicher Unterredungen und natürlich auch der Intrigen und endlosen Tratsches gewesen ist.

Ich selbst war durchaus nicht unempfindlich gegen die Anziehungskraft der Institution und habe auch manche Stunde dort zugebracht, aber die ›Idee‹ blieb mir fremd, und ich weiß nicht, ob ich so unrecht hatte, wenn ich Nachlässigkeit und Hang zur Bequemlichkeit bei meinen Mitarbeitern, Intrigen und übles Geschwätz dem ›Kaffeehausgeist‹ zuschrieb. Indessen, wir haben an ihm in gut und übel einen integrierenden Zug im österreichischen Charakterbild und wie könnten wir je einen Freund oder eine Geliebte haben und halten, wenn wir nicht auch ihren Schwächen und Seltsamkeiten mit Duldung, ja schließlich mit Neigung begegneten. So ungefähr also stand ich zu jener gemütlichen, bedenklich gemütlichen Stätte, die aber jedenfalls in einem Zug ihres widerspruchsvollen Wesens meine volle Sympathie hatte: ihre Atmosphäre begünstigte das Gespräch. Die Epoche der bedeutenden Korrespondenzen, des geistigen, des Gefühls-Bekenntnisses in Briefen war vorbei, aber das Gespräch blühte. Und mir persönlich schien die Überlegenheit des wohldurchdachten Briefes über das improvisierende Gespräch reichlich aufgewogen durch die Unmittelbarkeit des mündlichen Gedankenaustauschs, in dem jeder sich an der Rede des anderen zu neuem Einfall entzündet, dessen Äußerungen im Gegensatz zur Endgültigkeit des Geschriebenen gesegnet sind – nach dem herrlichen Wort Hofmannsthals –, ›mit dem Segen der Widerruflichkeit‹. Ich behaupte noch heut, in der Zeit des Radios, des Films und des Telephons, daß die mächtige Göttin der Gegenwart nicht entthront werden wird, daß im Musizieren, in der dramatischen Darstellung, im Gespräch – wie in der Liebe – nur persönliche Anwesenheit das Klima schafft, in dem die Seele sich erwärmt und zum höchsten Geben und Nehmen steigert. Auch glaube ich, mich nicht in der Behauptung zu irren, daß die Epoche von der Jahrhundertwende bis zum Ausbruch des Ersten Weltkrieges in Österreich durch eine besonders hohe Kultur des Gesprächs ausgezeichnet war. Und wenn ich an die interessante Gestalt des genialen Satirikers Karl Kraus mit seinem Kreise, in dem der geistreiche Alfred Polgar hervorragte, oder an die seltsame Erscheinung des Dichters Peter Altenberg mit seinen Freunden im Café Central denke, so fühle ich, ich müsse dem Wiener Kaffeehaus seine anregende Beziehung zum Genius des Gesprächs mit aller Wärme nachrühmen.

In den elf Jahren, die ich als ›k. k. Hofopernkapellmeister‹ in Wien verbrachte, vom Herbst 1901 bis Ende 1912 – stand das geistige und kulturelle Leben Österreichs in voller Blüte. Die Hofoper erstrahlte in dem reinen Licht, das von Mahlers Genie ausging, das Burgtheater setzte seine ruhmreiche Tradition fort, andere Wiener Theater, wie z. B. das Volkstheater, leisteten Vortreffliches. Literatur und bildende Kunst erfreuten sich kühn-neuer, bedeutender Talente, es wurde eifrigst in den Wissenschaften gearbeitet – man denke nur z. B. an die Weltbedeutung der Wiener medizinischen Schule mit Billroth, Nothnagel, Wagner-Jauregg, Neußer, Pirquet, Freud – und das gesellschaftliche Leben hatte Glanz und Charme wie nur je in der alten Monarchie. Aber sie war alt und krank, und ihre beängstigende politische Lage gelangte in den Kassandrarufen der Neuen Freien Presse, des Tagblatt und der Zeit, zu warnendem Ausdruck.

Unter dem Strich freilich sah es in jenen Blättern noch immer nach dem Perikleischen Zeitalter aus, in dem die Künste blühten. Im musikalischen Feuilleton der Neuen Freien Presse war dem brillant schreibenden Eduard Hanslick der geistesscharfe, grundmusikalische Julius Korngold als erster Musikkritiker gefolgt, während nach Speidel die geistreichen Wittmann und Auernheimer, später Salten und Lothar und als Gastschreiber Männer wie Widmann und Spitteler die Tradition eines reizvollen Feuilletonismus fortsetzten; im Tagblatt waltete der Biograph und Freund von Johannes Brahms, Max Kalbeck, in stilistischer Gewandtheit, wenn auch reaktionärer Gesinnung seines kritischen Amtes. Aber wenn unter dem Strich Lob und Tadel in sorgfältig gepflegter Sprache das reiche geistige Leben des Landes glanzvoll schilderten, erschien, wie gesagt, über dem Strich in nicht minder meisterhaft geschriebenen Leitartikeln und täglichen Berichten von den inner- und außenpolitischen Gefahren das Menetekel, das die künftige Katastrophe anzeigte.

Lueger war Bürgermeister von Wien, und mit ihm war der Antisemitismus zu einer Macht im öffentlichen Leben Wiens geworden. Ein anderer, noch mächtigerer Antisemitismus breitete sich vom Sudetenland her aus, vertreten durch die Vorläufer des Nazismus Iro, Schönerer und Wolf, die bereits die christliche Zeitrechnung abschaffen und ihren Kalender mit der Schlacht im Teutoburger Wald beginnen wollten. Im Reichsrat kam es zu tätlichen Zusammenstößen, das Verhältnis zwischen Deutschen und Tschechen verschlechterte sich in Böhmen, die Beziehungen zwischen den beiden Reichshälften Ungarn und Österreich wie zwischen den Nationalitäten in Österreich selbst und zwischen Christlichsozialen und Sozialdemokraten verschärften sich, am Balkan kollidierten die österreichisch-ungarischen mit den russischen Interessen, und wenn ich morgens die Zeitungsberichte über die

Sitzungen im österreichischen Reichsrat und im ungarischen Parlament, über die Unruhen in Prag, die revolutionäre Stimmung in Rußland, über die Marokkokrise und den ›Panthersprung von Agadir‹ las, so hatte ich das Gefühl, wieder einmal meinen täglichen Becher voll Gift zu mir genommen zu haben — leider ohne dadurch immun geworden zu sein. — In Wien gab es zu jener Zeit zwei Zeitungen, die völlig im Dienst des Antisemitismus standen. Ich las sie nie, aber ich hörte genug von gut- oder schlechtgesinnter Seite über die Lügen und Verleumdungen, von deren Vertrieb sie lebten, über ihre Angriffe gegen Mahler und mich, um wie verfolgt von einer überbekannten melodischen Phrase, immer wieder an das Goethewort denken zu müssen: ›Übers Niederträchtige niemand sich beklage — denn es ist das Mächtige, was man dir auch sage‹.

Es muß traurigerweise zugegeben werden, daß in dem Heimatland der Musik auch die Quellen jener hassenden Gesinnung flossen, deren Popularität dem Nationalsozialismus schließlich zur Macht verholfen hat. Vielleicht würde eine psychologisch orientierte Geschichtsforschung sogar den Untergang Österreichs mit diesem Bruch im Charakter des Volkes oder mindestens mit der Unvereinbarkeit so hoher kultureller Anlagen und so niedriger barbarischer Tendenzen erklären.

## 2

Unbeirrt von Gedanken an das weltgeschichtliche Unheil, das in der Luft lag und unempfindlich gegen Angriffe aus politischen, aus künstlerischen oder anderen Gründen, führte Mahler die Hofoper, gab ihr die Kraft seiner Seele und die Wärme seines Blutes. Als er sie verließ, stand sie hoch aufrecht, ein Mittelpunkt des Kulturgeschehens, und noch heut leben die zehn Jahre seines Wirkens als stolze, richtunggebende Leistung einer Persönlichkeit und einer Institution im Gedächtnis der Zeugen und Mitarbeiter fort.

Das herrliche Haus am Opernring wurde von der ihm sehr ähnlichen Pariser Großen Oper nur in der äußeren Lage übertroffen: dort beherrscht ihr Anblick die großartige, weit offene Place de l'Opéra, während das Wiener Hofoperntheater schlicht, etwas zu schlicht sogar, in der Reihe der Häuser an der Ringstraße steht und ihm gegenüber die Straße gleichfalls keine Unterbrechung aufweist, die seine Wirkung erhöhen würde. Auch empfindet der aufmerksame Beobachter eine Art Gedrücktheit in der Vertikale, die dem sonst so stolzen Eindruck abträglich ist. Man sagt, daß dem Erbauer Van der Nuell eine Senkung des Straßenniveaus zugesagt worden war und daß er sich vom Balkon des fertigen Gebäudes herunterstürzte, als man die Zusage nicht gehalten und damit die edlen Proportionen seiner Vision empfindlich geschädigt hatte. Trotzdem wirkt der Bau auch von außen mit hoher Schönheit, und seinem Inneren, der Treppenanlage, dem Logenhaus, den Büros und Arbeitsräumen kommt keines der mir bekannten Opernhäuser, unter denen wohl nur die südamerikanischen fehlen, gleich. Glanzvoll war das Haus und höfisch seine Traditionen, zu denen, als ich nach Wien kam, noch der Dienst der kaiserlichen Hofequipagen gehörte, welche die Sängerinnen der Oper aus ihren Wohnungen zur Vorstellung abholten und danach wieder zurückbrachten. Für die Schauspielerinnen des Burgtheaters bestand die gleiche Einrichtung, die erst in der Republik abgeschafft wurde.

In der Bräunerstraße, zehn Minuten zu Fuß von der Oper, lagen die Büros der Generalintendanz, in denen man rechnete, registrierte und verwaltete, aber keiner der Beamten – denn auch dort befaßte sich

Beamtentum mit Kunstangelegenheiten – hätte gewagt, in die künstlerischen Vorgänge des Hauses einzugreifen. Mahler erstattete seine Berichte direkt dem Obersthofmeister des Kaisers, Fürsten Montenuovo, der der Chef von Hofoper, Burgtheater und ihrem gemeinsamen Verwaltungsapparat war und erhielt seine Ermächtigungen ebenfalls unmittelbar von dieser Stelle. Die Amtsräume des Fürsten lagen in der Hofburg, oft begleitete ich Mahler zu dem Eingang des Traktes, über dem der Doppeladler thronte und 1911-1912 nahm ich selbst meinen Weg häufig in die gleichen edlen Säle, um bei dem Fürsten Montenuovo meine Entlassung durchzusetzen.

Der Obersthofmeister des Kaisers Franz Josef, Enkel der österreichischen Prinzessin Marie Louise, die nach Napoleon in zweiter Ehe mit Baron Neipperg verheiratet war – Neipperg hatte in Italien seinen Namen in Montenuovo übersetzt –, war ein eleganter, silberhaariger Mann mittlerer Figur, mit grauem Kinn- und Schnurrbart, kalt und selbstsicher, etwas trockenbeamtenhaft, aber vollkommen zuverlässig und unerschütterlich in seinen Überzeugungen. Es muß ihm als hohes Verdienst angerechnet werden, daß er allen Intrigen und Feindseligkeiten gegen Mahler, für die einflußreiche Frauen und Männer der Gesellschaft bis in den Kreis der Erzherzöge sein Ohr und seine Macht zu gewinnen suchten, zehn Jahre hindurch festen Widerstand geleistet hat. Und Mahler machte es ihm durchaus nicht leicht, obgleich ihn die aufrichtige Hochschätzung, ja Zuneigung Montenuovos, die unter dessen trockenen Manieren erkennbar war, erwärmte und erfreute. Eines Tages vertraute der Fürst Mahler an, daß ein ›hoher Herr‹ sich für eine Sängerin interessiere und ihn ersucht habe, sie für die Hofoper zu engagieren; Mahler hörte die Dame an und erklärte sich aus künstlerischen Gründen gegen das Engagement. Als nach einiger Zeit Montenuovo fragte, ob angesichts der hohen Protektion, die sich auch bereits der kaiserlichen Zustimmung versichert hatte, Mahler nicht seine Bedenken zurückstellen wolle, erwiderte er: »Durchlaucht, was Seine Majestät und Sie wünschen, hat natürlich an der Hofoper zu geschehen, ich erwarte also den Befehl, die Dame zu engagieren«. Montenuovo erzählte später Mahler, daß er diese Äußerung dem Kaiser wörtlich ausgerichtet, worauf der alte Herr gesagt habe: »Na, befehlen werd' ich so etwas nicht«. Und so blieb Mahler Sieger in einer Angelegenheit, der er ernste prinzipielle Bedeutung beigemessen hatte.

Als Mahlers Abgang bereits beschlossen war, bat Montenuovo ihn um Beratung und Vorschläge in der Frage der Nachfolge und er drückte ihm am Ende der Unterredung die Hand mit den ernst gesprochenen Worten: »Wir sind Freunde.« Und ich kann bezeugen, daß der durchaus nicht sehr liebenswürdige oder warmherzige Mann – seine bittere Feindschaft gegen das österreichische Thronfolgerpaar hat bis in das Trauerzeremoniell für die Ermordeten harten Ausdruck gefunden – seine freundschaftliche Gesinnung während Mahlers ganzer Direktionszeit bewährt hat; Mahler hätte es sonst kaum zehn Jahre auf seinem Posten ausgehalten. Obgleich sicherlich unmusisch, glaubte der Fürst an den großen Künstler, und in der reichen Fülle seiner höfischen Menschenerfahrung bedeutete ihm Mahlers moralische Reinheit eine erfrischende Abwechslung, die er zu seiner Ehre mit kampfbereiter Treue erwiderte. Auch ich kann übrigens seines späteren Verhaltens gegen mich nur dankbar gedenken.

Mahler hatte bei seinem Antritt in Wien ein Personal vorgefunden, das noch eine Anzahl vortrefflicher Künstler enthielt. Doch gab es auch schon empfindliche Lücken im Ensemble, und einige der Lieblinge des Wiener Publikums befanden sich bereits in einem Alter, das den Direktor mahnte, für Nachwuchs zu sorgen. Das tat er denn auch und gewann in Schmedes und Slezak, Demut und Weidemann, Hesch und Richard Mayr, in der Mildenburg und Gutheil-Schoder, der Kurz und Förster-Lauterer u. a. ausgezeichnete Vertreter der jungen Generation, deren Aufstieg zu Beliebtheit und Ruhm mit der Mahler-Epoche verbunden war und die ich in späteren Zeiten wieder als ältere Generation von einer neuen, hochbegabten Jugend abgelöst sah. Mahlers Bemühungen um neue Kräfte wurden allerdings von der wachsenden Gegenclique in Personal, Publikum, offiziellen Kreisen und in den Zeitungen vielfach feindlich aufgenommen. Echte Anhänglichkeit an die älteren Sänger, deren Position man durch die eindringende Jugend gefährdet sah, Entrüstung gegen Mahlers aggressive Kühnheiten im allgemeinen, eiferten gegen die Unruhe, die mit ihm in die bis dahin so würdige Stille des vornehmen Institutes eingebrochen war. Mahler selbst lieferte seinen Gegnern Kampfmittel, indem er mit dem Optimismus des produktiven Menschen auf günstige erste Eindrücke hin Sänger gastieren ließ, die auf der Bühne nicht hielten, was sie beim Vorsingen versprochen hatten, und so half er der Legende von der Sinnlosigkeit eines Betriebes, der dem kunstverständigen Wiener Publikum statt seiner großen eigenen Sänger unerfahrene Anfänger in bedeutenden Rollen präsentierte. Mahler ließ sich nicht beirren, auch nicht in der bedenklichen, sprunghaften Bereitschaft, das gestern entdeckte

Singgenie heut als stimmlosen Dilettanten heftig abzulehnen, er suchte nach jeder Enttäuschung weiter, er ließ gastieren, er schickte mich auf Entdeckerfahrten in alle möglichen deutschen Städte, von denen ich häufig mit Fehlurteilen zurückkehrte, neben denen die seinen verblaßten — und wir hatten schließlich doch ein Sängerpersonal beisammen, vor dessen Stimmen und Persönlichkeiten jeder Groll über vorausgegangene Beeinträchtigungen des Betriebes gerechterweise hätte verstummen müssen.

Ich möchte hier einfügen, daß die stimmlichen und darstellerischen Qualitäten eines Opernsängers erst in der öffentlichen Vorstellung in dem Theater, für das er in Aussicht genommen ist, beurteilt werden können — kein Vorsingen im Zimmer oder auf der Bühne vor leerem Zuschauerraum, auch nicht die öffentliche Vorstellung in einem anderen Theater, gibt ein klares Urteil über die Eignung des Sängers für ein bestimmtes Institut. Einen Künstler, der mich in dem glänzenden Wiesbadener Opernhaus entzückt hatte, fand ich bei seinem Gastspiel an der Wiener Hofoper ungenügend; Stimmen, die im leeren Hause herrlich geklungen hatten, waren in der Abendvorstellung kaum zu hören. Erst langsam habe ich mich auf Grund meiner Irrtümer zu einer vor- und einsichtigeren Methode des Hörens und Urteilens erzogen, gestehe aber gern zu, daß ich bis in letzte Zeiten mich vor allzu optimistischen Urteilen habe hüten müssen.

Soviel ich mich erinnere, ist eine der wichtigsten Potenzen in der Wiener Kunstöffentlichkeit nie von Mahler abgefallen, obgleich gerade in ihrem Kreis leidenschaftlich für und gegen Sänger agitiert wurde; es war die ›vierte Galerie‹. Sie verdiente ihrer Bedeutung nach eine ausführliche Würdigung, denn es ist kaum übertrieben, wenn ich behaupte, daß eigentlich alle Wiener Musiker und Sänger, zusammen mit anderer kunstergebener Jugend, ›dort oben‹ ihre entscheidenden Kunsteindrücke empfangen hatten und daß also ein großer Teil der gegenwärtigen Besucher der vierten Galerie von zukünftigen Erfolgen ›dort unten‹ träumte. Und so bevölkerte denn eine erregt teilnehmende Gemeinde den Olymp der Hofoper. Man benahm sich durchaus nicht vulgär oder lärmend, aber man liebte die Kunst, schwärmte für die Künstler, und die Lebhaftigkeit der Gefühle drückte sich mit jugendlichem Ungestüm aus. Trotzdem habe ich niemals Zisch-Orgien oder wüste Demonstrationen der Ablehnung, wie sie in Italien und Spanien üblich waren, von der Wiener vierten Galerie erlebt; sie war entschieden, aber maßvoll in der Ablehnung, feurig und ungehemmt im

Enthusiasmus. Es gab auch amüsante Eigentümlichkeiten in jenem hohen Bezirk. Der wundervolle Bariton Theodor Reichmann hatte eine ebenso zahlreiche Anhängerschaft wie der stimmgewaltige Tenor Hermann Winkelmann, und die beiden Heerscharen suchten einander im Applaus zu übertönen. Da die Namen der Gefeierten beide auf die Silbe ›mann‹ endeten, riefen die Tenorfreunde nur ›Winkel‹, die Baritonverehrer nur ›Reich‹. Ein kurzes ›i‹ aber ist der Stimmentfaltung weniger günstig als das breite ›ei‹ und so entstand am Schluß des ›Tannhäuser‹ und anderer Opern, in denen Winkelmann und Reichmann nebeneinander geglänzt hatten, auf der Galerie ein langes Chorduett, in welchem das schnell rhythmisierte, in hoher Stimmlage gerufene ›Winkel, Winkel‹ zu dem resonanten, mit tiefen Stentorstimmen ausgehaltenen ›Reich, Reich‹ interessant kontrastierte. Doch war es den Rufern bestimmt nicht um eine komische Wirkung ihrer Demonstration zu tun – sie wollten nur ihrer Begeisterung den wirksamsten Ausdruck geben. Wie ernst die vierte Galerie für die Kunst fühlte, ist aus ihrer Reaktion auf Auslassungen in Wagners Musikdramen zu ersehen. Mahler hatte alle Striche in den geheiligten Werken geöffnet und sich damit die besondere Dankbarkeit jenes Publikums erworben. Als sein Nachfolger in der ›Walküre‹ einen Strich wieder einführte, setzten auf der vierten Galerie, die ihren Wagner in Kopf und Herzen trug, auf der Stelle so stürmische Proteste ein, daß er von der nächsten Aufführung an zur Strichlosigkeit zurückkehrte.

Doch nicht nur die vierte Galerie, nicht nur die Jugend hielt zu Mahler, obgleich natürlich sein impetuos stürmisches Wesen, sein Mut und selbst seine Extravaganzen sie besonders anzogen. Es war auch das alte Publikum der Aristokratie, des patrizischen Bürgertums und überhaupt aller jener Kreise, denen Österreich seinen Ruf als Musikland dankte, das in Mahler bewußt oder unbewußt den Musiker sah, der die hohe Tradition der Wiener Musikpflege fortzusetzen und mit neuem Leben zu erfüllen berufen war und das bis zum Schluß zu ihm hielt. Die Leitung der philharmonischen Konzerte war ihm infolge feindlicher Strömungen innerhalb des autonomen Orchesters während einer Erkrankung fortgenommen und in die Hände Joseph Hellmesbergers, eines ganz begabten Ballettkomponisten und nicht sehr talentierten Opernkapellmeisters, gelegt worden. Aber am Pult der Oper erschien Mahler häufig, und alle Angriffe gegen seine Kunstpolitik in Engagements, Repertoirebildung, Besetzungen usw. vermochten nichts gegen die Gewalt seines Musizierens. Ob es sich um Mozart oder Wagner, um

›Hoffmanns Erzählungen‹, ›Hugenotten‹ oder ›Eugen Onegin‹, um ›Jüdin‹, ›Zar und Zimmermann‹ oder ›Die weiße Dame‹ handelte, immer gehörten ihm die Herzen der Hörer.

Aus dem Operndirigenten, dessen musikalische Macht Wien in Atem hielt, entwickelte sich im Lauf der Jahre der Begründer eines höheren, reineren Stils der Opernwiedergabe, einer Harmonisierung von Musik und Szene, die damals durch ihre Neuheit Publikum und Presse in Anhänger und Gegner spaltete und in ihrem Suchen und Experimentieren das Gesetz von heut und morgen vorbereitete.

Alfred Roller hatte seine sehr neuartigen, unter dem Einfluß der Ideen des Grafen Appia entstandenen Entwürfe zu ›Tristan‹ Mahler vorgelegt und aus der blitzartigen Erleuchtung, mit der der Musiker den musikalisch-dramatischen Sinn solcher Verwendung von Formen und Licht sofort erfaßt hatte, entstand der Entschluß zu einer Weggemeinschaft, die über wohlgelungene und zweifelhafte Behandlung der stilistischen Probleme der Opernproduktion bis zu Ideallösungen wie in Glucks ›Iphigenie‹ und Beethovens ›Fidelio‹ führte. Rollers Künstlertum neigte zum Monumentalen, Heroischen, Feierlichen, wie aus seinen grandiosen Wagner-Inszenierungen in ›Tristan‹ und ›Nibelungen‹, aus seiner Bühnengestaltung in ›Fidelio‹ und ›Iphigenie‹ und den Arbeiten für Max Reinhardt zu ersehen ist. Zu Mozart stand er in einer unsicheren und suchenden, durch keine Wesensverwandtschaft erleichterten Beziehung, und Mahler, dessen Überlegenheit Roller willig anerkannte und dessen Führung er freudig folgte, konnte keine bestimmten Forderungen an ihn stellen, weil er sich selbst durch die Dimensionen des Hauses zu Kompromissen genötigt sah, die mit jedem Werk Mozarts wechseln mußten. Nur die ›Zauberflöte‹ fügte sich zwangslos in den mächtigen Rahmen. Von der Schaffung eines ›Mozartstils‹ konnte schon deshalb nicht die Rede sein, weil es eigentlich keinen gibt, sondern ein eindringendes Verständnis nur einen ›Don Giovanni‹-Stil, einen ›Cosi fan tutte‹-Stil usw. anerkennen kann. Obwohl also Mahlers Mozartaufführungen teilweise Züge des Experiments aufwiesen und durch die Besonderheiten des Hauses dynamisch und stilistisch behindert waren, wirkten sie doch mit der vollen Kraft einer aufschlußreichen Erstmaligkeit. Man muß die früheren Mozartaufführungen gekannt haben, um Mahlers unvergängliches Verdienst um die Werke schätzen zu können.

Er befreite Mozart von der Lüge der Zierlichkeit, wie von der Langeweile akademischer Trockenheit, gab ihm seinen dramatischen Ernst, seine Wahrhaftigkeit und seine Lebendigkeit. Er verwandelte durch seine Tat den bisherigen leblosen Respekt des Publikums vor den Mozartschen Opern in eine Begeisterung, die das Haus mit ihren Demonstrationen erschütterte und sogar das Herz des Theaterkassierers zu nie gekannten Wonnen mitriß.

Als Höhepunkt in Mahlers Wirken sind mir, ich wiederhole es, ›Tristan‹ am Anfang und ›Iphigenie‹ gegen Schluß jener Epoche erschienen. In der Aufführung des ›Tristan‹ waren Szene und Licht so der Musik angepaßt, wie Darstellung und Musik vom Geist des Dramas erfüllt, und mit der erzielten Einheitlichkeit hatte Mahler selbst den Maßstab für alle seine künftigen Leistungen geschaffen. Da aber die Musik und der dramatische Stil der vorwagnerischen Werke auch eine entsprechende Verschiedenheit der Darstellung und des Bühnenbildes verlangten, so wechselte jenes oberste Postulat der Einheitlichkeit mit jeder neuen Aufgabe seinen Sinn, d. h. die musikalisch-dramatische Synthese in einer Aufführung von Mozarts ›Cosi fan tutte‹ mußte mit ganz anderen Mitteln und aus einem ganz anderen Geist erzielt werden, als die der ›Walküre‹ und wiederum anders lag die Aufgabe in Webers ›Freischütz‹ usw. Eine Hauptschwierigkeit bestand darin, daß man für eine ideale Darstellung eines jener älteren Werke erst ein inneres, nicht ausgesprochenes Gesetz erkennen mußte, um von ihm aus die Harmonie zwischen Musik und Bühnengeschehen zu gestalten. Wagners Werk war aus einer unmittelbaren Bühnenvision entstanden, und er hat viel, wenn auch nicht das Tiefste vom Gesetz seiner Darstellung ausgesprochen, während der Mangel an szenischen Bemerkungen und oft vielleicht auch eine etwas vagere Bühnenvision des Komponisten zur Nachlässigkeit und Willkür in der szenischen Gestaltung der älteren Opern beigetragen haben mögen. Das unvergängliche Verdienst Mahlers um die Schaffung eines idealen Aufführungsstils für ein Werk wie Glucks ›Iphigenie in Aulis‹ dürfte hieraus klar werden. Da war nichts von Gluck in Worten ausgesprochen worden, das innere Gesetz des Werkes mußte in ihm selbst gefunden werden und dann in Musik, Darstellung und Szene erscheinen und regieren. Und so geschah es – die hohe Einfühlung Glucks in hellenischen Geist fand eine kongeniale Interpretation, die als vorbildliche Lösung auf dem Gebiet musikalisch-dramatischer Wiedergabe kaum übertroffen werden kann.

Mit seiner kühnen Begründung einer höheren Methode der Opernproduktion, in der Mahler seiner Natur gemäß durchaus nicht bewußt systematisch, sondern intuitiv und experimentierend seinen geniehaften Weg ging, hatte er zwar seine große und treue Gemeinde fester und begeisterter als je um sich geschart, gleichzeitig jedoch den Gegnern reichliches Material zu philiströs entrüstetem oder höhnisch verspottendem Angriff gegeben. »Was sagen die Herren Vorgesetzten?« pflegte Mahler am Morgen nach einer Premiere mit Bezug auf die Kritiker zu fragen, und sie sagten häufig Böses, namentlich nach der Aufführung des ›Don Juan‹ mit den Rollerschen feststehenden Türmen, zwischen denen die Dekorationen der einzelnen Szenen wechselten. Sie ahnten nicht, daß hier – nicht mit der Art der Ausführung, wohl aber in der Grundidee, – ein Prinzip geschaffen war, das für die Zukunft der Szene von entscheidender Bedeutung geworden ist. Ich habe in meinem Buch über Mahler eingehender von seinem zehnjährigen Wirken an der Wiener Oper gesprochen – in diesen Blättern glaube ich mich auf das Gesagte beschränken zu sollen. Jedenfalls haben wohl alle seitherigen bedeutenden Interpretationen auf der Opernbühne von der Wiener Mahlerepoche Anregung und Belehrung empfangen.

Während der Operndirektor die Angriffe gegen seine Pioniersarbeit leicht nahm, litt der Komponist unter der anfänglichen Verständnislosigkeit des Publikums und der Presse. Damals war auch Bruckner noch nicht durchgedrungen, und das sehr reaktionäre Konzertpublikum Wiens stellte sich feindlich gegen den neuen kühnen Laut der Mahlerschen Symphonik. Ich aber pries mich glücklich, Zeuge und Mitarbeiter eines Wirkens zu sein, an dessen musik- und kulturgeschichtlicher Bedeutung es nie in mir einen Zweifel gegeben hatte.

## 3

Daß ich in Wien das Gefühl des Behagens kennengelernt, daß ich über eine Gefahrenperiode der Anfeindungen, wenn auch nicht ungeschädigt, doch unverbittert hinweggekommen bin, dazu hat die Freundschaft beigetragen, die mein Leben dort erwärmt und verschönt hat. Was Freundschaft ist, was es bedeutet, sich in der Zuneigung, Treue und Fürsorge werter Menschen geborgen zu fühlen, habe ich damals erfahren. Und da sich diese Freunde bis zu ihrem Tode als unwandelbar bewährt haben, da sie zu dem Leben gehören, dessen Geschichte diese Aufzeichnungen gewidmet sind, so muß ich versuchen, die zu schildern, denen ich das Glück des herzlichsten persönlichen Verkehrs, eine ständige Bereicherung meiner Bildung und vor allem einen Begriff und Maßstab von Menschenwert verdanke, an die ich mich auch in den schlimmsten Erfahrungen meiner Existenz halten konnte. Der Kreis, von dem ich erzählen will, bestand aus den ältesten Freunden Mahlers, durch den ich ihn auch 1897 kennengelernt hatte. Das Band zwischen ihm und Nina Spiegler war ein vorwiegend musikalisches, mit Siegfried Lipiner ein literarisch-philosophisches; mit beiden aber stand er zugleich – wie auch mit Ninas Gatten Albert und Lipiners Frau Clementine – in der Beziehung freundschaftlicher, seit der Jugend bewährter Zuneigung.

Siegfried Lipiner, eher kleiner Statur, mit zeushaft gelocktem, blonden Haar und Vollbart und strahlenden blauen Augen, war ein Dichter mit Vision, gestaltender Kraft und Beredsamkeit. Hingerissen von einem Gesprächsthema, von einer Erinnerung, einem Bild, konnte ihn ›der Geist ergreifen‹ und eine Fülle von Gedanken und Weisheit strömte dann improvisatorisch in vollendeter Form aus seinem Munde. Als Siebzehnjähriger hatte er eine Dichtung ›Der Entfesselte Prometheus‹ geschrieben, über die sich Friedrich Nietzsche in einem Brief an Erwin Rhode, den Verfasser der ›Psyche‹, mit folgenden Worten äußert: »Ganz neuerdings erlebte ich durch den ›Entfesselten Prometheus‹ einen wahren Weihetag. Wenn der Dichter nicht ein veritables Genie ist, so weiß ich nicht mehr, was eins ist: alles ist wunderbar und mir ist, als ob ich meinem erhöhten und verhimmlischten Selbst darin begegnete. Ich beuge mich tief vor einem, der so etwas in sich erleben und herausstellen kann.« Ob der Dichter mit Nietzsche in persönliche Beziehung getreten ist, ist mir nicht bekannt; wohl aber, daß Richard Wagner lebhaftes Interesse an ihm genommen und ihn Anfang der achtziger Jahre nach Bayreuth gezogen hat, wo dann die selbständige Geisteshaltung des jungen Lipiner sich gewissen Gedankengängen des Wahnfriedkreises nicht anpassen wollte und dadurch die von Wagner geplante engere Verbindung vereitelte.

Auf Lipiner könnte das von mir zitierte Wort Hofmannsthals von der verdeckten Wurzelseite eines Dichters, die breiter entwickelt war als die offene Krone, Anwendung finden: er lebte mehr als er dichtete, und der aufbewahrten Schätze seines Geistes gab es wenig. Im Druck erhalten waren Jugenddichtungen, darunter jener ›Entfesselte Prometheus‹ und ›Der neue Don Juan‹, ferner das Drama ›Adam‹ als Vorspiel einer Christus-Trilogie, die ihn sein ganzes Leben hindurch beschäftigte, die er schrieb und umschrieb und nie vollendete und eine Tragödie ›Hippolytos‹, in der er den Phädra-Stoff in seiner Urbedeutung erfaßt und zu erhabener dramatischer Dichtung gestaltet hat. Auf einen erleuchteten und erleuchtenden Aufsatz aus seiner Feder über den Homunculus im ›Faust‹ besinne ich mich auch, doch weiß ich nicht, ob er im Druck erschienen war. Sollten Lipiners eigene Werke durch Naziwut oder Katastrophen des Krieges verlorengegangen sein, wird zwar nicht sein Dichtertum, doch wenigstens seine Sprachgewalt fortleben in seinen meisterhaften deutschen Übersetzungen der Werke des größten polnischen Dichters Adam Mickiewic ›Die Ahnen‹ und ›Pan Tadeusz‹.

Graf Lanckoronski hatte den mittellosen jungen Menschen, dessen Geistesmacht schon in Schule und Universität von Lehrern und Mitschülern angestaunt worden war, als eine der großen Hoffnungen des polnischen Schrifttums unter seine Protektion genommen und ihm unter Mitwirkung literarisch gesinnter polnischer Abgeordneter Österreichs die Stelle eines Bibliothekars des Reichsrats verschafft, die ihn der Existenzsorgen entheben und ihm reichlich Zeit zum eigenen Dichten und Denken geben sollte. Und er dichtete und dachte, aber er schrieb wenig, denn er war von Natur ein Improvisator und geschaffen, sich in freier Rede, in persönlicher Mitteilung zu verströmen. Hätte er zur Zeit der Peripatetiker in Griechenland gelebt, er wäre einer von denen geworden, die im Auf- und Abwandeln mit Schülern redend lehrten. In einer Epoche, da der Dichter hauptsächlich durch die

Druckerpresse zur Mitwelt spricht, war er eine unzeitgemäße Gestalt. Auch bedurfte er, der in menschlichen Beziehungen aufging, des Andern, des Zuhörenden, Verstehenden, Lernbegierigen, Begeisterungsfähigen, um sich an dessen Fragen und Verstehen zu entflammen. Daran fehlte es ihm nun nicht, auch nicht an Frauen, die ihr Glück darin fanden, eine Zeitlang in dieser Atmosphäre der Geisteshelle und Herzenswärme zu leben. Lipiner war, wie es bei einem so leidenschaftlich dem Leben zugewendeten Dichter nur natürlich ist, fortwährend in Liebesbanden. Eigenartig aber scheint mir, daß Eros und Caritas, die meist getrennte Wege gehen, in seiner Seele einen Bund geschlossen hatten: mir ist kein Fall bekannt, in dem nicht erst durch irgendein Hilfsbedürfnis des weiblichen Wesens, ein körperliches Leiden, eine wirtschaftliche Notlage, eine seelische Bedrängnis, die Liebesbeziehung entstanden war. Seltsam auch, daß die beträchtliche Reihe der Frauen in seinem Leben einander gegenseitig wohlwollte, daß sie voneinander ahnten oder wußten und daß das kurze Glück meist ein gegönntes Glück war – vermutlich ein Resultat seiner Lehren. Nur seine Gattin litt, wie Hera, unter dem Lebensdurst dieses Zeus und doch haben ihre Liebe, ihre Bewunderung und ihre Vergebungsbereitschaft bis zu seinem Tode unerschüttert standgehalten.

Mir ist das Glück seiner Mitteilung, seiner Freundschaft und seiner Zuneigung zu meinem Musikertum zuteil geworden und denke ich an das Gute, das das Leben mir geschenkt hat, so muß ich dazu die Stunden rechnen, die ich in einem mehr als zehn Jahre währenden freundschaftlichen Verkehr mit Siegfried Lipiner verbringen durfte. Ob er aus den mächtigen Mappen in seinem Arbeitszimmer Reproduktionen antiker Kunst oder der Renaissance-Malerei auf eine Staffelei legte und sich aus ihnen Inspiration holte, ob er über Sophokles oder Euripides, über Plato oder Aristoteles, über Plotin oder Angelus Silesius sprach, ob seine tiefdringende Exegese uns Jesaias oder Paulus nah brachte, immer redete der Erfüllte, der Dichter, der Liebende, und ich habe aus dem Munde dieses Wissensreichen nie ein eigentlich lehrendes Wort gehört; auch kaum ein polemisches, es sei denn er stritt gegen die Kommentatoren zu Goethes ›Faust‹, den er als sein Spezialgebiet empfand. Zutiefst verwandt fühlte er sich Dostojewski, dem er übrigens im Ergrauen seiner letzten Lebensjahre erstaunlich ähnlich wurde.

Lipiner ist früh, nicht viel über fünfzig Jahre alt, im Januar 1912 gestorben und hat somit Mahler, der die Welt im Mai 1911 verließ, nicht lange überlebt. Der in Zungen redete, starb an einem Zungenkrebs, dessen Qualen er mit unbeschreiblicher Seelenkraft und mit einer jeden nur möglichen Augenblick wieder aufstrahlenden Heiterkeit ertrug.

Ich traf ihn eines Tages, erschreckend anzusehen, auf der ›Elektrischen‹. Ergriffen durch seinen Anblick und beunruhigt, ihn in augenscheinlich gefährdetem Zustand so allein zu finden, fragte ich, wohin er fahre und ob ich ihn irgendwohin begleiten dürfe. »Keinesfalls« erwiderte er mühsam, »sage auch niemand, daß du mich getroffen hast. Ich fahre zur Operation in die Klinik und werde es nachmittag der ›Clem‹« – so nannte er seine Frau – »telephonieren lassen.« Er legte den Finger auf die Lippen als Mahnung zum Schweigen. Nach ein paar Minuten fragte er jedoch, was ich vorhätte. Ich erwiderte, ich sei damit beschäftigt zu Mahlers fünfzigstem Geburtstag ein Buch mit Beiträgen seiner Freunde zusammenzubringen und es schmerze mich, daß nun gerade er dabei fehlen müsse. Er drückte mir schweigend die Hand, hielt mich noch einmal durch eine fast ungeduldige Geste zurück, als ich ihm folgen wollte und stieg ab. Etwa fünf Tage später erhielt ich von ihm mit eigener, fester Hand geschrieben, ein Gedicht mit dem Titel ›Der Musiker spricht‹ als seinen Beitrag zu Mahlers Geburtstag. Es enthielt in freien Versen Lipiners letzte Antwort auf Mahlers Grundproblem, das das Thema zahlreicher Gespräche der beiden Freunde gebildet hatte: die Frage der Unsterblichkeit. In den letzten Jahren hatten sie nicht viel voneinander gesehen, teils weil Mahler zwischen seinen Amerikareisen nicht lange in Wien verweilte, teils weil eine Art Entfremdung zwischen ihnen eingetreten war. Es gelang mir, sie in Lipiners Bureau im Reichsrat wieder zusammen zu bringen, und Mahler war bei jenem ersten Wiedersehen so glücklich und unersättlich im Fragen, wie Lipiner gütig und ergiebig in Gegenfragen und Antworten. Als wir gegangen waren, sagte Mahler zu mir: »Wie schön war das! Wie ein Knabe möchte man zu seinen Füßen sitzen und lernen.«

Lipiners Gedicht hatte Mahler völlig überwältigt. »Ich glaube, das ist das schönste Gedicht, das je geschrieben wurde«, sagte er mit seiner kindlichen Überschwenglichkeit zu mir und er trug es immer bei sich. An Lipiners Verkündigung von der Fortdauer unseres Wesens nach dem Tode hielt sich Mahler, der zwischen Zuversicht und Zweifel immer wieder schwankte, als an die trostvolle Lehre eines Wissenden. Und es ist ergreifend zu denken, daß der letzte Gruß des Dichters an den Musiker jene seherischen Verse waren, die dem Suchenden das Leben in der Ewigkeit versprachen, daß beide damals schon an seiner Schwelle standen und daß es sie bald danach vereint haben wird.

Wir verloren unendlich viel durch den Hingang jenes Feuergeistes, dem als Freund die Goetheschen Verse über Schiller gelten können:

»Denn er war unser – wie bequem gesellig
Den hohen Mann der gute Tag gezeigt,
Wie bald sein Ernst, anschließend, wohlgefällig,
Zur Wechselrede heiter sich geneigt,
Bald rasch gewandt, geistreich und sicherstellig
Der Lebensplane tiefen Sinn erzeugt
Und fruchtbar sich in Rat und Tat ergossen:
Das haben wir erfahren und genossen.«

Um so fester hielten wir im Freundeskreis weiter zusammen, dem außer uns Lipiners Witwe, ihr Bruder Albert Spiegler und seine Frau Nina angehörten. Albert, der erst 1938, mehr als achtzigjährig, gestorben ist, war einer der liebevollsten Menschen, denen ich je begegnet bin. Von Beruf Forscher auf dem Gebiet der Ernährungschemie, wo er in privaten Arbeiten und experimentellen Studien die Bedeutung bestimmter eigener Theorien zu erweisen suchte, hielt ihn seine drängendere Berufung als Gatte einer leidenden Frau, als Freund von Rat- und Hilfesuchenden und als Philanthrop von der völligen Hingabe an seine Wissenschaft zurück. In bequemen Verhältnissen als Privatgelehrter lebend, ohne Existenzsorgen, hatte er nie das Herz, seine berufliche Arbeit, der er sehr ergeben war, den zahllosen Anforderungen des Lebens, hauptsächlich solchen an seine Hilfsbereitschaft, überzuordnen. Es war einfach herrlich, ihn zum Freund zu haben, denn man wußte bei schwersten seelischen Erlebnissen, genau so wie beim Schnupfen des Säuglings, Albert ist da, der wird bestimmt alles tun, um zu helfen. Dabei besaß er eine sich gleichbleibende, kindliche Heiterkeit, in der er mich an meinen Vater erinnerte, war wissenschaftlich und künstlerisch vielseitig interessiert und gründlich bewandert und er beschäftigte sich in sehr persönlicher Weise mit sozialen Fragen. Einige der hervorragendsten Führer der hochstehenden österreichischen Sozialdemokratie wie Viktor Adler und Engelbert Pernerstorfer waren seine und Ninas Freunde, und ich habe im Spieglerschen Hause sehr anregende Stunden im Gespräch mit dem Letzteren erlebt.

Trotz Alberts tätiger Güte und universaler Menschlichkeit, trotz Lipiners verschwenderischem Genie war Nina der Mittelpunkt unseres Kreises, um den sich alles in Liebe und Verehrung scharte. Ich finde für die Wirkung Ninas auf ihre Umgebung kein anderes Wort als zu sagen, daß ein sanftes Leuchten von ihrem stillen Wesen ausging, ja man hatte in ihrer Gegenwart das Gefühl von einer etwas höheren Existenz. Zu ihr brachte jeder aus ihrem engeren und weiteren Kreise seine Sorgen und seine Probleme und nicht nur wegen ihrer teilnehmenden Güte, ihres eindringenden Verständnisses, sondern im wesentlichen wegen ihrer segensvollen Atmosphäre, in der sich alle gehoben und die Gequälten beruhigt fühlten. Körperlich leidend und ätherisch zart, erinnerte sie mich auch durch die an Ehrfurcht grenzende Verehrung derer, die mit ihr in Berührung kamen, an eine der erhabensten Frauen der Goetheschen Dichtung, an Makarie aus ›Wilhelm Meisters Wanderjahren‹. Ich füge hinzu, daß sie in dem Bildungskreise Siegfried Lipiners geistig beheimatet war, um damit auf die Nahrung zu deuten, von der sich ihre lebensvolle, bildungsdurstige Natur bei Kräften hielt. Daß sie ihrem heranwachsenden Sohn zuliebe Latein lernte und nicht ruhte, bis sie ohne sprachliche Schwierigkeiten Schriften wie des Augustinus ›De civitate dei‹ lesen konnte und es ähnlich im Griechischen bis zu Sophokles brachte, wirft zugleich ein Licht auf ihre sehr besondere Auffassung von mütterlicher Kameradschaft. Die Vielfalt ihres Geistes aber war ganz eingebettet in ihre Musikerfülltheit, aus der einzig man zum Verständnis dieser Natur gelangen konnte. Sie war völlig durchtränkt von Musik, ein Wesen des musikalischen Universums wie Goethes Makarie des Sonnensystems. Auf ihre Musiknatur gründete sich ihre Freundschaft mit Mahler und die unsere, die durch vierzig Jahre lebendig geblieben ist. In meinem Leben habe ich mich als Musiker von niemandem tiefer verstanden gefühlt als von Nina Spiegler.

Was Freundschaft sein kann, haben meine Frau und ich von diesen Menschen erfahren. Sie lebten das Leben ihrer Freunde mit, als sei es das ihre. Und wie karitativ auch ihre Anlagen waren, wie hilfreich sie mit Rat und Tat jeder Not beisprangen, die nur in ihren Gesichtskreis trat, an ihnen zeigte sich darüber hinaus, was Freundschaft vor jeder anderen menschlichen Teilnahme auszeichnet: Mit-Freude, Mit-Leben.

Wieso ich Mahlers Freundschaft, der ich doch so unendlich viel verdanke, nicht der jener Menschen gleichstelle? Weil er die sachliche egozentrische Anlage des großen Schaffenden hatte, dem seine schöpferische Aufgabe den Mitmenschen verdeckt, in dem musikalische Erfülltheit die menschliche übertönt. Mahler kannte wohl Mitleid und Mitfreude, Parteinahme und Fürsorge, Hilfsbereitschaft und Zuneigung, kurz — er kannte Freundschaft, er war auch auf seine Weise Freund — aber sein Wesen war keine konstante Wärmequelle, sondern flammte auf und setzte aus und, trotzdem er bis zum Lebensende an seinen Freunden festhielt, habe ich doch schon damals sein Verhältnis zu ihnen als ›intermittierende Treue‹ bezeichnet. Man konnte sich auf ihn verlassen, aber was Freundschaft war, erfuhr man authentischer von jenen konstanten Menschen, von denen auch er es unwandelbar erfahren hat. Daß aber Lipiner, der gleichfalls schöpferische Geist, sich so viel beständiger im Menschlich-Freundschaftlichen auslebte, zeigt, woran es ihm zum höchsten Typus des Schaffenden fehlte, nämlich an jener egozentrischen Verfassung, die die charakterliche Grundlage der großen produktiven Leistung ist. Es kommt vor, wenn auch nicht häufig, daß der Genius der Menschheit in so unpraktischen Kombinationen wie dem Lipinerschen Wesen seine Interessen vernachlässigt, wobei die unmittelbare Mitwelt gewinnt, was der Nachwelt entgeht.

Natürlich ist mein Leben auch sonst reich gewesen an schönen menschlichen Beziehungen aller Art und Abstufung, und ich werde im Lauf dieses Buches noch von vielen Menschen zu erzählen haben, die ich Freunde nennen darf, wenn auch der Kreis, von dem ich gesprochen habe, mir der nächste war und geblieben ist.

Wo und wann ich Arthur Schnitzler kennengelernt, weiß ich nicht mehr. Doch daß mir der Dichter der ›Liebelei‹, des ›Anatol‹-Zyklus, der Meisternovellen ›Leutnant Gustl‹, ›Sterben‹, ›Die Frau des Weisen‹ in seinem Schaffen teuer war — seinen ›Ruf des Lebens‹ hätte ich beinah als Oper komponiert — daß er, der Musikliebende, an meinem Musizieren in Oper und Konzert Freude hatte, brachte uns auch persönlich einander nah, und ich freute mich an der warmherzigen, klugen Gegenwart eines Dichters, der seinen Reichtum an Gedanken, Lebenskenntnis und vielseitigen Interessen gern im Gespräch ausgab. Und wenn ich ihn in der Oper wußte, wenn ich den nachdenklich freundlichen Kopf mit dem rötlichen Haar und Bart in einer der ersten Reihen in meinen Konzerten erblickte, fühlte ich mich angeregt und erwärmt. Ich wußte, hier ist einer, der genießt und mit mir empfindet. Eines Tages brachte er seine junge Frau zu mir, um mir ihre Stimme anzuvertrauen, die technischer Verbesserung bedürftig war. Mir war von meiner Konservatoriumszeit ein eifriges Interesse für Fragen der

Gesangstechnik verblieben, und mein Ohr hatte im jahrelangen täglichen Verkehr mit Sängern Belehrung aus den Vorzügen der gutsitzenden und nicht minder aus den Fehlern der unfreien Stimmen gewonnen. Ich glaubte Olga Schnitzler nützlich sein zu können und bin es wohl auch gewesen. Und willkommen war uns, daß wir dadurch auch häufiger zusammenkamen. Ein unvergeßlicher Nachmittag in Arthur Schnitzlers Hause mit Hugo von Hofmannsthal lebt in mir als erfüllt von der Hochstimmung und dem Gesprächsreiz, der jenem ganzen, untereinander befreundeten Dichterkreise eigen war. Zu ihm gehörten auch Jakob Wassermann und Richard Beer-Hofmann. Letzteren habe ich, glaube ich, erst später kennengelernt, Wassermann aber und Hofmannsthal standen mir schon damals nah. Der Verfasser des ›Laudin und die Seinen‹, des ›Gänsemännchen‹ und des ›Kaspar Hauser‹ wohnte am Kaasgraben in Grinzing mit seiner Frau Julie, der er in einer der qualvollsten Ehegeschichten, jenseits aller Strindbergschen Höllen, in ›Doktor Kerkhovens dritte Existenz‹ ein so schauerliches Denkmal als ›Ganna‹ gesetzt hat. Sein Erzählertalent war bedeutend, die Gestaltung seiner großen Werke, z. B. ›Der Fall Mauritius‹ meisterhaft, aber auf ihm lastete schwer und merklich das Verantwortungsgefühl des um große Ziele ringenden Schriftstellers, ich denke an ihn zurück mit Bewunderung für seine gewaltige Bemühung und bedeutende Leistung und zugleich mit ernstem Mitgefühl für seine dem Leiden hingegebene und dunkle Natur. Welch ein Gegensatz dazu war Hofmannsthals schwebendes, genießendes, auch dem Humor zugewendetes Wesen, wie es sich z. B. in einem seiner letzten Werke, dem Lustspiel ›Der Schwierige‹ offenbart hat. Übrigens genoß Hofmannsthal die einmütige Bewunderung aller Freunde, und in der Tat war dem Dichter von ›Der Tor und der Tod‹, dem Nachdichter des ›Jedermann‹ und der ›Elektra‹ eine eigene, unvergleichliche Höhe der Rede gegeben, die von langsam und gedankenvoll geprägten Erkenntnissen bis in die leichteste Plauderei seine Unterhaltung auszeichnete. Ein herrlicher Abend in meinem Hause mit ihm und dem eigenartigen Dichter und meisterhaften Dante-Übersetzer Rudolf Borchardt ist mir durch den häufigen abrupten Wechsel von Übermut und Nachdenklichkeit im Gedächtnis geblieben und auch Hofmannsthals reizendes Haus in Rodaun, wo ich ihn öfter besuchte, steht mir vor Augen, sein Arbeitszimmer, das auf den wohlgepflegten Garten hinausging und sogar das Kästchen mit bunten Glaskugeln auf dem Schreibtisch, die er beim Spiel der Phantasie durch seine Finger laufen ließ – in vorteilhaftem

Gegensatz, wie ich ihm sagte, zu Schillers poetischer Abhängigkeit vom Geruch fauliger Äpfel.

Genoß ich im Verkehr mit den Dichtern die geistige Atmosphäre unseres Beisammenseins, so erwärmte ich mich auch gern an herzlichen Begegnungen mit anderen uns ergebenen Menschen. Da waren Arnold und Justine Rosé, die Schwester Mahlers – letztere eine reizvolle, temperamentvolle lebendige Frau, vor allem ihrem Bruder leidenschaftlich ergeben, aber ihrer alten Freundschaft mit mir immer eingedenk und auch meiner Frau zeitlebens zugetan. Da war der urwüchsige tschechische Bassist Wilhelm Hesch, den ich schon von Hamburg her kannte. Er lebte mit Frau und Kindern weit draußen in Ober-St. Veit am Rand des westlichen Wienerwaldes, in der ›Kezalburg‹, einem großen Haus mit Garten, das er nach seiner berühmtesten Rolle genannt hatte. Dort stampfte er als Bauer in riesigen Stiefeln in seinem Garten herum, wo es von Tieren aller Art wimmelte, und wir kehrten oft nach Spaziergängen zu lange ausgedehntem, heiteren Besuch bei ihnen ein. Bertha Förster-Lauterer und ihr Gatte, der Komponist Josef B. Förster waren warmherzige, treue Menschen, mit denen wir häufig zusammenkamen, und mit der genialen Marie Gutheil-Schoder stand ich zuerst in der schönen Beziehung gegenseitigen künstlerischen Verstehens und später langjähriger, herzlichster, persönlicher Freundschaft, der erst ihr Tod in den dreißiger Jahren ein Ende machte. Ihre glühendste Verehrerin hatte sie an der Gräfin Misa Wydenbruck-Esterhazy, die auch von allem Anfang an Mahlers Anhängerin war und bald meine treue Freundin wurde. Sehr österreichisch – und repräsentativ für ihre ›Klasse‹ – war der Charme dieser graziösen, lebendig-heiteren, schlanken und eleganten Frau in ihrem übersprudelnden Enthusiasmus für Kunst und Künstler, mit ihrem typischen Aristokratendialekt, der ›von die‹ und ›mit die‹ sagte und ihrer ›Allgegenwart‹ bei sämtlichen gesellschaftlichen Ereignissen. Und in der zarten Brust unter den kostbaren Perlen schlug dabei ein grundgutes und treues Herz, das sich immer, wenn es darauf ankam, als zuverlässig bewährte; sie hat vom ersten Tage unserer Bekanntschaft an bis zu ihrem Ende – sie starb wohl in den zwanziger Jahren – fest zu mir gehalten. Ich traf einige Male in ihrem Hause mit der ihr befreundeten Fürstin Pauline Metternich zusammen. Die damals schon hoch betagte, originelle Frau mit resolutem Wesen und energischer Baßstimme interessierte mich; sie hatte als junge Gattin des österreichischen Botschafters bei der Pariser Premiere des ›Tannhäuser‹ aus Wut über das skandalöse wagnerfeindliche Benehmen der Herren vom Jockeyclub demonstrativ ihren Fächer zerbrochen und sich mit dieser, für eine Dame der Diplomatie ungewöhnlichen Impetuosität einen dauernden Platz in der Wagnerliteratur erobert. Die Schwiegertochter des legendären Fürsten Clemens Metternich war eine populäre Figur in Wien und der Geist der österreichischen Geschichte stieg aus ihrer Gegenwart und ihren Reden auf.

Der eigentlichen Wiener ›Gesellschaft‹ bin ich bis auf wenige Ausnahmen ferngeblieben. Eines der musikergebenen Wiener patrizischen Salons muß ich aber gedenken, des Hauses Wittgenstein in der Alleegasse. Die Wittgensteins setzten die edle Tradition jener tonangebenden Wiener Kreise fort, in denen die Künste und Künstler seit jeher ›Protektion‹ gefunden hatten und nicht nur aus dem Gefühl der Verpflichtung durch ihre gesellschaftliche Prominenz, sondern aus echter Kunstbegeisterung. Brahms war Freund im Wittgensteinschen Hause gewesen, Joachim und sein Quartett hatten dort oft musiziert – irre ich nicht, so war das Brahmssche Klarinettenquintett mit dem herrlichen Klarinettisten Mühlfeld dort zur privaten Uraufführung gekommen – und Musiker sowohl wie Mahler und Bildhauer von Bedeutung und die hervorragendsten Männer der Wissenschaft verkehrten in dem Hause, das von erlesenen Werken der bildenden Kunst erfüllt war. Karl Wittgenstein hatte auch großes Interesse an der Kunst der Gegenwart – der Klingersche Beethoven kam von der Ausstellung der Sezession in sein Heim und in einem der Säle war mit anderen Modernen Gustav Klimt bedeutend vertreten. Daß mich die Familie Wittgenstein an ihr Herz genommen hatte, war mir ein beglückendes und symbolisches Erlebnis. Ich fühlte mich bestätigt in meinem Gefühl der Zugehörigkeit zu dem kulturgeschichtlichen Kreis, an dessen ›Legitimität‹ ich von je geglaubt hatte. Da gab es noch den Bruder Ludwig Wittgenstein, mit dessen höchst musikalischer, liebenswürdiger Frau ich öfters musizierte, da gab es eine Schwester Clara, die sich die Förderung des Soldat-Röger Quartetts zur Aufgabe gemacht hatte – und ob ich nur zu freundschaftlichem Besuch kam, ob wir in dem traditionsgeweihten Salon Kammermusik machten, immer genoß ich mit Befriedigung die Atmosphäre von Humanität und Kultur, die in dem Kreise herrschte. Der Sohn des Hauses, Paul Wittgenstein, hatte im Ersten Weltkrieg einen Arm verloren und sich dann mit vorbildlicher Energie zu dem außerordentlichen, einarmigen Pianisten ausgebildet, als der er es zu bedeutendem Ansehen bringen konnte.

Des Komponisten und Dichters Julius Bittner möchte ich noch gedenken, den eine gar zu große Leichtigkeit des Schaffens hinderte, seinem schönen dramatischen und musikalischen Talent Kunstwerke von dauernder Wirkung abzugewinnen. Ich habe in der Wiener Oper nach Mahlers Abgang – Mahler hatte sich sehr für Bittner interessiert und ihn mir eigentlich zugeführt – die ›Rote Gret‹ mit der unvergeßlichen Leistung der Gutheil-Schoder in der Hauptrolle, später ›Der Musikant‹ und das ›Höllisch' Gold‹, in München noch vor meiner Direktionszeit seinen ›Bergsee‹ und etwa um 1926 in der Berliner Städtischen Oper seine ›Mondnacht‹ zur Uraufführung gebracht. In diesen, wie in anderen Opern zeigte sich immer wieder seine dramatische und musikalische Begabung, die es zu einzelnen starken Wirkungen, aber nie zur Vollendung eines Ganzen bringen, nie zur Reife gelangen konnte. Bittners bestes Werk war vielleicht sein Schauspiel ›Der liebe Augustin‹, höchst reizvoll fand ich einige mit anmutiger Leichtigkeit geschriebene Feuilletons in der Neuen Freien Presse und wahrhaft rührend war seine Persönlichkeit: ein großer, schwerer, blonder Urwiener mit rötlichem Gesicht, lauter Stimme und dröhnendem Lachen, gescheit und humorvoll, dem seine tiefe Frömmigkeit half, ein entsetzlich schmerzvolles körperliches Leiden und die Amputation beider Beine zu überstehen und heiter und geduldig bis ans Ende zu bleiben. Ihm half die Liebe und Aufopferung seiner kraftvollen, edlen Frau, deren Lebensmut weder durch seine Krankheit noch durch häufige finanzielle Bedrängnisse zu brechen war. Von beiden konnte man viel lernen – sie waren vorbildlich in jener früher erwähnten, österreichischen Fähigkeit, Hoffnungslosigkeit nicht ernst zu nehmen, und vorbildlich war auch der Wiener Dialekt, der im Hause Bittner in seinen urwüchsigsten Lauten erklang.

Kurz vor Mahlers Abgang verschaffte er mir noch eine außerordentlich interessante Bekanntschaft, die sich allmählich zur Freundschaft entwickelte. Es war Ethel Smyth, die mit der Partitur ihrer Oper ›The Wreckers‹ unter dem Arm zu ihm gekommen war und die er an mich gewiesen. Vor mir erschien eine hagere, etwa achtundvierzig Jahre alte Engländerin in farblosem sackartigen Gewand und erklärte mir, sie habe früher in Leipzig studiert, Brahms sei für ihre Kammermusik interessiert gewesen, ihre Oper ›Der Wald‹ hätte ihre Aufführung in Dresden gehabt und nun sei sie hier, um uns in Wien mit ihrer letzten Oper nach Brousters ›Les Naufrageurs‹ bekannt zu machen. Ich sah unserer Zusammenkunft mit peinlichem Vorgefühl entgegen, aber noch hatte sie nicht zehn Minuten gespielt und mit unschöner Stimme dazu gesungen, als ich sie unterbrach, um zu Mahler hinüberzustürzen und ihn zu beschwören, mit mir zu kommen – mir spiele die Engländerin ihr Werk vor und sie sei ein wirklicher Komponist. Leider war er nicht abkömmlich, und ich kehrte allein zurück. Wir verbrachten dann den ganzen Vormittag mit ihrer Oper, und als wir uns trennten, stand ich völlig im Bann des Gehörten und ihrer Person. Ich lud sie zu uns ins Haus, und so lange sie in Wien blieb, kamen wir so viel als möglich zusammen. Ethel Smyth, die erst kürzlich in hohem Alter gestorben ist, hatte eine flammende Seele. Sie brannte ununterbrochen, ob sie komponierte, ob sie schrieb – sie hat viel geschrieben, darunter ihre sehr anziehenden ›Impressions that remained‹ und ›A threelegged journey in Greece‹ – ob sie als Suffragette agitierte, ob sie in einer Art Kimono ein Orchester dirigierte oder ob sie sich unterhielt. Ungünstige Umstände haben mir nicht erlaubt, ihre Oper in Wien oder in München zur Aufführung zu bringen. Doch habe ich das Vorspiel zum zweiten Akt mit seiner See-Atmosphäre öfter in Konzerten aufgeführt und das ganze Werk 1910 in London dirigiert.

Zu meinen Wiener Freunden im weiteren Sinn muß ich den Chor der Singakademie, später den Philharmonischen Chor rechnen, mit denen mich die herzlichsten Gefühle verbanden. Eigentlich aber entwickelte sich im Lauf der langen Jahre eine derart warme persönliche Beziehung zwischen dem Wiener Musikpublikum und mir, die Demonstrationen der Freude, mich am Pult zu sehen und die Bezeugungen der Zustimmung am Schluß trugen einen Charakter so tiefer Zuneigung, daß ich auch dies Verhältnis zu dem musikalischen Wien kaum anders als Freundschaft nennen kann.

Und es scheint mir sehr bezeichnend für Wien, für die Bedeutung der Musik in Wien, daß man dort zu einem solchen Gefühl der Freundschaft mit der scheinbar gestaltlosen, anonymen Menge gelangen konnte, die Publikum heißt. Denn in Wien war es eben keine so gestaltlose Menge; das ›musikalische Wien‹ war eine Einheit eigener Art und aller österreichische Leichtsinn, alle frevelhafte Gleichgültigkeit, Stumpfheit, Philisterei, alles Spötter- und ›Raunzer‹-tum, unter denen Schubert, Mozart und Beethoven, Grillparzer und Stifter und andere edle Geister gelitten, können die Bedeutung dieses Phänomens nicht verringern.

Die Großstadt Berlin bildete eine objektive Umgebung, die nicht einwirkte und nicht abfärbte auf die mächtige und immer wachsende Fülle seines künstlerischen Lebens, und es wurde nach der Jahrhundertwende zu einer Art Weltmarkt des kulturellen Geschehens, in dem vor allem durch Max Reinhardt das Schauspiel zu großer Bedeutung gelangte, die symphonische Musikpflege durch Arthur Nikisch glanzvoll vertreten war und dagegen die Oper unter Hülsen als Intendant gewiß keine führende Rolle spielte. Wien war kein Weltmarkt, aber Wien konnte auch niemand eine objektive Umgebung für Kunstvorgänge nennen. Wien färbte ab und wirkte ein auf seine Kultur; seine Kunstinstitute und seine Kunstausübung enthielten ein Element der Subjektivität wie das Musizieren eines starken, subjektiven Dirigenten, dessen Persönlichkeit in jeder seiner Leistungen zu fühlen ist – alle Leistungen des Burgtheaters, der Hofoper, der Philharmoniker, alles was in Wien kulturell geschah, schmeckte nach Wien und es war ein Geschmack, an dem sich auch die verwöhntesten Gaumen immer gern erlabt haben.

# 4

Im Herbst 1901 übersiedelten wir nach Wien und mieteten in der Neustiftgasse, hinter dem Deutschen Volkstheater, eine provisorische Wohnung, um von dort aus in Ruhe die Begründung eines eigenen Heims zu betreiben. Unsere Mittagsmahlzeiten nahmen wir in einem der hübschen Gasthäuser am Getreidemarkt ein, und ich spreche davon, weil mir die Rechnung in Gulden und Kreuzern, der alten österreichischen Währung noch nachträglich so freundlich zulächelt; sie hat dann bald den Kronen und Hellern Platz gemacht. Meine Frau wurde von Mahler und seinen Schwestern und von den Familien der Freunde mit Herzlichkeit aufgenommen, er selbst führte mich in die Kanzleien der Beamten und bei den Mitvorständen ein, und als ich meine erste Probe mit Solisten, Chor und Orchester gehalten – ich trat meine Stellung mit einer Aufführung von ›Aida‹ an – und von Mahler dazu beglückwünscht worden war, sah ich sorglos und vertrauend einer reichen Tätigkeit in der hohen Kunstatmosphäre entgegen.

Es war mir höchst interessant, unter den Kapellmeistern der Wiener Oper noch den von der Aureole Bayreuths und langjähriger Freundschaft mit Wagner umstrahlten Hans Richter zu finden. Ich hörte ihn in einer mit sichtlicher Unlust dirigierten Aufführung von Meyerbeers ›Afrikanerin‹ und einer mit höchster Meisterschaft geleiteten der ›Meistersinger‹. Auch erinnere ich mich, daß Mahler sich eifrig bemühte, Richter alle Ehrerbietung zu erweisen, die ihm als Meister seiner Kunst und als Musiker von Weltruf zukam – ich war selbst in seinem Bureau, als er das Repertoirebuch in Riesenformat auf seinem Stehpult am Fenster aufschlug und Richter ersuchte, sich die Aufführungen auszusuchen, die er zu dirigieren wünschte. Doch blieben alle Anstrengungen Mahlers, der Oper den berühmten Kollegen zu erhalten, erfolglos. Er verließ Wien sehr bald, wozu wahrscheinlich die Verstimmung über die Verdunkelung seines alten Ruhmes durch den jungen Glanz des Mahlerschen Wirkens wesentlich beigetragen hat. Seine Tätigkeit verlegte er nach England, wo er das Hallé-Orchester in Manchester übernahm und auch reguläre Konzerte in London leitete; mir ist ein sehr anregender Abend im Gedächtnis geblieben, den ich etwa 1910 dort mit ihm und seiner Tochter verbracht habe.

Meine anderen Kollegen waren der etwa sechzigjährige Robert Fuchs – er ging bald in Pension – und der achtunddreißigjährige Franz Schalk, mein Vorgänger in der Berliner Stellung, den ich nun kennenlernte und mit dem ich elf Jahre lang an der Wiener Oper und in späteren Jahren an den Salzburger Festspielen zusammen wirkte. In einem der prachtvollen Bureaus – ich habe nirgends in der Welt neben einem so edlen Glanz des öffentlichen Teiles eines Opernhauses eine so stille Vornehmheit der Verwaltungs- und Probenräume gesehen, wie in der Wiener Oper – in einem der Bureaus also hauste ›die Routine‹ in Gestalt des Oberregisseurs und früheren Tenors August Stoll und des artistischen Sekretärs, früheren Chordirektors Karl Wondra. Die beiden Herren saßen sich Jahrzehnte hindurch verwaltend an ihren Schreibtischen gegenüber und vertraten an diesem Platze oder wohin immer im Hause ihre Pflichten sie führten, den beharrenden, unrührbaren Geist einer früheren Epoche, bis die einzige ihnen überlegene Macht, die der Zeit, ihr Wirken beendete.

Meine hoffnungsvolle Stimmung sollte bald von einer schweren Erschütterung abgelöst werden. Ich dirigierte ziemlich viel, und zwar gab mir Mahler zunächst die von ihm einstudierten Opern in der Überzeugung, daß ich um die Wahrung des Niveaus und des Geistes seiner Aufführungen bemüht sein würde. Außerdem aber war mir eine ganz beträchtliche Anzahl anderer Opern zugeteilt worden, darunter Wagners ›Tannhäuser‹, den ich in einer durch eine Fehlbesetzung etwas beeinträchtigten, aber meinem Gefühl nach dramatisch und musikalisch lebendigen Aufführung dirigierte. Zu meinem Erstaunen, ja Entsetzen, las ich am nächsten Morgen einen wütenden Angriff gegen mich in einer führenden Wiener Zeitung, dem ›Neuen Wiener Tagblatt‹. Es handelte sich um mehr als eine schlechte Kritik, um mehr als eine Beschimpfung – was ich las, war ein mit erhobener Stimme ausgesprochener Protest gegen meine Tätigkeit an so hervorragender Stelle, ein Aufruf zum Kampf gegen meine Existenz. Nun war es das erstemal in meinem Leben, daß ich mich so herabgesetzt sah und die Ausdrucksweise des Artikels so maßlos – der Verfasser schrieb z. B. ›ich würde als Dirigent einer Schützenkapelle nicht genügen‹ –, daß die deutliche Bosheit der Absicht seine Wirkung verringern mußte, aber ich war trotzdem tief betroffen und bald um so tiefer, als sich in schneller Folge andere ähnliche Stimmen gegen mich erhoben. Wie mir Mahler sofort sagte, und wie ich später feststellen konnte, war mit dem Angriff gegen mich ein Feldzug gegen ihn eröffnet worden und der strategische Plan ebenso gescheit wie bösartig. Zu jener Zeit, im vierten Jahr seiner Direktion, hatte eine zielbewußte Gegnerschaft gegen Mahler ihre Reihen geschlossen. Gewiß trugen seine Heftigkeit und seine persönliche Rücksichtslosigkeit in Kunstfragen, seine Engagements und Entlassungen, sein Kampf gegen Tradition und Gewohnheiten usw. dazu bei, ihm Feinde im Personal, namentlich im Orchester, aber auch unter den Beamten, im Publikum und in den Zeitungen zu schaffen. Doch wenn er auch keine angreifbaren Handlungen begangen hätte, seine schöpferische, positive Existenz allein bedeutete schon Beleidigung der Philister und Herausforderung an die ›Internationale‹ der Negativen, die in Österreich über eine zahlreiche Vertretung verfügte. Der hohen Blüte der Kultur entsprach die Heftigkeit der Gegenwirkungen, und sachliche Gegner, grundsätzlich negativ Gesinnte, Philister und die in Wien besonders große Zahl der ›Spötter‹ im Sinn des Psalmisten, haßten Mahler und agitierten gegen ihn, wie Cato gegen Karthago. – Ein gegen ihn selbst gerichteter Angriff der Catonen hätte aber wahrscheinlich die zahlreiche Anhängerschaft mobilisiert, während man in der Berufung eines jungen, unerfahrenen Dirigenten auf einen bedeutenden Platz im Wiener Musikleben die Verantwortungslosigkeit des Direktors in Engagements an einem besonders eklatanten Beispiel bloßzustellen hoffte, ohne damit eine Gegenaktion seiner Parteigänger hervorzurufen.

In diesem Sinn erklärten mir Mahler und Freunde den Angriff, und so versuchte ich mich damit abzufinden. Aber die Anfeindungen steigerten sich und breiteten sich aus, ich begann auch im Personal der Oper Gegnerschaft zu spüren, andere kleinere, aber viel gelesene Zeitungen stimmten ein, indem sie in den Kritiken mich, in anderen Spalten wegen meines Engagements Mahler angriffen, niemand setzte sich für mich ein, und auch Mahler konnte mir nicht helfen. Überdies war er gerade zu dieser Zeit von einem persönlichen Erlebnis ausgefüllt, er hatte Alma Schindler, das ›schönste Mädchen Wiens‹, kennen und lieben gelernt und, wie es bei ihm nur natürlich war, löschte der verhältnismäßig spät entfesselte Sturm des Herzens – er war einundvierzig Jahre alt – alle Lichter aus, er sah meine Lage nicht, wenigstens nicht in ihrer Bedrohlichkeit, konnte meine Sorgen nicht allzu ernst nehmen, und ich wiederum, je klarer ich die Gefahr meiner Situation erkannte, fühlte um so weniger die Neigung, Freunde oder freundlich Gesinnte mit meinen Angelegenheiten in Anspruch zu nehmen. Ich war außerordentlich erstaunt und völlig ratlos.

Meiner Natur gemäß prüfte ich, ob meine Leistungen, wenn auch nicht zu so maßlosen Beschimpfungen, doch vielleicht zu ernsterem Tadel Anlaß gaben, und ich hätte nicht ich sein dürfen, um mir nicht aller möglichen Schwächen und Fehler bewußt zu werden. Ich vermißte in mir die kritische Wachsamkeit während meines Musizierens, fand Sprunghaftigkeit in meinen Tempo-Modifikationen, entdeckte Unzuverlässigkeit und selbst Ungeschicklichkeit in meiner Dirigiertechnik, und ehe ein paar Wochen vergingen, konnte ich nicht mehr dirigieren und fand in den bösartigsten Besprechungen meiner Leistungen mehr als einen Tropfen Wahrheit.

Die Grundlage meiner beruflichen Existenz war erschüttert, ich begann, wenn auch nicht an meinem Musikertum, doch an meiner Mission als Dirigent zu zweifeln, und alle meine früheren Erfolge konnten mir nichts helfen – hier in Wien, in der Stadt der Musik, in meiner Wahlheimat war ich gewogen und zu leicht befunden worden. Gerade zu dieser Zeit bot mir nun die Kölner Oper die Stellung ihres ersten Kapellmeisters unter außergewöhnlich günstigen Bedingungen an, und die Verführung, nach Schluß der Saison die mir verleidete Atmosphäre Wiens zu verlassen und in der glänzenden Kölner Position mein Selbstbewußtsein wieder zu gewinnen, war groß.

Fast waren meine Frau und ich schon gewillt zuzugreifen, als sie beschloß, erst noch Mahlers Ansicht zu hören. Ich hatte ihr vorgeschlagen, ihm die Stellungnahme zu ersparen; denn hätte er von Köln abgeraten, so wäre seine Verantwortung für mein Schicksal in Wien gestiegen, gegenteiligenfalls sah es aus, als wolle er mich seinen Feinden opfern. Der kräftige Weltsinn meiner Frau widersetzte sich meiner Rücksichtnahme, und sie konsultierte Mahler hinter meinem Rücken. Sie beichtete mir nun den Besuch und erzählte mir zu meinem Erstaunen, er habe ihr gesagt, ich hätte – ohne irgend eine Schuld oder Schwäche von meiner Seite – in Wien ›verspielt‹; wer aber einmal hier verloren habe, könne nicht wieder siegen; er würde natürlich meinen Kontrakt durchhalten, aber in meinem Interesse rate er zur Annahme des Kölner Vertrages. Da fühlte ich mich plötzlich stark und meiner Verpflichtung gegen mich und meines Entschlusses sicher: mir war Unrecht geschehen und es wäre feige gewesen, es hinzunehmen. »Erst will ich hier siegen, dann gehen«, sagte ich zu meiner Frau, sie stimmte tapfer zu, und wir blieben – und ich habe gesiegt.

Aber es war ein weiter und mühsamer Weg bis dahin, am mühsamsten am Anfang, als ich, wie erwähnt, zu der Überzeugung gekommen war, ich könne nicht mehr dirigieren. Mit welch schlimmen Vorahnungen blickte ich jedem pizzicato-Akkord der Streicher, jedem frei einsetzenden Auftakt in irgend einer Orchestergruppe entgegen! Wie ich auch schlagen mochte, der Akkord ging nicht zusammen, der Auftakt war unpräzis. Wie schrecklich, daß langsame Sechsachteltakte ungenau herauskamen, wenn ich sie auf zwei, steif wurden, wenn ich sie auf sechs schlug. Und nicht nur dirigiertechnisch fühlte ich mich in diesen und ähnlichen Fällen in tückischer Weise gehemmt, auch musikalisch begann ich unsicher zu werden – meine Über-Wachsamkeit auf Einzelheiten stellte sich der Antizipation einer größeren Phrase, dem synthetischen Musizieren überhaupt, hindernd in den Weg. Mir war zumute, als sei ich in einen Sumpf geraten, in den ich langsam immer tiefer einsank. Und niemand zu sehen, der mir zu Hilfe kam!

Da kam ich mir selbst zu Hilfe, und wie der phantastische Baron Münchhausen zog ich mich mit eigener Hand am Schopf aus dem Sumpf. Ich steigerte Wachsamkeit, Selbstkritik und technisches Experimentieren in meinen Proben, dafür verbot ich mir in den Aufführungen jede Selbstbeobachtung und zwang mich, ausschließlich an das Musizieren und zwar nur im Sinn des Ganzen, mit Unterordnung der Einzelheiten, zu denken; vor allem suchte ich meiner eigenen Seelenkraft wieder bewußt zu werden, die Fühlung mit meinem früheren festen Ich zurückzugewinnen. Meine Methode bewährte sich, meine technischen Studien in den Orchesterproben trugen Frucht, und mein vorwurfsvoller Appell an die eigene Seelenkraft gewann mir meine Gesundheit im Musizieren zurück. Allmählich konnte ich es mir leisten, auch in meinen Aufführungen mich meiner wachsenden technischen Erkenntnisse bewußt zu bedienen, eine genügendes Maß kritischen Zuhörens und Beobachtens einzuschalten, ohne daß es den Strom des zusammenfassenden Musizierens und der Gefühls-Kontinuität behinderte, und ich wußte, daß der wichtigste Teil meines Kampfes, gegen die eigene Unsicherheit nämlich, gewonnen war.

Ich hatte mit Mahler nie mehr über meine Situation gesprochen, glaubte ihn auch zu sehr von seinen persönlichen Angelegenheiten absorbiert, als daß ihn mein Musizieren hätte interessieren können, als mir nach einer Aufführung des ›Orpheus‹ von Gluck sein Faktotum Hassinger einen zusammengefalteten Zettel etwa folgenden Inhalts überreichte: »Bravo, sehr schön. Edel im Ausdruck, maßvoll in Tempi, große Freude. M. —« Es war das erste ermutigende Wort von ihm in jener kritischen Periode und wirkte damals auf mich fast wie ein Schluck aus der Medizinflasche im Märchen, nach dem sich alle Wunden schließen.

Ich war mir inzwischen darüber klar geworden, daß die künstliche Empörung gegen mich erst ebben müsse, bevor ich an meine Rehabilitation auf dem Boden denken konnte, wo sie mich beinahe vernichtet hatte, und wollte mein Musikertum zunächst lieber auf einem anderen Gebiet bewähren. Es traf sich glücklich, daß Arnold Rosé, mit dem ich öfter privatim musiziert hatte, mich einlud, in einem seiner Kammermusikabende im Bösendorfersaal pianistisch mitzuwirken. Das erlesene Publikum des Rosé-Quartetts, sowie die Presse, die jene Abende besprach, bereiteten mir den wärmsten Empfang, und meine Anerkennung an diesem und folgenden Abenden ging bezeichnender- und glücklicherweise von jenen Kreisen aus, die man das musikalische Gewissen Wiens nennen konnte. Meine Verbindung mit Arnold Rosé knüpfte sich von da an immer enger, und wir vereinten uns in späterer Zeit, außerhalb seiner alteingeführten Kammermusikkonzerte, zu klassischen Sonatenabenden, die mehr als fünfzehn Jahre hindurch zu den festen Einrichtungen des Wiener Musiklebens gehört haben.

Arnold Rosé war seit seinem siebzehnten Jahr als erster Konzertmeister an dem berühmten Orchester der Wiener Hofoper und der Philharmoniker tätig. Nie werde ich die einzig hohe Schönheit seines Violinsolos im dritten Akt des ›Tristan‹ vergessen, durch das ich zum erstenmal erkannte, wie beglückend es sein konnte, wenn sich ein Individualklang von dem warmen tutti der Geigen mit eindringlich süßer und männlicher Beredsamkeit ablöst. Der Zauber der Roséschen Orchestersoli hat seine Macht über mich ein Menschenalter hindurch ungemindert ausgeübt. Unendlich dankbar bin ich ihm für seine Leistung als Konzertmeister, als der er dem Dirigenten jeden Wunsch von den Augen ablas, keinen Moment in der Höchstspannung des Musizierens bei Proben und Aufführungen nachließ, seine einzigartige Autorität im Orchester immer im Sinn des Kapellmeisters geltend machte und so in einer mehr als fünfzigjährigen Tätigkeit ein klassisches Beispiel von der ›Idee‹ des Konzertmeisters gab. Sein Quartett folgte dem Joachim-Quartett in der Leistung und im europäischen Ansehen, und auch in den seltenen Fällen, da er als Konzertsolist auftrat, blieb ihm der Erfolg treu. Arnold Rosé war ein Urmusikant, unfehlbar in Intonation und Rhythmus, begabt mit einem vollkommenen

Gehör. Er hatte Mahler vom ersten Tag seiner Direktion an bis zum letzten die glühendste Ergebenheit erwiesen, auch mir wurde die Freude und das Glück seiner unerschütterlich treuen Gefolgschaft in Oper und Konzert zuteil, und wir sind außerdem persönlich bis zum heutigen Tage Freunde geblieben. Mit der Beredsamkeit seines Musizierens kontrastierte seine persönliche Schweigsamkeit, die übrigens zu seiner Autorität über die Orchestermitglieder und seine Quartettgenossen beitrug. Man sah dem kraftvoll gebauten Mann mit dem vollbärtigen, etwas professoralen Charakterkopf nicht an, daß er in seinen jüngeren Jahren ein typischer Wiener Lebemann gewesen war, der sogar sein eigenes ›Zeugl‹, d. h. Pferd und Wagen gehalten und selbst gefahren und mit anderer eleganter Jugend in Prateralleen, Praterrestaurants und vornehmen Lokalen der inneren Stadt eine flotte Existenz geführt hatte. 1902 hatte er Mahlers Schwester Justine geheiratet und lebte als musterhafter Gatte und Familienvater mit ihr. England hat den großen Künstler gastlich aufgenommen, als er im Alter von fünfundsiebzig Jahren Österreich verlassen mußte und hat Rosés Verdienste um die Musik in einer Weise anerkannt, die dem englischen Kulturbewußtsein zur hohen Ehre gereicht.

Gegen Ende 1902 blühte mir endlich auch der Opernerfolg, der mich für erlittene Enttäuschungen entschädigen sollte. Mahler übertrug mir die Neustudierung von Verdis ›Maskenball‹, für den die Hofoper ihre herrlichsten jungen Stimmen zur Verfügung stellte: Leo Slezak und Elsa Bland als Richard und Amelia, Leopold Demuth und Edith Walker, die damals noch Altistin war, als Renato und Ulrica, Selma Kurz als Page und Hesch und Grengg als die Verschwörer. (Ich hatte inzwischen gelernt, meinen Begriff von Verdis dramatischer Kraft und Wahrhaftigkeit musizierend zum Ausdruck zu bringen. Dem vokalen und orchestralen appassionata, dem meist maßvollen und gelegentlich schwelgerischen rubato in den melodischen Linien versuchte ich durchweg die dramatische Intention als wesentlichstes Element der Aufführung überzuordnen, die demgemäß ihren Höhepunkt im Spottchor, mit den kontrastierenden Stimmen Amelias und Renatos erreichte.) An jenem Abend eroberte ich mir die Oper, sogar die Stimmen meiner Feinde erlagen einem Anfall nervöser Aphonie – sie haben sich später wieder erholt, aber nie wieder ihre ursprüngliche metallische Resonanz zurückgewonnen, und meine kritischen Gegner haben sich schließlich auf die weniger wirkungsvolle, aber in Wien unendlich verbreitete Rolle der ›Raunzer‹, d. h. Nörgler beschränkt –

und als bald darauf der Prager Theaterdirektor Angelo Neumann sich durch den Erfolg veranlaßt sah, uns alle nach Prag einzuladen, um auch seinem Publikum die so hoch gepriesene Wiener Aufführung vorzuführen, da wußte ich, daß eine neue freundlichere Epoche für mich begonnen hatte. Mit dem majestätischen Neumann verbrachte ich sehr anregende Stunden. Er hatte viel Interessantes aus einer reichen theatralischen Vergangenheit zu erzählen, bedauerte, daß ich ›infolge eines Irrtums in der Theatergeschichte‹, wie er sich ausdrückte, nicht die Reihe der Dirigenten seines Theaters fortgesetzt hatte und wußte viel von Anton Seidl, dem Dirigenten seiner ›Nibelungen-Tour‹, von Nikisch, Mahler und Muck zu erzählen.

Es rührte mich, in dem berühmten alten Prager Theater am Obstmarkt zu dirigieren, wo Mozart selbst 1787 die Uraufführung seines ›Don Giovanni‹ geleitet hatte. Ich pilgerte zur ›Bertramka‹, dem reizenden Häuschen der Josepha Duschek, wo das unsterbliche Werk entstanden war. Und im Wandern durch die interessanten alten Straßen, vorbei an den Barockfassaden, durch den Pulverturm, hinauf auf den Hradschin, über die Moldaubrücken, begann ich eine innige Zuneigung zu der seltsam großartigen, romantisch-düsteren, charaktervollen Stadt zu fühlen, eine Zuneigung, die sich an meinen zahlreichen Besuchen Prags, meinen häufigen Konzerten dort immer gesteigert und bis heut erhalten hat. Und immer wird es mich mit Prag verbinden, daß dort Mozart seine größten Erfolge beschieden waren, und daß ihm die Begeisterung des Prager Publikums sein trauriges Leben verschönte.

Nicht lange nach jener Maskenballaufführung wurden Rosé und ich zu einem Sonatenabend in Prag eingeladen, und wir spielten noch in dem schönen Saal des Rudolphinums, der bald statt der Musik den Sitzungen des böhmischen Landtages dienen sollte. Leider besitzt seither die Musikstadt Prag keinen Saal mehr, der ihrer Musikalität, der Bedeutung der Tonkunst für ihr öffentliches Leben entspricht, und doch denke ich mit Dankbarkeit an herrliche Abende mit der tschechischen Philharmonie in der Luzerna und dem Smetanasaal zurück, die im Lauf der Jahre eine dauernde Beziehung zwischen dem musikalischen Prag und mir geknüpft haben.

Im März 1902 hatte Mahler Alma Schindler geheiratet, die schöne und vielseitig begabte Tochter des Malers Jakob Emil Schindler, dessen sympathische Gestalt in Marmor die Besucher des Wiener Stadtparks erfreut. Durch Alma gewann Mahler äußere und auch innere Verbindung mit der bildenden Kunst, der er bis dahin ziemlich fremd gegenübergestanden hatte. Der zweite Gatte von Almas Mutter, Karl Moll, war ein ausgezeichneter Maler und während er selbst Wien und Wiener Landschaft ohne betonten Modernismus, aber mit farbigem Reiz und poetischem Gefühl wiedergab, betätigte er seine beträchtliche werbende Kraft im Eintreten für fortschrittlichstes Schaffen. Er begeisterte sich für Oskar Kokoschka und Gustav Klimt, er hatte die Ausstellung der Wiener Sezession um Max Klingers sitzenden, halbnackten Beethoven, mit Klimts kühn-bizarren Wandmalereien zustande gebracht; auch Kolo Moser, Mitschöpfer der Wiener Werkstätten, gehörte in den Kreis, der den genialen Musiker und Hofoperndirektor begeistert und freundschaftlich aufnahm und ihm auch die Bekanntschaft mit Alfred Roller vermittelte. Daß aber der äußeren, freundschaftlich gesellschaftlichen Berührung Mahlers mit den Kreisen der Wiener Maler auch eine innere Annäherung an die bildende Kunst folgte, ist außer der intensiven Zusammenarbeit mit Roller hauptsächlich Almas Einfluß zuzuschreiben, denn sie selbst war nach beiden Richtungen begabt. Sie hatte bei dem blinden Theoretiker und Organisten Joseph Labor Kontrapunkt studiert und war später Kompositionsschülerin von Alexander von Zemlinsky geworden, aber die Lieder, die sie nach Gedichten von Goethe, Heine, Novalis, Dehmel usw. geschrieben, verschloß sie, vor Mahlers Blick erschauernd, in ihrer Schublade, und erst in seinem letzten Lebensjahr ließ sie ihn einige davon zur Veröffentlichung auswählen. Die Musikerin und literarisch wie malerisch lebhaft interessierte junge Frau war aber auch bildhauerisch talentiert, und ich sehe sie vor mir stehen, als ich mit Mahler zum Prater hinausgewandert war, um sie aus dem Atelier ihres Lehrers Edmund Hellmer abzuholen, Tonflecken auf dem Bildhauerkittel und an den Händen, hochgerötet von der Spannung der Arbeit und sehr schön. Ich werde später mehr von dieser eigenartigen Persönlichkeit zu erzählen haben.

Da der Wind des Unheils sich gelegt hatte, so dachten wir nun daran, uns eine eigene Wohnung einzurichten, und wir verbrachten in einem Möbelgeschäft der Mariahilferstraße endlose Stunden mit sehnsüchtig versenkter Betrachtung der kostbarsten Einrichtungsstücke, der dann immer schnell entschlossener Ankauf sehr billiger Möbel folgte. Trotzdem war es begeisternd, in eine hübsche Wohnung in der Köstlergasse mit eigener Einrichtung einzuziehen, und das Ereignis erhielt besonders festlichen Glanz dadurch, daß überraschenderweise unsere jungen Freunde, der Komponist Julius Bittner und Gustav Brecher, damals bescheidener Kapellmeister an der Hofoper, später Direktor der Frankfurter, dann der Leipziger Oper, am hellen Tage in Frack, Zylinder und weißen Handschuhen mit Wein und Delikatessen erschienen, um mit uns zu feiern. Unvorsichtigerweise hatten wir beim Mieten nicht an die Möglichkeit familiärer Ereignisse gedacht, und als es sich zeigte, daß wir damit zu rechnen hatten, mußte ich eine etwas größere Wohnung in der Theobaldgasse 7 nehmen, wo im Abstand von drei Jahren unsere beiden Töchter Lotte und Gretel geboren wurden.

Jene Jahre waren die einzigen meines Lebens, in denen ich einen völlig unfaustischen Sinn für eine behaglich bürgerliche Existenz in mir entdeckte. Junge Ehe, Geburt der Kinder, freudig interessierte Beobachtung ihrer Entwicklung, Gedanken über ihre Erziehung – unter Heranziehung von Jean Pauls ›Levana‹ –, wirtschaftlich sorglose Existenz, die schöne, phäakische Stadt mit ihrer reizenden Umgebung, der Glanz des alten Kaisertums, die kultivierte Geselligkeit, die Freunde – ich begann Behagen zu fühlen und bewußt zu genießen. Und wenn wir an einem schönen Frühlings-Sonntagnachmittag im Gummiradler – »Euer Gnaden wissen eh' schon«, sagte der fesche Fahrer auf meine vorsorgliche Frage nach dem Fahrpreis und ich ›wußte eh'‹, daß ich ihm fünf Gulden und Trinkgeld geben müsse – wenn wir durch die Praterhauptallee mit den Doppelreihen der blühenden Kastanienbäume zur Krieau oder zum Lusthaus fuhren und vortrefflichen Kaffee tranken und dort Fiaker auf Fiaker neue heitere, schön angezogene Gäste brachten, fühlte ich selbst Heiterkeit und Zufriedenheit – in irgend einem Sinn schien mir die Getriebenheit, die von Kindheit an meine rastlose Existenz beherrscht hatte, verebbt, nach dem Allegro con fuoco war mein Leben in ein Andantino eingetreten. Ach, es war nur ein kurzer Mittelsatz, und der Wiederausbruch der inneren und äußeren Bewegtheit sollte durch keine Wiederkehr eines ähnlichen bürgerlichen Behagens je wieder unterbrochen werden.

Damit ich aber nicht gar zu sehr von freundlichem Lebensgefühl verweichlicht würde, hatte der mit meiner Erziehung und Züchtigung betraute Schutzengel in die Periode meines Seelenfriedens eine recht beunruhigende Erkrankung eingeschaltet, die uns im Jahr der Geburt unseres ersten Kindes ernste Sorgen bereitete. Mich befiel ein Armleiden, wie es die ärztliche Wissenschaft als ›Berufskrampf‹ bezeichnet, das aber einer Lähmung verzweifelt ähnlich sah. Als die anfänglichen rheumatisch-neuralgischen Schmerzen sich bis zu solcher Unbrauchbarkeit des rechten Armes gesteigert hatten, daß ich aufhören mußte, zu dirigieren und Klavier zu spielen, begann ich zu ahnen, daß die längst vergangene und überwundene Krise als Kapellmeister, meiner nachzürnenden Natur gemäß, sich noch einmal auf diesem ungewöhnlichen Wege in Erinnerung bringen wollte, und ich suchte einen bedeutenden Arzt nach dem anderen auf, erhielt von jedem die Bestätigung psychogener Elemente in der Erkrankung, machte Kuren vom Schlammbad bis zum Magnetismus und beschloß endlich, den großen Schöpfer der Psychoanalyse, Professor Sigmund Freud zu konsultieren, resigniert zu monatelanger Seelendurchforschung nach einer Krankheitsursache, die mir gar nicht unbekannt war. – Meine Konsultation verlief völlig anders als vermutet. Anstatt mich über sexuelle Verfehlungen im Säuglingsalter zu befragen, wie ich in meinem laienhaften Unverstand erwartet hatte, untersuchte Freud kurz meinen Arm, ich erzählte ihm meine Geschichte und dachte, er würde sich für den Zusammenhang einer vor über Jahresfrist erlittenen Kränkung mit einem aktuellen Armleiden fachlich interessieren. Statt dessen fragte er mich, ob ich schon einmal in Sizilien gewesen sei, und als ich verneinte, sagte er, es sei sehr schön und interessant und griechischer als Griechenland und kurzum, ich solle noch am selben Abend abreisen, den Arm und die Oper vergessen und ein paar Wochen lang dort im Süden die Augen aufmachen. Und so geschah es, und ich fuhr am selben Abend, mit aller möglichen Literatur über Sizilien im Koffer nach Genua, ging durch die interessanten Straßen der herrlich gelegenen Stadt, blickte ehrfurchtsvoll in die schönen Tore und auf die mächtigen Treppenanlagen der alten Paläste, und nachdem ich mir im Büro der ›Navigazione Generale‹ eine Schiffahrtskarte erstanden hatte, fuhr ich am nächsten Morgen, begeistert nach Genua zurückschauend, auf das Ligurische Meer hinaus, Neapel entgegen.

Soviel ich weiß, war mir von italienischer Schönheit bis dahin nur Mailand und Venedig bekannt geworden, und ich hatte absichtlich den Seeweg gewählt, weil es mir untragbar, ja frevelhaft erschienen wäre, mit der Bahn durch Städte der Anbetung und Sehnsucht wie Florenz und Rom flüchtigen Blickes zu jagen, nur um in Sizilien so zeitig einzutreffen, daß ich die durch meine Finanzlage begrenzte Zeit auch für den eigentlichen Zweck der Reise ausnutzen konnte. Ich kam gegen Mittag in Neapel an, und als mein Auge vom Schiff aus den Vesuv, die Stadt und ihre Umgebung umfaßte, starb ich zwar nicht, aber ich fühlte mich auch nicht mehr ganz auf dieser Welt, und es bedurfte aller Aufdringlichkeit und Betrügerei der Einspänner mit ihren kleinen Pferdchen, aller Gerüche von den Straßenküchen, allen Geschreis der Warenausrufer, aller naiv unmoralischen Anträge in der Galleria Umberto, um mich mittels der sehr weltlichen Eigenheiten des paradiesischen Ortes zur Erde zurückzubringen. Schmerzlich war mir, auf Capri zu verzichten, doch es drängte mich nach Sizilien, und so fuhr ich am nächsten Abend mit dem Dampfer der regulären Schiffahrtslinie nach Palermo. Das Schiff war klein, die See ging hoch, und ich war in unwürdiger Weise seekrank, aber die herrliche Einfahrt in Palermo mit dem Anblick des Monte Pellegrino im Morgenlicht entschädigte mich reichlich.

Freuds Verordnung gehorsam, bemühte ich mich, nicht an mein Leiden zu denken, und wirklich half mir dabei die Macht der erstmaligen Begegnung mit dem Griechentum, das dort aufregend von allen Seiten auf Auge und Seele eindrang. Tiefer noch als einzelne bedeutende Eindrücke, wie das griechische Theater in Taormina, die Kahnfahrt auf dem Anapò unter den Payrosstauden, tiefer sogar als die Tempel bei Girgenti, wirkte auf mich die heroische Landschaft selbst, die mir in den großartigen Bergformen, in der erhabenen Öde um Syrakus, in Fluß und Feld und den edel geformten Meeresbuchten ein idealer Schauplatz für Goethes klassische Walpurgisnacht schien. Eine wildbewegte Vergangenheit, Monumente, in denen sie bewahrt war, eine ihr verwandte Natur, hoben mich Wochen hindurch über die Gegenwart und meine Sorgen hinaus, bis ich feststellen mußte, daß meine Seele viel, aber mein Arm nichts von meinen Fortschritten im Griechentum gewonnen hatte. Auch war es kalt, und ich fühlte, daß ich Wärme brauchte. So beschloß ich, mit dem spärlichen Rest meiner Mittel die französische Riviera aufzusuchen, deren schöne Besonntheit die Zeitungsberichte anpriesen.

Ein unangenehme Stunde hindurch zweifelte ich allerdings, ob mir noch irgendein Verweilen im Schein der Sonne gegönnt sein würde: ich hatte geplant, über die Meerengen zwischen Sizilien und dem Festland nach Neapel zu gehen und befand mich nachts im Hotel in Messina, als ich mit einem Schwindelgefühl erwachte, mein Zimmer sich zu heben und dann zu neigen schien und mein lebendig gewordenes Bett mich mit großer Energie zur Erde schleuderte wie ein wildes Pferd im Rodeo den lästigen Reiter. Der Vergleich stammt natürlich von Filmeindrücken aus viel späterer Zeit; aber wäre selbst damals meine Bildung schon mit so westlichen Sitten bekannt gewesen, so hätten doch keine Vergleiche Raum in meinem Kopf gefunden neben dem einen Gedanken: ein Erdbeben. Als ich nach einigen Minuten der Ruhe versuchte, mich zu erheben, wurde ich durch ein neuerliches Aufsteigen, Zittern und Fallen meines Zimmers — was war dagegen die Dampferfahrt nach Palermo gewesen? — sowie durch den Sturz der Bilder von der Wand zum Stilliegen gemahnt. Es schien mir daher weiser, geduldig das Ende des irdischen Krampfanfalls abzuwarten, bevor ich mich wieder dem Bett anvertraute. Wie enttäuscht war ich, als am nächsten Morgen kein schreckensbleiches Gesicht und keine aufgeregte Erzählung, sondern nur eine höfliche Floskel des Kellners beim Servieren — ›un piccolo terramoto, Signor‹ — das nächtliche Abenteuer bestätigte und ich somit erfuhr, daß es ganz anderer Erschütterungen für diese verwöhnten Messinabewohner bedurfte, um ihre Aufmerksamkeit zu erregen. Ich sagte mir dann, daß die Stumpfheit wahrscheinlich mit der Häufigkeit der Erdstöße in jener Gegend zu erklären sei und daß ich mich nicht schämen müsse, auf mein erstes Erdbeben mit panischem Schreck reagiert zu haben. Denn es ist ein fürchterliches Erlebnis, wenn die Grundlage unserer animalischen Existenz, der feste Boden unter den Füßen ins Wanken kommt, und ein gesunder Instinkt antwortet wahrscheinlich auf kein Elementarereignis mit solchem Ur-Entsetzen, wie auf ein Erdbeben. Als ich im Jahre 1908 las, daß eine seismische Katastrophe größten Ausmaßes dem schön gelegenen, blühenden Messina Tod und Zerstörung gebracht hatte, dachte ich an das ›piccolo terramoto‹ und sah im Geist das höfliche Lächeln des Kellners zu medusenhafter Grimasse erstarren und die Mauern über ihm zusammenstürzen.

Von Messina nach Reggio di Calabria verkehrte regelmäßig eine Fähre, aber mein durch das nächtliche Erlebnis gesteigertes Lebensgefühl wehrte sich gegen die prosaische Kombination von Skylla und Charybdis mit einem Wasser-Omnibus. So mietete ich mir für die durchaus nicht unbedenkliche Fahrt über die Strudel leichtsinnigerweise ein Ruderboot mit einem Bootsmann, der meine auf italienisch geäußerte Frage, ob er und sein Boot stark genug für die Fahrt seien, mit einer Flut stolzer Versicherungen in sizilianischem, mir nicht verständlichen Idiom und schwungvoller Gestikulation beantwortete. Auf der Fahrt hörte ich zwar nichts von der Charybde Geheul, das Schiller in seinem ›Taucher‹ schildert, aber die Wildheit der Strudel genügte, unser kleines Boot geraume Zeit heftig umherzuschleudern, bis es schließlich meinem Schiffer glückte, mit Hilfe eines kleinen roten Segels und vieler Flüche, vermischt mit Anrufen an die Madonna und an seinen Schutzheiligen, glattes Wasser und dann Reggio di Calabria zu erreichen. In nächtlicher Bahnfahrt gelangte ich nach Paestum, wo der Eindruck des vollkommensten griechischen Tempels im Licht des Vollmonds sich für immer in meine Seele eingrub und von da zurück nach Neapel. Am Abend hörte ich ›Rigoletto‹ im Teatro San Carlo, und wenn auch die Vorstellung selbst mich nicht sehr interessierte, bewunderte ich doch das prächtige Haus, genoß das begeisterte, lärmende Publikum und erfreute mich besonders an einem Erlebnis, wie es mir damals nur in Süditalien zuteil werden konnte. Als ich nämlich im Zwischenakt meine Reihe im Parkett verlassen wollte, mahnten mich meine Nachbarn mit aufgehobenen Zeigefingern und höflich zischenden Dialektworten zum Abwarten: einige Sitze entfernt von mir gab eine junge Mutter einem Säugling die Brust, und die sonst so ungebärdigen, lauten Neapolitaner warteten geduldig und mit ehrfürchtiger Sympathie für den Vorgang, bis das Kind sich sattgetrunken hatte, um dann allerdings mit dem ortsüblichen Ungestüm hinauszudrängen.

Ich fuhr wieder mit dem Schiff nach Genua, wo ich meine Frau traf und weiter mit ihr nach Monaco. Täglich stieg ich dort auf den Felsen hinauf, um den kranken Arm der Sonne auszusetzen – vergeblich. Ich kehrte nach Wien zurück und klagte Freud mein Leid. Sein Rat war – dirigieren. »Aber ich kann den Arm nicht rühren.« »Versuchen Sie es jedenfalls.« »Und wenn ich aufhören muß?« »Sie werden nicht aufhören müssen.« »Kann ich eine Störung in einer Aufführung verantworten?« »Ich verantworte sie.« Und so dirigierte ich ein wenig mit dem rechten Arm, dann links, gelegentlich nur mit dem Kopf und manchmal über der Musik den Arm vergessend. In unserer nächsten Unterredung merkte ich, daß es ihm auf dies Vergessen ankam. Ich versuchte nochmals zu dirigieren, wiederum das gleiche, deprimierende Resultat. Zu jener Zeit hatte ich Feuchterslebens ›Beiträge zur Diätetik der Seele‹ entdeckt. Ich las und lernte, mit eifriger Bemühung suchte ich mich in die Gedankengänge des genialen Buches hineinzufinden, in dem ein Arzt, der zugleich Dichter ist, dem leidenden Menschen einen seither gangbar gemachten Weg mit Weisheit gewiesen hat. Ich versuchte auch, mich in Freuds Ideen einzuleben und von ihm zu lernen, ich bemühte mich, meine Dirigiertechnik der Schwäche meines Armes anzupassen, ohne sie zu schädigen, und mit Lernen und Vergessen, mit Bemühen und Vertrauen gelang es mir, mich in meinen Beruf zurückzufinden. Jetzt erst wurde mir klar, daß ich ihn während der vergangenen Wochen in Gedanken bereits aufgegeben hatte.

## 5

Obwohl ich kein Komponist bin, glaube ich doch, meine früheren Kompositionen und meine Erlebnisse als schaffender Musiker zu der Zeit, als ich mich noch dafür hielt, erwähnen zu müssen.

Ich hatte Richard Strauss, als dem Vorsitzenden des Allgemeinen Deutschen Musikvereins eine vor mir komponierte ›Symphonische Phantasie‹ vorgespielt, als er, glaube ich, während der letzten Proben und zur Premiere seiner ›Feuersnot‹ in Wien weilte. Strauss zeigte ernstes Interesse für meine Komposition, und sie gelangte auch 1904 bei dem nächsten Musikfest in Frankfurt am Main unter meiner Leitung zur Aufführung. Ich hatte versucht, die phantastische Atmosphäre von Ibsens ›Peer Gynt‹ symphonisch wiederzugeben und schloß in der Stimmung des Wiegenliedes, mit dem Solvejg dem Sterbenden Verzeihung und Frieden bringt. Das Stück fand eine geteilte, aber erregte und daher nicht entmutigende Aufnahme. In einer anderen Veranstaltung des gleichen Musikfestes machte die Uraufführung der Strauss'schen ›Sinfonia Domestica‹ eine überwältigende Wirkung, und ich möchte im Rückblick bemerken, daß die Auswahl der zeitgenössischen Werke verschiedenster Richtungen und Stile von der offenen Gesinnung der Kommission ein durchaus vorteilhaftes Bild gab. Überhaupt kann ich der Verdienste des Allgemeinen Deutschen Musikvereins um das Musikleben in Deutschland, seines frischen, fortschrittlichen Geistes und ernsten Verantwortungsbewußtseins nur mit großer Achtung gedenken. Bei einem früheren Musikfest in Krefeld im Jahr 1902 war Mahlers dionysischer Dritter Symphonie – die Vierte war bei keinem Musikfest, sondern 1901 in einem der Münchener ›Kaim-Konzerte‹ uraufgeführt worden – ein gewaltiger Erfolg beschieden gewesen, der in seinem Leben Epoche gemacht und ihm als Komponisten den gebührenden Platz im Vordergrund des Zeitinteresses gegeben hatte.

Ein Klavierquintett von meiner Hand kam 1905 bei dem Musikfest in Essen, wo Mahlers tragische Sechste Symphonie ihre Premiere hatte, zur Aufführung und erfreute sich, soweit ich zurückdenken kann, des Interesses und der Sympathie der Hörer. Die Uraufführung meiner

Ersten Symphonie fand 1908 unter meiner Leitung in Wien statt, und ich dirigierte sie später, ich glaube 1909, in einem der Orchesterkonzerte in Straßburg, die unter Pfitzners Führung standen. Eine zweite Symphonie und eine Ballade für Chor und Orchester nach Schillers ›Das Siegesfest‹ habe ich nicht mehr aufzuführen versucht, weil mit diesen Werken meine Zweifel an meiner schöpferischen Begabung Gewißheit geworden waren, und nur eine Klavier-Violinsonate, Arnold Rosé gewidmet, hat – wohl infolge eines mir heut noch werten Mittelsatzes – meine damalige Absage an mich um einige Jahre überdauert.

Wir hatten eine ›Vereinigung schaffender Tonkünstler‹ gegründet, der Alexander von Zemlinsky, Arnold Schönberg, ich, Gerhard von Keußler u. a. angehörten und die Mahler zum Ehrenpräsidenten wählte. Schönberg war sicherlich die kompositorisch bedeutendste Erscheinung unter uns, auch die, welche die größte Aufregung im Wiener Musikleben hervorrief. Er hatte gerade sein Streichsextett ›Verklärte Nacht‹ geschrieben, Rosé nahm es zur Aufführung an, und Mahler, der einer Probe beigewohnt, sprach mir mit großer Wärme davon. Ich selbst empfing von dem Werk in einer herrlichen Wiedergabe im Bösendorfersaal einen hinreißenden Eindruck. Trotz seiner Wagner-Verwandtschaft und Sequenzen-Krankheit fand ich es durchaus eigenartig, voll überzeugender Kraft der Stimmungen und hoher Ekstase, dabei reich an musikalischer Substanz. Vom ersten tiefen D an fühlte ich mich ergriffen und in seinen Zauberkreis gebannt, und so wie mir ging es vielen, darunter auch Mahler. In unseren begeisterten Beifall aber mischten sich wütendes Zischen und höhnische Zurufe, und Mahler erzählte mir nachher, als er einem ihm ins Gesicht zischenden Nachbarn empfohlen hatte, sich zurückzuhalten, wenn er ihn, Mahler, applaudieren sähe, habe dieser erwidert: »Bei Ihrer Symphonie habe ich auch gezischt«, und Mahler hatte sich darauf mit den Worten abgewandt: »So sehen Sie auch aus«. In der Tat hatte die ›Vierte‹, die Idylle unter Mahlers symphonischen Dramen, kurz vorher in ihrer Wiener Erstaufführung eine Aufregung hervorgerufen, die beinahe zu Tätlichkeiten zwischen Enthusiasten und Empörten aufgeflammt wäre. Solche kriegerischen Szenen im Konzertsaal fanden gewöhnlich wochenlange Fortsetzung in erhitzten Debatten unter Musikern und im Publikum und zeugten von dem weitverbreiteten, leidenschaftlichen Interesse für musikalische Vorgänge. Nicht geringere Aufregung entfachte später Schönbergs symphonische Dichtung ›Pelléas und Mélisande‹, noch größere wenn möglich, seine Streichquartette, namentlich das zweite, in dem die Gutheil-Schoder ihr Sopransolo ausdrucksstark gesungen hatte. Aber aus allen Werken war allmählich das feste Bild der in sich geschlossenen Persönlichkeit erstanden, die, ungestört durch den Streit, den sie entfachte, mutig ihren Weg ging. So sehr ich Schönbergs Tapferkeit und Unbeirrbarkeit bewunderte, so tief ich von seinem erlesenen Musikertum durchdrungen und auch durch bedeutende Teile der späteren Kammermusik und Vokalkompositionen angezogen war, konnte ich ihm doch immer weniger auf seinem Wege folgen, der mir ein Abweg schien, und meine moralische Zustimmung zu seiner imponierenden Existenz ist bis heut mit meiner musikalischen Ablehnung dieser mir abstrakt und experimentierend erscheinenden Tonsprache zu keiner Aussöhnung gelangt. Die heroische Romantik, die erhabene Lyrik und bizarre Kühnheit seiner ›Gurrelieder‹ sind mir ans Herz gewachsen, ich habe das mächtige Werk öfters aufgeführt, auch die ›Verklärte Nacht‹ in ihrer Fassung für Streichorchester erst im Jahr 1943 wieder in New York mit Freude zum Erklingen gebracht – aber seinem Schaffen nach den Quartetten ist meine musikalische Konstitution nicht gewachsen. Zweifellos ist Arnold Schönberg nicht nur ein reiner, konzessionsloser Idealist, sondern auch ein Musiker von gewaltiger, eigenartiger Intuition, und ich meine es mit der Versicherung ernst, daß ich glücklich sein würde, wenn ich in einer künftigen Existenz, die mich durch höhere Organe musikalischer Perzeption besser belehrt, ihn wegen meines primitiven irdischen Nichtverstehens um Vergebung bitten könnte.

Mit der Uraufführung der Mahlerschen ›Fünften‹ in Köln im Jahr 1904 ist ein Erlebnis verknüpft, das ich erzählen möchte, da es mir bedeutenden Eindruck gemacht hat und für Mahler bezeichnend scheint. Er hatte seit dem Erfolg in Krefeld einen Verleger gefunden, und sein Ansehen war so groß geworden, daß dieser ihm ein bedeutendes Honorar für die im Entstehen begriffene ›Fünfte‹ bot. Beglückt durch dies Symptom seiner steigenden Geltung als Komponist, akzeptierte Mahler das Angebot und erhielt bei der Übergabe der fertigen Partitur die für damalige Begriffe ungewöhnlich hohe Summe von, ich glaube, fünfzehntausend Mark. Mit der Fünften Symphonie nun beginnt Mahler einen höher entwickelten Stil der Polyphonie, der seine Instrumentationstechnik vor neue Probleme stellte, und es zeigte sich in der Kölner Aufführung, daß sie nicht gelöst waren, daß das Gewebe der Stimmen nicht mit der geplanten Klarheit erklang. Ich konnte Mahlers ungünstigen Eindruck nur bestätigen, und sein Entschluß stand fest: uminstrumentieren. In monatelanger Arbeit schuf er eine fast durchweg veränderte Partitur und stellte das Honorar dem Verleger wieder zur Verfügung, um das gesamte Material teils neu zu drucken, teils zu korrigieren, wodurch bestimmt ein beträchtlicher Teil des weltlichen Lohnes den Ansprüchen der geistigen Reinheit zum Opfer fiel.

So lange Mahler an der Oper wirkte, stand meine Position – gleich der des mir koordinierten Franz Schalk – in seinem Schatten, was mir angesichts seines Künstler- und Meistertums wie seiner direktorialen Kompetenzen nur selbstverständlich schien. Trotzdem hatte sich meine Stellung auch noch während Mahlers Anwesenheit entscheidend gewandelt, war meine Tätigkeit schon damals zu Bedeutung und Ansehen gelangt. Die ›vierte Galerie‹ versäumte keine Gelegenheit, mich stürmisch zu feiern, ich fühlte überhaupt die Wärme des Opernpublikums in meinen Aufführungen – das musikalische Wien hatte mir sein Herz geöffnet. Das spürte ich auch außerhalb der Oper in den immer häufigeren Konzerten, die ich in Wien zu dirigieren hatte und in meinen gelegentlichen pianistischen Mitwirkungen in Kammermusikabenden. Auch die Einladungen zu Gastdirektionen in Budapest mehrten sich, und Prag setzte die begonnene Beziehung fort. Carl Goldmark, Komponist der ›Königin von Saba‹ und des ›Heimchen am Herd‹, die ich beide in Wien dirigierte, hatte Mahler ersucht, mir die Premiere seines ›Wintermärchen‹ anzuvertrauen und, obwohl die Oper eine Abnahme seiner Schaffenskraft zeigte, machte mir die Einstudierung Freude, schon wegen der Verbindung mit dem klugen, vornehmen und doch immer feurig fühlenden alten Meister. Erwähnen möchte ich auch meine Neustudierung von Aubers ›Die Stumme von Portici‹, bei der ich auf einen Vorschlag von Alfred Roller hin ein junges Mädchen aus dem Corps de Ballet, Grete Wiesenthal, versuchsweise für die mimisch sehr anspruchsvolle Rolle der Stummen in Betracht gezogen und an ihr nicht nur eine wahrhaft rührende Darstellerin der Fenella gewonnen, sondern auch, ohne es zu ahnen, der hochbegabten Tänzerin und ihrem für Wien neuen Stil den Weg zur Anerkennung, ja zum Ruhm eröffnet hatte.

Wichtiger aber als meine Arbeit war für mich das Miterleben der immer höher sublimierten Tätigkeit Mahlers in seinen letzten Wiener Jahren. Nach glanzvollen Aufführungen in früherer Zeit wie die der ›Louise‹ von Charpentier, des ›Corregidor‹ von Hugo Wolf, von ›Hoffmanns Erzählungen‹ usw. war er nun durch die Verbindung mit Roller zu der Schaffung jenes höheren musikalisch-dramatischen Stiles gelangt, von dem ich gesprochen habe. Wie erwähnt, handelte es sich vielfach dabei um Versuche und nicht alles konnte gelingen. Ich empfing mit Freude aus Mahlers Hand die Herrlichkeiten Mozarts, und mein Verständnis für ihn vertiefte sich selbst an manchen Schwächen oder Gewagtheiten der Wiedergabe. Gestört z. B. durch ein prunkvolles Rot der Rosenbeete, von Roller augenscheinlich als farbiger Ausdruck des überschäumenden Lebensgefühls in der Champagnerarie Don Juans gemeint, erkannte ich zunächst, daß Mozarts maßvolles Orchesterkolorit sich mit einer so üppigen Farbe nicht vertrug, sodann aber, daß das Bühnenbild einem Mozartschen Werk überhaupt nicht ›so nah auf den Leib rücken‹ dürfe, daß ihm eine stillere Rolle von Mozarts dramatisch-musikalischem Stil auferlegt sei. Das hätte ich freilich niemals beweisen können, doch war ich meiner intuitiven Erkenntnis so unerschütterlich sicher, daß ich zu Mahler darüber sprach, der nach anfänglichem Zögern schließlich zustimmte. Die Bedeutung des Grundprinzips jener Inszenierung, des festen Rahmens, innerhalb dessen der häufige Wechsel der Dekorationen schnell vor sich gehen kann, leuchtete mir sofort ein, wenngleich ich die berühmten Türme selbst gar zu stilisiert und, wie manches, was zwischen ihnen erschien, ›unmozartisch‹ fand. Fühlte ich mich durch alles, was zur Drastik oder gar Überbetonung neigte, im Mozartschen Werk gestört, so empfand ich mit voll bewußter Befriedigung den Ausdrucksernst der Mahlerschen Interpretation. Denn unerträglich war mir die spielerische, immer auf ›Grazie‹ zielende Art der Mozartaufführungen in Oper und Konzert geworden, der ich ihr gelegentliches Alternativ, die akademische Trockenheit, vorzuziehen gelernt hatte. Mir war hinter dem Maß in Form, Ausdruck und Mitteln Mozarts Kraft und Größe erschienen, ich fing an, den Dramatiker zu begreifen und, mit aller Ehrfurcht und Bescheidenheit, eine beglückende Nähe zu seinem Wesen zu empfinden.

Ich fühlte mich auch belehrt durch manche Experimente Mahlers in Besetzungsfragen, von denen ich die Zuteilung der Baßpartie des Kaspar im ›Freischütz‹ an den Bariton Josef Ritter im Gedächtnis behalten habe. Die Bassisten der Oper waren alle gutmütige Herren, denen niemand einen satanischen Bösewicht zutrauen konnte. Der eminent begabte Bassist Hesch besaß zwar den erwünschten dämonischen, aber zugleich auch einen unerwünschten tschechischen Akzent, der für ein Wiener Ohr im Dialog des ›Freischütz‹ komisch geklungen hätte. Dem vortrefflichen Ritter dagegen war ein ausgesprochenes Talent zur Darstellung des Bösen und Wilden zu eigen, und Mahler stellte in seiner

Besetzung die dramatischen Forderungen über die stimmlichen. Das Experiment gelang nur halb. Ritter fühlte sich durch die tiefe Stimmlage der Rolle geniert, seine starke Persönlichkeit konnte sich nicht frei entfalten, und statt daß der dämonische Ausdruck seine stimmliche Unzulänglichkeit verdeckt hätte, beeinträchtigte sie die Entfaltung dramatischer Kraft im Gesangsteil der Rolle und verstimmte dadurch den Künstler sogar auch für den Dialog. Aber selbst in dem verfehlten Experiment Mahlers erschien die Unfehlbarkeit seiner Vision und diese war es, die seiner gesamten Tätigkeit den Charakter des Außergewöhnlichen, des Festlichen, kurz des Künstlerischen verlieh – in seinem Bezirk gab es keinen Alltag und keine Routine. Um so größer war die Gefahr, daß Alltag und Routine ihre staubige Macht über die anderen Aufführungen der Hofoper ausübten, doch glaube ich, die schwere Aufgabe erfüllt zu haben, auch aus meinem Bereich jene finsteren Geister fernzuhalten.

Im Jahre 1905 brachte Mahler die ›Rose vom Liebesgarten‹ heraus. Seine anfängliche Abneigung gegen das Buch und vielleicht ein wenig auch gegen den musikalischen Stil war schließlich der Erkenntnis gewichen, daß das Werk Anspruch darauf habe, in der Wiener Hofoper gehört zu werden. Alma, glühende Verehrerin und persönliche Freundin Pfitzners, hatte dazu beigetragen, indem sie jeden Morgen den Klavierauszug der ›Rose‹ geöffnet auf das Klavier legte. Mahler, der die Hartnäckigkeit eines solchen ›Zufalls‹ gar nicht bemerkte, hatte anfangs nur zerstreut und verwundert in den Noten geblättert, es konnte aber dann nicht fehlen, daß daraus ein wachsendes Interesse und ein ernstes Studium entstand. Außerdem hörte er jedesmal bei mittägiger Rückkehr aus der Hofoper in seine Wohnung die Musik der ›Rose‹ erklingen, in deren melodischen Reizen Alma am Klavier gerade zu jener Stunde zu schwelgen pflegte und so kam es schließlich zur Annahme des Werkes, um die natürlich auch ich in beständigen Hinweisen auf seine Bedeutung bemüht gewesen war. Ich trat auch sonst mit allem Feuer für die ›Rose‹ ein. Ich spielte und sang in engeren und weiteren Freundeskreisen ganze Akte vor und ich erinnere mich besonders an einen Nachmittag im Hause des originellen Gustav Schönaich, eines geistreich temperamentvollen Falstafftyps, Freundes von Felix Mottl und alten Bayreuther Vorkämpfers, wo es mir gelang, einen keineswegs günstig disponierten Kreis von Musikern, Musikfreunden und Literaten völlig zur ›Rose‹ zu bekehren. – Ich folgte einem tiefsten Drang meiner Natur, wenn ich durch die Überredungskraft meines Musizierens die Herzen meiner Zuhörer für Musik zu entflammen suchte, die ich liebte, und ich bekenne hiermit, daß diese apostolische Seite meines Wesens, deren ich mir immer klarer bewußt wurde, meiner gesamten künstlerischen Tätigkeit Antrieb und Sinn gegeben hat.

So kam das große Ereignis der Premiere heran. Pfitzner war in Wien eingetroffen und wohnte bei mir als anregender und lieber Hausgenosse, der einen beträchtlichen Teil seiner Zeit als ›Onkel Hans‹ mit unserem zweijährigen Töchterchen spielend verbrachte und überhaupt so heiter, gesellig und mitteilsam war, wie nur er sein konnte, wenn die Sonne sich in günstiger Stellung zu den Planeten befand. Aber die Konstellation schien sich zu verschlechtern, denn Pfitzners Stimmung sank. Die Hauptsängerin seines Werkes erkrankte einige Tage vor der Premiere, und wo sollten wir eine andere ›Minneleide‹ auftreiben? Auswärtige Freunde Pfitzners, darunter Willy Levin aus Berlin und Paul Coßmann aus München waren eingetroffen, um die Aufführung mitzuerleben und zwischen uns wankte Pfitzner, der sich als Zielscheibe feindseliger Mächte fühlte, umher – finster und untröstlich. Bald darauf zeigte der Stand am Firmament eine leichte Besserung, indem sich herausstellte, daß in Graz, fünf Eisenbahnstunden von Wien, eine Sängerin engagiert war, die die Partie der Minneleide gesungen hatte, aber zugleich erfuhren wir, sie habe am Tage unserer Premiere in der Grazer Oper aufzutreten. Daraufhin beschloß Mahler, einen Vertreter nach Graz zu schicken, um durch persönliche Einwirkung auf den dortigen Direktor eine Repertoireänderung und die Beurlaubung der Sängerin zu erwirken. ›Wird der Direktor zu einem solchen Opfer zu bewegen sein?‹ das war die Schicksalsfrage, die uns alle mit banger Erwartung und Pfitzner mit einer nur bei ihm denkbaren Mischung von Hoffnungslosigkeit und Spannung erfüllte. Mich aber bedrückte noch eine näherliegende Sorge: wie bringen wir ihn über die Periode der Ungewißheit fort, wie erlösen wir ihn von einer kaum tragbaren Qual des Wartens? Da die Entscheidung aus Graz erst am nächsten Mittag nach zwölf Uhr zu erwarten war, machte ich den Vorschlag, wir Freunde sollten uns um neun Uhr früh im Zimmer Levins im Hotel Bristol um Pfitzner versammeln, und ich würde versuchen, ihm über das Schneckentempo der Zeit durch Vorlesen hinwegzuhelfen. So geschah es – trotz Pfitzners müder Ablehnung. Wir saßen im Hotelzimmer um den Deprimierten, und ich begann, Lipiners ›Hippolytos‹ vorzulesen. Anfangs unaufmerksam und gleichgültig, begann

Pfitzner bald zuzuhören, und allmählich wuchs seine Spannung und Teilnahme, bis er an meinen Lippen hing. Die Stunden vergingen unbemerkt und plötzlich klopfte es, die Türe öffnete sich und herein stürzte ein Beamter der Hofoper und rief: »Meine Herren, soeben ist aus Graz...« aber Pfitzner unterbrach ihn ärgerlich mit den Worten: »Bitte um Ruhe – nicht stören«, wandte sich dann an mich und sagte: »Bitte lies weiter«.

Ich erzähle diese Geschichte, weil sie so charakteristisch für Hans Pfitzner, wie überhaupt für das Wesen des romantischen Künstlers und seine vollkommene Konzentration auf den Eindruck ist, der seine Seele gerade im Bann hält und alles andere für ihn auslöscht. – So spannungsvoll konzentriert habe ich Pfitzner das ganze Leben hindurch gefunden – hier lag die Quelle seiner Kraft und seiner Leiden. – Übrigens war die Botschaft günstig gewesen, Minneleide kam an, Mahler dirigierte eine herrliche Aufführung der ›Rose vom Liebesgarten‹, und von da an hatte Pfitzner in Wien eine Gemeinde.

Eines Ereignisses aus vielleicht etwas späterer Zeit möchte ich noch wegen seiner tiefen Wirkung und theatergeschichtlichen Bedeutung gedenken. Max Reinhardt brachte seine Aufführung von Shakespeares ›Sommernachtstraum‹ nach Wien, und der kühne Stil der Wiedergabe, die naturalistische Darstellung des Waldes, die einer zauberhaften Leichtigkeit der Elfenszenen reichste Möglichkeiten bot, die saftig derbe Komik der Handwerkerszenen, die lebensvolle Romantik des ganzen Spiels übten eine hinreißende und langhin nachklingende Wirkung aus und halfen Reinhardts Ruhm verbreiten. Pfitzner dirigierte die Mendelssohnsche Musik und trug bedeutend zu der Stimmungskraft der Aufführung bei. Ich war Reinhardt seit seinem übermütigen Berliner Unternehmen ›Schall und Rauch‹, das durch eine wirklich überschäumend talentvolle Parodie auf Schillers ›Don Carlos‹ das Berliner Publikum erobert hatte, nicht mehr begegnet. Nun war er Direktor des Deutschen Theaters geworden, und der erste Ruhm von einer Tätigkeit, die im Buch der Theatergeschichte mit unauslöschlicher Schrift eingezeichnet ist, umglänzte ihn. Auch Mahler genoß die Aufführung des ›Sommernachtstraum‹ und ich besinne mich auf eine Zusammenkunft zwischen ihm und Reinhardt, von der mir beide nachher mit Wärme sprachen. Der Erfolg Reinhardts in Wien war um so höher einzuschätzen, als der Wiener eifersüchtig das Ansehen des Burgtheaters hütete, das übrigens damals, wenn auch nicht mehr über so große Schauspieler wie das ›alte Burgtheater‹, doch noch über ein ausgezeichnetes Ensemble mit Schauspielern wie Josef Kainz, Bernhard Baumeister, Lotte Medelsky, Hedwig Bleibtreu usw. unter der Direktion von Paul Schlenther verfügte und durch schöne Aufführungen wie durch ein würdiges Repertoire sein legendäres Ansehen zu bewahren gewußt hatte.

In das letzte Jahr der Mahlerschen Direktionszeit fiel noch, wenn ich nicht irre, das sensationelle erste Auftreten Enrico Carusos in Wien. Mir wurde die Freude zuteil, die Mehrzahl der Vorstellungen zu dirigieren, in denen er sang. Ich erinnere mich deutlich, wie enttäuscht das Publikum im ersten Akt des ›Rigoletto‹ von seinem ›Questa o quella‹ war, das er mit einer dem Wiener Hause nicht angemessenen Tongebung gesungen hatte, wie die Stimmung sich allmählich erwärmte und die Vorstellung im vierten Akt nicht enden wollte vor Applausstürmen und Dacapo-Forderungen. Ich liebte seine Stimme, sein Singtalent, den Schönheitssinn, der sich in seiner Tonfärbung, in seinem portamento und rubato ausdrückte, seine hohe Musikalität und Natürlichkeit und wir verstanden uns vortrefflich. – Auch Battistini sang mehrfach mit mir in Wien, und ich habe viel von seiner Meisterschaft in Tongebung und Atemführung gelernt.

Die Mahlerepoche ging zu Ende. Er fühlte, daß seine Zeit gekommen war. Seine Anhänger standen treu zu ihm, aber die Feinde konnten um so wirksamer gegen ihn arbeiten, als er selbst sich nicht gegen Angriffe und Intrigen wehrte. Unter den großen Zeitungen hielt nur die Neue Freie Presse zu ihm, deren erster Kritiker, Dr. Julius Korngold, der leidenschaftliche Kämpfer gegen die Atonalen, für ihn mit Beredsamkeit und Überzeugungskraft stritt. Außer Korngold war eigentlich nur noch Richard Specht auf Mahlers Seite, während die sonstige Presse mehr oder weniger heftig gegen ihn eiferte.

Noch einmal zeigte sich in einer Art strahlenden Abendsonnenglanzes ein Bild seines Wirkens und Strebens. Zyklisch zusammengefaßt, bot das Opernrepertoire seiner letzten Direktionszeit in kurzen Abständen eine Reihe jener Mustervorstellungen, zu denen er sich und seine Mitarbeiter gesteigert hatte – es war Mahlers Abschiedsbotschaft an Wien. Herzliche Freude bereitete ihm der Besuch französischer Freunde, die eigens nach Wien gekommen waren, um seine Aufführungen zu genießen. Darunter befanden sich Oberst Picquart, der Held des Dreyfus-Prozesses, der Mathematiker Painlevé und der Bruder des ›Tigers‹, Paul Clémenceau. Die Bekanntschaft mit Painlevé sollte ich dreißig Jahre später erneuern, als er bei einem für mich veranstalteten Bankett in Paris den Vorsitz führte. Auch Paul Clémenceau traf ich dort wieder, nur Picquart war inzwischen gestorben; er hatte mir bei jenem Wiener Besuch den bedeutendsten Eindruck gemacht, wozu natürlich der Gedanke an seine heroische Haltung in der ›Affäre‹ beitrug.

Im Jahre 1907 war Mahlers älteres Kind, ein schönes, ernstes Mädchen von vier Jahren, gestorben und eine ärztliche Untersuchung hatte bald danach einen schweren Herzfehler bei ihm entdeckt. So gesellte sich zu seinem Kummer um den Tod des Kindes die Sorge, wie er die vom Arzt verordnete Schonung mit seinen beruflichen Pflichten und seinen Lebens- und Schaffensgewohnheiten vereinen sollte, und der Gedanke, Wien zu verlassen, gewann in ihm Überzeugungskraft. Ein Antrag von Conried an die Metropolitan Opera in New York lag vor, der ihm bei beträchtlicher Verkürzung seiner Arbeitszeit eine bedeutende Vergrößerung seines Einkommens und damit die angesichts seines Herzleidens erwünschte Sicherstellung seiner Familie in wenigen Jahren versprach.

Eines Vormittags kam sein Faktotum Hassinger in meine Probe mit der Botschaft, ich möge Mahler aus seinem Bureau abholen, wenn ich fertig sei. Wir pflegten häufig nach der vormittäglichen Arbeit zusammen spazieren zu gehen, und ich begleitete ihn gewöhnlich auf Umwegen durch den Stadtpark bis zu seiner Wohnung in der Auenbruggerstraße. So war es auch diesmal. Aber unterwegs teilte er mir mit, daß der Würfel gefallen sei und daß er gehen würde. Als ich ihm von dem furchtbaren Verlust der Opernbühne und auch von der Leere sprach, die aus dem Verzicht auf seine Aufgabe in ihm entstehen würde, erwiderte er mit den schönen Worten: »Ich habe in den zehn Jahren meinen Kreis ausgeschritten.« Ich war sehr erschüttert und begleitete ihn schweigend bis zu seinem Hause. Am Abend schrieb ich ihm über die Bedeutung seines Entschlusses, über den geschichtlichen Sinn seiner Leistung und drückte ihm meine Dankbarkeit aus. Er schrieb mir zurück: »Wir haben es beide nicht nötig, Worte zu verlieren über das, was wir uns bedeuten. Ich weiß niemanden, von dem ich mich so verstanden fühle wie von Ihnen, und auch ich glaube tief in den Schacht Ihrer Seele eingedrungen zu sein ...«

Es folgte sein schöner Abschiedsbrief an das Personal der Hofoper, in dem es hieß: »... statt eines Ganzen, Abgeschlossenen, wie ich geträumt, hinterlasse ich Stückwerk, Unvollendetes, wie es dem Menschen bestimmt ist ... Es ist nicht meine Sache, ein Urteil darüber abzugeben, was mein Wirken denjenigen geworden ist, denen es gewidmet war. Doch darf ich in solchem Augenblick von mir sagen: ich habe es redlich gemeint, mein Ziel hoch gesteckt. Nicht immer konnten meine Bemühungen von Erfolg gekrönt sein. Dem Widerstand der Materie, der Tücke des Objektes ist niemand so überantwortet wie der ausübende Künstler. Aber immer habe ich mein Ganzes daran gesetzt, meine Person der Sache, meine Neigungen der Pflicht untergeordnet. Ich habe mich nicht geschont und durfte daher auch von den anderen die Anspannung aller Kräfte fordern.

Im Gedränge des Kampfes, in der Hitze des Augenblicks blieben Ihnen und mir nicht Wunden, nicht Irrungen erspart. Aber war ein Werk gelungen, eine Aufgabe gelöst, so vergaßen wir alle Not und Mühe, fühlten uns alle reichlich belohnt – auch ohne äußere Zeichen des Erfolges. Wir alle sind weiter gekommen – und mit uns das Institut, dem unsere Bestrebungen galten.«

Dann noch eine letzte Aufführung des ›Fidelio‹ unter seiner Leitung, ein Abschiedskonzert im Musikvereinssaal mit seiner ›Zweiten‹ und bald stand ich mit anderen Freunden in der Halle des Westbahnhofs und wünschte ihm und Alma gute Fahrt nach Amerika. Ein bedeutendes Kapitel europäischer Kulturgeschichte war beendet – ein Glanz, der von Wien ausgegangen, erloschen, und das Lebenslicht, das ihn verbreitet hatte, flackerte beängstigend.

## 6

Die Wahl Felix Weingartners zum Nachfolger Mahlers war durchaus verständlich. Als international angesehener Dirigent, als Mann von vielseitiger Bildung und weltmännischer Haltung, einer altösterreichischen Familie entstammend, gehörte er zu den wenigen Persönlichkeiten, die für die Stellung in Betracht kamen, namentlich da man weiterhin an dem Prinzip des Dirigenten als Hofoperndirektor festhalten wollte.

Ich hatte Weingartner bis dahin nur im Konzert gehört und auf diesem Gebiet sein feuriges Temperament, seine Natürlichkeit und Einfachheit, sowie seine Beherrschung des Orchesters schätzen gelernt. Für die Wiener Philharmoniker war sein Kommen ein Glücksfall, denn sie gewannen an ihm wieder den gewünschten berühmten Konzertdirigenten, der gleichzeitig als Direktor der Oper für reibungslose Angleichung der Arbeitspläne beider Institute sorgen konnte. Mit aller Achtung aber vor Weingartners Musikertum und seinen Verdiensten um die symphonische Musik, muß ich doch aussprechen, daß ich ihn für keine dramatische Natur halten konnte und hierin seine Schwäche als Operndirektor und als Opernkapellmeister sah.

Seine Vorstellungen zeichneten sich durch Sauberkeit und Glätte aus, besaßen auch den Schwung und Glanz, die zu den Merkmalen seiner Leistungen im Konzert gehörten, aber das Wesentliche der Opernwiedergabe, der dramatische Sinn des Musizierens, war nicht in genügendem Maß vorhanden. In den Fragen der Regie verließ er sich völlig auf Wilhelm von Wymetal, den er engagiert hatte und der wirklich ein außergewöhnlich fähiger Regisseur war. Aber doch bedurfte auch er zu seiner schauspielerischen Lehrbegabung und seiner lebendigen theatralischen Phantasie lenkender und helfender Anweisungen von Musikerseite her, um den besonderen Forderungen der Opernregie zu genügen. Hieran aber fehlte es in seiner Zusammenarbeit mit Weingartner, und in ihren Aufführungen liefen daher Musik und szenische Darstellung nebeneinander her, ohne sich zu der notwendigen Einheit zu verbinden. Ich denke an eine Probe, bei der sich der Mangel an dramatischem Sinn in Weingartners Künstlertum zum erstenmal deutlich zeigte. Er hatte ›Fidelio‹ übernommen und wollte, wie Mahler oft getan, auch die Arrangierproben halten – vielleicht war Wymetal noch nicht eingetroffen, oder Weingartner hatte andere Gründe, die Regie selbst zu führen. Das Orchestervorspiel zum Kanon, jene erschütternden, leisen Harmonien in Bratschen und Celli mit dem ernsten pizzicato der Bässe hatte Mahler in edler Einfachheit und mit eindringender Wirkung dramatisch so ausgedrückt, daß nach Roccos Worten ›still, glaubst du, ich könne dir nicht ins Herz sehen‹ alle vier Personen bewegungslos in ihrer beklommenen oder erwartungsvollen Stimmung verharrten. Weingartner sah in der Probe mit Erstaunen die äußerliche Unbewegtheit auf der Bühne, sie schien ihm undramatisch, und er wünschte, sie durch Aktion zu ersetzen. Und so ersuchte er Fritz Schrödter, den Jacquino, während jenes Vorspiels den Waschkorb mit der von Marzelline gebügelten Wäsche fortzutragen, was dieser mit innerem Widerstreben, aber folgsam der direktorialen Anordnung, tat, indem er jedoch aus unwillkürlicher Ehrfurcht vor jenen heiligen Harmonien auf den Zehenspitzen mit seiner Last hinausschlich.

Weingartners Stellung in Wien entwickelte sich auch in der seinem Wesen entsprechenden Richtung: das Hauptgewicht lag auf seiner Konzerttätigkeit, und in der Oper genoß er zwar den Respekt, der einem Künstler seiner Bedeutung gebührte, ohne jedoch die feurige Anhängerschaft zu gewinnen, die an solchem Platz nur einer dramatischen Begabung Gefolgschaft leistet.

Zu mir stellte er sich von Anfang an sehr freundlich, und wir haben in den drei Jahren seiner Direktionszeit und auch späterhin in durchaus angenehmen Beziehungen gestanden. Doch sind wir uns persönlich nicht nah gekommen, woran die gründliche Verschiedenheit unserer Naturen schuld gewesen sein mag.

Ich war nun einunddreißig Jahre alt geworden, wirkte seit mehr als sechs Jahren an der Wiener Oper und aus Gründen des Alters oder Aussehens bedurfte ich also schon längst nicht mehr jener von Schopenhauer abgelehnten Maskierung der Gesichtszüge, des Bartes. Ich hatte ihn mir denn auch nach der letzten Vorstellung einer Spielzeit abnehmen lassen, und mein dreijähriges Töchterchen, das am nächsten Morgen durch meine Bartlosigkeit zu Tränen erschreckt worden war, zu langer scheuer Beobachtung während unserer Eisenbahnfahrt und der Schlußfolgerung bewegt: »Der Vater mit dem Bart ist wohl in Wien geblieben.« Ach, das zärtliche Kind hat schon damals seinen Vater überschätzt: ich hatte den jungen Menschen, der gern autoritativer gewirkt hätte, als ihm gegeben war, nicht in Wien gelassen, der saß da in mir, Bart oder nicht Bart, und trotzdem ich schon künstlerische Geltung erworben und mir eine angesehene Position geschaffen hatte, kam ich mir immer noch recht jung innerhalb meiner Umgebung und gegenüber der Welt im allgemeinen vor. Das hatte gute Gründe und auch törichte. Zu den ersteren gehörte meine Achtung vor dem Menschen, meine angeborene demokratische Veranlagung, die in jedem Mitmenschen den Gleichberechtigten sah und mir den Ton der Autorität bis tief in den Beruf hinein, wo er zur Leistung unentbehrlich ist, erschwerte. Ich war um ihn bemüht, aber er klang unecht aus meinem Munde, und es dauerte lange, bis meine faktische Überlegenheit ihren natürlichen Ausdruck und damit ihr Gewicht gewann. Ferner aber fühlte ich mich so unsicher und benachteiligt gegenüber der Entschiedenheit meiner Mitmenschen, weil ich wirklich sehr langsam Reife gewann. In einer breit veranlagten Natur gibt es eben mehr zu entwickeln, dauert der Prozeß des Reifens daher länger als in einer Begabung, die nur in eine Richtung deutet. Als Torheit aber empfand ich die Schüchternheit, die ich vor jeder Probe, fast vor jedem Zusammentreffen mit Unbekannten, ja bei jedem Verweilen unter Menschen zu überwinden hatte. Deutlich erinnere ich mich noch, wie ich bei dem mehrstündigen Aufenthalt in Brüssel auf meiner ersten Reise nach London eine solche Scheu vor der nah bevorstehenden Orchesterprobe in der Queenshall fühlte, daß ich versucht war, das Londoner Konzert abzutelegraphieren. Zu meinem Trost sagte mir Toscanini, als ich ihm viele Jahre später gelegentlich von dieser Schüchternheit und meinem ›Anfall‹ in Brüssel erzählte, daß er die gleiche Veranlagung gehabt und sich in einem ähnlichen Zustand vor seiner ersten Orchesterprobe in der Metropolitan Opera in New York befunden habe. Glücklicherweise verschwand meine Scheu, sobald die Probe begann, weil ich, wie schon früher erwähnt, dann unter einem inneren Diktat stand, und vor allem kannte ich niemals Hemmungen solcher Art vor oder während einer Aufführung.

Obwohl ich in Wien nun schon lange nicht mehr als ›Jünger‹ Mahlers galt und mir allmählich eine eigene Anhängerschaft erwuchs, konnte ich mich weder in meiner Tätigkeit noch in meiner Stellung an der Oper befriedigt fühlen. Die künstlerischen Vorrechte des Direktors, der zugleich ein Kollege war, engten das Arbeitsfeld ein, auf das ich in meinem nunmehr erreichten Reifestadium Anspruch zu haben glaubte. Dabei handelte es sich bestimmt um keinen Ehrgeiz, sondern um das natürliche Verlangen nach höheren Verantwortungen und Kompetenzen, nach einem bedeutenderen Wirkungskreis, weil meine Berufung und meine Fähigkeiten mir in drängenderem Sinn bewußt geworden waren. Aber ich hatte Geduld gelernt, gedachte auch meiner noch immer jungen Jahre und der, von außen gesehen, reichen Tätigkeit an der Oper und verstand, daß ich aushalten und abwarten müsse, bis eine der wenigen direktorialen Dirigentenstellen im deutschen Operngebiet frei würde.

Inzwischen eröffnete sich mir ein lange ersehntes Gebiet und früher, als ich zu hoffen gewagt hatte. Das musikalische Ausland rührte sich, und ich glaube, mit dem Jahr 1908 begann langsam und schrittweise mein Musizieren das Interesse und die Zuneigung auswärtiger musikalischer Institute und Musikfreunde zu gewinnen. Als erste lud mich die Royal Philharmonic Society in London ein, eines ihrer Konzerte zu dirigieren. Es war der Anfang meiner Verbindung mit dem englischen Musikleben, und bald darauf folgte eine Aufforderung von Thomas Beecham, in der von ihm im Winter 1910 unternommenen Opernsaison im Coventgarden Theatre Wagners ›Tristan‹ und Ethel Smyths ›The Wreckers‹ zu dirigieren. Ich vermag mich nicht mehr darauf zu besinnen, welchen Eindruck mein Erscheinen bei der Royal Philharmonic Society oder in der Beecham-Season in London gemacht hat – er muß günstig gewesen sein, denn die Einladungen nach London wiederholten und mehrten sich. Wohl aber erinnere ich mich an den Eindruck, den mir London machte, und der war in der Tat gewaltig.

Ich könnte nicht sagen, daß ich gut vorbereitet nach London kam. Mit dem englischen Wesen war ich nicht besser vertraut, als ein eifriger Leser des englischen Romans hoffen konnte. Von der geschichtlichen Vergangenheit der Britischen Inseln hatte ich nur eine nebelhafte, allgemeine Vorstellung – mit einiger atmosphärischer Beimischung aus Shakespeares Königsdrama und Scotts Romanen. Und doch sah ich London bei jenem ganz der Gegenwart zugewendeten Besuch nicht nur mit dem neugierigen Auge eines Touristen. Mein Gefühl teilte sich in ein gespanntes Interesse für die derzeitigen Vorgänge und Eigentümlichkeiten in diesem Mittelpunkt des Weltgeschehens und in ein ergriffenes Erkennen der Welt von Sterne, Dickens, Thackeray und anderen ›Freunden‹. Dies London mit seiner gewaltigen weltmächtigen Gegenwart wirkte eben durchaus nicht sehr gegenwärtig auf mich. Und meine ›Touristen‹-Beobachtungen, deren einige ich hier folgen lasse, gaben mir einen Gefühlszugang zu dem grandiosen Konservatismus des englischen Wesens, den meine späteren, gründlicheren Erfahrungen bestätigten, der doch wohl eine der Kraftquellen dieser großen Nation war und, wie ich überzeugt bin, in irgend einer Form auch in dem erneuerten und verjüngten England von heut weiterleben wird.

Das Straßenbild Londons war beherrscht von der bizarren, charaktervollen Erscheinung des Hansom, jenes malerischen Einspänners, dessen Kutscher hoch oben hinter und über dem Wagen thronte und mir durch die Klappe über meinem Kopf seine freundlichen Auskünfte im Cockneydialekt gab. Es sah mir zauberhaft nach Vergangenheit aus, und es konkurrierte darin mit den Perücken, die ich bei öffentlichen Zeremonien erblickte und mit den Horseguards im Whitehall Court, deren schweigsame Unbeweglichkeit gleichfalls so beredt von Tradition berichtete. Daß mir das heiße Wasser nachmittags vor dem dinner ungefordert vor die Tür gestellt wurde, erschien mir so charakteristisch wie die Heizmaschine im alten Langhamhotel gegenüber der Queenshall, von der ich durch Einwerfen eines Schillings eine halbe Stunde Erwärmung für mein eiskaltes Zimmer erhielt. Das Kaminfeuer, an dem man sich rückwärts röstete, während man vorn fror, die strenge Scheidung der Geschlechter unmittelbar nach dem dinner, die Mahlzeiten in Londoner Gasthäusern mit vortrefflichen Hammel- oder Rindsbraten und quadratisch geschnittenen, völlig entseelten Gemüsebeilagen und vieles ähnliche — das alles war zwar ein wenig mühsam, aber auf eine imponierende und sogar reizvolle Weise konservativ. Eine Empfindung von sicherem Ruhen im lange Bewährten, das war mein erster Eindruck von London und zusammen mit der perfekten Höflichkeit und Freundlichkeit des öffentlichen Lebens gab er mir von meiner Ankunft an ein Gefühl des Behagens und der Geborgenheit, wie ich es in keiner anderen Weltstadt empfangen habe. Von Queenshall und Coventgarden werde ich später sprechen, hier sei nur noch erwähnt, daß die Aufführung der Oper meiner Freundin Ethel Smyth ›The Wreckers‹ ihr einen schönen Erfolg brachte und daß in der gleichen Saison Strauss' ›Elektra‹ unter Beechams Leitung große Wirkung ausübte.

Bald darauf folgte ich einer Einladung der Accademia di Santa Cecilia in Rom und leitete im Rundbau des Augusteo einige Konzerte mit dem Orchester jener Vereinigung. Ich habe eine lebhafte Erinnerung an jenen ersten Besuch in Rom und auch an die Konzerte, die meine langjährige Verbindung mit der Accademia einleiteten. Ich dirigierte, wie mir scheint, damals die erste Aufführung des Strauss-schen ›Don Quixote‹ im Rahmen der Vereinigung und war hoch erfreut über den erstaunlichen Erfolg des genialen, aber durchaus nicht leicht zugänglichen Stückes beim römischen Publikum. Zwei Vorfälle aus dieser Zeit sind mir im Gedächtnis geblieben, die mir für die Galeriebesucher des Augusteo und überhaupt für einen bestimmten Typus im italienischen Musikpublikum charakteristisch scheinen. Ich hatte Mussorgskis ›La nuit sur le mont chauve‹ angesetzt, ein Stück, das geniale Züge, aber auch eine peinliche Kette von Sequenzen enthält. Als nun die gleiche Phrase zum vierten Mal erklang, rief ein Hörer, der augenscheinlich den Gang der Komposition genau verfolgt hatte, ein lautes ›basta, basta‹ herunter, worin ich ihm nicht unrecht geben konnte. In einem anderen Konzert mit einem reinen Wagnerprogramm verlangte das Publikum mit großem Aufwand an Stimmkraft eine Wiederholung von ›Siegfrieds Rheinfahrt‹. Der Hornist aber fühlte sich ermüdet und signalisierte mir die Bitte, ihm die Wiederholung zu ersparen. Ich wiederum suchte dem Publikum gestisch begreiflich zu machen, daß ich kein ›bis‹ geben könne und mußte nun minutenlang der Demonstration, die es erzwingen sollte, standhalten. Als es endlich still wurde, setzte ich mit dem nächsten Stück ein, aber nur um durch einen neuerlichen Sturm unterbrochen zu werden. Da entschloß sich der Hornist, die Situation zu retten und verständigte mich durch Zeichen, daß er wiederholen könne. Nun wurde es wieder still und als ich die Rheinfahrt begann, belohnte ein Zuhörer von der Galerie meine ›docilità‹ mit einem sehr melodisch gerufenen »bravo Bruno!«.

Das große Erlebnis zur Zeit meiner ersten Konzerte in der Accademia aber war natürlich Rom selbst, und im Kontrast zu meiner Gegenwart-Gebundenheit in London erlag ich hier völlig der Macht der Vergangenheit. Die Verbindung des ewigen Rom mit dem Heut schien mir unorganisch und dissonant wie die Einmischung des Vittorio Emanuele-Denkmals in die klassische Silhouette der Stadt, von dem Brunnen vor der französischen Akademie aus gesehen. Ich kam durchaus nicht unvorbereitet. Aber lebendiger als alles, was ich über Rom und von römischer Geschichte gelesen und gelernt, lebendiger als Mommsen, Gregorovius, Burckhardt usw. lebten in mir Lipiners Erzählungen, war mir Goethes Ergriffenheit gegenwärtig, und eigentlich hätte sogar die Italiensehnsucht meiner Jugend, die sich an Lektüre und Kunstreproduktionen genährt hatte, allein genügt, um die Tore meiner Seele weit zu öffnen. Sicherlich handelte es sich dabei um einen tieferen Zug meines Wesens als die übliche Neigung des Nordeuropäers zu italienischer Landschaft und italienischer Kultur. Ich entsinne mich, daß ich mich schon als Knabe vom landschaftlichen Teil italienischer Gemälde im Museum geheimnisvoll angezogen fühlte, daß Mignons Gedicht ›Kennst du das Land‹ mich mit Sehnsucht erfüllt und daß später die Bläue des italienischen Himmels und Meeres, die Formen der Pinien und Zypressen, die engen Gassen der Städte, ja sogar die auf Balkonen und hoch über die Straße gespannte Wäsche und die Atmosphäre der kleinsten Osterien immer ihren Zauber auf mich ausgeübt haben. Und oft glaubte ich aus der Faszination, unter der ich in Italien eigentlich fortwährend stand, wie aus dem Reiz der italienischen Sprache für mein Ohr auf eine mediterrane Strömung in meiner Natur schließen zu sollen, die sich eigentlich auch in meinem Verhältnis zur italienischen Musik ausdrückte.

Damals verspäteten sich noch alle Züge in Italien, wimmelten Straßen und Plätze von Bettlern, die Kinder waren so malerisch wie schmutzig, man konnte keine Kirche betreten, keine der herrlichen Aussichten genießen, ohne von zudringlichen Straßenhändlern belästigt zu werden. Es war nicht leicht, sich solcher Störung im Genuß der Schönheit zu erwehren, aber italienische Freunde brachten mir mehrere Methoden zu diesem Zweck bei, unter denen mir als die wirksamste ein langsames Hin- und Herbewegen des nach oben ausgestreckten Zeigefingers der sonst geschlossenen und stillgehaltenen rechten Hand in Erinnerung geblieben ist.

Die Proben im Augusteo fanden von halb eins bis halb vier Uhr nachmittags und von halb neun bis halb zwölf Uhr abends statt und lagen also günstig für meine Zwecke. Somit hatte ich den ganzen Vormittag und, nachdem ich mich im Café Aragno gestärkt hatte, den ganzen Nachmittag, um – zu sehen. Denn in Rom begann ich sehen zu lernen und alle meine Vormittage waren der Betrachtung von Kunstwerken im Thermenmuseum und Vatikan oder in den Kirchen gewidmet, während ich mir an Nachmittagen an dem antiken Rom die Seele labte oder auch auf dem Pincio oder von der Passeggiata Margarita aus die römische Landschaft genoß. Unvergeßlich die Abende auf dem Forum, die Mondnächte im Colosseum, die Wagenfahrten in der Campagna. Und wenn ich an probenfreien Abenden in der Osteria Fedelinaro vortrefflich gegessen und reichlich von dem herrlichen Toskaner Wein getrunken hatte, dann pflegte ich lange an dem schönsten Brunnen der Welt, der Fontana Trevi, zu stehen und der Musik des Wassers zuzuhören, und nie versäumte ich meine Kupfermünze hineinzuwerfen, um altem Aberglauben gemäß dadurch meine Wiederkehr zu sichern. Er hat sich in meinem Fall bewährt, ich bin wieder gekommen, bin immer wieder durch die alte Via dei Pontefici zum Eingang des Augusteo gewandert, und selbst als es abgerissen worden war, bin ich weiter als Gast der Accademia zurückgekehrt, um im Teatro Adriano zu dirigieren.

Das Ausland hat sich meinem Musizieren damals nicht nur im westlichen London und im südlichen Rom erschlossen. Auch nach Osten wurde ich gerufen und lernte in Moskau eine mir fremde, seltsame und aufregend interessante Welt kennen. Ich hatte Konzerte in der Kaiserlichen Russischen Gesellschaft und war hingerissen von der Musikalität des Orchesters, seinem Temperament, seiner technischen Brillanz und nicht weniger von der leidenschaftlichen Musikliebe des Publikums. Ich dirigierte auch als Gast der Kaiserlichen Oper – ich weiß nicht mehr, ob bei dieser Gelegenheit, oder bei einem folgenden Besuche – Tschaikowskis ›Pique Dame‹ und in der ›Simin Oper‹ Mozarts ›Don Giovanni‹. Dieser Aufführung entsinne ich mich gut aus zwei Gründen. Sergei Taneieff, eine legendäre Gestalt im damaligen musikalischen Moskau, beehrte meine Proben mit seinem besonderen Interesse und täglichen Besuch; und der Vorstellung des ›Don Giovanni‹ folgte eine Nacht, wie ich sie bis dahin nur in russischen Romanen kennengelernt hatte. – Taneieff, Freund von Tolstoi und Tschaikowski, genoß eine hohe Verehrung in Rußland, und es machte mich sehr glücklich, daß der wirklich bedeutende Musiker solches Gefallen an meiner Art, Mozart aufzuführen, zu finden schien. Meine Frau und ich folgten gern der Einladung zum Tee in seiner Wohnung. Wir fanden ihn in einem kleinen Häuschen, das mitten auf dem gepflasterten Hof eines großen, alten Miethauses stand. Dort lebte er, betreut von einer uralten Frau, die einmal seine Amme gewesen war und den grauhaarigen, schon etwas greisenhaften Mann mit polternder Strenge behandelte. Er fürchtete sich denn auch vor ihr, und das stimmte gut zu seinem naiv kindlichen Wesen, wie ich es in Verbindung mit einer so weitreichenden Bildung und so klarem philosophischem Verstand bei keinem anderen gefunden habe. Auf dem Tisch stand ein Samovar, aus dem er uns immer wieder Tee eingoß und russisches Gebäck aller Art anbot, augenscheinlich von der harten, aber geschickten Hand der Tyrannin gebacken. Taneieff brauchte sich nur mit seinem Sessel umzudrehen, um von seinem notenbedeckten Arbeitstisch am Fenster eine Partitur zu nehmen, die er mir zeigen wollte, und ich stand unter dem Eindruck, daß die einzige körperliche Bewegung in seinem Leben im Drehen zwischen Arbeitstisch und Eßtisch bestand. Er sprach deutsch, und ich genoß seine Erzählungen von Tschaikowski, seine Urteile über Musik, wie überhaupt die Atmosphäre der Güte, Einfachheit und des tiefen Ernstes, die von ihm ausging. Über Tolstoi schien er sich nicht äußern zu wollen – ich glaube, er litt unter der Erinnerung an den Konflikt im Hause des Dichters vor dessen Tode – er wurde auch still, als ich Brahms pries und verließ das ihm sichtlich peinliche Thema mit den Worten: »gewiß, war ein sehr hochachtungsvoller Komponist«.

Nach der Aufführung von ›Don Giovanni‹ folgten wir einer Einladung des Direktors Simin in das Restaurant Slava zu einer Schlemmerei, wie sie nur das Vorkriegsrußland kannte. Die phantastische Fülle und Varietät der Vorspeisen, Sakuski genannt, mit den Schnäpsen, von Dienern in hohen Stiefeln und weißen Blusen eingegossen, machte eigentlich jede Hoffnung auf Überleben eines solchen ersten Ganges zunichte, aber die besonderen Reize der russischen Küche bewirkten dann doch immer wieder neue Wunder der Eßleistung. Dazu trug auch die Dauer derartiger Gelage bei, die sich bis in die Morgenstunden hinein erstreckten und gewöhnlich in weiteren Abenteuern fortsetzten. Herr Simin erklärte mir denn auch etwa um drei Uhr früh, er sei sehr glücklich und dankbar für die Aufführung, und ob ich nicht irgend einen Wunsch äußern möchte, durch dessen Erfüllung er mir seine Gefühle beweisen könne. Da fiel mir ein, wie oft ich in russischer Literatur das Gefährt einer vergangenen Zeit, die Troika, erwähnt gefunden und mir gewünscht hatte, einen solchen dreispännigen Schlitten zu sehen und ich fragte unseren Gastgeber, ob es so etwas noch gäbe. Eine halbe Stunde später standen drei Troikas vor der Tür. In die vorderste stiegen Simin, meine Frau und ich und, gefolgt von den beiden Schlitten mit den anderen Gästen, jagten die Pferde über den festgefrorenen Schnee mit klingelnden Schellen durch eiskalte Luft und tiefbeschneiten Wald, das mittlere Pferd kräftig anziehend, das rechte den Kopf ein wenig nach rechts, das linke nach links ausbiegend – und nach etwa einstündiger Fahrt hielten wir in Strelna, einem der Lokale, wo das Moskauer Nachtleben häufig seinen morgendlichen Abschluß fand. In unserem Extrazimmer erschien bald, von

Simin geladen, ein Chor russischer Zigeuner, der mich durch seine herrlichen Stimmen und den Vortrag schöner russischer Volkslieder entzückte. Dann ging es im Morgenrot zurück durch den Wald, und als unsere Schlitten durch die Stadt rasten, begrüßten erstaunte und erfreute Zurufe der Fußgänger den seltenen Anblick der historischen Gefährte.

Ich bin mehrfach vor dem Ausbruch des Ersten Weltkrieges in Moskau gewesen, stets als Gast der Kaiserlich Russischen Gesellschaft. Bei einem der Besuche machte ich auch die Bekanntschaft des jungen Dirigenten Sergei Koussevitzky, der über ein eigenes, ausgezeichnetes Orchester verfügte. Ich hörte von ihm die Dritte Symphonie von Brahms in einer vortrefflichen Aufführung, und meine Frau und ich hatten Diner mit ihm und seiner Frau in seinem prachtvollen Hause. Ich erinnere mich gern des herzlich gemütlichen und angeregten Beisammenseins, ich sehe die schönen Innenräume des palaisartigen Gebäudes und seine gelbe Fassade vor mir und gedenke sogar des außergewöhnlich intelligenten Hundes, dessen Zutraulichkeit und Klugheit unsere hundeliebenden Herzen erfreute.

Solche Gastreisen bedeuteten mir in den Jahren 1908 bis 1912 willkommene Unterbrechungen meiner Tätigkeit an der Wiener Oper, und besonderes Vergnügen bereitete mir auch die bereits erwähnte Einladung nach Straßburg, das damals noch zu Deutschland gehörte und dessen Oper unter Leitung Pfitzners stand. Stadt und Münster, sowie die schöne Umgebung interessierten mich außerordentlich und lenkten meine Gedanken immer wieder auf Goethe und die Straßburger Periode in ›Dichtung und Wahrheit‹. Es war schön, wieder mit Pfitzner zusammen zu sein und den gewählten Kreis kennenzulernen, der sich um ihn gebildet hatte. Auch freute es mich, meine Symphonie mit dem recht guten Orchester aufzuführen. Ein junger Musiker, der als Kapellmeister-Aspirant Pfitzner zur Seite stand, machte mir den Eindruck einer begabten und eigenartigen Persönlichkeit; es war der dreiundzwanzigjährige Wilhelm Furtwängler.

Im Jahre 1911 hatte sich mir in Wien außerhalb der Oper ein neues Tätigkeitsfeld eröffnet, das Gelegenheit zu hoch beglückender Arbeit und zugleich zu erweiterter Bekanntschaft mit mir selbst bot. Zwei große Chorvereinigungen existierten damals in Wien und pflegten das geistliche und weltliche Oratorium: der Wiener Singverein, der von der berühmten Gesellschaft der Musikfreunde abzweigte und die Wiener Singakademie. Jede von ihnen hatte einige Jahre hindurch unter Johannes Brahms Führung gestanden. Die Singakademie nun bot mir die Leitung ihrer Konzerte an, und ich bin zwei Jahre hindurch, d. h. bis ich nach München ging, Dirigent des alten, noblen Institutes gewesen. Mit einer Aufführung von Händels ›Messias‹ begann ich meine neue Tätigkeit, ihm folgte Beethovens ›Missa Solemnis‹, die seit meiner Knabenzeit mein sanctissimum gewesen war und die nun endlich selbst aufzuführen, mir zum überwältigenden Erlebnis wurde. Und nicht nur mir. Ich entdeckte in den allwöchentlichen Chorproben – ich ließ mich nur vertreten, wenn ich an demselben Abend in der Oper zu dirigieren hatte – eine besondere Anlage in mir zu einer geistigen, oder besser, geistlichen Einswerdung mit dem Chor. Dazu trugen natürlich in höchstem Maß die Werke bei, die wir aufführten, Werke, in denen sich religiöse Inspiration musikalisch ausdrückte, die von der tiefen Verwandtschaft zwischen Religion und Musik Kunde gaben. Aber die erhobene Atmosphäre in jenen Chorproben, deren sich alle Beteiligten bewußt waren, war nicht völlig mit der von uns gepflegten Literatur zu erklären, sie verband uns auch beim Studium anderer Werke. Ich kann nur von ihr berichten, nicht sie erklären, doch habe ich in meiner kleinen Schrift ›Von den moralischen Kräften der Musik‹ versucht, mich dem Geheimnis des Chorgesanges zu nähern – vielleicht ist es mir dort gelungen, mich ein wenig deutlich zu machen.

Meine Beschäftigung mit der älteren kirchlichen Literatur, die ich auch mit dem Münchener Lehrergesangverein und später mit dem Wiener Philharmonischen Chor pflegte, führte mich zum Studium der musikalischen Ornamentik, von der ich bis dahin nur mangelhafte Kenntnis besaß. Ich bekenne hiermit, daß das Resultat meiner eifrigen Bemühungen um die Lehren Philipp Emanuel Bachs und Leopold Mozarts, Quantz', Türks, Dannreuthers und der Zusammenfassung der Regeln in dem verdienstlichen Buch von Goldschmidt nicht etwa Wissen war, sondern ein chronischer musikalischer Kopfschmerz und der Beschluß, den größten Teil des Gelernten und immer wieder Gelernten zu vergessen und die Fragen der Ornamentik nach dem eigenen Gefühl und Geschmack zu behandeln.

Ich dirigierte auch gelegentlich Konzerte der Philharmoniker, deren reguläre Leitung in Weingartners Händen lag, und häufig lud mich ferner das Konzertvereinsorchester zu Gastdirektionen ein. Da nach Mahlers Scheiden seine Feinde sich still verhielten und die Freunde Sehnsucht nach ihm empfanden, so konnte ich, ohne viel Widerstand zu finden, beginnen, seine Werke auf meine Programme zu setzen. Die gleichen Symphonien, die während seiner Anwesenheit beschimpft und verspottet worden waren, wurden nun verlangt und gefeiert, und es dauerte nicht lange, bis die Ansetzung einer Mahlerschen Symphonie den Saal füllte.

Erster Konzertmeister des Konzertvereinsorchesters war Adolf Busch, der als Zwanzigjähriger für die Stellung engagiert worden war. Ich werde nie die verklärte Schönheit seines Violinsolos im Benedictus der Beethovenschen ›Missa Solemnis‹ vergessen, mit dem der ernst konzentrierte junge Musiker sich sofort in mein Herz geigte. Sein Mitfühlen und sein erlesenes Musikertum unterstützten und labten mich in meinen Proben und Aufführungen mit dem Konzertverein, nur wurde er infolge der zahlreichen Einladungen zu auswärtigen Konzerten bald zu einem seltenen Gast am ersten Pult, und er verließ die Stellung nach einigen Jahren, um ganz seiner solistischen Tätigkeit und seinem Quartett zu leben. Wir sind uns später oft begegnet, und so manches Mal hat er das Beethoven- oder das Brahms-Konzert, oder eines der Mozartschen Violinkonzerte bei mir gespielt, und er ist mir immer in der Reinheit und dem Gewicht seines Musikertums, im Adel seines Ausdrucks und besonders in der Gefühlstiefe seiner Kantilene als der Erbe Joachims erschienen.

Von Mahler hatte ich manchmal Briefe empfangen, die ihn – um Rückerts schönes Wort zu gebrauchen – in ›der Welt abhanden gekommenem‹ Seelenzustand zeigten. Ich sah ihn und Alma wieder, wenn sie, aus Amerika zurückgekehrt, einige Zeit in Wien verbrachten und traf sie in Prag bei der Uraufführung seiner Siebenten Symphonie. Er hatte aber inzwischen in einem neuen Aufschwung seiner Seele, inspiriert durch des Hrabanus Maurus' Hymnus ›Veni creator spiritus‹ den ersten Satz seiner Achten geschrieben und mit der Vertonung der Schlußszenen des ›Faust‹ als zweitem Satz die Symphonie vollendet, und ich dachte, er sei mit diesem gewaltigen Exzeß der Vitalität jener Abschiedsstimmung entkommen, die sich seiner schon bemächtigt hatte. Er erzählte mir von einem rätselhaften Erlebnis, mit dem er während der Entstehung des ersten Satzes begnadet worden war: als er in einem Sturm der Begeisterung die ersten Verse des Hymnus komponiert hatte, bemerkte er, daß ihm der Rest der Dichtung fehlte; er telegraphierte nach Wien und erhielt durch irgend einen ungünstigen Zufall lange keine Antwort. Ungeduldig und unfähig, den Strom der musikalischen Inspiration zu hemmen, komponierte er weiter und hatte die symphonische Form des ganzen ersten Satzes fast vollendet, als der volle lateinische Text endlich ankam. Er war bereit, nun wieder von vorn anzufangen, aber es war nicht nötig — die Worte fügten sich zwanglos und sinngemäß zu der Musik, die er in einem wunderbaren Akt des Ein- und Vorfühlens geschrieben.

Der Impresario Emil Gutmann besaß den Mut zu dem Riesenunternehmen — Mahler nannte es schaudernd eine ›Barnum- und Baily-Show‹ —, die etwa tausend Mitwirkenden für die Uraufführung der Achten in der Münchener Ausstellungshalle zusammenzubringen. Einer der Chöre, der Wiener Singverein, wurde in Wien vorbereitet, der andere, sowie der Kinderchor in München, und ich hatte übernommen, die Solisten auszusuchen und einzustudieren. Ich glaube, daß dieser Abend im September 1910 ein Höhepunkt in Mahlers Leben war und daß keiner der Mitwirkenden oder Zuhörenden ihn je vergessen wird. ›Accende lumen sensibus, infunde amorem cordibus‹ (Entzünde das Licht den Sinnen, begründe die Liebe in den Herzen) — daß er erlebte, dies Leitmotiv seiner gewaltig bewegten Seele mit den Stimmen der singenden Gemeinde in seinen Tönen der Welt zuzurufen, daß er mit dem Todeskeim im Herzen die Lebens- und Glaubensbotschaft verkünden konnte, war ihm ein Erlebnis jenseits alles Erlebten. Am Schluß der Aufführung eilte er unter den hingerissenen Zurufen der Anwesenden die Stufen hinauf zu den Kindern, die mitgewirkt hatten und drückte ihre Hände, die sich ihm hingegeben entgegenstreckten, indem er an ihren Reihen entlangschritt — ein symbolischer Gruß und Auftrag an die Jugend.

Bei unserem nächsten Zusammensein in Wien übergab er mir die Partitur seines ›Lied von der Erde‹ zum Studium. Zum erstenmal war es, daß er mir ein neues Werk nicht selbst vorspielte — wahrscheinlich fürchtete er sich vor der Erregung. Ich studierte es und verlebte eine Zeit der furchtbarsten Ergriffenheit mit diesem einzig leidenschaftlichen, bitteren, entsagungsvollen und segnenden Laut des Abschieds und Entschwebens, diesem letzten Bekenntnis eines vom Tode Berührten. Der späte, innige Freundschaftsbund des österreichischen Musikers mit dem chinesischen Dichter hatte noch seinen symphonischen Nachklang: Mahlers Neunte, auch von einem verklärten Gefühl des Scheidens erfüllt, auch vom Schatten des Todes eingehüllt. Die Partitur des Werkes habe ich erst nach Mahlers Tode gesehen und zugleich mit der vom ›Lied von der Erde‹ auf Almas Wunsch herausgegeben; er hat beide Werke nicht mehr gehört.

Im Februar 1911 erkrankte Mahler in Amerika an einer Herzentzündung und mußte nach der Rückfahrt ein Sanatorium in Paris aufsuchen. Die schlimme Botschaft erreichte mich in Wien, während ich mit der Vorbereitung zu Debussys ›Pelléas und Mélisande‹ beschäftigt war. Ich nahm Urlaub und fuhr mit Mahlers Schwester Justine Rosé nach Paris. Ich fand ihn in einem Sanatorium in Neuilly in hoffnungslosem Zustand. Er antwortete mir bitter, wenn ich von seinen Werken sprach, und ich fand es besser, ihn nur zu ›unterhalten‹, was mir manchmal auch gelang. Es zeigte sich, daß er trotz vieler unerfreulicher Erinnerungen Sehnsucht nach Wien empfand, und so brachte ihn Alma denn auch dorthin. Am 18. Mai abends erhielt ich die Nachricht, daß es zu Ende gehe, und ich eilte ins Sanatorium Löw, wo er bald nach meiner Ankunft verschied. In einer Sturmnacht ohnegleichen folgten Moll, Rosé und ich dem Sarge zur Kapelle des Grinzinger Friedhofs. Eine ungeheure Menschenmenge stand in ehrfurchtsvollem Schweigen, als er am nächsten Tage in das Grab gesenkt wurde. Ich aber erinnerte mich an die erhabenen Worte Jean Pauls beim Sterben Schoppes in ›Titan‹, die so ganz auf Mahlers Tod paßten: »Denn etwas Höheres als das Leben suchtest du hinter dem Leben, nicht dein Ich, keinen Sterblichen, nicht einen Unsterblichen, sondern den Ewigen, den All-Ersten, den Gott ... Nun ruhst du im rechten Sein, der Tod hat vom dunkeln Herzen die ganze schwüle Lebens-Wolke weggezogen, und das ewige Licht steht unbedeckt, das du so lange suchtest; und du, sein Strahl, wohnst wieder im Feuer.«

## 7

In dem gleichen Jahr verließ Weingartner die Wiener Oper, und Hans Gregor, der bisherige Leiter der Komischen Oper in Berlin, wurde zu seinem Nachfolger ernannt. Die Philharmonischen Konzerte jedoch blieben in der Hand Weingartners, und er behielt auch seinen Wohnsitz in Wien. Vor seinem Abgang hatte er mit mir noch einen neuen längeren Vertrag abgeschlossen, und ich war auf Wunsch der Behörde nach nunmehr zehnjähriger Tätigkeit als Kapellmeister der Hofoper österreichischer Staatsbürger geworden. Das Engagement Gregors bedeutete einen Systemwechsel, denn mit ihm zog statt eines Dirigenten, wie Jahn, Mahler und Weingartner gewesen, ein sogenannter ›Theaterfachmann‹, d. h. ein Praktiker der Theaterverwaltung, in das Haus am Opernring ein. Da ihm von Berlin der Ruf eines modernen Opernregisseurs vorausgegangen war, glaubte Montenuovo den Versuch mit einer neuen Methode der Direktionsführung wagen zu sollen. Das Ausscheiden Weingartners bedeutete zwar eine Vermehrung meiner und meines Kollegen Schalk Tätigkeit und Kompetenzen, die scheinbare Verbesserung wurde aber mehr als kompensiert durch eine Art Stil- und Gesinnungswechsel in der Führung der Oper. Denn Gregor, der durchaus nicht einer gewissen Theaterkenntnis und Begabung entbehrte, paßte weder als Persönlichkeit noch in seinen Kunstanschauungen in die besondere Atmosphäre des Hauses. Selbst sein Tonfall – er stammte aus Dresden – klang fremd in der stillen Vornehmheit der Direktionsräume. Vor allem aber stand er seiner Vergangenheit und seiner Natur gemäß zu den Fragen der Opernwiedergabe so gründlich anders als ich und Schalk, daß auch bei allseitigem guten Willen an eine künstlerische Gemeinsamkeit nicht zu denken war. Der neue Direktor machte auf mich den Eindruck eines wohlwollenden Mannes, und in bezug auf Musik fügte er sich in unseren Besprechungen nicht ohne wirkliche Bescheidenheit meiner Meinung. Um so unerschütterlicher aber ruhte er in seinem Selbstgefühl als ›Theaterpraktiker‹, in das sich zweifellos eine leichte Geringschätzung für den Bühnensinn des musikalischen Fachmanns mischte. Auch war er fest überzeugt von seiner Bedeutung als Regisseur und eine Fülle von Aussprüchen aus seinem Munde sind mir im Gedächtnis geblieben, die in ihrer Komik bewiesen, daß die naive Kunstfremdheit des Direktors trotz seines kräftigen theatralischen Instinktes das Niveau der Hofoper entscheidend herabdrücken mußte. So warf er z. B. in einer Konferenz aus Anlaß der Neuinszenierung des ›Rheingold‹ die Frage auf, ob nicht eine fortschrittlich gesinnte Regie mehr als nur drei Rheintöchter auf die Bühne bringen sollte und erwiderte auf meinen Einwand, daß Wagner nur für drei Stimmen geschrieben: »Na, warum sollen denn nicht drei singen und noch viere schwimmen?« und er war nicht leicht durch den Hinweis auf das Aquarium, als das sich dann die Bühne präsentieren würde, von seinem Irrtum zu überzeugen. Ein anderes Mal beanstandete er mir gegenüber irgendeine szenische Aktion in einer Wagneraufführung, und als ich ihm erklärte, daß sie der Wagnerschen Vorschrift entsprach, erwiderte er: »Wagner hat nicht viel vom Theater verstanden; wenn er bei mir seinen ›Fliegenden Holländer‹ als Novität eingereicht hätte, würde ich ihm gesagt haben: ›Was, zwei Schiffe auf der Bühne? Gehen Sie nach Hause, ändern Sie das und dann kommen Sie wieder!« Und als ich ihn auf meine unbedingte Ehrfurcht vor dem schaffenden Künstler als das uns trennende Prinzip aufmerksam machte, sagte er: »Gestatten Sie mir ein offenes Wort. Sie haben zu viel Respekt vor dem Kunstwerk. Bei mir gibt der Komponist seine Partitur beim Portier ab.« – Und trotzdem hatte Gregor wirkliches Regietalent für ein gewisses ›genre‹; die Aufführung von ›Pelléas und Mélisande‹, die einzige, in der ich mit ihm zu tun hatte, war von ihm nicht ohne Sinn für Stimmungen inszeniert worden.

Eine der häufigen Meinungsverschiedenheiten zwischen Gregor und mir hat mir allerdings große und dauernde Freude bereitet. Ein Probesingen auf der Bühne war angesetzt worden und zwar zu der Zeit, als meine Entlassung von Wien bereits genehmigt war und ich mit Eifer nach jungen Talenten für München suchte. Eine Schülerin der bekannten Gesangslehrerin Amalie Schlemmer-Ambros erschien auf dem Theater, sehr jung und klein und zart aussehend, und als sie eine Koloraturarie und, irre ich nicht, die Erzählung der Mimi aus der ›Bohème‹ gesungen, wußte ich, daß ich eine künftige bedeutende Künstlerin gehört hatte, doch zugleich war ich gewiß, daß ›mir diese Blume nicht blühte‹, daß sie in einer Stunde mit einem Vertrag an die Wiener Oper Gregors Bureau verlassen würde. Mein vorzeitiger Kummer aber verwandelte sich in helle Freude, als sich Gregor nach ihrem Vorsingen zu mir umwandte und sein Urteil in den drastischen Worten ausdrückte: »Das war nischt!« Ich eilte hinter die Bühne, hatte mit der schüchternen jungen Dame eine eingehende Unterredung, und nach einigen Tagen war Maria Ivoguen, eine der genialsten Sängerinnen der Opernbühne, nach München engagiert, wo sie zu den Künstlern gehören sollte, denen jene Epoche ihren Glanz verdankte.

Doch ich habe vorgegriffen. Meine Erzählung geht wieder zurück zu der Zeit, da ich unter den geschilderten Umständen mich fortsehnte von der Wiener Oper, nach bedeutenden eigenen Verantwortungen und entsprechenden Rechten, nach der selbständigen Leitung eines Kunstinstituts, in dem meine Gesinnung maßgebend sein würde. Da starb im Juli 1911 Felix Mottl, der bayerische Generalmusikdirektor und künstlerische Leiter der Münchener Hofoper. Ich hatte ihn nur flüchtig kennengelernt, aber die Umstände seines Todes gingen mir nah: er dirigierte Wagners ›Tristan‹ und war bei Isoldes Worten ›todgeweihtes Haupt, todgeweihtes Herz‹ umgefallen, mußte fortgetragen werden und starb nach einigen Tagen. Mottl war eine der großen Figuren von Bayreuth gewesen, ihn umstrahlte der Glanz internationalen Ruhmes, den seine Verdienste um die Münchener Mozart- und Wagnerfestspiele alljährlich noch erhöht hatten. Durch seinen Tod wurde ein Wirkungskreis frei, wie ich ihn mir erträumt hatte. Wie aber hätte ich, zwanzig Jahre jünger, hoffen können, als Nachfolger für eine so wichtige Stellung im europäischen Kunstleben in Betracht gezogen zu werden. Doch das Wunder ereignete sich, ich erhielt eine vertrauliche Anfrage aus München, ob ich gewillt sei, die Stellung zu übernehmen. Ich mußte erwidern, daß ich zwar gewillt, aber nicht frei war, mich jedoch bemühen würde, meinen Wiener Vertrag gütlich zu lösen. Daraufhin tauchte eines Tages in einer von mir dirigierten Aufführung der ›Götterdämmerung‹ der Münchener Oberregisseur Anton Fuchs in einer Loge der Wiener Hofoper auf. Ein bayerischer Generalmusikdirektor und Nachfolger Mottls mußte vor allem ein Wagnerdirigent sein, und der Vertrauensmann der Münchener Hoftheaterintendanz war daher delegiert worden, über diesen Punkt Klarheit zu gewinnen und seiner Behörde zu berichten. Etwa eine Woche später erschien nach telegraphischer Anmeldung der Verwaltungsdirektor des Münchener Hoftheaters, Zollner, als Abgesandter des Generalintendanten Baron Speidel bei mir in Wien, und wir gelangten zu einer Abmachung, nach der der Vertrag, den wir beschlossen, in Kraft treten würde, sobald es mir gelungen war, in Wien meine Entlassung durchzusetzen.

Und nun begann ein Leidensweg des Bemühens und Abgelehntwerdens für mich, denn weder Gregor noch Montenuovo wollten mir die erbetene Lösung meiner Verpflichtungen gewähren; die Angelegenheit zog sich endlos hinaus, ich mußte fürchten, daß München nicht so lange ohne einen verantwortlichen musikalischen Leiter bleiben könne und mir somit eine nie wiederkehrende Gelegenheit verloren ginge. Aber die Münchener Generalintendanz hielt treu zu mir, sie wartete über ein Jahr auf mich, und am ersten Januar 1913 trat ich meine Stellung als ›Königlich bayerischer Generalmusikdirektor‹ an, in der ich dann fast zehn Jahre gewirkt habe.

Zu den Abmachungen zwischen Zollner und mir gehörte auch eine Gastdirektion und wir wählten dafür Julius Bittners ›Der Bergsee‹, eine Novität, die mir die Möglichkeit gab, mich mit einer gründlich von mir vorbereiteten Aufführung in München einzuführen. Ich weiß nicht mehr, ob ich mit meiner Leitung dieser Oper die Uraufführung von Mahlers ›Lied von der Erde‹ in München zeitlich verbunden habe. Die beiden Daten können nicht weit auseinander gelegen sein, da mein kontraktlicher Wiener Urlaub, den ich dafür zu verwenden hatte, durch seine Begrenztheit ihre Zusammenlegung ratsam machte.

An die Vorstellung des ›Bergsee‹ habe ich keine andere Erinnerung, als daß mir alles am Münchener Hoftheater, Künstler und Verwaltung, vertrauensvoll entgegenkam und daß der Erfolg die Erwartungen erfüllte. Der Uraufführung des ›Lied von der Erde‹ mit Madame Charles Cahier und William Miller, beides amerikanische Sänger, entsinne ich mich als eines der bedeutendsten künstlerischen Ereignisse meines Lebens. Zunächst deshalb, weil ich mir der Verantwortung für die erste Aufführung des von Mahler nachgelassenen, mir so teuren Werkes so tief bewußt war, ferner weil ich fühlte, daß ich hier wirklich an seiner Stelle stand und endlich weil das erste, ergreifende Erklingen der mir anvertrauten Partitur das Wesen des Verstorbenen mir schmerzlich näher brachte als je. Ich gedenke aber jener ersten Wochen musikalischer Tätigkeit in München noch aus einem anderen Grunde. Mir wurde in dieser Zeit der Gewinn einer neuen Freundschaft, die mein Leben noch einmal und ähnlich wie damals in Wien, bereichert hat und die ebenfalls erst der Tod beenden konnte. Ich hatte Ossip Gabrilowitsch schon 1906 bei Gelegenheit der Uraufführung von Mahlers Sechster Symphonie kennengelernt und ihn in Prag anläßlich der Siebenten und in München bei der Achten wiedergesehen. Seine Begeisterung für die Werke und seine innige persönliche Verehrung für Mahler hatten mir wohlgetan, doch waren wir uns, glaube ich, bei jenen Veranstaltungen kaum nah gekommen. Ossip war in einem Umwandlungsprozeß begriffen. Dem wundervollen Pianisten und herzenswarmen Musiker genügte das Klavierspiel nicht mehr, dem er einen für seine jungen Jahre erstaunlich weit verbreiteten Ruf verdankte; es drängte ihn zur symphonischen Musik und zum Orchester, und er hatte sich in München mit der Absicht niedergelassen, das dortige Kaimorchester für Proben und Konzerte zu engagieren, die ihm Klarheit über seine Dirigierbegabung und Erfahrung in den Aufgaben des Kapellmeisters verschaffen sollten. Der Impresario Emil Gutmann war der Unternehmer der Aufführung des ›Lied von der Erde‹, aber leider standen – im Gegensatz zu seinen Verdiensten um Mahlers Achte im Jahr 1910 – die Zuverlässigkeit und Klarheit seiner Vorbereitungen nicht auf der Höhe seiner Intentionen; es zeigte sich, daß er sich des Orchesters nicht für die Zahl der Proben versichert hatte, die mir zugesagt worden war. Gutmanns und meine Ratlosigkeit verwandelte sich in gerührtes Erstaunen, als ich von Ossip Gabrilowitsch einen Brief etwa folgenden Inhalts erhielt: »Ich erfahre, daß Sie Schwierigkeiten mit den Proben zum ›Lied von der Erde‹ haben, und ein Blick auf den Arbeitsplan des Orchesters bestätigt mir, daß Ihnen die verfügbare Zeit nicht genügen kann. Glücklicherweise habe ich das Anrecht auf eine Anzahl von Orchesterproben für mein nächstes Konzert. Bitte nehmen Sie sich hiervon so viele, als Sie für das ›Lied von der Erde‹ brauchen. Ich werde mich einzurichten wissen.« Daraufhin machte ich Ossip meinen Dankbesuch. Er wohnte in der Aiblingerstraße, nahe dem Nymphenburger Park, in einer sehr stattlichen Villa. Im Garten schaukelte sich jauchzend die kleine Nina, im Zimmer fand ich ihn und Clara Gabrilowitsch, die Tochter von Mark Twain, und als ich die beiden verließ, waren wir Freunde.

Ossip lebte im Mitmenschen, er fühlte mit ihm, und sein Mitgefühl war von der Art, daß es ihn zum Handeln, ja zum Kämpfen trieb. Unrecht konnte er vielleicht erdulden, wenn es ihm selbst, aber kaum, wenn es einem anderen geschah. Er war zu derselben Zeit in Amerika, als Mahler von dem sehr angesehenen, einflußreichen Musikkritiker Krehbiel von der Tribüne in einer Form angegriffen wurde, die Ossip als achtungslos und ungerecht empfand. Und der junge, aufstrebende Pianist, dem an seiner amerikanischen Karriere unendlich viel lag, zögerte keinen Moment, sich in einer öffentlichen Kampfschrift für Mahler gegen Krehbiel mit zorniger Schärfe einzusetzen. Ossip Gabrilowitschs edle Gestalt wird in diesen Blättern noch öfter erscheinen. Hier wollte ich nur dankbar seiner opferbereiten Hilfe bei meiner Aufführung des ›Lied von der Erde‹ und des freudigen Vorgefühls gedenken, mit dem ich unserem künftigen Verkehr entgegenblickte.

Nach Wien zurückgekehrt, stürzte ich mich in die Vorbereitungen zu meiner Aufführung der Mahlerschen Achten mit der Wiener Singakademie. Ein zweiter großer Chor wirkte neben dem der Singakademie mit, ferner einige Männerchöre und der Knabenchor Peterlini, und für die Chorproben mit den fast neunhundert Sängern war Weigls Katharinenhalle in Meidling, ein Riesensaal, gewonnen worden, wo ich von meinem Standplatz auf einem wackeligen Tisch aus mit den klanggewordenen Massen beglückende Stunden in begeisterter Arbeit verbrachte. Ich bin sicher, sie leben in den Herzen der Überlebenden aus jener Zeit wie in dem meinen. – Im Frühjahr 1912 fand in Wien ein Musikfest statt, und ich brachte bei dieser Gelegenheit mit den Wiener Philharmonikern Mahlers Neunte, deren Partitur gleich der des ›Lied von der Erde‹ meiner Sorgfalt für eine letzte Durchsicht vor der Drucklegung anvertraut worden war, zur Uraufführung. In einem anderen Konzert desselben Musikfestes machte ich die Wiener mit dem ›Lied von der Erde‹ bekannt, für das ich diesmal – oder war es die nächste Aufführung? – einen Bariton statt der Altstimme gewählt hatte. Mahler selbst schwankte zwischen den beiden Stimmen – seine Vorschrift läßt die Wahl offen – und so glaubte ich ihm die Probe schuldig zu sein. Ich hatte mit dem ernsten, künstlerisch hochstehenden und Mahler treu ergebenen Friedrich Weidemann von der Hofoper die Gesänge studiert, die er auch in seiner innerlichen Weise sang, aber ich habe das Experiment nicht wiederholt, weil ich mich dabei überzeugt hatte, daß nicht nur die Altstimme die vokalen Forderungen der Aufgabe besser lösen kann, sondern weil auch die Abwechslung zwischen Alt- und Tenorstimme dem Ohr willkommener ist, als der Klang der Männerstimmen in allen sechs Gesängen.

Nun kam der Sommer 1912 und, der Einladung der Münchener Generalintendanz folgend dirigierte ich zum erstenmal die Mozart- und Wagnerfestspiele im Residenztheater und Prinzregententheater. Ich kann das Gefühl der Befriedigung, des ›endlich‹, das mich ganz erfüllte, nicht beschreiben; ich weiß nur noch, daß ich am Tage vor dem Beginn meiner Proben zum Residenztheater pilgerte, wo Mozart 1775 seine ›La Finta Giardiniera‹ dirigiert hatte, von dort am Hoftheater vorbei über die Isar hinüber langsam zum Prinzregententheater hinaufstieg, in dem ein Wagnerscher Gedanke würdige Verwirklichung gefunden hatte. Diese drei Theater, deren jedes ein fast idealer Schauplatz für die ihm gemäßen Werke war, zu meiner Verfügung zu haben, in ihnen nun die Opern und musikalischen Dramen nach meinem Sinn vorbereiten und aufführen zu dürfen – das war die Lebensaufgabe, auf die ich gewartet, für die ich mich geschaffen fühlte, die – wenn ich meine Freigabe in Wien durchsetzte, woran ich nicht zweifelte – mir am rechten Grenzpunkt zwischen Jugendkraft und Mannesreife zugefallen war. Ich wanderte dann an diesem herrlichen Sommerabend, in einem Traum schwebend, der Wirklichkeit war, von Wünschen bewegt, deren Erfüllung bevorstand, durch die Anlagen an der Isar – ich ging dahin in einer Glückstrunkenheit, die ich zurückblickend zu den Höhepunkten meiner Existenz zähle. Mein Lebensgefühl schäumte und strömte dahin wie der Fluß dort unter mir, dem das heimische Gebirge seine wilde Kraft mitgegeben hatte, und Kraft fühlte auch ich in mir und Willen und Ziel. Meine Zeit war gekommen, so sang es in mir, und – ich bekenne mich etwas beschämt zu dem napoleonischen Rausch – ich würde nun München und von München aus die musikalische Welt erobern. Diese ich-erfüllte Aufwallung des Sechsunddreißigjährigen, in der sich eine lange Unterdrückung der nach Betätigung drängenden Kräfte entlud, war eigentlich nur die Höchststeigerung eines Zustandes, der mir von Kindheit an vertraut war und von dem meine ausübenden Kräfte immer ihren dynamischen Anstoß und Schwung empfangen haben. Alle Kunstausübung, wie viel Demut und Hingabe ihr auch zu Grunde liegen, ist ein Ich-Exzeß und kein Wunder, daß in diesem Vorgefühl der Erfüllung der Gedanke an die künftigen großen Aufgaben mein Herz und meine Phantasie in Flammen setzten.

Um so ungeduldiger machten mich die Widerstände, die sich in Wien meinen Entlassungswünschen entgegenstellten. Und da meine Bemühungen auf den direkten Wegen erfolglos geblieben waren, beschloß ich mein Glück auf Umwegen zu suchen. Katharina Schratt, die Freundin des Kaisers Franz Joseph, war eine einflußreiche Persönlichkeit, und an sie, die als frühere Schauspielerin des Burgtheaters wissen mußte, was einem Künstler berufliche Befriedigung bedeutete, beschloß ich mich zu wenden. Zwar hatte ich gehört, daß sie die zahllosen zu ihr gelangenden Ansuchen um eine Beeinflussung des Kaisers in irgend welchen persönlichen Angelegenheiten grundsätzlich ablehnte, aber das Gerücht sprach auch von Ausnahmen, und von einer solchen will ich hier berichten, auch weil sie den Kaiser von einer bei ihm seltenen, sehr liebenswürdigen Seite zeigt und ich meine Hoffnung gerade auf diese Erzählung stützte — für ihre Authentizität kann ich mich allerdings nicht verbürgen. Frau Schratt war ersucht worden, den Kaiser für die Ausstellung eines Malers zu interessieren, und nach mehrfacher Ablehnung hatte sie schließlich aus Rührung über die Notlage des Künstlers nachgegeben und dem Kaiser den Besuch der Ausstellung und Ankauf eines der Bilder nahegelegt. Nach einigen Wochen hielt ein großer Lastwagen vor der Villa der Frau Schratt in Hietzing, ein riesiger Gegenstand wurde ihr ins Haus getragen, Diener aus dem benachbarten Schönbrunner Schloß meldeten sich ›im Auftrage Seiner Majestät‹ bei ihr und brachten die Sendung in den Salon. Am Nachmittag erschien der Kaiser in gewohnter Weise bei ihr zum Tee. Er führte sie an der Hand in den Salon, wo ein abstoßendes, giftgrünes Bild die ganze Wand einnahm und sagte ihr lächelnd, indem er darauf hinwies: »Strafe muß sein«.

Trotzdem ich eigentlich annahm, daß sie nach solcher Erfahrung abgeneigt sein müßte, sich bei dem Kaiser wiederum für die Angelegenheit eines Künstlers einzusetzen, appellierte ich an ihr Verständnis und ihre Hilfe. Gleichzeitig machte ich eine Eingabe an den Kaiser, in der ich mein Demissionsgesuch begründete, versuchte auch, den Generaladjudanten des Kaisers, Grafen Paar, für meinen Fall zu interessieren. Es vergingen wiederum Wochen, und München ersuchte mich immer wieder, mein möglichstes zur Beschleunigung der Entscheidung zu tun. Da erschien eines Tages in meiner Probe ein Diener des Fürsten Montenuovo mit dem Ersuchen, ich möge ins Obersthofmeisteramt kommen. Als ich eintrat, sah ich meine Eingabe an den Kaiser auf dem Schreibtisch des Fürsten liegen. Er empfing mich mit einiger Gereiztheit und erklärte mir zunächst, er bedaure, daß ich versucht habe, eine Entscheidung über seinen Kopf hinweg vom Kaiser direkt zu erwirken. »Hier habe ich Ihr Gesuch«, sagte er. »Seine Majestät ist sehr korrekt und wird keine Verfügung in einem mir unterstellten Ressort treffen, die ich nicht gutheiße. Und daran kann auch die Frau Schratt nichts ändern, an die Sie sich ja gewendet haben«, setzte er sichtlich geärgert hinzu. »Wir haben Ihnen erst im vorigen Jahr einen außergewöhnlich günstigen Vertrag gegeben. Können Sie denn mehr wünschen, als eine so ausgezeichnete Stellung an der Hofoper?« Ich erwiderte, daß die Münchener Position der Funktion wie dem Ansehen nach meiner Wiener Stellung weit überlegen sei. Dort sei ich der Direktor, während in Wien die direktorialen Kompetenzen den meinen übergeordnet seien, und ich bäte ihn dringend, meiner Laufbahn in diesem entscheidenden Augenblick keine Hindernisse zu bereiten. Er fragte nach der Dauer des Münchener Vertrages, und als ich erwiderte, ich müsse mich dort auf sechs Jahre verpflichten, änderte sich plötzlich seine Stimmung, und er sagte nicht ohne eine gewisse Wärme: »Ich habe Vertrauen zu Ihnen und werde ganz offen sein. Mahler war mein Freund, er hat Sie mir als den künftigen Direktor der Hofoper empfohlen, aus diesem Grunde habe ich Sie halten wollen, bis meine jetzigen Abmachungen abgelaufen sind. Sie verderben mir meinen Plan mit Ihren Entlassungswünschen, aber ich kann schließlich einen Künstler nicht fesseln, der durchaus fortstrebt. Ich werde Ihrer Demission zustimmen, aber unter einer Bedingung: daß Sie mir einen Geheimvertrag unterschreiben, in dem Sie sich der Wiener Hofoper nach Ablauf Ihres Münchener Kontraktes als Direktor verpflichten. Und wir geben uns die Hand darauf, daß die Abmachung vertraulich behandelt wird.« So kam es denn, daß mein derzeitiger Wiener Vertrag mit Jahresende gelöst wurde und ich dann meine Stellung an der Münchener Hofoper antrat – mit einem Geheimvertrag für den ersten Januar 1919 als Wiener Hofoperndirektor in der Tasche. Ich habe natürlich die versprochene Diskretion gewahrt, nicht ohne ein peinliches Gefühl der Münchener Behörde gegenüber. Im Januar 1919 aber war Montenuovo nicht mehr im Amt, es gab keinen Hof und keine Hofoper mehr – sie war ein Staatsinstitut geworden – der Geheimvertrag hatte seine Gültigkeit verloren, und ich blieb in München.

Es konnte nicht ausbleiben, daß ich in den elf Jahren meiner Tätigkeit an der Wiener Oper in wachsendem Maße ›politikbewußt‹ wurde, aber eigentlich war mir lange Zeit hindurch nicht anders zu Mut als einem interessierten Zuschauer in der politischen Arena. Das änderte sich mit der Annexion von Bosnien und der Herzegowina, 1908. Von da an fühlte ich mich erfaßt von dem bedrohlichen Ernst der europäischen Lage, und wie hätte ich nicht das kommende Unheil ahnen sollen, da mir aus den Zeitungen wie aus den Gesprächen meiner Freunde die Unvereinbarkeit der politischen Gegensätze innerhalb Österreich-Ungarns und innerhalb Europas allmählich klar wurde. Indessen blieb der Friede immer wieder erhalten, gelegentlich hellte sich sogar der Horizont noch einmal auf, und als ich nach München ging, war mein Sinn so überwältigend von künstlerischen Aufgaben und

Plänen erfüllt, daß mein Ohr von neuem mit seiner alten Taubheit für die politischen Kakophonien geschlagen war. Und erst der Generalmarsch, der am 31. Juli 1914 nachmittags vor dem Münchener Prinzregententheater getrommelt wurde, weckte mich rasselnd und erschütternd zu der furchtbaren Wirklichkeit einer brennenden und rauchenden Welt, in der zu leben ich ungenügend organisiert war und blieb, und in der doch von da an zu leben und meinen Weg zu suchen, das Schicksal mir befahl.

# IV

# 1

Nun war ein bedeutendes Kunstinstitut meiner Führung und Fürsorge anvertraut, ein Operntheater, dessen ruhmreiche Vergangenheit und internationales Ansehen in der Gegenwart mir hohe Verpflichtungen auferlegten.

Das älteste der drei Häuser, in denen Oper gegeben wurde, war das Residenztheater; 1750 erbaut, zeugte es in seinem reizvollen Rokokostil vom Kunstsinn der bayerischen Kurfürsten und von einer interessanten Epoche der Münchener Theatergeschichte, in die das bereits erwähnte Erscheinen Mozarts am Dirigentenpult des Hauses fällt. Nichts in dem prächtigen Raum war verändert worden – so wie er war, bot er noch immer den idealen Rahmen für die Opern des achtzehnten Jahrhunderts und für viele andere Bühnenwerke, die auf intime Wirkung gestellt waren. Das große Haus, das ›Hoftheater‹, das in seiner jetzigen Gestalt seit 1823 bestand und in dem wir sechsmal wöchentlich Oper spielten, hatte seine höchste Weihe erhalten, als auf Befehl König Ludwigs II. dort die Erstaufführungen der Wagnerschen Musikdramen stattgefunden hatten, darunter die berühmte Premiere von ›Tristan und Isolde‹ unter der Leitung Hans von Bülows 1865.

Aber die Münchener Oper zehrte keineswegs nur von ihrem alten Ruhm. Die jüngste Gegenwart stand noch unter der Nachwirkung der Persönlichkeit Ernst von Possarts, eines virtuosen Schauspielers von ausgesprochener Individualität, der als Generalintendant der Kgl. Bayerischen Hoftheater die Mozart- und Wagnerfestspiele ins Leben gerufen und mit ihnen der Anziehungskraft Münchens auf Inland und Ausland einen neuen und bedeutsamen Impuls gegeben hatte. Auch der Bau des Münchener Festspielhauses, des ›Prinzregententheaters‹, war hauptsächlich seiner Initiative zu verdanken. Das theatralisch lebendige Regietalent Possarts hatte die Münchener Opernszene, wenn auch nicht im Sinn einer musikalischen Dramatik, doch wenigstens mit den Methoden einer denkenden, oft geistreichen und ernst bemühten Schauspielregie belebt und damit über das Niveau der konventionellen Opernvorstellungen an den meisten Bühnen jener Zeit erhoben. Am Dirigentenpult waren nach Wagner und Bülows Zeiten

Hermann Levi, Hermann Zumpe und endlich Felix Mottl erschienen, die dem alten Glanz des Theaters neuen hinzugefügt hatten. Seit Mottls Tod, anderthalb Jahre bevor ich nach München kam, hatte es allerdings verwaist gestanden, und nun war es an mir, die hohen Werte meiner Erbschaft lebendig zu erhalten oder neu zu beleben, Schäden, die sich inzwischen eingestellt hatten, zu bekämpfen, Lücken zu füllen und von jetzt an mit meinem eigenen künstlerischen Lebensstrom die Räder zu treiben.

Dies verlangte von mir zunächst eine genaue Orientierung über die Leistung des Theaters in der unmittelbaren Vergangenheit und gründliches Studium seines gegenwärtigen Zustandes. Hierbei erkannte und anerkannte ich als das wesentliche Verdienst der Possart-Mottl-Periode die Schaffung der Mozart- und Wagnerfestspiele und die Pflege der Werke beider Meister auch in der zehnmonatigen regulären Spielzeit und fühlte mich natürlich hoch beglückt, gerade diese Erbschaft anzutreten. Zugleich sah ich, daß andere Gebiete des Opernrepertoires sowie das zeitgenössische Schaffen weniger sorgfältig behandelt worden waren und daß ich also für eine Verbreiterung, Durcharbeitung und Modernisierung des Spielplans sorgen müsse. Ferner hatte ich mich schon während der Sommerfestspiele 1912 mit den Vorzügen und Schwächen des Personalbestandes vertraut gemacht, der, wie zu erwarten, neben vorzüglichen Künstlern auf der Höhe ihrer Fähigkeiten auch alternde Sänger, schwächere Begabungen und beträchtliche Lücken aufwies. Auch war mir bei der Leitung der Mozart- und Wagnerfestspiele klar geworden, daß die Künstlerschaft, sowie die ganze Atmosphäre des Hauses eher für Wagner als für Mozart geeignet war. Kein Wunder, da Wagners eigenes Wirken, der Einfluß von Bayreuth durch Levi, Zumpe und Mottl und die Tätigkeit des Oberregisseurs Anton Fuchs die Schaffung eines authentischen Wagner-Stils begünstigt hatten, während die dramatische Wiedergabe der Mozartschen Opern eher von Daponte und Beaumarchais, als von der Musik ihre Anregungen empfing.

Mottl war durchaus nicht nur Wagnerinterpret gewesen. Auch Mozart dirigierte er mit der Warmherzigkeit und dem gesunden Instinkt seines Urmusikertums, das sich in jeder wahren Musik zu Hause fühlte; er erfüllte ihn auch mit der dramatischen Lebendigkeit seines echten Theatertalents. Wenn trotzdem seine Dirigentenleistung am überzeugendsten im Musikdrama Wagners zur Geltung kam, so lag es daran, daß hinreißende Spontaneität und improvisatorische Kraft seiner Natur in reicherem Maße zu eigen waren als subtiles Eingehen auf Einzelheiten oder die erzieherische Neigung zu verfeinernder Arbeit mit den Sängern. Meine Aufgabe für die nächsten Jahre stand somit klar vor mir: Die Wagnerpflege mußte fortgesetzt werden, das Repertoire im allgemeinen bedurfte der Bereicherung und sorgfältiger Pflege und was Mozart betraf, so sah ich, welch wichtiger und zukunftsreicher Teil meiner Verantwortung auf diesem Gebiet lag.

Von entscheidender Bedeutung erschien mir eine drastische Vermehrung und Intensivierung der Probenarbeit, namentlich mit den einzelnen Künstlern. Wie in Wien und früher, legte ich den größten Wert darauf, mit ihnen ihre Rollen gesanglich und dramatisch zu studieren, ihr Talent in systematischer Einwirkung zu seinen höchsten Möglichkeiten zu steigern und ihnen mit dem Verständnis zugleich die Freude an ihren Aufgaben zu erhöhen. In solcher erzieherischer Tätigkeit – ohne den Anschein der Erziehung – erblickte ich von je die Grundlage jeder aufbauenden Arbeit am Theater, und ich habe improvisatorischen Schwung und dramatisches Feuer musikalischer Aufführungen nur schätzen können, wenn ihr die liebevollste und treueste Ausarbeitung der Einzelheiten vorausgegangen war. Aus diesen beiden Elementen, der Ordnung im Detail und einer improvisiert erscheinenden Freiheit im Ductus einer Wiedergabe, besteht die Aufgabe der nachschaffenden Kunst, und keine Aufführung, der eines von ihnen mangelt, hat den Forderungen eines musikalischen oder musikdramatischen Werkes genug getan.

Mit Probenarbeit war ich somit reichlich versorgt, aber sie erfrischte mich durch den täglichen Lohn, den sie ergab, durch die Lebendigkeit des ständigen Verkehrs mit ›dem anderen‹. Das Ensemble der bewährten und in München sehr beliebten Sänger, wie Knote, Feinhals, Brodersen, Wolf, Geiß, Bender, Berta Morena, Zdenka Faßbender, Maud Fay, Hermine Bosetti usw. vervollständigten während meiner Leitung die Engagements von Bary, Erb, Oestvig, Rode, Schipper, Schützendorf, Maria Ivoguen, Delia Reinhardt, Sigrid Onegin, Maria Olzsewska, Louise Willer, Hedwig Fichtmüller u. a. Ich strebte danach, mich mit starken Künstlerpersönlichkeiten zu umgeben; die Persönlichkeit ist das Glück des Theaters, es lebt von ihr, wie das Kunstwerk vom Ensemble. Der Geist des Kunstwerks ist durchaus nicht identisch mit dem Geist des Theaters, ja, wo sich ihre Sphären nicht überschneiden, sind sie oft Gegner, und an ihrem Ausgleich erkennt man den Wert des Regisseurs und des Dirigenten. So lebte ich für meine Sänger und von ihnen, und bei den heißesten Bemühungen um die Vereinheitlichung meiner Aufführungen, um die Stil- und Werktreue in jeder Einzelleistung, habe ich nie vergessen, daß die Faszination des Theaters von der bedeutenden Persönlichkeit oben auf den Brettern und ihrem Ichgefühl ausgeht. Oft beeinflußte sogar das Interesse für starke Künstlerpersönlichkeiten die Wahl meiner Neustudierungen und Novitäten. (Für Emil Schipper habe ich Marschners ›Hans Heiling‹, für Maria Ivoguen Donizettis ›Don Pasquale‹, für Paul Bender Cornelius' ›Barbier von Bagdad‹ angesetzt, und ich habe nie eine Einstudierung geplant, wenn ich nicht wenigstens die Hauptrollen in hervorragender Weise besetzen konnte.)

Im Studium mit dem Orchester erfreute mich der künstlerische Ernst der Musiker, ihre Leistungen im einzelnen und ihr eifriges Eingehen auf meine Wünsche im allgemeinen. Ich habe eine dankbare, ja eine gerührte Erinnerung an künstlerische und menschliche Harmonie in unserer zehnjährigen Gemeinschaft bewahrt. Sogar für meine Bemühungen um die Verjüngung der Körperschaft, die Pensionierung älterer oder kranker Musiker und Auswahl wertvoller junger Kräfte, fand ich Verständnis und Unterstützung in den Reihen des Orchesters, doch erschwerten natürlich der Krieg und später der Wirtschaftsverfall ein allzu energisches Vorgehen. Auch der künstlerischen Entwicklung des Chores widmete ich große Sorgfalt und dankbar gedenke ich hier der begeisterten, musikalischen und stimmtechnisch verständnisvollen Mitarbeit des ausgezeichneten Konrad Neuger als Chordirektor, den ich zu meiner Freude zwanzig Jahre später in der gleichen Eigenschaft an der Metropolitan Oper in New York wiederfand.

Die Regiefrage erwies sich auch in München als eines meiner Hauptprobleme, doch war mir der Oberregisseur Anton Fuchs eigentlich recht ergeben, und wir arbeiteten fast nur bei den Wagneraufführungen zusammen, wo er auf dem rechten Wege war und die Wagnerschen Regievorschriften religiös befolgte. Schwieriger stand es um meine Verständigung mit dem Regisseur Willi Wirke, doch brachte ich es fertig, meine Wünsche bei ihm und manchmal gegen ihn durchzusetzen und mit Josef Geis, dem unvergleichlichen Beckmesser, der auch gelegentlich mit Talent und Stilgefühl Regie führte, vertrug ich mich, trotz seines hartköpfigen Eigensinns, mit Leichtigkeit. Einer tief verstehenden Mitarbeit erfreute ich mich von seiten des genial veranlagten, leider so früh verstorbenen Ballettmeisters Heinrich Kröller, dessen Einstudierung der Pantomimen und Tänze in Glucks ›Orpheus‹

einen so vollkommenen Ausgleich zwischen einem Ballettstil des achtzehnten Jahrhunderts und dem mytho-poetischen Sinn der feierlichen Choreographie gerade dieses Werkes zeigte, daß ich nicht zögerte, ihm die sehr problematische Gesamt-Inszenierung der reizvollen Oper von Walter Braunfels ›Die Vögel‹ nach Aristophanes anzuvertrauen, in der er seine schwierige, völlig neuartige Aufgabe – dramatischer Ausdruck bei vogelhaft stilisierter Haltung und Gestik – mit glänzendem Erfolg löste.

Bei meinem Antritt fand ich Ludwig Kirschner als Ausstattungschef des Hauses vor, und wir ergänzten uns vortrefflich in der Einstudierung von Webers ›Euryanthe‹, deren Romantik er in Dekoration und Kostüm glanzvoll und poetisch zum Ausdruck brachte. Da er das Theater aus mir nicht erinnerlichen Gründen verließ, wandte ich mich an den hochbegabten, feinfühligen Russen Leo Pasetti, dessen phantasievolle Leistungen mir oft große Freude machten. Als ich Glucks ›Iphigenie in Aulis‹ vorbereitete, schrieb ich dem Bildhauer Adolf Hildebrand, einem gründlichen Kenner hellenischer Kunst, ob er die Inszenierung übernehmen wolle. Er antwortete ablehnend – er war schon über siebzig Jahre alt und scheute vielleicht das Ungewohnte einer solchen Theaterarbeit; seine bisherigen Kunstwerke waren monumental und statisch gewesen, augenscheinlich wollte er nicht mit dem bewegten Menschen in einer vom Lichtwechsel belebten Umwelt zu tun haben. Ich bedauerte seine Absage, denn ich hatte mir gerade von dem ins Heroische gerichteten Bildhauer eine völlig neue Art der Bühnengestaltung für ›Iphigenie‹ erwartet. – Nun wandte ich mich an Emil Preetorius, der sich bis dahin nur als Graphiker und Illustrator bekannt gemacht hatte, und bot ihm auf Grund seiner vielseitigen und anpassungsfähigen Begabung die Aufgabe an. Ich kannte ihn eigentlich nur von seinen ganz einzigartigen Illustrationen zu Eichendorffs Roman ›Der Taugenichts‹, die so romantisch waren wie die Dichtung. Von poetischer Illustration bis zum heroisch-griechischen Bühnenbild ist allerdings ein weiter Weg, doch ich hatte die persönliche Bekanntschaft dieses reich begabten Mannes gemacht, der geistig dem Stefan George-Kreis nahestand, aus Liebhaberei sich tief in ostasiatische Kultur eingelebt hatte, zugleich aber in klassischer Kunstgesinnung lebte und mindestens viele geistige Voraussetzungen für die ungewöhnliche Aufgabe besaß. Mit dieser Arbeit, die durchaus meine Hoffnungen erfüllte, begann seine erfolgreiche Theatertätigkeit, die ihn weit geführt hat, nach meinem Ausscheiden aus dem deutschen Theater sogar bis nach Bayreuth, wo er den ›Nibelungen‹ ein neues szenisches Gewand gab. Für mich hat er nach der ›Iphigenie‹ noch eine ganze Anzahl von Arbeiten ausgeführt, deren beste und wohl auch ihm gemäßeste, die Bühnengestaltung von Mozarts ›Cosi fan tutte‹ an der Berliner Städtischen Oper war. Emil Preetorius, Darmstädter von Geburt und Feund des Großherzogs Ernst Ludwig von Hessen, ein kleiner, beweglicher Mann mit scharfgeschnittenen Gesichtszügen, spielte eine hervorragende Rolle im geistigen Leben Münchens, und ich habe an seiner Unterhaltung und auch an seiner Erschlossenheit für einen absonderlichen romantischen Humor viel Vergnügen gehabt.

Als ich mich in München zu einer Neustudierung und Neuinszenierung der ›Nibelungen‹ entschloß, hatte, glaube ich, Pasetti die Ausstattung übernommen. Ich erinnere mich nicht mehr genau daran, wohl aber, daß Anna von Mildenburg die Regie führte – wahrscheinlich war Anton Fuchs damals schon gestorben – und daß ihre gewaltige Persönlichkeit, die ja auch durch die Bayreuther Schule gegangen war, einen großen Einfluß auf die Künstler ausübte.

Als Kapellmeister fand ich in München Franz Fischer und Hugo Röhr vor, die sich beide freundlich und entgegenkommend gegen den jüngeren, ihnen übergeordneten Kollegen zeigten. Röhrs Stellung war die des Routiniers, der alles kennen und können mußte, immer zur Verfügung stand und nie Ansprüche stellte. Ich habe es sehr schätzen gelernt, daß man sich auf ihn stets verlassen konnte, und wenn seine Vorstellungen auch ein wenig vom Grau der Routine gefärbt waren, so zeichneten sie sich doch durch Ordnung und Sorgfalt aus. Franz Fischer war lange Jahre hindurch der anerkannte Wagner-Dirigent der Münchener Oper gewesen, und die Gemeinde der Wagner-Anhänger, bis in ihre radikalsten Reihen, sah in ihm den berufenen Verkünder des Bayreuther Meisters. Ich selbst habe zu meinem Bedauern nur noch wenige Aufführungen unter Franz Fischer hören können, aber sie machten mir in ihrer autoritativen Stilsicherheit und einfachen Größe den überzeugenden Eindruck einer authentischen Interpretation. Nicht zum wenigsten war Franz Fischers langjährigem treuen Wirken am Dirigentenpult der Münchener Oper die Wahrung jener beispielgebenden Wagner-Tradition zu danken, um die sich später dann auch Felix Mottls starke Persönlichkeit so bedeutende Verdienste erworben hat. Persönlich bin ich dem einfachen, geraden und gütigen Mann leider nur selten begegnet – er trat nicht lange nach meinem Amtsantritt in den Ruhestand. Doch bedeutete es mir viel, mit einem so hochbewährten alten Vorkämpfer für eine Sache, die auch mir Lebensinhalt war, noch in Berührung gekommen zu sein, und es bereitete mir Genugtuung und Ermutigung, nicht nur von Franz Fischer selber, sondern später noch von seiner Tochter erfahren zu haben, daß er mir als Musiker zugetan war.

Als Nachfolger Fischers hatte die Generalintendanz schon geraume Zeit vor meinem Stellungsantritt den ersten Kapellmeister der Aachener Oper, Otto Heß, ins Auge gefaßt, von dem man mir sagte, er habe sich dort sehr bewährt; als gebürtiger Münchener besäße er das Anrecht, in Betracht gezogen zu werden, und eine Gastdirektion des Kapellmeisters gäbe mir ja die Gelegenheit, seine Eignung zu beurteilen. Heß dirigierte als Gast ein Wagnersches Werk und machte allgemein einen sehr guten Eindruck: er erfüllte die bekannte Forderung Hans von Bülows, daß der Dirigent nicht den Kopf in der Partitur, sondern die Partitur im Kopf haben solle und zweifellos ging in der Aufführung eine starke Persönlichkeitswirkung von ihm aus. So wurde er mit meiner Zustimmung zum Nachfolger Franz Fischers ernannt, und seine Leistungen sowohl wie sein Berufseifer rechtfertigten das Engagement, obwohl seine wachsende Zügellosigkeit in dynamischen Exzessen meinen Bemühungen um orchestrale Kultur ebenso entgegenwirkte, wie sein krankhafter Ehrgeiz meinem Streben nach einem friedlichen Zustand im Hause. Heß war ein schwieriger, unglücklicher Mensch; bei der leichtesten Meinungsverschiedenheit in harmlosem Gespräch erschienen zwei brennend rote Zornesflecken auf seinen Backen und sein schwer gehender Atem mahnte zum Abbruch der Unterredung. Ich tat mein Bestes, ihm einen Wirkungskreis zu geben, der jeden Dirigenten befriedigen mußte; seinem Ehrgeiz aber wäre sogar mein Selbstmord nur als erste Ratenzahlung auf eine ungeheure Verschuldung des Schicksals an seine berechtigten Ansprüche erschienen, und so ließ ich mich am Leben, handelte wie es mir recht und gerecht schien und ertrug die unverdiente Feindschaft im Theater und ihre Verzweigungen außerhalb des Hauses mit Gemütsruhe. – Otto Heß starb noch innerhalb meiner Münchener Amtszeit an einer tuberkulösen Erkrankung, die die roten Flecken auf den Backen wie die abnormale Reizbarkeit des Armen nachträglich erklärte, und an seine Stelle trat Robert Heger, seinem Vorgänger an Temperament und Dynamik nicht gleich, ihm an musikalischer und persönlicher Kultur überlegen, und ich konnte mich so in meinen letzten Münchener Jahren von den sinnlosen und unnötigen Störungen meiner nur den Interessen des Institutes dienenden Bemühungen in der Ruhe seiner Urbanität erholen.

Der Bayerische Generalintendant, der die Vertragsverhandlungen mit mir geführt und so geduldig auf die Lösung meiner Wiener Verpflichtungen gewartet hatte, Baron Speidel, ehemaliger General der Kavallerie, war bald nach meinem Eintreffen in München gestorben. Er war ein einfacher, aufrichtiger Mann gewesen, von dessen Naivität in Kunstdingen zahlreiche Geschichten kursierten. Als ich ihm von der herrlichen Altstimme einer Chorsängerin berichtete, die ich auf ihr schriftliches Ersuchen hin angehört, die Musikalität, das Talent und das schöne Aussehen der Dame erwähnte und dringend um ihr Engagement als Solistin ersuchte, erwiderte er mir in reinstem bayerischen Dialekt: »Aber ich bitt' Sie, dees ist doch grad' was Schöns, wann ma so a gute Stimm' im Chor hat«, und ich hatte alle Mühe, ihm klar zu machen, daß die Stimmen im Chor schließlich nicht schöner zu sein brauchten, als im Solopersonal, was in diesem Fall, im Altfach durchaus zutraf. Louise Willer war der Name der Chorsängerin und späteren ersten Altistin der Münchener Oper. Sie hat Amneris und Azucena, Erda und Waltraute, Brangäne, Klytemnestra in Glucks ›Iphigenie‹ und vieles andere mit mir gesungen, und sie wird mir in diesen Rollen wie durch ihre erschütternde Leistung in Mahlers ›Lied von der Erde‹ unvergeßlich bleiben. – An Speidels Stelle trat Clemens von Frankenstein, Bruder des späteren, langjährigen Gesandten Österreichs in London, Georg von Frankenstein. Ich hatte auf zweierleiweise schon früher seine Bekanntschaft gemacht: einmal durch Arthur Schnitzlers Roman ›Der Weg ins Freie‹, der die beiden Brüder, natürlich unter anderem Namen, porträtierte – Clemens von Frankenstein beklagte sich bei mir über die Unähnlichkeit seines Bildes – das anderemal in der Wirklichkeit, als ich im Auftrage Mahlers nach Wiesbaden gefahren war, um eine Sängerin zu hören. Frankenstein war damals zweiter Kapellmeister am Wiesbadener Hoftheater; er hatte von mir gehört und kam mich zu begrüßen und in sein Haus zum Frühstück einzuladen, wo ich mit ihm und seiner jungen Frau, einer schönen, rotblonden Irländerin, eine ungewöhnlich anregende Stunde verbrachte. Kein Wunder, denn er hatte dem Kreise Hofmannsthal, Schnitzler, Andrian angehört, er verehrte Mahler, und es gab der musikalischen und literarischen Berührungspunkte zwischen uns genug, um uns die Zeit im Fluge vergehen zu lassen. Ein freundliches Geschick hatte nun diesen Vertreter eines alten, halb österreichischen, halb bayerischen Adelsgeschlechtes als dem Hof genehmen und als Musiker der Öffentlichkeit sympathischen Chef der Generalintendanz mir zum ›amtlichen

Vorgesetzten‹ bestimmt. Ich habe in den etwa sechs Jahren unserer gemeinsamen Arbeit, der die Revolution im November 1918 ein Ende machte, nur Freude und Befriedigung an dem Kunstsinn, der taktvollen Bescheidenheit und der festen Energie dieses untadelig ehrenhaften und höchst kultivierten Mannes erlebt. Die beiden Brüder sahen sich durchaus nicht ähnlich. Georg von Frankensteins schlanke, hochgewachsene Gestalt mit früh ergrautem, natürlich gewelltem Haar über dem fein geschnittenen, länglichen Gesicht stellte in Aussehen und ruhiger Eleganz den typischen österreichischen Aristokraten vor, Clemens von Frankenstein dagegen, von seinen Freunden ›Cle‹ genannt, eher schwer von Gestalt und Gang, mit charaktervoller Gesichtsbildung, starker Nase, ernstem Mund und etwas vortretender Stirn trug einen Cäsarenkopf auf den breiten Schultern. Er war ein vortrefflicher Musiker und interessierte mich sogar als Komponist. In seinen Liedern, einem geistvollen Variationenwerk über den Ruf des Nachtwächters in Meyerbeers ›Hugenotten‹ und in seiner Oper ›Li-tai-pe‹ fand ich Eigenart, Können und, besonders in den Variationen, eine hoch entwickelte Instrumentationstechnik.

Ich habe bereits vom Münchener Hoforchester und dem Verhältnis gegenseitiger Zuneigung gesprochen, das uns die zehn Jahre meines Wirkens hindurch verbunden hat. In meiner amtlichen Stellung hatte ich mich, außer mit den Fragen der Engagements, Avancements, Pensionierungen und Disziplinarangelegenheiten, auch mit sozialen und wirtschaftlichen Angelegenheiten des Orchesters zu beschäftigen. Die Einwirkungen des Krieges und die Veränderungen nach der Revolution warfen immer neue Probleme auf und veranlaßten mich zu tätiger Anteilnahme an den Bestrebungen der Musiker. Mir sind keine Einzelheiten davon im Gedächtnis geblieben, aber ich möchte doch erwähnen, daß das endgültige Statut, das wir in Ausschußberatungen erreicht und dessen Annahme Frankenstein und ich bei der Finanzverwaltung durchgesetzt hatten, von anderen deutschen Orchestern mehrfach als Muster anerkannt wurde. Wir waren mit allseitigem guten Willen bei unserem Resultat angelangt, wobei jeder einzelne Musiker sich etwas benachteiligt fühlte, aber doch einen allgemeinen Fortschritt nicht leugnen konnte. Ich hatte ganz im stillen bei dieser Gelegenheit wieder gefunden, daß eigentlich jede der streitenden Gruppen mit ihren Argumenten im Recht war und fühlte mich in herzlicher Übereinstimmung mit dem Matrosen in Ludwig Thomas Roman ›Altaich‹, der, wenn man ihn nach seiner Ansicht fragte, immer antwortete: »I hab' zwa

Meinungen.« Und ich fand, daß es für alle irdischen Streitigkeiten nur einen Ausweg gibt: die Toleranz. Und daß sie nur einer einzigen Gesinnung gegenüber nicht angewandt werden darf: der Intoleranz.

Zu meinen Pflichten gehörte auch die Leitung der Symphoniekonzerte im Odeon. An Proben stand mir zur Verfügung, was immer ich für notwendig hielt, und der Ausgleich mit den Orchesterproben für die Oper lag in meiner Hand. Eine höfische Tradition wollte es, daß ein zweispänniger, blauer Wagen, mit einem livrierten Diener auf dem Bock, mich aus meinem Hause zum Konzert und danach wieder nach Hause brachte, und gewöhnlich holten wir unsere Freunde und Nachbarn Thomas Mann und Frau mit dem Wagen ab, was ihnen, namentlich im Kriege, sehr angenehm war.

Mehrmals in der Saison wirkte der Münchener Lehrergesangverein in meinen Odeonskonzerten mit und erfreute mich durch seinen Stimmglanz und seine Singbegeisterung. Auch in diesen Chorproben fühlte ich wieder meine besondere Verbundenheit mit dem Chorgesang und mit der Literatur, die wir zur Aufführung brachten. Arnold Schönbergs ›Gurrelieder‹, Kloses ›Der Sonne Geist‹ – ein edles Werk des Komponisten der ›Ilsebill‹ nach einem pantheistischen Gedicht von Alfred Mombert, Liszts ›Heilige Elisabeth‹, Pfitzners ›Das dunkle Reich‹ und ›Von deutscher Seele‹ sowie andere zeitgenössische Werke neben denen der Klassiker brachte ich in diesen Konzerten zu Gehör, und eine alljährliche Einrichtung war die Aufführung von Bachs ›Matthäuspassion‹ zur Osterzeit.

Im Künstlerzimmer des Odeon erschienen jedesmal kurz vor Konzertbeginn Mitglieder der königlichen Familie, die zu meinen regelmäßigen, musikergebensten Zuhörern gehörten. Da kam Prinz Ludwig Ferdinand, ein Vetter des Königs, – ich werde von ihm noch besonders berichten – und seine Frau Maria, geborene de la Paz, der spanischen Königsfamilie verwandt – ihr äußerst bayerischer Gatte sprach von ihr nur als ›die Pazer Màri‹ (mit dem Akzent auf der ersten Silbe) – mit ihnen erschien ihre Tochter, Prinzessin Pilar, die uns später persönlich näher gekommen ist. Da war die sehr sympathische Prinzessin Klara und endlich die Gattin des Prinzen Leopold von Bayern, des Bruders des Königs, Prinzessin Gisela, Tochter des Kaisers Franz Josef von Österreich. Alle diese ›Königlichen Hoheiten‹ begaben sich nach freundlicher Begrüßung im Künstlerzimmer auf ihre Sitze in den ersten Reihen, hörten musterhaft zu, applaudierten begeistert und dankten mir am Schluß persönlich; nur die Prinzessin

Gisela machte mir Kummer, denn einige Minuten nach Beginn der Musik fiel sie in Schlaf, ihr Kopf, den eine hohe Feder schmückte, sank zur Seite und erst der Applaus weckte sie auf, in den sie dann mit freundlichem Lächeln einstimmte.

Trotz aller Kunstliebe der gegenwärtigen Mitglieder des Hauses Wittelsbach, die meine Opernvorstellungen und Konzerte mit ihrem Besuch und ihrer freudigen Zustimmung auszeichneten, mußte doch ein Vergleich mit der Vergangenheit ungünstig für sie ausfallen. Denn nirgends in deutschen Landen ist mir fürstliches Mäzenatentum einer früheren Epoche so glanzvoll und imponierend entgegengetreten wie in München. Nach den etwas nebelhaften Gestalten der Wittelsbacher Herzöge – einer von ihnen, Herzog Albrecht, hatte im sechzehnten Jahrhundert die Staatsbibliothek und Kunstkammer gegründet und Orlando di Lasso an seinen Hof gezogen – denen das herrliche Residenztheater und seine Leistungen zu danken waren, zeichnete sich König Ludwig I., der Goetheverehrer, und sein Sohn Maximilian als die Schöpfer bedeutender Straßenzüge und Bauten aus; ihre Namen strahlten in der Kulturgeschichte Münchens durch die Schaffung künstlerischer und wissenschaftlicher Institute und die Berufung bedeutender Männer nach ›Isar-Athen‹, wie München in Anerkennung ihrer Verdienste oft genannt wurde. Und in der faszinierenden Gestalt Ludwigs II., der mit einem feurigen Entschluß seiner hochgestimmten Seele die Sorgen von Richard Wagners Stirn verscheuchte und seiner Kunst den Weg ebnete, hatte das Haus Wittelsbach den Höhepunkt seines Glanzes erreicht, dem dann in Tragik zu erlöschen bestimmt war. Ludwig III., dessen Krönung ich beiwohnte und von dessen Gunst das Theater lebte, an dem ich wirkte, erfüllte jedoch nur aus Treue gegen die Tradition seines Hauses die Pflichten eines Mäzens. Denn der anspruchslose, einfache Mann war eher nüchternen Geistes und, wenn ihn kein Repräsentationsakt dazu veranlaßte, blieb er dem Theater und der Musik fern. Als wir 1913, dreißig Jahre nach Wagners Tode, den ›Parsifal‹, der bis dahin nur in Bayreuth gegeben werden durfte, im Prinzregententheater aufführten, mußte der König einem so wichtigen Ereignis beiwohnen. Nach dem langen ersten Akt suchten Frankenstein und ich ihn in seiner Loge auf, um ihn nach seinem Eindruck zu fragen, er aber erwiderte uns in schöner Aufrichtigkeit: »Meine Herren, ich danke Ihnen, aber keine zehn Pferde bringen mich da wieder herein.« Nachdem er seiner Ungeduld auf diese Weise Luft gemacht hatte, wurde er sehr freundlich und erklärte uns entschuldigend, daß er Bilder gern habe, aber aus Musik mache er sich nun einmal nichts.

Jene zehn Münchener Jahre, in denen ich als Opern- und Konzertdirigent mich uneingeschränkt in einer Freiheit ausleben konnte, der nur meine eigene Kunstgesinnung das Gesetz gab, erscheinen mir heut an Fülle und Intensität des künstlerischen Geschehens als die fruchtbarste Zeit meines Lebens. Und der Fülle und Intensität des Gebens antwortete die freudige Wärme des Nehmens. Die Zeit liegt so weit hinter mir, der junge Mann von seinem sechsunddreißigsten bis zum sechsundvierzigsten Lebensjahr war so verschieden von dem, der nahe der biblischen Altersgrenze sich in diesen Blättern der Erinnerung ergeben hat und von seinem früheren Ich wie von einem anderen erzählt, daß ich vielleicht von der ununterbrochenen Hochspannung meiner Tätigkeit und der begeisterten Aufnahme, die sie fand, sprechen darf, ohne der Eitelkeit verdächtigt zu werden. Meine Erinnerung an München, jenseits aller Einzelheiten, ist sozusagen eine klimatische, ich fühle die bewegte, herrliche Wärme jener Zeit und sie weht mir aus jeder Gestalt und aus jedem Erlebnis entgegen, die mein rückschauender Gedanke heraufbeschwört.

Und um wie viel blühender, schöner, wärmer muß mir heut jene Zeit der vollen Selbsthingabe, ja Selbstverschwendung, des begeisterten Appells an die Kunstliebenden, ihres jubelnden Verstehens und Dankens, des feurigen Gleichschritts der Mitarbeiter, des vertrauensvollen Gedankenaustauschs mit Freunden – um wie viel glücklicher muß sie mir heut in der Erinnerung erscheinen, da trotz Krieg und Revolution und politischer Umbildung die Welt damals noch immer die geblieben war, in der Dichtung und Musik, Wissenschaft und Humanität ihren errungenen Platz behaupteten, in der die zehn Gebote und das menschliche Gewissen ihre jahrtausendealte Herrschaft ausübten, kurz – in der man zwar auch log, haßte und tötete, aber mit dem Bewußtsein des Unrechts, und in der man achten, lieben und helfen durfte, mit dem Bewußtsein des Rechts. Das war die Welt, in der unsere Musik entstanden war, in der die großen Leistungen des menschlichen Geistes geschaffen werden konnten, und die Bedrohung ihrer Grundlagen begann fühlbar zu werden ungefähr zur Zeit, als ich München verließ. Damals, Ende 1922, hatten jene finsteren Gewalten der Hölle schon ihr Werk begonnen, aber außer den an den Mauern Münchens erscheinenden blutroten Plakaten mit dem unheimlichen Hakenkreuz und mit der Ankündigung, daß Adolf Hitler sprechen werde, wußte ich nicht viel von ihnen. Danach aber begann ihr Kampf allmählich an drohender Bedeutung zu gewinnen, ein Kampf zunächst gegen den Dekalog, gegen das menschliche Gewissen, gegen die achtende, helfende, liebende Gesinnung, der Kampf gegen den Geist und gegen die Werke des Geistes – er wurde zum Krieg gegen die Menschheit selbst, und ihr Genius verfiel der tiefsten Schmach.

## 2

Während der Festspielzeit 1912 hatten meine Frau und ich am ›Herzogpark‹, dem schönen Vorort jenseits der Isar, Gefallen gefunden und auch einige der dort gelegenen, praktisch gebauten Villen hoffnungsvoll besichtigt. Sobald ich meine Entlassung in Wien durchgesetzt, fuhr sie nach München, um die best geeignete zu mieten, und wir fühlten uns sehr beglückt durch die Aussicht, nun allein ein Haus zu bewohnen. Drei der Villen standen beisammen; die eine beherbergte den hochbegabten Schauspieler Gustav Waldau mit seiner Frau Hertha von Hagen, die mittlere den Historiker und Bismarckforscher Erich Marcks mit Familie und in die noch unbewohnte dritte wollten nun wir Ende Dezember einziehen. Das Hochparterre enthielt eine hübsche Halle, von der eine geschwungene Stiege hinauf zu zwei Schlafzimmern und zwei geräumigen Kinderzimmern im ersten Stock und eine rückwärtige Treppe hinter einer Tür hinunter zu Küche und Kellern und hinauf in den zweiten Stock mit Mädchen- und Fremdenzimmer und weiter zur Mansarde führte. An der Wand entlang der Vordertreppe hatten wir Bilder aufgehängt, die bei unserem abendlichen gemeinsamen Hinaufwandern den Kindern als Anlaß zu endlosen Fragen und damit zur erwünschten Hinausschiebung des Zubettgehens dienten. Von der Halle gingen Türen zu meinem Arbeitszimmer, zum Musiksalon und zu dem geräumigen Eßzimmer. Aus letzterem trat man auf eine große Terrasse über einem hübschen Garten, der um das ganze Haus lief und mit den umliegenden Gärten zusammen uns von der Terrasse den Blick in eine weite, baumbestandene, parkartige Stille bot. Durch ein hohes Tor – nicht hoch genug für die Sprungtechnik unseres deutschen Schäferhundes Torleif, der bei einer seiner Turnübungen eine vorübergehende Dame einer Ohnmacht und mich dadurch einem Prozeß nah gebracht hatte – trat ich in die ruhige Mauerkircherstraße, die allmählich durch Wiesen und Busch führte und dann in die reizvollen Auen an der schnell strömenden Isar überging. Das Gelände, das auch Thomas Mann mit seinem Hunde zu durchstreifen liebte, hat er in seinem Idyll ›Herr und Hund‹ liebevoll und anschaulich beschrieben. Solche Spaziergänge durch die Auen waren in meinem arbeitsreichen Leben allerdings seltene Unternehmungen; gewöhnlich ging ich von meinem Hause stadtwärts, um, eingedenk der Beschwörungen meiner Frau, den Weg ins Theater zu Fuß zurückzulegen – eine heroische Leistung angesichts der Fülle meiner Berufspflichten. Es war ein reizvoller Weg, und er blieb zehn Jahre hindurch reizvoll: er führte am Ende der Mauerkircherstraße über die Isarbrücke hinüber, dann durch den schönen Englischen Garten am Ufer eines Baches entlang bis zu dem von Klenze angelegten prächtigen Hofgarten hinter der königlichen Residenz und zum Hoftheater. Nach einer halben Stunde ruhigen Gehens saß ich dann in meinem hohen und geräumigen Büro, beriet mit dem Beamten vom Nebenzimmer, dem artistischen Sekretär Malyot, die aktuellen Fragen des Betriebes, ging durch sein Zimmer und den anstoßenden Warteraum in das Büro des Generalintendanten, um mit ihm die wichtigeren Angelegenheiten zu besprechen und begann um zehn Uhr meine Proben. Meine Nachmittage vergingen mit dem Studium von Novitäten für Oper oder Konzert, Besprechungen mit Vorständen, Verwaltungsangelegenheiten und Korrespondenz, häufig auch mit Proben, außer wenn ich zu dirigieren hatte. Mein ganzes Leben hindurch mit seltensten Ausnahmen habe ich mir die Nachmittage vor dem Dirigieren freigehalten. Keine Gattenliebe aber vermochte mich nachmittags zu nochmaliger Fußwanderung durch den Englischen Garten zu veranlassen; von der Mitte der Mauerkircherstraße führte eine Steintreppe zu einem höhergelegenen Straßenzuge, dort war die Endstation der ›Elektrischen Nummer 30‹, und an Nachmittagen oder bei schlechtem Wetter fuhr ich mit der ›Dreißiger‹ zur Stadt, wodurch ich bei wachsender Vertrautheit nicht nur mit allen Schaffnern, sondern mit den Gesichtern der Mitfahrenden allmählich zu einem großen Bekanntenkreis von Unbekannten gelangte. Oft erwiderte mir ein freundlich Grüßender in einem Restaurant auf meine Frage, wo ich das Vergnügen gehabt hätte: »Ich bin doch auch ein Dreißiger.«

Im Sommer 1912 und ich glaube auch 1913, hatten wir das anmutige Feldafing am Starnberger See zu unserem Aufenthalt gewählt, von wo ein bequemer Bahnverkehr mir bei Tag und Nacht die Verbindung mit München ermöglichte. Ganz in der Nähe lag das Schloß Possenhofen, Geburtsplatz und Jugendaufenthalt der bayerischen Prinzessin Elisabeth, späteren Kaiserin von Österreich, und schräg gegenüber am anderen Ufer des Sees sah man das Schloß Berg, letzte Wohnstätte des unseligen Königs Ludwig II., der von dort aus seinen Tod im See gefunden hat. Von 1914 an mietete ich allsommerlich während Ferien- und Festspielzeit das waldumgebene ›Jägerhaus‹ zwischen Dorf Kreuth und Bad Kreuth – eine stattliche, solide gebaute Villa im Besitz der herzoglich Wittelsbachischen Familie. Das dazu gehörige große Stück eingezäunter Waldwiese gab den Kindern reichlich Platz zum Austoben. Hierzu schien ihnen die häufige mutwillige Beseitigung eines primitiven Schlagbaums mit darauf folgender Invasion der nachbarlichen Kühe zu gehören, die wieder hinauszutreiben uns ungewohnte und aufregende Mühe, den Kindern und dem Hunde dagegen lebhaftes Vergnügen bereitete. Erst spät entdeckten wir die Ursache der stillosen ›Wild-Westszenen‹ in unserem zivilisierten Bezirk und sicherten die Waldesruhe des idyllischen Platzes durch eine Verbesserung des Schlagbaums. Entlang dem Zaun wand sich ein ländlich holpriger Fahrweg durch den Wald, und dahinter strömte die Weißach, ein schäumender, kalter Gebirgsbach, in dem die Kinder an heißen Tagen badeten. Die große Straße, die aus Tegernsee über Dorf Kreuth kommend ein paar Schritte von unserem Haus vorbeilief, führte geradeaus nach dem stillen Bad Kreuth, dessen einstöckiges Kurgebäude mich an Jean Pauls Bad Maulbronn in ›Katzenbergers Badereise‹ erinnerte, und rechts nach dem herrlichen Achensee in Tirol. Von einem großen Balkon im ersten Stock unseres Hauses genossen wir den weiten Ausblick auf die Wälder, die uns ihren starken Duft hinaufschickten und auf unseren Rädern fuhren wir oft hinauf zum Achensee oder hinunter über Egern, wo der Tenor Leo Slezak auf seinem hübschen Gut sein wohlgelauntes Wesen trieb, nach Tegernsee, anderthalb Bahnstunden von München. Oberhalb Tegernsee breitete sich der behagliche Bauernhof des Dichters Ludwig Thoma, und ich habe dort mit ihm einige schöne Nachmittage am Rande seines alten, leise rauschenden Brunnens zugebracht. – Zwischen dem Dorf Kreuth und dem Jägerhaus lag das ›Dreyfuß-Schlößl‹, ein großes, vornehm einfaches Gebäude, zu dem der dahinter aufsteigende bewaldete Berg als Privatbesitz gehörte. Dies Haus mit Wald und Berg hatten Gabrilowitschs gemietet, mit denen wir, bei ihnen oder bei uns, musizierend, diskutierend und auch spazierengehend einen großen Teil unserer sommerlichen Muße freundschaftlich verbrachten.

Zwischen unseren Stadtwohnungen lag die volle Breite Münchens, aber trotz der Distanz und meiner Arbeitslast gab es in den anderthalb Jahren von meinem Stellungsantritt bis zum Ausbruch des Krieges auch während des Winters ein häufiges Hin und Her. Außerdem war mir Ossip ein unendlich lieber und geschätzter Zuhörer, der kaum in einer meiner Opernaufführungen oder Konzerte fehlte und mit dem darüber zu sprechen mir das größte Vergnügen bereitete. Ich sehe uns am Vormittag nach einer von mir dirigierten Vorstellung des ›Tristan‹ im Prinzregententheater durch die prachtvollen Parkanlagen in Feldafing vom Hotel Elisabeth zum Starnberger See hinunter und über Possenhofen wieder hinaufsteigen, völlig im Gespräch über die gestrige Aufführung befangen der Zeit vergessend und dann mit ungeheurer Verspätung zu den beunruhigten Frauen und unserem ungenießbar gewordenen Mittagessen zurückkehren. Doch beschränkten sich unsere Gespräche durchaus nicht auf Musik. Ossip war ein vielseitig interessierter Mensch und sehr streitbar veranlagt, es gab erhitzte Diskussionen mit Fortsetzung beim nächsten Zusammensein und besonders schwer konnten wir uns über Tolstoi und Dostojewski verständigen. Ein Grundzug seines Wesens veranlaßte unsere freundlichen Kämpfe: dieser liebevolle, romantisch bewegte Mensch, dieser Poet des Klaviers war ein Pessimist und stand der Welt und der Menschheit kritisch, ja vielfach ablehnend gegenüber. Immer wieder bewies ich ihm, daß er pessimistisch dachte, während er optimistisch fühlte und handelte, und ebenso oft bemühte er sich darzulegen, daß er konsequent sei und ich mich irre. Wir spielten zusammen vierhändig und auf zwei Klavieren, er wirkte in meinen Odeonskonzerten als Solist mit und oft bat ich ihn, mir allein Brahmssche Impromptus oder Schubertsche Moments musicaux, Chopinsche Präludien usw. vorzuspielen. Aber auch das Lachen kam in unseren Zusammenkünften zu seinem Recht, denn Ossip hatte einen ausgesprochenen Sinn für Humor. Ich erinnere mich an unsere gründliche Erörterung der unglücklichen Funktion des Balletttänzers in einem Pas de deux, der nichts anderes zu tun hat als der Prima Ballerina in ihrem Herausstürzen, Herumwirbeln und allen möglichen tänzerischen Wagnissen mechanischen Halt zu sichern. Schließlich klärten wir unsere Frauen über das sonderbare Thema dadurch auf, daß Ossip als virtuose Ballerina auf mich zustürzte und sich in erstaunlich kühnen Evolutionen produzierte, während mir die etwas unwürdige, stabilisierende Rolle des sinnlos lächelnden, unbewegten Tänzers zufiel. Wir hatten großen Erfolg und mußten uns zu vielen Dacapos vor den bewundernden Frauen verstehen. Auch unserer etwa einwöchigen Fußwanderung mit Rucksack und Bergstock durch Tirol entsinne ich mich, vor allem aber der von ihm dirigierten Konzerte mit dem Münchener Kaimorchester, denen ich höchst interessiert und teilnehmend beiwohnte — kurz einer erwärmenden Freundschaftsepoche, der plötzlich der Kriegsausbruch ein heftiges, ja schwer bedrohliches, einstweiliges Ende bereitete. Doch blieb natürlich die Freundschaft bestehen und knüpfte sich noch fester nach dem Kriege.

Eine freundliche Verbindung bestand auch zwischen mir und einem anderen russischen Musiker. Auf unserer Seite der Isar, in der Nähe des Prinzregententheaters, wohnte in einem ähnlichen Hause wie das unsere der Geiger Alexander Petschnikoff, damals einer der glänzendsten Solisten der europäischen Konzertsäle, mit seiner schönen deutsch-amerikanischen Frau und drei Kindern. Lili war gleichfalls Geigerin — sie hatte bei Joachim studiert — und oft hörte man von dem Ehepaar das Bachsche Doppelkonzert in vortrefflicher Ausführung. Doch war ihrer musikalischen wie ihrer menschlichen Gemeinschaft keine lange Dauer beschieden. Die Ehe ging auseinander, aber wir blieben mit beiden in freundschaftlicher Beziehung, und ich spielte sogar einige Male mit Petschnikoff öffentlich Kammermusik. Lili verließ mit den Kindern München und Deutschland, als Amerika in den Krieg eintrat und erreichte nach Reise-Abenteuern und Gefahren, die ihre seltene Energie und ihren hinreißenden Einfluß auf Menschen auf harte Proben stellte, ihre Heimat, wo wir mit ihr später viel zusammen kamen.

Nah bei unserem Hause in der Mauerkircherstraße, die den Herzogpark durchschneidet, zweigte die kurze Poschingerstraße ab, und an ihrem Ende, unmittelbar vor dem Ufer der Isar, stand, von einem breiten Vorgarten verdeckt, die stattlich vornehme Villa von Thomas Mann. Um die Ecke ging es zu der weißen Gartentür, durch die man, zuerst erschreckt durch Bauschans Gebell und dann beschwichtigt durch die überschwenglich freundliche Begrüßung des vom Dichter besungenen Hundes, zu der weiten Terrasse des Mannschen Hauses gelangte. Auf dieser Terrasse haben wir zur warmen Jahreszeit, in einem behaglichen Herrenzimmer neben dem großen Bibliotheks- und Arbeitsraum des Dichters während des Winters unvergeßliche Stunden verlebt.

Ich weiß nicht mehr, wo ich Thomas Mann kennengelernt habe, ob bei dem Kunstfreunde Dr. Hallgarten oder in dem schönen, mit erlesener italienischer Keramik geschmückten Hause seines Schwiegervaters, des bekannten Mathematikers, Professor Alfred Pringsheim, eines originellen, geistig beweglichen, musikbegeisterten Mannes, der noch mit Hermann Levi verkehrt und sein leidenschaftliches Wagnerianertum sogar in der Verfassung von Klavierarrangements Wagnerscher Opernbruchstücke ausgedrückt hatte. Seine Frau war die bis in ihr hohes

Alter schön gebliebene Hedwig Pringsheim, geborene Dohm, Tochter des Herausgebers des Berliner ›Kladderadatsch‹ und der bekannten Frauenrechtlerin Hedwig Dohm. In dem gastlichen Hause in der Arcisstraße konnte man an großen Abenden ›ganz München‹ treffen, doch zogen wir natürlich die stilleren Zusammenkünfte in kleinem Kreise vor.

Bevor ich Thomas Manns Bekanntschaft machte, hatte ich die ›Buddenbrooks‹ und ›Königliche Hoheit‹, die Novellen um ›Tonio Kröger‹ und ›Tristan‹ gelesen und ich sah der Begegnung mit dem Verfasser gespannt entgegen. Katja Mann war 1913 nicht in München; sie kehrte erst im Frühsommer 1914 aus Arosa zurück, wohin sie aus Gesundheitsgründen gegangen war. Aber das zauberhafte Porträt eines jungen Mädchens von der Hand Kaulbachs im Pringsheimschen Hause zeigte mir ihre Züge, und die Figur der Imma in ›Königliche Hoheit‹, eine dichterische Paraphrase ihres Wesens, bereitete mich einigermaßen auf die Bekanntschaft mit dem Thema zu den beiden Variationen vor.

Bald entwickelte sich ein freundschaftlicher Verkehr zwischen uns, den die Nähe unserer Häuser begünstigte und die Kameradschaft unserer Töchter mit Klaus und Erika Mann insofern belebte, als sie uns durch wilde Streiche der Kinder und deren gegenseitige Anstiftung zu phantasievollen Ungezogenheiten unaufhörlich Stoff zu erregten Telephonanrufen und persönlichen Beratungen gab. – Doch nicht nur führten Untaten der Kinder zu Auseinandersetzungen unter den Erwachsenen, so wie bei Homer der Streit der Sterblichen sich unter den Himmlischen im Olymp auswirkt; die freundlicheren Unternehmungen der jungen Generation dienten uns öfter zu Vergnügen und gemeinsamer Unterhaltung. Ich erinnere mich besonders an eine Kinderaufführung von Lessings ›Minna von Barnhelm‹ im Markcsschen Hause, in der unsere Töchter die Rollen der Minna und Franziska, Erika den Wachtmeister Werner, Klaus den Just, ein Sohn Hallgarten den Tellheim und – als wirklich urkomische Episode – der damals jüngste Mann-Sohn, der achtjährige Golo, die Dame in Trauer spielte. Er war sehr klein und stieß mit der Zunge an und seine Bemühung um damenhafte Traurigkeit kontrastierte aufs schärfste mit der frivolen Andeutung weiblicher Busenteilung durch einen von ihm selbst erdachten Kohlestrich auf der sehr tief dekolletierten Kinderbrust. Die jungen Schauspieler, die ihre Sache mit Feuereifer betrieben, nannten sich ›Laienbund deutscher Mimiker‹, und sie hatten nicht nur zwei erwachsene Regisseure in Gerda Marcks und Gustav Waldau gewonnen, sondern – seltsame Künstlerlaune – sogar um Kritiken gebeten, für die Thomas Mann und ich uns zur Verfügung stellten. Doch habe ich mich späterhin bei der Aufführung von Wildes ›Bunbury‹ wohl gegen ein oberstes moralisches Gesetz der Kritik, die Forderung strenger Unparteilichkeit vergangen, weil mich die kindliche Süßigkeit der etwa siebenjährigen Monika Mann so parteiisch machte, daß ich ihr ungerechterweise die Ehren des Abends zuerkannte.

Unsere freundschaftliche Beziehung, die so lebhafte Anregung von der Seite des Familienlebens her empfing, wurde allerdings auch von einer schöneren und innerlicheren Nähe als der unserer Häuser begünstigt: ich fühlte mich in ahnungsvoller Weise von der Eigenart des Mannschen Schaffens ergriffen – seine meisterhafte Novelle ›Tristan‹ hatte mich innig gerührt – und er wiederum hatte eine Wesensbeziehung zur Musik, die von meiner Art des Musizierens angezogen schien. Bald ergab es sich, daß ich Thomas und Katia Mann aus Werken vorspielte, die ich gerade einstudierte und von denen ich also ›überfloß‹, wie Webers ›Euryanthe‹ und Mozarts ›Don Giovanni‹, Symphonien von Beethoven oder Mozart, Schubert oder Mahler. Auch machte ich sie mit Pfitzners ›Palestrina‹ bekannt, über den Thomas Mann einen ins Innerste des Werkes eindringenden Aufsatz geschrieben, und ich erinnere mich, als ich ihm den zweiten Akt des ›Tristan‹ vorspielte, daß er mich durch seine bis ins Einzelne gehende Kenntnis des Werkes verblüffte, indem er nachträglich das leise Es der Trompete bei den Worten ›das bietet dir Tristan‹ reklamierte, das ich ausgelassen hatte.

Ich kann im Rahmen dieses Buches nicht unternehmen, über den Dichter Thomas Mann zu sprechen, kann nur versuchen mit einigen Worten auf mein Verhältnis zu seinem Werk hinzudeuten. So völlig zum Künstler geboren zu sein, d. h. von allem Erleben sich so unwiderstehlich zu seiner künstlerischen Formung getrieben zu fühlen, schien mir das Problem des jungen Dichters, dem er in ›Tonio Kröger‹ den nachdenklich klarsten Ausdruck gegeben – ich sah ihn im Kampf gegen die Neigung, über der Betrachtung und poetischen Spiegelung des Lebens dem Leben selbst abhanden zu kommen. Und in der Tat hätte ihn die Meisterung seines Instruments, der Sprache, verführen können, Mensch und Schicksal nur noch als Material für ein virtuoses Schrifttum zu sehen; der ›Elfenbeinturm‹ des egoistischen künstlerischen Selbstgenießers war seine Gefahr, vor deren Lockung ihn aber die Wärme, moralische Kraft und Humanität seines tieferen Selbst bewahrt hat. Nie habe ich aus der ruhigen Ironie, der Toleranz in Ton und Gesinnung seiner frühen Werke auf Kühle oder Lebensferne oder auf ein ›Von oben herab‹ dem Menschen gegenüber geschlossen – sie gehörten für mich zu dem künstlerischen Stil, in den sich herzenswarmer Anteil, Allverständnis und Mitleid schamhaft eingekleidet hatten. Wer aber noch zweifelte, der hätte dann – da große Formen wie der ›Zauberberg‹ den Autor selbst fast verdecken – an ›Herr und Hund‹, ›Gesang vom Kindchen‹ und ›Unordnung und frühes Leid‹ über die Liebe des Dichters zu Kreatur und Natur, seine innig zarte Verfangenheit in elementar menschlichen Beziehungen endgültig klar werden müssen. In dem Weg von den ›Buddenbrooks‹ zum ›Joseph-Mythos‹ aber erblicke ich den Weg des werdenden Thomas Mann zum Seienden, zu seiner ›Idee‹, den Weg von der dichterischen Darstellung zeitlichen Geschehens zu der des ewigen Menschen und seines Loses, fast möchte ich sagen, vom Wort zur Musik. Überhaupt Thomas Mann und die Musik! Beherrscht sie ihn nicht mehr, als er selber ahnt? Wie aufschlußreich, daß der Dichter im höchsten Augenblick der Josephgeschichte der Musik aufträgt, dem Vater den totgeglaubten Sohn in die Arme zu führen – daß sich das höchste Pathos eines menschlich unvergleichlichen Vorgangs im lieblichen Gesang des Kindes Serach löst!

Und läuft nicht der Lebensweg des Dichters parallel mit seinem Schaffen, insofern überhaupt eine solche Zusammenstellung statthaft ist? Der zur ›Klasse‹ der Bürger Gehörige entwächst ihr, als die politischen Vorgänge seinen Blick schärfen und sein Herz erfassen, er wendet sich dem Volk zu – der nach Sprache, Kultur, Seele Deutsche wird zum Europäer, der Europäer zum Weltbürger.

Ich hatte das Glück, Thomas Mann schon in ziemlich frühem Stadium seiner interessanten und bewunderungswürdigen Lebenswanderung kennenzulernen, noch vor den Umwälzungen, die seine Kräfte gestählt und ihn zu seinem doppelten Apostolat als Dichter und Weltbürger gesteigert hatten. In nachdenklichen Gesprächen in München während des Krieges und der nächstfolgenden Jahre erkannte ich seine Bemühung um den Sinn der Weltereignisse, seine gefühlsmäßige Ergriffenheit, aber auch das Bestreben, die innere Dichterstille vor dem Zudrang einer wild bewegten Wirklichkeit abgesondert zu erhalten.

»Nord und West und Süd zersplittern
Throne bersten, Reiche zittern:
Flüchte du, im reinen Osten
Patriarchenluft zu kosten!«

Ich denke mir, daß diese und die folgenden Verse der Goetheschen ›Hegire‹ etwa Manns Seelenzustand ausdrücken, der ihn 1926 in die Welt seines ›Joseph‹ trieb. In ihren reinen Fernbezirk hat er sich siebzehn Jahre hindurch von seinen Feldzügen gegen die Drachenwelt der Gegenwart immer wieder zurückbegeben, um dort mit den Gestalten seiner Phantasie zu leben.

Ich hatte die Münchener Oper Ende 1922 verlassen, aber gelegentlich sahen wir Manns wieder. Seine Empörung über den wachsenden Nazismus war inzwischen immer schärfer zum Ausdruck gekommen, und ich erinnere mich besonders deutlich an seinen Berliner Vortrag 1930, den die Nazis, unter das Publikum verteilt, in so bedrohlicher Weise durch Zurufe und Unterbrechungen störten – der ›Dichter‹ Arnolt Bronnen, durch eine riesige schwarze Brille halb unkenntlich gemacht, dirigierte die Demonstrationen – daß Mann seine übertönten Ausführungen accelerando zum Schluß bringen und den Saal verlassen mußte – sehr zur Erleichterung der Frau seines Verlegers S. Fischer, die in der ersten Reihe vor ihm gesessen und ihm immer wieder bebend zugeflüstert hatte: »Möglichst bald Schluß machen.« Sobald er vom Podium abgetreten, eilten meine Frau und ich hinunter, um ihn vor der Berührung mit seinem gefährlichen Publikum zu bewahren und führten ihn und seine Familie aus dem Künstlerzimmer des Beethovensaales über die mir wohlbekannten Verbindungsgänge in die benachbarte Philharmonie, durch deren dunklen Saal wir uns hinaustasteten bis zum Ausgang an der Köthener Straße; aus einer düsteren Vorahnung hatte ich dort im Hof meinen Wagen warten lassen, der uns in Sicherheit brachte. – Wir sahen uns später öfters in dem friedlichen Küßnacht am Zürichsee, wohin Manns 1933 gegangen waren, 1939 und 1940 in Princeton N. J. und seither in Kalifornien, wo der Dichter sich niedergelassen hat.

Die zarte Verwundbarkeit dieser trotz aller philosophischen Panzerung gefährdeten Dichterexistenz hatte ein gutes Geschick dem fürsorglichen Schutz der Frau Katia anvertraut, ohne den man wohl kaum auf eine so ungestörte Schaffensfähigkeit Thomas Manns zu hoffen gewagt hätte. Hinter dem anmutig spöttischen Wort, der biegsam schnellen Geistesgewandtheit des Imma-Vorbildes steht die zuverlässige Gradheit einer kraftvollen, tapferen Natur, ebenso hingegeben an ihre sechsfache Gebundenheit als Mutter wie an die tausendfache als Gattin und Helferin, Schützerin und Kämpferin, musische Weggenossin und lebenstüchtige Vermittlerin mit der Welt. In den Dank an den

Dichter und Freund für die Bereicherung meines Lebens schließe ich den an Katia Mann ein und, wenn mir auch die Verse, mit denen man eigentlich diesem seltenen Beisammen von geistiger Kraft mit weltlichen Tüchtigkeiten huldigen müßte, nicht zu Gebote stehen, so hoffe ich doch, daß ihr feinhöriges Ohr den latenten, begeisterten Lobgesang in meiner Prosa mit Befriedigung vernehmen möge.

Einer der eigentümlichsten Charaktere, mit denen mich das Leben in eine geistige und auch freundschaftliche Beziehung gebracht hat, war Paul Nikolaus Coßmann, Philosoph, Musikfreund und Herausgeber der ›Süddeutschen Monatshefte‹, einer wissenschaftlich, literarisch und musisch gerichteten Monatsschrift von edler Haltung. Als der Krieg begann, politisierte Coßmann sich völlig und zwar in nationalistischem Sinn. Er verließ die Süddeutschen Monatshefte und trat in leitender Stellung in die Verwaltung der maßgebenden bayerischen Zeitung, der Münchener Neuesten Nachrichten ein. Das Zentrum seiner geistigen Existenz aber blieb seine Liebe zu Pfitzners Werk, und um diesen Mittelpunkt gruppierten sich so seltsam verschiedene Triebe oder Getriebenheiten, wie seine kämpferischen politischen Gefühle, seine wachsende Beziehung zum Katholizismus, eine Fülle karitativer Neigungen und seine echte Beziehung zur klassischen Musik. Wir hatten viele Berührungspunkte – vor allem verband uns die Liebe zu Pfitzners Schaffen – wir sahen uns häufig und gern und wenn sich mir auch das Wesen dieses eigenartigen, wertvollen Menschen nie ganz erschloß, empfand ich immer die starke Anziehungskraft seines Denkertums, seiner moralischen Reinheit und seines sehr persönlichen Humors. Wie innig sich Coßmann durch mein Eintreten für Pfitzner beglückt fühlte, dessen ›Armer Heinrich‹ und ›Rose von Liebesgarten‹ ich in München neu einstudierte und dessen ›Palestrina‹ ich dort zur Uraufführung brachte, läßt sich denken. Auch das ›Christelflein‹ erlebte in der Münchener Oper, ›Das dunkle Reich‹ und ›Von deutscher Seele‹ im Odeon unter meiner Leitung die Erstaufführung. In Coßmanns Gesellschaft traf ich öfter den gelehrten Josef Hofmiller und den klugen und witzigen Volkswirtschaftler Paul Busching, und wenn Pfitzner gelegentlich von seinem Landhaus in Schondorf am Ammersee nach München hereinkam, gab es bedeutende, lebhafte und herzerwärmende Symposia.

Eine interessante Persönlichkeit, umwittert von kriegerischer europäischer Vergangenheit, trat mit der Exkönigin Maria von Neapel in meinen Gesichtskreis. Tochter des exzentrischen Herzog Max von

Bayern, Schwester der Kaiserin Elisabeth von Österreich und gleich ihr im Schloß Possenhofen am Starnbergersee aufgewachsen, hatte sie als zwanzigjährige Gattin des König Franz II. von Neapel ihren Mann veranlaßt, Cavours Aufforderung zur Beteiligung am Kriege gegen Österreich abzulehnen. Als Garibaldi 1861 Gaeta belagerte, wurde an Stelle ihres energielosen Mannes die Königin zur Seele der Verteidigung, und sie führte an der Spitze der treugebliebenen Truppen persönlich den Kampf gegen die Scharen der Belagerer; Gaeta mußte kapitulieren, aber an ihr – wie man auch über die Sache denken mag, für die sie kämpfte – haftete der Ruhm einer kühnen Tat, und von der hohen, geraden Gestalt und dem strahlenden Auge der noch immer schönen, mehr als siebzigjährigen Frau, ging ein stiller Glanz aus, der eine gehobene Atmosphäre um sie verbreitete. Sie trug sich in schwarz und ihr volles graues Haar, in Kronenform um ihren Scheitel gelegt, erhöhte die Würde ihrer Erscheinung. Sie besuchte meine Aufführungen in Oper und Konzert, liebte Musik, und ich konnte ihr keine größere Freude machen, als sie zum Tee in mein Haus zu bitten, wo ich ihr dann kleine musikalische Nachmittage mit einigen befreundeten Sängern der Münchener Oper bot. Sie wohnte, erinnere ich mich recht, im Hotel Regina, und wenn wir bei ihr zum Frühstück eingeladen waren, bediente uns ihr Faktotum Luigi, sichtlich ein Getreuer aus neapolitanischer Vergangenheit, der ganz aussah wie ein Überbleibsel aus alter italienischer Feudalepoche. – Eines Tages trat ein junger Mann ins Zimmer, der sie mit ›chère tante Marie‹ begrüßte. Es war König Manuel von Portugal, gleichfalls begeisterter Musikfreund und, seit dem Verlust seines Thrones im Jahr 1910, auf der Suche nach einem dauernden Wohnsitz, den er zunächst in München zu finden geglaubt hatte. Die Öffentlichkeit war damals hauptsächlich durch seine allgemein bekannte Beziehung zu der schönen Tänzerin Gaby de Lys für ihn interessiert, doch erschien er mir in seinem Ernst, seiner Bescheidenheit und offenen Herzlichkeit durchaus nicht als der ›Playboy‹ oder Lebemann, als den ihn die Zeitungen hinstellten, und ich habe später in London, wo wir uns persönlich näher traten, diesen ersten guten Eindruck bestätigt gefunden.

War so mein persönliches Leben in München nicht arm an menschlichen Beziehungen verschiedenster Art, so gaben mir weder diese noch der steigende Wohlstand in meinem Hause oder der Genuß der herrlichen See- und Gebirgsgegend ein ähnliches Gefühl des Behagens, wie ich es in gewissen Jahren meiner Tätigkeit in Wien genossen. Zu schwer lastete das Bewußtsein meiner Verantwortungen auf mir, im August 1914 brach der Krieg aus, dessen Schrecken jedes aufsteigende Behagen sofort in Gewissensbisse verwandeln mußte, 1918 leiteten Niederlage und Revolution eine schicksalsvolle Veränderung des Weltbildes ein – abgesehen aber von dem allen hatte sich, trotz des mir natürlichen heiteren Verhaltens nach außen und oft übermütigen Umganges mit meinen Kindern eine immer dunklere Grundstimmung meiner bemächtigt, die aus inneren Quellen floß und dem unbeschwerten Zustand des Lebensbehagens keinen Zugang mehr gewährte.

## 3

Die erste Novität, die ich als bayerischer Generalmusikdirektor herausbrachte, war, glaube ich, Richard Strauss ›Ariadne‹ in der ersten Fassung, d.h. mit Molières ›Bürger als Edelmann‹ als Rahmenstück. Strauss hatte mir die Oper in seinem Hause in Garmisch selbst vorgespielt, und noch bin ich mir des Vergnügens an dem zwar sehr künstlichen, aber meisterhaften Opus in der kühlen, perfekten Wiedergabe am Klavier durch den Komponisten bewußt. Klar und objektiv wie das Bild seiner Notenschrift vor uns auf dem Pult war sein Spiel, aber trotz seiner gleichmäßigen Kühle hinterließ es doch den Eindruck einer latenten Erregtheit; allerdings wirkten Sturm und Hitze der dramatisch bewegten Szenen eher wie von eines Wettergottes thronender Macht angeordnet, als wie Aufwallungen eines menschlichen Gefühls auf mich. Seltsam berührte mich, am Ende des musterhaft geschriebenen Manuskriptes die Worte seiner Hand zu finden: ›Vollendet an Bubis Geburtstag‹ und meine etwas erfrorene Seele taute leicht auf an diesem Anzeichen eines freundlichen Familiengefühls.

Von den zahlreichen Novitäten, die ich aufgeführt, enthält mein Gedächtnis außer Strauss ›Ariadne‹ seine ›Frau ohne Schatten‹, Schrekers ›Der ferne Klang‹ und ›Die Gezeichneten‹, Braunfels ›Die Vögel‹, Korngolds ›Der Ring des Polykrates‹ und ›Violantha‹, Klenaus ›Sulamith‹, Pfitzners bereits genannten ›Palestrina‹ und ›Das Christelflein‹, Courvoisiers ›Lanzelot und Elaine‹ und Gräners ›Don Juans letztes Abenteuer‹ – bestimmt eine recht unvollständige Aufzählung. Ferner war ich um die Belebung der deutschen Romantik bemüht. In Neustudierungen des ›Freischütz‹, der ›Euryanthe‹ und des ›Oberon‹ von Weber, des ›Hans Heiling‹ von Marschner, der ›Undine‹ von Lortzing, der ›Widerspenstigen Zähmung‹ von Götz, des ›Corregidor‹ von Hugo Wolf, des ›Armen Heinrich‹ und der ›Rose vom Liebesgarten‹ von Pfitzner usw. versuchte ich sie nicht nur musikalisch, sondern auch besonders szenisch-dramatisch zu neuer Blüte zu bringen. Meine immer wachsende Bewunderung für Gluck trieb mich zu gesteigerter Bemühung um ›Orpheus‹ und ›Iphigenie in Aulis‹, und ich durchlebte auch eine glückliche Zeit mit der Einstudierung von Verdis ›Falstaff‹ und

Cornelius' ›Barbier von Bagdad‹; unter anderen Dirigenten kamen Kloses ›Ilsebill‹, Donizettis ›Don Pasquale‹, Händels ›Julius Cäsar‹ und vieles andere auf die Bühne.

Vor allem lag mir in der gesamten Arbeit an der Münchener Oper jene Einheit zwischen Musik und Szene am Herzen, deren Anbahnung und Entwicklung durch Mahler ich in Wien mitgemacht und die systematisch zu vertiefen und weiter zu entfalten ich als meine Lebensaufgabe ansah. Mir wurde die Genugtuung zuteil, daß die damalige Leistung der Münchener Oper gerade in der Durchdringung der Szene mit dem Geist der Musik nicht nur am Ort selbst von den Gutgesinnten anerkannt wurde, sondern weithin an Ruf gewann, und ich half zur Wirkung nach außen, indem ich das Programm der sommerlichen Festspiele über Mozart und Wagner hinaus bis zu Gluck, Weber, Hugo Wolf, Pfitzner usw. erweiterte. Doch fehlte natürlich während der Kriegsjahre das internationale Publikum der Festspiele, und danach stellte es sich nur sehr allmählich wieder ein.

Mein stärkster künstlerischer Eigengewinn von der Münchener Arbeit war die Vertiefung meines Verhältnisses zu Mozart. Es hatte ziemlich lange gedauert, bis ich den ›Musiker des achtzehnten Jahrhunderts‹ oder des ›Rokoko‹, des ›Lächelns‹, kurzum den heiteren Mozart des Tilgnerschen Denkmals in Wien gänzlich und definitiv aufgegeben hatte – der ›trockene Klassiker‹ war mir nie gefährlich gewesen – bis ich hinter einer scheinbar spielerischen Grazie den unerbittlichen Ernst, die scharfe Charakteristik, den Gestaltenreichtum des Dramatikers entdeckte – bis ich in Mozart endlich den Shakespeare der Oper erkannte. Ich verstand zugleich das einmalige schöpferische Wunder, das uns in dem Mozartschen Werk gegeben ist: daß nämlich bei ihm alles dramatisch wahr war, das Edle und das Niedrige, das Gütige und das Boshafte, das Weise und das Dumme usw. und daß dabei all dies Wahre bei ihm zur Schönheit wurde. Goethe hat ›der Dichtung Schleier aus der Hand der Wahrheit empfangen‹, Mozart gibt der Welt die Wahrheit, gehüllt in den Schleier der Schönheit. Meine Aufgabe in den Mozartaufführungen war mir nun klar: alle Charakteristik und Wahrhaftigkeit kraftvoll dramatisch auszudrücken bei steter Wahrung der musikalischen Schönheit in Gesang und Orchester. Diese Schönheit erlaubt keine Übertriebenheiten in Dynamik und Tempo, verbietet sie auch auf der Bühne in Gestik oder Aktion, in Farbe oder Form, und das Problem besteht also darin, den vollen Ausdruck innerhalb des Maßes zu erreichen, das zur Schönheit gehört, die Schönheit mit charaktervoller Entschiedenheit in Musik und Dramatik zu füllen, ohne ihre unirdische Leichtigkeit allzu irdisch zu belasten. Außer diesem allgemeinen Problem stellt Mozart seinem Interpreten das besondere, den Stilverschiedenheiten seines Schaffens Genüge zu tun. Denn wie ich schon früher bemerkte, ist jedes Werk nur sui generis, und so wenig die Art der Darstellung von Shakespeares ›Othello‹ auf ›Troilus und Cressida‹ anwendbar ist, so wenig belehrt uns der Stil des ›Don Giovanni‹ über den der ›Zauberflöte‹. In all diese Fragen konnte ich mich in München vertiefen und an ihrer Lösung meine Kräfte erproben. Wie weit sie mir gelungen, ist nicht an mir zu beurteilen. Daß ich auf dem rechten Wege war, glaubte ich in München und später in Salzburg zu fühlen und habe dort und auch an anderen Orten mich immer von neuem mit dieser grenzenlosen Aufgabe beschäftigt.

So ›wohlbehaust‹ ich mich im Residenztheater fühlte, wenn ich in seiner Intimität die ›Entführung‹, ›Figaro‹ oder ›Cosi fan tutte‹ aufführte—jeder Seitenblick und jedes leise Lächeln auf der Bühne kamen dort so zur Geltung wie die zarteste musikalische Nuance – so fehl am Ort kam ich mir in dem sehr stilbetonten Milieu vor, wenn ich ›Don Giovanni‹ aufzuführen hatte; und für die ›Zauberflöte‹ war dieser Raum überhaupt ungeeignet. Allmählich gelang es mir, gegen die frühere Tradition ›Don Giovanni‹ nur noch im großen Haus, d. h. im Hoftheater zu geben, das auch schon vor mir als der geeignete Raum für die ›Zauberflöte‹ angesehen worden war. Mit meinem wachsenden Verständnis für die stilistische und akustische Bedeutung des Raumes für eine Opernvorstellung wuchs meine Liebe zum Prinzregententheater, meine Erschlossenheit für die in ihm repräsentierte Seite des ›Wagnerschen Festspielgedankens‹, und ich glaube, daß die Erfahrung die besondere Eignung dieses einzig festlichen Rahmens auch für Glucks ›Iphigenie‹, Pfitzners ›Palestrina‹ usw. neben den Wagnerschen Werken bestätigt hat.

Das Prinzregententheater hatte mich von allem Anfang meiner Münchener Tätigkeit an fasziniert. Es lag frei, höher als die Stadt, in einem Außendistrikt mit schönem Zugang über die Isarbrücken und stille Straßen, und ein paar Schritte darüber hinaus befand man sich auf freiem Feld. An Festspieltagen ertönten gegen vier Uhr vom Portal her Blechfanfaren, aus Motiven des Werkes bestehend, das zu hören man gekommen war, und mahnten die Zuschauer zum Eintritt in das Theater. Die hohen Türen des Zuschauerraumes schlossen sich, und während die Fanfaren nochmals, jetzt von draußen her, erklangen, verlosch langsam das Licht, und in das vollkommene Schweigen und die vollkommene Dunkelheit drang nun der Laut aus dem unsichtbaren Orchester. Dies von Wagner für Bayreuth erdachte, vom Münchener Prinzregententheater übernommene, feierliche Zeremoniell verfehlte nie seine Wirkung auf mich, denn ich gehörte in jenem Zauberreich der musikdramatischen Kunst ebenso zu den Zauberern, wie für immer auch zu den Bezauberten. Nichts glich für mich dem Moment meines Eintritts in den riesigen unterirdischen Orchesterraum — o unwahrscheinlicher, beglückender Anblick der herrlichen sechs Harfen dort hinter den Hörnern und Tuben — wo meine Musiker, unfestlich gekleidet, aber in festlicher Bereitschaft, an ihren Plätzen saßen. Und wenn ich nun, nachdem ich den meinen eingenommen, an dem mächtigen Vorhang vor der Bühne das Verlöschen des Lichtes im Zuschauerraum meinerseits beobachten konnte, wenn das Schweigen in dem unsichtbaren Raum hinter uns unsere Spannung zum höchsten steigerte und der mystische Augenblick eintrat, in dem Wirklichkeit, Zeit und Raum verschwanden und wir die ideale Leere mit unserem Licht, unserem Klang, mit Mythos und Drama magisch zu füllen begannen, dann war mir wunderbar mächtig zu Mute wie Faust mit dem Schlüssel in der Hand, der ›der Gebilde losgebundene Reiche‹ erschließt, ich fühlte mich — ich will es bekennen — als der rechtmäßige Verwalter des Schlüssels und in einer Handlung begriffen, für die ich meinem Wesen nach bestimmt war.

Die heitere ›Kunststadt‹ München zeigte sich mir in Übermut und phantastischen, von seiner Malerkolonie einfallreich belebten Festen im Karneval von 1913 und 1914. So wenig mir eine derartige, kalendarisch angeordnete Tollheit lag, spürte ich doch, anders als vor zwanzig Jahren in Köln, daß solch ein Ausbruch an Lustigkeit in der von italienischem Festsinn beeinflußten Münchener Karnevalstradition Charakter und Reiz haben konnte; und wir bewegten uns unter den Masken auf den Straßen oder in den überfüllten, phantasie- und talentvoll ausgestatteten Sälen befremdet, aber interessiert. Auch das volkstümliche Oktoberfest auf der Wiese bei der ›Bavaria‹ machte uns Spaß mit seinen Zelten, seinen Bratspießen, die sich über offenen Feuern drehten, den Maßkrügen voll Bier, die dicke Kellnerinnen mit einer unglaublichen Kombination von Geschicklichkeit und Kraft zu den langen Holztischen schleppten, wo eine fröhliche Bürgerschaft schmauste, trank und schwatzte. Doch schien mir der Unterschied zwischen dieser Art von Feststimmung und der beim Wiener Heurigen ungefähr dem zwischen Bier und Wein zu gleichen. Übrigens bot das Münchener Hofbräu am Platzl das Bild eines permanenten Oktoberfestes im Kleinen. Auch da gab es die primitiven langen Tische und Bänke, die kräftigen Kellnerinnen mit ihrer erstaunlichen Maßkrugtechnik und – den ›Radi‹, d. h. den großen beizenden Rettich, von einem ingeniös schraubenden Instrument in eine Art Harmonika verwandelt und durch Bestreuung seiner Windungen mit Salz zum ›Weinen‹ gebracht, wodurch seine beißende Wirkung beträchtlich gemildert wurde. Vor Bier und Radi gab es keine Klassenunterschiede oder Meinungsdifferenzen, eine gemütliche Gleichheit und Verträglichkeit herrschte zwischen den Gästen. Ein jeder, ob Minister oder Hausierer, war ›Herr Nachbar‹ und die gelegentlichen Besucher aus dem nördlicheren Deutschland oder aus dem Ausland staunten diese eigenartig münchenerische Bekundung demokratischer Gesinnung an, die übrigens dem Bayern auch wirklich im Blute lag und im Hofbräu und den großen Kellerlokalen, von Bier betaut zu besonders farbiger Blüte ausbrach.

So gewann ich in jenen letzten Jahren vor dem Kriege, gleichsam vor Torschluß also, einen Eindruck von bayerisch volkhafter Lebensfreude. – Meine Erfahrungen auf diesem Gebiet erweiterten sich ferner durch die sommerlichen Tanzunterhaltungen der Bauern von Tegernsee und Kreuth, bei denen ich den echten ›Schuhplattler‹ kennenlernte und die sogar noch im Anfang des Krieges stattfanden. Und endlich bot sich mir damals die einzigartige Gelegenheit, einer Königskrönung beizuwohnen. Leider kann ich sie nur erwähnen, nicht beschreiben, denn mir ist nichts davon im Gedächtnis verblieben als ein allgemeines Bild der festlichen Versammlung in glanzvoller Umgebung, von geistlichem Ornat und Hofuniformen. Prinz Ludwig, der seit dem Tode seines Vaters Luitpold die Regentschaft geführt hatte, bestieg im November 1913 als Ludwig III. den bayerischen Thron, und ich hatte als ›Hofbeamter‹ bei dem feierlichen Staatsakt im Thronsaal der Residenz anwesend zu sein. Ich erinnere mich besonders noch an die persönlichste Seite des Erlebnisses, daß ich nämlich meine Hofuniform mit Zweispitz und Degen anlegen mußte und so, von meiner Familie teils bewundert, teils ausgelacht, mich mit dem unbehaglichen Gefühl völliger Ungeeignetheit für solche Verkleidung zum Festort begab, wo ich neben Frankenstein und anderen ›Beamten‹ Aufstellung nahm und beim Cercle einige verlegene Worte des guten Königs mit verlegeneren erwiderte. Deutlicher entsinne ich mich eines Hofkonzertes, das ich bald darauf, wiederum in Uniform, zu dirigieren hatte, wo ich meinen Freund und Vorgesetzten, Baron Frankenstein, durch eine ausgesprochene ›Insubordination‹ in recht ernstliche Verlegenheit brachte. Die Hofgesellschaft hatte Platz genommen, König und Königin etwas vorgerückt in der Mitte der ersten Reihe, mein Orchester war bereit zu beginnen, aber kein Aufklopfen meines Taktstockes veranlaßte die Anwesenden, ihre laute Unterhaltung zu unterbrechen oder auch nur zu dämpfen. Frankenstein gab mir immer wieder mit seinem Zeremonienstabe das Zeichen zum Beginn, ich aber wollte eine Haydnsche oder Mozartsche Symphonie nicht zur Begleitmusik höfischer Konversation degradieren und wartete. Da entsandte Frankenstein verzweifelt einen seiner Beamten zu mir, der mir mit liebenswürdiger Miene zuflüsterte, es würde dem Generalintendanten ernste Unannehmlichkeiten bereiten, wenn ich nicht sofort begänne, worauf ich denn mit dem partiturgemäßen Forte einsetzte, um sofort dem Orchester ›pianissimo!‹ zuzurufen und anzudeuten. Meine Berechnung bewährte sich als richtig, das nur sichtbare, aber nicht hörbare Konzert erregte Erstaunen und Befremden und je stiller mein Publikum wurde, desto mehr ließ ich mein Orchester crescendieren, und alles verlief friedlich, Frankenstein hatte Humor genug, mir mein Verhalten nicht übel zu nehmen und mit mir nachträglich darüber zu lachen, besonders, als ich ihm erzählte, um wieviel unnachgiebiger ich mich früher in einem ähnlichen Fall bei dem russischen Gouverneur in Riga benommen hatte.

Es kam der 28. Juni 1914, die Ermordung des österreichischen Thronfolgerpaares in Sarajewo, es folgten die aufregenden Wochen der wachsenden Kriegsgefahr, dann die Kriegserklärungen, und als ich am 31. Juli im ersten Zwischenakt einer von mir dirigierten Oper vom Bühnenausgang des Prinzregententheaters hinaus in den warmen Sommernachmittag trat, dröhnte mir, wie schon berichtet, jener furchtbare Trommelwirbel aus den nahegelegenen Parkanlagen entgegen, der den Kriegsausbruch anzeigte.

Wilde Gerüchte liefen in München um: man habe Dynamit an den Eisenbahnbrücken gefunden, eine sehr große Frau mit Marktkorb war in der Bahn als russischer Spion entlarvt worden, und der Korb habe eine Bombe enthalten; serbische Agenten wohnten unter falschem Namen in Münchener Hotels usw. Als ich mit meiner Frau und einem Bekannten gegen Abend durch die von Menschen wimmelnde Kaufingerstraße ging, deutete plötzlich ein hysterisch aussehender, dünner, langer Mann auf mich und rief: »Ein Serbe, ein Serbe!« Ich erwiderte sofort: »Ich bin nicht aus Serbien, aber Sie sind jedenfalls aus Eglfing« und deutete auf meine Stirn. Eglfing war der Sitz der Landesirrenanstalt und mein Hinweis hatte eine Zauberwirkung: das Gesicht des Hysterikers verzog sich zu einem gemütlichen Grinsen, das war die Sprache, die er verstand und die mich legitimierte, und mit einem freundlichen »T'schuldigen schon, Herr Nachbar« und lachend und winkend ging er seines Weges.

Ein ernsterer Fall von Spionenriecherei sollte mir große Sorgen machen. Meine Familie war noch in Kreuth, und auch Gabrilowitschs befanden sich auf ihrem dortigen Landsitz. Ich wurde im Hoftheater eines Morgens zum Telephon gerufen und hörte Clara Gabrilowitschs Stimme sagen: »Etwas Schlimmes ist geschehen. Ossip ...« und das Gespräch war unterbrochen. Ich verstand sofort, daß die allgemeine Spionenfurcht zur Verhaftung Gabrilowitschs geführt hatte, der ja Russe war. Er hatte mit seiner Familie bei einer Mahlzeit gesessen, als er plötzlich bemerkte, daß sein Haus umstellt war. Man brachte ihn in seinem ländlichen Anzug, ohne ihm zu erlauben sich umzuziehen, ins Gefängnis in Tegernsee und von da nach München. Ich eilte zur Polizeidirektion, die bereitwilligst nachforschte, wo sich der Gefangene befand, jedoch bedauerte, gar nichts für ihn tun zu können — man müsse mit aller Strenge gegen Spione vorgehen. Ich war voll der schwärzesten Befürchtungen, als ich die Bedeutung dieser ominösen Worte verstand, aber der Polizeipräsident, zu dem ich schließlich persönlich vorgedrungen war, zeigte sich als fühlender Mensch. »Ich persönlich kann schon deshalb nicht einschreiten, weil all solche Angelegenheiten in militärischen Händen liegen«, sagte er, »und auch in diesen Kreisen werden Sie nichts ausrichten. Wenn Sie wirklich von der Unschuld des Herrn Gabrilowitsch überzeugt sind und bereit für ihn zu bürgen, versuchen Sie Ihr Heil in Kreisen der Geistlichkeit.« Das erinnerte mich, daß die katholische Kirche noch immer die höchste Macht in Bayern war, ich bat Frankenstein, der Ossip als Künstler und als Mensch sehr verehrte, mir zu helfen, und wir begaben uns zum Nuntius Pacelli, von dessen edler Persönlichkeit ich ebensoviel gehört hatte wie von seiner Musikliebe. Der Nuntius hörte uns mit Teilnahme an, versprach uns seine Hilfe, und am nächsten Tage war Ossip frei. Ihm wurde gestattet, im Hotel ›Vier Jahreszeiten‹ Wohnung zu nehmen, wo er Frau und Kind wiederfand, und er benützte die Tage bis zu seiner Abreise nicht nur um seine Angelegenheiten zu ordnen, sondern auch um allen möglichen Freunden, die er in Verlegenheit infolge des Kriegsausbruchs glaubte, durch Vermittlung seines ihm befreundeten Rechtsanwalts vertraulich Hilfe und Unterstützung anzubieten. Gabrilowitschs gingen dann bald nach Zürich und später nach Amerika. Der teilnehmende und hilfreiche Nuntius Eugenio Pacelli aber wurde im März 1939 zum Papst gewählt und bestieg den Heiligen Stuhl als Pius XII.

## 4

Der Krieg stellte uns im Betrieb des Theaters natürlich vor alle möglichen Probleme. Ich selbst war als verantwortlicher Leiter der Oper für ›unabkömmlich‹ erklärt worden, da die ungestörte Fortdauer der bedeutenden Kunstinstitute in ganz Deutschland als notwendig galt. Aber militärische Einberufungen im Personal machten uns Schwierigkeiten, gewisse Einschränkungen im französischen und italienischen Repertoire, um Protesten des Publikums vorzubeugen, waren nicht zu vermeiden, auch mußte ich auf Werke verzichten, die Verstärkungen im Orchester verlangten. Strauss wollte das freilich nicht einsehen und warf mir vor, daß ich seine ›Elektra‹ nicht ansetzte, und als ich ihm erklärte, ich könnte unter anderem keine acht Klarinetten auftreiben, wie sie die Partitur verlangte, auch nicht sieben, sechs oder fünf, erwiderte er: »Es geht auch mit vier Klarinetten.« Meinen Einwand, daß dann wichtige Stimmen fehlen würden, lehnte er ab, und mit Staunen sah ich, daß ihm eine Entstellung seines bedeutendsten Werkes weniger naheging als dessen Fehlen im Münchener Repertoire. Es gab auch Unannehmlichkeiten anderer Art, wie zum Beispiel Angriffe in Zeitungen wegen des Verbleibens meines ersten Solo-Cellisten Disclez in seiner Stellung, weil er feindlicher Ausländer, nämlich Belgier war. Es gelang mir aber, den ausgezeichneten, kultivierten Musiker und vornehmen Menschen während des ganzen Krieges auf seinem Platz zu erhalten, was trotz aller Gegenwirkungen beweist, daß man damals noch mit Erfolg an Vernunft und Toleranz appellieren konnte.

Trotz dieser und anderer Auswirkungen des Krieges blühte die Münchener Oper, und wenn meine Kräfte noch eines Antriebes zur Höchststeigerung bedurft hätten, so wäre er aus dem Wunsch entstanden, mehr als je den Menschen die ernste Bedeutung der Kunst im Bewußtsein zu erhalten, die Echtheit der Kulturwerte gegenüber dem Wahn, den ich als Hauptmotiv der Weltgeschichte empfand, zu demonstrieren, soweit es in meiner Macht lag.

Die sechs Harfen allerdings, die sich meinem ungläubigen Blick in den Festspielen 1912 und 1913 präsentiert hatten, schrumpften bei Kriegsausbruch zur gewohnten ärmlichen Zweizahl zusammen, die entgegen der Wagnerschen Vorschrift überall in der Welt von den Dirigenten des ›Ring des Nibelungen‹ resigniert akzeptiert worden ist. Ich mußte wohl auch mit einer geringeren Anzahl von Streichern vorlieb nehmen, in den Bläsern jedoch setzte ich die Beibehaltung des vollen Wagnerorchesters durch. Auf einen freiwilligen, nicht engagierten ersten Geiger konnte ich jedoch während des ganzen Krieges bei den Festspielen im Prinzregententheater zählen: das war der wohlbekannte Prinz Ludwig Ferdinand, eifriger Arzt und begeisterter Geiger. Der ziemlich beleibte Herr mit blondbraunem Vollbart und freundlichen blauen Augen strahlte förmlich ›Demokratie‹ aus und war bei den Theaterarbeitern so populär wie im Orchester. So lange es so etwas noch gab, stellte er vor meinem Eintreffen stets eine Flasche französischen Champagner auf den Tisch meines Zimmers im Prinzregententheater, und nie versäumte er, mich und meine Familie nach der Vorstellung mit seinem Automobil nach Hause zu fahren. Sein Platz im Orchester wechselte zwischen zweitem und drittem Pult der Geigen, gab es Soli am zweiten Pult wie im Lohengrin, so sagte ich ihm: »Königliche Hoheit, heut müssen Sie am dritten Pult spielen«, was er mit einem etwas deprimierten »Scho' gut, scho' gut Meister« beantwortete. Manchmal setzte er vorwurfsvoll hinzu »und grad' heit hob' i de Bergonzi mit'bracht«. Auf diese italienische Geige war er sehr stolz und selbst wenn er ausnahmsweise einmal ganz entfernt von mir, am fünften Pult spielte, wie z. B. im ›Palestrina‹, versäumte er nie, mich bei der Heimfahrt in sehr schmeichelhafter Überschätzung der Schärfe meines Gehörs zu fragen: »Meister, wie hat'n mei Geig'n 'klungen?« worauf ich zu seiner Freude immer mit heuchlerischem Lob erwiderte. Er geigte gewöhnlich in vorgebeugter Haltung, die kurzsichtigen Augen hinter großen Brillengläsern ängstlich auf die Noten gerichtet und bei schweren Geigenfiguren wie im dritten Akt des ›Siegfried‹ verschwand er völlig hinter dem Pult und tauchte erst wieder auf, wenn stilleres Fahrwasser erreicht war. Als ich Pfitzners ›Rose vom Liebesgarten‹ aufführte, die mit dem Ton fis beginnt, der eine Zeit hindurch von allen möglichen Instrumenten aufgenommen und wiederholt wird, drückte er dem Komponisten seine Begeisterung mit den klassisch gewordenen Worten aus: »Aan Ton, aber schön is'!« Prinz Ludwig Ferdinand war ein einfacher, bescheidener, freundlicher Mann, ›a jolly good fellow‹, und er erfreute sich in München einer echten Popularität. Als ich ihn während der Novemberunruhen 1918 im Theater traf und sagte: »Königliche Hoheit, gehen Sie nicht auf die Straße, es ist gefährlich«, erwiderte er: »Mein Volk tut mir nix.« Und er behielt recht.

Im März 1916 brachte ich die Uraufführung von Erich Wolfgang Korngolds ›Ring des Polykrates‹ und ›Violantha‹ heraus, Werke von erstaunlicher musikalischer und dramatischer Begabung. Der Komponist, Sohn des Musikkritikers Dr. Julius Korngold, war mir natürlich von Wien her bekannt, wo ich andere Kompositionen dieses starken Talentes kennengelernt und einige von ihnen auch aufgeführt hatte. Mahler war es, der mir zuerst von dem sechs- oder siebenjährigen Kinde erzählt, das der Vater ihm vorgeführt und von dessen Musikalität und Frühreife er einen großen Eindruck empfangen hatte. Die Pantomime ›Der Schneemann‹, die Korngold im Alter von elf Jahren geschrieben, wurde an der Wiener Hofoper aufgeführt, und ich erinnere mich an die reizvolle melodische Erfindung und den merkwürdigen Formsinn in dieser Komposition des Knaben. Ein durchaus interessantes, harmonisch kühnes Klaviertrio hatte ich mit Rosé und Buxbaum zur Uraufführung gebracht, und die beiden Einakter waren mir beim hinreißenden Vorspielen am Klavier durch den achtzehnjährigen Komponisten musikerfüllt und dabei so echt in ihrer feurigen Dramatik erschienen, daß ich sie sofort für München angenommen hatte. Es gab einen großen Erfolg, und ich war hocherfreut, mich für eine starke Begabung einsetzen zu können. Ich kannte die ganze Familie Korngold, wir wohnten sogar Jahre hindurch im selben Hause in Wien – aber die natürliche Scheu zwischen Künstler und Kritiker war einer persönlichen Annäherung im Wege, und erst in Amerika, lange nachdem Julius Korngold seine kritische Tätigkeit aufgegeben, haben wir uns angefreundet, bin ich dem viel wissenden, leidenschaftlichen Musiker und lebendigen Mann auch menschlich nah gekommen. Seine kritischen oder musikwissenschaftlichen Feuilletons in der Wiener Neuen Freien Presse hatte ich wegen der meisterhaften Behandlung ihrer Themen und der Kraft der Formulierung stets mit Vergnügen gelesen und Korngolds geistreiche und temperamentvolle Ausfälle gegen Atonalität und Atonale als Kampf gegen musikalische Krankheitssymptome mit Genugtuung verfolgt.

Pfitzner hatte 1916 seinen ›Palestrina‹ vollendet und mir sein Meisterwerk zur Uraufführung gegeben. Ich war beglückt über die hohe Aufgabe und zugleich besorgt, ob es gelingen würde, Bedenken, die sich gewissen dichterischen Kühnheiten im zweiten Akt entgegenstellen könnten, zu besiegen. Es handelte sich um die Darstellung des Tridentiner Konzils, und mich beunruhigte der Gedanke, daß ein Einspruch von geistlicher Seite im letzten Moment, womöglich nach der Generalprobe, ein Verbot nach sich ziehen würde. Wir beugten dem aber vor, indem Frankenstein und ich einem Münchener hohen Geistlichen einen Besuch machten und ihm soviel vom zweiten Akt erzählten, als geeignet schien, ihn dafür zu interessieren und dabei sogar einen leichten Hinweis auf gewisse poetisch-dramatische Lizenzen wagten, ohne jene drastischen Einzelheiten zu erwähnen, die sein Mißfallen erregen konnten. Er zeigte sich günstig gestimmt und versprach, unserer Einladung zur Premiere Folge zu leisten, und in der Tat erwiesen sich später der Ernst und die Innerlichkeit des Werkes so unwiderstehlich, daß weder in München noch in Wien oder anderen vorwiegend katholischen Städten die Kühnheiten der Konzils-Darstellung Anstoß erregten. Ich persönlich zähle die Aufführung des ›Palestrina‹, nach meiner Meinung des gewaltigsten musikalischen Bühnenwerks unserer Zeit, zu den großen Ereignissen meines Lebens, und die Epoche der Vorbereitungen und Proben ist mir unvergeßlich geblieben. Pfitzner selbst führte die Regie, soviel ich mich erinnere, Pasetti waren Dekorationen und Kostüme zu danken – ergreifend das untheatralische, verklärte Bild des Engelchores gegen Schluß des ersten Aktes – und Erb und Schipper als Palestrina und Kardinal Borromeo, Ivoguen und Reinhardt als Ighino und Silla, Bender als Papst und eine Fülle von Talenten in der Besetzung der zahllosen kleineren Rollen zeigte unser Theater im höchsten Glanz. Die Uraufführung übte eine außergewöhnliche Wirkung aus und wurde als eine so hohe Leistung der Münchener Oper anerkannt, daß der Gedanke entstand, uns auf eine Propagandafahrt in die Schweiz zu schicken, um dem Ausland an dieser Aufführung den Hochstand deutscher Opernkultur im dritten Kriegswinter vor Augen zu führen.

Und so trug eines schönen Tages ein Extrazug Solisten, Chor, Orchester, technisches Personal und Dekorationen für ›Palestrina‹ nach Zürich, um das edle neue Werk und dessen Wiedergabe durch eines der großen deutschen Operntheater der ›Außenwelt‹ zu zeigen. Da ein bedeutender militärischer Verkehr auf allen Strecken herrschte, hatte unser Zug öfter lange Aufenthalte, zu denen eine unvorhergesehene Fahrtunterbrechung jenseits der Schweizergrenze kam. Fast das ganze Personal benutzte diese Gelegenheit zu einem kurzen ersten Spaziergang in ›neutraler‹ Luft, und noch sehe ich einige unserer Chorsängerinnen vor einem Delikatessengeschäft des kleinen Schweizer Städtchens verwundert anhalten und beim Anblick von Schinken und Weißbrot im Schaufenster Tränen vergießen – die Münchener Schaufenster hatten schon lange keinen solchen Anblick mehr geboten – und andere in ein Schuhgeschäft stürzen, um sich in aller Schnelligkeit mit solidem Schweizer Schuhwerk auszustatten. Wir kamen mit etwa anderthalb Stunden Verspätung in Zürich an, wo Pfitzner uns am Bahnhof erwartete. Ich hatte mir während der Fahrt die Genugtuung des Komponisten ausgemalt, für dessen Werk die gesamte Münchener Oper sich auf die Wanderschaft begeben hatte. Aber er enttäuschte mich. Als ich aus dem Zug stieg und auf ihn zueilte, zog er die Uhr aus der Tasche und sagte mit strafendem Blick zu mir: »Seit anderthalb Stunden warte ich hier.«

Am nächsten Abend fand die Aufführung statt, in der er mir eine ähnliche Enttäuschung bereitete. Der erste Akt war schöner gewesen als je, und das tief ergriffene Publikum gab seiner Rührung und Erhebung begeisterten Ausdruck. Aber nur mit Mühe gelang es mir, Pfitzner vor den Vorhang zu bringen, um den Dank des vollen Hauses entgegenzunehmen. Er war deprimiert, weil Schipper als Borromeo bei seinem zornigen Abgang den roten Kardinalsmantel vom Sessel, wo er ihn beim Eintritt abgelegt, nur an sich gerissen und über den Arm gelegt hatte, statt ihn sich umzuhängen. »Kannst du dir wohl einen Kardinal in Rom auf der Straße mit dem Mantel über dem Arm vorstellen? Ich nicht«; so sagte er und blieb deprimiert. Am nächsten Abend in Basel bedrohte ich Schipper mit allen Strafen der Hölle, wenn er nochmals vergäße, den Mantel umzuhängen. Er gehorchte der Warnung, und Pfitzner fiel mir nach dem ersten Akt um den Hals und erklärte mir, nun sei er glücklich. Die dritte Vorstellung fand in Bern statt, und am nächsten Tage brachte uns der Zug wieder nach München und in die Lebenseinschränkungen zurück, die in diesem Jahr, 1917, schon drückend fühlbar geworden waren.

Auch in meiner eigenen Familie wirkte sich die Unterernährung schmerzlich aus. Um mit den Schwierigkeiten der häuslichen Versorgung fertig zu werden, hatten wir eine Haushälterin engagiert, deren durch glänzende Referenzen bezeugter Tüchtigkeit wir den Ausgleich zwischen unserem Hunger und den Ernährungsgesetzen anvertrauten. Fräulein Lahn aber, ein eiserner Charakter von auch irgendwie metallischer Erscheinung, kurvenlos oder höchstens zu Ausbuchtungen der Vorschriften zu unseren Ungunsten veranlagt, ließ uns unbarmherzig entbehren. Es war damals so, daß die Stadt hungerte, aber das

Dorf aß, und gute Beziehung zu Bauern bot bessere Hilfe in der Not als der Schleichhandel. Fräulein Lahn aber widersetzte sich auch der Anleihe bei der Fülle des gut verproviantierten Landes, sie schwelgte sozusagen in der Entbehrung, und wenn auch opferfreudige Verehrerinnen uns heimlich ein wenig aushalfen, so traf uns doch eines Tages die schlimme Entdeckung, daß unsere jüngere Tochter an einem typischen Unterernährungsleiden erkrankt war. Wir waren soeben in dem zu unserem Sommeraufenthalt gewählten Ort angekommen und mußten am nächsten Morgen das fiebernde elfjährige Kind zurück nach München in die Pfaundlersche Kinderklinik bringen. Die akuten Krankheitserscheinungen wurden dort bald behoben, ihr Krankenzimmer wurde ein beliebter Sammelpunkt für Ärzte und Pflegerinnen, die der funkelnde Witz und die übermütigen Einfälle der kleinen Patientin anzogen und die sich schwer von ihr trennten, aber eine Kränklichkeit blieb zurück, und auch ein wochenlanger Aufenthalt in einem Sanatorium in Oberstdorf vermochte nicht, ihre volle Gesundheit wiederherzustellen. – Fräulein Lahn allerdings war schon vor der Erkrankung des Kindes abgereist. Die beiden Töchter, die sonst durchaus freundlicher Gesinnung waren, hatten sich heimlich verschworen, die Haustyrannin durch Exzesse der Ungezogenheit zu vertreiben. Der schwarze Plan gelang, und nach kurzer metallisch klirrender Ankündigung verließ Fräulein Lahn unser Haus, ohne uns den wahren Grund ihrer Flucht anzugeben. Wir haben ihn erst viel später von den triumphierenden Übeltäterinnen erfahren.

Meine Arbeit und meine Verantwortung wuchsen inzwischen und lasteten immer schwerer auf mir, auch konnte ich nicht alle von außen an mich gelangenden Einladungen zu Gastdirektionen ablehnen, darunter die Aufforderungen aus Wien, denen zu folgen ich mich auch moralisch gedrängt fühlte.

Ich hatte schon in den ersten Monaten des Jahres 1913 noch mehrmals nach Wien zurückkehren müssen, um die Proben und dann die Aufführung von Verdis ›Requiem‹ mit der Wiener Singakademie zu dirigieren, von deren Leitung ich damit zurücktrat. Doch sollte ich noch oft die achtstündige Eisenbahnfahrt zurücklegen, weil mich das Wiener Musikleben nicht losließ, und von meinen zehn Jahren in München verging keines, in dem ich nicht mehrmals zu Konzerten mit dem philharmonischen, dem Konzertvereins- oder Tonkünstlerorchester, zu Kammermusikabenden oder späterhin zu Chorkonzerten mit dem Philharmonischen Chor nach Wien gerufen wurde. Es war nicht leicht für mich, den Münchener Generalmusikdirektor zu dem Urlaub für den Wiener Gastdirigenten zu bewegen – auch wuchsen mit dem Kriege und den Schwierigkeiten der Kriegslage die Unannehmlichkeiten des Reisens – ich erinnere mich an eiskalte nächtliche Winterfahrten 1917 in ungeheizten Wagen mit zerbrochenen oder holzverschalten Fenstern –, aber Wien blieb in meinem Leben der mächtige Magnet, dessen Anziehungskraft ich um so schwerer widerstehen konnte, je trauriger es dort wurde.

Doch auch in Berlin, Frankfurt a. M., Köln, Mannheim usw. mußte ich gelegentlich dirigieren, und eine schöne Erinnerung bedeutet für mich eine Reise mit dem Münchener Lehrergesangverein und meinem Orchester nach Speyer, wo wir im uralten herrlichen Dom Beethovens ›Missa Solemnis‹ aufführten, die wir gerade vorher im Münchener Odeon zu Gehör gebracht hatten. – Ich denke so lebhaft gerade an diese Aufführung, weil ich bei der Gelegenheit zum erstenmal eine musikalische Wiedergabe mit einem Vortrag eingeleitet habe. Die besondere Problematik des mir über alles teuren Werkes, in dem kirchlich musikalische, persönlich bekenntnishafte und visionär-prophetische Elemente zu einem gewaltigen Monument inspirierten menschlichen Schöpfertums verbunden sind, veranlaßte mich, meine Einsichten mit Worten zu äußern, die ich durch musikalische Beispiele am Klavier unterstützte. Ich hielt meinen Vortrag in einem Saal des Bayerischen Hofs, und da ich den Eindruck gewann, dadurch meinen Zuhörern für die, einige Tage später stattfindende, Aufführung der ›Missa‹ im Sinn einer geistigen Einführung und gefühlsmäßigen Vorbereitung nützlich gewesen zu sein, so bin ich später gelegentlich wieder an den Vortragstisch getreten, aber nur in den seltenen ähnlichen Fällen, wo ich mir vom Wort Klärung eines künstlerischen Problems erhoffen konnte. Im allgemeinen hielt ich zu dem Grundsatz, Musik zu machen und zu schweigen.

Die ungewöhnliche, außermusikalische Bemühung um das Beethovensche Werk hatte noch einen moralischen Grund, über den ich mir selbst erst später klar geworden bin: mir scheint, ich wollte an Beethoven gutmachen, was ich an Bach gesündigt. Denn ich bekenne hiermit, mich in München an der ›Matthäuspassion‹ vergangen zu haben. Zehn Jahre hindurch habe ich alljährlich mit den herrlichen Mitteln, die mir dort an Solisten, Chor und Instrumentalisten zur Verfügung standen, Bachs Werk mit Strichen aufgeführt, die ich nicht verantworten konnte, die dumpf mein Gewissen belasteten, und doch drang ich weder zur vollen Einsicht in meine Verfehlung vor, noch hatte ich die Kraft, die Bach einzig Genüge tuende, unverstümmelte Aufführung durchzusetzen. An der vollen Einsicht hinderte mich wohl eine überwältigende Fülle der Arbeit in Oper und Konzert, aber meine Sünde bestand eben gerade darin, daß ich mich behindern ließ, in die letzten Tiefen des Werkes einzudringen und die Striche akzeptierte, die in früheren Münchener Aufführungen der Passion traditionell geworden waren. Glücklicherweise kann ich mich keines ähnlichen Vergehens in meiner Laufbahn erinnern, und zu diesem kann ich mich heut insofern mit einem erleichterten Gewissen bekennen, als ich 1943 in New York die ›Matthäuspassion‹ in ihrer Gänze und mit gründlichster Vorbereitung aufgeführt habe. Denn sie ist ein organisch Ganzes, und wer daran rührt, vergeht sich an ihr und an einem immanenten Grundgesetz der Kunst.

Ich glaube, mich aus Gründen der Aufrichtigkeit noch über meine Einstellung zu dem damaligen Kriege äußern zu sollen. Obwohl ich von dem frevelhaften Verhalten des österreichischen Außenministers Baron Berchtold und den schweren Fehlern des deutschen Kaisers, sowie anderer Persönlichkeiten in den Regierungen der Mittelmächte überzeugt war, obwohl mich der deutsche Durchmarsch durch Belgien und Bethmann-Hollwegs Wort vom ›Fetzen Papier‹ entsetzt hatten, nahm mein Herz doch Partei für Deutschland und Österreich. Denn ich wünschte das kulturelle Leben, in dem ich wurzelte, ungeschädigt erhalten zu sehen, ich war mit so edlen geistigen Strömungen, mit so hohen moralischen Tendenzen in beiden Ländern in Fühlung, abgeschnitten dabei vom Kontakt mit der Außenwelt und beständig unter dem Einfluß des gesprochenen und gedruckten Wortes, das für Deutschland sprach, daß ich von ganzem Herzen einen Kriegsausgang wünschte, der dem Deutschland, das ich liebte – nicht dem des Kaisers und der Junker –, aber dem Goethes und Hölderlins, Beethovens und Bachs, dem Österreich Mozarts, Schuberts und Grillparzers die Weltstellung ließ. Ich war völlig frei vom Chauvinismus und habe mich nicht an der sogenannten Professorendeklaration gegen England beteiligt, habe natürlich auch nie irgendein Gefühl des Hasses empfunden. Zwar hatten mich Wilsons vierzehn Punkte und besonders die Forderung des Selbstbestimmungsrechts der Völker hoffnungsvoll gestimmt, aber doch empfand ich damals den Ausgang des Krieges als ein Unglück und sah der europäischen Zukunft mit angstvollen Vorgefühlen entgegen.

## 5

Am neunten November 1918 erfuhr man durch die Münchener Neuesten Nachrichten, daß König und Königin abgesetzt waren, daß Bayern Republik sei und Kurt Eisner mit anderen Vertretern der Linksparteien die Regierung übernommen hätte. Schon seit ein paar Tagen hatten sich auf der Straße erregte Szenen zwischen Soldaten und Offizieren abgespielt und Gerüchte über Meutereien in der Flotte, über die Bildung von Arbeiter- und Soldatenräten in Kiel liefen von Mund zu Mund. Pfitzners seltsames Schicksal wollte es, daß er gerade am Abend des achten November ein Konzert hatte, bei dem die wenigen mutigen Besucher auf die immer neuen, in den Saal dringenden Schreckensnachrichten und fernen Schüsse hin sich allmählich davonmachten — er stand unter dem Eindruck, daß nur ihm eine solche revolutionäre Unannehmlichkeit passieren könne — und, erinnere ich mich recht, kam danach noch zu mir ins Haus, wo wir besorgt die Lage besprachen, ohne das geschichtliche Ereignis zu ahnen, von dem uns die Zeitung am nächsten Morgen berichtete.

Frankenstein rief mich um sieben Uhr früh an, und wir verabredeten uns in die Kaufingerstraße, wo er mir im Auf- und Abwandern erklärte, daß mit dem Verschwinden des Hofes auch seine Stunde gekommen war und er gehen müsse. Ich erwiderte, ich fühle mich nach fast sechs Jahren gemeinsamen Wirkens mit ihm so verbunden, daß ich ohne ihn nicht bleiben könne. Davon aber wollte er nichts wissen, sondern er drang in mich, ich müsse bleiben, um zu erhalten, was wir gemeinsam aufgebaut, um vor den möglichen Zerstörungen durch die Umwälzung zu schützen, was in seiner tiefsten Bedeutung wichtiger sei als die politischen Ereignisse. Stundenlang liefen wir so umher, und ich konnte trotz des Gewichtes der Frankensteinschen Argumente zu keinem Entschluß gelangen. Im Theater fand eine revolutionäre Versammlung statt, die beschloß, nicht nur Frankenstein, sondern auch Zollner und andere Verwaltungsbeamte abzusetzen und den Schauspieler Viktor Schwanneke zum obersten Vertreter des gesamten Personals von Oper und Schauspiel wählte. Schwanneke kam danach zu mir und ersuchte mich im Namen des Opernpersonals, die Direktion der Oper völlig zu übernehmen – was nur einer Fortsetzung meiner bisherigen Tätigkeit, ohne die Beratung mit Frankenstein, gleichkam – und erzählte mir, er habe Albert Steinrück die Direktion des Schauspiels angeboten, die dieser bereits angenommen. Ich erklärte, daß ich einer Bedenkzeit bedürfe, bevor ich mich zu entschließen vermöchte, denn ich wollte in mir selbst Klarheit gewinnen, und ferner schwebte mir die Möglichkeit vor, daß eine Art von Rätesystem im Theater mich künstlerisch einengen könnte. Daher gedachte ich erst abzuwarten, wie weit die Bewegung zur Unordnung oder zur Ordnung hin, zur Behinderung oder Unterstützung einer energischen künstlerischen Führung schwingen würde.

Nach reiflicher Erwägung sah ich ein, daß alle meine persönlichen Gefühle und Stimmungen zu schweigen hatten vor dem einen Gedanken, den auch Frankenstein betont hatte: was im Theater erreicht worden war, mußte erhalten bleiben, die Arbeit hatte also weiterzugehen. Damit war mir mein Weg vorgezeichnet. Die politischen Veränderungen durften weder auf die Arbeitsmethoden, noch in die künstlerische Disziplin des Hauses einwirken, und ich mußte das Ansehen, das ich mir erworben, mit allem Nachdruck einsetzen zum Schutz des Theaters gegen irgend welche Eingriffe von außen, wie gegen Übergriffe von innen her.

Der neue Ministerpräsident ließ Steinrück und mich um unseren Besuch zur Besprechung der neuen Situation ersuchen. Im Regierungsgebäude fanden wir ein aufgeregtes Durcheinander von Soldaten mit Gewehren, die sie eifrig schwenkten und jungen Zivilisten mit roten Armbändern und heiseren Stimmen. Unsere Unterredung mit Kurt Eisner wurde fortwährend durch ihr wildes Kommen und Gehen gestört. Der nunmehrige Regierungschef und frühere Schauspielkritiker zeigte mehr Interesse für Steinrücks Aufgabe als für die meine, aber beim Rückweg spürte ich, daß trotz oder vielleicht wegen Eisners Anteilnahme am Schauspiel, Steinrück meinen Bedenken gegen eine direkte Beziehung des Theaters zu den neuen Männern mit stiller Sympathie gegenüber stand. Es war mir klar, daß die rein politische Stelle einer Regierung, ganz abgesehen von ihrer Richtung, für die Verwaltung von Kunstinstituten ungeeignet sein müsse, da eine solche Behörde sich kaum auf musische Interessen musisch einstellen könne, wohl aber das Theater unter ihrem Einfluß politisiert werden würde. Ich erkannte ferner, daß, nachdem kein Hof mehr existierte und die Theater also auf die notwendige Subvention vom Staat her angewiesen waren, als einzige Stelle der Staatsregierung das Unterrichtsministerium in Betracht kommen dürfe, in dessen Bereich jedenfalls die kulturellen Interessen des Landes gehörten. Es galt schnell zu handeln, wollte ich die Kunst vor dem Zugriff des aufgeregten politischen Zentrums der neuen Regierung schützen, und so tat ich am selben Tag noch die erforderlichen Schritte. Aus der Überlegung, daß Minister wechseln, aber die unteren Beamten bleiben, wandte ich mich an den obersten der unteren Beamten des Unterrichtsministeriums, Dr. Korn, der mich erfreut empfing, und sich bereiterklärte, alles für die Übernahme des Nationaltheaters in seinen Verwaltungsbereich zu tun. Es kam zu einer Sitzung, an der die gewählten Vertrauensleute des Personals, Steinrück, ich und Ministerialrat Dr. Korn teilnahmen, und da die Vertreter des Theaters einsahen, daß der eingearbeitete, stabil gebliebene Apparat dieses Ministeriums eine stetigere Methode der Verwaltung versprach als irgend eine andere Stelle der Regierung, so kam die Abmachung zustande, die sich als durchaus zweckmäßig bewährt hat. Ich habe bis zum Ende meiner Münchener Tätigkeit in gutem Einvernehmen mit Dr. Korn gearbeitet, und in sicherer Verankerung hat das Theater die Stürme der folgenden Umwälzungen ungeschädigt überstanden.

Ich erwartete, daß schon die ersten Tage nach dem Umsturz die Entscheidung darüber bringen würden, ob ich in der Atmosphäre unentbehrlicher Ordnung und Disziplin meine Tätigkeit weiter fortsetzen könne, oder ob vom Personal eine Kontrolle meiner direktorialen Maßnahmen angestrebt würde, für deren Auswirkung ich die Verantwortung nicht übernehmen konnte. Die Entscheidung fiel günstig aus, und ich sollte über keine Eingriffe in meine Kompetenzen zu klagen haben. Während im Schauspiel, wie ich hörte, unruhige Elemente die Arbeit erschwerten, beglückte mich in meinem Bezirk die Fortdauer des alten guten Verhältnisses zwischen mir und dem Solo-, Chor- und Orchesterpersonal. Von Antritt meiner Stellung an hatte ich im Orchester das System der ›Vertrauensmänner‹ unterstützt, die alle Wünsche oder Klagen zu mir tragen und sich dabei von meiner aufrichtigen Anteilnahme an den wirtschaftlichen und sozialen Problemen der Orchestermusiker überzeugen konnten. Dieselben Vertrauensmänner kamen nun auch weiterhin, das Solopersonal hatte Karl Erb und Paul Bender zu seinen Vertretern gemacht, die gleichfalls die Angelegenheiten ihrer Gruppe friedlich mit mir besprachen, und in meinen Proben wie in meinen Verwaltungsmaßnahmen begegnete ich keiner anderen Gesinnung als der eines fortgesetzten Vertrauens. Unter diesen Umständen lebte die Oper also ihr kräftiges Leben weiter und der Übergang des Theaters von der Krone zum Staat – oder wenn man will aus den Händen des Königs in die des Volkes – wäre mit Ruhe vor sich gegangen, wenn Staat oder Volk nach der Novemberrevolution zur Ruhe gelangt wären.

Das Gegenteil war der Fall. Revolution und Gegenrevolution, Druck vom Ausland und leidenschaftliche Reaktion von innen schufen einen atmosphärischen Zustand, der das politische Barometer dauernd auf dem Tiefpunkt hielt. Ich ahnte aus den Zeitungsberichten und ich fühlte, wo ich auch war, auf der Straße, in der ›Elektrischen‹, im Theater, im Gasthaus, daß die Aufregung zu Explosionen führen müsse, und als Ende Februar Kurt Eisner von dem Grafen Arco erschossen worden war, hielt ich den Atem an – Unheil war im Zuge. Und es brach los wie ein Gewitter. Maschinengewehre auf den Plätzen, an Straßenecken und an Brücken. Zusammenrottungen von Menschen, Plakate an den Häusern mit Verfügungen, die von anderen Plakaten mit anderen Verfügungen ungültig gemacht wurden, Regierungsumbildungen, Hausdurchsuchungen – Bekannte kamen und warnten vor bevorstehenden Maßnahmen gegen die ›besitzenden Klassen‹, vor Überfällen auf ihre Wohnbezirke. Einzelne Erlebnisse tauchen in meiner Erinnerung auf: es ist Abend und schattenhafte Gestalten in den Nachbargärten werden in eifriger Tätigkeit gespenstig sichtbar – sie graben Silber und andere Wertgegenstände ein. Über den Gartenzaun flüstert man sich zu, daß keine Züge aus München abgehen, daß Mauer-Anschläge erschienen sind, nach denen jeder Inhaber eines Safe sich am nächsten Vormittag 11 Uhr mit seinem Schlüssel auf der Bank einfinden müsse – niemand aber solle gehen, obwohl bei Nichterscheinen schwerste Strafen angedroht werden. Waffen müssen abgeliefert werden, sagen die Plakate, sonst wird man erschossen, Stacheldraht sperrt den Zugang vom Hofgarten zur Maximilianstraße, aber ich bekomme einen Zettel mit Schreibmaschinenschrift: ›Inhaber dieses Scheines, Operndirektor Bruno Walter, darf den Stacheldraht vom Hofgarten zur Maximilianstraße passieren.‹ Ich eile aus dem Theater durch den Englischen Garten nach Hause; die Kinder sind mit dem Fräulein in die Stadt gegangen, teilt mir meine Frau händeringend mit – ich laufe zurück, an der Isarbrücke wird geschossen. Nach einer Stunde wird es ruhiger, ich finde in der Widenmayrstraße Fräulein und Kinder in lebhafter Angeregtheit und eifrigem Geplauder über so viel interessante Ereignisse und bringe sie nach Hause. Eines Tages erkrankt die Jüngere – Masern sagt der Arzt. Abends flüstern wieder die Schatten an den Gartenzäunen: Soldaten auf Lastwagen durcheilen die Stadt, plündernd, verhaftend. Es ist elf Uhr nachts, da hält ein Lastwagen vor Gustav Waldaus Tür, ich beobachte durch die Jalousien von meinem dunklen Zimmer aus, wie die Soldaten zu ihm ins Haus laufen, sie kommen nach einer Viertelstunde lärmend wieder heraus – später erfuhr ich, er habe sie mit Wein bewirtet. Nun sind sie bei Marcks, und meine Frau und ich besprechen, was wir ihnen sagen werden. Und jetzt schlägt man ans Tor, ich öffne und dann stehen acht bis zehn nicht ganz nüchterne Bewaffnete in meiner Halle und verlangen, das Haus zu durchsuchen: ich spreche von dem kranken Kind, ohne einen Eindruck zu machen. Da bringe ich meinen Zettel, der mir das Passieren des Stacheldrahts am Hoftheater zusichert. Der Zettel wirkt Wunder: »Ah, da san mir scho' firti'« ruft der Anführer, und hinaus fegt die wilde Jagd, klettert wieder auf das Lastauto und rast davon.

Es wurde schlimmer, und ich mußte einsehen, daß ich nicht geschaffen war, ›gefährlich zu leben‹, jedenfalls nicht im Sinn solcher Zustände. Ich kann mich nicht besinnen, ob das Theater überhaupt weiter spielte, da ich aber weiß, daß wir uns entschieden, München zu verlassen, muß ich annehmen, daß es mindestens für einige Zeit geschlossen wurde. Auf der Straße tauschte man mit Vorübergehenden, die einen vertrauenswürdigen Eindruck machten, leise wichtige Nachrichten aus, und so erfuhr ich auch, daß an einem Abend vom Holzkirchner Bahnhof ein Zug nach Tegernsee gehen sollte. Da inzwischen unser Kind den Masernanfall überstanden hatte, begaben wir uns mit dem notwendigsten Gepäck mittels eines mühsam requirierten Wagens zur Bahn, aber nur um dort von einigen mit roten Armbinden versehenen Soldaten wegen Mangels amtlicher Papiere sehr energisch zurückgeschickt zu werden. Da fiel mir der deutsche Respekt vor amtlichen Stempeln ein; ich begab mich zu früher Morgenstunde in die verlassenen Büroräume des Theaters und drückte auf den bereits sehr abgenutzten Zettel vom Stacheldraht alle nur auffindbaren Gummistempel: ›Bewilligt, Die Generalintendanz‹, ›Freikarte, Die Kassenverwaltung‹, ›Eigentum der Münchener Staatstheater‹, ›Erledigt‹ usw. Am Nachmittag gingen wir in unseren ältesten Kleidern, Rucksäcke auf dem Rücken, zum Bahnhof, näherten uns in äußerst saloppe Haltung der Wache, der ich mit einem bayerisch gesprochenen ›Grüß Gott‹

nachlässig meinen Zettel hinhielt, und an den salutierenden Soldaten gemächlichen Schrittes vorbei gelangten wir zum Billettschalter und dann zum Zug. Nach einer Fahrt von vier Stunden statt der normalen anderthalb Stunden Dauer waren wir in dem ruhigen Tegernsee, wo wir die Wiederkehr erträglicher Zustände abzuwarten beschlossen.

Die ›Räterepublik‹, die am 7. April 1919 ausgerufen worden war, fand ihr Ende mit dem Einmarsch der preußischen und bayerischen Freikorps in den ersten Tagen des Mai, München war ruhig, und ich kehrte sogleich von unserem mehrtägigen Aufenthalt in Tegernsee in die Stadt und zur Arbeit zurück. Viel Schlimmes war von beiden Seiten geschehen, und Erbitterung und Erregung zitterten lange nach und haben wahrscheinlich nicht mehr aufgehört. Die Arbeit wurde wieder aufgenommen, und gewiß ging damals von den Theatern und dem Odeon die Botschaft der Kunst wie ein wärmender Golfstrom aus, der das rauhe Klima der politischen Zwietracht milderte. Erst dem Erfindungsgeist des Nazismus blieb es vorbehalten, später auch die Kunst politisch zu infiltrieren und zu vergiften und damit ihre Heilwirkung zu paralysieren.

Obgleich der Krieg schon vor einem halben Jahr beendet war, blieb die Ernährung noch immer ein Problem, alles war ›Ersatz‹ und die ›wirklichen‹ Kohlrüben – in Bayern ›Dotschen‹ genannt – die fast täglich auf unseren Tisch kamen, wurden Eltern und Kindern ein Graus. Welch ein Freudentag also, als aus Amerika, von Ossip gesandt, die erste ›Futterkiste‹ eintraf, aus der die unwahrscheinlichsten Kostbarkeiten quollen, wie Orangen, Schokolade, Konserven aller Art und weißes Mehl. Sogleich wurde daraus ein Pfannkuchen gebacken, den unsere Kinder mit Tränen der Freude verzehrten. Um wieviel schlimmer aber stand es mit der Ernährung in Österreich! Brot, wie ich damals in Wien zu essen bekam, schien kaum noch ein Nahrungsmittel zu sein und verursachte auch einer robusten Konstitution Magen- und Darmbeschwerden.

Sehr allmählich nur besserten sich diese Zustände, und so beschloß ich, die Ferien mit meiner Familie in der Schweiz zu verbringen. Im Sommer 1919 also gingen wir ins Engadin, das ich noch nie gesehen und dessen Schönheit ich sofort als eine neue, starke, willkommene Fessel an das Leben empfand. Seitdem haben wir alljährlich bis 1939 dort die freien Sommerwochen, oft außerdem auch einige Zeit im Winter verbracht und, obwohl ich gegen Nietzsches Antichristentum, Antiwagnerianismus, Übermenschen-Ideologie und sogar gegen seine aphoristische Schreibweise in Opposition stand, begeisterte es mich doch, auf den Pfaden des hochgestimmten, ekstatischen Menschen, den Höhenwegen des Engadin, zu wandeln, das Haus in Sils Maria zu besuchen, in dem der ›Zarathustra‹ entstanden, die erhabenen Bergformen zu sehen, die reine Luft zu atmen, von denen ihm Inspiration zu kühnen Gedanken zugeströmt war und auf der Halbinsel Chasté zu weilen, wo er ›O Mensch gib' Acht‹ gedichtet. Mir ist in aller Welt keine edlere Schönheit bekannt geworden als die der Engadiner Bergwelt, und jeder Spaziergang in ihren Höhen war mir ein Glück – bis sich durch ein furchtbares Erlebnis die geliebte Gegend um St. Moritz, Pontresina und Sils Maria unauflöslich mit dem Geist des Unheils für mich verbunden hat.

Louise Wolff, Leiterin der Berliner Konzertdirektion, machte mir den Antrag, alljährlich einen Zyklus von Symphoniekonzerten mit dem Berliner Philharmonischen Orchester zu dirigieren, und so entstanden die ›Bruno Walter-Konzerte‹ in der Philharmonie, die zu einer regelmäßigen Einrichtung des Berliner Konzertlebens wurden und erst im Jahre 1933 ihr gewaltsames Ende fanden. Meine aus Klassik und zeitgenössischem Schaffen zusammengestellten Programme erwiesen sich als anziehend für das Berliner Publikum, und ich denke gern daran, daß in diesen Konzerten die erste Symphonie des jungen Dimitri Schostakowitsch, die er mir 1926 in Leningrad vorgespielt, ihre Erstaufführung außerhalb Rußlands erlebt hat. Im Rahmen meiner Konzerte fand auch das Berliner Debut des damals elfjährigen Yehudi Menuhin statt – ein ergreifender Eindruck ernster Frühreife, bei dem Albert Einstein von der vordersten Reihe des Saales aus mir durch Blicke sein Erstaunen und seine Begeisterung ausdrückte – an einem anderen Abend führte ich Wladimir Horowitz in Berlin ein, auch Rachmaninow spielte zum erstenmal, oder zum erstenmal nach dem Kriege, bei mir und interessierte mich durch seine originelle, seigneurale Persönlichkeit ebenso wie durch sein Klavierspiel.

Durch meine Berliner Konzerte kam ich auch in herzliche Beziehung und freundschaftlichen Verkehr mit dem Besitzer der Berliner Philharmonie, Peter Landeker und seiner Frau ›Mariechen‹, die ich beide schon einmal vor Jahren in Kreuth bei ihrem Freunde Gabrilowitsch getroffen und die mich nun an ihr Herz und in ihr Haus zogen. Zu jener Zeit gehörte das Haus Landeker und das der Louise Wolff zu den erlesensten musikalischen Salons der Reichshauptstadt, und was an bedeutenden Musikern in Berlin lebte oder nach Berlin kam, konnte man an den oft sehr anregenden Abenden bei ›Louise‹ oder bei ›Peter‹ finden. Von der Landekerschen Wohnung am Hafenplatz, dessen lebhafter Betrieb mir noch von meiner Kindheit her vertraut war, gab es einen inneren Weg in die Philharmonie und nach jedem meiner Konzerte gingen wir durch diesen Geheimgang in die schöne altberlinische Wohnung zu der Festtafel, wo uns lebhafte Unterhaltung mit interessanten Menschen meist lange zusammenhielt. Festlich ging es dort auch nach den Nikischkonzerten zu, und ich habe am Landekerschen Tisch schöne Abende mit dem herrlichen Dirigenten und vornehm warmherzigen Menschen erlebt. Leider nur einige, denn ich kam außer zu meinen eigenen Konzerten und Proben nur selten von München nach Berlin, und als wir uns dort wieder ansiedelten, war Nikisch schon gestorben.

Als Anlaß zu einem dieser seltenen Besuche erinnere ich mich einer Wohltätigkeitsaufführung der ›Fledermaus‹, um deren Leitung man mich von Berlin aus ersucht hatte. Sie ist mir im Gedächtnis geblieben, weil ich bei dieser Gelegenheit Fritzi Massary, Liebling der Berliner und zugkräftigster Star der Operette, kennenlernte. Ich hatte erwartet, einen durch Popularität verwöhnten ›Diva-Typ‹ zu finden und war auf alle nur denkbaren Schwierigkeiten der Verständigung über den leichten, wienerischen, übermütigen Stil der ›Fledermaus‹ vorbereitet. Statt dessen fand ich eine große Künstlerin, die alle Kräfte ihrer spannungsvollen Natur, ohne irgendwelche Mittel einer populären Routine, auf das Wesentliche ihrer Aufgabe richtete. Die Verständigung machte gar keine Schwierigkeiten, sie war vom ersten Moment an da. Fritzi Massary vereinte in sich die Talente einer ›Diseuse‹ à la Yvette Guilbert, den fabelhaften Instinkt für das Herausheben oder Fallenlassen der Pointe, die geniale Fähigkeit, Stimmung zu verbreiten, mit dem Reiz einer pikanten Weiblichkeit und mit einer echten Musikalität. Bezaubernd war, wie sie ihre Intensität und Spannung zur lachenden Leichtigkeit und zum liebenswürdigen Übermut der ›Adele‹ entspannte, und wer ihren Sprung auf den Tisch im zweiten Akt der ›Fledermaus‹, ihr jauchzendes Couplet mit dem Champagnerglas in der Hand und ihren kurzen, wirbelnden Tanz danach gesehen hat, wird kaum dieses Bild lachender Lebenslust vergessen. Fritzi Massary sang ihre ›Adele‹ wieder mit mir bei den Festspielen in Zürich und 1926 lud ich sie zur Aufführung der ›Fledermaus‹ in den Salzburger Festspielen ein. Seit unserem ersten Zusammenwirken aber fühlte ich ein Bedauern, daß eine so reizvolle Persönlichkeit ihr ungewöhnliches theatralisches und musikalisches Talent an die großenteils minderwertige Produktion der musikalischen Unterhaltungsliteratur und deren Serien-Vorstellungen verschwenden sollte, und ich fragte mich, ob ich hier nicht endlich die Carmen gefunden hätte, nach der ich seit langem suchte. Als ich die Berliner Städtische Oper übernahm, machte ich der Massary den Antrag, mit mir die Carmen zu singen. Sie überlegte sehr ernstlich, aber mit der ihr eigenen Gewissenhaftigkeit und Strenge gegen sich selbst, erklärte sie, den stimmlichen Anforderungen der Rolle nicht gewachsen zu sein, und so scheiterte mein Versuch, der deutschen Bühne eine wirkliche Carmen zu gewinnen, an dem künstlerischen Ernst dieser genialen Vertreterin der ›leicht geschürzten Muse‹.

Im Frühjahr 1920 folgte ich einer Einladung des Teatro Liceo in Barcelona, um einige meiner Künstler Vorstellungen, die in München besonderes Ansehen gewonnen hatten, dem spanischen Publikum vorzuführen. Auf meiner Fahrt dorthin berührte ich zum ersten Mal wieder Paris und begann, nachdem ich bei meinem ersten Besuch aus Anlaß der Krankheit Mahlers kein Auge dafür gehabt, die unvergleichliche Stadt kennenzulernen. Doch hatte ich nur wenig Zeit, und bald trug mich mein Zug zu den Pyrenäen und über das düster drohende Cerbère, das seinem Namen Ehre macht, nach dem damals sehr heiteren lebensvollen Barcelona. Mir gefiel die schöne Stadt mit ihrer herrlichen Umgebung, der Blick vom Monte Tibidabo aus auf ihre weiße Weite am blauen Meer und auf den fernen Montserrat mit seiner Gralslegende; mir gefiel auch das prächtige Teatro Liceo und ein enthusiastisches Publikum, und mich interessierte die Barockeinrichtung der beiden Ecklogen oben auf der Bühne. Doch kann ich nicht sagen, daß sie mich erfreute, denn als in der von mir dirigierten Aufführung des ›Tristan‹ eine von dort ausgehende Unruhe meinen Blick auf sich zog, sah ich mit Entsetzen, daß die Dame in der linken Loge ihrem vis à vis mittels spanisch beredter Gestikulation ihre Bewunderung für das Diadem ausdrückte, das die Dame rechts schmückte, während in dem Raum zwischen den Logen Nacht und Tod besungen wurden. Im folgenden Zwischenakt eilte die beredte Dame aus ihrer Loge auf die Bühne, um mir in dem düsteren Französisch der spanischen Zunge Komplimente zu machen – ich aber erwiderte mit der Bekundung meiner Mißbilligung und verließ sie nicht freundlicher, als Ritter Delorges das Fräulein Kunigund in Schillers Ballade ›Der Handschuh‹.

Ich dirigierte mehrere Jahre hindurch in der Frühjahrssaison in Barcelona und hielt mich für verpflichtet, einmal in Spanien, auch eine

›Corrida‹ mitzumachen. Das Stiergefecht faszinierte mich bis zu dem Augenblick, da es begann. Das Zusammenströmen der buntgekleideten Menschen zu Fuß, in Equipagen, in Omnibussen, auf Bauerngefährten, in bemalten, hochrädrigen, von Eseln gezogenen Karren, die weite Arena, die Voraufregung der Massen, die Geschicklichkeit der Verkäufer von Süßigkeiten, die von hoch oben her angerufen, ihre Ware mit unfehlbarer Sicherheit zu dem fernen Käufer hinaufschleuderten und seine herabgeworfene Münze unten auffingen, der prächtige, farbige Einzug der Banderilleros, Picadores usw., schließlich die effektvolle Würde des allein einherschreitenden Toreador – all das wirkte auf mich mit der Macht und Schönheit eines historisch urfestlichen Begebnisses. Und grandios war der Moment der Spannung und Stille und dann das plötzliche Herausstürzen des Stieres, sein Stutzen und sein Kopfsenken. Von dem Augenblick an aber, da die Banderilleros begannen, ihn zu reizen, nahm ich Partei gegen die Menge, die aus der Gefahr für das prachtvolle Tier und aus der Bedrohung seiner Gegner ein wildes Vergnügen gewann, ich nahm auch Partei gegen die so wohlgeübten, eleganten Kämpfer, und mein Gefühl steigerte sich zu der vollkommen unsportlichen Überzeugung, daß der Stier das vornehmste Wesen im ganzen weiten Raum war. Als aber die Pferde schwer verwundet wurden und nun der Espada den Stier elegant tötete und dafür stürmisch applaudiert worden war, verließ ich die Arena, fuhr in mein Hotel und legte mich ins Bett, um mich von der deprimierenden Wirkung eines Volksfestes zu erholen, das mir gründlich fremd und abstoßend gewesen war.

Ich kehrte nach München zurück, wo seit dem Kapp-Putsch vom März 1920, den ein Generalstreik zum Scheitern gebracht, ein Anwachsen der Unruhe zwar nicht auf meine Tätigkeit in Oper und Konzert, aber auf meine Gedanken einwirkte, die versuchten, in den Sinn der ausgesprochenen Rechtswendung in Bayern, der mittelalterlichen geheimen Feme-Vorgänge, der rohen Gewaltakte auf der Straße und jener Bewegung einzudringen, die zu Versammlungen einer neuen Partei, mit dem künstlich und dissonant klingenden Namen ›Nationalsozialistische Deutsche Arbeiterpartei‹ einlud. Das alte Zauberzeichen des Hakenkreuzes und die blutrote Farbe der Zettel erregten in mir ein dumpfes Gefühl des Schauders und Ekels.

## 6

Im Jahr 1920 brachte ich eine der interessantesten Novitäten meiner Münchener Arbeitsperiode, Walter Braunfels' ›Die Vögel‹, heraus, und wer Karl Erbs Gesang von der Sehnsucht des Menschen und die tröstende Stimme der Nachtigall aus der Baumkrone über ihm von der Ivoguen gehört, wen die grotesken Szenen des Werkes erheitert und die romantischen gerührt haben, wird dieser poesie- und geistvollen Umwandlung der Komödie des Aristophanes zur Oper und ihrer Münchener Aufführung dankbar gedenken. Der Autor war der Sohn des deutschen Übersetzers spanischer Dramen Ludwig Braunfels und Schwiegersohn des Bildhauers Adolf Hildebrandt. Er folgte im künstlerischen Schaffen zwei Grundtrieben seines Wesens, einer dramatischen Erfülltheit und einer intensiven Religiosität, die beide ihren musikalisch interessanten, ja gelegentlich bedeutenden Ausdruck in seinen Werken fanden. Ich selbst habe außer den ›Vögeln‹ in der Münchener Oper sein sehr schönes, inniges ›Tedeum‹ mit dem Münchener Lehrergesangverein im Odeon und später noch einmal mit dem Wiener Philharmonischen Chor im dortigen Konzerthaus, ferner seine geistreichen Orchestervariationen über ein Thema von Berlioz in Berlin, Leipzig und in New York aufgeführt. Braunfels, Direktor der Kölner Hochschule für Musik, war ein vortrefflicher Pianist und zugleich gründlicher Kenner der Kirchenmusik. 1933 zwangen ihn die Nazis, von seiner Kölner Stellung zurückzutreten, und er zog sich mit seiner Familie in ein kleines Dorf am Bodensee zurück. Dort benützte er die ihm vom Schicksal auferlegte Muße, um eine Oper nach Grillparzers ›Der Traum ein Leben‹ zu schreiben, die ich noch als Leiter der Wiener Oper annehmen, aber nicht mehr zur Aufführung bringen konnte. Danach begegnete ich ihm noch einigemale im Hause des Schweizer Kunstfreundes Werner Reinhart in Winterthur, wohin der menschenbedürftige Komponist aus seinem stillen Dorf öfter zu freundschaftlichem Gedankenaustausch die etwa zweistündige Fahrt machte. Er versenkte sich mehr und mehr in die katholische Gedanken- und Gefühlssphäre und spielte mir noch zuletzt Teile einer Oper nach einem Mysterienspiel des Dichters Paul Claudel vor.

Im Frühjahr 1920 erschien in meinem Büro im Münchener Staatstheater Karl Muck, der nach höchst erfolgreicher Tätigkeit in Boston längere Zeit während des Krieges als politisch verdächtig in einem amerikanischen Gefängnis zugebracht hatte. Nun war er nach Deutschland zurückgekehrt und ließ den Wunsch erkennen, wieder am deutschen Musikleben teilzunehmen. Ich hatte ihn seit fast zwanzig Jahren nicht gesehen und fand in dem ernsten Aussehen und der müden Stimmung und Haltung des mehr als Sechzigjährigen einen ergreifenden Kontrast gegen den energischen, festen, spöttisch scharfen Vierziger, an den ich mich erinnerte. Ich lud ihn ein, einen Teil der sommerlichen Wagnerfestspiele im Prinzregententheater zu übernehmen und bot ihm im nächsten Winter auch einige meiner Symphoniekonzerte im Odeon an; bei beiden Gelegenheiten bewährte er sich wieder als der Meister eines klaren Interpretationsstils von Einfachheit, Größe und Kraft. Aus diesen Münchener Gastdirektionen entstand ein sehr freundliches persönliches Verhältnis zwischen uns, und ich versäumte nie, wenn mich mein Weg nach Hamburg führte, wo er später die philharmonischen Konzerte übernommen hatte und große Verehrung genoß, mit ihm zusammenzukommen. Es bedeutete mir jedesmal ein besonderes Vergnügen, denn mit Muck war gut reden, er liebte das Gespräch und war darin ergiebig. In unserer neuen und näheren Beziehung wurde mir jedoch klar, daß das mephistophelische Gesicht des mageren, schwarzhaarigen, kaum mittelgroßen Mannes mit dem sardonischen Zug um den Mund trog – er war im Grunde ein weicher, ernster, unspöttischer Mensch, der hinter scharfer Rede und schneidenden Bemerkungen seine Verwundbarkeit verschanzte. Das letztemal sah ich ihn als Einundsiebzigjährigen, über seine Jahre alt, ja verfallen aussehend, als ich sein Orchester als Gast dirigierte. Damals, im Jahr 1932, raste die Krankheit des Nazismus schon im deutschen Volkskörper – es war ein Jahr vor der Machtergreifung durch Hitler. Muck empfing mich im Künstlerzimmer mit einem Lächeln der Freude, das die schon greisenhaften Züge erstrahlen machte und verjüngte, er setzte sich in die Loge, in der er vom ganzen Saal gesehen wurde und beteiligte sich ostentativ und bis zuletzt am Applaus. Wir hatten nie über politische Fragen gesprochen, aber es stimmte vortrefflich zu seinem Wesen, daß er auf diese Weise seine Gesinnung zeigen wollte. Übrigens habe ich bis zum Jahr 1933 nie eine gegen mich gerichtete politische Demonstration in einer meiner Konzert- oder Opernaufführungen erlebt.

In den sommerlichen Festspielwochen und auch während der Winterspielzeit fand das musikalische Ausland allmählich wieder seinen Weg nach München. Ein junger englischer Dirigent, Dr. Adrian Boult, besuchte mich im Sommer 1921, und ich war ebenso interessiert, von ihm Nachricht über das englische Musikleben einzuholen, wie er mit Eifer bestrebt war, sich über die deutschen musikalischen Zustände zu orientieren. Wir haben seit unserem ersten Kontakt nie mehr die Verbindung miteinander verloren, sein ungewöhnlicher künstlerischer Ernst, seine optimistische Lebensauffassung, sein intensives Streben, die mir damals überzeugenden Eindruck gemacht haben, fand ich bei jeder neuerlichen Begegnung tiefer bestätigt. Boult wurde beim Ausbau der musikalischen Abteilung der British Broadcasting Corporation in eine leitende Stellung berufen, und was er in der Schaffung und Entwicklung des Orchesters, in der Gestaltung seiner Programme, an Bemühungen um das englische Musikleben in seiner wahrhaftigen, gediegenen, dem äußeren Glanz abgeneigten Weise geleistet, kann gar nicht hoch genug gepriesen werden. Er ist mir im Lauf der Jahre ein Freund geworden und ist es geblieben.

Von dem Dirigenten der Bostoner Symphoniekonzerte aus früherer Zeit, Wilhelm Gericke und seiner Familie, habe ich noch zu berichten; der herzerwärmende Verkehr mit diesen Freunden hat zur Aufhellung des düsteren Jahres nach Kriegsende in München beigetragen und meine späteren Besuche in Wien verschönt. Ich hatte Gerickes schon vor Jahren in Wien kennengelernt, als sie sich nach seinem definitiven Abgang von Boston 1906 dort wieder ansiedeln wollten. Nun hatte Max Kalbeck uns im Sommer 1918 wieder in München zusammengebracht, wo sie bis zum Herbst 1919 lebten, und da sie an meinen Aufführungen Freude zu haben schienen und uns außer einem allgemeinen Gleichschlag der Herzen auch viele Interessen verbanden – seine Beziehung zu Brahms, seine vieljährige Tätigkeit als Leiter der Wiener Gesellschaftskonzerte, wie überhaupt seine Verbundenheit mit dem Wiener Musikleben zur Zeit Jahns und Richters – so kam es zu anregenden Zusammenkünften und Diskussionen. Mich interessierte auch, was mir Wilhelm und Paula Gericke von Boston erzählten, wo er in zwei Perioden von zusammen dreizehn Jahren seine unvergessene Pionierarbeit im amerikanischen Musikleben geleistet und sich bedeutende Verdienste um die Bildung und Entwicklung des herrlichen Orchesters erworben hatte. – Gerickes gingen später von München wieder nach Wien zurück, und wir sahen uns jedesmal, wenn mich mein Weg dorthin führte. Als er – achtzigjährig – im Jahre 1925 starb, blieb unsere Freundschaft mit der warmherzigen, tief musikalischen Paula Gericke und ihrer eher zur bildenden Kunst neigenden Tochter Käthi in alter Intensität bestehen. Nach Österreichs ›Anschluß‹ gingen Mutter und Tochter nach Boston zurück, wo wir sie öfters besucht haben.

Der Sommer 1921 brachte das erste Wiedersehen mit Ossip und Clara Gabrilowitsch. Wir trafen uns in St. Moritz im Engadin, verlebten dort einige schöne Wochen miteinander, und sie besuchten uns danach auch noch in München, bevor sie nach Amerika zurückkehrten. Mit der nur ihm eigenen Tatkraft, Zähigkeit und Opferbereitschaft hatte Ossip die Ausreise seiner Brüder aus Rußland zu bewirken vermocht, wo sie sich während und nach der Revolution in schwerer Gefahr befunden hatten. Nun traf sich alles in München zu erstem frohen Beisammensein. Es war ein ergreifender Augenblick, zu dessen Zeugen mich ein Zufall machte, als die Brüder plötzlich im Hotel erschienen und, nach langen Jahren schicksalbelasteter Trennung wortlos ihrem Retter gegenüberstanden.

Als eines interessanten Gastes der Festspiele in demselben Sommer gedenke ich des Königs Ferdinand von Bulgarien. Unzählige Karikaturen hatten seine Züge mit der weit vorspringenden Nase bekannt gemacht, so daß ich den hochgewachsenen, weißbärtigen Mann sofort erkannte, als er mich nach dem ersten Akt der ›Walküre‹ in meinem Zimmer im Prinzregententheater aufsuchte, um seiner Begeisterung Ausdruck zu geben. Der Ruf des Königs sprach ihm eine seltene staatsmännische Schlauheit und Überlegenheit im raffinierten diplomatischen Spiel zu, aber aus dem Mann, der da mit freundlichem Blick vor mir stand, redete nichts als ein bewegtes Herz, und der Gegensatz zwischen jenen politischen Wesenszügen und der gehobenen seelischen Verfassung, die sich meinem Blick hier unmißverständlich eröffnete, gab mir zum erstenmal die Erkenntnis von der moralischen Kraft in der Musik, die das Beste im Menschen heraufruft – ein Gedanke, den ich viele Jahre später zu entwickeln und in Worte zu kleiden versucht habe. Der König blieb ein eifriger Besucher unserer Festspiele und zeigte sich bei einem Diner, das mir englische Freunde im Parkhotel gaben, sogar als gemütlicher und mitteilsamer Gast in einem äußerst demokratischen Kreise.

Ich erfuhr natürlich in meinen letzten Münchener Jahren von Wühlereien gegen mich, das Blatt des Nationalsozialismus ›Der Völkische Beobachter‹ erging sich, wie man mir sagte, in maßlosen Beschimpfungen, aber ich las ihn nicht, und ich ignorierte feindliche Gesinnungen, von deren politischem Gewicht ich damals noch nichts ahnen konnte. Die Leistung der Oper und das Verhalten des Publikums zu mir steigerten sich bis zu meinem Ausscheiden im November 1922, auch fand ich bis zuletzt jedes Entgegenkommen im Unterrichtsministerium und hörte erst später Genaueres darüber, welche Kräfte schon vor meinem Abgang gegen mich gewirkt hatten. Auch in der Wahl des neuen Generalintendanten Karl Zeiß, der als Nachfolger Schwannekes von der Behörde eingesetzt worden war, sprach sich durchaus noch keine Rücksicht des Ministeriums auf den wachsenden Rechtsradikalismus aus. Zeiß kam aus Frankfurt a. M., wo er sich Ansehen als literarisch gebildeter und geschäftstüchtiger Leiter des Schauspiels erworben, und die Wahl eines ausgesprochenen Schauspiel-Fachmannes zum General-Intendanten verriet deutlich die Intention des Ministers, meine Kreise als Opernleiter nicht zu stören.

Aber während die Politik zwar meine Aufmerksamkeit fesselte und mich durch unheimliche Ereignisse beunruhigte, ohne mich jedoch in meiner künstlerischen Arbeit zu behindern, wirkte sich die wachsende Inflation sehr empfindlich in der Verwaltung des Theaters aus. Der allmähliche Verfall der Mark nötigte zu einer entsprechenden Anpassung in finanziellen Maßnahmen, die schließlich nicht nur zum täglichen geschäftlichen, sondern auch zum moralischen Problem wurde. Die Stimmung des Personals wie des Publikums war sorgenvoll und gedrückt, und meine Arbeitskraft und Geduld wurden auf harte Proben gestellt. Denn es ging ein allgemeines Entsetzen durch das Land über diese unfaßbare und, wie es schien, unheilbare progressive Wirtschaftspest. Ein Grundsatz der Mathematik erwies sich als trügerisch: ›Jede Größe ist sich selber gleich‹, diese Selbstverständlichkeit galt nicht mehr, denn Mark war nicht mehr gleich Mark, sie war plötzlich nur noch zwanzig Pfennige, einige Wochen später nur noch einen Pfennig wert, dann kam die Zeit, da man sechstausend Mark für ein Brot zahlen mußte, und ich erinnere mich, daß meine Frau mir im Einkaufsbuch der Köchin einen Liter Milch mit fünftausend Mark und, nach dem Ruhreinmarsch 1923, Milliardenziffern für den Kleinbedarf des Haushalts zeigte. Im November jenes Jahres hatten tausend Milliarden Mark die Kaufkraft einer einzigen Friedensmark, und auf dieser Grundlage wurde die neue ›gesunde‹ Mark eingeführt. Für den Umgang mit solchen astronomischen Ziffern, die außerdem täglich wechselten, konnte kein System der Orientierung gefunden werden, und das wirtschaftliche Leben wurde unberechenbar. Schuldner lachten und Gläubiger weinten, denn selbst eine der Markentwertung am Dienstag angepaßte Schuld war bei der Zahlung am Mittwoch für den Gläubiger nur ein lächerlicher Bruchteil dessen, was ihm zukam, und so widerstandsfähig sich die moralische Selbstbehauptung in meinem Lebensumkreis wie im allgemeinen erwies, so komplizierten und vermehrten sich doch die Aufgaben in jeder leitenden Stellung mit der Verschlechterung der Lage und die infektiöse Geldentwertung bewirkte überdies auch eine Art Kraft-Inflation: das gleiche Resultat mußte mit einer vervielfachten Anstrengung erkauft werden. Ferner beleuchteten die Morde an Erzberger 1921 und an Rathenau 1922 blitzartig das bedrohliche Wirken eines rechtsrevolutionären Fanatismus, der zum Äußersten entschlossen war, und natürlich trug auch das Wissen um die erwähnten, gegen mich gerichteten Strömungen, obwohl sie mir beruflich noch nicht fühlbar wurden, zur Ermüdung meiner übermäßig angespannten Kräfte bei.

Sie waren in bald zehnjähriger Arbeit auf verantwortlichem Posten verschwendet worden, und ich wurde mir bewußt, daß ich unter so schwierigen künstlerischen Verhältnissen und in dem Ausblick auf wachsende wirtschaftliche Not und politische Verdüsterung meine ›Grenze‹ erreicht hatte. Außerdem aber erkannte ich immer deutlicher, daß ich München gegeben, was ich geben konnte und mir von einem weiteren Verbleiben keine Erneuerung oder Steigerung, nur eine Fortsetzung meiner Leistung erwarten konnte – ich dachte an Mahlers Wort nach gleichfalls zehnjähriger Leistung, daß er ›seinen Kreis ausgeschritten habe‹, und ein sonderbar festes, begrifflich nicht zu fassendes, aber von einem inneren ›Formsinn‹ gebieterisch auferlegtes Endgefühl flüsterte mir unaufhörlich sein ›Geh fort‹ zu. Es war ein seltsamer Gedanke, der Fülle der Pflichten und Verantwortungen, die meinem Leben zehn Jahre hindurch Sorgen und Mühe bereitet, aber auch Begeisterung und Sinn gegeben, zu entsagen – ich war dankbar für die großen Aufgaben, die jene Periode mir gestellt und auch dankbar für die Aussicht, die Last abzulegen, mit mir selbst neuerlich Bekanntschaft zu machen, und ich dachte an Goethes Wort: »Du danke Gott, wenn er dich preßt und dank ihm, wenn er dich wieder entläßt.«

Da ich mir aber vorgenommen habe, in diesem Buch ganz wahr und ganz offen zu sein, also auch nichts zu verschweigen, was meine wichtigeren Entschlüsse beeinflußt hat, so sei hier auf ein persönlichstes

Motiv wenigstens hingedeutet, das zu meiner Entscheidung München zu verlassen, wesentlich beigetragen hat. Ich befand mich zu jener Zeit in einer schweren Lage leidenschaftlicher Verstrickung, welche die Elemente tragischer Entwicklung enthielt und der aus künstlerischen Erwägungen entstandene Gedanke, München zu verlassen, bot sich mir zugleich als möglicher Ausweg aus einer menschlich qualvollen Situation. Man glaubte allgemein, daß mich Nazi-Hetze aus München vertrieben hätte. Ich wiederhole, daß ich bis zu meinem Abgang nicht eigentlich unter politischer Anfeindung gelitten, und daß die Gründe meines Scheidens teils aus dem Gefühl einer Beendigung meiner Aufgabe, teils aus dem Gebiet des persönlichen Erlebens stammten.

Nun eröffnete ich mich dem Unterrichtsministerium und dem Generalintendanten Zeiß über meinen Entschluß, aus meiner Stellung zu scheiden und motivierte ihn mit der Überanstrengung, die nicht nur die langjährige Arbeit, sondern ihre ständig wachsende Erschwerung durch Krieg und Revolution bewirkt hatte. Dr. Korn und Generalintendant Zeiß boten mir in ihrer Bestürzung jede Erleichterung an, die mir eine Fortsetzung meiner Tätigkeit akzeptabel erscheinen lassen würde, aber ich erklärte, daß die allgemeine Lage nur zu einer Vermehrung und keineswegs zu einer Verringerung meiner Arbeit führen könnte. Auf einen Brief von Zeiß, in dem er in mich drang, in meiner Stellung zu verbleiben, antwortete ich sehr freundlich und bedauernd, aber mit entschlossener Ablehnung. In diesem Schreiben hielt ich auch für richtig, auf die gegen mich gerichteten ›Strömungen‹ hinzuweisen, die mich zwar nicht zu meinem Entschluß veranlaßt, aber ›zu meiner Ermüdung beigetragen hatten‹. Angesichts solcher Festigkeit meiner Haltung konnten die Behörden daher nichts anderes tun, als die Lage anzuerkennen und sich nach einem Nachfolger umzusehen. Doch drückte das Ministerium mir seine dankbaren Gefühle durch Verleihung des Professortitels und eine sehr herzlich gehaltene schriftliche Würdigung meiner Verdienste aus, die mir Freude machte.

In der Stadt zirkulierte eine Adresse, die mein Bleiben verlangte und von Namen des geistigen München wie Franz Stuck und Adolf Hildebrandt, Max Halbe, Ricarda Huch, Olav Gulbransson, Thomas Theodor Heine und natürlich von Thomas Mann, Hans Pfitzner, Paul Nikolaus Coßmann u. a. unterzeichnet wurde. Mich beglückten diese und ähnliche Manifestationen der Anhänglichkeit, so wie die Ovationen des Publikums in meinen Aufführungen, aber meine Überzeugung, daß ich gehen solle, blieb unerschüttert.

Während so das Gefühl des Abschieds, diese seltsamste Mischung aus Bedrückung und Befreiung, allmählich begann, sich meiner Seele zu bemächtigen, sann ich darauf, noch einen künstlerischen Plan auszuführen, der mich seit langem reizvoll beschäftigt hatte. Es handelte sich um eine treue und dabei lebensvolle Vergegenwärtigung vergangener Stile der Oper, für die mir das Residenztheater den glücklichsten Rahmen bot. Ich suchte nach einer ›Opera seria‹, einer ›Opera buffa‹ und einem ›Singspiel‹, die als Kunstwerke noch stark genug wirkten, um über das historische Interesse hinaus dramatisch-musikalisch zu fesseln, und ich wählte Händels ›Acis und Galathea‹, Pergolesis ›Serva Padrona‹ und Schenks ›Der Dorfbarbier‹. In Preetorius stand mir der Künstler zur Seite, der dem Händelschen Werk als Ganzem seine Barock-Erscheinung zu geben und doch der zeitlosen Erhabenheit der Schlußszenen gerecht zu werden wußte. ›Serva Padrona‹ und ›Der Dorfbarbier‹ boten keine Probleme, sondern willkommene Gelegenheit für Preetorius' Gabe der Einfühlung in ihren Stil und Humor. Ich denke zurück an die Poesie der Delia Reinhardt als Galathea, an den grotesken Humor Paul Benders als Polyphem – an die Meisterleistung der Maria Ivoguen als Serpina in Pergolesis Werk – an Josef Geis' urkomischen Adam und das ganze geschlossene Ensemble meiner Künstler im ›Dorfbarbier‹ – und freue mich der Erinnerung. Soll ich einen Moment herausheben, so sei es der, da Galatheas Klage um den erschlagenen Acis und ihr Gebet zu Zeus um seine Wiederkehr Erhörung fand, da sich aus dem Felsen, der Acis erschlug, der Quell ergoß, in den der Gott den Geliebten verwandelt hatte – wir glaubten, von der Barockbühne wirkliches Wasser und sein leises Rieseln über das Moos verlangen zu dürfen – und sich bei dem leisen Chorgesang der Vorhang über dieser verklärten Wiedervereinigung der Nymphe mit ihrem Geliebten schloß.

Die Aufführung gab mir Gelegenheit, Walter Damroschs persönliche Bekanntschaft zu machen. Dem Namen nach und durch sein Eintreten für deutsche Symphonik und Wagnersche Musikdramen im amerikanischen Musikleben war er mir längst bekannt, und so freute es mich herzlich, den enthusiastischen jugendlichen Sechziger zu begrüßen und von ihm zu meinem Erstaunen zu erfahren, daß auch er Händels ›Acis und Galathea‹ etwa dreißig Jahre früher in New York szenisch aufgeführt hatte. Wir verstanden uns vortrefflich in unserer Begeisterung für das geniale Werk Händels und dieses freundliche erste Zusammentreffen hatte eine völlig unerwartete Folge in der an mich ergehenden Einladung Damroschs, Anfang 1923 einige Wochen hindurch sein Orchester in New York als Gast zu dirigieren. Da ich auch von Ossip eine ähnliche Einladung nach Detroit erhielt und außerdem Boston und Minneapolis mit Angeboten nachfolgten, nahm ich gern an und so kam es im nächsten Januar zu meinem ersten Erscheinen im amerikanischen Musikleben.

Für meine letzte Aufführung in der Münchener Oper hatte ich Beethovens ›Fidelio‹ gewählt, und ich kann nur mit Rührung an die Bezeugungen der Zuneigung zurückdenken, mit denen mich das treue Publikum im Theater und nach der Vorstellung vor dem Gasthaus, in das ich mich mit Freunden begeben, überschüttete und denen ich erst durch einige Worte vom Balkon auf die Straße hinunter ein Ende bereiten konnte.

Diese Abschiedsvorstellung dürfte im Oktober 1922 stattgefunden haben, und ich weiß noch, daß ich danach langsam begann, meinen Blick in die Zukunft und auf Amerika zu richten. Zunächst aber standen mir noch Konzerte in Wien bevor, auch hatte ich eine Einladung zu einer Gastdirektion in Bukarest angenommen und nun verließ ich München, um erst kurz vor der Abreise nach New York wieder zurückzukehren.

Die politische Lage hatte sich neuerlich in bedrohlicher Weise verschärft: in Deutschland herrschte Zwietracht und in Frankreich bereitete man den Einmarsch in das Ruhrgebiet vor. Mit schwerem Herzen begab ich mich nach Hamburg, um von dort aus bei düsterem Wetter meine erste Fahrt über den stürmischen Atlantischen Ozean anzutreten.

# V

## 1

Das Barometer stand tief, als ich mich an Bord der ›Minnetonka‹, eines unansehnlichen, mittelgroßen Schiffes, begab, das mich nach New York bringen sollte. Hamburger Wetter, diese mir wohlbekannte Mischung aus Nebel, Regen und Wind, hatte mich empfangen, als ich in der Hafenstadt nach einem letzten Konzert in der Berliner Philharmonie eintraf, erfüllt von einem seltsam nagenden Abschiedsgefühl, das ich kaum durch die bevorstehende, dreimonatige Abwesenheit erklären ließ. Ich habe es erst nachträglich verstanden und mich zehn Jahre später bei meinem definitiven Scheiden aus Deutschland 1933 und als die Tür zu Österreich 1938 hinter mir ins Schloß fiel, daran erinnert. Denn schon als ich zum erstenmal Europa verließ, handelte es sich um eine endgültige Entwurzelung insofern, als ich damals für immer der Aufgabe entsagte, für die ich meinem Wesen nach bestimmt war: der Hüter und Bewahrer einer kulturellen Institution zu sein, ihren Blutkreislauf mit der Kraft meines Herzens zu treiben, sie zu ›betreuen‹, wie das schöne Wort lautet. Mit einer solchen Art von Verwurzelung war es in Europa für mich vorbei, das fühlte ich dumpf. Daß mir in Amerika eine neuerliche Konzentration auf eines der dortigen bedeutenden Kunstinstitute bevorstehen könnte, schien mir ungewiß, und so enthüllte sich mir das bedrückende Gefühl des Scheidens nachträglich als ein Lebewohl an die künstlerische Seßhaftigkeit, als Beginn einer Wanderschaft, in der meine besten, für die Pflege einer ›eigenen Scholle‹ bestimmten Kräfte nicht mehr zur vollen Ausnützung gelangen konnten. In der Tat bin ich von da an nur noch Gast und Wanderer gewesen und auch an der Berliner Städtischen Oper, dem Leipziger Gewandhaus, der Wiener Staatsoper, den Salzburger Festspielen, die ich noch bis zu einem gewissen Grade betreut habe, bestanden Verhältnisse, die das Gefühl einer Seßhaftigkeit wie in München nicht mehr aufkommen ließen; bildlich ausgedrückt, ich hatte noch immer einen festen Arbeitsplatz, aber mein Wanderstab lehnte erreichbar mir zur Seite und kam mir nie mehr aus den Augen, und in jedem Stundenschlag summte die Frage mit: Wie lange noch? Denn wenn ich mich auch weiterhin an jede künstlerische Aufgabe hingegeben habe, als handle es sich um eine Saat und mein Leben hinge von der Ernte ab, so begleitete mich zugleich immer das Wissen, daß die Hoffnung auf eine Ernte für mich nur noch einen transzendentalen Sinn haben könne und keinesfalls mehr den unmittelbaren künstlerischen, der mich bis dahin erwärmt hatte.

Doch bin ich auch niemals ein Wanderer im Sinn des Schubertschen Liedes gewesen – ›ein Fremdling überall‹ – und ebensowenig später ein Exilierter oder ein Flüchtling. Ich hatte zwar meine Seßhaftigkeit verloren, aber gewiß nicht meine Heimat, die trug ich in mir. Und ich habe die Probe darauf gemacht, daß dies Heimatgefühl keine Einbildung, kein leeres Wort war – nie habe ich mich in der Fremde gefühlt, weil mich immer Musik umklungen hat, immer mir das Wissen um große Gedanken stärkend gegenwärtig geblieben ist. Und mehr als das: wie hätte ich die Heimat verlieren können, der ich in der Menschheit meine Mitbürger sah und dazu noch das Glück hatte, die übernationale Sprache der Musik zu sprechen?

Ich hatte mich, von jenem schweren, ahnungsvollen Abschiedsgefühl erfüllt, unruhig in den naßdunklen Straßen Hamburgs umhergetrieben und begab mich zur bestimmten Stunde zum Pier der Schiffahrtslinie. Die anhängliche, mir herzlich ergebene Louise Wolff war von Berlin herübergekommen, um mir Lebewohl zu sagen und dabei wohl auch einen Blick auf den vermeintlichen prächtigen Ozeandampfer und die elegante Gesellschaft seiner ersten Klasse zu werfen. Die graue Reizlosigkeit von Schiff und Passagieren enttäuschte sichtlich ihre Erwartungen, die aus Vorkriegserinnerungen stammten, sordinierte aber nicht ihre glühend optimistische Schilderung von Glanz und Wonne Amerikas, denen sie mich aus dem Elend und den Gefahren der europäischen Gegenwart entgegengehen sah. Ich trug alle möglichen Ansuchen mit mir hinüber: Da war das Krankenhaus des ›Roten Kreuz‹ in München, um dessen Beheizung ich bemüht war und dessen ausgezeichnetem Leiter Professor Albrecht ich Dollar-Hilfe verschaffen sollte; da gab es ein Kinderheim Holzen im Isartal bei München, für das sich unsere Freundin Dr. Feo Weingartner, die zweite geschiedene Gattin des Dirigenten, einsetzte und dessen Erhaltung ich ermöglichen wollte und ähnliche Wünsche. Denn ich war ja in den Augen der Inflations-Opfer ein Privilegierter des Schicksals, dem jenes Weltwunder, der wertbeständige Dollar, zugänglich war, und die ›Zukunftsmusik‹ des in meiner Tasche klingenden Märchengeldes füllte die

Phantasie von ehrfürchtig Staunenden und flehentlich Bittenden, die mir ihre Anliegen mit auf den Weg gaben.

So fuhr ich als beneideter Liebling Fortunas auf dem unscheinbaren Dampfer die Elbe hinunter und, sobald wir Cuxhaven hinter uns hatten, mußte ich den Anblick der im Nebel verschwindenden Küste bald mit den akustischen Mißlauten hölzernen Ächzens und Knarrens in meiner Kabine vertauschen, wo ich vergeblich auf Milderung meines empörten Übelbefindens durch eine Horizontalität hoffte, die infolge des wilden Hinauf und Hinunter und Hin und Her keine war. Ein Bild taucht vor mir auf – ich glaube, ich sah es auf dieser ersten meiner Amerikafahrten: die Isle of Wight im Mondschein, der sich im unruhigen Wasser spiegelt, jagende Wolken, die ihn bald verdunkeln, bald ihn wieder erglänzen lassen, und ich als einziger Wachender das nächtliche Deck umkreisend, die Stille genießend, dem Alten nachfühlend und dem Neuen entgegendenkend. Gegen Morgen fuhren wir davon und nach nochmaligem kurzen Aufenthalt in einem irischen Hafen und einem letzten Blick auf weite, hügelige Weiden mit Kuh- und Schafherden ging es in die grüne Wüste des Ozeans hinaus, der Berge aufwarf und bis zum Horizont in weißen Schaumköpfen aufblitzte, unserem Boot feindlich entgegenwogte und mich bald wieder zur Einzelhaft zwang.

Die ›Minnetonka‹ war kein ›schwimmendes Luxushotel‹. Abgesehen davon, daß mir ihr Stampfen, Steigen, Stürzen, Zittern und Stöhnen mit dem Wort ›schwimmen‹ gar zu euphemistisch charakterisiert erschien, konnte der Begriff des Luxushotels auch sonst keine bescheidenere Vertreterin finden als diese schlichte, strenge Schiffs-Persönlichkeit. Die Kabinen waren klein und nur mit dem Notwendigsten ausgestattet, die Gesellschaftsräume nicht übermäßig behaglich und die Schiffsordnung erinnerte ein wenig an die Regeln einer Kaserne. Um acht Uhr früh weckte ein langsames, unrein geblasenes Trompetensignal die Passagiere zu Morgentoilette und erstem Frühstück, und wer nicht aufstand oder bis zu einer bestimmten Zeit im Speisesaal erschien, blieb eben hungrig. Die freundliche Sitte der Versorgung der Kabine mit Mahlzeiten war noch nicht wieder in die Gepflogenheiten der Linie eingedrungen – wahrscheinlich fehlte es noch an der erforderlichen Bedienung. Auch zu den anderen Mahlzeiten ›lockte‹ die mißklingende Fanfare und etwaigen Nachtschwärmern wurde durch frühe Verfinsterung der Gesellschaftsräume der Weg zur Solidität zwangsmäßig gewiesen. Da unter den vielen mir vom Schicksal versagten Talenten sich das zum Seefahrer an erster Stelle befindet, so gingen mir infolge des bösartigen Wetters recht viele Mahlzeiten verloren. Doch gab es inmitten der Fahrt einige ruhigere Tage, an denen ich meinen Platz an der langen gemeinsamen Tafel einnahm und mich überzeugen konnte, daß mir durch meine häufigen Abwesenheiten keine Genüsse entgangen waren.

Dabei machte ich Bekanntschaft mit Eigentümlichkeiten der Seereise, die sich durch meine häufigen späteren Amerikafahrten zu einer festen Erfahrung verdichtet haben, so z. B. mit der monotonen Existenz zwischen Kabine, Liegestuhl und kreisender Deckpromenade, mit den Versuchen, die erzwungene Untätigkeit durch irgend eine Beschäftigung zu unterbrechen, in die sich dann die Schiffsbewegung indiskret und verhindernd einmischt und mit den geisterhaften Geräuschen in Boden und Wänden der Räume; aber auch mit den schönen Stunden bei ruhigem Wetter auf dem Bootsdeck und dem Blick von dort oben in die strahlende Grenzenlosigkeit oder bei Nacht in die ungeheure wogende Schwärze ringsum. Eine Erfahrung hat nie ihre Komik für mich verloren: der Weg ums Promenadendeck bei noch einigermaßen erträglicher Bewegtheit des Wassers, wenn das Schiff sich vorn langsam hebt und dann schnell senkt, so daß man mühsam in der Längsrichtung bergauf steigen und plötzlich schnell hinunter laufen muß — oder bei der seitlichen Bewegung, wenn sich die Entgegenkommenden scheinbar gegen das Gravitationsgesetz zu vergehen und ihren Weg in schiefem Verhältnis zu ihrer Basis zu gehen mars-menschenhaft befähigt zeigen.

Unsere Reise dauerte infolge schlechten Wetters länger als uns versprochen worden war, auch lief die ›Minnetonka‹ unerwarteterweise vor Erreichung ihres Endzieles noch Halifax in Canada an. Eine erhebende Erinnerung verbindet sich für mich mit dem ersten tröstlichen Anblick der Küste nach, ich glaube, zehntägiger Ozeanfahrt. Ich sah im Glanz eines sonnigen, windigen Wintertages wieder Hügel, Häuser und Menschen, da waren ausgedehnte Hafenanlagen mit Bahngleisen und auf den Gleisen rollten Güterwagen mit den Zeichen der Canadian Pacific. Und meine Phantasie folgte den Gleisen über den mächtigen Kontinent hinüber nach Westen bis zum Stillen Ozean und flog weiter und immer weiter, und während sich so die Ferne zugleich öffnete und lockend im Dunst verlor, empfand ich zum erstenmal im Leben ein Weltgefühl; das wahnhafte Erbteil des Europäers in mir, die Befangenheit in Grenzen, wandelte sich von da an zu einer wunderbaren Verbundenheit mit der weiten Erde, und ich mußte an den herrlichen Ausklang von Adalbert von Chamissos ›Peter Schlemihl‹ denken, dem das Schicksal nach dem Verlust seines Menschenglücks mit den Siebenmeilenstiefeln eine neue, erhöhte Existenz und die ganze Erde geschenkt hatte.

Unsere Fahrt ging weiter, und endlich erblickte ich die willkommene, bedeutende Gestalt der Freiheitsstatue, fuhr vorbei an den Steingebirgen der Wolkenkratzer und konnte die ›Minnetonka‹ in New York verlassen, wo mir noch lange so war, als schwanke mir alles unter den Füßen. Mein alter Vertrauter, der Nebel, hate sich zu meinem Empfang eingestellt. In der beginnenden Abenddämmerung verloren sich die oberen Stockwerke der riesigen Häuser in Dunst, sie schienen sich unbegrenzt bis in den Himmel zu erstrecken, und als ich im Great Northern Hotel abgestiegen und vor der damals üblichen Überheiztheit der Zimmer mich in einen Spaziergang durch die Straßen flüchtete, verwirrte ein traumhafter Eindruck des Wanderns auf dem Grunde unendlich hoher Felsenengen meine von der schlimmen Reise ermüdeten Sinne bis zum phantastischen Grausen. Das kann doch nicht New York sein, schien es mir, hier unten sehe ich ein Licht im Fenster, dort oben scheint ein zweites durch den Nebel und sieh nur, da ganz oben blinkt hin und wieder eins durch das ziehende Gewölk; so etwas kenne ich doch aus den abendlichen Wanderungen in einem Tiroler Tal, von dem die Lichter der einsamen Bauerngehöfte oben am Berg zu sehen sind. Allmählich aber erhellen sich dann die Straßen, die Lichtreklamen erglänzten, und als mein mattes Auge auf einem Dach ein Zeichen erblickte, das etwa sagte: ›U.S. Tires‹, mißverstand ich die Anpreisung und sagte mir, daß ich mich tatsächlich von diesem ersten Eindruck der U.S. sehr ermüdet fühlte und nur nicht verstand, warum solche Wirkung von den Dächern her angezeigt wurde.*

Ins Hotel zurückgekehrt, erfreute ich mich an einer unerwarteten Begegnung: Maria Ivoguen und Lili Petschnikoff, die sie als Freundin und eine Art ›personal representative‹ auf ihrer Konzerttour begleitete, waren zufällig im selben Hotel abgestiegen, und so kam mein erster Abend auf amerikanischem Boden zu einem freundlich beruhigten Abschluß.

Ich will und kann nicht versuchen, von der Masse, Gewalt und Neuheit der Eindrücke zu berichten, die bei diesem ersten Besuch in Ame-

---

*) ›Tires‹ hat die Doppelbedeutung von ›Automobilreifen‹ und ›ermüdet‹.

rika auf mich einstürzten. Ich kann nur zusammenfassend sagen, wie stark das gesunde, brausende Leben in New York auf mich wirkte nach den Bildern der Armseligkeit, Krankhaftigkeit, Niedergedrücktheit, die ich drüben verlassen hatte. Und es war kein Wunder, wenn mir in dem volkhaften Gewühl am Broadway, in den geordneteren, mächtigen Verkehrsströmen der eleganten Fifth Avenue, in den wimmelnden, dämonischen ›Schluchten‹ des down-town, an dem prächtigen Riverside Drive mit dem Blick über den gewaltigen Hudson ein wenig so zu Mute wurde, wie in meinen Kinderjahren, wenn auf dem Bahnsteig der Zug hereindonnerte und die höllisch dampfende Lokomotive mir in der Gewalt des Ansturms zuzischte: ›Zurück mit dir, tritt zur Seite.‹

Die gleiche, überwältigende Lebenskraft sprach auch aus dem architektonischen Anblick New Yorks zu mir. Hier war ein neuer städtischer Typus entstanden, wie ich ihn drüben nie gesehen: eine Stadt, in der die vertikale Linie herrschte, statt wie in Europa, die horizontale. Die europäische Stadt lag, diese stand. Und der ruhevolle Washington Square und ähnliche inselhafte Stadtbilder dienten nur dazu, das allgemeine Vorherrschen der Vertikalität, wie es besonders stark in der himmelhohen, enggebauten Gegend um Wallstreet zum Ausdruck kommt, fühlbarer zu machen.

Wo aber hatte ich schon einmal vor einer nach oben strebenden, hinaufweisenden Architektur mit dem Gefühl ihrer Unnahbarkeit gestanden? Das hatte sich damals ereignet, vor drei Jahrzehnten, als der Kölner Dom meiner unerfahrenen Seele zum ersten erschütternden Erlebnis in der steinernen Formensprache geworden war. Nun riefen die wohlgegliederten Wälle der amerikanischen Stadt mit seltsamer Gewalt die Erinnerung an jenen Jugendeindruck in mir herauf, und ich glaubte, im Anblick dieser ragenden Häuser und Straßen den Geist einer modernen Gotik zu erkennen. Sie schien mir zwar nicht vom Feiertag, sondern vom Werktag inspiriert, zivilisiert und verweltlicht auch insofern, als sich die Häuserriesen in dichten Reihen aneinander drängten, während ihre geistlichen Vorfahren in Europa vereinzelt aus einer horizontal behaglichen Umgebung aufragten. Aber trotz der Kühnheit der Variation drückte sich Verwandtschaft mit jenem gotischen Lebensgefühl aus, das sich drüben in den nach oben weisenden, frommen Dichtungen in Stein sublimiert hatte.

So wurde das anfangs Unzugängliche allmählich meiner Einfühlung zugänglich, und damit wuchsen meine Bewunderung, mein ästhetisches

Interesse und mein Verständnis für die gewaltige Stadt. — Länger dauerte es, bis ich mich der anstürmenden Vitalität in den täglichen Begegnungen des persönlichen Lebens gewachsen fühlte. Aber gerade, daß ich mich im Vergleich mit der Unbedingtheit und Ungehemmtheit, die mich umbrandeten, so merkwürdig romantisch gebunden und erlebnisbelastet empfand, lehrte mich schließlich, in diesen scheinbaren Hemmungen zugleich die Quellen meiner Kraft zu erkennen.

Ich blieb in diesem Jahr und den folgenden zu kurze Zeit in Amerika, als daß ich vom damaligen Musikleben ein Bild geben könnte. Ich erinnere mich gut an den Eindruck der Virtuosität und des Glanzes, den ich von den amerikanischen Orchestern und ihren Dirigenten, sowie von den vielen hervorragenden Instrumental-Solisten von Weltruf empfing, die die Protagonisten des New Yorker Konzertpodiums waren, und ich empfand natürlich auch auf diesem, mir nächsten Gebiet Auswirkungen der gewaltigen Lebenskraft, von deren Vibration mir überall der Boden zu zittern schien. Und innerhalb der andauernden musikalischen ›Olympiade‹ mit ihrem Wettkampf der Höchstleistungen hörte ich zugleich eine Fülle von edlem, auf das Werk gerichteten Musizieren, das mich beglückte. Doch habe ich erst in den dreißiger Jahren, als ich zu längeren Aufenthalten nach New York kam, gründlicheren Einblick in die musikalischen Verhältnisse des Landes gewonnen, entsprechend dem Maß, in dem meine eigene Beteiligung mich allmählich immer inniger mit ihnen vertraut machte.

Nach meinen Konzerten in New York mit Damroschs Orchester dirigierte ich in Boston, wo damals Pierre Monteux ständiger Leiter der Symphoniekonzerte war. Arthur Schnabel war mein Solist, er hatte oft in Europa mit mir gespielt, und je länger ich ihn kannte, um so mehr waren mir seine tiefe Musikalität, seine Ehrfurcht vor dem Werk und die Echtheit seines Gefühls ans Herz gewachsen. Es gehört zu den ermutigenden Symptomen im zeitgenössischen Musikleben, daß einem Pianisten derart ernster Richtung, solch wachsender Vertiefung und so strenger Kunstmoral der Erfolg in einem langen Leben treu geblieben ist. Seine menschliche Vornehmheit und seine lebhaft bewegte Geistigkeit waren mir immer anziehend gewesen, und ich betrachte es als Gewinn, daß ich mich mit den Jahren in immer zunehmendem Ausmaß daran erfreuen konnte.

In Detroit musizierte ich mit dem Orchester, das Ossip Gabrilowitsch geschaffen und erzogen hatte, und ich entsinne mich gut, wie ich schon am Anfang meiner ersten Probe in dem beseelten Vortrag des zweiten

Themas der Weberschen Euryanthen-Ouvertüre Ossips poetische Persönlichkeit und ihre schöne Wirkung auf seine Musiker erkannte. Wir erfreuten uns an ausgiebigem Zusammensein in Gabrilowitschs schönem Hause am Boston Boulevard, an der Wiederbelebung alter Einverständnisse und Streitigkeiten, und zu meiner Überraschung lernte ich ihn sogar als Chauffeur eines alten Elektromobils kennen, als den ich ihn, wenn auch nicht ganz ohne Beunruhigung, bewundern mußte.

Ossip Gabrilowitsch hat mit der Schaffung dieses Orchesters, mit der rückhaltlosen Hingabe an seine Mission als der führende Musiker von Detroit, mit der Gestaltung seiner schönen und interessanten Programme und vor allem mit seinem begeisterten, dienenden, durchseelten Musizieren selbst dem kulturellen Leben der Stadt, ja dem amerikanischen Musikleben einen unvergänglichen Dienst erwiesen. Laßt uns auch nicht vergessen, was es bedeutet, daß ein Mann von so hoher Humanität Jahrzehnte hindurch in weithin sichtbarer Stellung gewirkt. Segen ist von ihm als Musiker und als Mensch ausgegangen, und als ich im Jahr 1940, vier Jahre nach seinem Tode, wieder in Detroit als Gast dirigierte, fand ich nicht nur bei den Musikern und anderen Persönlichkeiten die gerührteste Erinnerung an ihn – im Musizieren des Orchesters, in dessen persönlichem Benehmen, selbst im Verhalten des Publikums war noch immer Ossip Gabrilowitschs Wesen nachwirkend zu fühlen.

Eine besonders erfreuliche Periode meines ersten Aufenthaltes in Amerika verbrachte ich in Minneapolis. Ich dirigierte dort drei oder vier Wochen hindurch, und es hatte sich während der Zeit ein so herzliches Verhältnis zwischen mir und dem Orchester, eine so persönliche Beziehung zum Publikum entwickelt, daß gerade in diesem ›Sibirien‹ der Vereinigten Staaten mit seiner eisigen Kälte mich eine erstaunliche, ja aufregende Wärme der musikalischen Atmosphäre beglückte. Auf meinen Spaziergängen am Mississippi, zwischen Minneapolis und St. Paul und in der Gegend der Hiawatha-Statue, die von Longfellows Dichtung inspiriert ist, traf mich die winterliche Kälte um so empfindlicher, doch zog mich immer wieder die Faszination des legendären Stromes in die Gegend.

Nach etwa zweimonatigem Aufenthalt verließ ich nun Amerika mit Bindungen, die mich zur Rückkehr im nächsten Jahr verpflichteten. Was mir das gewaltige Land und seine freiheitlichen Verhältnisse in jener Zeit an Auffrischung meines Lebensmutes geschenkt haben, vermag ich nicht auszusprechen. Auch fühlte ich tief die beglückende Bedeutung der historischen Tatsache, daß hier aus der Verschmelzung der verschiedenen Nationalitäten ein amerikanisches Volkstum von beispielloser Vitalität und ausgesprochener nationaler Eigenart – sogar bis in sprachliche und physiognomische Besonderheiten – entstanden war. Jede neue Erfahrung bestärkte meinen erwartungsvollen Glauben an die Zukunft des Landes, und ich dankte der Schicksalsfügung, die mir in meinen späteren Lebensjahren eine allmähliche Teilnahme an seinem musikalischen Leben eröffnet hatte.

## 2

Bei meiner Rückkehr nach Hamburg im März 1923 klagten mir schon am Pier aufgeregte Gepäckträger ihr Leid, und die ersten deutschen Zeitungen, die ich las, erzählten, was meine Familie mir am nächsten Tage in München bestätigte, daß man der Katastrophe zutrieb. Noch während ich mich auf der Hinfahrt nach New York befunden, hatte Frankreich das Ruhrgebiet besetzt. Auf Veranlassung der Reichsregierung war daraufhin alle Arbeit in der dortigen Industrie eingestellt worden, und diese Form des passiven Widerstandes, welche dem Reich die volle Erhaltung jener Arbeitslosen auferlegte, führte zur völligen Zerrüttung der Finanzlage, zum Abgleiten der Mark ins Bodenlose und mit der Not und Uneinigkeit im Volk wuchsen die radikalen Strömungen.

In den Schaufenstern der Münchener Geschäfte bemerkte ich vielfach eine merkwürdige Anzeige, – man veröffentlichte den ›Multiplikator‹. Das war die Ziffer, mit der der Normalpreis der Waren entsprechend dem Fortschritt der Inflation multipliziert werden mußte, und wenn er am Morgen Einhundertfünfzigtausend betragen hatte, so daß man ein Paar Handschuhe im Wert von zwei Mark für dreimalhunderttausend kaufen konnte, so notierte man ihn am Abend desselben Tages vielleicht mit einhundertsechzigtausend, und die Handschuhe kosteten also zwanzigtausend Mark mehr, ohne daß der Käufer inzwischen mehr verdient hatte.

Eine drastische Illustration zu den phantastischen Ausmaßen der Geldentwertung erhielt ich durch ein Konzert, zu dem mich die Berliner Staatskapelle im Frühjahr des Jahres 1923 eingeladen hatte. Max von Schillings war Generalintendant der Staatsoper, und schon als ich ihn begrüßte, bat er mich, in meinen Proben der besorgten Stimmung des Orchesters Rechnung zu tragen. Die erste Probe selbst verlief durchaus normal – soweit sie verlief –, aber kaum war die Pause eingetreten, als die Orchestervertreter mir mitteilten, gerade jetzt erhielten die Musiker ihre Gagen, und sie bäten mich dringendst zu verstehen, daß alle sofort irgendwelche Waren für das Geld kaufen müßten; wenn sie erst zwei Stunden später ihre Einkäufe besorgten, wäre das Geld schon wieder weniger wert, und sie könnten dann um so weniger dafür kaufen. Ich gab natürlich nach und begnügte mich mit den noch bevorstehenden Proben. In welchen seltsamen Gegenständen das Geld angelegt wurde, weiß ich nicht mehr – ich glaube, daß ein Musiker mir z. B. erzählte, er habe Salz in Säcken gekauft – aber die galoppierende Schwindsucht des Geldes ist mir an dieser Erfahrung besonders schlagend zum Bewußtsein gekommen.

Ich erinnere mich der deprimierten Stimmung der Menschen, der gereizten Szenen auf Märkten und in Läden, auf Fahrten und in Gasthäusern; zugleich aber auch, daß ich beruflich, d. h. in Proben und Konzerten, die ich als Gast in jenem Inflationsjahr in Deutschland dirigierte, nie über ein Nachlassen der Aufmerksamkeit oder eine Verringerung der Leistung zu klagen hatte. Auch in Wien, wohin ich in dem gleichen Jahr recht häufig kam, litt man unter der Inflation. Doch war der ›Multiplikator‹ kleiner, man rechnete in Österreich noch in Tausenden, als der Deutsche schon mit Millionen hantierte – und keine täglichen hysterischen Sprünge der Preise erschreckten das labilere Wiener Gemüt. Während aber Deutschland nach der Sanierung erleichtert vom Denken in Milliarden zu den früheren kleinen Ziffern zurückkehrte, wirkte in Österreich, trotz der Einführung des wertbeständigen Schillings, die berauschende Gewohnheit des Schwelgens in Tausenden nach, und manche meiner Freunde gehorchten noch in den dreißiger Jahren dem Zauber eines hartnäckigen inneren Multiplikators.

Ich hatte glücklicherweise in München die an meine erste Amerikafahrt geknüpften Hoffnungen auf Beihilfen erfüllen können und war mit neuen Ansuchen für meine nächste Reise betraut worden. Obwohl mich aber dort auf Schritt und Tritt Bekundungen der Sympathie erfreuten, erfuhr ich auch von Manifestationen anderer Art, nachträglichen Angriffen gegen mich in der radikalen Presse, einer Beschmutzung meines Bildes im Fenster eines Photographen, hauptsächlich aber von nationalsozialistischen Demonstrationen, die durch erregte Versammlungen in populären Lokalen und auch auf der Straße wachsende Beunruhigung schufen.

Unsere ältere Tochter hatten wir bereits Ende 1922 zum Gesangstudium bei Frau Schlemmer-Ambros nach Wien geschickt. Nun beschlossen wir das Münchener Haus zu vermieten, und während ich im Frühjahr 1923 wieder nach Barcelona fuhr, gingen meine Frau und meine jüngere Tochter ebenfalls nach Wien und trafen mich später beim Musikfest in Zürich, wo ich ›Tristan‹ zu dirigieren hatte.

Nach einem herrlichen und ausgiebigen Ferienaufenthalt in Pontresina im Engadin begab sich dann die ganze Familie im Herbst nach Wien, wohin mich auch Orchesterkonzerte und Choraufführungen riefen; meine alte Singakademie hatte sich dem Philharmonischen Chor angeschlossen, als ich ihn 1921 übernahm – und ich ging von dort aus zu Konzerten nach Berlin, Amsterdam, Rom und Moskau, um von jeder dieser Städte zunächst immer wieder nach Wien zu meinen Konzerten in Musikvereinssaal oder Konzerthaus zurückzukehren.

Meiner ersten Einladung an das Concertgebouw in Amsterdam sah ich mit Freude entgegen. Mahler hatte mir nicht genug das ausgezeichnete Orchester, die echte Musikliebe des holländischen Publikums und den Geist des edlen Instituts rühmen können, wo er seit 1903 als alljährlicher Gast gefeiert worden war und wo seine Werke gespielt und geliebt wurden. Die Einführung des Mahlerschen Schaffens in das holländische Musikleben und die ständige Pflege seiner Symphonien war Willem Mengelberg zu danken, und er hatte seine Bemühungen mit der Veranstaltung eines Mahlerfestes im Jahr 1920 gekrönt, zu dem viele Verehrer des Komponisten aus dem Ausland gekommen waren. Auch Alma Mahler war seiner Einladung gefolgt. Leider war ich durch wichtige Arbeit in München verhindert, mich an jener Pilgerfahrt der Mahlergläubigen zu beteiligen.

Jedenfalls wußte ich genug vom Concertgebouw und der Gesinnung, die dort herrschte, um nach Amsterdam mit dem Gefühl zu gehen, mit dem wir dem Freund eines Freundes entgegentreten, und meine Erwartungen erfüllten sich – auch wir wurden Freunde. In dies ›wir‹ schließe ich die Direktion des Concertgebouw und sein wundervolles Orchester, das holländische Konzertpublikum, nicht nur in Amsterdam, sondern auch in anderen Städten ein, in denen ich so oft mit dem Orchester musiziert habe, wie Haag, Rotterdam, Arnhem, Utrecht, Harlem, Eindhoven usw. – auch rechne ich den Amsterdamer ›Toonkunst-Chor‹ dazu und die ›Wagner-Vereeniging‹, deren Opernaufführungen in der Stadsschouwburg ich so oft dirigiert, sowie Persönlichkeiten aus musikalischen und anderen Lebenskreisen, mit denen ich in Berührung kam.

Doch galt dies Gefühl einer wachsenden Verbundenheit keineswegs nur Persönlichkeiten und Institutionen. Ich lernte die holländische Landschaft lieben, die Farbenpracht der Tulpenfelder im Frühjahr, die stille Ruhe der Kanäle mit ihren langsam getriebenen Kähnen, Schuiten genannt, die alten Windmühlen in den weiten Ebenen, die malerischen kleinen Städte, in denen das Wasser so bedeutend in Erscheinung tritt, vor allem aber das Licht, das die grandiose holländische Malerei inspiriert hat und auch die ländlichen Trachten mit den bunten Gewändern und Hauben der Mädchen, den weiten Hosen der Männer und den Holzschuhen. Ich dachte der Geschichte von harter Unterdrückung und siegreicher Auflehnung, ich hörte mit Interesse die charakteristische Erzählung von der Stadt Leyden, die, nach neunmonatiger Belagerung durch die Spanier vom Prinzen Willem von Oranien entsetzt und vor die Wahl zwischen zehn Jahren Steuerfreiheit oder Gründung einer Universität gestellt, sich für die letztere entschied. Auch erfreute mich die holländische Sprache in ihrer altertümlichen Kraft, und mein erwachter politischer Sinn fühlte sich innigst angezogen durch die demokratische Verfassung des Landes, die so vortrefflich der überwiegenden Gesinnung des Volkes entsprach, der Nachkommen jener alten Freiheitskämpfer, von denen uns Erasmus, Charles de Coster, Schiller u. a. erschütternde Kunde gegeben haben.

Der gefüllte vornehme Saal des Concertgebouw bot einen prachtvollen Anblick von der dunklen, hochgelegenen rechten Loge her, aus der ich gern eine Weile noch herunterblickte, bevor ich durch die niedrige, schwingende Halbtür in ihrer Brüstung auf die oberste Stufe des Podiums und damit in die allgemeine Sichtbarkeit hinaustrat, um nun den langen Abstieg über die Stufen zwischen dem Orchester und den Zuhörern auf dem Seitenpodium bis zum Platz des Dirigenten zurückzulegen. Das Publikum pflegte einen von ihm geschätzten Künstler und oft auch eine besondere künstlerische Leistung durch allgemeines Erheben von den Sitzen zu ehren, es hörte mit wahrer Andacht der Musik zu, und ich bewahre die Erinnerung an die Atmosphäre von Ernst und Herzlichkeit in jenen Konzerten als teuren Besitz in meinem Herzen.

Auch unsere Wanderungen durch die Straßen von Amsterdam an schönen Nachmittagen, machten meiner Frau und mir Freude. Am stärksten zogen mich die interessanten ›Grachten‹ an. Durch ihre charaktervolle Altertümlichkeit pflegte ich besonders gern zu schlendern, nur hatte ich manchmal beim Ausweichen vor einem Auto auf dem engen gepflasterten Fahrweg das unbehagliche Gefühl, im nächsten Moment ins Wasser zu fallen, wovor man seltsamerweise durch kein Geländer geschützt war. Da war auch ein imponierender neuer Stadtteil mit vortrefflich gebauten, modernsten Wohnhäusern, und wie sehr liebten wir den üppigen Blumenmarkt und das Gewirr der alten Straßen in der inneren Stadt, die allerdings zu gewissen Stunden wegen der heuschreckenhaften Massen der Radfahrer unpassierbar wurden. Selten ließen die Bewohner der Parterrewohnungen ihre Jalousien herunter, und wenn wir abends durch die nach Musikern benannten Straßen in der Nähe unseres Quartiers gingen, sahen wir gern die Bilder eines behaglichen Familienlebens, die uns Fenster nach Fenster bot. Und nie könnte mein schwaches Wort auch nur den kleinsten Begriff von dem überwältigenden Reichtum der Kunstsammlungen geben, dem Rijksmuseum, dem Mauritshuis, dem Frans Hals-Museum usw., zu denen man immer wieder zurückkehrte, um zu bewundern, zu genießen und über die unvergleichlichen Schätze zu staunen, die dies ›kleine‹ Volk und Land der Menschheit geschenkt haben.

Mit dem Gefühl einer bedeutenden Bereicherung meines Lebens kehrte ich von meinem ersten Besuch in Holland nach Wien zurück und blickte den Reisen nach Rom und Moskau zwar ebenfalls mit Spannung, aber auch mit einer gewissen Besorgnis, entgegen. Es waren meine ersten Besuche im früher feindlichen Ausland, ich glaube mich auch kaum in der Annahme zu irren, daß ich der erste ›feindliche‹ Dirigent war, den man dort – und im nächsten Jahr in London – wieder eingeladen hatte. Ich dachte nicht ohne Unbehagen an mein Wiedererscheinen vor Menschen, die möglicherweise noch unter der Nachwirkung von Kriegsgefühlen standen.

Mein Bedenken erwies sich glücklicherweise als unbegründet. Die römische Accademia, ihr Orchester und Publikum kamen mir mit alter Herzlichkeit entgegen, von dem neuen faschistischen Regime sah und spürte ich wenig, und Rom schien mir so herrlich wie nur je. Und trotzdem gehört dies erste Wiederauftreten im römischen Konzertleben zu meinen unerfreulichen Erinnerungen, und ich habe lange den peinlichen Eindruck nicht verwinden können. Ich hatte, dem Ersuchen der Accademia um eine Novität folgend, Schönbergs ›Verklärte Nacht‹ auf mein abschließendes Programm gesetzt, und es zeigte sich, daß das kühne Werk mehr war, als die Galerie des Augusteo ertragen konnte. Schon nach den ersten fünf Minuten begann es oben unruhig zu werden, und bald störten Rufe und Bekundungen des Mißfallens die Aufführung. Ersuchen anderer Zuhörer um Ruhe und Demonstrationen gegen die Demonstranten vermehrten den Lärm, ich aber beschloß, mich nicht beirren zu lassen und spielte das Stück, dessen Dauer fast eine halbe Stunde betrug, unter beständigen Störungen zu Ende. Es folgte die Pause, und als ich danach auf das Podium zurückkehrte, um das Konzert fortzusetzen, empfing mich ein einmütiger Beifall, der mir augenscheinlich sagen sollte, daß die Demonstration sich nur gegen die ›Verklärte Nacht‹ und nicht gegen mich gerichtet hatte. In den ersten Reihen des Saales bemerkte ich den früheren deutschen Reichskanzler Fürsten Bülow und seine Gattin, die nach dem Kriege wieder in ihre Villa Malta zurückgekehrt waren und sich demonstrativ an dem Applaus beteiligten. Ich aber war empört über die Störung eines Konzertes, wie ich sie noch nie erlebt hatte – ich dankte mit einer kurzen Verbeugung, begann sofort das nächste Werk und verließ am Ende so schnell wie möglich das Augusteo mit dem Entschluß, nie wieder zurückzukehren. Die Direktion stand meiner Empfindlichkeit verständnislos gegenüber – sie konnte es absolut nicht begreifen, daß ein Dirigent die traditionellen Formen der Ablehnung von der Galerie gegen unwillkommene Novitäten als persönlichen Affront gegen sich empfand –, aber ich vermochte meine Entrüstung lange nicht zu überwinden, habe spätere Einladungen abgelehnt und bin wohl erst nach neun oder zehn Jahren wieder zur Accademia zurückgekommen.

Betrübend in einem ganz anderen, in einem sehr ernsten Sinn war der Eindruck, den ich in Moskau erhielt, mit dessen musikalischem Leben ich in demselben Winter 1923 die alte Bekanntschaft erneuerte. Rußland, das nach dem Kriege durch die bolschewistische Revolution gegangen war, befand sich noch am Beginn des Wiederaufbaus. Ich hatte bereits gehört, daß zwar Theater und Musik alle Förderung von dem neuen Regime empfingen, daß aber sonst noch überall die Zerstörung zu spüren war, die von der gewaltsamen Umwälzung herrührte und daß die Bevölkerung in sehr bedrückten Zuständen lebte.

Ich fand den Bericht bestätigt. Auch beherrschten noch Erzählungen von vergangenen Schrecken die Gespräche, lebten noch viele in der Sorge um ihre und ihrer Nächsten persönliche Sicherheit – der Verdacht gegen antirevolutionäre Gesinnung war wach und wütete –, noch zitterte die Erregung von dem Ungeheuren, das sich ereignet hatte, nach. Meine Frau war mit mir gekommen, und wir wohnten im Hotel Metropol, dem einzigen, das Ausländer beherbergen durfte. Die Zimmer waren erträglich, das Essen nicht schlecht, aber manche Kellner im Restaurant und andere Angehörige des Hotelpersonals standen, wie man mir sagte, in Verbindung mit der Geheimpolizei, und Freunde aus früherer Zeit, die wir zu Mahlzeiten einluden, wagten nicht zu kommen, um sich nicht durch Erscheinen an einem Ort des ›Wohllebens‹ wie dem Speisesaal des Metropol verdächtig zu machen.

Die schlimmste Plage außer dem Gefühl der Unsicherheit schien uns die Wohnungsnot. Ein Bekannter, der uns bei sich sehen wollte, hatte mehr zu tun, als uns seine Adresse anzugeben. Er mußte uns auf der Straße vor dem Hause erwarten, hinaufgeleiten und dann durch überfüllte Zimmer führen, bis wir in dem von ihm, seiner Frau, seinen Kindern und manchmal von noch anderen Personen bewohnten Raum ankamen, der zum Wohnen und Schlafen diente. Ich erinnere mich an unseren Besuch bei einem Musiker, der mir eine Symphonie vorspielen wollte: sein Zimmer lag unter dem Dach, und während wir dem vierhändigen Vortrag der interessanten Komposition zuhörten, tropfte Schneewasser durch ein Loch in der Decke des Zimmers hörbar herunter in eine Blechwanne, die neben dem Flügel zu diesem Zweck aufgestellt war. Die in der Stube zusammengedrängten Menschen schienen Dachschaden, Blechwanne und Beengtheit gar nicht mehr zu bemerken – man war sich einer Unterkunft als einer Schicksalsgunst bewußt. Denn die Einwohnerzahl von Moskau war durch die Revolution ungeheuer gestiegen, und wer in der Stadt beschäftigt war, aber nicht Wohnung fand, mußte Obdach in der Umgegend suchen und alle Unannehmlichkeiten der täglichen Wanderschaft in der furchtbaren Winterkälte auf sich nehmen. Es gab auch solche, die keinerlei Quartier fanden und entsetzlichen Leiden ausgesetzt waren – mir selbst ist ein solcher Fall bekanntgeworden.

Das Musizieren in Moskau aber war wiederum eine Freude – Orchester und Publikum enthusiastisch und lebensvoll wie früher und die Hingabe der vortrefflichen Musiker in Proben und Aufführungen vorbildlich. Das russische Ballett hatte ebenfalls seine große Tradition bewahrt, und seine Leistungen wurden mir von allen Seiten gerühmt. Mit einer solchen ausgezeichneten Ballettaufführung ist für mich ein anderer starker Eindruck verbunden. Als wir ihr in der Direktionsloge des großen Opernhauses beiwohnten, erzählte uns der Direktor in der Zwischenpause von einem Foyer, das früher zur Zarenloge gehört hatte und in einen Kammermusiksaal verwandelt worden war und fügte hinzu, daß augenblicklich ein Streichquartett dort konzertiere. Ich drückte den Wunsch aus, das Quartett zu hören, worauf man uns über die Korridore des Opernhauses und dann in einen dunklen Raum führte, in den durch eine gegenüberliegende, offene Tür Musik und Licht aus dem benachbarten Konzertsaal hereindrang. Ich werde nie das Bild vergessen, das sich mir bot: in diesem saalartigen, hohen Nebenzimmer, von dessen Wänden und Decke alter Prunk aus Zarenzeit im Halbdunkel stellenweise aufleuchtete, lehnten gegen die Wände, saßen auf dem Fußboden oder standen menschliche Gestalten in einer Hingegebenheit des Lauschens, die in erschütternder Weise von der tiefen musikalischen Gebanntheit ihrer Seelen zeugte. Ich habe nie Musik so sichtbar werden sehen wie in jenen Stellungen der jungen Musikstudenten und -studentinnen, die im Dunkel dem Adagio eines Beethovenschen Quartetts erlagen, und meine Erfahrungen vor und nach der russischen Revolution haben mich gelehrt, daß im Russen ein wahres und leidenschaftliches Seelenbedürfnis nach Musik lebt.

Ich hatte Mahlers Vierte Symphonie auf eines meiner Programme gesetzt und die Worte des letzten Satzes, die vom ›himmlischen Leben‹ handeln, der Direktion zur Übersetzung und zum Abdruck im Programm übergeben. Ich erhielt sie zurück mit dem Ersuchen, das Gedicht zu ändern; im neuen Rußland dürfe man nicht von Himmel und Engeln, von St. Peter und anderen Heiligen singen. Ich lehnte natürlich jede Änderung ab, und man gab schließlich nach, als ich mich bemühte, dem pedantischen Vertreter des Atheismus den Sinn des Gedichtes als ›symbolisch‹ zu erklären.

Ich habe trotz vieler düsterer Eindrücke bei jenem Aufenthalt in Moskau und drei Jahre später in Leningrad, trotz des Entsetzlichen, von dem ich damals zu meiner Erschütterung erfahren und trotz allem, was noch bevorstand, nie in meinem Glauben an die Zukunft Rußlands, an seine gewaltigen Möglichkeiten und an den russischen Menschen, geschwankt – ich habe ihn aus persönlichen Erlebnissen mit Russen und aus der russischen Dichtung gewonnen; die seelische Kraft, die Rußland im Kriege bewiesen, hat ihn bestätigt, und mit meiner kühnen Hoffnung auf eine friedliche Zukunft der Menschheit ist das Vertrauen auf den gewaltigen Beitrag verbunden, den sie von dort zu erwarten hat. Das Jahr 1923, das mir eine so reiche Ernte auf künstlerischem Gebiet brachte, lebt in meiner Erinnerung jedoch hauptsächlich durch seine dramatischen politischen Vorgänge und das Heraufkommen der bedeutenden Gestalt Gustav Stresemanns im europäischen Geschehen.

In großen Zügen gesehen zeigt das Bild der Entwicklung nach dem Kriege in Deutschland einen Niedergang bis gegen Herbst dieses Jahres mit dem wirtschaftlichen Zusammenbruch der deutschen Republik und der neuerlichen Verdüsterung der außenpolitischen Lage. Hier setzt nun die Wendung ein, die bis zu den Besprechungen in Locarno 1925 führt. Und von da an beginnt eine Epoche der Hoffnung, der Hoffnung auf ein neues Europa, die sich über Etappen neuer günstiger

Ereignisse bis zu 1929 steigerte. Ich habe auf meinem eigensten Gebiet mit Dankbarkeit die sich aufhellende Stimmung der Epoche 1925–1929 genossen, ich war in jenen vier Jahren der Generalmusikdirektor der Berliner Städtischen Oper und erlebte damals das neue Erblühen des kulturellen Lebens in Berlin und in Deutschland. Von 1929 an verdüsterte sich die Atmosphäre von neuem, wuchs das Böse, bis es 1932 mit Hitler an die Macht kam.

Die in dieser flüchtigen Skizze angeführten Daten bis 1929 hat die starke Hand Gustav Stresemanns in das Buch der Geschichte eingetragen; denn im Herbst 1923 hatte er als Reichskanzler den beispiellosen Mut zur Kapitulation im Ruhrkampf, die einen Orkan des Hasses in Deutschland gegen ihn entfesselte. Im Herbst 1925 fanden die Besprechungen in Locarno statt, die seine weise Politik angebahnt und Briands hohe Gesinnung ermöglicht hatte. Mit ihnen endete die vom Krieg stammende Gruppierung der Mächte, und für Deutschland begann der Aufstieg zur Gleichberechtigung. Aber im Oktober 1929 starb Gustav Stresemann, und mit ihm entschwand die Aussicht auf einen Zusammenschluß der europäischen Staaten, dessen mächtiger, überzeugter Befürworter er gewesen war.

Welche interessante, geschichtliche Figur, dieser zwanzigjährige Student, der einen Kranz auf das Grab der Märzgefallenen von 1848 legen will, der nationalistische Optimist des Krieges, der mit der Niederlage umlernt, der fünfundvierzigjährige Reichskanzler, der opferwillig die Schmach des Nachgebens auf sich nimmt, um Deutschland zu retten – und welches überpolitische edle Menschentum, zu dem sich der frühere Politiker, der Goethe-Verehrer, in der seelischen Vereinsamung steigert, die sein Los in einem von Partei-Intrigen und nationalistischen Haßorgien beherrschten Deutschland sein mußte. Unverstanden in seinem Land, unverstanden auch in einflußreichen Kreisen des Auslands, strebt er seherisch nach einem einigen Europa, an dessen Aufblühen ein gesundes Deutschland seine bedeutende Mitarbeit übernehmen sollte. Gemeinsam mit Briand wirkte er darauf hin, und dies Ziel schien erreichbar, aber er starb. »Der Feind steht rechts«, hatte schon der Reichskanzler Wirth gesagt, und an dieser Feindschaft brach sich schließlich die Kraft des nur äußerlich Robusten, innerlich Zarten – an dem Zusammenschluß der ›Rechten‹ mit den Nazis ging der europäische Gedanke zugrunde.

Ich habe den großen Staatsmann leider nur flüchtig kennengelernt, aber ich wußte von seinen musischen Interessen und literarischen Talenten, von seiner offenen, impetuos mitteilsamen Menschlichkeit. Ich war einmal von ihm zum Frühstück im Außenministerium in der Friedrich Ebert-Straße geladen, an dem auch seine Familie und einige andere Gäste, darunter der berühmte Bariton Mattia Battistini, teilnahmen. Wie er gegen mich gesinnt war, zeigte sich, als ich im Frühjahr 1929 von der Städtischen Oper scheiden wollte und er in einer Sitzung seiner Partei deren Vertreter in der leitenden Kommission des Institutes ersuchte, sich um mein Verbleiben zu bemühen; schöner noch darin, daß er den Vorsitz in der Verwaltung der ›Bruno Walter-Stiftung‹ übernahm, die eine Gruppe von Anhängern meines Wirkens bei meinem Scheiden von der Städtischen Oper zusammengebracht und mir zur Verfügung gestellt und deren Erträgnis ich zur Unterstützung bedürftiger, begabter junger Musiker bestimmt hatte.

Die Politik hatte nach Kriegsende begonnen, auf den Gang meines Lebens Einfluß zu nehmen, aber noch fühlte ich mich ungeschädigt, ja mir war sogar in der Periode, die – durch Stresemanns Wirken – nach Frieden und Völkerversöhnung aussah, eine neue, optimistische, fruchtbare Arbeitszeit in Deutschland gegeben worden. Deshalb hat es mich getrieben, von dem Mann zu sprechen, der mit Hilfe des gleichgesinnten großen Franzosen beinah Europa gerettet hätte und als bedeutende, aber tragische Erscheinung im dankbaren Gedächtnis aller weltbürgerlich Gesinnten fortleben wird.

## 3

Anfang 1924 ging ich wieder nach Amerika – diesmal auf einem bequemeren Schiff – und dirigierte von neuem Damroschs New York Symphony Orchestra als Gast. Ich erinnere mich auch an lebhafte Abende in der stets angeregten und anregenden Gesellschaft Walter Damroschs, der als ehemaliger Pionier der dramatischen und symphonischen Musik in den jungen Tagen des amerikanischen Musiklebens selbst ein Stück amerikanischer Musikgeschichte repräsentierte. Auch erfreute ich mich öfter des herzlichen Zusammenseins mit seinem Bruder Frank Damrosch, dessen Leben in idealistischer Gesinnung und mit weitreichender Wirkung der musikalischen Erziehung gewidmet war, und an die warme Gastlichkeit im Hause von Frederic Steinway. Ich halte ihn in dankbarem Andenken, denn in der mir zuerst fremden Atmosphäre hatte ich in dieser kunstergebenen ›Pogner‹-Natur von allem Anfang an ein wahres Verständnis für mich als Musiker gefunden.

Präsident des New York Symphony Orchesters war Harry Harkness Flagler, der später die Fusion seiner Gesellschaft und der New York Philharmonic Society im Zusammenwirken mit der letzteren zustande gebracht hat. Ich war mit diesem seltenen Mann natürlich vom Anfang meiner Gasttätigkeit an in Berührung gekommen und hatte in ihm sogleich den echten Musikfreund und Menschenfreund erkannt, als der er sich jederzeit erwies. Unsere Bekanntschaft ist zu einer Freundschaft geworden, die in hellen und düsteren Zeiten ihre Kraft bewährt hat und zu dem wertbeständigen, unverlierbaren Besitz meines Lebens gehört.

Mir ist von dem zweiten Aufenthalt in Amerika eine angenehme Erinnerung an meinen neuerlichen Besuch in Minneapolis verblieben. Der Dirigent des Orchesters, Henry Verbruggen, ursprünglich ein ausgezeichneter Geiger, hatte eingewilligt, einen Klavier-Violin-Sonatenabend zu Gunsten notleidender deutscher Kinder mit mir zu geben, und ich freute mich über die schöne Bereitschaft des verdienstvollen belgischen Musikers, der Not des früheren Feindes sein Herz zu öffnen. Auch ein sogenanntes ›starvation dinner‹ wurde bei dieser Gelegenheit veranstaltet, d. h. ein dinner, bei dem man für einen hohen Preis wenig zu essen erhielt, damit der Hauptteil der Einnahme dem wohltätigen Zweck zugute kam. Außer mir sprach zu den zahlreichen Teilnehmern an der Veranstaltung der geistreiche Graf Harry Kessler, ein bekannter Freund der Künste und Künstler, den Kreisen Hofmannsthals und Stefan Georges verbunden und Verfasser des Buches zu Richard Strauss' ›Josephslegende‹. Sohn einer englischen Mutter und eines deutschen Vaters, zuerst an der Schule in Eton, später am Johanneum in Hamburg erzogen, war er in den diplomatischen Dienst getreten und unmittelbar nach dem Kriege als deutscher Gesandter nach dem neu errichteten Polen geschickt worden, von wo er nach drei Jahren wieder zu Kunst und Literatur, d. h. zu sich selbst erleichtert zurückkehrte. Ich traf ihn auf dem Schiff wieder, das mich nach Europa zurückbrachte, und seine lebhafte, interessante Gesellschaft verkürzte aufs angenehmste die unangenehme Muße der Seereise.

Das Frühjahr 1924 brachte ein Kunstereignis von nicht unbeträchtlicher politischer Bedeutung. London beschloß, wieder die deutsche Season zu eröffnen, die vor dem Kriege alljährlich im Coventgarden Theatre veranstaltet worden war, und ich wurde eingeladen, ihre musikalische Leitung zu übernehmen. Die Einladung beglückte mich sehr. Abgesehen von der persönlichen Genugtuung, die mir die Berufung zu einer Tätigkeit von solcher Bedeutung im internationalen Musikleben bereitete, erblickte ich darin einen vielversprechenden Schritt zur Rückkehr in die interkulturelle Verbundenheit, die durch den Krieg unterbrochen worden war.

Hoffnungsvoll, aber zugleich nicht ganz ohne Befürchtungen ging ich im Mai 1924 nach London. Zu hoch waren die Wogen des Hasses gerade zwischen England und Deutschland im Kriege aufgeschäumt, als daß man nicht mit Bedenken der Eröffnung einer deutschen season in London entgegensehen, irgend eine spontane Äußerung der Antipathie gegen das erste Erklingen der deutschen Sprache auf einer englischen Bühne befürchten mußte. Dazu kam, daß ›der Ring des Nibelungen‹ angesetzt war und das ›Rheingold‹ als eröffnende Vorstellung weniger als irgend ein anderes Werk Wagners die Möglichkeit bot, etwaige Gegengefühle in den Wogen leidenschaftlicher musikalischer Emotionen zu ertränken. Aber alle Besorgnis war unbegründet gewesen. Fairneß und Freundlichkeit empfingen uns vor Beginn der Vorstellung, und ein überwältigender Ausbruch von Enthusiasmus dankte uns am Schluß und besiegelte so bereits am ersten Abend den neuen Pakt der

Freundschaft, den das warmherzige Londoner Publikum mit uns geschlossen hatte.

Leiter der deutschen und italienischen Seasons, die in den ersten Jahren nacheinander, später vermischt gegeben wurden, war Colonel Eustace Blois, und gestützt wurde das Unternehmen – nachdem es anfangs, wenn ich nicht irre, von einem australischen Komitee geführt worden war – von Lil Courtauld, der Gattin des bekannten Industriellen. Mrs. Courtauld war eine begeisterte Musikfreundin und sie verstand in taktvoller Form, einen wohltätigen Einfluß auf die Führung der Oper zu nehmen, ohne irgendwie hervorzutreten. Ich habe sie in eingehenden Besprechungen verstehend und voll besten Willens gefunden und ich bedauerte es tief, als sie aus mir nicht bekannten Gründen sich nach mehreren Jahren von der Oper zurückzog. Sam Courtauld, dessen schönes Adamssches Haus am Potman Square in London eine wundervolle Auslese französischer Impressionisten enthielt, hatte die Neigungen eines Mäzen und Soziologen und war ein schweigsamer, aber innerlich bewegter Mensch selbstständigen Denkens und entschlossener Tatkraft. Als seine Gattin die Oper verließ, begründete er mit ihr und dem Dirigenten Malcolm Sargent die ›Courtauld-Sargent-Concerts‹, ein aus ernsten künstlerischen wie aus philanthropischen Intentionen entstandenes Unternehmen, das er nach dem frühzeitigen Tode seiner Gattin fortsetzte. Ich verkehrte im Courtauldschen Hause, habe auch öfter, wenn ich zu Konzerten nach London kam, dort gewohnt, und gern denke ich an die gehaltvollen Stunden zurück, die ich in dem höchst kultivierten Kreise verbracht habe.

Es war, glaube ich, unsere dritte oder vierte Season, die wir mit einer besonders geglückten Aufführung des ›Rosenkavalier‹ eröffneten; sie hat sicherlich in entscheidender Weise zum Welterfolg des Strauss'schen Werkes beigetragen. Richard Mayr war der unvergleichliche Darsteller des Ochs von Lerchenau, höchst erfreulich in seinem behaglichen Humor, der Meisterung des österreichischen Dialektes und der stimmlichen und musikalischen Perfektion. Seine ersten Schritte auf der Bühne waren unter meiner Leitung erfolgt, als er seine Laufbahn als Silva in Verdis ›Ernani‹ 1901 an der Wiener Hofoper begann, ich hatte während meiner elf Jahre dort mit ihm ständig zusammengewirkt, ihn später oft als Solisten für meine Chorkonzerte engagiert und freute mich, mit dem sympathischen, urwüchsigen Salzburger wieder zu tun zu haben. Die Rolle des Oktavian gehörte Delia Reinhardt, meiner poetischen lyrischen Sängerin aus München, die die

Partie dort mit mir studiert und gesungen hatte und vokal, schauspielerisch und im Aussehen eine einzig reizvolle Vertreterin des knabenhaft feurigen, österreichischen Aristokraten war. Die Darstellerinnen der Marschallin und der Sophie hatte ich vorher noch nicht gekannt, über beide war mir aber von allen Seiten so hoch Rühmliches berichtet worden, daß ich ihrem Engagement gern zustimmte: es waren Lotte Lehmann und Elisabeth Schumann. Ich sehe noch die jungen Sängerinnen vor mir, die mir so vertrauensvoll und bescheiden im Büro des Theaters entgegentraten und die dort in London an der Schwelle ihrer Weltkarriere standen. Elisabeth Schumann war gesanglich und schauspielerisch die ideale Sophie und in Lotte Lehmanns Marschallin erstrahlte schon damals eine der bedeutendsten Leistungen der zeitgenössischen Opernbühne, begegnete ich jenem seltenen Phänomen der Identität von Künstler mit dichterischer Gestalt, durch das ein vergängliches theatralisches Erlebnis zum dauernden Eindruck wird. Auch die Besetzung der kleineren Rollen war durchweg mit großer Sorgfalt getroffen worden, und wenn die deutsche season in Coventgarden noch einer Steigerung in der Gunst des Publikums bedurft hätte, dann war sie mit dieser Aufführung des ›Rosenkavalier‹ erreicht, die sich wohl durch alle künftigen von mir dirigierten seasons auf dem Spielplan erhalten hat. Noch klingt mir das Schluß-Terzett der drei jungen, schönen, für einander wie geschaffenen Frauenstimmen im Ohr, die dieses Stück – durchaus nicht das wertvollste der sonst oft genialen Partitur – adelten.

Mit Freude denke ich auch an die ›Walküre‹ mit Lotte Lehmann als Sieglinde, Frieda Leider als Brünhilde, Kerstin Thorborg als Fricka, dem jungen, am Anfang seiner Karriere stehenden Lauritz Melchior als Siegmund und Friedrich Schorr als Wotan. Doch scheint es mir fast ungerecht, bestimmte Aufführungen zu erwähnen, denn trotz aller gelegentlichen Mängel und Schwächen der Leistungen, mit denen nun einmal das vielköpfige, komplizierte Fabelwesen des Operntheaters teils schuldvoll, teils schuldlos behaftet ist, hielten wir ein ziemlich gleiches Niveau – und nicht das ›allzumenschliche‹ Auf und Ab im einzelnen, sondern das allgemeine Niveau entscheidet über den Wert von Leistungen und Persönlichkeiten.

Eine Schwäche trübte allerdings den Eindruck unserer Vorstellungen, und weder der Regisseur Moore noch seine Helfer konnten ihr beikommen: die technischen Einrichtungen des Theaters waren primitiv und veraltet – die Bühne wurde erst später modernisiert –, und es wurde schlecht gezaubert. Die Nebelsäule, die Alberich bei seiner Verwandlung in den Drachen oder in die Kröte verbergen sollte, funktionierte oft zu spät und fuhr vor dem hilflos und verlegen wartenden Sänger plötzlich explosiv aus einem Blechrohr, das ein behaarter Arm aus der Kulisse herausstreckte; die drei geheimnisvollen Nornen mit dem Seil des Schicksals, denen Mr. Moore aufgetragen hatte, in gebückter Haltung im Dunkel zu verschwinden, wurden zu grell angeleuchteten, tief gebeugt davonschleichenden Damen mit einem Strick; fast nie genügte die Schärfe des zerfeilten, geschmolzenen, geschmiedeten Schwertes Nothung, um den Amboß mit einem Hieb zu spalten, gewöhnlich brach er erst geraume Zeit nach dem Schlag wie aus innerer Schwäche zusammen – aber unsere Zuschauer nahmen diese und ähnliche Illusionsstörungen geduldig auf, ja man war sogar taktvoll genug, nicht zu lachen, und nur einmal, als die Kellner im dritten Akt des ›Rosenkavalier‹ die Wandkerzen auf der linken Seite mit ihren Anzündern berührten, worauf die rechts angebrachten Kerzen aufflammten, brach Gelächter, ja sogar ein herzlicher Applaus aus. Sonst aber herrschte Ernst, Hingabe und wahre Begeisterung im Publikum, und der emotionelle Sturm von der Bühne her traf die Herzen der Zuhörer mit seiner vollen Kraft.

Ein begeisterter Zuhörer fast aller unserer Abende war mein alter Bekannter aus München, König Manuel von Portugal, der seine Loge im ersten Rang des schönen Hauses hatte, von wo er mit seiner zarten Frau, einer geborenen Prinzessin Hohenzollern-Sigmaringen, unseren Aufführungen ganz versunken zuhörte und stets im Zwischenakt zu mir hinunterkam, um seiner Ergriffenheit hingerissenen Ausdruck zu geben. Die Zwischenakte waren lang, und bald entwickelten sich daraus Unterhaltungen in meinem Zimmer oder in seiner Loge mit ihm und seiner Gattin, und ich lernte in ihm einen sozial fühlenden, nachdenklichen und durchaus friedlich resignierten Menschen, in ihr eine bescheidene, ernste Frau kennen. Einige Male besuchten meine Frau und ich ihn in seinem reizvollen Landhaus in Twickenham hinter Richmond, wo er, wie er sagte, mit seinen Büchern, seinen Blumen und seiner Orgel lebte – er spielte Orgel mit den Schwächen, aber auch mit der Glückseligkeit des Dilettanten. Auch habe ich einen Lunch bei ihm im Gedächtnis, dem auch Lotte Lehmann beiwohnte, und nach dem wir lange in dem weiten Garten hinter seinem Hause umherwanderten, um seinen liebevoll gründlichen Erklärungen über ›seine‹ Blumen zuzuhören. Er ist einem Unglücksfall erlegen – ein Stückchen Watte, das ihm von einem Besuch bei seinem Halsarzt in der Kehle geblieben war, soll ihm den Erstickungstod gebracht haben –, und ich denke noch heut mit Zuneigung und Rührung an den eigenartigen, enthusiastischen Menschen, den in jungen Jahren ein so absurder Tod getroffen hat.

Mein Zusammentreffen mit dem Komponisten Sir Edward Elgar muß ich erwähnen, dessen Zweite Symphonie ich in einem meiner Konzerte in Queenshall aufführte und den ich bei dieser Gelegenheit persönlich näher kennenlernte. Fühlte ich auch keine sehr innige Beziehung zu seinem Schaffen, so bewunderte ich doch seine Meisterschaft, besonders in den ›Enigma-Variationen‹, dieser Symphonie und seinem Violinkonzert. Tiefer noch berührte mich sein ›Traum des Gerontius‹ und nicht minder stark die ernste und innerliche Persönlichkeit des Komponisten, der sich mir bei dem Lunch, zu dem er mich geladen, herzlich erschloß.

Natürlich traf ich auch so oft als möglich mit meiner alten Freundin Ethel Smyth zusammen, die inzwischen ›Dame Ethel‹ geworden war, aber dabei nichts von ihrem höchst unkonventionellen Wesen und urwüchsigen Humor eingebüßt hatte. Sie näherte sich dem biblischen Alter, war aber noch immer die zeitlos junge, flammende Seele, als die ich sie einst in Wien erkannt hatte. Sie komponierte, sie schrieb und nahm an der Zeitgeschichte leidenschaftlichen Anteil, den sie gelegentlich in brillant abgefaßten, drastisch wirksamen Zeitungsartikeln ausdrückte. Durch sie lernte ich auch die ihr nah befreundete, eigenartig begabte Schriftstellerin Virginia Woolf kennen. Wir verbrachten einen Nachmittag im Hause der bedeutenden, ganz nach innen gewendeten Dichterin, und wenn ich auch bei dem Besuch einen fast schmerzhaften Eindruck von ihrer ungewöhnlichen seelischen Zartheit empfangen hatte, ahnte ich doch nicht – und auch Ethel Smyth scheint kein Vorgefühl davon gehabt zu haben –, daß Virginia Woolf, damals schon eine Frau mittleren Alters, sich später durch Selbstmord von ihrem unerträglich gewordenen Weltleid befreien würde.

Es konnte nicht ausbleiben, daß die lebendige Wärme der Atmosphäre in Coventgarden sich weiter ausbreitete. Sie strömte sogar über den Kanal hinüber und wirkte sich in dem schönen Erlebnis des Mozart-Zyklus in Paris 1928 aus, zu dem ich von dort her während der Londoner season 1927 eingeladen wurde. Solche Veranstaltungen waren natürlich erst durch die Verbesserung der politischen Lage, d. h. durch die Auswirkung der Verständigungspolitik zwischen Deutschland, Frankreich und England ermöglicht worden; welche wertvolle

Hilfe aber einer auf Befriedung gerichteten politischen Bemühung von Seiten der Kultur her geleistet werden kann, haben wir damals erlebt, und es wurde mir von den deutschen Botschaftern in London und Paris, Dr. Heinrich Sthamer und Dr. Leopold von Hösch, freudig bestätigt. Einen Gradmesser dafür boten die musikalischen Abende, die ich mit meinen Künstlern in der deutschen Botschaft in London veranstaltete. Ihre Räume waren bis dahin von der englischen Gesellschaft mehr oder weniger ostentativ gemieden worden; die Einladungen Dr. Sthamers zu diesen Konzerten, in denen unsere erfolgreichsten Künstler sangen und in denen ich am Klavier begleitete, fanden aber immer mehr englische Persönlichkeiten und Kreise bereit, einer so unpolitischen Veranstaltung beizuwohnen, und schließlich traf man die Londoner Gesellschaft wieder beim Botschafter wie in alten Zeiten. Ich glaube, daß wir in jeder season einen oder zwei solcher Musikabende in der deutschen Botschaft gaben, und schön war die halbe Stunde danach, wenn die letzten Gäste gegangen waren und nun der Botschafter, ein früherer Hamburger Senator, mit uns noch ein wenig zusammensaß, um uns zu danken und immer von neuem zu versichern, wie wirkungsvoll unsere Leistungen in Coventgarden und unsere Konzerte in seinem Hause ihn in seinen Bemühungen um eine Wiederannäherung mit England unterstützten. Ich erzählte ihm, welch besondere Genugtuung mir seine Mitteilung bereitete, da sie meine Überzeugung von den moralischen Kräften in der Musik stärkte, und wir verstanden uns in der gemeinsamen Hoffnung auf eine friedliche Welt, in der die Politik als Dienerin der Kultur eine bescheidenere, aber segensvollere Aufgabe finden würde. An jenen Abenden nahmen abwechselnd oder auch gemeinsam Lotte Lehmann, Elisabeth Schumann, Delia Reinhardt, Frieda Leider, auch Friedrich Schorr, Herbert Janssen, Richard Mayr u. a. teil, und weder unser hochgesinnter Gastgeber und seine warmherzige Gattin, noch irgend einer unter uns Künstlern ahnte, wie vergeblich sich jene Bemühungen, wie unbegründet sich unsere Hoffnungen erweisen würden. Der österreichische Gesandte Baron Frankenstein fand uns alle zu ähnlichen Veranstaltungen im Gesandtschaftspalais am Belgrave-Square bereit, und auch in das Haus des liebenswürdigen Vertreters Österreichs, der sich allerdings schon lange der Gunst der englischen Gesellschaft erfreute, zog unser Musizieren eine dankbare Zuhörerschaft.

Um mich gegen ein mögliches Mißverständnis zu sichern, möchte ich einfügen, daß ich eine ähnliche versöhnliche Annäherung durch Wiederaufnahme kultureller Beziehungen nach dem Zweiten Weltkriege noch geraume Zeit hindurch für unwahrscheinlich und auch für unerwünscht halte. Das Gift des Nazismus kann noch lange fortwirken, seine verheerenden Wirkungen auf dem Gebiet der deutschen Kultur – in Religion und Sittlichkeit, in Wissenschaft, in Schrifttum und Kunst – mahnen zur Zurückhaltung, bis eine radikale Sinnesänderung in Deutschland eingetreten ist. Die gekränkte Menschheit hat das Recht, eine Wartefrist und Quarantäne zu verhängen, um sich des ›Exports‹ nur solcher deutscher Kultur zu versichern, die rein geblieben ist oder sich nachweisbar gereinigt hat. Die Kunst und besonders die Musik scheinen zwar am wenigsten jenen Pestbazillen zugänglich, aber hat man nicht in Deutschland mit besonderer Energie gerade die Nazifizierung der Musen betrieben und mehr oder weniger freudige Unterwerfung in ihrem Bezirk erreicht? Gewiß glaube auch ich, daß in der Kunst die erste Annäherung erfolgen wird, hoffe aber auf Vorsichtsmaßregeln, wie sie nach dem vorigen Kriege gegenüber einer rein erhaltenen Kultur nicht notwendig waren, diesmal jedoch auch auf solch anscheinend harmlosem Gebiet äußerst ratsam erscheinen.

Ich fand das musikalische Leben in London in jenen Jahren nach meiner Rückkehr überaus regsam und mannigfaltig. Die besten Instrumentalisten, Sänger und Kammermusikvereinigungen traten in täglichem Wechsel vor ein musikfreudiges Publikum und zahlreiche symphonische Konzerte füllten die Säle. Doch erschienen mir die orchestralen Verhältnisse insofern problematisch, als die berühmten alten Londoner Orchester noch über keinen vollen Bestand an permanenten Mitgliedern verfügten, sondern für jedes Konzert eine gewisse Zahl freier Musiker zu engagieren hatten; so mußte, trotz der oft hohen Qualität der einzelnen Instrumentalisten, die Ensembleleistung in jedem Konzert von neuem erarbeitet werden. Ein besonderer Vorzug des englischen Orchestermusikers war freilich seine erstaunliche Leichtigkeit im Blattlesen, ohne die die Ansetzung von Novitäten auf den symphonischen Programmen wegen der gewohnheitsmäßigen Knappheit an Proben auch gar nicht möglich gewesen wäre. Immer klarer aber erkannte man unter diesen Umständen die Notwendigkeit permanenter orchestraler Organisationen; die auf dies Ziel gerichteten Bemühungen steigerten sich allmählich, und es hat mich sehr beglückt, das Entstehen und Erblühen so ausgezeichneter ständiger Orchester wie das der B. B. C., des Philharmonic Orchestra und des London Symphony Orchestra erlebt zu haben, nachdem die musikalischen Verhältnisse von Städten wie Manchester und Glasgow im Hinblick auf das Bestehen permanenter Orchester denen Londons früher überlegen gewesen waren.

Ich hatte seit meiner Kindheit eine Gefühlsbeziehung zum englischen Musikleben. Sie stammte aus der Zeit, von der ich berichtet habe, als ich bei der eifrigen Lektüre der Biographien von Komponisten unter dem Gegensatz zwischen dem inneren Reichtum und der irdischen Armseligkeit der schaffenden Musiker litt. Damals freute ich mich über vieles, was ich von Händels gewaltiger Bedeutung im englischen Musikleben, von den Londoner Erfolgen Haydns, Mendelssohns und Webers las, aber nichts glich dem tiefen, dem unauslöschlichen Eindruck, den mir die Erzählung von der Spende der Royal Philharmonic Society an den sterbenden Beethoven in all ihren ergreifenden Einzelheiten machte: Moscheles hatte der Gesellschaft die Bitte des Todkranken übermittelt, ihr früheres Anerbieten, zu seinem Besten eine ›Akademie‹ zu veranstalten, angesichts seiner verzweiflungsvollen Lage jetzt auszuführen. Die Philharmonic Society beruft daraufhin eine Generalversammlung ein und beschließt einstimmig, ihm sofort hundert Pfund Sterling zu senden. Unbeschreiblich ist des Bedürftigen, schwer Leidenden Freude und erschütternd der Ausdruck seiner heißen Dankbarkeit. Und noch nachdem er die Sterbesakramente empfangen, im Schatten des Todes, spricht oder flüstert Beethoven von seiner Dankbarkeit, in die er die englische Nation einschließt: »möge Gott sie segnen«. Ich war keineswegs so sentimental, die Bedeutung dieser Begebenheit zu verallgemeinern und das ganze englische Musikleben von ihrem Glanz bestrahlt zu erblicken, aber da war sie nun einmal, zu dauernder Ehre einer englischen musikalischen Gesellschaft, die damit keine philantropische Handlung begehen, sondern ihrer Bewunderung für einen musikalischen Genius Ausdruck geben wollte. Ich habe schon in meiner Jugend, wenn man behauptete, die Musik bedeute dem Engländer nicht viel, auf jenen Beweis für die Musikliebe weiter Kreise in England hingewiesen – denn zur Philharmonic Society gehörte ihr Publikum –, und meine persönlichen Erfahrungen als Ausführender und als Zuhörer sowie Äußerungen geschätzter englischer Kollegen haben die Begeisterung der englischen Hörer für Musik, das seelische Bedürfnis nach ihr bestätigt.

Es machte mir große Freude, nach etwa elfjähriger Abwesenheit wieder in London umherzuwandern und mich mit den Veränderungen nach so inhaltschwerer Zeit bekannt zu machen. Meine Aufenthalte in der Season erstreckten sich über fünf bis sechs Wochen, während mich die Konzerte vor dem Kriege immer nur einige Tage in London gehalten hatten, und so lernte ich eigentlich erst jetzt die großartige Stadt kennen. Die Hansoms waren von den Straßen fast gänzlich verschwunden, und die merkwürdig hochgebauten Auto-Taxis schienen mir in Hinsicht auf romantischen Reiz ein recht nüchterner Ersatz. Die Hotels und viele Privathäuser besaßen nun Zentralheizung und warmes Wasser, aber noch saßen die Horseguards in Whitehall Court unbeweglich starr auf ihren Pferden, noch waren die Perücken bei öffentlichen Zeremonien zu sehen, noch rösteten die Kaminfeuer die menschliche Rückseite, während die Vorderseite fror. Die Eßkultur war beträchtlich gestiegen, die strenge Trennung der Geschlechter nach den Mahlzeiten bestand fort. Einen rührenden Eindruck machte mir das geduldige Warten der Menschenschlangen vor den Theatern, denen gelegentlich Straßenmusiker, manchmal auch Tänzer und sogar Akrobaten die Zeit zu vertreiben suchten, und mich entzückte die freundliche Bereitwilligkeit, mit der man einem Mitwartenden, der sich mit einem tragbaren Feldstuhl das Leben erleichterte, den Platz aufbewahrte, wenn er verschwand, um eine Tasse Tee zu trinken, oder auch wenn alle das stumme Ersuchen respektierten, das sich in einem auf dem Sitz befestigten Stück Papier mit dem Namen des rechtmäßigen Besitzers ausdrückte. Ich durchwanderte London und Umgebung wieder mit der Aufmerksamkeit auf Gegenden oder Typen, die mir aus Dickens Romanen oder anderer Literatur bekannt waren — nie bin ich von Dover nach London gefahren, ohne mir auf der neben der Bahn herlaufenden Landstraße den armen David Copperfield und seine leidensvolle Fußwanderung zu seiner Tante Betsy vorzustellen, in den schlimmen östlichen Stadtteilen an der Themse erschienen mir die unheimlichen Gestalten Bill Sikes' und Fagins, in dunklen engen Straßen der City erwartete ich, Ralph Nicklebys finstere Erscheinung aus einem der alten Häuser treten zu sehen, oder auf einem Türklopfer Marleys gespenstische Züge zu erblicken. Die eingegitterten Squares, zu denen die Bewohner der umliegenden Häuser Schlüssel besaßen, lächelten mich freundlich an, das Drury Lane Theater, an dem mich mein Weg vom Waldorf Hotel zu Coventgarden täglich vorbeiführte, sprach als ein prächtiges Stück alter englischer Theatergeschichte zu meiner rückblickenden Phantasie, und ich begann allmählich, mich in London heimisch zu fühlen. Unendlich sympathisch war mir der freie Gebrauch, den man von den Rasenflächen der öffentlichen Parks machen durfte, und ich genoß in Hampton Court die Freude des Volkes an der Blumenpracht, wie mir überhaupt die Liebe zum Garten aus zahllosen Eindrücken in Stadt und Land entgegentrat. Einen interessanten Eindruck empfing ich in dem bekannten Generalstreik in London im Jahr 1926: Gemeinschaftsgefühl äußerte sich in allgemeiner spontaner Hilfsbereitschaft, ein kräftiger Humor milderte die Schärfe der Unannehmlichkeiten und mit wenigen Ausnahmen verhinderte der Geist der Mäßigung und Selbstdisziplin den Ausbruch von Gewalt. Ein ähnliches Erlebnis bei harmloserer Gelegenheit verschaffte mir einer jener unliebenswürdigen Londoner Nebel, die den Tag in Nacht und die Straße in ein geisterhaftes Schattenreich verwandeln: mein Zug, der mich nach Harwich zum Boot bringen sollte, konnte nicht abgehen, und gleich mir warteten Hunderte und allmählich vielleicht Tausende auf ihre Züge. Der große Bahnhof der Liverpoolstreet Station sah aus wie ein Feldlager. Menschen saßen auf Koffern, standen und lagen umher, und in all den Stunden des Wartens – mein Zug z. B. fuhr statt um zehn Uhr abends um drei Uhr früh ab – habe ich kein Zeichen der Ungeduld oder des Unmutes, nur ein gleichmäßig ruhiges, gutgelauntes Hinnehmen der unbehaglichen Situation, Hilfsbereitschaft und gegenseitige Rücksicht beobachten können. Und unvergeßlich bleiben mir die Szenen am Tage der Königskrönung in ihrem elementaren Übermut, als elegant gekleidete Damen und befrackte Herren zu irgendeiner improvisierten Musik auf der Straße tanzten und ganz London an dem festlichen Ereignis freudig teilzunehmen schien.

Ich gehörte nun bereits zur älteren Generation. Wäre nicht die Saison 1918/19 die Zeit der Niederlage und der Revolution gewesen, so hätte ich damals mein fünfundzwanzigjähriges Dirigentenjubiläum in München begehen können, was ich natürlich unterließ. Vier Jahre später hatte ich München verlassen, und es war mir gelungen, meine künstlerische Existenz von da an als eine Art geordneten Wanderlebens zu organisieren. Ich empfand, nach langer Gebundenheit, die Ungebundenheit angenehm; sie schien mir auch den unruhigen Verhältnissen in Europa angemessen, und ich akzeptierte aus der Fülle der Einladungen zu Gastdirektionen nicht mehr, als ich vor meinem Gewissen verantworten, d. h. in meinem gewohnten Arbeitsstil durchführen konnte. Kein Impresario, keine Agentur vertrat mich in Europa, denn ich wollte niemandem ein Recht auf meine Zeit oder eine Einmischung in meine Zeiteinteilung einräumen, hätte auch niemals erlaubt, daß man mich anbiete. Ich wollte nur dort musizieren, wo man mich aus eigener Initiative wünschte. Die Konzerte, die ich in Berlin dirigierte, waren Unternehmungen von Louise Wolff und ihrem Büro, die Wiener Konzerte veranstalteten die Konzertdirektion Hugo Heller oder die Philharmoniker; der Philharmonische Chor, das Konzerthaus luden mich ein und auch die Einladungen aus dem übrigen Europa gelangten direkt an mich. Meine Tätigkeit führte mich durch den Kontinent von Skandinavien bis Italien und Spanien, von Frankreich bis Rußland. Die Konzertvereinigungen der Musikstädte, die Direktionen von Opernfestspielen luden mich ein, und ich hatte mich mit dem Gedanken vertraut gemacht, ohne Dauerbindung zu musizieren, wo es künstlerisch anziehend war und allmählich mehr und mehr Zeit zu gewinnen, meinen sich immer ausbreitenden geistigen Interessen und Neigungen zu leben. Da mir der Aufenthalt in München aus den dargestellten Gründen unratsam schien, kamen als Wohnort für mich und meine Familie Wien oder Berlin in Betracht. Wir hatten, wie erwähnt, im Winter 1923/24 Wien zum Aufenthalt gewählt, aber es zeigte sich, daß für meine Reisen Berlin günstiger lag, und so nahmen wir im Herbst 1924 versuchsweise eine möblierte Wohnung am Lützowplatz in Berlin. Von Nazitum war, im Gegensatz zu München, kaum etwas in Berlin zu spüren, und, so schlimm noch die politische Lage war, sah es doch hoffnungsvoll aus; es war die Epoche nach der mirakulösen Neuschaffung einer gesunden Währung, als Stresemann vom Silberstreifen am Horizont gesprochen hatte, die Epoche, in der künstlerische Kräfte sich mit frischem Wagemut regten.

Als ich im Januar 1925 zum drittenmal nach Amerika fuhr, erhielt ich in Southampton ein Telegramm vom Verwaltungsrat der Städtischen Oper in Berlin, der mich ersuchte, vom Herbst des Jahres an die Stellung des Generalmusikdirektors zu übernehmen. Hier bot sich mir von neuem eine Tätigkeit, wie sie meiner Natur angemessen war — ich sollte mich wieder einem Institut widmen, ein Programm systematisch planen und durchführen, ein Opernensemble bilden und erziehen, Verantwortungen tragen, aber vielleicht damit auch Anteil nehmen an einem neuen Aufblühen des kulturellen Lebens. Schwer wogen meine Bedenken, mich nach dreijähriger Ungebundenheit, die sich mir so angenehm erwiesen, wieder zu fesseln, mit der Möglichkeit neuerlicher politischer Unruhe und ihrer Wirkung auf ein Kunstinstitut rechnen zu müssen; kaum konnte ich die Fülle der Sorgen fassen, die mich meinem Wesen gemäß sofort und mit allen Einzelheiten überfielen. Aber durfte ich mich dem Ruf entziehen, meine Kräfte noch einmal einer großen Aufgabe zur Verfügung zu stellen? Ich ersuchte telegraphisch um Verschiebung der ganzen Angelegenheit bis zu meiner Rückkehr und der damit verbundenen Möglichkeit, mich über die Aufgabe, die ich übernehmen sollte, genau zu orientieren. Man willigte in den Aufschub, und als ich wieder in Berlin war, besuchte mich Heinz Tietjen, Leiter der Breslauer Oper, der zum Intendanten der neu zu organisierenden Städtischen Oper gewählt worden war und versicherte mich seiner grenzenlosen Bereitschaft, alle meine künstlerischen Wünsche zu erfüllen. Da ich bei diesen ersten Besprechungen in Berlin und einer späteren während einer Eisenbahnfahrt den Eindruck künstlerischen Verständnisses von ihm erhalten und alle meine kontraktlichen Forderungen erfüllt wurden, unterschrieb ich den Vertrag und befand mich nun wieder in verantwortlicher Stellung an einem Opernhaus, wohin ich ja auch eigentlich gehörte. Wir nahmen eine Wohnung am Kaiserdamm in Charlottenburg und übersiedelten damit definitiv nach Berlin – oder wenigstens schien es uns so.

## 4

In seinen Erinnerungen spricht der englische Botschafter in Berlin Lord d'Abernon von der Zeit nach 1925 als von einer Epoche des Glanzes im kulturellen Leben der Reichshauptstadt, und Alfred Kerr nennt sie ein neues Perikleisches Zeitalter. Und in der Tat war es, als ob alle hohen künstlerischen Kräfte noch einmal aufstrahlten und dem letzten festlichen Symposion der Geister seinen vielfarbigen hohen Glanz gaben, bevor die Nacht der Barbarei hereinbrach. Was damals das Theater in Berlin leistete, kann an Talent, Lebendigkeit, Höhe der Intention und Fülle des Gebotenen kaum übertroffen werden. Da gab es das Deutsche Theater und die Kammerspiele, in denen Reinhardt waltete und aus Tragödien, Schauspielen und Lustspielen von Shakespeare bis zu Hauptmann und Werfel, von Molière bis zu Shaw und Galsworthy, von Schiller bis zu Unruh und Hofmannsthal Festspiele der darstellenden Kunst machte. In der Tribüne sah man unter Eugen Robert die französische, englische und ungarische Komödie in sorgfältiger und beschwingter Wiedergabe. Im staatlichen Schauspielhaus erregten Leopold Jessners theatralische Experimente erhitzte Diskussionen, Karlheinz Martin leitete die Volksbühne mit wahrem Verständnis für eine kunstbewußte Popularisierung von Dichtung und Theater, und andere Bühnen wetteiferten mit den genannten an Bemühungen um die Erhöhung der dramatischen, interpretativen Kunst. So blühten miteinander die Begabung von Schauspielern und Regisseuren; das zeitgenössische einheimische und internationale Schaffen kam ebenso zu seinem Recht wie das der Vergangenheit, und wenn auch viel Experiment, Absonderlichkeit und selbst gelegentlich Absurdität sich bemerkbar machten, gemeinsam dem allen, ja das eigentliche Zeichen jener Zeit, war eine geistige Wachheit ohnegleichen. Und der Wachheit der Gebenden antwortete Wachheit der Empfangenden — es herrschte eine leidenschaftliche allgemeine Konzentration auf das kulturelle Leben, die sich auch in dem breiten Raum ausdrückte, den die Zeitungen trotz der politisch so aufgeregten Zeit täglich der Kunst widmeten. Natürlich standen die musikalischen Vorgänge nicht minder im Licht des öffentlichen Interesses. Die Philharmonischen Konzerte unter Wilhelm Furtwängler, die ›Bruno Walter-Konzerte‹ mit dem Philharmonischen Orchester, eine Fülle von Chorkonzerten, Kammermusikabenden und Solistenkonzerten, die Leistungen der Staatsoper, die sich in Premieren wie Alban Bergs ›Wozzek‹ und Leo Janaceks ›Jenufa‹ unter Kleibers Leitung bedeutende Verdienste erwarb, der nun aufblühenden Städtischen Oper unter meiner Führung, der Kroll Oper unter Klemperer und anderer Institute glänzten neben denen der Sprechbühne, und die Bemühungen auf den Gebieten der bildenden Künste, der hohe Stand der Wissenschaften, von denen ich hier unmöglich sprechen kann, vervollständigten das imponierende Bild jener Epoche.

Das Haus der Städtischen Oper wirkte auf mich von Anfang an als das beziehungsloseste, unzauberischste aller Theater. Nicht nur war es architektonisch ganz und gar nüchterne Stattlichkeit, es hatte sich auch noch durch keine höheren Kunstleistungen seinem Publikum kostbar gemacht, keine feierlichen Erinnerungen verklärten den reizlosen Raum im Gemüt der Besucher, machten den Eintritt in den Saal zum ahnungsvollen Verlassen der Realität. Auf vielfältige Ursachen kann der Zauber von Räumen und Gegenständen zurückgeführt werden; der künstlerische Geist, der sich in ihrer Gestalt, ihrer Lage, ihrem Material ausspricht, mag eine gewisse Magie ausüben, die allmählich überstrahlt werden wird von der ihrer Geschichte, ihrer wachsenden Beziehungsfülle, d. h. von der symbolischen Kraft, die Raum oder Gegenstand gewonnen haben. Ich sah einmal bei Stefan Zweig in Salzburg das hölzerne Schreibpult Beethovens, dem Ansehen nach ein nüchtern uninteressanter Gegenstand ohne Besonderheit. Aber es bewirkte ein kaum erträgliches, stürmisches Zusammenschießen von Vorstellungen, Bildern, Erinnerungen, Gedanken und Gefühlen – kurzum es übte Macht aus. Und es ist ein tröstender Gedanke, namentlich für den Künstler, daß auch in der nüchternsten Wirklichkeit sich das Materielle oft romantisiert, sich von einem stumpfen ›Sein‹ zu einem lebendigen ›Bedeuten‹ entwickelt. Ich habe diesen Umweg genommen, um meine Enttäuschung über den Raum der Städtischen Oper und zugleich meine Absicht und meine Hoffnung zu begründen, mit der künstlerischen Leistung der nächsten Jahre dem Theater eine Gefühlsbedeutung zu gewinnen, die ihm bisher durch die Nüchternheit des Innern, des umgebenden Straßenbildes, seine Geschichtslosigkeit versagt war. Gerade nach den Vorteilen, die mir die schönen Münchener Theater ohne mein Verdienst ›als Morgengabe‹ in unsere Verbindung mitgebracht hatten, reizte mich das Problem, in diesem Milieu eine Atmosphäre aus eigenen Kräften zu schaffen. Ich hatte am Ende meiner Berliner Tätigkeit den Eindruck, daß es mir bis zu einem gewissen Grade gelungen war.

Eine Morgengabe materieller Art, aber von nicht zu unterschätzendem Wert, bot mir der technische Apparat der Bühne. Sie konnte mitsamt ihrem Aufbau und allen auf ihr befindlichen Personen auf Rädern auf die linke, gleich große Seitenbühne gerollt und dort umgebaut werden, während die rechte Nebenbühne fertig aufgebaut auf den Platz der Hauptbühne hinüberglitt. Diese Möglichkeit schnellster Verwandlungen, der feststehende, massive Rundhorizont im Hintergrund, die reich ausgestattete Beleuchterbrücke, die vierfarbige Rampe und ein erstaunliches Versenkungssystem erleichterten in erfreulicher Weise die Lösung technischer Probleme.

Die geistige Atmosphäre von Berlin war damals in anregender Weise einem Vorhaben wie dem meinen günstig, und ich stürzte mich noch einmal mit allen Kräften in die Aufgaben des Aufbaus und der Durchbildung eines Operninstitutes.

Der Mann, mit dem ich in gemeinsamem Wirken die Städtische Oper zu führen hatte, der Intendant Heinz Tietjen, gehört zu den sonderbarsten Menschen, mit denen mich das Leben zusammengebracht hat. Trotz unseres fast täglichen Kontaktes in vierjähriger Arbeit ist es mir nicht gelungen, den Undurchsichtigen kennenzulernen. So verehrungsvoll er sich vom ersten bis zum letzten Tage unserer Verbindung gegen mich erwies, so freundlich unser Verkehr war, er ist mir menschlich fern und rätselhaft geblieben.

Hat Tietjen gelebt? So lautete ein Scherzwort, das infolge der seltsam versteckten Existenz des amtlichen Leiters der Bühne im Personal kursierte, und ich hätte die Frage, trotz täglicher Besprechungen mit ihm, nicht ohne Einschränkung bejahen können. — Geboren in Tanger als Sohn eines deutschen Diplomaten — seine Mutter war englischer Abkunft —, sprach er deutsch, englisch und spanisch und verdankte seiner Herkunft außerdem die ruhige Weltgewandtheit im Verkehr mit Menschen aller Art. Seine Neigung aber galt von früh an weder dem Beruf noch den Lebenskreisen seines Vaters, sondern dem Theater und der Musik. Er hatte sich um eine gründliche musikalische Ausbildung bemüht und als angehender Dirigent den Unterricht Arthur Nikischs genossen, war dann Kapellmeister, später Theaterdirektor geworden und versuchte in Trier und danach in Breslau, beide

Tätigkeiten zu kombinieren. An der Städtischen Oper sprang er eines Tages in ›Siegfried‹ ein und soll das Werk mit erstaunlicher technischer Beherrschung dirigiert haben. In den Bayreuther Festspielen, deren Leitung er an der Seite von Winifried Wagner übernahm, hat er sich ebenfalls gelegentlich als Dirigent bewährt. Auch als Regisseur fand ich ihn sicher und routiniert, wenn auch keineswegs phantasievoll oder eigenartig, und in Fragen der Theaterverwaltung erwies er sich als erfahrener Fachmann. Aber mit all dieser Tüchtigkeit und Vielseitigkeit trug der mittelgroße Mann mit den halbgeöffneten, stets zur Seite blickenden Augen hinter Brillengläsern, dem schmallippigen, fest zusammengekniffenen Munde und dem nervösen Gesichtszucken eine graue Glanzlosigkeit an sich. Kein lebhaftes, spontanes oder gar interessantes Wort kam aus seinem Mund – er sprach temperamentlos, leise, wohlüberlegt –, dann unterbrach plötzlich ein freundliches Lächeln und ein unverkennbar gemütlicher, ja vertraulicher Ausdruck die Verschlossenheit seines Wesens, er ergoß sich in herzlichem Gespräch, ja schon glaubte man, Tietjen lebe – aber da war der Anfall schon wieder hinter einer Maske von Ichlosigkeit verschwunden. Natürlich entstand auf diese Weise ein beunruhigender Eindruck von Verstecktheit, aber auch von verhaltener Kraft, der zweifellos zu den starken Wirkungen dieses planenden, tief ehrgeizigen Mannes beitrug. Und jedenfalls existierte hinter der sonderbaren Unbeweglichkeit und Beherrschtheit, wenn auch keine feste Persönlichkeit, so doch ein hartnäckiger Spannungszustand, der eine lange, geduldig ertragene Wartezeit überdauern konnte, um sich im schlau gewählten Moment plötzlich durch eine wohlvorbereitete Handlung zu äußern. Solch stilles, langfristiges Planen, verbunden mit der Fähigkeit des Wartenkönnens, gehörte zu den besonderen Charakterzügen Tietjens, in denen er Männern von bedeutender weltlicher Wirksamkeit ebenbürtig war, und der lange Atem in seiner Entschlußkraft mag beträchtlich zur Erklärung seines erstaunlichen Aufstiegs und der Dauer seines Erfolges beitragen.

Zwischen diesem Karrieristen großen Stils und mir gab es jedoch, trotz unserer abgründigen Verschiedenheit, eine Brücke, die zwar schließlich, von seiner Seite überbelastet, zusammenbrach, deren Reste aber noch unsere Trennung, mit all ihren ernsten sachlichen und persönlichen Gründen, überdauert haben. Ich habe den seltsamen Menschen nicht ganz aufgegeben. Trotz der schweren Enttäuschungen, die er mir bereitet, glaube ich auch weiter an eine kleine Oase von echter

Gutartigkeit in der Wüste des Ehrgeizes, als die ich seine Seele erkannt habe, und ich bin überzeugt, daß seine stets bekundete Zuneigung zu mir als Künstler und Mensch die harten Worte, die ich ihm geschrieben und gesagt, sowie mein Scheiden überlebt hat. Diese Zuneigung war die Grundlage unserer Zusammenarbeit gewesen, und er hat sie durch die opferfreudige Mühe bewiesen, mit der er nach der Erfüllung aller meiner, ihm oft unbequemen, künstlerischen Wünsche strebte. Nur war eben sein Ehrgeiz doch noch größer als seine Ergebenheit, und von seinem oft ausgesprochenen Vorsatz, daß er mit mir stehen oder fallen wolle, hat Tietjen nur die erste Hälfte gehalten: er ist nur mit mir gestanden. Doch schließlich, ich bin ja auch nicht gefallen – ich bin nur gegangen. Und wie gesagt, ich zürne ihm nicht. Ich denke gern zurück an die Minuten seiner Offenheit und verzeihe ihm die Stunden der Undurchsichtigkeit.

Von meiner Tätigkeit an der Städtischen Oper denke ich nicht viel zu sagen. Ich führte in einigen meiner Aufführungen selbst die Regie, wie z. B. in Donizettis ›Don Pasquale‹ mit Maria Ivoguen als Norina, in Webers ›Euryanthe‹ mit Maria Müller als Euryanthe und Emil Schipper als Lysiart und, irre ich nicht, in ›Fidelio‹ mit Helene Wildbrunn als Leonore. Ich lud Karlheinz Martin ein, Verdis ›Othello‹, Mozarts ›Figaro‹ und ›Cosi fan tutte‹, Hugo Wolfs ›Corregidor‹, Debussys ›Pelléas und Mélisande‹ zu inszenieren und arbeitete nun zum erstenmal mit einem wirklich bedeutenden Regisseur, der zwar vom Schauspiel herkam, mich aber mit der Einfühlung des wahren Talents und dem freudigen Eingehen auf meine von der Musik diktierten Wünsche aufs höchste befriedigte. Martin hatte die Phantasie der echten Theaterbegabung, er wollte dem Werk dienen und sich mir anpassen – was mehr konnte ich mir wünschen? Ich habe ihn denn auch später nach Salzburg gezogen, und die großartigen Inszenierungen der dortigen berühmt gewordenen Aufführungen des ›Don Giovanni‹ und ›Figaro‹ sind ihm zu danken. Tschaikowskis ›Pique Dame‹ und ›Eugen Onegin‹ mit Lotte Lehmann als Lisa und als Tatjana möchte ich als besonders wohlgelungene und erfolgreiche Aufführungen erwähnen, und Wagners ›Meistersinger‹ und ›Tristan‹, Mozarts ›Zauberflöte‹ in den herrlichen Schinkelschen Dekorationen, ›Fidelio‹ in Rollers Bühnengestaltung, Verdis ›Othello‹ und ›Falstaff‹, Hugo Wolfs ›Corregidor‹, Pfitzners ›Armen Heinrich‹ und ›Rose vom Liebesgarten‹, Korngolds ›Wunder der Heliane‹, Strauss' ›Elektra‹ und ›Ariadne‹, Schrekers ›Das Spielwerk und die Prinzessin‹, Bittners ›Mondnacht‹, die Berliner Premiere der ›Turandot‹ von Puccini als meine Hauptarbeiten nennen.

Als die ersten Monate unserer Arbeit vergangen waren, begann Tietjen mit leiser Stimme von großen Projekten zu murmeln. Es handelte sich dabei seiner Erzählung nach um nichts weniger als eine Art Fusion zwischen unserem Institut, das ein Unternehmen der Stadt Berlin und der Staatsoper, die dem preußischen Kultusministerium unterstellt war. Der Plan einer Vereinigung der staatlichen und städtischen Solopersonale, Chöre und Orchester, mit einem wohlgeordneten Repertoire für die beiden Häuser klang großartig und verführerisch, aber ich drückte meine Bedenken wegen der Probleme aus, die mit dieser komplizierten Umbildung verbunden waren, unter denen nicht als das kleinste mir der Ausgleich zwischen Staat und Stadt schien. Ich sagte ihm auch, daß ich ganz zufrieden mit dem Umfang meines jetzigen Wirkungskreises wäre und keinen Wunsch nach größeren Kompetenzen hätte, daß aber bei einer Fusion ich die entscheidende Stimme auch in der vergrößerten Organisation haben müsse, da ich nur dann die Verantwortung weiter übernehmen könne, die in der öffentlichen Meinung und faktisch auf mir lasten würde. Ich legte die Schwierigkeiten dar, die ich in bezug auf diesen Punkt erblickte und riet von einer Verfolgung des Planes ab.

Was aber bedeutete meine Einsicht und Voraussicht gegenüber Tietjens Ehrgeiz? Er erklärte, daß er ja das ganze Projekt ausschließlich deshalb so reizvoll finde, weil es meinen Wirkungskreis in dem mir gebührenden Sinn erweitere, daß er nichts wolle, als mir die Wege bereiten, und ich sah mit Sorgen das Unheil voraus, das dann auch eintrat.

Mein fünfzigster Geburtstag kam heran, und der Berliner Oberbürgermeister Dr. Boeß erklärte, er wolle ihn feiern. Er veranstaltete am 15. September 1926 eine glänzende Festlichkeit, man sagte mir die schönsten Dinge, und ich las an dem gleichen Tage in der Zeitung, daß das preußische Staatsministerium für Kultus und Unterricht den Intendanten der Städtischen Oper Heinz Tietjen zum Generalintendanten der Berliner Staatsoper ernannt habe. Ich rief ihn am nächsten Tage an und ersuchte ihn um eine Erklärung. Er kam zu mir, blickte zur Seite, zuckte nervös und berichtete meiner Frau und mir, daß er durch sein Wort zur Geheimhaltung seiner Verhandlungen mit dem Ministerium verpflichtet gewesen sei und daß er die Abmachungen nur als ersten Schritt auf dem Wege zur Verwirklichung des großen

Planes ansehe, von dem er mir immer gesprochen, der Vereinigung von Städtischer mit Staatsoper unter unserer, d. h. seiner und meiner Oberleitung. Ich erwiderte, er hätte dem Minister gegenüber mich von seiner Verpflichtung zur Geheimhaltung der Verhandlungen ausnehmen müssen, weil ja niemand empfindlicher von Tietjens Eintritt in einen neuen Interessenkreis betroffen würde als ich. Bis jetzt seien unsere Interessen identisch gewesen, durch seine Bindung an zwei Institute habe sein Pflichtenkreis sich in einem für mich ungünstigen Sinn erweitert. Denn Vorschläge, die ich für die Städtische Oper machte, müsse er von nun an unter dem Gesichtspunkt erwägen, ob sie auch nicht gegen die Interessen der Staatsoper verstießen, und ich fragte ihn, ob nicht das Ministerium mit seinem Engagement der neu erstandenen Konkurrenz durch die Städtische Oper ein Ende bereiten wollte. Das Resultat dieser Unterredung wie ähnlicher, folgender Besprechungen war, daß er immer wieder um mein Vertrauen bat und schwor, alles wäre nur in meinem Interesse geschehen.

Mein Wunsch, ihm zu glauben, meine Geduld und Tietjens unglaubliches Geschick im Manövrieren, vermochten den Konflikt zwischen meinen auf die Städtische Oper konzentrierten Bemühungen und seinen zugleich den Staatsopern Unter den Linden und bei Kroll gewidmeten Interessen fast drei Jahre hindurch hinauszuziehen. Ob er es mit dem ›großen Projekt‹ noch ernst meinte, ob er nicht, trotz seiner Ergebenheit, meine milde, aber hartnäckige ›Tyrannei‹ satt hatte und nach Trennung von mir strebte, sobald er durch die Verbindung mit mir stark genug geworden war – ich weiß es nicht. Als es zweimal geschehen war, daß ich junge Sänger entdeckt hatte, die er dann statt zu mir an die Staatsopern engagierte – einer dieser Fälle betraf die reizende Jarmila Novotna, die mir in Prag vorgesungen –, stellte ich ihn vor die Entscheidung: entweder Vereinigung der Institute, die ja sein Projekt gewesen war und für deren Organisation ich ihm nun einen Plan vorlegte, oder seine Trennung von der Staatsoper. Falls die Alternative unannehmbar für ihn wäre, würde ich aus meiner Stellung scheiden. Tietjen schickte mir nun unseren gemeinsamen Freund Preetorius ins Haus, um mich umzustimmen. Eine Gruppe von Kunstfreunden, geführt von dem Chefredakteur der Vossischen Zeitung Georg Bernhard, bat mich zu bleiben. Der Berliner Oberbürgermeister und einige Mitglieder des Stadtrates suchten mich unter allen möglichen lockenden Angeboten, zu einer konziliianten Haltung zu bewegen. Ich aber bewies allen die Unhaltbarkeit des Zustandes, den ich schon zu lange geduldig ertragen und der mir nicht mehr erträglich war. Unter Sympathiebeweisen, die fast noch die Demonstrationen bei meinem Scheiden von München übertrafen, verließ ich nach vierjähriger Tätigkeit die Berliner Städtische Oper. Zu meiner Abschiedsvorstellung hatte ich auch hier ›Fidelio‹ gewählt. Ich behielt meine Wohnung und meine Konzerte mit dem Philharmonischen Orchester, habe aber in Berlin nur noch einmal, und zwar als Gast der Staatsoper, eine Oper dirigiert, Webers ›Oberon‹.

Zu meinem Entschluß, die Städtische Oper zu übernehmen, hatte ein sehr persönliches Motiv beigetragen. Meine Eltern und Geschwister lebten in Berlin und hatten, von den Konzerten in der Philharmonie abgesehen, nur wenig von meinem Musizieren genossen und selten etwas von meiner eigenen Familie gesehen.

Vater und Mutter waren beide über achtzig Jahre alt, sie hatten meinen Aufstieg in öffentlichen Berichten und in meinen Briefen miterlebt, sich am Wachsen meiner internationalen Geltung erfreut; während der langen Jahre meiner Laufbahn waren die Taschen meines Vaters, wie damals in meiner Kindheit, mit den Zeugnissen meiner Erfolge gefüllt gewesen – nun wünschte ich sehr, ihnen noch einmal nah zu sein und sie in meinen Aufführungen zu wissen. Mein Vater war völlig taub geworden, doch behauptete er, Musik hören zu können. Jedenfalls saß er mit strahlender Miene im Publikum, doch wie ich vermute, beglückte ihn der Anblick der Zuhörerschaft und ihres Beifalls mehr als meine Leistung. Meine Mutter hörte noch gut, doch war sie schon recht leidend und somit weniger genußfähig. Trotzdem sonnten sich meine Eltern und natürlich auch meine Geschwister innig beglückt in dem Glanz, der ihnen noch nie so nah gekommen war, und ich genoß ihre Freude von ganzem Herzen mit. Das drohende Unheil der Hitlerbewegung konnte noch nicht ihre Gedanken trüben, denn gerade in Berlin sah es in diesen Jahren nach einer Verringerung der Gefahr aus, und beide Eltern starben, bevor der Nazismus in ihr Schicksal eingreifen konnte. So war es mir vergönnt gewesen, während ihrer späten Lebensjahre ihre heitere, friedliche Gegenwart zu genießen und ihnen sogar in ihren letzten Tagen nah zu sein. Sie haben die Erde in dem Gefühl verlassen, daß das Leben schön gewesen war.

Wien hatte sich inzwischen sehr verändert. Die Großmacht, deren weltstädtisches Zentrum es gewesen war, war zerschlagen, die Millionenstadt war der Mittelpunkt des kleinen Österreich geworden, und sie war bemüht, sich nach innen und außen den veränderten Verhältnissen anzupassen. In dem staatsmännisch klugen Bundeskanzler Seipel besaß das Land einen moralisch hochstehenden, international geachteten Leiter, die beiden Hauptparteien der Christlichsozialen und der Sozialdemokraten bekämpften einander, aber nicht im gewaltsamen Sinn, und es sah nach Erholung und Wiederaufbau aus.

Die Wiener Oper war nach Gregors Abgang in die Hände von Richard Strauss und Franz Schalk als Direktoren übergegangen. Das ungleiche Paar konnte sich nicht verstehen, und im Jahr 1924 schied Strauss im Zorn und Schalk übernahm allein die volle Leitung. Er war Wiener, erfüllt von der dortigen musikalischen Tradition, Schüler und Anhänger von Bruckner, ein ausgezeichneter Musiker, ein Mann von Geist und Kultur und – er liebte die Wiener Oper. So war er sich seiner hohen Verantwortung bewußt, lebte nur für das geliebte Institut und wenn auch die Bedeutung des Musikers und der Persönlichkeit der des Dirigenten überlegen war, so ging doch von ihm auch am Pult – und mit den Jahren in gesteigertem Maß – die Wirkung von Autorität und Ernst aus, und man muß seiner Leistung als Direktor des Institutes mit Hochschätzung gedenken. Übrigens war er kämpferisch veranlagt, verfügte über einen außerordentlich schlagfertigen, boshaften Witz und verwandte seine scharfen Waffen mit guter Wirkung im Interesse der Staatsoper und der Kunst. Ein Erfolg größten Stils war ihm beschieden, als er an der Spitze der Wiener Oper in Paris erschien, und namentlich die Aufführung des ›Fidelio‹ brachte ihm große Ehren.

Wir waren uns während der elf Jahre meines ersten Wirkens an der Wiener Hofoper persönlich nicht nah gekommen. Ich hatte den spöttischen Ton kühler Überlegenheit, der zu ihm gehörte, in meinen jungen Jahren besonders unangenehm empfunden. Ich konnte Schalk durchaus keine andere Überlegenheit als die der Jahre und der Selbstsicherheit zugestehen und hielt mich von ihm in jener Ablehnung fern, die ich immer spöttischen Menschen gegenüber gefühlt habe. Und sehr wahrscheinlich dürften auch ihm irgendwelche meiner Eigenschaften unangenehm gewesen sein. Doch war unsere Beziehung stets höflich und achtungsvoll geblieben, ja, wir fanden uns manchmal und ausnahmsweise – wohl zu beiderseitigem Erstaunen – in einem angeregten Gespräch, von dem sich dann jeder wieder in sich selbst zurückzog.

Ich weiß nicht, ob mein damaliger Eindruck von Schalks seelischer Dürftigkeit bei geistiger Schärfe ihm nicht Unrecht tat, denn sein späterer opferfreudiger Dienst an der Wiener Oper, wie auch sein künstlerisches Wachstum in den letzten Jahren seines Wirkens deuten auf Kräfte, die entweder von dem Meltau seiner spöttischen Kühle damals in ihrer Entwicklung gehemmt oder auch nur meinem unerfahrenen Blick verdeckt geblieben waren. Jedenfalls ereignete es sich, daß wir uns nach Jahrzehnten, nicht lange vor seinem Tode, plötzlich in einer Atmosphäre gegenseitigen Wohlwollens ›fanden‹. Ich war gerührt über seine Hingabe an das Institut, von der ich unanzweifelbare Kunde hatte und über den immer tieferen Ernst seines Musikertums, und er fand wohl auch Gefallen an der künstlerischen Haltung, die ich konsequent eingenommen. So kam es, daß wir in einer von ihm angeregten Zusammenkunft in einem stillen Kaffeehaus in der Nähe von Salzburg eine Stunde in wahrem Einverständnis miteinander verbrachten. Später, als er ein bestimmtes Mozartsches Werk – ich weiß nicht mehr welches – wegen seiner schweren Krankheit nicht mehr in den Salzburger Festspielen dirigieren konnte, bat er mich brieflich, es zu übernehmen, es würde ihn trösten, es in meinen Händen zu wissen.

Meine Verbindung mit dem Wiener Musikleben knüpfte sich in den zwanziger Jahren immer enger. Ich kann es nicht anders ausdrücken, als daß das musikalische Wien an mir hing und sich an mich hielt. Jedes Konzert steigerte die Herzlichkeit und brachte neue Beweise unserer tiefen Verbundenheit. Und bei allen meinen Besuchen sah ich auch meine alten Freunde, und wir erneuerten das Gefühl der Zusammengehörigkeit, die sich an der Fülle unserer gemeinsamen geistigen und künstlerischen Neigungen jung erhielt. Eine neue Gestalt trat in jener Zeit in mein Leben, die es mit den Gaben ihres Geistes bereichert hat. Nach einer von mir dirigierten Aufführung der Zweiten Symphonie von Mahler machte mich Alma mit Franz Werfel bekannt. Mir war sein Name nicht fremd. Ich hatte Gedichte von ihm gelesen, die wohl aus der Zeit seiner Verbindung mit einem eigenartigen literarischen Kreise in Prag stammten und in ihnen, neben manchen schwer zugänglichen Dunkelheiten, eine edle, gefühlsstarke, sprachlich neuartige Lyrik gefunden. Bei allmählich näherer Bekanntschaft bestätigte mir seine Persönlichkeit völlig jene Eindrücke von seinem Dichten, und ich dachte an den Freund des Staretz Sossima in ›Die Brüder Karamasoff‹, den Dostojewski einen ›gleichsam bebenden Menschen‹ nennt. So schien mir auch Werfel von jeder Berührung mit dem Leben, mit Menschen, mit Ereignissen und vielleicht vor allem mit Musik zu erbeben, und ich erkannte die Fülle und Überfülle, die sich in eigener Formung des mitgefühlten Lebens beständig ergießen mußte.

Werfel ist ein wahrer Dichter, und wenn er in seiner echten Erzählerlust, in der er mich an Hamsun oder die Lagerlöf erinnert, seine großen Romane fabuliert, scheinen die Einfallskraft und der Visionenreichtum das Wesentliche und die Bildung der großen Formen aus jenem Urtrieb traumhaft entstanden. Es waren herrliche Stunden, die wir in Almas schönem Hause in der Steinfeldgasse auf der ›Hohen Warte‹ in Wien verbrachten, denn Werfel besaß in hohem Maße jene Eigenschaft, die ich bei geistigen Menschen über alles schätze: er verschwendete sich im Gespräch. Auch war ihm eine Gabe des mündlichen Erzählens verliehen, die jede Schilderung aus seinem Munde zum unmittelbaren Erlebnis machte. Natürlich brachte uns seine Liebe zur Musik besonders nah zusammen, und ich habe es oft bewundert, wie gründlich und wie tief er die Werke kannte, die ihm teuer waren. Erstaunlich war mir namentlich seine Vertrautheit mit dem Schaffen Verdis, die er ja auch in der Verdeutschung und Bearbeitung einiger ihm besonders werter Opern des Meisters bestätigt hat. Auch in dem Verdi-Roman, in dem eigentlich Venedig die herrlich dargestellte Hauptgestalt ist, spricht sich seine nahe Beziehung zu dem großen italienischen Musiker aus, doch habe ich überhaupt in meinen Opernvorstellungen oder Konzerten nie einen heißer mitfühlenden, inniger der Musik hingegebenen Zuhörer gehabt als Franz Werfel. Er genoß mit den Sinnen wie mit der Seele, kurz er erbebte mit der Musik wie es zu seiner Natur gehörte, und seine Beziehung zu Alma ist meiner Ansicht nach ebenso auf ihre Musikerfülltheit und ihr begeistertes Musizieren gegründet wie auf ihre literarische Erschlossenheit.

Seine ›Barbara‹ hatte mir tiefen Eindruck gemacht, ich liebte die ›Geschwister von Neapel‹, war von den ›Vierzig Tagen des Musa Dagh‹ ergriffen, dem Werk, das er seltsamerweise auf Eindrücke in Damaskus hin und vor den Judenverfolgungen in Deutschland ahnungsvoll geschrieben; ich genoß den ›Veruntreuten Himmel‹ – besonders die großartig erzählten Szenen mit dem betrügerischen Neffen –, und ich verstand aus der furchtbaren Erschütterung, die den Dichter auf der Flucht vor den Nazihorden in Lourdes erfaßt, die von Wunder-Sehnsucht erzeugte und erfüllte Erzählung von dem Kinde Bernadette. Ich hatte Werfel in jenen Jahren in Wien gar nicht sehr häufig gesehen – ich kam ja nur gelegentlich hin, und oft befand er sich dann arbeitend in Breitenstein am Semmering – aber wir sind uns nicht mehr verloren gegangen, und sein Schaffen ist mir immer nah geblieben. Wir haben uns aber in den letzten Jahren vor dem ›Anschluß‹ häufiger in Wien getroffen und sind dann in Amerika wieder zusammengekommen. Ich werde in diesen Blättern noch von ihm zu berichten haben.

In dieselben zwanziger Jahre fallen auch die Anfänge der später so berühmt gewordenen Salzburger Festspiele, von denen ich gleichfalls später ausführlich schreiben werde. Vorläufig sei nur erwähnt, daß ich auf Einladung der Direktion mich im Jahre 1925 mit einer Aufführung von Donizettis ›Don Pasquale‹ in dem kleinen, hübschen Stadttheater – das Festspielhaus existierte noch nicht – zum erstenmal daran beteiligte und im Sommer 1926 Mozarts ›Entführung‹ und Johann Strauß' ›Fledermaus‹ in dem gleichen Hause zur Aufführung brachte. Auch habe ich in dem schönen Saal des Mozarteum, dessen Direktor mein früherer Schüler aus Wiener Zeiten Bernhard Paumgartner war, in jenem Sommer ein Symphoniekonzert mit den Wiener Philharmonikern dirigiert.

Das Jahr 1926 brachte mir noch zwei denkwürdige Erlebnisse. Ich ging wieder nach Rußland und dirigierte eine Anzahl von Konzerten in der Leningrader Philharmonie und eine oder einige Opernvorstellungen im früheren Marientheater – irre ich nicht, so war es Tschaikowskis ›Pique Dame‹. Damals war es auch, daß mir Nicolai Malko von dem zwanzigjährigen Dimitri Schostakowitsch sprach und mich bat, mir von ihm seine Erste Symphonie vorspielen zu lassen. Mein Eindruck von Komposition und Komponisten war stark und, wie schon erwähnt, führte ich das Werk bald danach in Berlin auf. Egon Petri, der ausgezeichnete Pianist, war zur gleichen Zeit mit mir in Leningrad und wirkte mehrfach und mit großem Erfolg in meinen Konzerten mit. Die Stadt, bevölkert, ja fast übervölkert für mich mit den Gestalten und Begebnissen des russischen Romans, interessierte mich leidenschaftlich, und ich wurde nicht müde, im Umherwandern das Petersburg jener unvergleichlichen Literatur vor mir heraufzubeschwören. Aber meine Befangenheit in seiner kulturgeschichtlich und sozial vergangenen Epoche, oder vielmehr in ihrer dichterischen Darstellung, verhinderte mich nicht, die Gegenwart zu sehen. Denn großartig gegenwärtig war die mächtige Stadt in ihrer imponierenden Lage an der Newa, mit ihren historisch interessanten und oft malerischen Gebäuden, Plätzen, Brücken und Straßenzügen. Und da waren auch die Menschen der Gegenwart, mit Blick und Plan in die Zukunft gerichtet, in einer sozialen Neuordnung begriffen – ich hörte von mächtigen Projekten für Erziehung und Bildung –, und auf ihrem Wege ins Neue begleitet und ermutigt von der Kunst von gestern und heut, um deren Pflege man eifrigst bemüht war. Theater und Orchester arbeiteten mit aller Anspannung, und die herrlichen Sammlungen der ›Eremitage‹ waren vermehrt worden um Kunstwerke aus dem Privatbesitz der früheren besitzenden Klassen. Ich besuchte die Eremitage mehrmals und fand sie jedesmal übervoll von einer ehrfürchtig betrachtenden Menge. Das Bild der Straßen war noch immer traurig, aber doch schon wesentlich besser als vor drei Jahren in Moskau, und das Orchester der Leningrader Philharmonie, das Personal der Oper und das Publikum erfreuten mich durch jenen Enthusiasmus, der dem russischen Musikleben seine pulsierende Kraft gibt.

Im selben Winter folgte ich einer Einladung zu einem Konzert mit dem Orchester der Mailänder Scala und hatte die Freude, bei dieser Gelegenheit zum erstenmal Arturo Toscanini zu sehen, der freundlicherweise nach einer meiner Proben auf die Bühne kam, um mich zu begrüßen. Ich hatte viel über ihn gehört, das erste Mal von Mahler, der mir erzählte, er habe 1908 ›Tristan‹ unter Toscanini gehört und hinzufügte: »Er dirigiert ihn ganz anders als wir, aber in seiner Weise großartig.«

Viel war mir über sein Wirken in Mailand berichtet worden, aber ich selbst hatte noch nie Gelegenheit gehabt, ihn zu hören. Nun machte ich wenigstens seine persönliche Bekanntschaft, und die Begegnung, so flüchtig sie war, wirkte tief eindringlich und nachhaltig auf mich. ›Luzifer‹, das war der erste Eindruck, den seine Ähnlichkeit mit einem Gemälde Franz Stucks in mir aufrief und der in mir nachklang, und ich wünschte mir sehr, ihn näher zu kennen und in das Geheimnis dieses seltenen Wesens zu blicken. Mein Wunsch sollte mir später erfüllt werden – unsere Wege sind zusammengetroffen, und ich habe dem Wirken des bedeutenden Musikers und machtvollen Menschen eine bereichernde Fülle musikalischer Erlebnisse zu verdanken.

# 5

Meine Bindung an die städtische Oper stand natürlich einer Rückkehr nach Amerika während der winterlichen Spielzeiten im Wege. Als ich aber für den Sommer 1927 aus Cleveland die Einladung erhielt, dort während eines Sängerfestes einige Symphoniekonzerte zu dirigieren und als bald darauf eine Anfrage von der Hollywood Bowl eintraf, ob ich mehrere Konzerte in diesem mir interessanten Rahmen übernehmen würde, entdeckte ich, wie sehr auch ich erfüllt war von dem alten Menschheitsdrang nach Westen, beschloß wiederum die Fahrt über den Ozean zu machen und fuhr, von meiner Frau und unserer jüngeren Tochter begleitet, nach New York. Und diesmal stieg dahinter der ganze, mächtige Kontinent vor meiner gespannten Erwartung auf.

Der warmen Jahreszeit verdankten wir eine ruhige Seereise, aber auch eine beispiellose Hitze in New York; und in Cleveland war es kaum erträglicher. Das Sängerfest, zu dem ich geladen war, zeigte sich als eine überdimensionierte Veranstaltung – ich hatte in Europa nie dergleichen gesehen. Es dürften etwa zweitausend oder mehr Mitwirkende versammelt gewesen sein, und sie produzierten sich in der Riesenhalle des Public Auditorium, die gegen achttausend Zuhörer faßt. Das Orchester war vortrefflich und musizierte mit Hingabe, und der Aufenthalt machte mir auch dadurch Freude, daß eine herzliche Gastlichkeit alles Erdenkliche tat, um uns das Verweilen in der, an dem mächtigen Eriesee schön gelegenen Stadt angenehm zu machen. Vor meiner Phantasie aber stand die Geschichte der westwärts rückenden Grenze, der Pionierzüge, der spanischen Missionen, der Goldgräberepoche, und mit Ungeduld sah ich der Fahrt von Ohio nach Kalifornien entgegen. Sie sollte sich als eine Prüfung erweisen – wir gerieten dabei wirklich, wie die Redensart lautet, ›von der Bratpfanne ins Feuer‹. In jenen Jahren gab es noch keine Luftkühlung in der Bahn und keinen ›streamliner‹, der von Chicago nach Los Angeles in zwei Nächten und einem Tag raste. Die Reise dauerte etwa drei Nächte und zwei Tage, und die sommerliche Hitze in den Abteilen war fast unerträglich. Was bedeuteten die Bequemlichkeiten des ›drawingroom‹ und

›stateroom‹, die ich verschwenderischerweise für uns drei genommen, gegenüber der Wüstentemperatur, die im Wagen herrschte und vor der es kein Entrinnen gab. Die größeren Mahlzeiten wurden während längerer Aufenthalte des Zuges in Stationen genommen – ich glaube mich bestimmt zu erinnern, daß damals kein Speisewagen mitlief – und manches Mal versuchte man auch, sich an einem solchen Platz durch den Genuß eines ›cone of icecream‹ abzukühlen, aber nichts half. Ich sehe uns noch in Dodge City aus dem Stationsgebäude auf der Suche nach einem frischeren Luftzug auf die Straße treten, nur um sofort wieder erschreckt und reuig aus ihrer brennenden Glut in die Backhitze des Eisenbahnwagens zurückzukehren.

Wie schön war es aber dann, nach Kalifornien zu kommen und sich von dem Reiz des Klimas, des Lichtes, der Farben, der Landschaft gefangen nehmen zu lassen! Ich stand vom ersten Augenblick an im Bann dieses Landes; oft schien mir, ich sei in Spanien oder in Südfrankreich, dann brachten mich die fabelhaften Automobilstraßen und die Wolkenkratzer zurück in die amerikanische Wirklichkeit, aus der mich meine Eindrücke in den Anlagen der Filmgesellschaften wiederum in eine Sphäre des Scheins entführten. Als ich in der ersten Nacht in Hollywood aus meinem Hotelzimmer auf den Balkon trat, um die herrliche Kühle und den Nachtwind zu genießen, sah ich auf dem nahen Dach eines nicht allzu hohen Hauses im Schein des Vollmondes einen türkisch uniformierten Soldaten mit Gewehr schildwachenartig auf- und abwandeln und fühlte damit sogleich, wie so oft später, die Mischung von Schönheit und Kulissentrug, die für Hollywood charakteristisch ist.

Mit Interesse betrat ich das Innere jener künstlichen Welt, als ich auf freundliche Einladungen hin einige Filmstudios besuchte. – Ich lernte Douglas Fairbanks kennen und wohnte seinen Arrangements von Szenen mit wilden Reitern und alten spanischen Wagen bei, ich beobachtete die reizende Lilian Gish bei einigen Aufnahmen, ich traf Paul Whiteman, der mit seinem erstaunlichen Jazzorchester Erstaunliches leistete und gerade zu jener Zeit ein Engagement in Hollywood absolvierte; ich ließ mich von Ramon Novarro und Conrad Veith über die Kunst belehren, sich in Aufnahmen, die zwei Minuten dauerten, sofort mitten in der Situation zu fühlen und darin durchzuhalten, dann eine Stunde hindurch in nüchternster Umgebung zu warten, um aufs neue zwei Minuten hindurch leidenschaftlich zu entflammen oder eisig zu erstarren, und ich beobachtete Greta Garbo und John Gilbert in einer Szene aus ›Anna Karenina‹.

Alles ging stumm vor sich, denn der Sprechfilm war noch nicht erfunden. Und doch verliefen die Aufnahmen nicht ganz lautlos, denn bei einigen der Szenen begann ein Harmonium irgend eine unbedeutende Musik zu orgeln, die nicht das geringste mit dem dramatischen Vorgang zu tun hatte, aber wie man mir auf meine Frage erwiderte, die Darsteller in Stimmung für ihre Aufgabe bringen sollte. Ich habe viele Jahre später, als schon längst das gesprochene Wort dem Film ein höheres Leben gebracht hatte, wiederum einigen Aufnahmen zugesehen und bei dieser Gelegenheit erkannt, daß mein früheres Befremden aus der falschen Erwartung stammte, einen dem Theater verwandten Kunstzweig kennenzulernen. Gerade an der Sprache spürte ich, daß sie das einzige dem Film und der Bühne gemeinsame Element war, die sonst getrennte Wege zu gehen hatten und daß das ungeheure Eigengebiet und die Eigengesetzlichkeit des Films erst durch seine vollständige Emanzipation von den Gesetzen des Theaters erkannt und entwickelt werden würde. Der wesentlichste Unterschied schien mir, daß im Theater der lebendige Mensch in unbeweglicher Umgebung, für ein unbewegliches Publikum, vor ihm seine Rolle darzustellen hatte, während er im Film mitsamt einer beliebig wechselnden Umgebung Objekt der Kamera und ihrer unbegrenzten Möglichkeiten wird und für kein Publikum vor sich, sondern in eine weite Welt hinaus spielt. Damit geht zwar die lebendige Gegenwart des Darstellers, seine fruchtbare, improvisatorische Lebendigkeit, die Wechselbeziehung zwischen Künstler und Publikum verloren, hierfür aber und für die mangelnde dritte Dimension der Körperlichkeit haben wir die grenzenlose, bewegte Zauberwelt der Kamera und eine Art ›vierter Dimension‹ des Größer und Kleiner und des ›magischen Teppichs‹, der Menschen und Dinge sofort nach überall versetzen kann. Der Film wird sich dazu auch noch die volle Macht der Musik erobert haben, wenn es ihm gelingt, den Ton schöner und treuer zu reproduzieren als bisher.

Ob allerdings jemals der Reproduktion durch Apparate – und seien es die vollkommensten – die beglückende und befreiende Wirkung der spontanen interpretativen Kunst durch den lebendigen Menschen erreichbar werden wird? Ob einmal der mechanisch festgehaltene Vorgang nicht mehr nach der Konservenbüchse schmecken wird? Die großen Talente, die mit der Entdeckung und Entwicklung eines filmischen Stils beschäftigt sind, werden es uns lehren.

Mit einiger Sorge blickte ich meinen Konzerten in der Hollywood Bowl entgegen. Ich hatte noch nie im Freien dirigiert, fürchtete die akustischen Schwierigkeiten des weiten Talkessels, die Unvereinbarkeit der zwei Unendlichkeiten von Musik und Raum, ferner auch Unannehmlichkeiten wie die Einwirkung der Nachtfeuchte auf die Stimmung der Saiten usw. Alle meine ästhetischen und praktischen Bedenken verschwanden vor dem Zauber dieser einzigartigen Szene. Er war so mächtig, daß ich die akustische Unzulänglichkeit fast vergessen konnte, wenn ich in jener Muschel mit dem innig bemühten Orchester für die vielen Tausende, die den ungeheuren Raum bis hinauf in die Berge füllten, musizierte. Was war mit mir geschehen, daß mich der Nachtwind nicht störte, der die Notenblätter der Musiker bedrohte, daß mich der mangelnde Glanz des Fortissimo, die Unzuverlässigkeit des Pianissimo nicht unglücklich machten? Da war die Herrlichkeit der kalifornischen Nacht, des Sternenhimmels und der dunklen Berge, die uns umgaben, da war das ergreifende Schweigen der ungeheuren Menschenmenge, und mein von all der Schönheit betäubtes Musikergewissen gab einmal nach, und ich empfand eine beglückte Gelöstheit, die mich jeder spätere Besuch des magischen Tales von neuem erleben ließ.

Gegenüber dem Haupteingang zur Bowl lag das Haus unserer alten Freundin Lili Petschnikoff, wo sie mit zweien ihrer Kinder – die älteste Tochter lebte in München – und zwei uralten Frauen, ihrer Mutter und deren Schwester, lebte. Sie hatte uns bei unserer Ankunft in Los Angeles mit einem nur ihr gegebenen Ausbruch des Jubels abgeholt und von da an ortskundig unsere Schritte geleitet. Sie fuhr uns nach Santa Monica zum Baden und zeigte uns La Venta bei Palos Verdes und andere paradiesische Plätze. Sie liebte und betreute ihre Kinder, opferte sich für ihre Freunde und lebte mit all ihrer überschwenglichen Vitalität ein Leben der Selbstlosigkeit und der Teilnahme am andern. Am Abend, wenn der endlose Strom der Wagen sich an ihrem Haus vorbei zur Hollywood Bowl wälzte, saßen die beiden Alten friedlich nebeneinander auf der hölzernen Veranda und genossen den Blick aus ihrer Greisenruhe auf jene heftige Bewegtheit. Ich versäumte wohl selten, sie zu begrüßen, bevor ich hinauffuhr, eingeklemmt in die Masse der Wagen, die von Ordnern empfangen und geleitet zu Tausenden auf den riesenhaften Parkplätzen zur Ruhe kamen. Lili hatte sich meist schon auf ihren Sitz in der Bowl begeben, und ihr weißlockiger Kopf leuchtete weit sichtbar aus der Menge heraus. Nach dem Konzert führte sie uns oft in ihr gastliches Haus, und wir saßen dann noch eine Stunde bei ihr und genossen ihre freudige Überschwenglichkeit und die humorvolle Gegenwart von ›Großmama‹ und ›Tante‹.

Über das reizende Santa Barbara, das noch Spuren eines früheren Erdbebens trug und die großartige Landschaft um Carmel mit dem prächtigen Hotel ›Del Monte‹ gingen wir nun nach San Francisco, wo ich im Auditorium – so hieß der riesenhafte Saal, der achttausend Menschen faßte – und auch bei San Mateo einige Konzerte zu dirigieren hatte. San Francisco erschien mir als die schönste Stadt, die ich bisher in Amerika gesehen hatte und ich konnte mir nicht genug tun, in ihren aufregend steilen Straßen umherzulaufen, die herrliche Umgebung zu durchforschen und mir von älteren Personen von Erdbeben und Feuer erzählen zu lassen, die solche Bedeutung in der Geschichte der Stadt gewonnen hatten.

Aufs lebhafteste erinnere ich mich an das chinesische Theater, das ich mit Frau und Tochter besuchte. Die endlose Szenenfolge, manche starke schauspielerische Persönlichkeit auf der Bühne, die farbig prunkvollen Kostüme, virtuose Fechtszenen und die Unbekümmertheit um Illusion – der Erstochene stand am Ende der Szene wieder auf, und der Umbau der Dekorationen wurde vor den Augen des Publikums vorgenommen – alles wirkte in fremdartiger Weise anziehend auf uns. Nur die ›Musik‹, die fast ununterbrochen gestaltlos und monoton die Vorgänge begleitete, war mir völlig unzugänglich, und die häufigen Gongschläge, die mich immer wieder erschreckten, trieben mich schließlich aus dem Theater. Aber ich hatte aus dem Anblick der wimmelnden Straßen der Chinesenstadt um das Theater, der Läden mit ihren kostbaren, fremdartigen Waren, des rein chinesischen Publikums im Theater und der Vorstellung selbst einen tief nachwirkenden Eindruck und die Trauer darüber zurückbehalten, wie wenig von seiner Familie und deren Lebensgewohnheiten der Mensch bei seinem gar zu flüchtigen Besuch auf dieser Erde zu sehen bekommt.

Das strahlende Lachen der kalifornischen Sonne schützt in San Francisco nicht vor den eisigen Winden, die plötzlich mit winterlicher Rauheit durch die Straßen fegen, und ich fühlte auf der Rückfahrt nach dem Osten ein wachsendes Unbehagen, das mich schon in Chicago veranlaßte, die Stunden zwischen Ankunft und Weiterfahrt auf dem Bahnhof zu verbringen, und mich auf dem Schiff an das Bett fesselte. Den unweisen Rat des Schiffsarztes, mich von der Seeluft kurieren zu lassen und auf dem Deck spazieren zu gehen, war ich glücklicherweise zu schwach zu befolgen, ich lag bis zur Ankunft des Schiffes regungslos in meiner Kabine, vertauschte mühsam das Boot mit dem Zug nach München, und wir erfuhren von unserem Münchener Arzt zu meinem Erstaunen und meiner Familie Entsetzen, daß ich an einer doppelseitigen Lungenentzündung erkrankt war und, statt bei den Salzburger Festspielen zu dirigieren, wochenlang zu liegen haben würde. Ich denke daran, weil es die erste schwere Krankheit meines Lebens war, die ich denn auch mit recht ernsten Gedanken verbrachte und die mir seelisch außerordentlich wohl getan hat.

In die Zeit meiner Genesung fiel ein Familienereignis; unsere ältere Tochter, die ihre Karriere als Opernsängerin in Hannover begonnen hatte und seit einem Jahre am Stadttheater in Würzburg engagiert war, heiratete den Regisseur der dortigen Oper, und wir begingen die Hochzeit aus Rücksicht auf meine noch nicht völlig hergestellte Gesundheit sehr still in unseren Hotelzimmern. Zur selben Zeit vermehrte sich der Kreis meiner Freunde um eine neue, wertvolle Persönlichkeit. Der Schriftsteller und Dichter Bruno Frank war 1926 in mein Haus in der Mauerkircherstraße gezogen, das ich noch in der Zeit meines Münchener Wirkens gekauft hatte, und nun machten wir Bekanntschaft. Vielleicht fiel dieses höchst erfreuliche Zusammentreffen auch schon in eine frühere Zeit, denn ich sehe mich mit Lisl Frank, Tochter von Fritzi Massary, auf einer mühsamen Wanderung durch die Kanzleien des Münchener Wohnungsamtes, um dort als Hauseigentümer und Wohnungssuchende den Vertretern strenger Wohnungsgesetze die Erlaubnis zur Vermietung meines Hauses an eine einzelne, zweiköpfige Partei abzugewinnen. Was meinem Einfluß als früherer Münchener Generalmusikdirektor zur Erreichung unseres Zieles fehlte, ersetzte der eindrucksvolle Reiz der eleganten, gescheiten jungen Fau; die alten Beamten waren erweicht, gaben die Erlaubnis, und Franks mieteten das Haus. Und nun, nach meiner Krankheit, besuchten wir sie und erfreuten uns an ihrer überströmend herzlichen Gegenwart, an der behaglichen Einrichtung des Hauses und an den drei Hunden, die es mit munterem und durchaus nicht lärmendem Leben füllten. Ich hatte mich schon vorher von Gedichten Franks angezogen gefühlt, durch die sein Name vorteilhaft bekannt geworden war, und eine Reihe von Bühnenstücken hatten durch ihre Aufführungen, darunter die seiner ›Treuen Magd‹ am Wiener Burgtheater, die Aufmerksamkeit auf seine dramatische Begabung gelenkt. Ein Bühnenerfolg großen und weitreichenden Ausmaßes war einem köstlichen Lustspiel, ›Sturm im Wasserglas‹, beschieden, aber mir sind hauptsächlich seine Erzählungen um Friedrich den Großen zum Erlebnis geworden. In ›Tage des Königs‹, ›Trenck‹ und anderen Schriften erfuhr ich einen einmaligen Akt dichterischen Einlebens in eine historische Gestalt, wie er mir kaum noch vorgekommen war. In die problematische, komplizierte, bedeutende Natur des Königs, der die Menschen haßte und verachtete und seinen politischen und sozialen Ideen mit einer Art von kaltem, aber fanatischem Idealismus diente, hatte Bruno Frank sich so tief hineingedacht, daß er in seinen Erzählungen mit Friedrichs eigener Stimme zu sprechen schien, daß der Leser das Buch fortlegte in dem Gefühl, den unglücklichen, genialen, harten Mann der hohen Geistigkeit und misanthropischen Einsamkeit persönlich kennengelernt zu haben. Aber auch in seinen anderen Novellen und seinen Romanen sprach sich ein tiefes Verstehen und ein herzliches Gefühl für den Menschen aus, und seine Erzählerkunst, die sein warmes Herz durchpulste, war durch eine Meisterschaft über die Sprache geadelt, die — ihm bewußt oder unbewußt — von der gewaltigen Prosa der Kleistschen Novellen Antriebe empfangen hatte. In den Sommern in Salzburg trennte nur eine Wiese unser Haus in Aigen von dem Franks, und wir sahen uns häufig. Später trafen wir uns in Beverly Hills in Kalifornien wieder, und es ergab sich ein freundschaftlicher Verkehr, in dem ich mich an dem enzyklopädischen Wissen Franks bereicherte und an der strömenden Wärme seines reinen Herzens erlabte.

Indessen waren die Seasons in Coventgarden in London alljährlich weiter gegangen. Sie hatten an Ruhm gewonnen, der im Mai des Jahres 1927 einen Mr. Georges Caurier aus Paris nach London brachte, um mich für das Projekt eines Mozart-Zyklus in Paris zu gewinnen. Er plante, im Jahre 1928 im Anschluß an die Londoner Season Mozarts ›Entführung aus dem Serail‹, ›Nozze di Figaro‹, ›Don Giovanni‹, ›Cosi fan tutte‹ und ›Zauberflöte‹ im Théâtre des Champs Elysées zu geben und, da er alle meine Wünsche in bezug auf Besetzung, Orchester, Chor, Proben, Dekorationen und Kostüme zu erfüllen versprach, ging ich auf seine Vorschläge ein. Ich hatte bis dahin in Paris nur Konzerte dirigiert — ich glaube mit dem ›Orchestre Philharmonique de Paris‹ und dem der ›Société des Concerts‹, d. h. dem alten Orchester des ›Conservatoire‹, das von Richard Wagner so hoch gepriesen worden war und nun unter der Leitung Philippe Gauberts, des Dirigenten der Großen Oper, seine Konzerte in dem edlen, klassischen Saal des Konservatoriums gab. Die von mir dirigierten Konzerte aber hatten bis dahin immer in der ›Salle Pleyel‹ stattgefunden. Was mir Paris und Frankreich in jenen Jahren geworden, in welcher erhobenen und gerührten Verfassung ich mich in der Stadt Berlioz', Aubers, Bizets, Liszts, Chopins, unter den Schatten Stendhals, Balzacs, Maupassants bewegte, vermag ich nicht zu sagen. Spät in meinem Leben war ich nach Paris gekommen, aber stark ist die späte Liebe, sie brannte in mir, als ich die großartige Schönheit der Stadt und die Monumente ihrer ungeheuren Geschichte genoß, und sie überwältigte mich, als mich Frankreich im Jahre 1938 an sein Herz nahm und mich zu seinem Bürger machte.

Ich stellte mit M. Caurier eine Besetzung aus deutschen und französischen Künstlern zusammen, und er kam im Winter des Jahres mit den Damen Ritter-Ciampi und Destanges nach Berlin, damit sie dort an der Städtischen Oper einige meiner Mozartaufführungen hörten und in Proben mit mir eine vorbereitende Bekanntschaft mit meinen Stilwünschen machten. So kam es im Frühsommer 1928 zu diesen festlichen Aufführungen, die einen tiefen Eindruck machten und vor allem mit der ›Zauberflöte‹ die Herzen des musikalischen Paris eroberten. In meiner Erinnerung leuchtet das Bild des herrlichen Sarastro meines Münchener Bassisten Paul Bender, der aussah wie der heilige Franziskus, und der zarten, mädchenhaften Pamina der Wienerin Lotte Schöne, wie er nach seiner Liebesbotschaft von den ›Heiligen Hallen‹ den Arm schützend um Paminens Schulter legte. Ich glaube nicht, daß die erhabene Schönheit dieses Augenblicks je eine feierlichere Verkörperung gefunden hat.

Die Aufführungen fanden eine moralische Unterstützung bei den Kreisen um den Idealisten Firmien Gémier, der das Welttheater schaffen wollte und in dem Cycle Mozart mit deutschen und französischen Künstlern unter meiner Leitung einen Schritt zu seinem Ziele erblickte. Er begrüßte mich aufs wärmste, und Edouard Herriot, der damalige Unterrichtsminister, dem ich in seinem Ministerium einen Besuch machte, zeigte sich höchst erfreut über diese Annäherung auf kulturellem Gebiet.

Eine neue Verbindung folgte für mich aus meinen Pariser Gastdirektionen. Ein Vertreter des ›Palais des Beaux Arts‹ in Brüssel kam zu mir, um mich zu Konzerten dort einzuladen, und auch mit dieser reizvollen, geschichtlich so interessanten Stadt knüpfte sich eine wahrhaft freundschaftliche Verbindung an, die mich bis zum Ausbruch des Krieges oft in den schönen Saal und vor sein ernst musikalisches, enthusiastisches Publikum rief. Ich lernte dort auch den König Albert und die Königin Elisabeth, eine frühere bayerische Prinzessin kennen, die mich in der Pause durch den belgischen Musikfreund und geistigen Gründer jener Konzerte, M. Leboeuf, in ihre Loge bitten ließen, und ich fand zu meiner Freude in beiden einfache und kunstergebene Menschen.

Auch nach Antwerpen führten mich Einladungen zu Opernfestspielen und, irre ich nicht, so kam ich in jenen Jahren zum ersten Mal nach Stockholm, wo ich sowohl in dem architektonisch prachtvollen, von Tengbohm geschaffenen Konzerthaus wie in dem vornehmen, von österreichischen Theaterbauten beeinflußten Königlichen Opernhaus dirigierte.

Ich folgte auch Einladungen nach Warschau zu Symphoniekonzerten, und so erweiterte sich mein Lebenskreis um immer mehr Länder, Städte und Menschen. – Die Konzerte und Opernaufführungen, die Reisen, zu denen sie mich veranlaßten, bedeuteten mir über meine künstlerische Tätigkeit hinaus eine erwünschte Fülle von Gelegenheiten, Erfahrungen zu sammeln, zu assimilieren und Menschen und ihr Ergehen unter unendlich verschiedenen Zuständen kennenzulernen.

Während sich so mein äußerer ›Lebensraum‹ ausdehnte, wurde mir das Glück zuteil, auch auf meinem eigensten Gebiet, ja in meiner eigenen Seele, Neuland zu entdecken: ich fand Bruckner. Seltsam daß ich fast fünfzig Jahre alt werden mußte, um einen Genius zu erkennen, der selbst erst in etwa dem gleichen Alter seine großen Werke zu schaffen begonnen hatte – die f-moll-Messe schrieb er in seinem vierundvierzigsten, die Dritte, mit der die Reihe seiner bedeutenden Symphonien beginnt, im neunundvierzigsten Lebensjahr. Ich kannte Anton Bruckners Schaffen seit langen Jahren ohne es zu erkennen, und hatte auch in München, Berlin und Wien gelegentlich seine Symphonien mit heißem Bemühen zur Aufführung gebracht. Aber bei aller Liebe zu seiner Thematik, aller Bewunderung für die Fülle und Höhe seiner Inspiration fühlte ich mich ›außerhalb‹. Seine Formbildung war mir unverständlich, sie schien mir unproportioniert, übertrieben, primitiv. Der Gefühlsgehalt seiner Musik ergriff mich durch seelische Kraft und Tiefe, erfreute mich durch gelegentliche österreichische Anmut, aber ich konnte auf seinem Boden nicht heimisch werden, mir schien die volle Einswerdung mit dem Monumentalbau des Brucknerschen Werkes verwehrt. Das änderte sich plötzlich – vielleicht trug dazu die höhere Reife, die tiefere Ruhe bei, die ich in meiner Krankheit gewonnen hatte. Denn Bruckner, so reiner Musiker er ist, so weltenfern von allen gedanklichen Assoziationen seine aus elementar musikalischen

Quellen stammende Symphonik dahinströmt, verlangt doch eine bestimmte seelische Grundverfassung, um verstanden und geliebt zu werden. – Die Gotik des Kölner Domes war mir seiner Zeit unauflösbar geblieben, die der Brucknerschen Symphonie – denn um eine Art musikalischer Gotik handelt es sich hier – erschloß sich mir nun. Ich fand in dem melodischen Gehalt, in dem ragenden Bau, in der Gefühlswelt der Symphonien die gewaltige, fromme und kindliche Seele ihres Schöpfers, und aus dieser ergreifenden Erkenntnis gewann ich wiederum mühelos Klarheit über Gehalt und Form seiner Musik. Ich vermag nicht auszusprechen, welche Bedeutung Bruckners Werk seither in meinem Leben gewonnen hat, in welchem Maß sich meine Bewunderung für die Schönheit und symphonische Macht seiner Musik immer gesteigert hat, zu welcher stets reicher strömenden Quelle der Erhebung sie mir geworden ist.

Im Frühjahr 1929, also während der letzten Monate meiner Tätigkeit an der Berliner Städtischen Oper, kam Toscanini mit dem Ensemble der Mailänder Scala nach Berlin, und ein höherer Begriff von den älteren italienischen Opern wie ›Lucia‹, ›Troubadour‹ und ›Rigoletto‹ sowie ein höchster von italienischer Opernkultur im allgemeinen entstand durch seine meisterhaften Aufführungen, die außer den genannten Werken auch ›Manon Lescaut‹, ›Aida‹ und ›Falstaff‹ einschlossen. Zu mir sprach aus jeder Einzelheit der Vorstellungen, denen ich beiwohnen konnte, die Lebensarbeit und das imperative moralische Verantwortungsgefühl eines bedeutenden Musikers, ich genoß die Geschlossenheit und Stilsicherheit der Leistungen als innig willkommene Labung, und als ich Toscanini auf der Bühne der Städtischen Oper traf – seine Aufführungen fanden teils bei uns, teils in der Staatsoper statt – drückte ich ihm meine Begeisterung und Ergriffenheit aus, was ihn, trotz seiner ›Lobscheu‹, zu freuen schien.

Im Sommer 1929 folgte ich einer neuerlichen Einladung nach Kalifornien – ich sehnte mich, die schönen und beglückenden Eindrücke zu erneuern, die sich mir tief eingeprägt hatten, und an die qualvolle Hitze der Fahrt über den amerikanischen Kontinent dachte ich so wenig, wie eine verliebte Frau an die Wehen der vorigen Geburt, während deren sie das Kinderkriegen für ewig abgeschworen hatte. Mir ist dieser zweite Besuch denkwürdig geblieben, weil ich dabei Gelegenheit hatte, das gewaltige Yosemite-Tal zu sehen und meinen altehrwürdigsten Zeitgenossen, den Baumriesen der ›Redwoods‹ einen Besuch abzustatten. Ein Freund aus San Francisco, Kenner und Liebhaber der Gegenden um seine herrliche Heimatstadt, fuhr mich durch die brennende Öde der Wüste, die Kalifornien von den Rocky Mountains trennt, bis ins Herz der großartigen Hochgebirgslandschaft in jenem wilden Naturschutzgebiet. Wir staunten über das äußerlich der Umgebung angepaßte, von innen höchst elegante Hotel mit indianischem Namen, in dem wir übernachten sollten, aber wir sehnten uns nach der Wildnis, die uns versprochen worden war. Und wir fanden sie. Denn als wir in nächtiger Dunkelheit langsam durch den Wald fuhren, brach plötzlich unmittelbar vor uns eine Bärenfamilie durch die Bäume und trabte zum Wasser hin, das ein wenig entfernt in schwachem Mondlicht aufglänzte, und das Suchlicht unseres Wagens zeigte uns das riesige Elternpaar mit seinem drolligen Nachwuchs beim Nachttrunk.

Sehr verschieden von diesem großartigen, in seiner Weise erschütternden Eindruck verlief mein Erlebnis im ›Bohemian Grove‹, einem Walde, den jene tausendjährigen Redwoods oder Sequoias bilden. Er gehörte dem Bohemian Club von San Francisco, und der damalige Präsident des Symphonieorchesters der Stadt, der ein Mitglied des Clubs war, lud mich ein, mit ihm eines der alljährlich im Bohemian Grove stattfindenden Feste zu besuchen. Wir fuhren mit seinem Wagen ein paar Stunden über die alte kalifornische Stadt Petaluma nach Norden, und ich gestehe, daß ich nie etwas ähnliches erlebt habe wie den Eintritt in diesen vorgeschichtlichen Wald. Als junger Mensch schien mir das Innere des gotischen Domes mit seinen enormen Pfeilern ein Wald aus Stein – hier fühlte ich mich wie in einer Kathedrale, die die Natur errichtet hatte. Und unter diesen himmelhohen, völlig geraden Riesenstämmen von märchenhaftem Umfang – die Redwoods sollen die ältesten Lebewesen der Erde sein – erging sich eine Schar großenteils bejahrter Herren aller möglichen Berufskreise, die aus allen möglichen Staaten der Union gekommen, die sich beim Vornamen nannten, ihren ausgelassenen Launen Luft machten und einige Tage, fern ihren Geschäften und ihren Familien, im Wald und mit dem Wald unter Gleichgestimmten verbringen wollten. Man schlief im Freien unter dem klaren blauen Himmel Kaliforniens, in hölzernen Baracken, die sich an Felsen lehnten oder besonders bizarre Formen oder Stellungen von Bäumen für ihre Konstruktion zu nutze gemacht hatten. Man besuchte sich gegenseitig, um miteinander zu plaudern und zu trinken – die ›prohibition‹ förderte besonders das letztere – man musizierte und sang, und nicht nur der Laut von

Saiteninstrumenten, sondern sogar von Steinway-Klavieren erklang gelegentlich aus den phantastischen Wohnstätten. Und am Abend – wurde eine Oper aufgeführt, eigens für dies Fest gedichtet und komponiert, von Männern gesungen und dargestellt und von der gesamten Besucherschaft des Waldes angehört. Es gab eine Bühne mit moderner Beleuchtungsanlage, auf dem Waldboden davor waren zahlreiche liegende Redwoodstämme als Sitzreihen für das Publikum eingerichtet. Dem Gesetz des Bohemian Grove zufolge mußte im Libretto der Oper der Wald von Bedeutung sein und der Gegenstand des Werkes, das ich anhörte, war die Geschichte von Robin Hood. Ich erinnere mich, daß darin ein Festzug mit farbenschönen Kostümen vorkam, der hinter den Bäumen sichtbar wurde und sich auf die Bühne bewegte, wo er der Vorstellung einen effektvollen Abschluß gab. Im Orchester spielten zahlreiche Mitglieder des Clubs, verstärkt durch Berufsmusiker. Nach der Vorstellung begab sich alles zu einer anderen Waldlichtung, wo ein großes Feuer brannte, und um das Feuer und seine in der kalifornischen Nachtkühle angenehm empfundene Wärme standen oder lagerten sich die Festteilnehmer bis in späte Stunden. Am nächsten Morgen fuhren wir noch einmal durch den Wald und kamen bei dem ›Russian River‹ vorbei, wo die unermüdlichen Gäste sich schon wieder beim Schwimmen erfrischten. Dann kehrten wir nach San Francisco zurück, und wenn mich auch die seltsame Verbindung von schweigsam gewaltiger Urnatur mit dem lauten, lebhaften Treiben der Zivilisation verwirrt hatte, so fühlte ich mich doch auch durch die festliche Veranstaltung – ›High Jinks‹ genannt, denen die ›Low Jinks‹ vor einer Woche vorausgegangen waren – aufs lebhafteste interessiert, und sie ist mir in ihrer Frische, Kraft und Originalität unvergeßlich geblieben.

Unser Aufenthalt in Kalifornien fand diesmal einen schöneren Abschluß als der vor zwei Jahren. Die Ankunft des Zeppelin auf seinem Flug um die Erde war angezeigt, und wir fuhren, von Polizisten auf Motorrädern mit Sirenen angeführt, spät nachts zum Flugfeld, wo bei Sonnenaufgang das schöne silberne Luftschiff, von Japan herkommend, vor unseren Augen landete. Wir wohnten einem überdimensionierten dinner bei, das Randolph Hearst für Hugo Eckener, den Führer des Zeppelins gab und trafen Eckener auf dem Schiff wieder, das uns von New York nach Hamburg zurückbrachte. Eckener fragte mich, ob ich mich nicht erinnerte, daß ich vor Jahren nach einem Konzert in Hamburg von einem dünnen, blonden Jüngling angesprochen worden war, der mir seine Begeisterung über meine

Aufführung der ›Eroica‹ ausdrückte – er sei dieser junge Mann gewesen. Ich erinnerte mich wirklich daran, und wir haben uns öfters während der Fahrt unterhalten, wobei er von Musik und ich von Luftfahrt sprach. Ich fragte nach seiner Reise, und er erzählte mir, daß der großartigste Eindruck der Flug über Sibirien gewesen sei, wo sie Teile der Erde erblickt hätten, die bestimmt noch nie eines Menschen Fuß betreten oder ein menschliches Auge gesehen hatte. Mitten auf dem Ozean überflog uns der Zeppelin, der einige Tage nach uns unter anderer Führung New York verlassen hatte und nach freundlichen Grüßen zwischen oben und unten entschwand der silberne Glanz in den Wolken.

# 6

Während ich noch der künstlerische Leiter der Städtischen Oper war, hatte ich öfters Einladungen des Leipziger Gewandhauses angenommen und mich mit jedem der von mir als Gast dirigierten Konzerte diesem ältesten und berühmtesten der deutschen Konzertinstitute tiefer verbunden gefühlt. Als nun mein Abgang von der Berliner Oper bekannt wurde, wandte sich Max Brockhaus, der Präsident der Gewandhausdirektion und Chef des bekannten Verlages, an mich mit der Frage, ob ich bereit sei, die Stellung des Gewandhauskapellmeisters zu übernehmen. Ich sagte von ganzem Herzen zu, denn ich empfand eine ›Wahlverwandtschaft‹ mit dem Institut, das sich immer der Verpflichtung bewußt geblieben war, eine große Vergangenheit lebendig zu erhalten und sich für wertvolles zeitgenössisches Schaffen einzusetzen. Die Sorge für die Fortführung seiner Mission und für die Erhaltung seiner Bedeutung im europäischen Musikleben schien mir nun, in meinem dreiundfünfzigsten Jahr, eine würdige Aufgabe für den Rest meines Lebens. Wie so viele andere, sah auch ich die Aussichten des Nazismus niedergehen, glaubte an den Erfolg Stresemanns und Briands und hoffte auf eine reiche musikalische Tätigkeit, mit dem Gewandhaus als Mittelpunkt meines Wirkens, in einer mehr und mehr musikalisierten und entpolitisierten Welt.

Mein unmittelbarer Vorgänger in der Leipziger Stellung war Wilhelm Furtwängler gewesen; vor ihm hatte Arthur Nikisch sie über fünfundzwanzig Jahre innegehabt, und aus vergangenen Zeiten zeugten Namen wie Felix Mendelssohn, Ferdinand Hiller und Carl Reinecke von altem Ruhm. Leipzig hatte als Musikzentrum früher wohl das größte Ansehen unter den deutschen Städten genossen. Thomaskirche und Thomasschule verdankten Bach ihre Weltbedeutung, und Karl Straube, der nunmehrige Thomaskantor, dessen nähere Bekanntschaft ich während meiner Leipziger Jahre genoß, hatte durch sein gewichtiges Musikertum der Schule und der Kirche neues Ansehen gewonnen. Das Leipziger Konservatorium, von Felix Mendelssohn eröffnet, übte von je eine besondere Anziehungskraft auf Musikstudierende in Inland und Ausland aus – unter seinen Lehrern hatte sich auch Robert Schumann befunden – und Buch- und Musikverlage Leipzigs besaßen wohl begründeten Weltruf.

Die Stadt selbst allerdings war ungewöhnlich reizlos und nicht einmal die Spuren des jungen Studenten Johann Wolfgang Goethe führten mich zu interessanten Straßen, Gebäuden oder Lokalitäten. Selbst ›Auerbachs Keller‹ verbarg seine wilde Vergangenheit, oder ihre Darstellung im ›Faust‹, unter der äußeren Erscheinung eines zahmen, bürgerlichen Gasthauses, und ich gab es bald auf, in Leipzig etwas anderes zu sehen als den nüchternen Rahmen für musikalische Kultur und Buchwesen. Es fiel mir auf, daß nicht einmal die Universität und das studentische Treiben sich als rebellischer Kontrapunkt von dem cantus firmus des philiströsen Wesens der Stadt abhoben, und selbst das Reichsgericht, die oberste Justizbehörde Deutschlands, schien mir bis hinauf zu seinen ersten Beamten eher die nüchterne Leipziger Schutzfarbe angenommen, als die Stadt mit dem Glanz seiner überragenden Autorität als Walterin höchster Rechtsweisheit aufgehellt zu haben.

Ich behielt denn auch meinen Wohnsitz in Berlin und stieg in Leipzig regelmäßig in dem historisch wohlbekannten Hotel Hauffe ab. Wenn das Wetter es erlaubte, machte ich die Fahrt von Berlin nach Leipzig in etwa zweieinhalb Stunden mit meinem Wagen. Sie ging über Potsdam und märkische Landschaft durch Wittenberg, wo Martin Luther seine kämpferischen Thesen an den Türen der Schloßkirche angeschlagen hatte, und gerade wenn die Gegend anfing in aufregender Reizlosigkeit völlig zu veröden, war ich in Leipzig angekommen und stand bald auf der Orchesterprobe in dem schönen Saal des Gewandhauses. Nichts konnte mir lieber und meinem Wesen als Musiker gemäßer sein, als die Atmosphäre des Hauses und der Konzerte, und hätte nicht der Advent des Antichrist im Jahre 1933 meiner Tätigkeit nach vier Jahren ein Ende gemacht, so wäre ich gewiß dort geblieben, um so mehr, als ich meine auswärtigen Gastdirektionen unschwer mit meinen Leipziger Verpflichtungen in Einklang bringen konnte.

Im Frühjahr 1930 begrüßten wir Toscanini und das New Yorker Philharmonische Orchester auf ihrem strahlenden Triumphzug durch die europäischen Musikzentren in Leipzig. Es interessierte mich von ihm zu hören, daß auch er von dem einen Konzert im Gewandhaus mit nachfolgendem geselligen Beisammensein den Eindruck der ›klassischen‹ Atmosphäre des Hauses empfangen hatte, die mir von meiner gründlicheren Erfahrung immer wieder als der unvergleichliche Vorzug des Institutes bestätigt worden war. Übrigens wohnte ich auch dem Berliner Konzert Toscaninis mit dem New Yorker Orchester bei und habe besonders eine herrliche Aufführung von Debussys ›La mer‹ noch im Ohr.

Eine Eigentümlichkeit der Gewandhauskonzerte war das musterhafte, ja ehrfürchtige Verhalten des Publikums, das pünktlich erschien und schon vor dem Erscheinen des Dirigenten in Schweigen verfiel. Der brave Diener des Hauses pflegte mich denn auch zum Betreten des Podium mit der im reinsten Sächsisch ausgesprochenen Ankündigung aufzufordern: »Bitte, Herr Kapellmeester, soäben is Ruhe eingeträden.«

Es entwickelten sich auch angenehme Beziehungen außerhalb des Institutes. Ich hatte Gustav Brecher, der mir noch von alten Zeiten in Wien und späteren Begegnungen in Erinnerung war, als Direktor der Leipziger Oper wiedergefunden und kam nun öfter mit dem ungewöhnlich gescheiten und kultivierten Musiker zusammen. Mit dem Hause Max Brockhaus entspann sich ein freundschaftliches Verhältnis, der Leiter des Inselverlages, Kippenberg, der eine einzig wertvolle Sammlung von Goethe-Erinnerungen besaß, interessierte mich, und auch mit dem Oberbürgermeister Dr. Gördeler, der später ein so fürchterliches Ende von der Hand der Nazis gefunden haben soll, trat ich in sympathische Beziehung. Besonders erfreulich war mir die Gesinnung, welche die Familie Arthur Nikischs gegen mich bekundete: es beglückte mich tief, daß sie mich an seiner Stelle willkommen hieß.

Inzwischen war das Ansehen der Salzburger Festspiele und auch meine Beteiligung an ihnen beträchtlich gewachsen, und als das Festspielhaus gebaut worden war, leitete ich 1928 das erste Konzert mit den Wiener Philharmonikern in dem neuen Saal, der damit feierlich eingeweiht wurde. Die Festspiele nahmen später solche Bedeutung in meinem Leben an, sie gelangten zu so großem internationalen Ansehen, daß ich gründlicher von ihnen berichten will, wenn ich in meiner Erzählung zu den Jahren ihres Weltrufes gelangt sein werde.

Meine wichtigsten Verantwortungen zwischen dem Jahr der Hoffnung 1929, in dem Briand und Stresemann ihr politisches und moralisches Gewicht für den paneuropäischen Gedanken einsetzten, und dem Unheilsjahr 1933, das die Hoffnung zunichte machte, galten, außer dem Leipziger Gewandhaus, der Season in Coventgarden, die ich aber schon im Frühjahr 1931 zum letzten Mal leitete, und den werdenden Salzburger Festspielen. Außerdem blieb es bei meiner festen Verbindung mit dem Amsterdamer Concertgebouw, bei dem Berliner Konzertzyklus, der meinen Namen trug und – neben gelegentlichen

Gastdirektionen in europäischen Musikstädten – meiner intensiven Beteiligung am Wiener Musikleben. Auch kehrte ich im Januar 1932 wieder auf zwei Monate nach Amerika zurück.

Gegen Ende der Direktionsepoche Schalk erklangen immer drängender die Stimmen, die mich als Direktor der Staatsoper reklamierten, unter ihnen am vernehmlichsten das fordernde Wort des Musikkritikers der Neuen Freien Presse, Dr. Julius Korngold. Ich selbst hielt mich, meiner Natur gemäß, völlig abseits, d. h. ich rührte keinen Finger in der Angelegenheit. Der laute Ruf in einem großen Teil der Presse sowie die stürmischen Demonstrationen des Publikums in fast jedem meiner Konzerte erfreuten und rührten mich, aber ich war mir darüber klar, daß in dem von den Christlichsozialen regierten Staat das Unterrichtsministerium meiner Berufung nicht mit Sympathie gegenüber stehen und mir als ›vorgesetzte Behörde‹ in keiner Weise bequem sein würde. Immerhin war das allgemeine Verlangen nach mir zu dringend, als daß der Minister es ignorieren konnte, und so erhielt ich eine in seinem Auftrag an mich gerichtete Anfrage, ob ich bereit sei, in Verhandlungen einzutreten, und das Ersuchen um Bekanntgabe meiner eventuellen Bedingungen. Ich beschränkte meine sehr reserviert gehaltene Erwiderung auf die Erklärung meiner prinzipiellen Bereitschaft zu einer mündlichen Erörterung der Angelegenheit, ging aber absichtlich auf die Frage der Bedingungen mit keinem Wort ein. Generaldirektor Schneiderhan, der schon in den letzten Jahren der Direktion Schalk die Funktionen des ehemaligen Generalintendanten ausgeübt hatte, bat mich nun brieflich um eine geheime, persönliche Aussprache, und ich schlug als unauffälligen Ort dafür das Restaurant des Wiener Westbahnhofs vor. Ich war dort, aber ich blieb allein und erhielt geraume Zeit später ein Entschuldigungsschreiben Schneiderhans, in dem er erklärte, mein Vorschlag wäre zu spät in seine Hände gelangt. Ich antwortete natürlich nicht mehr darauf – und als ich Wien wieder verlassen hatte, erschien eine Notiz in den Zeitungen, daß meine hohen finanziellen Forderungen meiner Berufung im Wege stünden. Diese ›echt wienerische‹ Intrige ging von demselben Mann aus, der vor fast dreißig Jahren meine Eignung zum ›Dirigenten einer Schützenkapelle‹ in Frage gestellt hatte und der inzwischen vom Musikreferenten zum Vertrauensmann des Unterrichtsministeriums avanciert war. Ich schrieb an den Minister und ersuchte um eine offizielle Berichtigung, die nicht erfolgte. So empört ich über die bösartige Behandlung der Sache war, so zufrieden fühlte ich mich mit ihrem negativen Ausgang, denn ich hätte einer ernstlich gemeinten Berufung schwer widerstehen können und wußte, daß mich die Zusammenarbeit mit den damaligen Behörden unglücklich gemacht haben würde. – Nach Jahren traf ich Herrn Schneiderhan in Salzburg wieder, wo er nach Verlassen seiner Wiener Stellung Präsident des Mozarteums geworden war. Mein Verhalten gegen ihn übertraf natürlich alle Kältegrade der Polarzone, aber als er mich schließlich in einem äquatorial gehaltenen Schreiben beschwor, ihn anzuhören, willigte ich in eine Zusammenkunft und erhielt von dem sehr gealterten Mann die unter Zittern und heftigster Erregung vorgebrachte, ehrenwörtliche Versicherung, daß mein erster Brief an das Ministerium bald nach Eintreffen spurlos aus den Akten verschwunden war, so daß die von mir geforderte Berichtigung sich nicht auf dies Beweisstück hätte stützen können und daß ferner mein Vorschlag, uns im Restaurant des Westbahnhofs zu treffen, sich erst mit etwa einer Woche Verspätung auf seinem Schreibtisch eingefunden hatte. Durch jene erfolgreiche Kabale im Unterrichtsministerium war also meine Berufung verhindert worden, und 1929 wurde nun Clemens Krauss Direktor der Staatsoper, als der er bis gegen Ende 1934 gewirkt hat.

Im Frühjahr 1931 dirigierte ich meine achte und letzte Opernsaison in Coventgarden. Das Theater ging in Sir Thomas Beechams Hände über, der nun selbst die musikalische Oberleitung übernahm. Doch dauerte natürlich meine Verbindung mit dem englischen Konzertleben fort.

Bei einem meiner Londoner Konzerte in den nächsten Jahren konnte ich mich wieder einmal der Mitwirkung von Pablo Casals erfreuen, der das Schumann-Konzert spielen sollte, und ich habe außer von seinem verklärten Musizieren auch von seiner fanatischen Versenkung in die technischen Probleme seines Instrumentes eine interessante Erinnerung behalten. Als ich am Tage des Konzertes morgens zur letzten Orchesterprobe im Kapellmeisterzimmer der Queenshall eintraf, hörte ich Casals im benachbarten Solistenzimmer üben. Ich ging zu ihm hinüber und drückte ihm mein Bedauern aus, daß er so früh gekommen, ich hätte das Management ersucht, ihn erst für die zweite Hälfte der Probe zu bitten. Er erwiderte mir, er sei sehr einverstanden, erst so spät zu probieren und fuhr in seinen Übungen fort. Zur vereinbarten Zeit kam er auf das Podium, spielte zu des Orchesters und meiner Freude das Schumann-Konzert mit all dem priesterlichen Ernst und der Meisterschaft, die ihn auszeichnen, und ich führte danach die Orchesterprobe zu Ende. Während ich mich nach der Probe umzog, hörte ich ihn weiter üben, und als ich am Nachmittag bei dem Spaziergang, den ich gewohnterweise vor jedem Konzert unternahm, an der Queenshall vorbei kam und den Portier nach Briefen fragte, erklang mir wieder der wohlbekannte adelige Laut des Casalsschen Spiels vom Künstlerzimmer her und gewährte mir imponierenden Einblick in sein von der Musik und seinem Instrument völlig erfülltes Gemüt. Ich hörte gewiß eine Viertelstunde hindurch seinen intensiven, vertieften Studien zu und konnte mich am Abend nach dem Konzert aber doch nicht enthalten, ihm meine Mißbilligung darüber auszudrücken, daß er nun nicht von neuem zu üben anfinge. Ich habe Casals zuletzt in Wien, nicht sehr lange vor dem Untergang Österreichs, gesehen. Er hatte inzwischen viel Schweres in Spanien durchgemacht, und man sah es ihm an. Aber er war ruhig, gefaßt und liebenswürdig wie immer, und seine Leistung im Haydn-Konzert, das er mit mir und den Wiener Philharmonikern spielte, stand auf der vollen, nur ihm erreichbaren Höhe.

Während jener letzten Season in Coventgarden erhielt ich eine Einladung von dem damaligen englischen Ministerpräsidenten Ramsay MacDonald zum Lunch nach Chequers, dem Erholungssitz des jeweiligen Regierungschefs, und ich nahm sie um so lieber an, als ich hoffte, dabei eine Äußerung in so hochpolitischem Kreise über die europäische Lage zu hören und auch weil es mich interessierte, den berühmten Platz zu sehen. Irre ich nicht, so war auch Lotte Lehmann und der Direktor der Season Colonel Eustace Blois mit uns eingeladen. MacDonald und seine Tochter empfingen uns und zeigten uns das schöne Haus und seine interessante Bibliothek. Unter den Gästen befand sich auch die Gattin des englischen Schatzkanzlers, Lady Snowden, die sich eine ›Jüngerin‹ MacDonalds nannte und mir gegenüber ihre Verehrung für ihren Meister und erfreulicherweise auch ihrer Begeisterung für unsere Vostellungen in Coventgarden Ausdruck gab. Die Unterhaltung verlief interessant, aber außer einer gelegentlichen Bemerkung über die Überschätzung der Hitlerbewegung, unpolitisch. Ich bin überhaupt damals in England kaum je einem Verständnis für die gefahrvolle Lage in Deutschland begegnet.

Dort aber hatten die Dinge seit Stresemanns Tod eine schlimme Wendung genommen. Das Anwachsen der Wirtschaftskrise und der Arbeitslosigkeit hatte dem Nationalsozialismus immer neue Scharen von Unzufriedenen als Anhänger zugeführt, und es kam zu den verhängnisvollen Reichstagswahlen von 1930. In mir lebt noch die

Erinnerung an die Nacht vor dem 15. September, die wir in meiner Berliner Wohnung vor dem Radio verbrachten. Emanuel Feuermann war bei uns, und die triumphierende Stimme des Ansagers verkündete alle paar Minuten den Stand der Wahl. Etwa um drei Uhr früh wußten wir, daß Hitler sechseinhalb Millionen Stimmen erhalten hatte und die Nazis somit als die größte Partei in den neuen Reichstag einziehen würden. Der sonst so lustige Feuermann verließ uns mit den Worten: »Es ist aus mit Deutschland, aus mit Europa.«

Von da an begann auch mein hartnäckiger Optimismus zu schwinden, und wenn ich auch nicht im entferntesten ahnte, was kommen sollte, stand ich doch nunmehr unter dem Druck der zunehmenden Verfinsterung des Lebens. Im Jahr 1931 traf ich Aristide Briand bei einem Empfang, den der Reichskanzler Dr. Brüning ihm zu Ehren veranstaltet hatte. In der Menschenfülle, die ihn umdrängte, konnte ich dem großen Europäer nur gerade die Hand drücken. Aber unvergeßlich ist mir der schwere Ernst, ja die Trauer seiner Haltung geblieben, wahrscheinlich, weil der Ruf ihn mir als feurig und enthusiastisch geschildert hatte. Vielleicht hatte sein leidender Gesundheitszustand die Veränderung bewirkt – er ist ein halbes Jahr danach gestorben –, ich aber glaubte darin die Grundstimmung eines Mannes zu erkennen, der sein Lebenswerk scheitern sieht.

Im selben Jahr 1931 erhielt ich einen Brief meines alten Freundes Harry Harkness Flagler, der mich im Namen der Philharmonic Symphony Society of New York zu einer Periode von Gastkonzerten für die Season 1931/32 einlud. Die von ihm vorgeschlagenen Daten standen natürlich mit meinen Leipziger Verpflichtungen im Widerspruch. Doch sah das Direktorium des Gewandhauses ein, daß man mir angesichts der bedrohlichen inneren Lage in Deutschland nicht eine Wiederaufnahme meiner Beziehungen zum amerikanischen Musikleben erschweren dürfte, und, nachdem es uns gelungen war, für die Zeit meiner amerikanischen Tätigkeit Gastdirigenten zu gewinnen – die Vertretung wurde zwischen Karl Muck und Hermann Abendroth geteilt –, knüpfte sich neuerlich ein Band zwischen mir und New York, das sich von nun an immer fester gestalten sollte. Ich dirigierte im Januar 1932 zum erstenmal im Rahmen jener Konzerte, kehrte nach Europa zurück und ging im Januar 1933 wiederum nach New York. Während ich dort war, wurde Hitler zum Reichskanzler ernannt, zündeten die Nazis das Reichstagsgebäude an – die Pforten der Hölle hatten sich aufgetan.

# VI

## 1

In der zweiten Märzhälfte 1933 hatte ich ein Konzert im Leipziger Gewandhaus und danach eines in der Berliner Philharmonie zu dirigieren, und so fuhren meine Frau und ich nach Beendigung meiner Tätigkeit in New York nach Deutschland zurück. Schon aus den Unterhaltungen am Kapitänstisch traf uns ein erstickender Anhauch jener Atmosphäre des Unheils, der unser Schiff uns entgegentrug. Man sprach nicht von Hitler, man äußerte keine freundliche oder feindliche Meinung zu den letzten Ereignissen, aber jeder der Tischgenossen beobachtete den anderen, hütete seine eigenen Worte, lenkte ab, sobald das Gespräch sich der Politik näherte, die natürlich in aller Sinn war. Mit den Mienen des Verschweigens saß man beisammen und verbarg hinter beflissenem Gespräch Sorgen und Angst oder in einzelnen Fällen wohl auch nazihafte Gefühle. Ich habe in den wenigen Tagen, die ich noch in Deutschland verbringen sollte, außer im vertrautesten Kreise, keine andere Art von Unterhaltung mehr erlebt, nur daß ich sie dort noch durch jene typische Kopfbewegung ergänzt und gewürzt fand, die der Berliner Witz als ›Neue Deutsche Rundschau‹ bezeichnete: durch jenen ängstlichen Blick nämlich rückwärts und nach den Seiten, der überall Horcher zu sehen glaubte.

Von einem hohen Steinwall am Ufer winkten uns zwei Gestalten zu, als unser Schiff sich dem Pier von Cuxhaven näherte: unsere Töchter waren überraschend mit dem Wagen von Berlin gekommen, um uns abzuholen. Ihr Anblick sollte mein letztes freudiges Erlebnis auf deutschem Boden oder – symbolischer – vor der Landung sein. Denn sobald ich den Fuß auf der festen Erde hatte, fühlte ich, wie mir eine erkältende Welle der Fremdheit aus der äußerlich wohlbekannten Umgebung entgegenschlug. Ich erlebte eine gespenstische Umkehrung meines einstigen jugendlichen Eindruckes von Wien, wo mich der erste Anblick des Niegesehenen wie von jeher vertraut berührt hatte. Hier war durch einen schlimmen Zauber eine gewohnte Welt zur Fremde verwandelt worden. Ich könnte nicht sagen, woher der Eindruck kam – ich weiß nur, daß er mir das Herz zusammenpreßte. Da war ich nun in diesem Deutschland, von dessen Wandlung zum Reich der Nazis ich in Zeitungen und Briefen ausgiebig gelesen hatte, aber nichts, was ich in der Ferne erfahren, gab mir so definitive Erkenntnis, wie jene ersten Minuten der Einfühlung nach der Ankunft. Und die Hakenkreuzfahnen, die überall wehten, bestätigten ihn. Ich sah sie am Pier gehißt, sie flatterten vom Rathaus in Cuxhaven und hielten mich vom Betreten jedes Gasthauses ab, in dem wir auf der Fahrt nach Hamburg einkehren wollten. »Wenn du in keinem Restaurant essen willst, das das Hakenkreuz zeigt, werden wir hungrig bleiben müssen«, sagten meine Töchter, und so nahmen wir schließlich unsere Mahlzeit in dem Hamburger Hotel, in dem ich oft gewohnt hatte und wo mich die Herren der Empfangsabteilung mit altgewohnter Freude willkommen hießen, die allerdings durch die begleitende Geste der ›Neuen Deutschen Rundschau‹ etwas gezwungen wirkte. Und mir kamen die Worte der Gefangenen aus ›Fidelio‹ in den Sinn, die mich in den nächsten Tagen nicht mehr verließen: »Sprecht leise, haltet euch zurück, wir sind belauscht mit Ohr und Blick.«

In meiner Berliner Wohnung empfing mich die Nachricht, das Leipziger Gewandhaus habe mehrfach antelephoniert. Als ich daraufhin Max Brockhaus anrief, konnte ich aus seinen stockenden Andeutungen erraten, daß ›gewisse Schwierigkeiten‹ entstanden seien, und er schien sehr erleichtert durch mein Versprechen, am nächsten Morgen nach Leipzig zu kommen. Ich traf dort Sonntag früh ein – das Konzert sollte am nächsten Donnerstag stattfinden – und erfuhr nun, daß die Leipziger Nazis seine Abhaltung verhindern wollten. Manfred von Killinger, Polizeipräsident von Leipzig und wegen seiner Beteiligung am Komplott zum Morde Rathenaus in höchstem Ansehen bei der Partei, hatte gedroht, wenn die Gewandhausdirektion das Konzert nicht freiwillig absage, werde er es amtlich verbieten. Die Herren des Vorstandes fühlten sich hierdurch in ihrem Bürgerstolz verletzt und beschlossen, sich zu wehren, wobei sie auf die Unterstützung durch die öffentliche Meinung zählten, die ganz zu meinen Gunsten eingestellt war. Und nun begannen hektische Zeiten für mich mit Konferenzen und Korrespondenzen, mit Orchesterproben und nächtlichen Telephongesprächen. Allerdings telephonierte nicht ich, sondern Max Brockhaus berichtete und bat, klagte und beschwor in den Apparat hinein, aber ich assistierte ihm flüsternd als Berater und gelegentlich als Souffleur. Da saßen wir beide nun nachts in dem halbdunklen Büro des Gewandhauses, dem einzigen wachen Raum des schlafenden weiten Gebäudes, zwei Nachtwächter, die versuchten, um Hilfe hinauszurufen gegen das schwelende Feuer, mit dem Barbaren die Kultur und ihre Pflegestätten bedrohten, und in dem stundenlangen Warten, das damals Ferngespräche zur Qual machte, wurden wir uns klar über die symptomatische Bedeutung unseres Kampfes, dessen Ausgang über weit mehr entscheiden würde als das Schicksal des Leipziger Gewandhauses.

Ich hatte zuerst angeboten, die Schwierigkeiten durch meinen freiwilligen Rücktritt zu lösen, aber die Direktion lehnte meinen Vorschlag ab. Sie wollte die musikalische Tradition des Gewandhauses schützen und ihre eigene Unabhängigkeit erhalten – damals konnte man noch solche Träume träumen, denn der Nazismus ging in der ersten Zeit nach der Machtergreifung zunächst behutsam vor, wohl um das ältere Bürgertum nicht zu erschrecken. Auch gab es weite Kreise im deutschen Volk, die die grausamen Handlungen und frevelhaften Äußerungen der Partei, ja selbst den Antisemitismus, für vorübergehende Kinderkrankheiten einer im Wesentlichen gesunden Bewegung hielten und glaubten, man werde bald zum Anstand und zur Normalität zurückkehren. So dachte auch die Gewandhausdirektion, durch ruhige Festigkeit zuerst einmal die Abhaltung des nächsten Konzertes durchzusetzen und dann die Frage ihrer Unabhängigkeit an zentraler Stelle zu prinzipieller Entscheidung zu bringen, der man hoffnungvoll entgegensah. Denn noch ahnten diese angesehenen Leipziger Verleger, Rechtsanwälte, Industriellen, Gelehrten usw. nicht, zu welch radikalen Maßnahmen der Nazismus auf den Gebieten der Kunst und Wissenschaft entschlossen war und glaubten, die Reichsbehörden würden zum Schutz der großen Kunstinstitute gegen Übergriffe lokaler Mächte zu bewegen sein. Man ersuchte Tietjen um Intervention in Berlin, man bat Winifred Wagner in Bayreuth, ihren Einfluß bei Göring geltend zu machen – jeder kannte irgendwen, der bestimmt bereit sein würde, sich für das alte, hochberühmte Gewandhaus einzusetzen, und Brockhaus telephonierte also unermüdlich an ›irgendwen‹.

Eine interessante Abwechslung gewährte mir in meiner zwar eher passiven, aber doch andauernden Teilnahme an jenen fieberhaften Bemühungen die Aussicht von meinen Fenstern im Hotel Hauffe. Ich starrte von dort in angeekelter Faszination auf marschierende Hitlerjugend und Sturmscharen, und unauslöschlich steht mir eine Straßenversammlung jener Horden vor Augen, die alle Vorübergehenden zwangen, stehen zu bleiben und den ›Hitlergruß‹ zu machen – noch sehe ich den kleinen Bäckerjungen mit Broten auf seinem Karren, den ein riesiger Sturmtruppenmann von dem Rad riß, mit dem er den Karren trieb und mit Fußtritten in den Rücken vor sich herstieß.

Bis Donnerstag morgen hoffte man im Gewandhaus auf Rettung, denn manche Mittelspersonen hatten ihre Hilfe zugesagt. Aber als ich mich gegen elf Uhr zur öffentlichen Generalprobe begab, strömten mir schon zahlreiche aufgeregte Gruppen des zurückgewiesenen Publikums entgegen, und ich fand bei meiner Ankunft ein Plakat an dem Eingang, das kurz mitteilte, die Veranstaltung werde nicht stattfinden. Die Polizeidirektion hatte im Auftrag des sächsischen Innenministeriums am Donnerstag morgen Generalprobe und Konzert verboten. Brockhaus und andere Mitglieder des Vorstandes erwarteten mich, das definitive Verbot war zu spät zu ihnen gelangt, als daß sie es mir noch ins Hotel hätten telephonieren können. Die kleine Versammlung war so verwirrt und niedergeschlagen, daß fast niemand sprechen konnte. Wir drückten uns die Hände, verabschiedeten uns mit wenigen leisen Worten – Orchestermitglieder standen mit den Anzeichen der Erschütterung in den Mienen auf der Straße umher und grüßten mich tief, als ich schweigend durch ihre Reihen ging. Nicht ohne ein schneidendes Gefühl der Trauer blickte ich zurück auf das vornehme Haus, dessen Eingang die Statue Felix Mendelssohns so lange Jahre hindurch sinnvoll verschönt hatte, holte mein Gepäck aus dem Hotel mit den unerfreulichen Fenstern und fuhr zum Bahnhof. Am Zug erschienen zwei Damen vom Vorstand mit Blumen und Tränen, und ich fuhr mit schmerzlichem Nachgefühl und beunruhigtem Vorgefühl nach Berlin zurück, wo für den kommenden Montag das nächste ›Bruno Walter-Konzert‹ in der Philharmonie angesetzt war. Meine böse Ahnung sollte von den Ereignissen übertroffen werden.

»Louise hat schon oft angerufen«, sagte mir meine Frau, als ich nach Hause kam. »Wolff und Sachs wollen wissen, wann du zu einer Sitzung kommen kannst.« Die Konzertdirektion Hermann Wolff hieß jetzt Wolff und Sachs, aber sie stand unverändert weiter unter der strahlend lächelnden, absoluten Tyrannis der ›Königin Louise‹. Seit Jahrzehnten war die hochbegabte, dominierende Frau eine Löwin der Berliner Gesellschaft gewesen, hatte eine beherrschende Rolle im Musikleben der Stadt gespielt und neben den von Furtwängler geleiteten philharmonischen Konzerten waren es die ›Bruno Walter-Konzerte‹, und ich persönlich, denen ihre besondere, treue Anhänglichkeit galt. Nun sah sie alles bedroht, woran sie hing, – ihre gesellschaftliche

Stellung, ihre berufliche Tätigkeit und dazu noch meine Konzerte, aber als ich am Nachmittag zur Sitzung kam, fand ich die alte Dame in gewohnter königlicher Haltung und völlig gefaßt – nur ihre Teilhaber zeigten sich aufgeregt und ratlos.

Man berichtete mir nun, es sei vom Propagandaministerium des Dr. Goebbels eine Warnung gekommen, man möge mein Konzert absagen, wenn man Unannehmlichkeiten vermeiden wolle. Meine Frage, ob es verboten worden sei, verneinte Louise. Ich erklärte mich bereit, zurückzutreten, wenn die Konzertdirektion die angedrohten ›Unannehmlichkeiten‹ vermeiden wolle, oder aber das Konzert zu dirigieren, wenn sie es wünschte. Als ich Louise und ihre Mitarbeiter, die Herren Sachs und Simon, unentschieden sah, schlug ich vor, sich durch direkte Anfrage im Propagandaministerium darüber zu informieren, worin die angedrohten Unannehmlichkeiten bestünden, und sollten sie gar zu wenig angenehm sein, ein amtliches Verbot des Konzertes zu verlangen. Es gelang Herrn Sachs, im Ministerium Dr. Funk zu erreichen, denselben, der später Präsident der Deutschen Reichsbank wurde, und er erhielt von ihm etwa folgende Antwort: »Verbieten wollen wir das Konzert nicht, denn es liegt uns nichts daran, Sie aus einer Verlegenheit zu ziehen, oder gar Sie von einer Verpflichtung zur Bezahlung des Orchesters zu befreien. Wenn Sie aber das Konzert abhalten, dann können Sie sicher sein, daß alles im Saal kurz und klein geschlagen werden wird.« Der künftige Reichsbankpräsident fügte seiner Auskunft, die uns über Gesinnung und Ton der jetzigen Beamten interessanten Aufschluß gab, das Ersuchen hinzu, ihm innerhalb einer Stunde von der Entscheidung der Konzertdirektion Kenntnis zu geben.

Ich habe später erfahren, daß als treibende Kraft hinter dieser außerordentlich energischen Behandlung meines Falles wie der folgenden Vergewaltigung der Opernhäuser und Konzertinstitute ein Herr Hans Hinckel stand, der der Naziregierung als Fachmann für musikalische Angelegenheiten mit außerordentlichen Vollmachten diente. Er hatte seine Eignung hierfür als Redakteur des ›Miesbacher Anzeigers‹ erwiesen, einem der ältesten Naziorgane, wo er sich durch besonders aggressive antisemitische Schmähartikel die Gunst der Parteileitung erschrieben haben soll. So war er vom bayerisch bäuerlichen Miesbach, nicht weit von dem anmutigen Schliersee und seinem bekannten Bauerntheater gelegen, nach Berlin gekommen und verfügte nun über Einsetzung und Absetzung von Musikern in hervorragenden Positionen. Es war uns klar, daß ich nach jener Auskunft das Konzert nicht dirigieren konnte, und Herr Sachs wurde beauftragt, Dr. Funk von dem Entschluß, es abzusagen, in Kenntnis zu setzen. Wie groß war nun unser Erstaunen, als die Antwort erfolgte, man wünschte, daß das Konzert stattfände, aber, anstatt unter meiner Leitung, unter Richard Strauss. Dr. Funk fügte hinzu, er zweifle nicht, daß Strauss die Aufforderung annehmen würde. Und so war es wirklich. Der Komponist des ›Heldenleben‹ erklärte sich tatsächlich bereit, anstatt des gewaltsam entfernten Kollegen zu dirigieren und erwarb sich damit eine besondere Beliebtheit in den oberen Rängen des Nazitums. Später allerdings soll es, aus mir unbekannt gebliebenen Gründen, zur Zwietracht zwischen Strauss und Regierung gekommen sein.

Dr. Funk hatte seine Mitteilung mit einer seltsamen Bemerkung geschlossen: »Übrigens ist Herr Walter politisch verdächtig«, war sein letztes Wort gewesen, und da ich mich niemals politisch betätigt hatte, konnte ich nur annehmen, man halte irgendeine teuflische Erfindung bereit, um mir auch persönliche Unannehmlichkeiten zu bereiten. Meine Frau erwartete mich, sie war seit einer Stunde vor dem Hause der Konzertdirektion auf und ab gegangen. In völliger Ruhe hörte sie meiner Erzählung zu, als ich ihr aber die abschließende Bemerkung Funks berichtete, blieb sie stehen und sagte: »Du mußt unbedingt noch heut Deutschland verlassen.« Ich sah ein, daß sie recht hatte, und wir beschlossen, ich solle noch am selben Abend mit unserer älteren Tochter nach dem Semmering gehen, sie selbst würde unsere Übersiedelung nach Österreich vorbereiten und dann mit der jüngeren Tochter nachkommen.

Sie fuhr dann in unsere Wohnung, um mir das Nötigste einzupacken und meiner Tochter mitzugeben, da sie es für unratsam hielt, daß ich noch einmal nach Hause ging. Ich setzte mich inzwischen mit einem vertrauenswürdigen Freunde in Verbindung, um ihn zu beauftragen, durch eine Mittelsperson meinen Protest gegen die Verdächtigung im Ministerium zum Ausdruck zu bringen. Unser Freund, wohlorientiert in diesen Dingen, schlug mir vor, den früheren Landwirtschaftsminister Grafen Kanitz brieflich um sein Interesse zu ersuchen, was ich in den nächsten Tagen vom Semmering aus auch tat. Graf Kanitz war seit langem ein Anhänger meines Wirkens gewesen, stand dem Nazismus fern und genoß allgemeinen Respekt bei den älteren Regierungsbeamten, von denen ja zunächst noch viele in den Ministerien tätig waren.

Ich erfuhr nach einiger Zeit, daß Kanitz meinen Wunsch erfüllt und dabei die Auskunft erhalten hatte, im Liebknecht-Hause – der von den Nazis ›eroberten‹ kommunistischen Zentrale – seien Briefe kompromittierenden Inhalts von meiner Hand gefunden worden. Nun, das sah ernst genug aus und schrie nach Berichtigung – es war kaum anzunehmen, daß die Märchenabteilung des Propagandaministeriums nicht zu öffentlicher Verwendung ihrer Erfindung entschlossen war, deren bedrohliche Bedeutung für meine Familie ich nicht unterschätzen durfte.

Die Deutsche Allgemeine Zeitung war ein rechts-liberales Berliner Blatt, dessen tapfere Haltung sich vorteilhaft abhob von der charakterlosen Unterwürfigkeit, mit der sich im allgemeinen die deutsche Presse unter das Nazijoch schmiegte. Das war ihrem Chefredakteur Dr. Fritz Klein zu danken, der irrigerweise glaubte, man könne sich im neuen deutschen Reich mit Charakterfestigkeit behaupten und sogar Ansehen verschaffen. Ich kannte ihn vom Berliner Rotary-Club her, der aus jedem höheren Berufskreise einen Vertreter zum Beitritt aufgefordert hatte und dessen Mitglied er als Journalist und ich als Musiker geworden waren. Wir hatten bei den allwöchentlichen Frühstücken manches interessante Gespräch miteinander geführt, das erwärmt war durch seine musischen Neigungen und mich mit seiner Vorliebe für meine künstlerische Tätigkeit bekannt gemacht hatte. Auch an ihn schrieb ich vom Semmering aus und bat ihn, eine beigelegte ruhige, aber entschiedene Zurückweisung jener Lüge zu veröffentlichen. Er hatte die Tapferkeit, meine Bitte zu erfüllen, so wie er fortfuhr, in maßvoller Form, aber unerschütterlicher Überzeugungstreue seine Meinung in den Leitartikeln der Deutschen Allgemeinen Zeitung zum Ausdruck zu bringen. Ein Aufsatz zur österreichischen Frage kostete ihn dann seine Stellung, und ich habe leider nie wieder von dem ausgezeichneten Mann gehört, dem ich ein dankbares Andenken bewahre.

Auf dem Wege zum Semmering hielt ich mich einen Tag in Wien auf, sah meine Freunde dort und besuchte den Grafen Richard Coudenhove-Kalergi, den Gründer der Paneuropäischen Bewegung, der ich mich angeschlossen hatte. Zu ihm trug ich mein Erstaunen über das aggressive Verhalten des Nazismus gegen die Kultur, meine Sorge über seine anscheinende Bereitschaft zu radikalem Vorgehen, wie es zur Zerstörung der Kulturgemeinschaft der Nationen führen mußte, deren segensreiche internationale Auswirkung die Erde wohnlicher gemacht hatte. Als überlegene Herrenrasse, als Gegner der Religion, als Feinde des Geistes hatten sich die Nazis von jener Gemeinschaft getrennt, und es trieb mich, hierüber mit dem Mann zu sprechen, dessen Lebenswerk auf intereuropäische Verbundenheit aufgebaut und auf ihren Ausbau gerichtet und daher von den jüngsten Ereignissen schwer bedroht war. Coudenhoves Scharfblick hatte sofort den bedrohlichen Sinn jenes hemmungslosen Vandalismus auf kulturellem Gebiet erkannt, der dann später in der festlichen Verbrennung der Bücher seinen symbolischen Ausdruck fand, und ich erinnere mich an seine erstaunlich klare Erkenntnis des Weges, auf den jene wilden Anfänge führen mußten. Die Entwicklung hat seine politische Ausdeutung der damaligen Ereignisse bestätigt.

Am Abend des gleichen Tages ging ich mit meiner Tochter in das freundliche Südbahnhotel am Semmering, wo ich seit alten Wiener Zeiten so oft zur Erholung eingekehrt war. Diesmal sollte ich mich nicht lange des Waldes und der Höhenluft dort erfreuen, denn schon am zweiten Tage telegraphierte mir Rudolf Mengelberg, sein Vetter Willem Mengelberg sei erkrankt und er bäte mich, einige Konzerte im Concertgebouw zu übernehmen.

Ich sagte zu und fuhr über die Schweiz, Frankreich und Belgien — also im Bogen um Deutschland herum — nach Holland. An der holländischen Grenze stiegen mehrere Journalisten zu mir in den Wagen. Die holländischen Zeitungen hatten zwar ausführlich darüber berichtet, was sich mit mir in Deutschland ereignet hatte, aber sie wünschten nun auch ihren Lesern von meiner persönlichen Einstellung zu dem Erlebnis Kenntnis zu geben. Meine Antworten mußten jedoch so vorsichtig ausfallen, wie es die Sorge um meine Familie verlangte. Denn schon hatte es sich ereignet, daß gegnerische Äußerungen von Antinazis im Ausland an deren Angehörigen in Deutschland grausam gerächt worden waren.

Ich traf in Amsterdam ein, wo mich Rudolf Mengelberg am Zug erwartete. Mir stand eine Überraschung und eine kaum ertragbare Erschütterung bevor. Als ich aus dem Bahnhofsgebäude hinaustrat, sah ich den riesigen Platz davor schwarz von Menschen. Sie waren gekommen, um ihre Sympathie einem Musiker zu bezeugen, dessen Name und Wirken in Holland bekannt war und der ein schweres Unrecht erlitten hatte; sie wollten auf diese Weise gegen das Unrecht und gegen die Gesinnung, die es begangen, demonstrieren. Und plötzlich begannen sie zu singen; es war ein altes niederländisches Freiheitslied, das sie anstimmten, und der schöne, feierliche Klang, der über den weiten Platz und das Wasser in die Abenddämmerung hinausdrang, verklärte die Antinazi-Demonstration der Amsterdamer Sozialdemokraten – sie waren es, wie ich nachher erfuhr – zu einer Bekundung menschlicher Verbundenheit.

Von Holland und den schönen Konzerten mit dem Orchester des Amsterdamer Concertgebouw kehrte ich nach Wien zurück. Meine Frau traf dort am Morgen nach dem Tage des von der deutschen Regierung angeordneten Judenboykotts ein. Sie, die kaum Tränen kannte, fiel mir weinend um den Hals, als sie aus dem Zuge stieg – der Anblick des entfesselten uniformierten Pöbels mit dem Abzeichen des Hakenkreuzes, der mißhandelten Menschen auf den Berliner Straßen, der zertrümmerten Verkaufsläden, dieser ganze Zustand von Angst und Qual der Wehrlosen und grölender Lust der Verfolger hatte sie völlig aus der Fassung gebracht und wirkte noch lange in ihr nach.

Ihre Erschütterung war um so tiefer, als sie bei manchen ihrer eigenen Verwandten, die ihr bis dahin nah gestanden, kein Mitgefühl für die Verfolgten gefunden, aber entschuldigende Worte für die Verfolger gehört hatte. Es war zu Auseinandersetzungen gekommen und sie hatte alte Beziehungen empört abgebrochen.

In Wien brachte ich im Lauf der folgenden Wochen Mahlers Achte, die sogenannte ›Symphonie der Tausend‹ zur Aufführung, die Demonstrationen vor Beginn und am Ende nahmen ein solches Ausmaß an, daß ich schließlich ein paar Worte an das Publikum richten mußte. Ich weiß nicht mehr, was ich sagte, bin aber sicher, daß ich jeden Hinweis auf etwaige außermusikalische Gründe zu der Demonstration unterließ – er hätte schlecht zur Botschaft Mahlers und Goethes gepaßt, die soeben verklungen war. Daß ich aber überhaupt genötigt war zu reden, deutet auf das unaufhaltsam gewordene Eindringen der Zeitereignisse in die Kreise der Kunst. Wohin ich auch in jenen Monaten nach meiner Verbannung aus dem deutschen Musikleben ging, überall wurde die Ehrung, die ich als Musiker empfing, über ihre gewohnte Wärme hinaus zugleich zur wortlosen, aber leidenschaftlichen Demonstration gegen meine Feinde – oder vielmehr gegen die Feinde der Kultur, die man in mir gekränkt sah. Wenn ich aber nicht auf die Atmosphäre des Konzertsaals Rücksicht zu nehmen hatte und wenn die Demonstration zum Wort griff, wie z. B. bei den Banketten, durch die man mich in Paris ehrte, zögerte ich nicht, ebenfalls mit dem Wort unzweideutige Stellung zu den Ereignissen des Tages zu nehmen, so gut ich es vermochte, und warnend auf die bedrohliche allgemeine Bedeutung des Geschehenen hinzuweisen. Bei dem ersten dieser Bankette teilte ich die Ehren mit Emil Ludwig, und man sprach zu uns als Schicksalsgenossen. – Eines anderen Banketts in Paris entsinne ich mich ebenfalls, bei dem Painlevé, der frühere Freund Clémenceaus und Picquarts den Vorsitz übernommen hatte. Und ich weiß noch, daß nach seiner schönen Rede Gabriel Pierné im Namen der französischen Musiker mit einer Herzlichkeit zu mir sprach, die mir noch heut die Seele erwärmt. Dunkel sehe ich nach dem Bankett den Dirigenten René Bâton mit dem Schriftsteller Tristan Bernard auf mich zukommen und mich auf die erstaunliche Ähnlichkeit ihrer graubärtigen Gesichter aufmerksam machen, erinnere mich ferner an eine freundliche Unterhaltung mit Paul Dukas, dem Komponisten des ›Apprenti Sorcier‹ und der Oper ›Ariane et Barbe Bleue‹ und an einen kurzen, sehr anregenden Gedankenaustausch mit Maurice Ravel bei jener Gelegenheit. Ein drittes Bankett, das mir gegeben wurde, glaube ich in diesem Zusammenhang erwähnen zu sollen. Es fand im selben Jahr in London statt und sollte gleichfalls die Gefühle mir ergebener Menschen anläßlich meines Erlebnisses mit den Nazis bekunden. Meine besondere Genugtuung und Freude, daß Sir Edward Elgar den Vorsitz bei jener Veranstaltung übernommen hatte, wurde zu Enttäuschung und Bedauern, als er wegen ernster Erkrankung absagen mußte. Für ihn trat dann Thomas Beecham ein, mit dem ich vor fast fünfundzwanzig Jahren zum erstenmal in künstlerischen Kontakt gekommen war, und ich hatte allen Grund, ihm und den Versammelten meinen Dank zu sagen für die Manifestation ihrer mir so erfreulichen Gesinnung.

Im Sommer 1933 dirigierte ich wieder Opern und Konzerte in den Salzburger Festspielen, die nun nach allmählichem organischem Wachsen in ihre große Zeit eintraten.

Ihnen und dem österreichischen Musikleben überhaupt wollte ich mich nach meiner Trennung von Deutschland in noch höherem Maße als bisher widmen. Zwar sah es auch in Österreich politisch recht bedenklich aus, aber die offizielle Tendenz ging gegen den Nationalsozialismus, Italien und die Westmächte bestanden auf der nationalen Selbständigkeit des Landes, und die Regierung Dollfuß schien fest im Sattel.

Dollfuß, seit Mai 1932 Bundeskanzler, regierte allerdings vom März 1933 an bereits ohne Parlament und führte im April 1934 die ›ständisch autoritäre‹ Regierungsform ein. Rückblickend ist leicht zu erkennen, daß einer solchen Regierungsform keine lange Lebensdauer beschieden sein konnte, auch wenn es nicht zu den Unruhen vom Februar 1934 mit der Vergewaltigung der sozialdemokratischen Arbeiterschaft gekommen wäre. Damals aber, im Jahre 1933, schien die Lage auch den Augen weniger optimistischer Naturen als der meinen nicht ungünstig. Die mildere Temperatur des österreichischen Wesens machte die undemokratische Verfassung im allgemeinen erträglicher, und als nach der Ermordung Dollfuß' durch die Nazis im Juni 1934 Schuschnigg Bundeskanzler wurde, verbreitete sich von seiner hohen Gesinnung und seinen ehrlichen Bemühungen her eine wirklich friedliche Atmosphäre im Lande, in der Theater und Musik sich ungehindert enfalten und die Salzburger Festspiele zur höchsten Blüte gelangen konnten.

Die Nazis allerdings hatten auch nach der Ermordung Dollfuß' ihre Wühlereien nicht aufgegeben, sie waren nur für einige Zeit etwas vorsichtiger geworden, und im Juli 1936 war es sogar zu einer Abmachung gekommen, in der Deutschland die Unabhängigkeit Österreichs feierlich anerkannte. Dann wurde es allmählich wieder unruhiger, aber die tapfere Gegenwehr Schuschniggs vermochte doch Jahre hindurch Österreich und sein kulturelles Leben zu schützen, bis schließlich Deutschland sich stark genug fühlte, den Angriff zu wagen. Dann freilich war es um Schuschnigg, um seine Regierung, um Österreich und um den Frieden der Welt geschehen.

## 2

Was man auch gegen die Regierung Schuschnigg sagen mag, die das lastende Erbe Dollfuß' übernommen, an der autoritären Verfassung überzeugt festhielt und den Weg zur Arbeiterschaft weder fand noch ernstlich suchte, sie erwies sich freundlich dem Geist, stellte sich in den Dienst der kulturellen Mission Österreichs, und der weithin leuchtende Glanz der Salzburger Festspiele fällt auch auf sie. Denn sie war nicht nur zufälliger Nutznießer dieser bedeutenden Institution, die Österreich neuerlich die Herzen aller ernsten Kunstfreunde gewann, sondern die Festspiele verdankten ihr eifrige Förderung im Aufstieg zum Weltruhm.

Salzburg, dessen Lage und Umgebung Alexander von Humboldt neben Neapel und Konstantinopel zu den schönsten Gegenden der Erde zählt, war durch seine kulturelle Atmosphäre wie wegen seiner landschaftlichen Reize unvergleichlich zur Veranstaltung von Festspielen geeignet. Hierzu kam, daß es infolge seiner staatlichen Verbindung mit Wien über die immer noch reichen, von großer Tradition erfüllten Kräfte der Wiener Staatsoper verfügen konnte. Und dabei waren wir in der Zusammenstellung unseres künstlerischen Personals, abgesehen von den Philharmonikern und dem Staatsopernchor, keineswegs auf die Wiener Oper beschränkt, sondern wir wählten außerdem an Sängern, Dirigenten, Regisseuren, bildenden Künstlern usw., wen immer wir heranzuziehen wünschten. So glückte es uns im Sommer 1934, Arturo Toscanini für einige Konzerte und von 1935 an auch für die Leitung von Opernaufführungen zu gewinnen, und sein Künstlertum und der Glanz seines Namens erwiesen sich von außerordentlicher Bedeutung für die Leistung und das Ansehen der Festspiele.

Übrigens konnte sich Salzburg seit den Zeiten des Erzbischofs Hieronymus – und in gewissem Grade schon früher – einer eigenen Musikpflege rühmen. Dies lokale musikalische Leben hatte neuerlich einen kräftigen Antrieb von dem Musikinstitut des Mozarteums unter Bernhard Paumgartners verdienstlicher Führung erhalten. Das Ensemble der Wiener und auswärtigen Künstler konnte sich durch musikalische Hilfskräfte aus Salzburg ergänzen, und so erwies sich das

Mozarteum oft und in zahlreichen Beziehungen nützlich in unserem vielseitigen Unternehmen.

Die Geschichte Salzburgs, wie sie sich in der stummen und doch so beredten Sprache seiner Straßen, Plätze und Bauten äußerte, war nicht die schwächste unter den Kräften der Anziehung, die die kleine österreichische Stadt zu einem festlichen Weltmittelpunkt gemacht haben. Es war hauptsächlich eine Geschichte geistlicher Herrschaft und der kultivierenden Kräfte des Katholizismus, symbolisiert in den schönen Kirchen und kirchlichen Bauten, die das Stadtbild beherrschten und seine zauberhafte Anmut in eine religiöse Atmosphäre einhüllten. Nur die Festung Hohensalzburg thronte als Mahnung an rauhe kriegerische Vergangenheit hoch über der friedlichen Schönheit der alten erzbischöflichen Residenz. In intuitiver Erkenntnis ihrer hohen Eigenart wählte Max Reinhardt 1920 das Mysterienspiel ›Jedermann‹ in der Hofmannsthalschen Fassung für eine erste festspielhafte Aufführung in Salzburg, das sich hierbei als idealer Rahmen für das fromme Stück erwies. Es fehlte von da an in keinem der Festspielsommer. Nun ist gewiß ›Jedermann‹, das englisch-holländische Spiel ›vom Leben und Sterben des reichen Mannes‹ eine ewige Dichtung und wirksam, wo immer sie dargestellt wird. So erinnere ich mich an eine Aufführung des Stückes im Hof eines mittelalterlichen Schlosses in Malmö, dem kleinen schwedischen Städtchen, das ein Musikfest veranstaltet und das Berliner Philharmonische Orchester unter meiner Leitung dazu eingeladen hatte. Ich hörte die Aufführung in schwedischer Sprache, sie fand in dieser keineswegs besonders dafür geeigneten Umgebung statt, aber ich war doch davon ebenso ergriffen wie das einfache Publikum, das mich auf den improvisierten Tribünen umgab.

In Salzburg aber spielte man ›Jedermann‹ auf dem Platze vor der großartigen Fassade des Domes, die eröffnenden Fanfaren wurden vom Portikus aus geblasen, die mahnenden Rufe »Jedermann, Jedermann!« erklangen von den Türmen benachbarter Kirchen und sogar weither von der Festung, und die Zeit der Aufführung war so gewählt, daß sich an den Tod des Jedermann das feierliche Abendläuten der Glocken von den vielen Kirchen Salzburgs anschloß. ›Jedermann‹ schien für Salzburg geschaffen wie Salzburg für ›Jedermann‹. Der Festspielgedanke hat mit jener Aufführung angefangen zu leben. Eine früheste Anregung dürfte allerdings auf die Aufführung des ›Figaro‹ in Salzburg mit den Kräften der Wiener Hofoper unter Mahler im Jahre 1906 zurückzuführen sein, die er dort im Rahmen eines von Lilli

Lehmann veranstalteten Mozart-Zyklus dirigierte. Damals erkannten schon viele die besondere Eignung der Stadt für solche Veranstaltungen, aber unsere Festspielepoche hat jedenfalls mit jener Vorstellung des ›Jedermann‹ begonnen. Im Sommer 1922 gaben dann die Staatsopern-direktoren Strauss und Schalk einige Mozartsche Opern in dem hübschen kleinen Stadttheater, und Reinhardt bereicherte das Programm mit seiner phantasievollen Aufführung von Calderon-Hofmannsthals ›Welttheater‹. Die nächsten beiden Jahre brachten keine Festspiele, im Jahr 1925 inszenierte Reinhardt außer ›Jedermann‹ Vollmöllers ›Mirakel‹ und eine Wiederholung des ›Welttheater‹, und ich dirigierte Donizettis ›Don Pasquale‹ und 1926 ›Die Fledermaus‹ und Mozarts ›Entführung‹. Nach den guten Erfahrungen mit diesen bescheidenen Anfängen unternahm man dann den Bau des Festspielhauses, und nun hatten wir seinen großen Raum und den kleinen des Stadttheaters für die Oper, ferner den Domplatz und den interessant umgestalteten Hof der ›Reitschule‹ für Reinhardts Schauspielaufführungen – die aber bei schlechtem Wetter in die Innenräume verlegt wurden – und endlich neben dem Festspielhaus auch den schönen Saal des Mozarteums für unsere Orchesterkonzerte mit den Wiener Philharmonikern zur Verfügung.

In den dreißiger Jahren begannen die Festspiele ihr internationales Ansehen zu gewinnen, und mit jedem Sommer vermehrte sich der Zustrom der Kunstfreunde aus aller Welt. Sie kamen vom europäischen Ausland und über die Meere, ihre buntgestaltige, vielsprachige Menge füllte die Hotels, die Gasthäuser und Cafés, stand bewundernd vor den herrlichen erzbischöflichen Bauten, wanderte durch den Mirabellgarten und pilgerte zu Mozarts Geburtshaus in der engen Getreidegasse. Ihre Automobile mit den Zeichen ihrer Herkunft aus der Ferne liefen am Tage über die staubigen Straßen in die paradiesischen Gegenden des Salzkammerguts, seiner Berge, Seen und berühmten Plätze wie Ischl, St. Wolfgang, Aussee usw., am Abend aber fuhren sie in ununterbrochenen Reihen über die schöne Brücke mit dem Blick hinunter auf die reißende Salzach und hinaus auf die herrliche Silhouette des Untersberges hin zum Festspielhaus. Und staunend sah allabendlich ein dichtgedrängtes Spalier von Neugierigen aus Salzburg in der eigenartigen Tracht der dort Ansässigen der endlosen festlichen Auffahrt der interessanten Fremden zu.

Ähnliches hatte sich schon einmal in Europa ereignet – in Bayreuth. Während aber dort eines der gewaltigsten schöpferischen Genies die Menschheit bei sich empfing, um sie zur Feierlichkeit seines pathetischen Werkes zu erheben, luden wir eine zur Mannigfaltigkeit neigende Kunstgemeinde zu einer wechselvollen Auswahl von Werken und Leistungen, in deren Mittelpunkt Mozart stand. Doch unterschied sich der Sinn der Bayreuther Festspiele von dem der unseren nicht nur wie die Erhabenheit des Wagnerschen Schaffens von der Schönheit des Mozartschen und den vielfältigen Reizen der anderen von uns gegebenen Werke, sondern auch wie ein ›Früher‹ vom ›Heut‹. In Bayreuth war ein Stil etabliert worden und wurde bewahrt – wir suchten die mannigfaltigen Stilbesonderheiten anderer musikalisch-dramatischer Werke künstlerisch zu verwirklichen. Die Mission Bayreuths war erfüllt, Wagners Genius hatte die Welt erobert – wir aber in Salzburg bemühten uns, alles verfügbare Talent und die hochentwickelten Methoden unserer Opernaufführungen in den Dienst von Werken zu stellen, die im allgemeinen noch nicht oder nur selten mit solcher Sorgfalt behandelt worden waren und daher in ihrem tiefsten Wesen erst erkannt werden mußten. Und die allgemeine Zustimmung zu unseren Leistungen zeigte, daß wir uns auf dem rechten Wege befanden.

Neben dem turbulenten Ort der Festspiele, neben der feierlichen erzbischöflichen Residenzstadt mit ihrer Fülle von geschichtlichen Erinnerungen in Stein, gab es noch ein anderes Salzburg, das ich kannte und liebte: es war die stille österreichische Kleinstadt, deren verschlafene Straßen ich schon in früheren Jahren gern durchstreift, in deren ruhigen Kaffeehäusern ich oft gesessen hatte. Eine Art Salzburg im Hausgewand war es, das mir teuer war, mit dem ich seit meinen jungen Jahren auf dem Fuß intimer Beziehungen gestanden und das sogar während der Festspielzeit mir oft den Blick lächelnden Einverständnisses zuwarf, mit dem ein Mädchen in Gesellschaft anderer seinen heimlichen Liebhaber beglückt.

Jenes eigentliche Salzburg, in dessen Stille sich der alternde Hermann Bahr zurückgezogen, wo Stefan Zweig mit seinen interessanten Sammlungen in dem freundlichen Hause auf dem Kapuzinerberg lebte, und wohin sich im Winter, Frühjahr oder Herbst viele geistige Menschen für Tage oder Wochen zu nachdenklichem Ausruhen begaben – jenes Salzburg sah im Wesentlichen noch immer so aus wie damals, als es die Familie Leopold Mozarts beherbergte und den heranwachsenden Wolfgang Amadeus durch seine Enge zur Verzweiflung brachte. Nun war es zum edlen, ruhevollen Rahmen für ein feurig bewegtes, künstlerisches Leben und weltliches Treiben geworden, und wenn die Mehrzahl der Festgäste sich vielleicht auch des

Zaubers der altösterreichischen Kleinstadt nicht voll bewußt war, so zweifle ich doch nicht, daß er der Mischung der Genüsse aus Festspielen, historisch interessanten Sehenswürdigkeiten und Naturschönheit einen stärksten Geschmacksreiz hinzufügte.

Der organisatorisch begabte, verwaltende Kopf der Festspiele war von allem Anfang an Dr. Erwin Kerber gewesen, derselbe, der dann von 1936 an gemeinsam mit mir die Wiener Staatsoper leitete. Er war ein Ur-Salzburger, an Reinheit des Dialektes von niemandem, auch nicht von Richard Mayr übertroffen, und ebensowenig kam irgendwer ihm an gebirglerischer Frische und Humor gleich – ich gedenke mit Sympathie und Hochschätzung dieses ehrenhaften, tüchtigen und warmherzigen Menschen, dem ich überdies persönlich für tapfere Hilfe in schwerer Lage Dank schuldig geworden bin.

In einem der früheren Festspielsommer lernte ich auch Oskar Strnad kennen, von dessen erstaunlichem Talent mir Roller schon öfter gesprochen hatte. Ich sah zum erstenmal Dekorationen und Kostüme von seiner Hand in Reinhardts Aufführung von Gozzis ›Turandot‹ und empfing davon einen nachhaltigen Eindruck. Bei einem Ausflug an den Attersee traf ich ihn persönlich, und daran schloß sich ein fester künstlerischer Bund zwischen uns, dem erst sein früher Tod ein Ende setzte. Strnad kam von der Architektur her und lebte im Raum, anders als viele Künstler, deren Bühnenbilder nur ins Räumliche übertragene, malerische Flächen waren. Vom ersten Entwurf an war seine Gestaltung dreidimensional – dazu aber besaß er den seltensten Farbensinn und eine glühende Phantasie, die mit hoher Sensitivität auf Musik reagierten. Ich weise auf seine Bühnengestaltung des ›Oberon‹ von Weber hin, die er zuerst für meine Aufführung des Werkes an der Berliner Staatsoper und später für Salzburg und Wien gemacht hatte, ferner auf seine Ausstattung von Mozarts ›Entführung‹ für meine Aufführung in Florenz und Salzburg, auf seinen ›Figaro‹, vor allem aber auf den ›Don Giovanni‹ in Salzburg. Seine Bühnenbilder für dies ›dramma giocoso‹ in ihrer Verbindung allgemeiner, von Mozart inspirierter Leichtigkeit mit Elementen des spanischen Barock, der technischen Ermöglichung schnellster Verwandlungen und der suggestiven Kraft der Kostüme sind nach meinem Dafürhalten als bisher bestgelungene Lösung der schweren szenischen Probleme des Werkes anzusehen.

Auf das Repertoire der Festspiele und seinen systematischen Ausbau kann ich hier nur kurz hindeuten. Wir trachteten, uns in der Wahl der Werke von solchen pathetischen Stils fernzuhalten, die für Salzburg nicht zu passen schienen. Die einzige Ausnahme davon machten wir mit Wagners ›Tristan‹, den ich, wie mir scheint, in zwei Sommern dirigiert habe. Als verwandt dem genius loci zeigte sich Hugo Wolfs eigenartig reizvoller ›Corregidor‹, den ich schon in mein Münchener und dann in mein Berliner Repertoire aufgenommen und dessen Reiz in unserer Salzburger Aufführung zu schöner Wirkung kam. Einen Höhepunkt in meinen Bemühungen um die Festspiele bedeutete die Wiedergabe von Glucks ›Orpheus‹, ein Werk, dessen Ausschöpfung mich in meiner langen Laufbahn immer wieder beschäftigt hatte und dessen unerschöpfliche Größe jede neue, vertiefte Deutung reichlich lohnte. – Wenn ich von meiner Salzburger Aufführung und späterer Anpassung des dort Erreichten an die Wiener Oper spreche, so muß ich Margarete Wallmann rühmen, die ich auf Karlheinz Martins Empfehlung hin dafür als Ballettmeisterin gewonnen hatte. Wir haben von da an viel miteinander gearbeitet, und mir wurde jede neue gemeinsame Aufgabe durch ihr waches Verständnis und ihre erstaunliche Fähigkeit zu phantasievoller tänzerischer oder pantomimischer Ausdeutung der Musik erleichtert. Mehr aber als Verstehen von Anregungen zeigte sich in ihrer ganz selbständigen Gestaltung der Trauerzeremonie im ersten Akt und der wilden Hades-Szenen im zweiten. Hier war alles ihrer eigenen Einfühlung in Glucks Musik und ihrer tänzerischen Phantasie zu danken, und ich werde ihre Leistung wie die der von ihr mitgebrachten Tanzgruppe nicht vergessen. Sie blieb denn auch meine Mitarbeiterin in Salzburg und wurde es in Wien, als ich zusammen mit Kerber die Staatsoper übernahm. Der internationale Ruf, den sie sich erworben, führte sie schließlich als Ballettmeisterin an das Teatro Colon in Buenos Aires.

Der wichtigste Teil meiner Arbeit galt natürlich Mozart, dessen ›Nozze di Figaro‹ ich in Salzburg zum erstenmal in meinem Leben in der Originalsprache aufführte. Ich hatte immer unter der Unvereinbarkeit vieler Einzelheiten der deutschen Übersetzung mit Mozarts Musik gelitten und genoß endlich die lange ersehnte Harmonie zwischen Wort und Ton. Oft schon waren mir gute Aufführungen des unproblematischen ›Figaro‹ gelungen. In meinen Bemühungen aber um die Probleme des ›Don Giovanni‹ war ich weniger glücklich gewesen. Immerhin hatte ich sie wenigstens in wiederholten Erfahrungen und Enttäuschungen gründlich erkannt und wollte nun in Salzburg, zusammen mit Strnad und Karlheinz Martin einen wohlvorbereiteten

Angriff auf die scheinbar uneinnehmbare Festung wagen. Ich hatte mich mit meinen Mitarbeitern über die dramatischen und szenischen Schwierigkeiten verständigen können, und die Pläne für die Aufführung versprachen, daß wir diesmal damit fertig werden würden. Was half jedoch die beste Lösung all dieser Probleme, wenn die wichtigste Frage unbeantwortet blieb: wo einen Künstler für die Titelrolle finden? Ich kannte keinen. Auch den besten, die mit mir die Partie gesungen, fehlte irgend etwas, und in meiner Erinnerung genügte nicht einmal mehr der vortreffliche D'Andrade dem Begriff, der nach lebenslanger Beschäftigung mit Mozarts Gestalt in mir entstanden war. Wir bereiteten alles vor, aber ich warnte Kerber, daß ich den Plan aufgeben würde, wenn mir nicht ein günstiges Geschick half, die geeignete Persönlichkeit zu finden.

Unter den Sängern romanischer Zunge – denn nur solche kamen in Betracht – kannte ich mehrere, die gesanglich, sprechtechnisch, stilistisch und sogar im Aussehen ernstlich in Betracht kamen, aber immer fehlte es an der unmittelbar überzeugenden, persönlichen Faszination, die zum Wesen der Rolle gehört. Da erfuhr ich, daß Ezio Pinza, von dessen Stimme, Talent und Aussehen mir Arthur Bodanzky schon mehrfach mit Begeisterung gesprochen, an der Metropolitan Opera in New York einen bedeutenden Erfolg als Don Giovanni gehabt hatte. Ein amüsanter Vorfall gab mir Hoffnung, in ihm neben der allgemeinen künstlerischen Eignung, von der ich nach allem Gehörten überzeugt war, auch jene Gabe unmittelbarer persönlicher Wirkung zu finden. Wir hatten unsere böhmische Köchin nach New York mitgenommen, eine tüchtige, aber schwunglos nüchterne und nicht mehr junge Person. Ich rief Pinza an, drückte ihm telephonisch den Wunsch aus, ihn kennenzulernen, und er bot mir freundlich an, mich zu besuchen. Es klingelte, und Anita ging die Tür zu öffnen. Sogleich aber stürzte sie zurück zu uns und verwirrt, erregt und mit rotem Kopf flüsterte sie meiner Frau zu: »Gnä' Frau, a so a schöner Mann is draußen.« Da sagte ich zu meiner Frau: »Mir scheint, ich habe meinen Don Giovanni für Salzburg« – und ich hatte ihn.

Jeder Festspielsommer brachte auch eine Anzahl von Konzerten. Sie fanden, wie schon erwähnt, teils im Festspielhaus, teils in dem kleineren Saal des Mozarteums statt. Ich brachte außer klassischen Werken vielfach Mahler und auch Bruckner zu Gehör, und in den letzten Jahren gehörte ein Liederabend der Lotte Lehmann mit mir am Klavier zur ständigen Einrichtung der Festspiele.

Es war bewunderungswürdig, wie ihr dramatisches Gefühl, dem sie ursprünglich bis zur Vergewaltigung ihrer herrlichen Stimme nachzugeben geneigt gewesen, sich allmählich zum Liedervortrag gebändigt hatte. Und erstaunlich, daß ihre ungestüm elementare Persönlichkeit den Weg zur Stilreinheit des Liedes nur mittels ihres eigenen, fast unfehlbaren Instinktes gefunden hat. Denn wenn ich sie gelegentlich nützlich beraten habe, so handelte es sich nur um Einzelheiten, das Wesentliche des Liedgesanges hat sie dem eigenen Talent zu danken. Der musikalische Sinn und die Schönheit der melodischen Linie war ihrer intensiven Einfühlung ebenso erschlossen wie geistiger und emotioneller Gehalt der Worte, und beide Elemente des Liedgesanges brachte sie in oft idealer Synthese zu der einheitlichen Wirkung, die der Intention des Komponisten entspricht. Und in jenen schwächeren Momenten, die keinem reproduktiven Künstler in seinen an den Augenblick gebundenen Leistungen erspart bleiben, ist vielleicht gelegentlich der gesangliche, wohl kaum aber der poetische Sinn eines Liedes oder einer Rolle bei ihr zu kurz gekommen.

Urwüchsige Einfachheit und zarte Sensitivität sind die Pole ihres Wesens und kommen in ihrer Kunst wie in ihrem Leben in reizvollem Wechsel, oft auch in harmonischer Mischung zum Ausdruck. Es ist nur natürlich, daß die Persönlichkeit der vielseitig Begabten – sie dichtet und malt mit wirklichem Talent – gewisse erratische Züge aufweist und oft von Impulsen gelenkt wird. Unsere Freundschaft aber, in die sie auch meine Familie herzlich eingeschlossen hatte, ist von Witterungswechseln in ihrer unveränderlich jungen Seele unbeeinflußt geblieben, denn sie war aus unserer künstlerischen Wesensverwandtschaft entstanden.

Unter Toscaninis Opernaufführungen und Konzerten im Festspielhaus, denen ich fast immer mit höchstem Interesse beiwohnte, sind mir neben vielem anderen Bedeutenden ›Falstaff‹, Verdis ›Requiem‹ und eine hinreißende Wiedergabe von Brahms Zweiter Symphonie in lebendigster Erinnerung gegenwärtig. Aber auch persönlich kamen wir uns in jener Zeit näher, und ich entsinne mich besonders gern eines Besuches, den ich ihm in Mailand machte und bei dem wir einige Stunden in ruhigem Gespräch verbringen konnten, was die Arbeit in Salzburg nie erlaubte.

Die letzten Tage meiner Ferienruhe in Sils Maria im Engadin vor dem Beginn der Festspiele waren durch die Nachricht aus Wien beunruhigt worden, daß zwischen Toscanini und der Spielleitung ein Konflikt entstanden war und daß er seine Mitwirkung abgesagt hatte. Der Unterrichtsminister telephonierte mir in großer Aufregung und bat mich um meine Vermittlung. Ich wiederum rief Toscanini an und versuchte, ihn umzustimmen. Als er sich unzugänglich zeigte, sagte ich ihm: »Gut, ich komme zu Ihnen« und fuhr in meinem Wagen über die Bergstraße des Bergell hinunter, am Lago die Como entlang, durch ein fürchterliches Unwetter, nach Mailand. Auf das ›Come sta?‹ mit dem ich zu Toscanini in sein Musikzimmer trat, klang das düstere ›male‹ seiner Antwort nicht sehr ermutigend. Nachdem er seinen Entschluß, nicht nach Salzburg zu gehen, betont hatte, begannen wir von seinem Verhältnis zu Wagners Schaffen und dann von seiner persönlichen Beziehung zu Bayreuth zu sprechen, und er suchte in seinen Erinnerungen und Briefen, zeigte mir so manches davon, was ihm teuer war, erschloß sich im Gespräch, und als es zum Essen kam, war die freundlichste Atmosphäre angeregter Mitteilsamkeit entstanden. Bevor ich nach St. Moritz zurückfuhr, hatte ich mich noch der hilfreichen Gesinnung der Frau Toscanini versichern können, und ich verließ das gastliche Haus mit dem Ausdruck meiner Hoffnung, ihn bald in Salzburg wiederzusehen. Am nächsten Morgen fuhr er wirklich hin – ob mein Besuch, den ich so gar nicht zu dringlicher Überredung benützt, die Umstimmung bewirkt oder ob sie schließlich aus ihm selbst entstanden war, habe ich nicht erfahren. Ich weiß nur, daß ich in jenen Stunden von seiner tiefen Lebensbindung an Wagner und Bayreuth und einer leidenschaftlichen inneren Bewegtheit einen rührenden Eindruck empfangen und damit einen Blick in seine Seele getan, und es wäre möglich, daß die mächtig aufgestiegenen schönen Erinnerungen seinen Unmut über irgend einen persönlichen Konflikt verscheucht haben.

Teilnahme an dem lebhaften gesellschaftlichen Leben Salzburgs, das mit jedem Sommer rauschender wurde, konnte ich nicht völlig vermeiden, so schwer sie mit der Fülle der Arbeit und Verantwortungen zu vereinen war. Unvermeidlich – und oft sehr interessant – waren die großen Empfänge oder Diners, zu denen der Besitzer von Schloß Leopoldskron, Max Reinhardt, alles einlud, was sich an Persönlichkeiten von Rang, Ruf und Geist in Salzburg befand. Bei einem der Diners war meine Tischnachbarin die Mutter des amerikanischen Präsidenten, Mrs. Sarah Delano Roosevelt, und ich bewunderte die Lebhaftigkeit und Wärme, mit der die herrliche alte Dame von ihrem großen Sohn sprach. Schön war nach den festlichen Abenden in den fast zu glanzvollen Sälen die stillere Stunde, die einen kleinen Kreis mit Reinhardt und seiner Gattin Helene Thimig in dem prachtvollen

Bibliotheksraum vereinte und bei der der sonst schweigsame Hausherr, träumerisch dem Rauch seiner Havanna nachblickend, sich im Gespräch enthusiastisch ergoß. Und reizvoll war der spiegelnde See hinter dem Schloß, von geschnittenen Taxushecken eingerahmt, der mich manchmal nach der Mahlzeit fort aus der Gesellschaft zu seiner Stille lockte.

Auch den ›offiziellen Einladungen‹ der Festspielleitung oder der Regierung mußte ich Folge leisten, und die letzte Gesellschaft, die der Landeshauptmann Dr. Rehrl gab, ist mir besonders deutlich im Gedächtnis geblieben. Auf der Suche nach einem ruhigeren Raum, in den ich mich von dem Stimmengewirr der festlichen Menge flüchten konnte, war ich mit meiner Frau in den leeren Bankettsaal der Residenz gekommen, wo bereits die gedeckten Tafeln auf die Gäste warteten. Meine Frau suchte nach ihrem Platz und entdeckte zu ihrem Entsetzen, daß zu ihrem Tischnachbarn Herr von Papen, der deutsche Gesandte in Österreich, erkoren war. Sie kehrte sofort in die Gesellschaft zurück und ersuchte Baron Pouthon, den Generalintendanten der Festspiele, ihr einen anderen Platz zu verschaffen, was er mit einiger Verlegenheit tat. Herr von Papen hatte daher, als einziger, keine Tischdame beim Bankett, war aber einsichtig genug, dem Landeshauptmann zu sagen: »Ich kann ganz gut verstehen, daß Frau Walter nicht neben mir sitzen will.«

Natürlich fehlte es auch nicht an Zusammenkünften in kleinem Freundeskreis, österreichischer Gewohnheit gemäß oft zu später Stunde im Kaffeehaus, gelegentlich auch in häuslicher Umgebung. Jakob Wassermann fuhr häufig von Altaussee herüber, Bruno Frank kam von seinem Häuschen in Aigen herein, Theodore Dreiser lernte ich kennen und hatte eine interessante Unterhaltung mit ihm, und lebendige Stunden in Stefan Zweigs Haus, das in die Weite und hinunter auf Salzburg blickte, mit Toscaninis und anderen Freunden klingen in mir nach. Und dann sehe ich im Garten meines Hauses in Aigen – vom bewaldeten Gaisberg beschützt und in weitem Kreise von den hohen Bergen des Salzburger Kessels umgeben – einen Tisch, an dem eine wohlgelaunte Gesellschaft versammelt ist: Thomas Mann mit Frau Katia, Erika und Klaus, Toscanini mit Frau Carla, Schwager und Schwägerin, Lotte Lehmann und ich mit Familie – Frau und Töchter in der reizenden Salzburger Tracht, in die die Frauen fast aller Nationen sich dort zu kleiden pflegten. Und während wir dort in Salzburg Festspiele veranstalteten, mit freundlich und friedlich Gesinnten lebten, hohe Dinge im Kopf hatten und dankbar die Schönheit jener Tage fühlten, zog sich unmittelbar westlich von uns das Unwetter zusammen, das mit Pech und Schwefel Europa zerstören sollte.

Denn Salzburg lag dicht an der deutschen Grenze, es gab am Bahnhof eine bayerische und eine österreichische Seite, die Zollstelle befand sich dazwischen – eine elektrische Trambahn führte von Salzburg nach Berchtesgaden, und von einem Gipfel der Berchtesgadener Berggruppe drohte abends ein leuchtendes Hakenkreuz zu uns herüber. Man war sich beständig des bösen Nachbarn bewußt, und er sorgte dafür, daß wir ihn auch fühlten. Besonders von dem Augenblick an, da Dollfuß sich der offenen Nazipropaganda in Österreich widersetzte, als er den Reichsministern Kerrl und Dr. Frank das Reden verboten hatte, begann die feindliche Gesinnung Hitlers gegen Österreich sich immer heftiger zu äußern, bis sie sich Ende Juli 1934 in einer Katastrophe entlud. Die Salzburger Festspiele waren den Nazis besonders verhaßt: Flugzeuge warfen Propagandazettel über Salzburg ab, man legte Bomben in Telephonzellen und ich gedenke einer Probe von ›Don Giovanni‹, zu der die sonst so pünktlichen Italiener Pinza, Lazzari und Borgioli um eine halbe Stunde zu spät kamen, weil eine Bombe einen Teil des Hotels Bristol zerstört hatte, wie sie mir schreckensbleich berichteten.

Am 25. Juli 1934 kam aus Wien die furchtbare Nachricht von dem Mord an Dollfuß. Wir wohnten bei Hallein, das in etwa dreiviertelstündiger Autofahrt von Salzburg zu erreichen war – an jenem Abend dauerte sie doppelt so lange, denn immer wieder hielten Bewaffnete unseren Wagen an und verlangten nach Legitimationen, während die jungen Burschen der ›Heimwehr‹, der österreichischen Miliz, ihre Gewehre auf uns richteten. In unserem lieben Schloß Haunsperg, wo wir etwa fünf Festspielsommer verbrachten – das Haus in Aigen hatte ich erst in den späteren Jahren gemietet – fanden wir die Bewohner entsetzt um unsere liebenswürdige Wirtin, Gräfin Thun, versammelt, denn es sah ganz danach aus, als ob nun die Nazis von Österreich Besitz ergreifen würden. Aber Schuschnigg, bisheriger Unterrichtsminister im Kabinett Dollfuß, übernahm sofort das Steuer, und bald erfuhren wir, daß die Verschwörung niedergeschlagen war. Nun begann sogar eine ruhige Zeit für uns – ruhig deshalb, weil Hitler eingesehen hatte, daß die Eroberung Österreichs nicht mittels eines solchen Handstreiches gelingen konnte, sondern einer sorgfältigen Vorbereitung bedurfte. So war uns noch eine Frist von fast drei Jahren gegönnt, in der wir arbeiteten und – in Verkennung der Gefahr – hofften.

## 3

In der ersten Zeit nach der Machtergreifung war, wie früher angedeutet, der Nationalsozialismus auf gewissen Gebieten noch um den Anschein der Besonnenheit, ja sogar der Legalität bemüht. Dadurch wollte er wohl die ältere Generation beruhigen, die teilweise der Bewegung feindlich oder mit Mißtrauen gegenüberstand. Dem habe ich es denn auch zu danken, daß man dem Transport meiner Wohnungseinrichtung von Berlin nach Wien keine Schwierigkeiten in den Weg legte, ja zu meinem Erstaunen wurde mir sogar einige Monate nach meiner Übersiedelung ein nicht unbedeutender Betrag meiner Steuern vom Reich rückvergütet. Allerdings saßen noch viele der korrekten alten Beamten in ihren Stellungen, und sie bestätigten vielleicht auch gern auf diese Weise eine Gesinnung, der sie in Worten nicht mehr Ausdruck geben durften. – Ein älterer Handwerker, der bei uns oft zu Hausarbeiten zur Verfügung gestanden und am Tage meiner Abreise meiner Frau beim eiligen Packen behilflich gewesen war, hatte sich nicht nehmen lassen, zum Bahnhof zu kommen und mir Lebewohl zu sagen. »Na, Herr Schulze«, sagte ich zu dem alten Sozialdemokraten, »ich fürchte, Sie werden in die Partei der Nazis eintreten müssen – Sie werden sonst keine Arbeit mehr finden.« »Det wer' ich leider woll tun müssen«, stimmte er betrübt zu, »aber denn« und hier strahlte sein ehrliches Gesicht auf – »denn wünsch' ick Hitlern lauter sone Mitglieder wie ick eens sein werde.« Fraglos herrschte nicht nur im Bürgertum sondern auch in weiten Kreisen der Arbeiterschaft am Anfang der Naziherrschaft eine ähnliche Gesinnung. Aber die tägliche Beeinflussung der öffentlichen Meinung durch die ›gleichgeschaltete‹ Presse und das Radio scheinen im Lauf der Jahre die Umstimmung auch der älteren Deutschen aller Klassen in bedeutendem Ausmaß bewirkt zu haben. Und die junge Generation hörte nunmehr von früher Kindheit an nichts mehr als die Lehren des Nationalsozialismus. So ist es schließlich zur Mitschuld eines großen Teiles des deutschen Volkes an den Greueln des Nazismus teils durch aktive Beteiligung, teils durch Infektion mit der Doktrin der deutschen Auserwähltheit und mindestens durch Fühllosigkeit gegen den Terror und seine Opfer gekommen.

In jenen ersten Jahren aber standen sich alt und jung vielfach noch feindlich gegenüber, wodurch auch die Grundlagen des deutschen Familienlebens erschüttert wurden. Mir ist ein typischer Fall von einem schmerzlich Betroffenen erzählt worden. Im Hause von Schweizer Freunden traf ich einen evangelischen Pfarrer mit Frau, die gerade aus ihrer Heimat bei Bremen gekommen waren. Die mehr als siebzigjährigen Alten schienen mir unter einer tiefen Depression zu stehen, deren Ursache sie schließlich unserer Teilnahme enthüllten. Denn auf meine Frage, ob er in seine ländliche Gemeinde, an der er sehr zu hängen schien, zurückkehren würde, erklärte der Pfarrer, daß es unmöglich war. Die Nazis hätten erfahren, daß sich in seiner Bibliothek einige der von ihnen verbotenen Bücher befanden, und er müsse strengste Bestrafung gewärtigen. Und als ich ihn fragte, ob denn die Bücher bei einer Haussuchung entdeckt worden wären, verneinte er – er war verraten worden – sein Sohn hatte ihn bei der Partei angezeigt. Aus diesem und ähnlichen Beispielen, die zu meiner Kenntnis kamen, ersah ich, daß der Nationalsozialismus seinen Kampf gegen die zehn Gebote mit einem erfolgreichen Angriff gegen das vierte eröffnet hatte.

Ich hatte eine Wohnung in Wien gemietet, nah den Abhängen des nördlichen Wienerwaldes und nahm wieder eine Lebensweise ruhiger Wanderschaft auf. Ich dirigierte als Gast in Italien, Frankreich und England, Holland, Belgien und Skandinavien und kehrte von jeder Reise gern nach Wien zurück. Im Oktober 1933 ging ich mit meiner Frau nach New York, wo ich wieder für eine mehrmonatige Periode von Gastkonzerten in der Philharmonic Society engagiert war, und während dieser Zeit heiratete unsere jüngere Tochter in London. Ihr Mann war Filmarchitekt in einer deutschen Gesellschaft und zu unserem Kummer und unserer Sorge mußte sie in Berlin leben. Doch besuchte sie uns während der kommenden Jahre oft in Wien oder im Sommer im Engadin und beglückte uns auch gelegentlich in Paris, Florenz oder Amsterdam mit ihrer strahlenden Gegenwart. Unsere ältere Tochter hatte sich inzwischen wegen Unvereinbarkeit der Anschauungen von ihrem Mann getrennt.

Meine Verbindung mit dem italienischen Musikleben vertiefte sich in jenen Jahren. In der Mailänder Scala studierte ich, einige Jahre nach Toscaninis Ausscheiden, Mozarts ›Don Giovanni‹ ein und bewunderte bei dieser Gelegenheit die Tüchtigkeit der Anita Colombo, der früheren Sekretärin Toscaninis, die die Direktion übernommen hatte und treu bemüht war, das berühmte Institut in seinem Sinn zu führen. Ich hatte auch wieder Einladungen der Accademia Santa Cecilia in Rom angenommen. Aber das alte klassische Augusteo war niedergerissen worden, weil man das Grabmal des Augustus darunter vermutete und durch seine Wiederherstellung die Verwandtschaft des Fascismus mit dem antiken Römertum neuerlich glanzvoll zu bekunden wünschte. Das Grabmal wurde aber nicht gefunden, und ein häßlicher Trümmerhaufen an der Stelle des ehrwürdigen Augusteo bildete das dauerhafte, aber unrühmliche Resultat einer rastlosen Ruhmsucht. Das Teatro Adriano, in dem die römischen Symphoniekonzerte nun stattfanden, konnte sich an ›Atmosphäre‹ nicht mit dem früheren Saal vergleichen, aber das Orchester hatte sich unter Bernardino Molinaris Leitung vortrefflich entwickelt, und die Konzerte machten mir Freude.

Inzwischen hatte Florenz, wohl auch angeregt durch den Erfolg der Salzburger Festspiele, das Unternehmen des ›Maggio Musicale Fiorentino‹ ins Leben gerufen, und eine kunstbewußte Leitung verstand es, die reichen Möglichkeiten der Stadt mit Klugheit auszunützen. Mario Labroca, der tüchtige Direktor der Festspiele, hatte mich, glaube ich, in Wien aufgesucht, und wir vereinbarten, daß ich in dem reizvollen alten Teatro della Pergola Mozarts ›Entführung‹ und im Teatro Communale sein Requiem aufführen sollte. So knüpfte sich eine neue freundschaftliche Verbindung zwischen mir und einem ernsten künstlerischen Unternehmen, aus der mir später eine ganz besondere Genugtuung entstehen sollte.

Eigentlich aber war Florenz zu bedeutend, um in der Weise Salzburgs den Rahmen für Festspiele zu bilden. Hier war die Stätte, an der sich die Wunder der Renaissance ereignet hatten, wo die bildenden Künste zur höchsten Blüte gelangt waren. Die Stadt Dantes, der Medici und des Michelangelo, des Donatello, der Brunelleschi und des Fra Angelico, aber auch des Boccaccio und wiederum auch der Savonarola, wie hätte sie nicht den Besucher durch ihre eigene gewaltige Existenz und Geschichte überwältigen sollen: Sie selbst, im Rahmen ihrer herrlichen Landschaft, war ein dauerndes Fest für Auge und Geist und mußte alles überstrahlen, was immer die Florentiner Festspiele an lebendig bewegter Kunst bieten konnten. Stilvoll allerdings und harmonisch wirkte in Florenz oft das Publikum der Festspiele, dem die italienischen Besucher und die Florentiner Gesellschaft das Gepräge gaben. Es war eine Freude, Gesichter und Gestalten bei den

Aufführungen zu sehen, wie man sie sich gern bei den Festen des mittelalterlichen Florenz dachte, und der Anblick schöner Frauen, wie von Ghirlandaio geschaffen, verband die große Vergangenheit mit einer reizvollen Gegenwart. – Und das Italienisch, das mich in Florenz umklang, war zweifellos die schönste unter den vielen Varianten der musikhaften Sprache.

Ein Savonarola-Drama, im Freien vor dem Palazzo Vecchio aufgeführt, paßte gut in den grandiosen Rahmen. Als ich aber in einem Saal des mächtigen Gebäudes mit dem Florentiner Orchester Mozarts Klavierkonzert in d-moll spielte, fühlte ich Mozart und mein bescheidenes Ich fremd in der heroischen Umgebung. Und wenn ich nachts durch ein Tor des Palazzo Pitti zu den Giardini Boboli gelangte und hinaufstieg zu den weiten, mondbeglänzten Rasenflächen, wo Chöre, Tanzgruppen und Solisten Glucks ›Alceste‹ probierten, war es für mich als einsamen Zuschauer und Genießer wiederum eher der ungeheure Palast, der herrliche Garten und die Stadt dort unten, die mich faszinierten, als das Glucksche Werk, das doch etwas willkürlich in diese Umgebung versetzt worden war.

Vortrefflich aber fügte sich Mozarts ›Entführung aus dem Serail‹ in das anmutige alte Teatro della Pergola. Auf meinen Wunsch hatte Labroca den idealistisch gesinnten jungen Regisseur Dr. Herbert Graf engagiert, mit dem ich mich sehr gut verstand, und Oskar Strnads reizvolle Dekorationen und Kostüme trugen wesentlich zu dem Erfolg der Aufführung bei. Im Sommer des gleichen Jahres brachten wir die ›Entführung‹ in den Salzburger Festspielen heraus, und Dr. Graf übernahm dort auch die Regie des ›Don Giovanni‹, da Karlheinz Martin, der die Oper 1934 inszeniert hatte, von den Nazis die weitere Mitwirkung bei den Salzburger Festspielen verboten worden war. Mit Graf blieb ich von da an in verständnisvoller künstlerischer Beziehung. 1936 inszenierte er an der Großen Oper in Paris den ›Fidelio‹, den ich dort mit Lotte Lehmann als Leonore einstudierte, und unsere Zusammenarbeit intensivierte sich noch, als ich ihn später in New York an der Metropolitan Opera wiederfand.

Obgleich die Wühlarbeit der Nazis in Österreich beständig zu spüren war, besaß das Leben während der dreißiger Jahre in Wien doch noch immer viel von seinem alten Reiz. Und die kämpferische Haltung der Regierung gegen den deutschen und österreichischen Nazismus, sowie die Unterstützung, die sie anfangs bei Mussolini und den Westmächten fand, schufen ein Gefühl der Sicherheit. Von meinen alten Freunden lebten noch Albert und Nina Spiegler, und wir schlossen uns inniger zusammen als je. Aber Nina befand sich in einem traurigen Gesundheitszustand, und auch nicht ihre unerschütterlich hohe Heiterkeit konnte unsere Depression über ihre körperlichen Qualen besiegen.

In Almas und Franz Werfels schönem Hause auf der Hohen Warte traf sich eine interessante Gesellschaft von politisch bedeutenden und von geistig hervorragenden Persönlichkeiten, und soweit es meine Arbeit und meine Gesellschaftsscheu erlaubte, nahm ich teil an den lebhaften Zusammenkünften. Der interessanteste unter den Musikern, die dort verkehrten, war Alban Berg, der Komponist des ›Wozzek‹. In ihm lernte ich einen originellen, innerlichen Menschen, in seiner Gattin, einer natürlichen Tochter des Kaisers Franz Joseph, eine kluge, seelenvolle, völlig ihrem Gatten ergebene Frau kennen. Zu meinem Bedauern habe ich den auf labyrinthischen Pfaden eigensinnig Wandelnden in meinem Vortrag ›Über die moralischen Kräfte in der Musik‹ durch die darin enthaltene Verurteilung der Atonalität tief verletzt.

Ein eigentümlich ergreifendes Erlebnis, das mir damals völlig traumhaft erschien und noch heute in der Erinnerung nichts von seinem geheimnisvollen Zauber verloren hat, verbindet sich für mich mit jenem Hause. Von Almas Musikzimmer blickte man durch Glastüren auf eine schön angelegte Terrasse und hinaus auf den Garten. Ich sehe immer noch die unirdische Erscheinung vor mir, die sich uns bot, als wir dort einmal nach dem Frühstück saßen: ein engelhaft schönes, etwa fünfzehnjähriges Mädchen, mit einem Reh an der Seite, erschien in der Türöffnung – sie hatte die Hand auf dem zarten Hals des Tieres, lächelte uns ohne Scheu zu und verschwand wieder. Es war Manon, Muzi genannt, Tochter aus Almas Ehe mit Gropius. Ich habe später manchmal ein paar Worte mit ihr gesprochen, stand aber immer unter dem Eindruck, daß sie sie nicht erreichten, daß sie fern war. Und so fern war sie noch immer, als sie, achtzehnjährig, in Venedig von Kinderlähmung befallen, nach Wien gebracht worden war und in ihrem Bett lag, bleich und himmlich heiter. Ihre Tierliebe hatte sich auf Schlangen ausgedehnt, mit denen sie gern spielte. Wir saßen öfter um ihr Bett, unter uns ein junger Mann, der sie sehr zu lieben schien – in mir aber vertiefte sich immer mehr das mystische Gefühl der Ferne, in die sie denn auch, trotz aller geduldig ertragenen Kuren, nach einem Jahr der Qual entschwand. Alban Bergs Violinkonzert, zweifellos sein bestes Werk, ist dem Scheiden des engelhaften Wesens gewidmet.

Durch Alma lernte ich auch Dr. Kurt von Schuschnigg kennen. Er war damals Unterrichtsminister im Kabinett Dollfuß, liebte Musik, und Alma wünschte uns zusammenzubringen. So kam es zu einem Frühstück mit ihm und seiner reizenden jungen Frau Herma, Alma und Franz Werfel und meiner Frau und mir im Grand Hotel in Wien. Seine stille, ernste, feste Persönlichkeit machte mir einen tief sympathischen und imponierenden Eindruck, der sich durch jede unserer, nicht allzu häufigen, Begegnungen in den nächsten Jahren verstärkt und den alles, was ich von ihm las, in einheitlichem Sinn bestätigt hat. – Vielleicht fehlte es ihm an dem politischen Instinkt, der die furchtbaren Gefahren der Weltlage gewittert und Abhilfe gefunden hätte – vielleicht auch an dem Weitblick und Geschick, die zur Lösung der innerösterreichischen Schwierigkeiten erforderlich waren – sicherlich auch an dem lebendigen sozialen Gefühl, das ihn zum Volk gezogen hätte. Seine großen Vorzüge bestanden in seiner vollkommenen Ehrenhaftigkeit, seinem schnellen und klaren Denken und mutiger Entschlossenheit. Er zog Kraft und Inspiration aus seinem festen Glauben an die politische und kulturelle Mission Österreichs, als deren Wegbereiter sich der hochgesinnte und fromme Mann fühlte.

Im Juli 1934 fiel Dollfuß den Nazimördern zum Opfer, Schuschnigg wurde Bundeskanzler, und schon seine erste Proklamation am Radio zeigte jene Willensfestigkeit und den Glauben an Österreich, die zugleich beruhigend und ermutigend wirkten. Er sagte dem Nazitum den Kampf an und hat ihn mit aller Tapferkeit geführt, bis er dem Feind erlag, und keinen Gegner vielleicht hat Hitler wütender gehaßt als diesen mutigen Idealisten, den seine Rache denn auch grausam getroffen hat.

Schuschnigg hatte eine ernste Liebe zur Musik, und Beethoven stand ihm besonders nah. Als ich die ›Missa Solemnis‹ aufführte, ließ er sich durch keine Berufspflichten in aufgeregter politischer Situation abhalten, dem Konzert mit andächtiger Aufmerksamkeit beizuwohnen. Auch glaube ich kaum, daß er je eine Aufführung von Beethovens ›Fidelio‹ versäumt hat. Eine persönliche Beziehung aber verband ihn mit Glucks ›Orpheus‹. Ihm war durch einen Automobilunfall seine Gattin entrissen worden und der Verlust hatte ihn furchtbar getroffen. Nach Monaten zog ihn unsere Salzburger Aufführung des ›Orpheus‹ ins Theater. Und da erlebte er die erhabene Trauerfeier um den Tod der Eurydike, hörte wie Orpheus gelobte, die Gattin dem Tod wieder zu entreißen, sah ihn in den Schrecken des Hades und den Wonnen des Elysium nach ihr suchen und sie wieder gewinnen, und ich glaube, daß ich von da an weder in Salzburg noch in Wien eine Aufführung des unsterblichen Werkes dirigiert habe, der nicht Schuschnigg beigewohnt hätte.

Im Jahre 1936 erhielt ich einen Brief des Unterrichtsministers Dr. Hans Pernter, in dem er mich unter Hinweis auf meine lebenslange Verbundenheit mit Wien ersuchte, die künstlerische Führung der Staatsoper zu übernehmen. Die geschäftliche Leitung lag in den Händen des mir wahrhaft ergebenen Dr. Kerber, an der Gesinnung von Bundeskanzler und Unterrichtsminister gab es keinen Zweifel, und so glaubte ich, das bedeutende Amt annehmen zu müssen, um so mehr, als durch Kerber und mich auch ein reibungsloser Ausgleich zwischen Wiener Staatsoper und Salzburger Festspielen geschaffen werden konnte.

Ich zog nun in die wohlbekannten Räume am Opernring ein, oder vielmehr teilte ich sie mit Kerber, wie Strauss sie vor Jahren mit Schalk geteilt hatte, und übernahm noch einmal, als fast Sechzigjähriger, die Verantwortung für ein großes Operninstitut. Mit meiner winterlichen Tätigkeit in New York war es nun wieder vorbei, und ich bin von da an bis zum Januar 1939 nicht nach Amerika gekommen – Wien und Salzburg nahmen meine Kräfte fast völlig in Anspruch, und nur gelegentliche kürzere Ausflüge ins europäische Ausland entführten mich meiner Wiener Arbeit.

Welch zugängliche Gesinnung ich bei der Regierung für künstlerische Fragen fand, sei an einem Beispiel gezeigt. Ich hatte mit Kerber einen Arbeitsplan für die Staatsoper ausgearbeitet, der unter anderem eine Neustudierung von Pfitzners ›Palestrina‹ vorsah. Als wir dem Unterrichtsminister unser Programm vorlegten, bat er mich, auf ›Palestrina‹ zu verzichten, da Pfitzner vor einigen Jahren seine Mitwirkung als Dirigent eines Konzertes bei den Salzburger Festspielen in einem sehr beleidigenden Brief abgelehnt habe und somit sein Schaffen in einem staatlichen Institute nicht mehr gepflegt werden könne. Ich ließ mir den Brief aus den Akten kommen, in dem es etwa hieß: so lange die gegenwärtige Regierung am Ruder sei, welche die wahre Gesinnung der Bevölkerung tyrannisch unterdrücke, könne er als deutscher Musiker nicht in Österreich dirigieren. Da erinnerte ich mich, daß die Altistin Sigrid Onegin in einem erstaunlich ähnlichen

Schreiben ihre Mitwirkung in Salzburg abgesagt hatte, und bat Dr. Pernter, da Pfitzners Brief gleich dem der Onegin bestimmt von deutscher amtlicher Stelle diktiert worden war, daraus nicht den Boykott seiner Werke abzuleiten. Ich konnte ihn nicht überzeugen, und er verwies mich schließlich an den Bundeskanzler, dessen völlig ablehnende Gesinnung gegen Pfitzner seit jenem Brief ihm eine nachgiebige Haltung gegenüber meinen Wünschen unmöglich mache, zu der er, wie er durchblicken ließ, sonst vielleicht geneigt sein würde.

Und diese Zusammenkunft mit Schuschnigg gab mir einen unvergeßlichen Einblick in das Wesen des seltenen Mannes. Ich hatte die Entscheidung wegen des ›Palestrina‹ bis zu den Festspielen in Salzburg verschoben, wo die Aussicht auf eine ruhige Unterhaltung mit dem Kanzler günstiger war als in Wien. Er lud mich zum Nachtmahl im Peterskeller ein, und dort verbrachten wir zu zweit in einem stillen ›Extrazimmer‹ einen Abend, an den ich immer zurückdenken werde. Die Distanzierung, die mit der Stellung eines Staatschefs verbunden ist, paßte im Grunde vortrefflich zu der scheuen und sensitiven Persönlichkeit Schuschniggs: ihm fehlte die selbstsichere Unmittelbarkeit, die dem Mann der Öffentlichkeit Popularität gibt; ihm fehlte wohl auch, wie schon erwähnt, das Gefühl sozialer Verbundenheit. Schuschnigg war außerdem, bei all seinem Mut und seiner Ehrlichkeit, zu zart organisiert, um ›Volksmann‹ zu sein. Bei jenem Nachtmahl aber im Peterskeller war amtliche oder persönliche Distanziertheit von Anfang an überflutet von einer Welle warmherziger Mitteilsamkeit und Wißbegier. Von Beethoven sprachen wir und seinem Schaffen, von ›Fidelio‹, der Missa Solemnis. Er fragte nach Mahler, nach seiner Tätigkeit als Hofoperndirektor, nach seiner Persönlichkeit. Sichtlich genoß er es, einmal für ein paar Stunden teilzuhaben an meiner Welt, die so fern der seinen war und der sein Herz sehnsüchtig zugewendet schien. Es war nicht schwer, das Gespräch auf die gegenwärtige Musikpflege in Österreich und meine Palestrina-Schmerzen zu bringen. »Gut«, sagte er, »ich werde dem Minister Pernter zureden, Ihren Wunsch zu erfüllen – aber Sie werden verstehen, wenn wir an dem Abend nicht in der Oper sein werden.« Ich dankte ihm und wollte mich verabschieden. Er aber, als echter Österreicher, wünschte den Abend im Kaffeehaus zu beenden, und so gingen wir durch die nächtlichen Salzburger Gassen und über den schönen Residenzplatz mit dem rauschenden Brunnen in das Café Tomaselli, wo aufgeregte Kellner einen Tisch in die überfüllte Enge des Gartens zauberten, an dem wir dann noch eine Weile im stillen Gespräch – gelegentlich von Autogrammsuchern unterbrochen – saßen. An meinem sechzigsten Geburtstag im September 1936, den ich mit meiner Familie im Südbahnhotel am Semmering verbrachte – Alma und Franz Werfel waren von Breitenstein, Lotte Lehmann und ihr Mann von Wien dazu herübergekommen –, hatte er mich durch einen besonders herzlich gehaltenen Glückwunsch erfreut, und als mir, ich glaube im Winter 1937, der französische Gesandte Gabriel Puaux, späterer Gouverneur von Syrien, ein Frühstück gab, um mir den Orden des Commandeurs der Ehrenlegion zu überreichen, war Schuschnigg zugegen. Danach habe ich ihn noch einmal gesehen: nach meiner Einstudierung von ›Carmen‹ gegen Weihnachten 1937.

Der Tod raubte mir während jener Zeit zwei teure Menschen, und die Welt erschien mir düsterer nach ihrem Scheiden: Ossip Gabrilowitsch starb an furchtbarer Krankheit 1936 in Detroit, und in Wien erlag Nina Spiegler ihren jahrelangen Leiden. Bald auch wurde mir das wachsende europäische Unheil zum täglichen Erlebnis. In Österreich erhob der staatsfeindliche Nazismus immer ungenierter das Haupt, aus Deutschland klangen Drohungen zu uns herüber, Italien wandte sich infolge der englischen ›Sanktionen‹ während des abessinischen Feldzuges Deutschland zu, und wir konnten nun von Mussolini keinen Schutz mehr gegen Hitlers Absichten auf Österreich erhoffen. Eines Abends wurden in einer Aufführung von ›Tristan und Isolde‹ Stinkbomben geworfen. Sie galten nicht mir persönlich, denn zur gleichen Zeit, um halb neun Uhr, fielen sie in allen Theatern und einer Anzahl von Kinos in Wien. Im Burgtheater wurde die Vorstellung abgebrochen, ich aber wollte den Nazis den Triumph nicht gönnen, unsere Aufführung gestört zu haben, und ich dirigierte weiter, während eine Anzahl verängstigter oder empörter Zuhörer das Theater verließ. Ich führte die Vorstellung zu Ende, aber Isolde und Tristan waren durch Einatmung der Dünste beim Singen heiser geworden – Isolde in solchem Grade, daß ich den ›Liebestod‹ nur mit dem Orchester allein, ohne Singstimme, ausführen mußte. Sogar eine Todesdrohung erhielt ich vor einem philharmonischen Konzert im Musikvereinssaal. Ich übergab den von mehreren Namen unterzeichneten Brief der Polizei, die ihn ernst zu nehmen schien, denn einige kräftige Herren in Lodenanzügen mit Gamsbärten auf ihren Hüten – erstaunlich, daß die Detektive keine unauffälligere Tracht für ihre Funktion am Straßeneingang, in Korridoren und vor dem Künstlerzimmer des Musikvereins gewählt hatten – umgaben mich als Leibwache an jenem Abend.

Es folgten noch schöne Ereignisse auf musikalischem Gebiet: ich hatte Ende 1936 in Wien Pfitzners ›Palestrina‹, im Sommer 1937 Webers ›Euryanthe‹ in Salzburg zur Aufführung gebracht, und Mario Labroca engagierte meine Sänger und mich für eine Wiederholung des Weberschen Werkes im Mai 1938 in Florenz. Ich gedenke auch der Schönbergschen ›Gurrelieder‹ im Wiener Konzerthaus gegen Ende 1937. Das Hauptereignis der Saison aber war die schon erwähnte Neustudierung von Bizets ›Carmen‹ gegen Weihnachten des Jahres. Ich war mir die Lösung dieser Aufgabe seit langem schuldig gewesen und hatte sie immer verschoben, weil mir eine reizvolle Persönlichkeit mit heißem Temperament für die Titelrolle nicht zur Verfügung stand. Nun glaubte ich sie in einer dänischen Sängerin gefunden zu haben. Der übrigen Besetzung war ich sicher, und es gelang mir nach manchen Schwierigkeiten, Karl Ebert als Regisseur zu gewinnen. Wir waren alle glücklich in unserer Arbeit – Bizets Drama erstand, wie ich glaube, in Musik und Darstellung wie es gedacht war, und ich hatte nach der Premiere die Regierung mit Schuschnigg an der Spitze, Persönlichkeiten des Wiener geistigen Lebens, die Künstler der Oper und Vertreter von Orchester und Chor ins Hotel Imperial eingeladen, wo wir bis spät in die Nacht hinein zusammenblieben, so ›gemütlich‹, wie man es nur in Wien kannte – auch noch damals.

Nun aber lief die Sanduhr schnell ab. Am 12. Februar 1938 mußte Schuschnigg zu Hitler nach Berchtesgaden gehen, wo er statt der erwarteten höflichen Auseinandersetzung der Klärung und Besserung der Beziehungen mit dem Reich Erniedrigung und Bedrohung ohnegleichen erfuhr. Den meisten Forderungen des tobenden Hitler hatte Schuschnigg ein unerschütterliches Nein entgegengesetzt, einige glaubte er im Interesse des nachbarlichen Friedens annehmen zu sollen, darunter verhängnisvollerweise den Eintritt des Nazis Seyß-Inquart in die österreichische Regierung. Nach Schuschniggs Rückkehr von Berchtesgaden hatte Dr. Ernst Lothar, Direktor des Josefstädter Theaters, im Auftrage des Bundeskanzlers bei mir angerufen. Er ersuchte mich, noch vor meiner baldigen Abreise nach Amsterdam einen neuen dreijährigen Vertrag als Leiter der Staatsoper abzuschließen. Die Regierung wünschte sich dies Bekenntnis zu Österreich von einem repräsentativen Musiker als Beweis seines Vertrauens in die Lage, der sehr zur Beruhigung der aufgeregten Stimmung in der Bevölkerung beitragen würde. »Und ist die Regierung selbst ihrer Lage und der Zukunft Österreichs sicher?« fragte ich Lothar. »Ich glaube an das Wort Schuschniggs, und wenn er meine Frage bejaht, dann bin ich bereit, den Wunsch der Regierung zu erfüllen.« Nach einer Stunde rief Lothar wieder an: »Der Bundeskanzler läßt Ihnen sagen, Sie können getrost unterschreiben. Und Dr. Pernter wäre Ihnen dankbar, wenn Sie Toscaninis Zusage zu den Salzburger Festspielen 1938 durch Kabel nach New York erbäten. Die österreichische Öffentlichkeit würde auch hieraus die erwünschten günstigen Schlüsse ziehen.« Ich sandte Toscanini das Kabel und erhielt zu meinem Schrecken die Antwort, daß er die Einladung nicht annehmen könne. Man wußte also in Amerika damals schon von dem bevorstehenden Sieg des Nazismus in Österreich, während wir im Lande selbst noch hofften.

Am Tage der Absage Toscaninis dirigierte ich eine Vorstellung von Webers ›Oberon‹ in der Staatsoper. Bronislaw Hubermann, noch leidend an den Folgen eines Flugunfalls in Holländisch-Indien, trat im Zwischenakt in mein Büro. »Ich komme Ihnen für die Aufführung zu danken und mich von Ihnen zu verabschieden«, sagte er. Und als ich ihn verständnislos ansah, fuhr er fort: »Ja, sehen Sie denn nicht, daß es mit Österreich zu Ende geht? Auch Sie sollten so bald als möglich abreisen.« Ich erwiderte, daß ich es für ein Unrecht meinerseits halten würde, in dieser schicksalsvollen Zeit Österreich zu verlassen. Die Regierung habe mich wissen lassen, daß sie die Lage beherrsche, daß Österreichs Unabhängigkeit gesichert sei, und ich vertraute der Regierung.

Nach dem nächsten philharmonischen Mittagskonzert, dessen Programm eine Novität des österreichischen Komponisten Egon Wellesz und Bruckners ›Romantische‹ enthielt, frühstückten meine Frau und ich bei Wellesz, und danach hörten wir am Radio den vulgären Mißlaut der Hitlerstimme, die stundenlang mit der gewaltigen Produktion prahlte, zu der das Nazitum die deutsche Industrie gesteigert hatte. Sie erschütterte die zuhörende Welt mit den ›Dausenden von Donnen‹ von Materialien und rührte sie mit dem sentimentalen, sprachlich erstaunlichen Hinweis auf ›das Land, wo die Wiege meiner Heimat stand‹.

Danach fuhr ich nach Prag, um dort ein Konzert der tschechischen Philharmonie zu dirigieren. Ich weiß noch, mit welchem Widerstreben ich mein Hotelzimmer verließ, um in die Lucerna zu gehen, wo das Konzert stattfand: denn in dem Zimmer hatte ich mit meiner Tochter vor dem Radioapparat gesessen, und jener Rede Schuschniggs voll Zorn und Begeisterung, voll Trotz und Kraft zugehört, zu der den sonst so maßvollen Mann die Drohungen und Kränkungen des Teufels in Berchtesgaden entflammt hatten.

Schuschniggs Wort hatte im österreichischen Volk Funken geschlagen, wie nichts, was es von dem Kanzler bis dahin gehört hatte. Und wäre es zu dem Plebiszit gekommen, das er in seiner nächsten Rede ins Innsbruck ankündigte, der Nazismus würde in Österreich der Welle des Enthusiasmus für Schuschnigg erlegen sein. Die österreichische Sozialdemokratie reichte ihm in der Stunde der Gefahr die Hand. Der Groll vom Februar 1934, die Mißstimmung wegen der Arbeiterfremdheit des Kanzlers hinderte sie nicht, sich ihm zur Seite zu stellen. An einem der letzen Tage des Februar 1938 brachte ich in der Staatsoper Smetanas ›Dalibor‹ heraus. Als Schuschnigg vor dem zweiten Akt in seiner Loge sichtbar wurde, erhob sich das gesamte Publikum von den Sitzen und brachte ihm eine stürmische Huldigung dar. Nach der Vorstellung gab es eine festlich und hoffnungsvoll gestimmte Gesellschaft in dem prächtigen Foyer des Opernhauses, an der Vertreter der tschechoslowakischen Regierung teilnahmen – in die Begeisterung für das edle Werk Smetanas mischte sich die freudige Zuversicht, die die Reden des Bundeskanzlers und ihr enthusiastisches Echo im Lande erweckt hatten.

Und in dieser optimistischen Stimmung fuhr ich am nächsten Tage nach Amsterdam, um dort meinen Verpflichtungen als Gastdirigent zu genügen. Wir sagten unserer Tochter in der Aussicht auf unsere Rückkehr nach etwa zwei Wochen ein heiteres Lebewohl – wir ahnten nicht, was ihr bevorstand, wir ahnten nicht, was Österreich drohte und daß wir es nicht mehr wiedersehen sollten.

## 4

Als wir in Amsterdam zu Anfang März jenes Schicksalsjahres 1938 eintrafen, wehte uns wie ein eisiger Wind der allgemeine Pessimismus entgegen, von dem uns das Telegramm Toscaninis erste erschreckende Kunde gegeben hatte. War es denn möglich, daß nur die am nächsten Betroffenen, die Gegner des Nationalsozialismus in Österreich, nicht wußten, wie es stand, daß man sich im Krankenzimmer und unter den Angehörigen des Sterbenden an die hoffnungsvollen Symptome klammerte, während draußen volle Klarheit über seinen hoffnungslosen Zustand herrschte? Uns gingen plötzlich die Augen auf, und als am 9. März die Innsbrucker Rede Schuschniggs mit der Ankündigung des Plebiszits für den 13. bekannt wurde, wußten wir, daß damit die Entscheidung über Sein oder Nichtsein Österreichs herausgefordert war. Ferngespräche mit unserer Tochter belehrten uns über Demonstrationen für und gegen Schuschnigg auf den Straßen Wiens, und wir redeten ihr zu, die aufgeregte Stadt mit dem stillen Semmering zu vertauschen.

Wie nah aber die Katastrophe bevorstand, hatten wir uns doch nicht vorgestellt. Gläubig sahen wir dem 13. März als dem Tage der Wahl entgegen und ergingen uns nur in angstvollen Vermutungen über deren Folgen. Als ich aber am 11. März mittags von meiner Orchesterprobe im Concertgebouw nach Hause kam, empfing mich meine Frau mit der Schreckensnachricht, daß Hitler soeben an Österreich ein Ultimatum gerichtet hatte. Da wußten wir, daß kein Plebiszit mehr über die Zukunft des Landes entscheiden würde, sondern daß das Ende gekommen war.

Vom frühen Nachmittag bis tief in die Nacht saßen wir dann am Radio und erlebten aus der Ferne die Agonie Österreichs, den erschütternden letzten Kampf Schuschniggs, sein Scheiden und danach das irre Durcheinander der trostlosen österreichischen Botschaften mit den triumphierenden Kundgebungen der Nazis. Und all das ging mit Musikbegleitung vor sich, als handle es sich nicht um eine geschichtliche Tragödie, um Not und Tod von Menschen, um den Sieg des Bösen, sondern um das geschmacklose Melodrama eines sensationslüsternen Theaterschreibers. Das Land, das wir geliebt hatten, war nach Schuschniggs Abschiedsworten »Gott schütze Österreich« in dem feierlichen Laut der Haydnschen Volkshymne, von einem Streichquartett gespielt, verklungen. Und während sich nun die Ansprachen des Präsidenten Miklas, des Herrn Seyß-Inquart und die Unglücksnachrichten vom Vormarsch der deutschen Truppen, von der Einnahme österreichischer Städte jagten, wurden die Pausen dazwischen durch den Vortrag von Wiener Walzern ausgefüllt, deren schwungvolle Melodik dann wieder abbrach, um den Äther der Ankündigung neuen Unheils zu überlassen. Und plötzlich hörte dieses wahnsinnige Gemisch von Todesseufzern mit Tanzmusik auf – ein neuer Laut drang an unser Ohr. Den Bericht am Wiener Sender hatte jetzt eine harte preußische Stimme übernommen, sie teilte in straffen, kurzen Sätzen die Fortschritte in der Eroberung Österreichs mit, und schmetternde preußische Militärmärsche an Stelle der Walzer bestätigten in musikalischer Symbolik, was geschehen war. Bis in die späte Nacht hörten wir den unersättlichen Bekundungen der Nazi-Lust zu. Sie fanden für uns etwa um Mitternacht ihren grotesken Abschluß: »Jetzt wollen wir Ihnen mal zeigen, verehrte Zuhörer, wie das österreichische Volk über diese historischen Ereignisse denkt«, sagte der triumphierende Ansager, »wir werden nun Personen, die soeben von der Straße geholt wurden, nach ihrer Meinung fragen. Na, Fräulein, wie jefällt Ihnen das neue Österreich?« Und eine etwas heisere, ordinäre Frauenstimme antwortet: »I frei' mi' aufs neue Österreich.« Nach diesem Gruß der käuflichen Liebe an den Nazismus stellten wir das Radio ab – Hitler hatte seinen Welteroberungszug mit einem großen Erfolg begonnen, seine Macht im Kampf gegen Menschheit und Menschlichkeit war beträchtlich gewachsen, und nirgends sah es nach Widerstand aus. Hatte doch das unglückliche, in sich gespaltene Österreich selbst auf Schuschniggs Anordnung hin den deutschen Einmarsch ohne Abwehr geduldet.

Am nächsten Morgen folgten nun die Nachrichten von der Sperrung der österreichischen Grenzen, von der Verzweiflung der Fliehenden und Zurückgeschickten, von Gewalttaten auf den Straßen und erfüllten uns mit schrecklicher Sorge um Freunde und auch um unsere Tochter, obgleich wir uns zunächst nicht vorstellen konnten, daß sie gefährdet sei. Wir riefen bei ihr an und erfuhren, daß sie am frühen Morgen nach dem Einmarsch vom Semmering in ihre Wiener Wohnung zurückgekehrt war und vereinbarten, daß sie sich zunächst abwartend verhalten, und wenn etwas Ruhe eingetreten, ihre Ausreise betreiben sollte.

Ich hatte jene Tage ganz in Gedanken an die Leiden der von der Brutalität der ›Sieger‹ Gequälten in Österreich verbracht, als plötzlich meine Sorgen durch einen schweren Schlag ins Persönlichste gewendet wurden. In der Pause eines von mir dirigierten Konzerts trat ein Beamter der Direktion auf mich zu und sagte: »Ich sollte Sie eigentlich in diesem Moment nicht aufregen, aber ich glaube, ich muß Ihnen sagen, was geschehen ist: das Radio hat soeben mitgeteilt, daß Ihre Tochter in Wien verhaftet wurde.« Ich bat, meine Frau zu mir zu schicken, und besprach mit ihr, daß sie bestimmte Freunde in Wien telephonisch um sofortige Intervention ersuchen solle. Ich dirigierte das Konzert zu Ende und rief dann selbst Kerber in Wien an, um ihn zu beschwören, mir darüber Auskunft zu verschaffen, wohin meine Tochter gebracht worden sei. Ferner bat ich meinen Schwiegersohn in Berlin, sogleich nach Wien zu fahren und sich mit Kerber über die besten Schritte zur Befreiung der Gefangenen zu beraten. Kerber benahm sich tapfer und freundschaftlich teilnehmend. Er telephonierte mir noch in der Nacht, daß sie sich im Polizeigefängnis an der Elisabethpromenade befände. Mein Schwiegersohn bemühte sich täglich, mit ihr in Verbindung zu treten. Aber es gelang ihm nicht, und wir verbrachten fast zwei Wochen in einem Zustand der entsetzlichsten Sorge.

Toscanini traf ich im Haag, wohin wir inzwischen übersiedelt waren, und er teilte unsere Qualen wie ein wahrer Freund. Ich selbst konnte nicht nach Österreich zurückkehren und ebensowenig meine Frau. Man hätte uns vielleicht hinein-, aber nicht mehr herausgelassen, unsere Intervention wäre wirkungslos gewesen, und ferner konnte uns das begeisterte Telegramm, das wir Schuschnigg nach seiner großen Rede geschickt, ebenso ins Verderben stürzen wie andere, die dasselbe getan und die ein furchtbares Schicksal getroffen hatte. So waren wir auf die Bemühungen unserer Helfer in Wien angewiesen, und ich konnte nichts tun, als ihre Schritte aus der Ferne lenken und arbeiten, wie es meine Verpflichtungen verlangten. Sie führten mich vom Haag nach Monte Carlo und Nizza, und meine Tage und Nächte schlichen dahin in einer Qual des Wartens, die in jedem der Höllenkreise Dantes als übertriebene Grausamkeit empfunden worden wäre. Als ich am 28. März von der Orchesterprobe in unser Hotel in Nizza zurückkehrte, eilte mir meine Frau mit hochgeröteten Wangen auf der Straße entgegen: »Ich habe ihre Stimme gehört«, rief sie mir schon von weitem zu: »sie ist frei und hat mich angerufen.« Ebenso ohne Begründung wie man sie verhaftet hatte, war sie nach zwölf Tagen aus dem Gefängnis entlassen worden. Nun war es unsere Aufgabe, ihr die Ausreise aus Österreich zu ermöglichen.

Mein Schwiegersohn verschaffte mir die Information, daß Leuten ohne Steuerschuld Reisen ins Ausland gestattet wurden, wenn sie deren berufliche Notwendigkeit beweisen konnten. Im Paß meiner Tochter befand sich noch von früher her der Vermerk ›Sängerin‹, und so veranlaßte ich, daß ein mir befreundeter Konzertagent in Prag sie zu einem Liederabend in der tschechischen Hauptstadt einlud. Der hilfreiche, freundlich gesinnte Mann ging so weit, diesen fiktiven Liederabend mit großen Plakaten in den Straßen von Prag anzuzeigen, damit etwaige Nachforschungen von deutscher Seite die berufliche Notwendigkeit ihrer Reise bestätigen konnten. Eine gleiche Abmachung für ein etwas späteres Datum traf ich mit einem mir ergebenen Konzertagenten in Zürich, um meiner Tochter für jeden Fall beide Grenzen zu öffnen. Die Behandlung ihres Ausreisegesuchs zog sich in die Länge, meine Tochter schrieb den Agenten, sie werde womöglich ihren Kontrakt nicht erfüllen können, und nun bedrohten diese sie im Fall der Nichteinhaltung ihrer Verpflichtung mit ernsten Konsequenzen, um die Dringlichkeit ihres Gesuches glaubhaft zu machen. Man hatte mir außerdem von tschechischer höherer Stelle jede Unterstützung in Aussicht gestellt, und ich werde diese Hilfsbereitschaft der tschechischen Freunde mein ganzes Leben hindurch in dankbarer Erinnerung tragen. Endlich, Mitte April, erhielt meine Tochter die Erlaubnis zur Ausreise und wählte die Schweizer Grenze, weil wir uns zu der Zeit in Lugano aufhielten.

Es gab ein stilles Wiedersehen am Bahnhof, denn wir wußten, was die Nazikontrolle der Ausreisenden an der österreichisch-schweizerischen Grenze bedeutete, wagten nicht, unserem Glück zu trauen, bevor unsere Tochter nicht wirklich da war und die neuerliche Prüfung des angstvollen Wartens, durch Verspätung des Zugs tückisch vergrößert, hatte uns erschöpft. Auch trug die Angekommene alle Zeichen der Erschütterung an sich und war noch lange Zeit hindurch nicht imstande, uns im einzelnen von dem Niederdrückenden zu berichten, das sie erlebt.

Mit ihr traf unsere Haushälterin ein, die in ihren Koffern manche Kleider und Wäsche aus unserem Besitz hatte mitbringen können. Unsere zweite Hausgehilfin, die erst später gereist war, hatte ebenfalls verstanden, Dinge des täglichen Gebrauches für uns zu retten. Einem eifrigen Anhänger gelang es, einige wertvolle Musikalien über die tschechische Grenze herauszubringen. Im ganzen aber mußte ich fast alles, was sich an Wertvollem oder freundlich Gewohntem in meiner Wohnung befand, verlorengeben. Der Verlust vermochte mir in Gedanken an das allgemeine Geschehen und an mein sonstiges persönliches Erleben kaum großen Eindruck zu machen, ja an die glänzende Karriere meines Cadillac konnte ich nie ohne eine gewisse humoristische Genugtuung denken. Vor Jahren war ein Juwelier mit Namen Futterweit bei einem Überfall auf sein Geschäft in der Mariahilferstraße dem Revolverschuß eines der maskierten Räuber erlegen, die dann verhaftet und der Zuchthausstrafe zugeführt worden waren. Wie ich erfuhr, hatten die Nazis einen von ihnen – ich glaube er hieß Globotschnik – befreit und zum Gauleiter ernannt, und mein Wagen diente nun dem so hoch qualifizierten alten Parteigenossen zur standesgemäßen Bequemlichkeit.

Am Tage nach dem deutschen Einmarsch in Österreich hatte ich, um den Nazis zuvorzukommen, in einem Telegramm an Kerber um Lösung meines Vertrages mit der Wiener Staatsoper und um Befreiung von meinen Salzburger Verpflichtungen ersucht. Damit war das vereinbarte Gesamtgastspiel der Wiener Oper unter meiner Leitung in Florenz unmöglich geworden, und ich schrieb an Labroca, den Direktor der Florentiner Festspiele, daß ich ihn bäte, sich bei der Aufführung von Webers ›Euryanthe‹ in Florenz im kommenden Mai nicht mehr an mich gebunden zu fühlen. Er telegraphierte mir zurück, daß er unter allen Umständen an mir festhalte. Er kam sodann nach Monte Carlo und bat mich dringendst, Florenz nicht im Stich zu lassen – er verzichte auf Wiener Oper und ›Euryanthe‹. Ich mußte also Werke wählen, die mit den italienischen Kräften in Florenz aufzuführen waren, und wir ersetzten unser ursprüngliches Programm durch Beethovens ›Missa Solemnis‹ und Brahms' ›Deutsches Requiem‹.

Hatte das politische Unwetter mir bisher keine ernstliche Schädigung, weder in meiner beruflichen noch in meiner persönlichen Existenz zufügen können, so tauchte nun doch ein Problem auf, das mich mit sehr ernsten Schwierigkeiten bedrohte: die Paßfrage. Da es kein Österreich mehr gab, so verloren unsere österreichischen Pässe ihre Gültigkeit, und der deutsche Stempel, der sie gültig, aber ihre Inhaber zu Deutschen machte, kam für uns nicht in Betracht. In die Schweiz und nach Frankreich waren wir gekommen, bevor die Ungültigkeit der österreichischen Papiere von deutscher Seite proklamiert worden war. Zwar besaß ich seit einigen Jahren ein Wohnrecht in der Schweiz, doch genügte dessen bisherige Dauer zur Einbürgerung noch nicht. Und so fehlte uns nun die Staatsangehörigkeit und der Paß, der sie bezeugte, ohne den man nicht reisen und eigentlich auch nirgends verweilen konnte. Freundliche Behörden akzeptierten einstweilen noch den verfallenen österreichischen Paß als Legitimation für einen begrenzten Aufenthalt, zum Reisen aber war er unbrauchbar, und somit mußten alle meine Bemühungen auf Erlangung eines gültigen Passes gerichtet sein. Die Leiden der Staatenlosigkeit sind mir erspart geblieben, man war allerseits hilfreich gegen mich, und nach einigen Monaten schon erlöste mich Frankreich großmütig aus meiner peinlichen Lage. Bis dahin aber lastete sie als ständige Sorge auf mir und veranlaßte mich zu allen möglichen Versuchen, deren keiner Erfolg hatte. Sogar an einen sogenannten ›Nansenpaß‹, das Legitimationspapier der Staatenlosen, dachte ich, obwohl ich wußte, daß er dem Besitzer nur einen Moment der Hoffnung – den seiner Zuerteilung – und dann Jahre der Qual, nämlich endloses Warten auf die Reise-Visa brachte.

Mit einiger Zuversicht bemühte ich mich um die Einbürgerung in Monaco. Ein Paß des Fürstentums hätte mir alle erwünschte Bewegungsfreiheit gebracht, und ich glaubte auf eine ausnahmsweise Behandlung meines Falles hoffen zu können, weil ich zu einer Gegengabe bereit war, die nach meiner Anschauung dem kleinen Lande von beträchtlichem Vorteil sein konnte: Sobald Österreichs Schicksal sich erfüllt hatte, zeigten sich nämlich an allen möglichen Orten Bestrebungen, das Erbe der Salzburger Festspiele anzutreten, und es war nur natürlich, daß man sich an mich mit solchen Vorschlägen wandte. In den meisten Fällen konnte ich nur abraten, als aber Monte Carlo in Vorschlag kam, glaubte ich wegen der Schönheit der Lage, der Popularität der französischen Riviera, der Möglichkeit einer künstlerischen Verbindung mit der Pariser und der Mailänder Oper den Plan näher erwägen zu sollen. In seinem reizvollen Opernsaal besaß das Casino einen vortrefflichen Raum für Mozart oder auch für die italienische und französische Buffo-Oper, und der Neubau eines großen Opernhauses auf dem Felsen von Monaco oder vielleicht auch in den schönen Parkanlagen beim Casino hätte die sündhaften Reichtümer der Spielbank einer moralisch sühnenden, edlen Verwendung zugeführt und der Kulturwelt ein neues Zentrum künstlerischen Lebens geschenkt. Die Idee fand vielseitiges Interesse, und es kam, auf meine Veranlassung, zu einer Einladung an Karl Ebert durch die Verwaltung des Casinos und zu gemeinsamer gründlicher Erörterung der Pläne. Sie sind dann, wohl wegen Mangels einer treibenden Kraft in der Verwaltung, aber auch infolge der katastrophalen Verschlimmerung der politischen Lage, liegengeblieben. Damals aber sah es günstig aus, und als ich abfuhr, ließ ich Projekt und provisorisches Budget, die ich mit Ebert ausgearbeitet hatte, hoffnungsvoll in den Händen des Vorstandes und zugleich mein Ansuchen um Naturalisation im Ministerium des Fürstentums zurück. Auch schien es mir ratsam, einen monegassischen Advokaten mit der Aufgabe zu betrauen, in die matte Flamme des ministeriellen Betriebes aus Leibeskräften zu blasen. Maître X., ein älterer Herr – samt seinen vornehmen, staubigen Amtsräumen in einem der vierstöckigen, stillen Zinshäuser mit den stets geschlossenen grünen Läden, wie aus einem Roman Balzacs in die Wirklichkeit versetzt – zeigte leider nicht das Temperament, das mich auf eine baldige Erledigung meines Ansuchens hoffen lassen konnte, und ich kehrte recht ratlos nach Lugano zurück. Im Oktober sollte meine Tätigkeit wieder beginnen – aber wenn bis dahin meine Paßfrage nicht gelöst war, mußte ich auf jede Arbeitsmöglichkeit verzichten.

Nach Florenz jedoch konnten wir diesmal noch gehen, denn das italienische Konsulat in Paris hatte uns auf Anweisung von Rom die Ein- und Ausreise über die Grenze Italiens ohne Paßkontrolle verschafft – diese Verbeugung der Bürokratie vor der Musik machte mir großes Vergnügen – ich kehrte von meiner neuerlichen Mitwirkung im Maggio Musicale so befriedigt zurück, wie von den früheren und fühlte mich infolge der anhänglichen Gesinnung, die mir die Festspielleitung in kritischer Lage bewiesen hatte, dem schönen Unternehmen herzlicher verbunden als je.

Wir fuhren von Florenz mit der Bahn bis Mailand, wo uns unsere jüngere Tochter mit ihrem Mann erwartete, um uns mit seinem Wagen über die prachtvolle Autostrada und Como in die Schweiz nach Lugano zu bringen. Dort hatten während unserer Abwesenheit unsere beiden Töchter eine hochgelegene Villa für uns gemietet, von deren Fenstern und schöner, breiter Terrasse man hinunter auf den Luganer See und weit hinaus auf die Berge des Tessins blickte. Und nun führten sie uns in ängstlichem Verantwortungsgefühl und doch voll Stolz auf ihre gute Wahl durch Haus und Garten, und wir hielten schließlich überrascht und beglückt vor einer Trophäe, welche die Geschicklichkeit unserer älteren Tochter vor der Gier der Nazis in Wien gerettet hatte, und die nun unser Wohnzimmer verschönte: es war ein Geschenk, das mir die Wiener Singakademie vor langen Jahren nach meiner Aufführung der Mahlerschen Achten gemacht hatte, Rodins Bronzebüste meines großen Freundes.

Keine Erinnerung an quälende Erlebnisse in der Vergangenheit, keine Beunruhigung über das Donnergrollen aus den Gewitterwolken am europäischen Horizont, keine Besorgnis vor der Zukunft vermochten uns die stille Freude an dem schönen neuen Wohnsitz, an dem malerischen Städtchen mit seinen interessanten engen Gassen und Kolonnaden, seiner herrlichen Lage am See und der zaubervollen Umgebung zu nehmen. Unsere ältere Tochter wohnte bei uns, die jüngere hatte sich mit ihrem Mann in Zürich niedergelassen, das in fünf Bahnstunden von Lugano zu erreichen war, wir hofften noch immer, daß eine einsichtige Welt den teuflischen Plänen Hitlers Halt gebieten werde, und so waren uns noch einige Monate friedlichen und zuversichtlichen Lebens gegönnt.

Die frischen Morgen auf der Terrasse, wo uns der Frühstückstisch bei einem schönen alten Mimosenbaum vereinte, der die Ecke des Hauses umklammerte, die ruhevollen Stunden in meinem Studierzimmer, die Einkäufe in den freundlichen Geschäften der alten Straßen in der Stadt, Zusammenkünfte mit Freunden im Kaffeehaus am See, die Abendspaziergänge über den Weinberg hinter unserem Haus hinunter und durch die Dörfer der Gegend, die so malerisch italienisch und zugleich so ordentlich und behaglich schweizerisch waren – all das genossen wir beglückt. Und die beiden Hunde, unsere zartbesaitete Schäferhündin Asta und unserer Tochter lustiger und überwältigend menschenfreundlicher Boxer Tommy, versorgten das Haus mit Äußerungen jener elementaren Lebensfreude, die bei seinen zweifüßigen Bewohnern doch allmählich einem stilleren Weltgefühl Platz gemacht hatte. Wir freuten uns über ihre übermütig eigenartigen Spiele zur Dämmerstunde im Garten, und Tommy steht vor meiner Erinnerung, wie er allabendlich von seinem letzten Spaziergang ins Wohnzimmer kommt: ihm hängt ein lebendiger Igel aus dem Maul, den er mit raffinierter Technik zu fassen gelernt hat, und er legt uns mit dem müden Seufzer schwerer Pflichterfüllung das stachlige Unglückstier zu Füßen.

Dort in Lugano und in dem schönen Hause verlebten wir die letzten Zeiten vergleichsweiser Ruhe, die uns vergönnt waren, und ich glaube, wir genossen sie so tief, weil ein Gefühl des Abschieds die Stille jener Tage verklärte. Der Herbst brachte dann das entsetzliche Erlebnis der Münchener Zusammenkunft, nach der es keinen ruhigen Augenblick und keine Hoffnung mehr gab, und im nächsten Sommer brach über uns das schwerste persönliche Unglück unseres Lebens herein.

## 5

In jenen Sommer 1938 fielen die ersten Festspiele in Luzern, zu denen Toscanini und ich eingeladen worden waren. Mir ist davon eine eigenartige Veranstaltung im Gedächtnis geblieben: eine Aufführung des Wagnerschen ›Siegfried Idyll‹ unter Toscaninis Leitung vor dem Hause bei Triebschen, in dem Siegfried Wagner geboren, wo das Stück komponiert und zum erstenmal erklungen war.

Am Anfang September ging ich wieder nach Monte Carlo, um die drängende Frage meiner Einbürgerung zu fördern. Ich fand Maître X. in tiefem Schlaf und das Ministerium uninteressiert. Schon wollte ich mich mit dem trostlosen Gedanken an einen Daueraufenthalt auf der Sandbank, an der ich gestrandet schien, vertraut machen, als sich ein rettendes Wunder ereignete. Der ›Directeur Général des Beaux Arts‹, Georges Huismans, schrieb mir aus Paris, er habe erfahren, daß ich mich um die Naturalisation in Monaco bemühte. Wenn ich wünschte, würde die französische Regierung mich zu einem Bürger Frankreichs machen. In größter Rührung drückte ich telegraphisch meine tiefste Dankbarkeit und Begeisterung aus und fuhr sofort nach Paris, wo ich bei Georges Huismans und im Unterrichtsministerium die herzlichste Aufnahme fand. Alles ging mit traumhafter Leichtigkeit vor sich – offene Türen und offene Herzen wohin ich kam – zwei Wochen nach meiner Ankunft in Paris war ich französischer Bürger. Am eindrucksvollsten war mir der Dankbesuch, den ich Paul Reynaud, dem damaligen Justizminister und späteren Regierungschef bis zu Frankreichs Niederlage 1940, machte. Denn während ich gemeldet wurde, fiel mein Blick auf Dokumente, deren Bedeutung durch die Art der Schaustellung unter Glas betont war: und ich sah vor mir die ›Erklärung der Menschenrechte‹ vom September 1791, dies ewige Ruhmesblatt in der Geschichte Frankreichs, dessen feierliche Bewahrung im französischen Justizministerium mir Trost und Ermutigung spendete in einem Augenblick, da wir die Verachtung und Abschaffung der Menschenrechte in Deutschland erlebten, da von dorther der Welt neuerlich die unmenschlichste Tyrannei drohte, mit deren finsterer Gewalt sogar ich auf meinen friedlichen Wegen schon in beleidigende Berührung gekommen war. Mit ausgestreckten Händen kam mir Paul Reynaud in seinem Arbeitszimmer entgegen und drückte mir seine Freude aus, mich als französischen Bürger zu begrüßen. Ich versicherte ihn meiner Dankbarkeit und meiner Hoffnung, mich im französischen Musikleben nützlich zu machen, und wir sprachen dann noch, glaube ich, von den Vorgängen in Deutschland. Da ich unmittelbar vor Konzerten in London stand und mir für die Reise dorthin der französische Paß höchst erwünscht war, so bemühte sich M. Huismans um äußerste Beschleunigung der Angelegenheit, und ich erinnere mich mit besonderem Vergnügen, wie hilfreich sich alle Beteiligten zeigten. Sogar auf der Préfecture beeilten sich zwei verehrungsvolle junge Beamtinnen, den Paß, dessen Ausstellung regulärerweise zwei Tage dauern sollte, »für Maître Bruno Walter« in zwei Stunden fertig zu stellen. Und der Schalterbeamte in Le Bourget, dem ich auf meinem Wege zum Flugzeug das noch knisternde neue Dokument zur Kontrolle vorwies, bestätigte mir mit einem strahlenden Lächeln und begeisterten »bon voyage, Maître« die Sympathie, die meine Einbürgerung auch in weiteren Kreisen zu finden schien. Das französische Konsulat in Lugano erhielt Auftrag, meiner Frau ebenfalls einen Paß auszustellen, und so waren wir beide Bürger Frankreichs geworden, hatten von neuem eine Staatsangehörigkeit und Bewegungsfreiheit gewonnen, und nur die Lage unserer älteren Tochter machte uns noch Sorgen. Die jüngere war durch ihre Ehe Deutsche geworden, und so sehr wir uns darüber beunruhigten, so war sie doch wenigstens vor dem gespenstischen Zustand der Staatenlosigkeit gesichert, der dem Sterblichen von den beiden Kategorien des Raumes und der Zeit den ersteren raubte und ihm die Zeit nur ließ, um sie, auf ein Wunder der Erlösung wartend, zu vertrauern.

Von London kehrte ich nach Lugano zurück, und die Weltvorgänge waren nun so bedrückend geworden, daß alle herbstliche Schönheit der Landschaft und aller Reiz der dortigen Lebensweise nicht mehr ihre erhellende Wirkung ausüben konnte: ›München‹ war gekommen, jene Selbsterniedrigung der Welt vor Hitler – für mein Gefühl die trostlos beschämendste Szene im europäischen Drama. Tür und Tor für die Verwirklichung der schlimmsten Pläne des Welteroberers und seiner Mitverbrecher standen offen, und in schwerer Depression begab ich mich Anfang Oktober auf eine Balkan-Tournee, zu der ich mich auf Drängen des Wiener Impresario Dr. Hohenberg verpflichtet hatte. Sie führte mich nach Zagreb, der durchaus altösterreichisch wirkenden

Hauptstadt von Kroatien, nach Sofia, der Hauptstadt Bulgariens, die eher an russische Städte erinnerte – in meinem Sofiaer Hotel wimmelte es übrigens von arroganten deutschen Nazi-Emissären – und dann im Flugzeug über die interessanten Bergformen des Balkan und über Saloniki nach Athen.

Es war mein Wunsch, Griechenland und besonders Athen zu sehen, der mich zu dieser Reise veranlaßt hatte, und ein Traum meiner Knabenzeit fand so eine späte, aber deshalb vielleicht um so ergreifendere, Erfüllung. Schon als mein Flugzeug sich in Saloniki zu kurzem Aufenthalt näherte, rührte eine noch nie gesehene Transparenz des Himmels und Helligkeit des Lichtes an meine erwartungsvollen Sinne. Und dann flogen wir über die klare Bläue des mittelländischen Meeres, über schön geformte griechische Inseln, unter ihnen das mächtige, bergige Euböa, nach Athen, wo mich die Akropolis grüßte, bevor wir landeten.

Ich verbrachte meine Tage in Athen und bei den Ausflügen in seine nähere und weitere Umgebung in einer Lust des Schauens, wie ich sie noch nie erfahren hatte. Die heroischen Monumente der römischen Antike schienen mir in meiner Erinnerung gar zu menschlich selbstbewußt und machtbetont gegenüber der klaren Schönheit und ruhigen Erhabenheit der griechischen Formen, die das unirdische Licht dieses Himmels noch verklärte. Jeden Morgen, an dem ich frei war, verbrachte ich oben auf dem Parthenon, dessen edle Größe mich bei wiederholtem Verweilen immer tiefer ergriff und den ich allmählich mit dem Auge des französischen Malers sehen lernte, der sich mir bei einem meiner Besuche bekannt gemacht und erzählt hatte, daß ihm der Tempel Jahre hindurch Gegenstand des Studiums und der Nachbildung gewesen war und daß er sich nicht mehr davon trennen könne. – Den gewaltigsten Eindruck auf meinen Ausflügen zu Orten und Gegenden mit Namen, die seit meiner Kindheit meine Phantasie aufgeregt hatten, machte mir Delphi. Freunde führten mich mit ihrem Wagen dorthin, und ich war erstaunt über die düstere Größe der Landschaft, die den besorgten Befrager des Orakels wohl mit den Gedanken an finstere Mächte und Zauber erfüllt haben mußte. Ich wanderte zwischen den Steinblöcken des mächtigen Theaters umher und trank vom kastalischen Quell – ich bewunderte auf der Rückfahrt in wahrhaft ehrfürchtigem Schauer die mächtige Form des fernen Olympos, dessen Gipfel seine himmlischen Bewohner bei unserer Hinfahrt in eine majestätisch abweisende Wolke gehüllt hatten. Ich lebte völlig in der Atmosphäre einer erhabenen, fernen Vergangenheit und empfand natürlich die Berührung mit dem Griechenland von heut, wozu auch meine Konzerte gehörten, als eine peinliche Unterbrechung der angeknüpften leidenschaftlichen Beziehung zu dem klassischen Mutterland der europäischen Kultur. Eine ganz interessante Begegnung mit der Gegenwart brachte mir jedoch mein Besuch bei dem damaligen Ministerpräsidenten Metaxas, der mir einen griechischen Orden überreichte und sich in der nachfolgenden Unterhaltung als Verehrer deutscher Musik bekannte.

Der Tag meiner Abreise war gar zu schnell gekommen, ich hatte einen Flugplatz nach Brindisi in Italien und von da nach Mailand belegt und plante dann mit der Bahn nach Paris zu fahren, wo ich Oper und Konzerte dirigieren sollte. Meine Athener Freunde begleiteten mich zum Flugfeld und erwiderten auf meinen Dank für die Labung meiner Seele, daß ich einen interessanten Teil des Landes, den Peleponnes, leider nicht kennengelernt hätte. Eine äußerst wilde Laune des Schicksals füllte diese Lücke in meinen griechischen Erlebnissen, aber fast wäre es überhaupt mein letztes gewesen.

Unser Flugzeug mußte infolge schlechten Wetters über vier Stunden am Athener Aerodrom warten, bis endlich die meteorologische Station Besserung meldete und damit die Erlaubnis zum Abflug gab. Aber bereits nach wenigen Minuten in der Luft wußte ich, daß uns ein böses Abenteuer bevorstand – unser Aeroplan wurde wild herumgeworfen, die Sonne erschien zwischen jagenden Wolken bald rechts, bald links von der Fahrtrichtung, woraus ich auf außergewöhnliche Manöver des Piloten schloß. Wir stiegen auf bedeutende Höhe, wie mir ein Mitglied der Mannschaft sagte und mein schwer arbeitendes Herz bestätigte, aber nach zwei Stunden vergeblicher Bemühung beschloß der Pilot nach Athen zurückzukehren, was er den Passagieren durch eine schriftliche Mitteilung bekanntgeben ließ. Nun aber wurde alles schwarz um uns, wütend warf sich der Sturm auf unser Flugzeug, weibliche Passagiere weinten und eine junge italienische Mutter mit einem Säugling betete. Neben ihr stand ein junger Mann, der Mannschaft zugehörig, ein wahres Bild des Mitgefühls – er half der Zitternden das Kind halten und sprach ihr Trost zu. Und plötzlich sah ich vor dem Fenster zur Linken eine helle Flamme aufschlagen – ein Blitz hatte unseren linken Flügel getroffen. – Der junge Menschenfreund machte eine Geste zu mir hin, die sagte ›wir sind verloren‹, und ich legte mich still zurück und erwartete die Explosion und das Ende. Unser Pilot ergab sich nicht, er hatte sofort den Benzintank abgestellt und ging – mit aller Kraft und der Hilfe des Mitpiloten um das Gleichgewicht des beschädigten Flugzeuges ringend – im Gleitflug herunter. Unter uns sah ich das Meer, aber im letzten Augenblick erreichte er den Strand, unser Aeroplan bohrte sich in den Schlamm, zu dem der plötzlich niederstürzende Regen alles verwandelte. Wir sprangen aus der schnell geöffneten Tür der linken, verwundeten Seite unseres Fahrzeugs, das auf der übergewichtigen rechten ruhte, tief hinunter und standen nun ratlos in dem wilden Guß. »Wo sind wir?« fragte ich unseren Piloten. »Ich weiß es nicht«, erwiderte er, »ich habe die Orientierung verloren.« Da aber war es, als ob meine Sturmfahrt mich wie den vielgereisten Gulliver in ein phantastisches Land geführt hatte – seltsame Gestalten nahten sich, bärtige kleine Männer, Krüppel, töricht aussehende Knaben, alte Frauen mit fliegenden grauen Haaren, und bald umgab uns eine unheimliche Schar, deren Anblick mich zweifeln machte, ob ich nicht doch vielleicht tot sei und sich mir ein ungeahntes Zwischenreich aufgetan habe. In keiner Sprache konnten wir uns mit unseren ungeladenen Besuchern verständigen, die teils uns umdrängten, teils sich mit bedenklicher Neugier auf das Flugzeug hin bewegten, in dem sich unser Gepäck befand. Schließlich stellte sich eine Frau ein, die etwas Französisch sprach, und von ihr erfuhr ich, daß wir nicht weit von Missolonghi niedergegangen waren. Ich bot mich an, nach dem Ort zu gehen, um Hilfe zur Bergung unseres Gepäcks und zum Transport der Frauen zu holen, während die anderen Passagiere beim Flugzeug blieben, um es vor unliebsamen Unternehmungen der griechischen Zigeuner – denn um solche handelte es sich – zu schützen.

So ging oder vielmehr watete ich unter der Führung eines der törichten Knaben nach dem Platz, der durch Byrons Aufenthalt während seiner Hilfsaktion bei den griechischen Freiheitskämpfern ausgezeichnet war, sonst aber meinem flüchtigen Eindruck nach keinen Ruhm verdiente. Ich trug manche Heimadressen der Passagiere und Mannschaft mit mir, um deren Angehörigen, gleich den meinen, von der Notlandung unseres längst überfälligen Flugzeuges und von unserem Wohlbefinden telegraphisch zu unterrichten. Ein hilfreicher Veterinärarzt in Missolonghi, der etwas italienisch sprach, half mir in meinem Unternehmen und führte mich und meine später eingetroffenen Reisegefährten in ein Gasthaus, wo die Aussicht auf ›spaghetti‹ die italienische Mannschaft begeisterte, die Spaghetti selbst sie aber so deprimierten, daß einer von ihnen erklärte, diese Speise bedeute für ihn das schlimmste Erlebnis des Tages. Der Pilot aber, dem ich sagte, welchen Dank wir ihm, seinem Mut und seinem Geschick schuldeten, erwiderte mir mit ernstem Blick: »Wir müssen alle nur Gott danken.« Am nächsten Morgen schickte die Direktion der Fluglinie einen Hydroplan, um uns nach Athen zurückzubringen. Ich hatte jedoch zunächst die Lust am Fliegen verloren, – ich telephonierte meinen Freunden in Athen, und wir verabredeten, uns in Patras zu treffen, wohin mich und einige andere Passagiere eine Sekundärbahn und dann ein Dampfer brachte. Sie holten mich in Patras mit ihrem Wagen ab, und so hatte mir das Abenteuer wenigstens den Blick auf einen interessanten Teil des Peloponnes verschafft, durch den unsere Fahrt nach Athen führte.

Ich begab mich nun mit der Bahn nach Paris, wo ich eine beträchtliche Anzahl von Veranstaltungen zu leiten hatte. Auch war es jener Aufenthalt, glaube ich, an den sich eine Tournée des Orchestre Philharmonique de Paris unter meiner Leitung in die Schweiz schloß. Pläne für eine Vermehrung meiner Tätigkeit in Frankreich, für ein Musikfest großen Stiles in Paris wurde mit M. Huismans und dem Operndirektor Rouché besprochen, ich dirigierte, ich spielte mit Jaques Thibaud Mozartsche Sonaten in dem herrlichen Haus der großen Oper, und so knüpften sich meine Beziehungen mit dem französischen Musikleben immer fester. Zur gleichen Zeit bemühte ich mich bei den Behörden um Legitimationspapiere für meine Tochter, die ihren ungültig gewordenen österreichischen Paß ersetzen sollten, und es gelang mir wirklich, eine ›carte d'identité‹ und einen ›Titre de Voyage‹ für sie zu erhalten, womit die drückendste Sorge von uns genommen war.

Inzwischen war von offizieller Stelle ein Empfang arrangiert worden, der meine Aufnahme in den französischen Staat feiern sollte. Er fand in den festlichen Räumen eines Palais im Faubourg St. Honoré statt, und so wenig ich zum Mittelpunkt einer solchen Feier geeignet war, beglückte mich doch aufs höchste die Welle von Wohlwollen und Freundlichkeit, die mich hier umflutete. Ansprachen des Bürgermeisters von Paris, des Direktors der Oper, Rouché, und ich glaube auch eines Regierungsvertreters, sowie ein Gedicht, von einer jungen Schauspielerin des Théâtre Français gesprochen, bewillkommneten mich als französischen Bürger, und ich fühlte mich in meiner Erwiderung am Schluß der Feier – wohl infolge der Herzlichkeit der mir erwiesenen schönen Ehrung – plötzlich so frei von den Hemmungen meiner gewöhnlichen Scheu wie kaum je in meinem Leben.

Meine Verpflichtungen riefen mich nun wieder nach Amsterdam und hier erwartete mich eine neue Auszeichnung: man machte mich zum Grand Officier vom Oranje-Nassau-Orden. – Ich hatte als Münchener Generalmusikdirektor eine Anzahl Orden erhalten, die meiner Stellung galten und für mich daher keine Bedeutung hatten – jeder deutsche Fürst, der München besuchte, pflegte den Leiter der Oper auf diese Weise auszuzeichnen. Die Ehrungen aber durch die Orden, die ich damals von Frankreich, Österreich, Holland und auch Griechenland erhielt, erfreuten mich, weil sie mich persönlich auszeichneten und zugleich als Demonstration gegen die Kränkung wirkten, die mich getroffen hatte.

Von Holland hatte ich nach Skandinavien zu gehen, um in Kopenhagen, Stockholm und Oslo zu dirigieren. Wie aber dorthin gelangen, ohne Deutschland zu berühren? Es gab da außer der direkten Bahnverbindung über Deutschland eine holländische Fluglinie von Amsterdam nach Stockholm, aber die Fahrt ging durch den deutschen Luftraum, und eine Notlandung hätte mich in eine bedenkliche Lage gebracht. Ich entschloß mich daher zu dem beträchtlichen Umweg über London, von wo allwöchentlich ein kleiner schwedischer Dampfer nach Göteborg in Schweden ging. Ich vergesse nicht den Blick von meinem Londoner Hotelfenster aus auf die vom Sturm in völlig waagrechtem Flattern gehaltenen Fahnen, auf die meine Tochter mit besorgtem Kopfschütteln wies. In den etwa sechsunddreißig Stunden auf dem Meer erlebten wir die wildeste Seefahrt unseres Lebens – die in unseren Kabinen aufgehängten Mäntel standen so horizontal in der Luft wie die Fahnen in London, fielen dann in eine schlaffe Vertikale, aber nur um wieder wütend und – namentlich bei Nacht – gespenstisch ihre scheinbaren physikalischen Wunder auszuüben. Und doch, wie beruhigend, wie gemütlich war die Reise! Schlimmstenfalls hätten wir ja nur ertrinken können, während wir bei einer Notlandung in Deutschland den Nazis in die Hände gefallen wären.

In Stockholm machten mir die Konzerte und die schöne menschliche Atmosphäre, die mich umgab, wieder große Freude. Ich glaube, es war bei dieser Gelegenheit, daß ich dort Mahlers ›Auferstehungssymphonie‹ aufführte, und ich erinnere mich gern an den prachtvollen und sorgfältig vorbereiteten Chor, der mich in Zartheit, Kraft und Stimmschönheit tief befriedigte, und an die ausgezeichnete Leistung des Orchesters. Besonders deutlich habe ich auch eine Gesellschaft im Hause des Prinzen Eugen, des Bruders des schwedischen Königs, im Gedächtnis behalten, an die sich ein für mich wichtiges Erlebnis schloß.

Ich hatte den Prinzen vor Jahren in Wien bei einem Frühstück im Hause Bronislav Hubermanns kennengelernt, er war bei mir in Salzburg gewesen und hatte meine Frau und mich bei einem früheren Aufenthalt in Stockholm rührenderweise in seinem Wagen umhergefahren, um uns Stadt und Umgebung zu zeigen. Es war ein Vergnügen, mit dem geistig hochstehenden Menschen zusammen zu sein. Ernst und Güte sprachen aus ihm, und wenn man, von ihm geführt, sich in die phantasiereichen, ausdrucksstarken Bilder versenkte, die er gemalt hatte und die den Unterstock seines Hauses füllten, so fühlte man, welch eine lebendig bewegte, junge Seele in diesem bejahrten Mann wohnte. Er verstand es vortrefflich, bei seinen Gesellschaften einen harmonischen Kreis interessanter Menschen zu vereinen, und bei ihm lernte ich damals einen Mann kennen, dem ich mich zu dauernden Dank verbunden fühle.

Ich war zu jener Zeit in großer Sorge um das Schicksal meines Bruders und meiner Schwester: ich bemühte mich, sie aus Deutschland herauszubringen, aber es wollte mir nicht gelingen, die holländische Einreiseerlaubnis für sie zu erhalten. Ich hatte mich an mehrere Stellen in Holland gewandt, die sich gutwillig aber zu langsam erwiesen. So beschloß ich, mein Glück in Schweden zu versuchen. Der Zufall kam mir zu Hilfe. Wir wurden aus der Gesellschaft beim Prinzen Eugen von einem älteren Herrn in unser Hotel zurückgeführt, der sich in bedeutender politischer Stellung befand. Ich dachte an die Notlage meiner Geschwister und überwand meine Zurückhaltung so weit, ihn unter entschuldigendem Hinweis auf die außergewöhnlichen Umstände um Rat zu fragen. Er zeigte sich sofort wahrhaft teilnahmsvoll und versprach, Erkundigungen einzuziehen. Am nächsten Tag kam er zu mir ins Hotel, ersuchte mich, an eine bestimmte amtliche Stelle meinen Wunsch mit allen Einzelheiten zu schreiben – er würde sich selbst für die Bewilligung bemühen. Und in etwa zwei oder drei Tagen rief er mich an und sagte: »Es ist alles in Ordnung. Die schwedische Gesandtschaft in Berlin – oder war es das Konsulat? – hat die Anweisung erhalten, Ihren Geschwistern das Einreise-Visum nach Schweden zu erteilen.« So waren durch die tätige Anteilnahme dieses Menschenfreundes unter Vermeidung der üblichen, so gefährlichen Verzögerungen meine Geschwister gerettet und mir eine schwere Last von der Seele genommen worden.

Den Dezember verbrachten wir in Lugano und im Januar 1939 gingen wir nach London, wo ich Konzerte mit dem Orchester der

British Broadcasting Corporation und ihrem Chor und, ich glaube, auch mit dem Londoner Philharmonischen Orchester, zu dirigieren hatte. Und dann fuhren wir wieder nach New York, wohin mich eine Einladung der Leitung des von Toscanini neu geschaffenen Orchesters der National Broadcasting Corporation rief.

Ich hatte inzwischen aus Briefen von amerikanischen Freunden zu meiner innigen Genugtuung erfahren, mit welcher Teilnahme man dort meine Erlebnisse im Jahre 1938 verfolgt hatte. Aus ihren Worten sprach oft eine herzliche Sorge um mein materielles Ergehen, die ja glücklicherweise unbegründet war. Der Dirigent des Symphonieorchesters in Washington, Hans Kindler, hatte sogar, wie er mir schrieb, eine Aufforderung an amerikanische Kollegen gerichtet, mir durch Einladung zu Konzerten in den Vereinigten Staaten hilfreich zu sein und seine Gefühle durch die eigene Tat bekräftigt, indem er mir die Leitung eines seiner Konzerte anbot. Ich dankte ihm aufs wärmste für seine wahrhaft kollegiale Handlungsweise, versicherte ihm, daß mein Scheiden vom deutschen und später vom österreichischen Musikleben mich in keiner Weise beruflich oder wirtschaftlich geschädigt hätte und erklärte mich aber mit Vergnügen bereit, bei meinem nächsten Aufenthalt in Amerika seine so freundliche Einladung anzunehmen. Und so kam es, daß ich nach Beendigung meiner Verpflichtungen bei der N. B. C. im April 1939 eines der Konzerte des Kindlerschen Orchesters in der Constitution Hall in Washington dirigierte.

Inzwischen waren deutsche Truppen in Prag einmarschiert, und nun sahen selbst die überzeugtesten Befürworter des ›appeasement‹ ein, daß der Krieg unvermeidlich war. Mir schien es sogar, daß er vor der Tür stand, und ich litt unter dem Gedanken, daß sein Ausbruch uns an der Rückkehr nach Europa verhindern und auf Jahre von unserer jüngeren Tochter trennen konnte. So benützte ich meinen Aufenthalt in Washington, um im State Department persönlich um Übermittlung eines Einreise-Visums für sie durch ein Kabel an das amerikanische Konsulat in Zürich zu ersuchen. Ich fand das freundlichste Entgegenkommen, und bald teilte uns ein Telegramm unserer Tochter zu unserer Beruhigung mit, daß der Konsul sie telephonisch zu sich gebeten und ihr das Visum gegeben hatte. Nun war sie in der Lage, sobald es geraten schien, mit dem nächsten Schiff nach New York zu kommen.

Wir kehrten Anfang Mai nach Europa zurück und trafen uns mit ihr in dem von allen Reizen des Frühlings strahlenden Paris. Dort machten wir Pläne für den Fall des Kriegsausbruchs, der jeden Moment erfolgen konnte. Dort saß sie wieder in meinen Konzerten, ihre Musikerseele im Einklang mit der meinen, ihr kluges enthusiastisches Wort über das Gehörte ein Labsal für mein Herz, ihre bloße Anwesenheit eine Quelle von Wärme und Glück.

Es folgten letzte gute Wochen in Lugano und Sils Maria im Engadin, die immer wieder durch ihre Gegenwart gesegnet waren. Dann mußte ich einige Konzerte in Vichy dirigieren, deren Leitung ich auf Wunsch französischer Freunde übernommen hatte, und traf im August in Luzern ein, wo ich im Rahmen der Festspiele Mahlers Zweite aufführen sollte. Bald nach meiner Ankunft wohnte ich mit meiner Frau und beiden Töchtern einer Aufführung des Verdischen Requiem bei, wir aßen danach mit Thomas Mann und Frau Katia und besuchten am nächsten Tag Toscanini in seinem Hause am Vierwaldstättersee.

Ich habe die Mahlersche Symphonie nicht dirigiert. Das schwerste Unglück war über uns hereingebrochen und hat mir die Welt verändert: unsere jüngere Tochter wurde uns durch einen gewaltsamen Tod entrissen. Es war die furchtbare Aufgabe der Frau und Tochter Toscaninis, mir das Entsetzliche mitzuteilen. Sie erfüllten sie mit tiefster Güte und brachten mich dann mit ihrem Wagen zu dem Platz meiner Verabredung mit meiner Frau, die dort schon lange in angstvollem Warten umhergelaufen war, und wir mußten nun ihr sagen, was geschehen war.

In unsere Seelennacht drangen wie aus der Ferne die Nachrichten, die den unmittelbar bevorstehenden Kriegsausbruch bedeuteten.

## 6

Mein Lebensbericht nähert sich dem Ende. Nicht, daß die letzten Jahre ereignislos verlaufen wären – aber mir fehlt noch die Distanz zu meinen Erlebnissen, die sie zu Erinnerungen macht. Und meine Erzählung soll nicht am Schluß zum Tagebuch werden, dessen Merkmal die Beziehung zur Gegenwart ist. Ich werde also nicht mehr wie bisher an der Kontinuität als an dem Gesetz meiner Aufzeichnungen festhalten – ich werde nur Einzelnes an Erlebnis und Eindruck berichten, das schon die Patina der Erinnerung für mich angenommen hat und mich dann von den Freunden, die mir bis hierher teilnehmend gefolgt sind, mit ein paar Worten verabschieden, wie sie einem wohl in den Sinn kommen, wenn sich der Zug schon in Bewegung setzen will und man zurückblickt auf die, die dableiben.

Am 1. September 1939 brachen die deutschen Armeen in Polen ein. Ich weiß aus jener Zeit nicht mehr, als daß wir von unserer grauenvollen Rückkehr nach Lugano an nur fühlten: fort von hier. Ich bemühte mich um Lösung meiner europäischen Verträge, fand überall Verständnis und Entgegenkommen, und am 31. Oktober fuhr ich mit Frau und Tochter von Genua nach New York. Meine Verpflichtungen begannen erst im Januar bei der N. B. C. in New York, wo ich im Vorjahr dirigiert hatte, und wir beschlossen, bis dahin nach Kalifornien zu gehen.

Sorge um die Schicksale von Freunden, die in Europa zurückgeblieben, um das Ergehen solcher, die sich eine neue Existenz in den Vereinigten Staaten schaffen mußten, waren unsere täglichen Begleiter in den ersten Jahren unserer Ansiedelung in Amerika. Und kein Tag verging ohne die leidenschaftliche Frage an Zeitung und Radio: wie geht der Krieg? Er ging schlecht, aber trotz Dünkirchen und dem tragischen Sturz Frankreichs 1940, trotz der Bedrohung Alexandriens und der Invasion in Rußland bis Moskau und Stalingrad habe ich nie auch nur einen Augenblick des Pessimismus gehabt – ich bin unerschüttert in meiner Sicherheit geblieben, daß das Böse nicht siegen kann. Ich stiftete im Februar 1940 eine Ambulanz für die französischen Verwundeten, die vom Anglo-French Ambulance Corps mit Dank angenommen wurde. Ich wollte damit meiner Dankbarkeit gegen Frankreich und meiner Gesinnung im allgemeinen Ausdruck geben.

Die Stimme des Hasses, die ich kurz vor meiner Abreise in Wien am Radio gehört hatte, sollte mir noch einmal auf der anderen Seite des Ozeans erklingen. Im Garten hinter unserem Hause in Beverly Hills in Kalifornien steht der kleine Zauberapparat, um den wir sitzen, und aus ihm tönt wieder ein hysterisches Gekreisch, von dem mir die Worte im Ohr geblieben sind: »Ich werde die englischen Städte vom Erdboden rasieren.« Auf ›rasieren‹ überschlug sich die wütende Stimme, und den Ekel über den Mißlaut habe ich lange nicht verwinden können.

Eine andere Szene an dem gleichen Platz in Beverly Hills steht mir vor Augen: Wiedersehen mit Franz Werfel und Alma. Sie erzählen von den Schrecken ihrer letzten Tage in Frankreich, von ihren Abenteuern auf der Flucht, von Lourdes, wo Werfel von der wunderbaren Existenz des Kindes Bernadette ergriffen wurde, von hoffnungsvoller Ankunft in Marseille, Enttäuschung und neuerlichem Umherirren über Cerbère und die Pyrenäen, endlich von mühsamer nächtiger Bergwanderung über Ziegenwege hinauf zur spanischen Grenze und hinüber – Alma mit dem Manuskript der dritten Symphonie von Bruckner unter dem Arm. Werfel erzählt, Alma unterbricht, berichtigt, fügt Einzelheiten hinzu, und aus beider Worten entsteht mir das Bild der Scharen von Fliehenden, die überall in den unterjochten und bedrohten Ländern Europas sich auf Landstraßen drängen, über heimliche Pfade schleichen, gejagt von den Henkerscharen des wahnsinnigen Welteroberers. Werfel redet mit der leidenschaftlichen Erfülltheit, die für uns und für ihn sein eigenes Erlebnis und den Anblick des ungeheuren Leides um ihn herum aus jener Zeit zur Gegenwart macht, und er muß für einige Zeit unseren Kreis verlassen, um sich von der Erregung zu erholen, in die ihn sein Bericht versetzt hat. Im nächsten Jahr aber schon finden wir beide in ihrer reizenden Villa in Beverly Hills und freuen uns über die ›Wiedergutmachung‹, um die ein reuiges Schicksal sich in ihrem Fall bemüht zu haben scheint.

Thomas Mann und Familie sehen wir in Princeton wieder, wo wir ihn in seinem stattlichen Haus, nicht weit von dem Campus der Universität besuchen, an der er lehrt. Er erzählt mir von dem indischen Märchen, das ihn beschäftigt, der humoristischen und tiefsinnigen Erzählung ›Die vertauschten Köpfe‹. Später ziehen Manns auch nach Kalifornien und erfreuen sich wie Werfels an der Sonne und der

Atmosphäre der Arbeit, die sie sich geschaffen — so weit die Kämpfe und Krisen in jenen, von dem Weltkonflikt erschütterten Jahren es erlauben, sich zu freuen.

Und ein schönes Wiedersehen mit einem dritten Freundespaar ist uns in Kalifornien gegönnt; es sind Bruno Frank und Frau, mit ihnen Lisel Franks Mutter Fritzi Massary, mit denen uns gleichfalls so viel Gemeinsames in Erlebnis und Gedanken verbindet. Diese alten Freunde kommen zu meinen Konzerten — im Auditorium von Los Angeles oder in der Hollywood Bowl, zu der ich im Sommer zurückkehre. Auch Lili Petschnikoff ist wieder da — und wieder sitzen wir in ihrem Haus gegenüber dem Eingang zur Bowl. Aber die beiden alten Frauen sind nicht mehr dabei.

Manchmal fahren wir an der herrlichen kalifornischen Meeresküste hinunter nach Santa Barbara und besuchen Lotte Lehmann in ihrem schönen Hause, das den Ozean überblickt, wo sie, gleich den anderen Freunden, ein neues Heimatgefühl gewonnen hat, wo sie malt, schreibt, singt und unterrichtet und das sie nur mit Bedauern verläßt, wenn ihre öffentliche Tätigkeit es verlangt.

Adolf Busch treffen wir in New York — die musikalische Tätigkeit dieses unbeugsamen Idealisten muß jedem Gleichstrebenden Genugtuung und Ermutigung bringen, und seine Bach-Aufführungen sind ein wichtiger und weithin anerkannter Beitrag zum amerikanischen Musikleben geworden.

Und Bronislav Hubermann, der schon in Europa als Künstler und als Mensch seit langen Jahren meine herzliche Zuneigung gehabt hatte, obwohl unsere Lebenswege nur gelegentlich in Berührung gekommen waren, ist nun auch in den engeren Kreis getreten, dessen Freundschaft mein Leben bereichert. In ihm fand ich eine ruhig ausgeglichene Verbindung von voller Hingabe an seine edle Kunst mit tätiger Anteilnahme und Parteinahme an den zeitlichen Vorgängen — eine beneidenswerte Synthese, die mir versagt war. Eifriges musikalisches Wirken hatte ihn nicht gehindert, mit der Organisation des Palästina Orchesters einer Idee, einem Staat und der Kunst einen eminenten praktischen Dienst zu erweisen, er hat mit klugem Wort und tapferem Verhalten im persönlichen Leben wie öffentlich gesagt und getan, wozu er sich als demokratischer Mensch im Gefühl der Mitverantwortung für das Weltgeschehen verpflichtet fühlte.

Ich bekenne mit tiefem Bedauern, daß ich solchen Ausgleich zwischen den Pflichten des Künstlers und des Mitmenschen nicht erreicht habe.

Eine der wichtigsten Aufgaben, wenn nicht die wichtigste des demokratischen Staates sollte es sein, den Bürger von Kindheit an mit dem Gedanken der Verantwortung für die staatlichen Maßnahmen nach innen und außen vertraut zu machen, ihm das Recht zur Stellungnahme zu gewähren und sie ihm zur Pflicht zu machen. Meine Kindheit ist in Elterhaus und Schule staatsfremd verlaufen, die verhältnismäßig ruhigen Zustände während meiner frühen Mannesjahre vermochten nicht, meinen auf Kunst und eigene geistige Ausbildung konzentrierten Sinn auf staatsbürgerliche Interessen hinzulenken. So habe ich es in meinem Leben bestimmt an der energischen öffentlichen Parteinahme fehlen lassen, wie sie meiner späteren leidenschaftlichen inneren Ergriffenheit von den brennenden Fragen des Weltgeschehens entsprochen hätte. Vielleicht stand auch der Weltbürger in mir dem Staatsbürger im Wege. Doch muß ich betonen, daß ich mich nicht der Bequemlichkeit oder gar der Gleichgültigkeit bezichtigen könnte, vielleicht aber des Dilettantismus in der Organisation meiner Kräfte, die der Tyrannis der Kunst widerstandslos nachgaben.

Daß die Freunde aus alter Zeit, von denen ich gesprochen und andere mir nahestehende, hervorragende Menschen verschiedenster Berufskreise, die aus Europa nach Amerika gekommen, hier zu großem Ansehen und vortrefflichen Umständen gelangt sind, ist angesichts ihrer Leistung und Bedeutung nicht zu verwundern. Aber auch dem durchschnittlich begabten Europäer ist es meiner Erfahrung nach nicht allzu schwer geworden, sich in den Vereinigten Staaten eine neue Existenz aufzubauen, wenn er nur von Anfang an ein offenes Auge für die Unterschiede zwischen hier und ›drüben‹ hatte und sich um Anpassung bemühte. Zahlreich waren jedoch auch die refugees, die völlig in ihren früheren Zuständen befangen waren und blieben – ihnen konnte es nicht glücken, sich einzuleben und zu einigem Wohlstand zu gelangen. Von einem besonders krassen Fall dieses bedauernswerten Typus will ich hier aus eigener Erfahrung ein Beispiel geben: Ein junger Österreicher besuchte mich und erzählte mir mit frischem Ton, er sei soeben aus Europa eingetroffen, suche eine Beschäftigung und sein erster Weg vom Schiff führe ihn zu mir, denn ich sei mit seinem Vater in Wien befreundet gewesen. Nun, das war etwa fünfunddreißig Jahre her, wie sich im Lauf unserer Unterhaltung herausstellte. »Sie dirigieren doch hier Konzerte in der N. B. C.«, sagte er, »und da dachte ich, Sie könnten mir vielleicht dort zu einer Anstellung verhelfen.« »Sind sie denn Musiker?« fragte ich. »Nein«, erwiderte er mit strahlendem Zutrauen und hoffnungsvollem Lächeln, »ich bin Rezitator und da denke ich, das Radio wird mich vielleicht für Vorträge engagieren.« »Was für Vorträge?« »Gedichte – ich habe mich spezialisiert – ich rezitiere österreichische Dialektdichtungen.« Und der Arme sah mich höchst enttäuscht und ungläubig an, als ich darauf hinwies, welch geringes Verständnis seine österreichischen Dialektdichtungen bei den Hörern des amerikanischen Radio finden würden.

Die Hauptaufgabe des Europäers und die Vorbedingung für sein wirtschaftliches und persönliches Wohlergehen in Amerika scheint mir die geistige Akklimatisation an amerikanische Verhältnisse zu sein, die aber den Einwanderern mit gutem Willen und ›Wendigkeit‹ des Wesens kaum Schwierigkeiten bereiten konnte. Eigentlich ist es allen meinen Freunden und Bekannten gelungen, Wurzel zu fassen und nur Fälle geistiger Starrheit oder einer naiven Befangenheit im Gewohnten wie der des Rezitators haben sich oft als hoffnungslos erwiesen.

Meine eigene Verpflanzung verlief ohne Krisen. Den Unterschied im ›Tempo‹, der mir bereits bei meinem ersten Aufenthalt im Jahre 1923 aufgefallen war, empfinde ich noch immer – die amerikanische Vitalität hat nicht geebbt, und meinen Schritt bestimmt das ›spezifische Gewicht‹ meiner Natur. Eine beflissene Anpassung aber im Wesentlichen gehört durchaus nicht zu jener Akklimatisation, von der ich gesprochen – jeder Versuch in dieser Richtung wäre vergeblich und würde in dem Lande, wo man einen so offenen Sinn für Persönlichkeit hat, dem gar zu ängstlich Bemühten nur schaden. Jene mächtige Lebendigkeit, von der ich schon früher gesprochen, übte sogar trotz oder wegen meines Andersseins, eine gewisse Faszination auf mich aus – war ich doch überhaupt im Geistigen weniger egozentrisch veranlagt, als für meine Selbstbehauptung gut war, und hatte, wie ich in einem früheren Kapitel berichtet, von Natur aus die Neigung, mit dem ›anderen‹ zu fühlen. So war mir Amerika schon vertraut, als ich im November 1939 zu dauerndem Aufenthalt hier eintraf, sprachlich machte mir die Verpflanzung keine Schwierigkeiten, nicht nur weil ich englisch sprach, sondern vielmehr, weil ich mich als Musiker in meinem eigensten Idiom ausdrücken konnte, während z. B. Schriftsteller oder Schauspieler nicht englischer Zunge sprachlich und geistig in ihrem Beruf selbst behindert waren. Wären aber auch meine Umstände weit ungünstiger gewesen, so hätte doch der Reiz, den lebenslang alles Neue auf mich ausübte, dessen Fremdartigkeit besiegt, weil ich optimistisch veranlagt bin; trotz meiner leidensvollen Erlebnisse und meines Grausens über das Weltgeschehen, bin ich mir in Augenblicken der Ruhe stets eines Gefühls der Harmonie bewußt gewesen; und diese Verfassung hat bestimmt nichts mit dem ›verruchten Optimismus‹ zu tun, über den sich Schopenhauer mit solcher Empörung äußert, sondern scheint mir mit der vollen Erschlossenheit für das Leiden der Welt wohl vereinbar zu sein.

Auch hat meinem Leben in Amerika Freundschaft ihre Wärme gegeben, ohne die es kein Heimatgefühl gibt. Da waren die mir nahestehenden Menschen, von denen ich gesprochen, da hatte ich teure amerikanische Freunde aus den ersten Jahren und neue waren hinzugekommen. Und immer vertrauter wird mir das Land aus seiner Literatur, und tieferes Verständnis erwächst mir aus der Beschäftigung mit seiner Geschichte. Aus diesem gewaltigen Epos heben sich für mich die Gestalten Thomas Jeffersons und Abraham Lincolns heraus, deren erhabene Gesinnungen und unsterbliche Worte nicht nur dem amerikanischen Volk den Weg gewiesen, sondern weise, fruchtbar und mächtig genug scheinen, um die ganze Welt einer besseren Zukunft entgegenzuführen. So weit ich mich umsah, erblickte ich in ihnen die ersten Staatsmänner an verantwortlicher Stelle, die politische Weisheit und Macht für Ziele der Humanität einsetzten. Auch bewunderte ich Franklin D. Roosevelt, die Klarheit seiner Vision, sein tiefes soziales Gefühl, seine gewaltige Leistung als oberster Führer im Kriege und die warme Menschenfreundlichkeit seines Herzens – ich habe seinen Tod, wie unzählige andere, als den eines persönlichen Freundes empfunden.

So habe ich allmählich gelernt, im Lande und mit dem Lande zu leben, ohne die Fühlung mit mir selbst oder meiner Vergangenheit zu verlieren, und natürlich hat dazu auch die Landschaft beigetragen, die ich auf weiten Reisen betrachten konnte oder auf Wanderungen aus der Nähe kennenlernte. Von vielen Eindrücken sei hier nur einer erwähnt, der sich mir unverlierbar eingeprägt hat: der ›Seventeen Miles Drive‹ auf Monterey in Kalifornien. Von Del Monte aus fährt uns unsere Tochter durch Wälder und über großartige Bergstraßen mit dem weiten Blick auf die Bläue des Stillen Ozeans hinunter zu seiner Küste. Wir steigen aus und wandern am Ufer, wo meist eine donnernde Brandung tobt. Landeinwärts ziehen sich jenseits der weißen, hügeligen Dünen Wälder von Kiefern, denen die Stürme ihre wild verdrehte, oft gespenstische Gestalt aufgezwungen haben. Unter den Felsen draußen im Ozean gibt es einen, der unzähligen Vögeln zum

Wohnplatz dient, einen anderen, der von Seelöwen wimmelt. Wir hören schon von weitem ihr weinendes Gebell, und das Fernglas zeigt uns ihre Spiele und Kämpfe, ihre Schwimmkünste und ihr behagliches Ruhen in der Sonne. Und über uns ziehen endlose Züge von Vögeln mit vorgestreckten Hälsen, und ihr Kreischen tönt unruhevoll über die großartige Weite von Ozean und Himmel, in die sie entschwinden.

Meine Beteiligung am amerikanischen Musikleben hat sich während meines ständigen Aufenthaltes im Lande intensiviert und ausgebreitet. Im Januar 1941 kehrte ich zur Philharmonic Society von New York zurück, deren alljährlicher Gast ich seither geblieben bin. Auf meinem ersten Programm finde ich Bruckners Achte, und das hoch erhabene Werk hat zu meiner innigen Genugtuung denselben gewaltigen Eindruck auf das Publikum der Carnegie Hall von New York gemacht, wie vor Jahren auf das der Queenshall in London, als ich es dort mit den Wiener Philharmonikern aufführte. Mein Glaube an die Zukunftsbedeutung des Brucknerschen Schaffens für die musikalische Welt ist tief und wird von jeder neuen Erfahrung bestätigt. Eine Aufführung von Mahlers ›Lied von der Erde‹ fällt in dieselbe Epoche, und solange ich überhaupt dirigiere, werde ich weiter für die Werke Bruckners und Mahlers eintreten wie bisher – es hat zu meiner Lebensaufgabe gehört, die Quellen der Erhebung zu erschließen, die sich aus ihrer Musik ergießen.

Im Jahre 1942 dirigiere ich Beethovens ›Fidelio‹ an der Metropolitan Oper und bin seitdem dort als Gastdirigent tätig. Später knüpft sich eine schöne, ja beglückende Verbindung mit dem herrlichen Philadelphia-Orchester, das mich zu Gastdirektionen einlädt. Zu einer mit großer Dankbarkeit empfundenen Bereicherung in künstlerischem wie persönlichem Sinn wird mir die gelegentliche Zusammenarbeit mit dem Westminster Choir. Denke ich an die musikalische Kultur in Amerika und ihre Aussichten für die Zukunft, so erfüllen mich neben den Leistungen der großartigen Orchester die jenes Chores mit fester Zuversicht. Erzogen und gelenkt von der festen Hand Dr. Williamsons, der zugleich Gründer und Haupt des musikalischen Seminars ist, aus dessen Schülern jener Chor besteht, hat er zahlreiche oratorische Aufführungen durch den Glanz seiner Stimmen, seine Musikalität und Singbegeisterung zu tiefen Eindruck gebracht. Das wahre Geheimnis dieses Eindrucks hat sich mir enthüllt, wenn ich zu Proben in die fast englisch anmutende Universitätsstadt Princeton hinausfuhr. Vom Augenblick an, da mich Dr. Williamson am Bahnhof traf, bis zu meiner Abfahrt, genoß ich die Atmosphäre des künstlerischen Idealismus und heiteren Glaubens, die von ihm ausging und seine Institut beseelte – nie habe ich leichter arbeiten können, nie fühlte ich mich besser verstanden als im Kreise dieser ernsten begeisterten Jugend.

Eine alte Sünde versuche ich gut zu machen: ich beschließe, Bachs ›Matthäuspassion‹ in ihrer Gänze aufzuführen. Ich nehme mir fast ein volles Jahr zur neuerlichen Klärung der Fragen, die ein gewissenhaftes Eindringen in ihr vielfältiges Wesen aufwirft und schaffe mir die Bedingungen zur gründlichen Arbeit mit den Ausführenden. Von allen Aufführungen in meinem langen Leben ist es wohl die, die mich am reinsten beglückt hat. – Nicht etwa weil sie ›vollkommen‹ war – Vollkommenheit ist ein Ziel, und dem Menschen ist nur gegeben, danach zu streben, nicht es zu erreichen –, sondern weil ich glaube, im Ganzen und im Einzelnen der Aufführung Bachs Intentionen erfüllt zu haben, soweit die gegebenen Verhältnisse es ermöglichten. Mein Lebensmut, der schon manchmal zu sinken drohte, hat sich an Bachs unsterblichem Werk erneut, und so habe ich auch persönlichen Grund, jene Aufführungen in meiner Erinnerung festzuhalten.

Im März 1944 waren es fünfzig Jahre, daß ich meine Laufbahn als Kapellmeister am Kölner Opernhaus begonnen. Mein fünfundzwanzigjähriges Dirigentenjubiläum hatte ich nicht feiern können – das Jahr 1919 war dafür nicht günstig gewesen. Die Feier des Fünfzigjährigen hat freundlichsten Anteil in den Kreisen der Kunstgenossen im Lande erweckt – die Dirigenten grüßen mich, die Orchester senden mir ihre Glückwünsche, und Leitung und Orchester meiner alten, treuen Freundin, der Philharmonic Symphony Society of New York begehen den Tag, an dem ich Bruckners Tedeum und Beethovens ›Neunte‹ dirigiere, mit einer feierlichen Ehrung nach dem Konzert.

Ein Ruhejahr habe ich schon lange ersehnt, d. h. ein Jahr fern der Öffentlichkeit. Mich erinnern, nachdenken, Schlüsse ziehen nach fünfzig Jahren der musikalischen Arbeit, ohne das Drängen des Augenblicks schreibend Klarheit über mein Leben zu gewinnen und zu geben – das sollte dem Ruhejahr seinen Sinn geben. – Im August dieses selben Jahres aber erkrankt meine Frau am Ort unseres Sommeraufenthaltes, wir bringen sie nach New York, wo sie noch acht Monate in hoffnungslosem Zustand verbringt. Der aufopfernden Helferin in lebenslanger Gemeinschaft kann ich nicht helfen, die tapfer und unermüdlich für mich gekämpft hat – denn ich war nicht zum

Streit geschaffen —, liegt qualvoll lange Monate in dem letzten Kampf, den wir alle verlieren. Nach fast vierundvierzig Jahren eines gar zu aufregenden Lebens an meiner Seite verläßt sie mich und meine Tochter und geht zur Ruhe im ewigen Leben ein, die sie sich verdient hat.

*

Ich blicke zurück auf mein Leben und finde viel Grund zur Trauer, mehr Grund zur Dankbarkeit. Kraft ist mir zugeflossen von teuren Menschen, von solchen, die mir im Leben nah waren, von solchen, die auf mich durch ihre Werke oder durch ihr Beispiel gewirkt und in mir das tröstende Gefühl einer Gemeinsamkeit des menschlichen Geistes über Ländergrenzen und Jahrhunderte hin genährt haben. Diese unsichtbare Kirche ist es eigentlich gewesen, die mir Zuflucht vor den zahllosen Angriffen geboten hat, mit denen die Ereignisse des täglichen Lebens des Menschen Widerstandskraft erschüttern. Kraft gab mir die Natur, deren Wundern ich heut hingegeben bin wie je. Kraft kam mir von der schützenden innigen Gemeinschaft der Familie, aber auch von der Anteilnahme am Leiden anderer, von der Hilfe, die ich manchmal leisten konnte. Sie kam mir auch von den kleinen Freuden des Lebens, vor allem aber strömte sie mir zu aus der Musik. Wie ich in meiner Schrift von ihren moralischen Kräften gesagt habe, enthält sie, unabhängig von ihrem stets wechselnden Gefühlsausdruck, eine dauernde Botschaft des Trostes: ihre Dissonanzen streben zur Konsonanz, müssen sich auflösen, jedes musikalische Stück endet konsonant. Die Musik als Element hat also eine optimistische Qualität, und ich glaube, daß der mir angeborene Optimismus damit in Zusammenhang steht. Ihre tiefste aber, ihre entscheidende Wirkung auf mein Leben übte jene höhere Botschaft der Musik aus, die sie in den Werken der großen Meister an uns richtet, die am heiligsten im symphonischen Adagio zum Ausdruck kommt. Die Kirche weiß, warum sie für ihre feierlichsten Handlungen die Macht der Musik aufruft. Ihr wortloses tönendes Evangelium verkündet tröstend, was die bedürftige Seele des Menschen jenseits des Lebens sucht, in allverständlicher Sprache. Mir ist die Gnade zuteil geworden, der Musik zu dienen, und sie hat mir den Weg gewiesen und mich in der Richtung gehalten, der ich schon in meiner Kindheit dunkel, später bewußt, zustrebte. Dorthin geht meine Hoffnung und meine Zuversicht — non confundar in aeternum.

So erhalten Leben und Welt also trotz aller gewichtigen Einwände im ganzen ein gutes Zeugnis von mir. Und wie wird meine Zensur ausfallen, wenn ich diese überaus strenge und harte Schule verlasse? Ich denke, sie wird ungefähr aussehen, wie die ehemaligen Schulzeugnisse, die ich in der Erzählung von meiner Kindheit erwähnte: ich war kein Musterschüler, habe kein ›sehr gut‹ in irgendeinem obligatorischen Fach erhalten – nur im Singen. Ich gebe meine schweren Mängel zu, an denen ich oft gelitten, meine Fehler, die ich begangen. Aber vielleicht wird dies Bild meiner Lebensleistung dadurch etwas aufgehellt werden, daß ich wenigstens in der Musik mit einer guten Note im Abgangszeugnis davonkomme. Dann werde ich meine Zensur gerecht finden, und ich werde zufrieden sein.

# NAMEN- UND SACHREGISTER